Acesso ao
MATERIAL SUPLEMENTAR

Estude *online* com conteúdos complementares ao livro e que ampliam a sua compreensão dos temas abordados nesta obra.

Tudo isso com a **qualidade Saraiva Educação** que você já conhece!

Veja como acessar

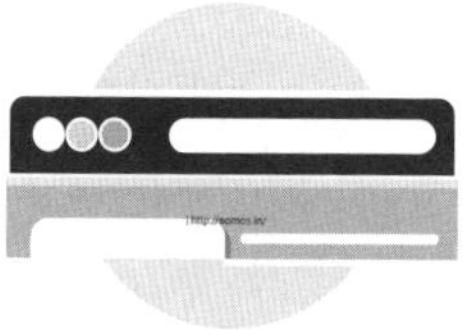

No seu computador
Acesse o *site*

www.grupogen.com.br

No seu celular ou tablet
Abra a câmera do seu celular ou aplicativo específico e aponte para o *QR Code* abaixo.

1. Se você já tem cadastro, entre com seu *login* e senha. Caso não tenha, deverá fazê-lo neste momento.

2. Após realizar seu *login*, clique em "Ambiente de aprendizagem", disponível na parte superior. Você será direcionado para a plataforma.

3. Clique na aba "Meus Materiais Suplementares" e, em seguida, clique em "Adicionar novo material suplementar".

4. Em seguida, pesquise pelo título do livro e clique em "adicionar".

Pronto!
Seu material estará disponível para acesso na área "Meus Conteúdos".*

CB067972

Em caso de dúvidas, entre em contato pela página **www.editoradodireito.com.br/contato**

* O acesso a este material será disponibilizado somente durante a vigência da respectiva edição. Não obstante, a editora poderá franquear o acesso por mais uma edição.

HUMBERTO DALLA BERNARDINA DE PINHO

Professor Titular de Direito Processual Civil na UERJ, na Estácio e no IBMEC. Desembargador do Tribunal de Justiça no Estado do Rio de Janeiro. Editor da *Revista Eletrônica de Direito Processual (REDP)* e Coordenador do Grupo de Pesquisa Observatório da Mediação e da Arbitragem (CNPQ). Membro do IAB, IMB, IBDP, IIDP, IAPL, CUEMYC e GEMME.

MARCELO MAZZOLA

Pós-doutor, doutor e mestre em Direito Processual pela UERJ. Professor da Escola de Magistratura do Estado do Rio de Janeiro. Diretor de mediação do CBMA. Membro do IBDP, da ABDPro e do ICPC. Advogado.

Manual de
MEDIAÇÃO e
ARBITRAGEM

Novos espaços de
consenso no direito brasileiro
e a justiça multiportas

3ª Edição
2024

saraiva *jur*

saraiva
EDUCAÇÃO | **saraiva** *jur*

Uma editora do GEN | Grupo Editora Nacional

Travessa do Ouvidor, 11 – Térreo e 6º andar
Rio de Janeiro – RJ – 20040-040

Atendimento ao cliente:
https://www.editoradodireito.com.br/contato

Diretoria editorial	Ana Paula Santos Matos
Gerência de produção e projetos	Fernando Penteado
Gerência de conteúdo e aquisições	Thais Cassoli Reato Cézar
Gerência editorial	Livia Céspedes
Novos projetos	Aline Darcy Flôr de Souza
Edição	Ana Carolina Gomes
Design e produção	Jeferson Costa da Silva (coord.)
	Verônica Pivisan
	Alanne Maria
	Lais Soriano
	Rosana Peroni Fazolari
	Tiago Dela Rosa
Diagramação	SBNigri Artes e Textos Ltda.
Revisão	Carmem Becker
Capa	Lais Soriano

DADOS INTERNACIONAIS DE CATALOGAÇÃO NA PUBLICAÇÃO (CIP)
VAGNER RODOLFO DA SILVA - CRB-8/9410

P654m   Pinho, Humberto Dalla Bernardina de

Manual de mediação e arbitragem: novos espaços de consenso no direito brasileiro e a justiça multiportas / Humberto Dalla Bernardina de Pinho, Marcelo Mazzola. - 3. ed. - São Paulo: Saraiva Jur, 2024.

528 p.

ISBN: 978-85-5362-849-0 (impresso)

1. Direito. 2. Direito civil. 3. Processo Civil. 4. CPC. 5. Código de Processo Civil. I. Mazzola, Marcelo. II. Título.

2024-1158   CDD 347
                        CDU 347

Índices para catálogo sistemático:

1. Direito civil   347
2. Direito civil   347

Data de fechamento da edição: 8-5-2024

Nenhuma parte desta publicação poderá ser reproduzida por qualquer meio ou forma sem a prévia autorização da Saraiva Educação. A violação dos direitos autorais é crime estabelecido na Lei n. 9.610/98 e punido pelo art. 184 do Código Penal.

*Dedico esta obra à Mariana e aos meus filhos,
Beatriz e Felipe, com todo o meu amor.*

Humberto Dalla

*Dedico esta obra à minha esposa Fabiana,
aos meus pais, Mazzolão e Marta, e
à minha irmã, Daniela, que são a base de tudo.*

Marcelo Mazzola

Agradecimentos

Não poderíamos deixar de agradecer a todos aqueles que nos auxiliaram na formatação e construção deste projeto.

Independentemente do diálogo constante (diríamos, diário) entre os autores, o compartilhamento de ideias e reflexões com especialistas, amigos e acadêmicos foi fundamental para a maturação de alguns posicionamentos.

Foi justamente essa integração e a troca de experiências que nos motivaram a dar alguns voos mais profundos, suscitando temas pouco explorados pela doutrina e jurisprudência. Nesse sentido, agradecemos aos amigos Flavia Hill, Rodrigo Torres, Lucas Pacheco e Nathalia Ferreira, pela atenta revisão e pelas inúmeras sugestões, a Humberto Santarosa e Paulo Cezar Pinheiro Carneiro Filho, pelas críticas e contribuições, a Lidia Spitz, pelas atualizações, e aos estudantes Vitor Galvêas, Igor Salgado, Fernanda Paes e Gabriela Castro, pelas pesquisas de doutrina e jurisprudência.

Um agradecimento especial também às nossas esposas, Mariana Souza e Fabiana Cardinot, que nos incentivam diariamente e souberam compreender algumas renúncias no período de desenvolvimento da obra.

Sumário

Agradecimentos VII

Prefácio XVII

Apresentação XXI

PARTE I – MEDIAÇÃO

Capítulo 1

A EVOLUÇÃO HISTÓRICA DOS MEIOS DE OBTENÇÃO DE CONSENSO E A BUSCA PELO MÉTODO MAIS ADEQUADO DE RESOLUÇÃO DE CONFLITOS

1.1. Evolução histórica 3

    1.1.1. O direito processual no Brasil Colônia 4

    1.1.2. O processo durante o Império 5

    1.1.3. O advento da República: dos Códigos Estaduais ao CPC/39 6

    1.1.4. O CPC/73 e as sucessivas reformas processuais durante as décadas de 1990 e de 2000 7

1.2. O processo legislativo do CPC/2015 9

1.3. O marco legal dos mecanismos adequados de solução de conflitos 10

    1.3.1. O longo caminho trilhado pela conciliação no ordenamento brasileiro 11

    1.3.2. A recente instituição dos mecanismos mediatórios 12

    1.3.3. A mediação e a conciliação no CPC 14

1.4. Visão sistemática das principais ferramentas para a resolução de conflitos 20

1.5. Semelhanças e distinções entre cada uma das ferramentas 22

    1.5.1. Negociação 22

    1.5.2. Conciliação e mediação 24

    1.5.3. Arbitragem 25

1.6. Características e desafios do procedimento de mediação 27

Capítulo 2

O PRINCÍPIO DO ACESSO À JUSTIÇA, AS FERRAMENTAS DE EXTRAJUDICIALIZAÇÃO E DE OBTENÇÃO DO CONSENSO

2.1. O acesso à justiça como aspecto do Estado de Direito 31

2.2. A problematização da insuficiência do acesso à justiça 32

2.3. O conteúdo do princípio do acesso à justiça 34

2.4. O acesso à justiça no CPC por meio da extrajudicialização e a jurisdição voluntária extrajudicial 37

Capítulo 3

DISPOSIÇÕES GERAIS DA LEI DE MEDIAÇÃO: CONCEITO, "OBRIGATORIEDADE", VISÃO NO DIREITO ESTRANGEIRO E FORMAÇÃO DO SISTEMA MULTIPORTAS NO DIREITO BRASILEIRO

3.1. Definição de mediação: o art. 1º da Lei n. 13.140/2015 47

3.2. A "obrigatoriedade" ou não da mediação: algumas ponderações 49

3.3. Visão do direito estrangeiro sobre o tema 55

    3.3.1. A implantação da mediação no sistema de solução de conflitos 55

    3.3.2. Panorama da mediação no direito estrangeiro 58

        3.3.2.1. Observações gerais 58

        3.3.2.2. Estados Unidos 60

        3.3.2.3. O contexto europeu. 63

        3.3.2.4. América Latina 74

3.4. A consolidação do sistema multiportas de solução de conflitos no Brasil 76

Capítulo 4

OS PRINCÍPIOS GERAIS DA MEDIAÇÃO

4.1. Visão geral das garantias fundamentais 81

4.2. Os princípios processuais previstos no CPC e na Lei n. 13.140/2015 83

4.3. Potenciais conflitos entre as garantias fundamentais do processo e o uso da ferramenta da mediação judicial 85

    4.3.1. Contraditório 86

    4.3.2. Isonomia 90

    4.3.3. Inafastabilidade do controle jurisdicional 91

    4.3.4. Publicidade 91

    4.3.5. Motivação 93

    4.3.6. Duração razoável do processo 95

4.4. Perspectivas para o direito brasileiro: o desafio de conciliar a função pacificadora com a estrita observância das garantias fundamentais 98

Capítulo 5

AS CLÁUSULAS DE MEDIAÇÃO E OS LIMITES DO CONSENSO NOS DIREITOS INDISPONÍVEIS

5.1. As espécies de convenções existentes no direito brasileiro após o advento do CPC/2015 e das Leis de Mediação e de Arbitragem 101

5.2. O acordo e os direitos disponíveis e indisponíveis 102

5.3. A homologação judicial do acordo envolvendo direitos indisponíveis 104

5.4. Peculiaridades da cláusula escalonada de mediação 107

5.5. Perspectivas para o futuro da cláusula de mediação no direito brasileiro 109

Capítulo 6

OS MEDIADORES

6.1. Considerações gerais sobre a figura do mediador 113

    6.1.1. Observações gerais sobre as técnicas de mediação 114

6.2. Critérios de escolha do mediador 117

6.3. Hipóteses de impedimento e suspeição do mediador 120

6.4. Dever de *disclosure* do mediador 121

6.5. Restrições aplicáveis ao mediador 122

6.6. Mediadores extrajudiciais 123

6.7. Mediadores judiciais 124

Capítulo 7

PROCEDIMENTO DA MEDIAÇÃO

7.1. Regras de confidencialidade 129

7.2. Possibilidade de comediação 132

7.3. Suspensão do processo judicial/arbitral 133

7.4. Início e fim da mediação. Suspensão do prazo prescricional 136

7.5. Mediação extrajudicial: convite e requisitos 138

    7.5.1. Previsão contratual de mediação 138

7.6. Dever de não judicialização e as tutelas provisórias 140

7.7. Mediação judicial: a criação dos Centros Judiciários de Solução de Conflitos (CEJUSCS). 142

    7.7.1. Considerações gerais 142

    7.7.2. Participação de advogados e defensores 144

    7.7.3. Designação da audiência de mediação e homologação do acordo 145

        7.7.3.1. A representação das partes na audiência de mediação e conciliação 149

    7.7.4. Data de conclusão do procedimento de mediação judicial 150

7.8. A sanção premial do art. 29 da Lei de Mediação 151

Capítulo 8
A CONFIDENCIALIDADE NA MEDIAÇÃO

8.1. Aproximação ao tema 155

8.2. Conformação legislativa da confidencialidade no CPC e na Lei de Mediação 156

8.3. A confidencialidade nos procedimentos de mediação envolvendo o Poder Público 159

Capítulo 9
MEDIAÇÃO DE CONFLITOS E ADMINISTRAÇÃO PÚBLICA

9.1. Aproximação ao tema 163

9.2. Evolução histórica 164

9.3. Autocomposição envolvendo entes públicos na Lei n. 13.140/2015 167

9.4. A nova transação envolvendo a Administração Pública – Lei n. 13.988/2020, com as alterações e inclusões determinadas pelas Leis n. 14.375/2022 e 14.689/2023 171

9.5. O Projeto de Lei n. 2.485/2022 e a mediação tributária 176

9.6. O cabimento das ferramentas adequadas de resolução de conflitos na nova Lei de Licitações – Lei n. 14.133/2021 179

Capítulo 10
MEDIAÇÃO E TUTELA COLETIVA

10.1. Visão geral do tema 181

    10.1.1. Recomendação 182

    10.1.2. Inquérito civil 182

    10.1.3. Compromisso de ajustamento de conduta 183

10.2. A mediação na tutela dos direitos coletivos 191

10.3. Negócios jurídicos processuais coletivos 192

10.4. Acordos no sistema dos julgamentos repetitivos 195

10.5. A possibilidade de utilização dos protocolos pré-processuais na prevenção de conflitos coletivos 199

Capítulo 11
DISPOSIÇÕES FINAIS E TRANSITÓRIAS DA LEI DE MEDIAÇÃO

11.1. Exame dos dispositivos legais 203

11.2. Mediação *on-line* 207

11.3. Questões sobre a não designação da audiência de mediação 213

11.4. Possibilidade de dispensa da audiência fora das hipóteses legais? 218

    11.4.1. Cláusula *opt-out* 218

    11.4.2. Mediação ou conciliação antecedente à propositura da ação 219

11.5. Designação aleatória de audiência de mediação em vez de audiência de conciliação e vice-versa 220

11.6. Inclusão da disciplina em grades curriculares 221

11.7. O crescimento da mediação em algumas áreas específicas 222

    11.7.1. Propriedade intelectual 222

    11.7.2. Justiça criminal 225

        11.7.2.1. A consensualidade nos Juizados Especiais Criminais 225

        11.7.2.2. O acordo de colaboração premiada e de não persecução penal 231

    11.7.3. Mediação nos cartórios extrajudiciais 239

    11.7.4. Recuperação judicial 240

    11.7.5. Desapropriação 245

    11.7.6. Meio ambiente 246

    11.7.7. Acordo de Não Persecução Cível na Lei de Improbidade Administrativa 247

    11.7.8. Acordo de Leniência na Lei Anticorrupção 258

    11.7.9. Termo de Ajuste de Gestão no âmbito dos Tribunais de Contas 260

    11.7.10. Acordos em Processos Estruturais 261

    11.7.11. Termo de Ajustamento de Conduta em Processo Administrativo Disciplinar 265

Capítulo 12

DESAFIOS E PERSPECTIVAS PARA A MEDIAÇÃO NO DIREITO BRASILEIRO

12.1. A ressignificação da tutela jurisdicional contemporânea 267

12.2. Perspectivas para o direito brasileiro a partir da influência da *collaborative law* do direito norte-americano 271

PARTE II – ARBITRAGEM

Capítulo 1

INTRODUÇÃO AO ESTUDO DA ARBITRAGEM NO DIREITO BRASILEIRO

1.1. Considerações iniciais 275

1.2. Definição 277

1.3. Evolução histórica da arbitragem 278

1.4. Natureza jurídica 282

1.5. A Lei n. 9.307/96 e o questionamento de sua constitucionalidade 283

1.6. O tratamento conferido à arbitragem no CPC/2015 285

Capítulo 2

DISPOSIÇÕES GERAIS

2.1. Delimitação subjetiva e objetiva para o cabimento da arbitragem 291

2.2. Arbitragem de direito e por equidade 294

2.3. Arbitrabilidade dos interesses coletivos 295

2.4. Arbitragem envolvendo a Administração Pública 299

Capítulo 3
CONVENÇÃO DE ARBITRAGEM E SEUS EFEITOS

3.1. Convenção de arbitragem 311

3.2. Cláusula compromissória 313

    3.2.1. Espécies de cláusula compromissória 314

    3.2.2. Cláusula compromissória em contrato de adesão 314

    3.2.3. O convite para iniciar o procedimento arbitral 317

    3.2.4. Acionamento forçado da cláusula compromissória 318

    3.2.5. A autonomia da cláusula compromissória 319

3.3. O compromisso arbitral 320

    3.3.1. Modalidades de compromisso arbitral 320

    3.3.2. Requisitos formais do compromisso arbitral 321

    3.3.3. Extinção do compromisso arbitral 321

3.4. O princípio da competência-competência 322

Capítulo 4
OS ÁRBITROS

4.1. Requisitos e qualificações para ser árbitro 329

4.2. Número de árbitros e processo de escolha 330

    4.2.1. Presidente, coárbitro, suplente e secretário 331

4.3. Deveres dos árbitros 333

4.4. Impedimento e suspeição dos árbitros 335

4.5. Impugnação e substituição dos árbitros 337

4.6. Responsabilidade penal e civil do árbitro 339

4.7. Árbitro como juiz de fato e de direito 340

Capítulo 5
PROCEDIMENTO ARBITRAL

5.1. Regras procedimentais 345

5.2. Princípios formadores do procedimento arbitral 347

    5.2.1. Contraditório 347

    5.2.2. Igualdade das partes 349

    5.2.3. Imparcialidade e livre convencimento do árbitro 350

5.3. Instauração da arbitragem 351

5.4. Arguição de questões relativas à competência ou suspeição/impedimento dos árbitros e à invalidade/ineficácia da convenção de arbitragem 353

5.5. Conciliação entre as partes 354

5.6. Fase postulatória e produção de provas na arbitragem 357

5.6.1. Do depoimento das partes e testemunhas.. 359

5.6.2. Perícia.. 361

5.7. Revelia da parte... 362

5.8. Repetição de prova na hipótese de substituição do árbitro 363

5.9. Breves considerações sobre arbitragens envolvendo pluralidade de partes e as intervenções de terceiros.. 363

Capítulo 6
TUTELA PROVISÓRIA DE URGÊNCIA

6.1. Considerações sobre as tutelas de urgência no CPC... 367

6.1.1. Tutela provisória de urgência 368

6.1.1.1. Tutela antecipada 370

6.1.1.2. Tutela cautelar 373

6.2. Tutela de urgência requerida antes da instituição da arbitragem....................... 375

6.3. Tutela de urgência requerida após a instituição da arbitragem 377

6.4. A figura do árbitro de emergência 378

Capítulo 7
CARTA ARBITRAL

7.1. Considerações iniciais 385

7.2. A carta arbitral no CPC e na Lei de Arbitragem.. 386

7.3. Questões controvertidas 388

Capítulo 8
SENTENÇA ARBITRAL

8.1. Prazos da sentença arbitral... 393

8.2. Sentenças parciais 395

8.3. Requisitos formais e obrigatórios da sentença 396

8.4. Decisões majoritárias 399

8.5. Custas e despesas com a arbitragem. Honorários advocatícios e litigância de má-fé 400

8.6. Decisão homologatória de transação 402

8.7. Cientificação das partes 402

8.8. Pedido de esclarecimentos ou embargos arbitrais.. 403

8.9. Efeitos da sentença arbitral... 405

8.10. Invalidação da sentença arbitral... 406

8.11. Ação de complementação da sentença arbitral.. 412

8.12. Ação anulatória: prazos e procedimento... 415

8.13. Impugnação da sentença arbitral em cumprimento de sentença........................ 417

Capítulo 9

RECONHECIMENTO E EXECUÇÃO DE DECISÕES ARBITRAIS ESTRANGEIRAS

9.1. O reconhecimento de decisões estrangeiras e os protocolos internacionais......................... 419

9.2. O CPC e a homologação de decisão estrangeira 422

9.3. O procedimento da ação homologatória no Regimento Interno do Superior Tribunal de Justiça.. 426

9.4. Homologação de decisão arbitral estrangeira na Lei n. 9.307/96... 429

Capítulo 10

PRODUÇÃO ANTECIPADA DE PROVA PERANTE O PODER JUDICIÁRIO, A COMPETÊNCIA DO ÁRBITRO E A JURISDIÇÃO ARBITRAL

10.1. Aproximação ao tema... 439

10.2. A produção antecipada de prova no CPC/73 439

10.3. A produção antecipada de prova no CPC/2015.. 440

10.4. A produção antecipada de prova no Judiciário, a competência do árbitro e a jurisdição arbitral 442

Capítulo 11

A SENTENÇA ARBITRAL E SUA (NÃO) VINCULAÇÃO AOS PRECEDENTES JUDICIAIS

11.1. Vinculação (ou não) dos árbitros aos precedentes 447

11.2. O desenvolvimento de uma cultura de intervenção judicial mínima na arbitragem............. 453

Capítulo 12

DESAFIOS E PERSPECTIVAS NA ARBITRAGEM

12.1. A cooperação como elemento estruturante no sistema jurisdicional multiportas 457

12.2. Algumas facetas do dever de cooperação do árbitro 459

12.3. Violação do dever de cooperação e possibilidade de sanção 460

12.4. Breves notas sobre a arbitragem tributária 461

Referências... 463

Posfácio.. 501

Prefácio

A conflitualidade, em certa medida e em qualquer plano, é inerente ao fenômeno jurídico, asserção esta que decorre da constatação elementar de que existem muito mais interesses a serem satisfeitos do que bens da vida para os satisfazer.

Tais conflitos, é certo, são inerentes à bilateralidade do fenômeno jurídico. Como acentua Miguel Reale, "o Direito é sempre 'alteridade' e se realiza sempre através de dois ou mais indivíduos, segundo proporção. Falava Tomás de Aquino em *alteritas*, que, segundo Del Vecchio, corresponde, exatamente, à moderna palavra 'bilateralidade'".

Não por outro motivo, Francesco Carnelutti trata a relação jurídica – uma das noções fundamentais do direito e expressão de sua bilateralidade – como um conflito de interesses.

O Direito é então constantemente chamado a solucionar tais conflitos, exercendo sua função ordenadora dos interesses, promovendo a distribuição dos bens da vida por meio, sobretudo, da atribuição de direitos e deveres aos sujeitos de relação jurídica, que poderão, ademais, recorrer ao Poder Judiciário – ou a outras formas de solução adequada de conflitos – em caso de sua não satisfação voluntária.

Daí a afirmação de Giuseppe Lumia de que "o caráter relacional do direito depende do fato de que ele opera nos horizontes da sociedade como uma das técnicas de controle social".

A mediação e a arbitragem, como soluções extrajudiciais de conflitos, não são propriamente institutos novos em nosso ordenamento jurídico.

Embora a mediação só tenha sido positivada em lei em 2015, antes já fora objeto de projetos de lei (por exemplo, o Projeto de Lei n. 4.827/98).

Por sua vez, a arbitragem, cuja lei está em vigor há mais de 20 anos, avançou significativamente após a decisão do Supremo Tribunal Federal que, em 2001, reconheceu sua constitucionalidade (SE 5.206-Espanha).

Atualmente, parece clara a existência de um microssistema de métodos adequados de resolução de conflitos, composto pela Lei n. 13.140/2015 (Marco Legal da Mediação), pela Resolução n. 125/2010 do Conselho Nacional de Justiça, pela Lei n. 13.105 (Código de Processo Civil) e pela Lei n. 9.307/96 (Lei de Arbitragem, reformada pela Lei n. 13.229 em 2015).

Com efeito, em 2016, o Conselho Nacional de Justiça editou a Emenda 02, atualizando e compatibilizando a Resolução n. 125/2010 com o CPC e a Lei de Mediação, trazendo, ainda, o Anexo III, que cria o Código de Ética de Mediadores e Conciliadores Judiciais.

O Superior Tribunal de Justiça, também em 2016, publicou a Emenda 23, atualizando seu Regimento Interno. Em linhas gerais, criou-se o Centro de Soluções Consensuais de Conflitos, autorizando-se o relator a encaminhar – de ofício – um processo para o Centro de Mediação. A propósito, no dia 29 de setembro de 2016, foi realizada a primeira mediação exitosa no STJ, em caso por mim destacado.

Sobrevieram inúmeros eventos para estudo e debate sobre os métodos adequados de resolução de conflitos, como, por exemplo, a I Jornada de "Prevenção e Solução Extrajudicial de Litígios", da qual tive a honra de ser o Coordenador-Geral. Na oportunidade, foram aprovados enunciados que visam a aprimorar aspectos normativo-jurídicos e estimular políticas públicas e privadas para a mediação, a conciliação e a arbitragem.

Recentemente, disciplinas como conciliação, mediação e arbitragem passaram a ser obrigatórias nas grades curriculares dos cursos de direito no Brasil (Portaria n. 1.315/18 do MEC).

São inegáveis, portanto, o avanço e as mudanças culturais nesse setor.

Após um período de sedimentação dos institutos, muitas controvérsias ainda causam inquietude e despertam a atenção da doutrina e da jurisprudência.

Por isso, recebi com muita satisfação o convite dos **Professores Humberto Dalla Bernardina de Pinho e Marcelo Mazzola** para apresentar este **Manual de Mediação e Arbitragem**.

Os autores tiveram a coragem de abordar muitos desses temas. Sem descurar da didática necessária a um Manual, Humberto e Marcelo mergulham nas controvérsias com posições firmes e consistentes.

Na primeira parte do *Manual* (Mediação), fazem uma digressão histórica sobre os métodos adequados de resolução de conflitos no Brasil, abordam os desafios para o efetivo acesso à justiça, discorrem sobre o sistema multiportas, analisam os princípios da mediação – com destaque para a confidencialidade – e o seu procedimento, enfocam a controvérsia envolvendo a homologação de direitos indisponíveis transacionáveis, bem como examinam a mediação no âmbito da Administração Pública. Ademais, apresentam um panorama muito interessante e prático sobre a mediação no bojo dos direitos coletivos e apontam dúvidas quanto à dispensa da audiência de mediação na fase inicial do processo judicial. Em arremate, abordam a mediação no âmbito da propriedade intelectual e da Justiça Criminal, tecendo considerações sobre a *collaborative law*.

Na segunda parte da obra (Arbitragem), os autores tocam em feridas ainda abertas, fornecendo farto substrato teórico-normativo para o enfrentamento das matérias. Temas como a vinculação dos árbitros aos precedentes judiciais, a possibilidade de produção antecipada de provas no Judiciário antes da instauração da arbitragem, a compatibilização da cláusula de eleição de foro com aquela compromissória e o uso de *QR Codes* em petições arbitrais são apenas alguns exemplos. De forma sistemática, os autores também traçam a evolução histórica da arbitragem no Brasil, analisam seus requisitos, a dinâmica do procedimento, os poderes e deveres dos árbitros, a concessão de tutelas provisórias, a carta arbitral e a homologação de sentenças arbitrais estrangeiras. Encerram a obra com assunto instigante e contemporâneo, qual seja a possibilidade de colaboração cooperativa entre o árbitro e o juiz de direito.

Assim, com grande entusiasmo, apresento à comunidade jurídica esta importante obra, que nasce como referência obrigatória e certamente contribuirá para a solidificação da mediação e da arbitragem no Brasil.

Boa Leitura!

Brasília, janeiro de 2019.

Luis Felipe Salomão

Ministro do Superior Tribunal de Justiça. Presidente da Comissão para elaboração da Lei de Mediação e atualização da Lei de Arbitragem.

Apresentação

Exaltado quando aprovado, o Código de Processo Civil de 1973, nestas últimas quatro décadas, prestou-se, de um lado, a reger precipuamente o processo contencioso de forma segura e eficiente e, de outro, a servir de base para a construção de vigorosa doutrina e sólida jurisprudência acerca de institutos e mecanismos que marcaram a nossa experiência jurídica.

Um dos mitos que se exige desfazer é o de que o Código de Processo Civil é o responsável pela morosidade crônica da prestação jurisdicional. A crua realidade é bem outra: a ineficiência da administração da justiça tem como causas primordiais a ausência de um serviço judiciário aparelhado e a banalização das demandas judiciais. No Brasil, litiga-se, em todo território nacional, por tudo. É absolutamente surpreendente e intolerável a judicialização dos conflitos individuais sobre questões que poderiam ser dirimidas fora do ambiente forense (por exemplo: acesso a medicamentos, inserção abusiva do devedor nos cadastros de proteção ao crédito, extravio de bagagem, atraso de voo, cobrança de débitos condominiais, má prestação de serviços em geral etc.).

Com o passar do tempo, no entanto, diante de um número crescente e alarmante de demandas pendentes, devido, sobretudo, à nossa cultura e aos referidos fatores, o diploma processual em vigor sofreu sucessivas intervenções legislativas, que acabaram fragmentando demasiadamente a sua estrutura original. Ressalte-se, outrossim, que, acompanhando as tendências de vanguarda da ciência processual, diferentes paradigmas foram sendo assimilados e aperfeiçoados pelos operadores do direito.

Assim, toda essa natural evolução recomendava, de modo inexorável, a elaboração de um novel Código de Processo Civil.

Apresentado ao Senado, o anteprojeto que se transformou no Projeto n. 166/2010, do novo diploma, caracterizou-se por uma tramitação legislativa cuidadosa e participativa, imbuída de inequívoco espírito republicano, inclusive na Câmara dos Deputados (PL n. 8.046/2010). Na verdade, nos cinco anos de preparação e trâmite legislativo, em reiteradas oportunidades, toda a comunidade jurídica foi convidada a oferecer críticas e sugestões à sua respectiva elaboração.

É, sem dúvida, empenho hercúleo a construção de nova codificação, qualquer que seja o seu objeto.

No tocante ao processo civil, colocando em destaque essa evidente dificuldade, Carnelutti (incumbido, há mais de 80 anos, de elaborar um anteprojeto do *Codice di Procedura Civile* italiano, engavetado pela ascensão do regime fascista) chamava a atenção para a diferença entre a arquitetura científica e a arquitetura legislativa, sendo certo que esta última não deve desprezar os valores conquistados pela dogmática jurídica.

A tal propósito, nota-se, de logo, que o texto legal, finalmente sancionado em 16 de março de 2015 – Lei n. 13.105 –, não descurou a moderna linha principiológica que advém do nosso texto constitucional. Pelo contrário, destacam-se em sua redação inúmeras regras que, a todo o momento, procuram assegurar o devido processo legal aos litigantes. Até porque os fundamentos de um Código de Processo Civil devem se nortear, em primeiro lugar, pelas diretrizes traçadas na Constituição Federal.

Embora passível de inúmeras críticas pontuais, o novo estatuto encerra um modelo processual governado pelas garantias do *due process of law* e pela flexibilização do procedimento a ser estruturado mediante cooperação das partes, na moldura de uma visão moderna, bem mais participativa.

Saliente-se, por outro lado, que a disciplina legal em vigor, em vários dispositivos, fomenta a solução consensual das controvérsias, em particular por meio da conciliação e da mediação. Não é preciso registrar que, à luz dessa nova perspectiva que se descortina sob a égide do novel diploma processual, os aludidos protagonistas do foro não devem medir esforços na direção da composição amigável do litígio.

As alterações processuais se projetam para a sociedade. É a melhor distribuição de justiça que, em tese, se objetiva com a reforma. O processo judicial constitui a rota segura para fazer com que o império do direito seja restabelecido, e a paz social prevaleça, com a solução mais segura e efetiva dos litígios interpessoais.

Tomando como meu o vaticínio do experiente processualista português Miguel Teixeira de Sousa, pode-se afirmar que somente depois da entrada em vigor de um Código é que começam as verdadeiras dificuldades. De fato, inúmeras são as questões polêmicas que têm surgido na praxe forense nos dias atuais decorrentes da exegese do novo Código de Processo Civil, no que se refere, por exemplo, à audiência de conciliação, à estabilização da tutela de urgência, à amplitude de cabimento do agravo de instrumento, aos limites objetivos do recurso de apelação, à fixação dos honorários de sucumbência, à notória multiplicação do número de sustentações orais e ainda a outras, que certamente irão aparecer.

Dentre esses problemas, aqueles relativos ao preparo do mediador, do procedimento da mediação e, em particular, das interações entre o juízo estatal e o juízo arbitral, afloram tormentosos, visto que o novo diploma processual alterou, de modo substancial, inúmeros aspectos importantes de toda esta rica temática.

Lembro que num sistema multiportas de acesso à Justiça é de suma relevância que os operadores do direito tenham conhecimento doutrinário seguro, para que possam, pouco a pouco, atuar profissionalmente e difundir as inequívocas vantagens dos denominados meios alternativos de solução das controvérsias.

Assim, diante desse auspicioso panorama, os ilustres Professores Humberto Dalla e Marcelo Mazzola aceitaram o desafio de esquadrinhar toda essa matéria no presente livro, que tenho a honra de apresentar, intitulado *Manual de mediação e arbitragem*.

Não é preciso salientar que a obra, além do oportuno momento em que é publicada, certamente contribuirá para a melhor compreensão de inúmeros pontos polêmicos, que se revelam no dia a dia do foro, sobre o procedimento da mediação e da arbitragem, cada qual na esfera que lhe é reservada.

O desenvolvimento teórico e prático dos dois importantes institutos, que irrompem realmente instigantes, encontra-se seccionado em duas partes: na primeira, os Autores discorrem, de forma clara e segura, sobre a mediação, merecendo destaque o tratamento didático dedicado aos limites do consenso das partes no contexto dos direitos indisponíveis, bem como ao respectivo procedimento; na segunda parte, praticamente todas as questões emergentes do instituto da arbitragem vêm examinadas de modo pontual, com a possível solução ou soluções para cada diversificada situação que a praxe processual oferece ao operador do direito.

Ademais, a intrincada e debatida questão atinente à adstrição dos árbitros aos precedentes judiciais é enfrentada pela ótica experiente de Humberto Dalla e Marcelo Mazzola.

A obra é ainda finalizada com um interessante capítulo sobre os desafios e as perspectivas no âmbito da arbitragem, com destaque à incidência da inteligência artificial em petições arbitrais.

Por não me cativar o exemplo daqueles que a pretexto de apresentação escrevem verdadeiros comentários ou paráfrases, limito-me a enfatizar o que extrai após atenta leitura: congratulo-me com os Autores pelo belo *Manual* que escreveram, inédito sob a vigência do novo Código de Processo Civil!

José Rogério Cruz e Tucci

Advogado em São Paulo. Professor Titular regente da disciplina
Direito Processual Civil nos Cursos de Graduação e Pós-Graduação
da Faculdade de Direito da Universidade de São Paulo.

PARTE I
MEDIAÇÃO

Capítulo 1

A Evolução Histórica dos Meios de Obtenção de Consenso e a Busca pelo Método mais Adequado de Resolução de Conflitos

Sumário: 1.1. Evolução histórica. **1.1.1.** O direito processual no Brasil Colônia. **1.1.2.** O processo durante o Império. **1.1.3.** O advento da República: dos Códigos Estaduais ao CPC/39. **1.1.4.** O CPC/73 e as sucessivas reformas processuais durante as décadas de 1990 e de 2000. **1.2.** O processo legislativo do CPC/2015. **1.3.** O marco legal dos mecanismos adequados de solução de conflitos. **1.3.1.** O longo caminho trilhado pela conciliação no ordenamento brasileiro. **1.3.2.** A recente instituição dos mecanismos mediatórios. **1.3.3.** A mediação e a conciliação no CPC. **1.4.** Visão sistemática das principais ferramentas para a resolução de conflitos. **1.5.** Semelhanças e distinções entre cada uma das ferramentas. **1.5.1.** Negociação. **1.5.2.** Conciliação e mediação. **1.5.3.** Arbitragem. **1.6.** Características e desafios do procedimento de mediação.

1.1. Evolução histórica

Neste capítulo inicial, abordaremos a evolução histórica do Processo Civil no Brasil. Diversos fatores políticos e sociais influenciaram profundamente esse ramo do direito, fazendo-o passar por diversas mutações. Também analisaremos o contexto jurídico que antecedeu as reformas do CPC/73 e da legislação extravagante, bem como da edição do CPC/2015, sempre tendo como parâmetros a efetivação do acesso à justiça e a razoável duração do processo.

Trataremos, ainda, dos mecanismos adequados de soluções de controvérsia, com seu exponencial crescimento nos últimos anos, dada a necessidade de se encarar da forma mais ampla possível a demanda por uma melhor administração da Justiça e da jurisdição.

O objetivo, em linhas gerais, é demonstrar a volatilidade de nosso ordenamento e, em uma visão prospectiva, a necessidade do estabelecimento de *standards* para tais mudanças.

A digressão histórica se inicia com o descobrimento do Brasil. Em um primeiro momento, examinaremos as mudanças e as evoluções legislativas ocorridas após a Independência. Depois, delinearemos o contexto do início do período republicano e sua implicação no direito processual em termos de competências legislativas. Na sequência, analisaremos a promulgação do CPC/73, as suas sucessivas reformas, chegando ao Pacto Republicano de 2004 e, finalmente, ao movimento que culminou no CPC/2015.

1.1.1. O direito processual no Brasil Colônia

Entre outras transformações provocadas no país, o estabelecimento dos colonizadores portugueses no Brasil deu grande importância aos Municípios como núcleos administrativos. Neles, a jurisdição competia aos juízes ordinários ou da terra, nomeados entre os "homens bons", em uma eleição sem participação da Metrópole, que, por sua vez, era representada pelos seus nomeados "juízes de fora".

Nas Capitanias Hereditárias estabelecidas, era dever dos donatários reger as questões judiciais provenientes de suas terras, dentro dos limites das leis advindas do Reino como pelas então denominadas Cartas Forais. A autoridade jurisdicional máxima era o Ouvidor-Geral.

Como Brasil e Portugal formavam um Estado único[1], as leis processuais portuguesas tinham plena aplicabilidade por aqui. Foi o período das Ordenações emanadas da Corte.

Vigoravam, nessa época: a) as Ordenações Afonsinas, de 1456, inspiradas, principalmente, no direito romano, no direito canônico e nas leis gerais elaboradas a partir do reinado de Afonso II (período do Descobrimento); b) as Ordenações Manuelinas, de 1521, as primeiras editadas em território nacional; e c) as Ordenações Filipinas, promulgadas em 1603.

As Ordenações Afonsinas cuidavam, quase inteiramente, de questões atinentes à administração pública. O processo civil foi objeto de seu Livro III, composto por 128 capítulos, abrangendo os procedimentos de cognição, execução, bem como os recursos.

As Ordenações Manuelinas, promulgadas em 1521, não promoveram grandes alterações em relação às Ordenações Afonsinas, até porque ambas tinham o interesse de preservar e fortalecer a monarquia e a nobreza. No entanto, não se pode deixar de observar que as Ordenações Manuelinas tornaram unos os processos de conhecimento e de execução[2], não os diferenciando.

Promulgadas em 1603, as Ordenações Filipinas foram de grande importância para o direito brasileiro, sobretudo porque vigoraram em parte por um período posterior à independência. Tinham uma estrutura considerada bastante moderna para a época, sendo compostas por cinco livros, dentre os quais o terceiro tratava da parte processual civil.

---

1. GRECO, 2003, p. 68.
2. SILVA, 1997, p. 28.

Quanto ao conteúdo, a legislação apresentava um processo marcantemente forma-lista, com a prevalência da escrita e forte valorização do princípio dispositivo, com dire-ção das partes sobre o processo. O Livro III era dividido em quatro partes que discipli-navam, nesta ordem: a fase postulatória, a fase instrutória, a fase decisória e a fase executória, além da regulamentação dos procedimentos ordinário, sumários (previstos para casos específicos) e especiais (aplicados a determinadas ações)[3].

O processo criminal, assim como o direito penal, era regulado pelo Livro V, que admitia, entre outras práticas desumanas, tortura, mutilações, açoite e degredo, marcan-do uma acentuada incompatibilidade com o estágio de civilização alcançado pelo Brasil, e despertando, dessa forma, um maior grau de preocupação entre os estudiosos.

Além das Ordenações Filipinas, repercutiam na Justiça do país as Cartas dos dona-tários, dos governadores e ouvidores e, ainda, o poder dos senhores de engenho, que faziam sua própria justiça ou influenciavam a Justiça oficial, ora pelo prestígio que osten-tavam, ora pelo parentesco com os magistrados.

1.1.2. O processo durante o Império

Proclamada a independência em 7 de setembro de 1822, era necessário refundar o direito brasileiro, o que foi feito com a Constituição Imperial de 1824. Incorporando os valores das revoluções liberais do fim do século XVIII, a Carta Constitucional introduziu em nosso ordenamento diversas inovações e princípios fundamentais, principalmente na seara penal, em que era mais evidente a necessidade de mudanças para, por exemplo, abolir a tortura e todas as penas cruéis.

Ademais, determinou-se a separação de poderes e, peculiarmente, criou-se o Poder Moderador, centrado nas mãos do Imperador, com a função de harmonizar o relaciona-mento entre as funções de Estado, o seu funcionamento e garantir os direitos ditados pela Carta Magna.

Estipularam-se, ainda, a necessidade e a obrigatoriedade de um juízo conciliatório prévio[4].

O advento da Constituição Imperial não retirou, contudo, automaticamente, a vi-gência das normas da antiga metrópole. Isso porque o Decreto de 20 de outubro de 1823 as adotou como leis brasileiras, revogando apenas as disposições contrárias à soberania nacional e ao regime brasileiro. Por isso, as Ordenações Filipinas continuaram produzin-do efeitos.

---

3.   ALVIM, 2000, p. 53.
4.   BARBOSA MOREIRA, 1994, p. 95. Interessante transcrevermos aqui os arts. 161 e 162 da Constitui-ção do Império, que estabeleciam, respectivamente, a tentativa prévia de conciliação como pressuposto de constituição válida do processo e a atribuição de competência ao juiz de paz para tentar promovê-la. "Art. 161. Sem se fazer constar, que se tem intentado o meio da reconciliação, não se começará Processo algum. Art. 162. Para este fim haverá juizes de Paz, os quaes serão electivos pelo mesmo tempo, e maneira, por que se elegem os Vereadores das Camaras. Suas attribuições, e Districtos serão regulados por Lei."

Em 1850, com a promulgação do Código Comercial, foram editados os Regulamentos n. 737 (considerado o primeiro diploma processual brasileiro fora do âmbito criminal) e 738, que tratavam, respectivamente, do processo das causas comerciais e do funcionamento dos tribunais e juízes do comércio.

O direito processual civil, entretanto, não recebeu normativa própria, o que manteve em vigência, no ponto, as disposições das Ordenações e suas posteriores modificações. Diante disso, o governo imperial baixou, em 1876, uma Consolidação das Leis do Processo Civil, com força de lei, que ficou conhecida como Consolidação Ribas, em virtude de sua elaboração a cargo do Conselheiro Antônio Joaquim Ribas.

1.1.3. O advento da República: dos Códigos Estaduais ao CPC/39

Logo após a Proclamação da República, o Regulamento 737 teve sua aplicação estendida às causas cíveis, mantendo-se a aplicação das Ordenações e suas modificações aos casos de jurisdição voluntária e de processos especiais.

Contudo, a primeira Constituição da República, em 1891, transmitiu aos Estados--membros a competência legislativa sobre matéria processual, aumentando o espectro de competência antes pertencente somente à União Federal. Com isso, diversos Códigos Estaduais foram promulgados, regulamentando as mais diversas questões processuais.

Em 1º de janeiro de 1916, foi editado o Código Civil Brasileiro, que acabou, em algumas disposições, extrapolando o direito material para alcançar também algumas matérias de natureza processual.

No Rio de Janeiro, então Distrito Federal, foi editado o Código Judiciário de 1919, Lei n. 1.580, de 20 de janeiro, sendo em seguida substituído pelo Código de Processo Civil do DF, de 31 de dezembro de 1924, devidamente promulgado pelo Decreto n. 16.752.

Com o fim da República Velha, a Constituição de 1934 passou a atribuir competência exclusiva para a União Federal legislar sobre direito processual. A tendência foi mantida com a Carta outorgada de 1937[5], em seu art. 16, XVI, culminando com a edição do Código Brasileiro de Processo Civil, por meio do Decreto-lei n. 1.608, de 18 de setembro de 1939.

A unificação processual foi importante pela premente necessidade de se tratar de maneira uniforme o processo civil, ante a profusão de leis estaduais que não se mostravam aptas a tutelar de forma satisfatória os direitos dos particulares.

O CPC/39 trouxe ao país algumas das mais modernas doutrinas europeias da época, com a introdução de importantes inovações em nosso ordenamento processual, como o

---

5. Todas as Constituições que se seguiram mantiveram essa unificação, inclusive a de 1988, de acordo com seu art. 22, I. Todavia, nossa atual Constituição, no art. 24, X e XI, estabelece a competência concorrente da União, dos Estados e do Distrito Federal para legislar sobre "criação, funcionamento e processo do juizado de pequenas causas" e "procedimentos em matéria processual", criando, assim, duas exceções à regra geral do art. 22, I.

princípio da oralidade e a combinação do princípio dispositivo e do princípio do juiz ativo, possibilitando uma maior celeridade nos procedimentos.

O diploma era composto por 1.052 artigos, dispostos em dez livros; foi modificado por diversas leis extravagantes e se manteve em vigor até o último dia do ano de 1973.

1.1.4. O CPC/73 e as sucessivas reformas processuais durante as décadas de 1990 e de 2000

Dando sequência à trajetória evolutiva, chegamos ao segundo Código de Processo Civil, introduzido em nosso ordenamento jurídico pela Lei n. 5.869, de 11 de janeiro de 1973, que teve como base o anteprojeto de autoria de Alfredo Buzaid.

No Código, foram incorporadas as ideias instrumentalistas do processo, pelas quais o processo não seria um fim em si mesmo, mas um instrumento para assegurar direitos. Como exemplo disso, instituíram-se a relativização das nulidades e a liberdade das formas para maior efetividade da decisão judicial.

A criação de um novo CPC, segundo Buzaid, era mais aconselhável do que a reforma do existente por dois motivos. Primeiro, a existência de uma pluralidade de leis especiais. Segundo, a necessidade de se corrigirem diversas lacunas e falhas do Código de 1939, que obstavam seu manejo como mecanismo de auxílio à administração da Justiça[6].

O novo diploma tinha inegável superioridade técnica em face da legislação até então existente, ainda que o modelo processual permanecesse estruturado em institutos individualistas de tutela jurisdicional.

Com o passar do tempo e o surgimento de novas demandas sociais, o CPC/73 sofreu diversas alterações, principalmente a partir do início da década de 1990. Foi um momento marcado pela Reforma Processual, caracterizada por dezenas de leis alteradoras destinadas a promover mudanças pontuais e ajustes "cirúrgicos".

Em 1994, ocorreu a primeira reforma significativa. Podem ser citados como exemplos as sistematizações da tutela antecipada e da tutela específica das obrigações de fazer e não fazer, bem como o novo regime do recurso de agravo, entre outras modificações.

Entre 2001 e 2002, com a entrada em vigor das Leis n. 10.352/2001, 10.358/2001 e 10.444/2002, levou-se a cabo a segunda grande reforma do Código de Processo Civil de 1973, com destaque para os seguintes pontos: i) limitar os casos de reexame necessário; ii) permitir a fungibilidade entre as providências antecipatórias e as medidas cautelares incidentais; iii) reforçar a execução provisória; iv) permitir ao relator a conversão de agravo de instrumento em agravo retido; e v) limitar os casos de cabimento de embargos infringentes.

As mudanças são o reflexo da maior importância dada pela ciência processual nos últimos tempos à efetividade da prestação jurisdicional, a fim de possibilitar que o cida-

---

6. Essa dúvida entre reformar o antigo Código ou elaborar um novo é exposta pelo próprio Alfredo Buzaid no primeiro capítulo da Exposição de Motivos do Código de Processo Civil de 1973.

dão tenha uma resposta jurisdicional mais rápida do Poder Judiciário, à luz do princípio constitucional de acesso à justiça (art. 5º, XXXV, da CF)[7].

Em dezembro de 2004, depois de muitos anos de debates, foi enfim aprovada e editada a Emenda Constitucional n. 45, que trouxe a chamada "Reforma do Poder Judiciário"[8].

A EC incluiu na Carta Magna questões de grande relevância, tais como a garantia da duração razoável do processo, a federalização das violações aos direitos humanos, a súmula vinculante, a repercussão geral da questão constitucional como pressuposto para a admissibilidade do recurso extraordinário e os Conselhos Nacionais da Magistratura e do Ministério Público.

Anexo à Reforma, os Chefes dos Poderes da República assinaram um "Pacto" em favor de um Judiciário mais rápido, eficiente e Republicano. Na esteira desse Pacto, sobrevieram novas reformas ao CPC/73[9], o que demonstrou que os resultados das modificações anteriores não foram por si aptos a produzir uma efetiva melhora na qualidade da prestação jurisdicional.

Em 2009, os Chefes dos Três Poderes assinaram, em 13 de abril, o II Pacto Republicano. O referido Pacto tinha como objetivos o acesso à Justiça, especialmente dos mais necessitados (inciso I), o aprimoramento da prestação jurisdicional (inciso II) e o aperfeiçoamento e fortalecimento das instituições do Estado (inciso III).

Para dar concretude às metas, o Pacto previu, entre outras medidas, a disciplina do mandado de segurança individual e coletivo, inovando especialmente quanto à medida liminar e aos recursos (item 1.5); as disposições sobre o funcionamento do Conselho Nacional de Justiça (item 2.1); a busca de uma maior efetividade para o credor de precatórios (item 2.2); a redução de recursos e de hipóteses de reexame necessário, de modo a agilizar e a simplificar o processamento das ações (item 2.6); o fortalecimento da Defensoria Pública (item 3.1); a revisão da lei da ação civil pública (item 3.2) e a instituição dos Juizados Especiais da Fazenda Pública no âmbito dos Estados, do Distrito Federal e dos Municípios (item 3.3).

Impressionou – na sucessão de diplomas legais – não só o número de dispositivos alterados, como, principalmente, o fato de que alguns institutos foram modificados diversas

---

7.   Luiz Guilherme Marinoni assinala que: "uma leitura mais moderna, no entanto, faz surgir a ideia de que essa norma constitucional garante não só o direito de ação, mas a possibilidade de um acesso efetivo à Justiça e, assim, um direito à tutela jurisdicional adequada, efetiva e tempestiva. Não teria cabimento entender, com efeito, que a Constituição da República garante ao cidadão que pode afirmar uma lesão ou uma ameaça a direito apenas e tão somente uma resposta, independentemente de ser ela efetiva e tempestiva. Ora se o direito de acesso à Justiça é um direito fundamental, porque garantidor de todos os demais, não há como imaginar que a Constituição da República proclama apenas que todos têm direito a uma mera resposta do juiz" (1999, p. 218).

8.   Para um exame histórico e sistemático do referido Diploma, remetemos o leitor a: BERMUDES, 2006, p. 32.

9.   A primeira versão do Pacto Republicano ocorreu em 2004 e dos 32 projetos que constavam na lista, 24 foram transformados em lei, dentro do contexto de reforma do Poder Judiciário.

vezes. Finalmente, em 2009, aguçou-se a crítica das sucessivas reformas e a conclusão pela necessidade de edição de um novo Código de Processo Civil, consumado com a promulgação da Lei n. 13.105/2015, publicada no *Diário Oficial* de 17 de março de 2015.

1.2. O processo legislativo do CPC/2015

Em 2009, foi formada uma Comissão de juristas, com o fito de elaborar um anteprojeto para o Novo Código Civil, que, logo em dezembro daquele ano, concluiu a primeira fase de seus trabalhos. Após, a proposta elaborada foi submetida a oito audiências públicas, que resultaram na análise de mais de mil sugestões. Em seguida, foram consultados Ministros dos Tribunais Superiores e, finalmente, iniciado o processo legislativo.

O projeto foi apresentado ao presidente do Senado no dia 8 de junho de 2010, sendo autuado naquela Casa sob o n. 166/2010. Dado início ao processo legislativo, constitui-se Comissão para apresentar emendas até o dia 27 de agosto de 2010 e, em novembro de 2010, já havia a divulgação dos relatórios parciais sobre ele.

A Comissão do Senado, no dia 24 de novembro de 2010, apresentou seu relatório com um projeto substitutivo, o PLS n. 166/2010, do Senador Valter Pereira, que, com algumas alterações, foi aprovado pelo plenário em 15 de dezembro de 2010.

Seguindo o rito, o projeto foi para a Câmara dos Deputados, renumerado como PL n. 8.046/2010. De volta à Casa originária, o Senador Vital do Rego foi designado para conduzir os trabalhos, com assessoramento, novamente, da Comissão de Juristas. Disponibilizou-se o relatório em setembro de 2014, com a apresentação de uma nova versão em dezembro, quando o projeto teve o seu texto-base e os seus destaques votados em duas sessões até sua aprovação final.

Após minuciosa revisão na Presidência do Senado, o texto final foi então encaminhado à sanção presidencial, em fevereiro de 2015. Em 16 de março, o projeto foi sancionado pela Presidência da República, sendo publicado, com sete vetos, no Diário Oficial do dia seguinte.

Com base no texto aprovado, pode-se dizer que se buscou um balanceamento entre as boas ideias já existentes e as necessidades de mudança, sempre com o objetivo de assegurar maior celeridade na prestação jurisdicional.

O Código, assim, estruturou-se em uma nova ideologia, em uma nova compreensão do processo civil. É nítida a inspiração neoconstitucional e pós-positivista, havendo sempre a preocupação em sintonizar as regras legais com os princípios constitucionais.

Nesse contexto, institutos foram revistos, o procedimento foi abreviado, deu-se maior valor aos precedentes, viabilizou-se a tramitação do processo por meio eletrônico. Enfim, investiu-se na proclamada efetividade.

Sob esse prisma, instituiu-se o incidente de resolução de demandas repetitivas, apto a evitar a prolação de decisões conflitantes em demandas isomórficas, já que, uma vez escolhida a causa representativa da controvérsia, suspendem-se as causas idênticas, fixando-se, ao final, a tese, que será aplicada (salvo os casos de distinção) aos processos sobrestados.

No plano recursal, algumas alterações foram relevantes. Aboliram-se os embargos infringentes e o agravo retido. Além disso, ressalvadas as hipóteses expressamente contempladas no art. 1.015, agraváveis por instrumento, as decisões não atacáveis de plano só podem ser impugnadas em preliminar de apelação ou contrarrazões de apelação (art. 1.009, § 1º, do CPC). Nada obstante, a conciliação e a mediação foram elevadas em importância, passando a ser o primeiro ato de convocação do réu a juízo. Aliás, a obrigação de o Estado promover, sempre que possível, a solução consensual dos conflitos é norma fundamental do CPC (art. 3º, § 2º). Em reforço, o código também prevê que cabe aos juízes, advogados, defensores públicos e membros do Ministério Público, inclusive no curso do processo judicial, estimularem a conciliação, a mediação e outros métodos de solução consensual de conflitos[10] (art. 3º, § 3º).

Quando o processo legislativo já parecia esgotado, no final de 2015 foi apresentado o Projeto de Lei n. 168/2015, objetivando a modificação de alguns dispositivos do Código de Processo Civil, ainda na *vacatio*. As alterações mais importantes repercutiram sobre a ordem cronológica, ajustes nas hipóteses de ação rescisória e de reclamação, e o retorno do juízo de admissibilidade dos recursos excepcionais, com a sistematização dos recursos de agravo (nos próprios autos) e agravo interno a depender da decisão exarada pelo Tribunal local. A proposição acabou aprovada e publicada, sem vetos presidenciais, em 5 de fevereiro de 2016, resultando na Lei n. 13.256.

As alterações foram efetivadas de forma que os dispositivos entrassem em vigor junto com os demais artigos não alterados da Lei n. 13.105/2015[11], apesar de, durante algum tempo, ter havido insegurança na doutrina quanto à data exata da vigência do CPC[12].

1.3. O marco legal dos mecanismos adequados de solução de conflitos

Após o advento do Código de Processo Civil, e dentro da mesma base ideológica de privilegiar o acesso à justiça e a duração razoável do processo, houve a edição da Lei de

---

10. Para Cândido Rangel Dinamarco "conflitos são caracterizados por situações em que uma pessoa, pretendendo para si determinado bem, não pode obtê-lo – seja porque (a) aquele que poderia satisfazer a pretensão não a satisfaz, seja porque (b) o próprio direito proíbe a satisfação voluntária da pretensão". CINTRA et al., 2001, p. 20.

11. Art. 4º da Lei n. 13.256/2016: "Esta Lei entra em vigor no início da vigência da Lei n. 13.105, de 16 de março de 2015 (Código de Processo Civil)".

12. Veja-se, por todos, o bem fundamentado estudo de Luiz Henrique Volpe Camargo, disponível em: <http://jota.uol.com.br/pela-ordem-a-polemica-sobre-o-inicio-da-vigencia-do-cpc2015>. Acesso em: 15 jan. 2016.

Mediação (Lei n. 13.140/2015) e da Lei que promoveu alterações no procedimento arbitral (Lei n. 13.129/2015).

Não se pode olvidar que os meios adequados de solução de controvérsia apresentam-se, desde a segunda metade do século XX, como a melhor saída para os problemas de lentidão e falta de efetividade da justiça estatal[13]. Por isso, o CPC valorizou as conciliações e as mediações judiciais, bem como a arbitragem, promovendo verdadeira alteração disruptiva[14].

1.3.1. O longo caminho trilhado pela conciliação no ordenamento brasileiro

Afirma-se que, desde a China de Confúcio (551-479 a.C.), já se preconizava que "a melhor maneira de alcançar a paz era mediante os acordos"[15].

Na Bíblia, também encontramos passagens que denotam essa preocupação milenar em evitar o conflito, pregando-se a paz e a harmonia entre os homens[16].

De um modo geral, as primeiras notícias do uso da conciliação em nosso ordenamento datam das Ordenações Filipinas. Nesse diploma havia a menção à tentativa conciliatória prévia à propositura da demanda[17].

Essa ideia acabou por inspirar a Constituição do Império de 1824, que estabelecia uma etapa de conciliação preliminar, de competência dos juízes de paz[18], e o Decreto n. 737 de 1850[19].

---

13. Mauro Cappelletti, sobre o tema, defende que os meios alternativos de solução de conflito se inseririam como resposta ao obstáculo processual do acesso à justiça, enquadrando-se nos casos em que o processo litigioso tradicional poderia não ser a forma mais indicada para a vindicação efetiva de direitos (1994, p. 82-97).

14. Em sua Exposição de Motivos, destaca que "Pretendeu-se converter o processo em instrumento incluído no contexto social em que produzirá efeito o seu resultado. Deu-se ênfase à possibilidade de as partes porem fim ao conflito pela via da mediação ou da conciliação. Entendeu-se que a satisfação efetiva das partes pode dar-se de modo mais intenso se a solução é por elas criada e não imposta pelo juiz" (Disponível em: <http://www.senado.gov.br/senado/novocpc/pdf/Anteprojeto.pdf>).

15. SOARES, 2017, p. 524.

16. Emblemática é a passagem contida em Mateus 5, versículo 25, na qual se preza a reconciliação com o adversário antes que se chegue ao tribunal: "Concilia-te depressa com o teu adversário, enquanto estás no caminho com ele, para que não aconteça que o adversário te entregue ao juiz, e o juiz te entregue ao oficial, e te encerrem na prisão".

17. Ordenações Filipinas, Livro 3º, Título 20, § 1º (Disponível em: <http://www1.ci.uc.pt/ihti/proj/filipinas/ordenacoes.htm>. Acesso em: 13 fev. 2016).

18. Como se pode aferir da leitura do art. 161: "Do Poder Judicial: sem se fazer constar, que se tem intentado o meio da reconciliação, não se começará processo algum" (Disponível em: <www.planalto.gov.br/ccivil_03/Constituicao/Constituicao24.htm>. Acesso em: 10 jan. 2018).

19. O art. 23 do Decreto n. 737/1850 trazia norma no sentido de que não se deveria admitir causa comercial proposta perante o juízo contencioso, como regra, sem que fosse tentada a conciliação (Disponível em: <www.planalto.gov.br/ccivil_03/decreto/Historicos/DIM/DIM737.htm>. Acesso em: 10 jan. 2018).

Em 1890, já na República, a prática foi extinta, por meio do Decreto n. 359, considerando que ela havia se tornado inútil. Como relata Michele Paumgartten, após esse Decreto, muitos Estados mantiveram a conciliação, geralmente confiada à Justiça de Paz[20], mas com caráter meramente facultativo.

O tema ganhou novo fôlego no âmbito trabalhista. A Consolidação das Leis do Trabalho estruturou as chamadas Juntas de Conciliação e Julgamento, posteriormente reformuladas como varas do trabalho pela EC 24/99. Em 2000, a Lei n. 9.958 instituiu as comissões de conciliação, com o fito de que a tentativa conciliatória prévia passasse a ser obrigatória em qualquer demanda trabalhista, inserindo o art. 625-D na CLT. Alguns anos mais tarde, o STF suspendeu cautelarmente o dispositivo, no que se refere ao caráter obrigatório da medida[21], por considerá-lo incompatível com a Constituição.

No CPC/73, houve a previsão da audiência preliminar, no art. 331, dispositivo esse que passou por alterações, primeiro pela Lei n. 8.952/94 e, posteriormente, pela Lei n. 10.444/2002[22].

A conciliação novamente ganhou força com a Lei n. 7.244/84 (antigo Juizado Especial de Pequenas Causas), que, em seu art. 2º, estabelecia que se deveria buscar, sempre que possível, a conciliação.

Posteriormente, a Constituição previu, no art. 98, I, a criação dos Juizados Especiais, os quais seriam competentes para conciliar em causas de menor complexidade.

Em 1994, com a edição da Lei n. 8.952, alterou-se o CPC/73 para incluir a conciliação entre os deveres do juiz e inseri-la como uma das finalidades da audiência preliminar.

Nesse percurso, vale destacar a Semana da Conciliação, estimulada pelo Conselho Nacional de Justiça e realizada anualmente, em todos os tribunais brasileiros. Os resultados são publicados no site do CNJ, o qual mantém estatísticas de acordos realizados[23].

Por sua vez, o CPC prevê e regula o instituto da conciliação em diversos dispositivos. Os mais relevantes são os arts. 139, V, 165, § 2º, 334, 359 e 487, III, que serão explorados ao longo desta obra.

1.3.2. A recente instituição dos mecanismos mediatórios

Especificamente em relação à mediação, o esforço do legislador em positivá-la é mais recente. A primeira tentativa foi o Projeto de Lei n. 4.827/98, proposto pela Deputada Zulaiê Cobra, que trazia uma regulamentação concisa, estabelecendo a definição de

---

20. PAUMGARTTEN, 2015, p. 45.

21. ADI 2.160 MC, rel. Min. Octavio Galloti, rel. para acórdão Min. Marco Aurélio, Tribunal Pleno, *DJe* 23-10-2009.

22. BARBOSA MOREIRA, 2007, p. 129-139.

23. Informações disponíveis no site do CNJ (<http://www.cnj.jus.br/programas-e-acoes/conciliacao-mediacao/semana-nacional-de-conciliacao/resultados>). Acesso em: 20 out. 2016.

mediação e elencando algumas disposições a respeito. Contudo, o PL acabou arquivado após oito anos de tramitação acidentada.

Já em 2010, com um maior amadurecimento dos debates sobre a matéria, o Conselho Nacional de Justiça, implementando, de forma definitiva, o denominado sistema multiportas, editou a Resolução n. 125.

O art. 1º dessa Resolução, com redação determinada pela Resolução n. 326/2020, institui uma Política Judiciária Nacional de Tratamento Adequado dos Conflitos de Interesses, tendente a assegurar a todos o direito à solução dos conflitos por meios adequados à sua natureza e peculiaridade., explicitando, ainda, em seu parágrafo único, que aos órgãos judiciários incumbe, nos termos do art. 334 do CPC, combinado com o art. 27 da Lei de Mediação), antes da solução adjudicada mediante sentença, oferecer outros mecanismos de soluções de controvérsias, em especial os chamados meios consensuais, como a mediação e a conciliação, bem assim prestar atendimento e orientação ao cidadão[24].

Nesse diapasão, em 2011, o Senador Ricardo Ferraço apresentou o Projeto de Lei n. 517/2011, voltado a regulamentar a mediação judicial e a extrajudicial, em harmonia com a Resolução n. 125 do CNJ. Posteriormente, apensaram-se ao PLS n. 517 mais duas iniciativas legislativas: o PLS n. 405/2013, fruto do trabalho realizado por Comissão instituída pelo Senado, e presidida pelo Ministro Luis Felipe Salomão, do Superior Tribunal de Justiça, e o PLS n. 434/2013, fruto de Comissão instituída pelo CNJ e pelo Ministério da Justiça, presidida pelos Ministros Nancy Andrighi e Marco Buzzi, ambos do STJ, e pelo Secretário da Reforma do Judiciário do Ministério da Justiça, Flavio Croce Caetano[25].

Foram convocadas audiências públicas para que os três projetos fossem discutidos, debatendo-se algumas questões controvertidas. Em 2013, o Senador Vital do Rego, relator, apresentou um Substitutivo ao PLS n. 517/2011 com o objetivo de congregar o que havia de melhor nas três iniciativas.

O substitutivo foi aprovado e remetido à Câmara, onde foi autuado como Projeto de Lei n. 7.169/2014. Nesse mesmo ano, os deputados realizaram audiências públicas e um Substitutivo foi apresentado pelo Deputado Sergio Zveiter, relator da matéria na CCJ[26]. O texto foi consolidado, aprovado e devolvido ao Senado em março de 2015, para apreciação das alterações feitas no processo legislativo. Em junho, o projeto foi aprovado na casa iniciadora do PL, sem modificações. Sancionado pela Presidente da República, converteu-se na Lei n. 13.140/2015, sem vetos[27].

Na esteira do CNJ, o CNMP editou a Resolução n. 118/2014[28], que dispõe sobre a Política Nacional de Incentivo à Autocomposição no âmbito do Ministério Público.

---

24. Texto disponível em: <https://atos.cnj.jus.br/atos/detalhar/3366>. Acesso em: 10 jul. 2020.

25. PINHO, 2015, p. 5.

26. PINHO, 2014, p. 37.

27. SALOMÃO, 2015, p. 9.

28. Resolução n. 118/2014 do CNMP.

Em 2016, o STJ editou a Emenda Regimental n. 23, que inseriu no Regimento Interno da Corte o art. 288, alíneas A, B e C, e criou o Centro de Soluções Consensuais do Superior Tribunal de Justiça.

Em agosto de 2020, o STF editou a Resolução n. 697, que criou o Centro de Mediação e Conciliação do Supremo Tribunal Federal. No mesmo mês, o CNJ editou a Recomendação n. 71/2020 que dispõe sobre a criação do Centro Judiciário de Solução de Conflitos e Cidadania – CEJUSC Empresarial, com o objetivo de fomentar o uso dos meios adequados de resolução de disputas em matéria empresarial.

1.3.3. A mediação e a conciliação no CPC

No CPC vigente, é possível identificar a atenção da Comissão de Juristas em valorizar os meios adequados de solução de controvérsias, criando-se, inclusive, uma seção específica (arts. 165 a 175). Trata-se de conduta imperiosa para efetivar a razoável duração do processo prometida constitucionalmente (art. 5º, LXXVIII, da CF).

No capítulo inicial, intitulado "Das Normas Fundamentais do Processo Civil", o Código faz uma releitura do princípio da inafastabilidade da jurisdição (art. 3º), determinando que não se excluirá da apreciação jurisdicional ameaça ou lesão a direito. E, como visto, estabelece que é dever do Estado promover a solução consensual dos conflitos[29], devendo a conciliação, mediação e outros métodos serem estimulados pelos juízes, advogados, defensores públicos e membros do *parquet* (art. 3º, § 2º).

Com efeito, o CPC se preocupou com a atividade de conciliação e de mediação realizada judicialmente, sem prejuízo da possibilidade de esses mecanismos serem utilizados previamente ao processo ou, ainda, de outros meios de solução de conflitos escolhidos pelos interessados (art. 175).

Tratados sob a rubrica de "auxiliares da justiça", os conciliadores e mediadores devem auxiliar o juiz na tarefa de estímulo à autocomposição (art. 139, V, do CPC).

Em reforço ao previsto na Resolução n. 125/2010 do CNJ, o art. 165, repisando o que já se encontrava nela, determina que os Tribunais "criarão centros judiciários de solução consensual de conflitos[30], responsáveis pela realização de sessões e audiências de conci-

---

29. "A Teoria Moderna do Conflito estabelece que as habilidades dos envolvidos, as quais são condicionadas por diversos fatores, tais como cultura, ideologias e valores, podem conduzir a situação de tensão a cenários que conjuguem os interesses conflitantes, transformando a crise em uma oportunidade de ganho para ambas as partes. Assim, evidencia-se a necessidade de desenvolver métodos que respondam e correspondam aos conflitos enfrentados pela sociedade pós-moderna. O aumento na complexidade da tecnologia, a economia de massa, bem como a intensidade do fluxo das comunicações, associado à crescente escassez de recursos naturais e éticos contribuem para a potencialização da geração de disputas, as quais muitas vezes não se adequam aos tradicionais meios adversariais de solução, onde impera a lógica do ganha-perde". CALDAS, 2019, p. 17.

30. Para Chistopher Moore, os resultados possíveis de um conflito são os seguintes: a) perda ou ganho; b) impasse; c) meio-termo; e d) ganho e ganho. O resultado será (a) perda ou ganho quando, seguindo a corrente tradicional, a solução do conflito se der por uma completa satisfação dos interesses de um dos

liação e mediação, e pelo desenvolvimento de programas destinados a auxiliar, orientar e estimular a autocomposição".

Destaque-se, no ponto, a importância de a atividade ser conduzida por mediador profissional, imparcial e equidistante do conflito. Em outras palavras, a função de mediar não deve, como regra, ser acumulada por outros profissionais, como juízes, promotores e defensores públicos. O CPC prestigia esse entendimento.

Idealmente, a audiência preliminar deveria ser conduzida sempre por um auxiliar do magistrado, de forma a garantir sua imparcialidade, até mesmo para que os juízes não levem em consideração fatos expostos na sessão de conciliação/mediação, nem mesmo sejam inconscientemente influenciados por provas eventualmente materializadas na oportunidade, por exemplo, uma confissão.

Em certas hipóteses, não se pode negar que a audiência de conciliação terá que ser conduzida pelo juiz. Por exemplo, nos casos de tutelas de urgência em atividade de justificação prévia, ou nos casos envolvendo hipossuficientes, nos quais seja necessário o contato imediato do julgador com as partes.

Entretanto, mesmo nesse ponto, é possível que a participação do magistrado se restrinja a decidir sobre a medida urgente ou a verificar eventual hipossuficiência, devendo, em seguida, ser substituído pelo conciliador ou mediador imparciais, de acordo com o conflito sob análise.

Vale lembrar que, na sistemática do CPC, a audiência preliminar (art. 334) ocorrerá logo após o recebimento da inicial, se não for o caso de improcedência liminar do pedido (art. 332), sendo certo que o prazo da contestação só começará a fluir a partir da última sessão de conciliação/mediação frustrada (art. 335, I).

De forma didática, o Código, em seu art. 165, §§ 2º e 3º, faz uma diferenciação expressa entre as figuras da conciliação e da mediação. Os critérios são a postura do terceiro e o tipo de conflito.

Assim, pelos preceitos do Código, o conciliador pode sugerir soluções para o litígio. O mecanismo é o mais adequado para os conflitos puramente patrimoniais, como uma batida de carro, por exemplo, ou mesmo uma discussão sobre cobranças bancárias indevidas.

Mesmo sendo possível sugerir propostas para composição, o ideal é que as próprias partes cheguem a um consenso, de modo a reforçar a consciência da importância da autocomposição.

Por sua vez, o mediador, em seu mister, deve auxiliar as pessoas em conflito a conscientizar-se das vantagens de alternativas de benefício mútuo. É a forma mais indi-

---

agentes e, por conseguinte, completa frustração dos interesses do outro. Se, posto que não cheguem ao ponto de equilíbrio, os agentes celebrarem um acordo, tem-se o (b) impasse; se as partes modificarem seus objetivos ou mesmo desistirem de um interesse em benefício do outro, chega-se ao (c) meio-termo. O resultado (d) ganho e ganho será alcançado quando todos os agentes almejarem a satisfação de todos os interesses envolvidos. MOORE, 1986, p. 73.

cada para as hipóteses em que se deseje preservar ou restaurar vínculos (por exemplo, conflitos familiares, societários, de vizinhança etc.), ou seja, aquelas situações em que o relacionamento entre as partes interfere diretamente na pretensão formulada em juízo.

Sobre o profissional que exerce a função, o CPC prestigiou o entendimento de que qualquer profissional pode ser mediador, não havendo exclusividade para advogados ou psicólogos[31]. Além disso, caso o mediador seja advogado, o § 5º do art. 167 o impede de atuar nos juízos em que desempenhe sua função – no âmbito dos Juizados Especiais Cíveis, tal entendimento já era aplicado aos conciliadores, os quais são impedidos de exercer a advocacia nos Juizados que atuem na qualidade de conciliadores[32].

Vale destacar que o CNJ, em sua Resolução 125, Anexo III, editou o Código de Ética dos Conciliadores e Mediadores, que deverá ser observado nas conciliações e mediações, sejam elas judiciais ou extrajudiciais. O objetivo foi "assegurar o desenvolvimento da Política Pública de tratamento adequado dos conflitos e a qualidade dos serviços da conciliação e mediação enquanto instrumentos efetivos de pacificação social e de prevenção de litígios"[33].

Voltando ao CPC, o art. 166 trata dos princípios que informam a conciliação e a mediação. São eles:

i)   independência;
ii)   imparcialidade;
iii) autonomia da vontade;
iv)   confidencialidade;
v)   oralidade;
vi)   informalidade; e
vii) decisão informada. Todos eles serão esmiuçados no Capítulo 4.

Os §§ 1º e 2º do art. 166 trazem preocupação específica com a confidencialidade.

Por sua vez, o art. 173 determina que a violação, por parte do conciliador ou mediador, de qualquer dos deveres previstos nos dispositivos suprarreferidos terá como consequência a sua exclusão do cadastro.

O art. 167 trata dos cadastros – nacional e local – de conciliadores e mediadores, e do registro de profissionais habilitados, com indicação de sua área profissional e especialização.

---

31.   Sobre esse ponto, é importante destacar que, na primeira versão do PLS n. 166/2010, era imprescindível que o mediador fosse inscrito nos quadros da Ordem dos Advogados do Brasil, o que acabou por ser suprimido na versão final do Código (art. 137, § 1º).

32.   REsp 380.176, rel. Min. Franciulli Netto, j. em 23-6-2003. Nesse mesmo sentido, assim se posicionou o Conselho Federal da OAB: Recurso 0188/2002/PCA0BA, rel. Conselheiro Julio Alcino de Oliveira Neto (PE), j. em 14-10-2002.

33.   O Anexo III foi incluído por meio da Emenda n. 1, de 31 de janeiro de 2013.

O registro deverá trazer as informações sobre a performance do profissional, indicando, especialmente, o número de causas em que atuou, seu grau de sucesso[34] na atividade e os ramos do direito sobre os quais versou o conflito. Esses dados serão publicados periodicamente e sistematizados para fins de estatística.

De acordo com o art. 168, as partes "podem escolher, de comum acordo, o conciliador, o mediador ou a câmara privada de conciliação e de mediação", podendo ser agentes públicos ou privados. Ou seja, mesmo que se trate de uma mediação judicial, assegura-se a escolha às partes interessadas, podendo ser selecionado profissional previamente cadastrado no Tribunal ou não[35].

Cada Tribunal deverá ter o seu próprio cadastro. Desse modo, se um profissional quiser atuar em vários Tribunais – por exemplo, em Tribunais de Justiça de dois Estados, ou em mais de um ramo do judiciário (estadual e federal) –, deverá estar cadastrado em ambos.

Se as partes não entrarem em acordo acerca do profissional, o magistrado indicará um profissional que já esteja regularmente inscrito no âmbito daquela Corte, a partir de um sistema de livre distribuição, como estabelece o art. 168, § 2º, do CPC.

Acerca dos requisitos para exercer as funções de mediador extrajudicial, o art. 9º da Lei n. 13.140/2015 dispõe que os mediadores extrajudiciais não necessitam demonstrar qualquer formação específica, bastando que sejam capazes e gozem da confiança das partes – sendo a confiança, como se sabe, pilar básico para o sucesso do procedimento de mediação[36].

Quanto aos mediadores judiciais, o art. 11 da mesma Lei estabelece dois requisitos:

i) ser graduado há pelo menos dois anos em curso de ensino superior de instituição reconhecida pelo Ministério da Educação; e

ii) ter obtido capacitação em escola ou instituição de formação de mediadores, reconhecida pela Escola Nacional de Formação de Magistrados (ENFAM) ou pelos Tribunais.

No que tange à remuneração de mediadores e conciliadores judiciais, o art. 169 do CPC estabelece que esta deve observar a tabela vigente em cada Tribunal, observados os

---

34. Não custa lembrar que o sucesso não é aferido apenas pela realização do acordo. Na verdade, é preciso atentar para toda a atividade desenvolvida, que poderá, por exemplo, melhorar a qualidade da convivência entre as partes ou mesmo reabrir um canal de comunicação há muito fechado. Nesse sentido, veja-se o Enunciado FPPC n. 625: "O sucesso ou insucesso da mediação ou da conciliação não deve ser apurado apenas em função da celebração de acordo".

35. Enunciado ENFAM n. 59: "O conciliador ou mediador não cadastrado no tribunal, escolhido na forma do § 1º do art. 168 do CPC/2015, deverá preencher o requisito de capacitação mínima previsto no § 1º do art. 167".

36. Enunciado CJF n. 47: "A menção à capacitação do mediador extrajudicial, prevista no art. 9º da Lei n. 13.140/2015, indica que ele deve ter experiência, vocação, confiança dos envolvidos e aptidão para mediar, bem como conhecimento dos fundamentos da mediação, não bastando formação em outras áreas do saber que guardem relação com o mérito do conflito".

parâmetros definidos pelo Conselho Nacional de Justiça. Assegura-se, contudo, a possibilidade de trabalho voluntário, que, na prática, é o que ocorre hoje na maioria das Cortes do país.

Cabe destacar que a Resolução n. 271/2018 do CNJ[37] fixou os parâmetros de remuneração a serem pagos aos conciliadores e mediadores judiciais, nos termos do disposto no art. 169 do Código de Processo Civil e no art. 13 da Lei de Mediação.

Já o art. 170 do CPC dispõe que, aos mediadores e conciliadores auxiliares do juízo, podem ser aplicadas as hipóteses de impedimento. Embora o art. 170 mencione expressamente apenas o impedimento, cremos que podem ser aplicáveis também os casos de suspeição, previstos no art. 145 do Código. Ocorrendo qualquer dos dois, o profissional deve comunicar o fato para fins de nova distribuição.

O art. 171, por sua vez, estabelece uma forma de afastamento específica para mediadores e conciliadores, chamada "impossibilidade temporária". Tal hipótese pode ser aventada, por exemplo, quando o profissional estiver com uma sobrecarga de procedimentos.

No art. 172 do CPC, em linha com o art. 6º da Lei de Mediação, estabelece-se a chamada quarentena. Por essa regra, impede-se que o profissional atue nas atividades de assessoramento, de representação ou de patrocínio de qualquer das partes envolvidas pelo prazo de um ano, contado do término da última audiência de conciliação ou sessão de mediação.

Qualquer contato prévio eventualmente existente com uma das partes (o conciliador, por exemplo, prestou assessoria a uma delas durante determinado período no passado) deve ser comunicado ao Centro e à outra parte, para avaliar se a situação configura hipótese de impedimento ou suspeição, na forma dos arts. 144 e 145 do CPC[38].

Tal dispositivo é voltado para os profissionais que atuam na seara judicial. Logo, nada impede que se convencionem regras mais brandas ou mais severas no campo extrajudicial. Por exemplo, o regimento interno de determinada câmara de mediação pode conter a vedação absoluta a que um profissional que já advogou para uma das partes seja mediador de processo que envolva essa mesma parte, pela existência de conflito de interesses.

Cabe registrar que a Lei n. 13.140/2015, em seu art. 7º, ainda aumenta as restrições impostas ao mediador, impedindo a participação em arbitragem de profissional que tenha atuado no conflito como mediador. Registre-se que aqui não há nem sequer prazo, simplesmente vedação absoluta.

---

37. Disponível em: <https://atos.cnj.jus.br/atos/detalhar/2780>. Acesso em: 12 mar. 2020.

38. Essa figura se assimilaria ao *disclosure*, instituto utilizado nas arbitragens, consubstanciado no dever de revelação por parte dos árbitros antes da aceitação da função. Conforme assevera Paulo Cezar Pinheiro Carneiro, "não é necessária prova da parcialidade. Basta a dúvida ou o perigo concreto de que a conduta dos árbitros tenha tratado uma das partes de modo menos favorável que a outra" (2013. Disponível em: <http://www.e-publicacoes.uerj.br/index.php/redp/>).

Ademais, fica o mediador proibido de funcionar como testemunha, tanto em processos judiciais como arbitrais relativos ao mesmo conflito.

O art. 173 do CPC trata das sanções aplicáveis aos conciliadores e mediadores. A penalidade mais gravosa é a de exclusão do cadastro, que deverá ser precedida de regular procedimento administrativo, caso se verifique que o profissional:

i) venha a agir com dolo ou culpa na condução da conciliação ou da mediação sob sua responsabilidade, ou violar qualquer dos deveres decorrentes do art. 166, §§ 1º e 2º; ou

ii) atue em procedimento de mediação ou conciliação, apesar de impedido ou suspeito.

Se a conduta não for de tanta gravidade, o juiz da causa ou o juiz coordenador do centro de conciliação e mediação pode determinar o seu afastamento por período de até 180 dias.

Finalmente, o art. 174 autoriza a atividade consensual envolvendo a Fazenda Pública, nos níveis federal, estadual e distrital, e municipal. Para plena aplicabilidade do dispositivo, será preciso lei específica de cada ente federado.

O CPC traz duas hipóteses: i) questões que envolvam a administração pública (incisos I e II); e ii) questões coletivas que possam ser objeto de termo de ajustamento de conduta.

Quanto ao uso dos meios consensuais pela administração pública, impende salientar que a previsão não é inédita, mas teve seu campo de incidência ampliado no CPC. Eles já eram previstos no âmbito dos Juizados Especiais Federais (Lei n. 10.259/2001), bem como na Lei dos Juizados Especiais da Fazenda Pública (Lei n. 12.153/2009).

Na esfera federal, a legislação básica sobre transações é a Lei n. 9.469/97, que admite transação sem diferenciar ou restringir a matéria, para os litígios que envolvem a União ou outro ente federal. Essa norma está regulamentada por diversas Portarias da Advocacia-Geral da União e seus órgãos vinculados.

Interessante notar, também, que o uso da mediação pelo Poder Público já é uma realidade hoje, como se pode aferir pela Câmara de Conciliação e Arbitragem da Administração Federal (CCAF)[39], prevista no art. 18 do Decreto n. 7.392/2010. Essa Câmara, que atualmente tem atuação em diversos casos de alta relevância, propõe-se a mediar casos complexos e que envolvam entes da administração pública, em iniciativa absolutamente pioneira e exitosa.

A segunda hipótese diz respeito ao termo de ajustamento de conduta, pelas Câmaras de Mediação e de Conciliação ligadas aos entes públicos. Essa ferramenta foi colocada na Lei n. 7.347/85 pelo CDC, em 1990, e inseriu o § 6º no art. 5º, prevendo a celebração de "ajustes de conduta" em todos os temas que podem ser objeto de ação civil

---

39. "(...) inegável que a instituição da Câmara de Conciliação e Arbitragem da Administração Federal (CCAF) resulta em um enorme avanço na busca de superação da cultura do litígio no país. A cultura da judicialização dos conflitos, que é fruto da necessária universalização do acesso à Justiça, não pode ser reforçada pela administração pública". TOFFOLI, 2016, pp. 229-240.

20 *Manual de Mediação e Arbitragem*

pública, a saber, meio ambiente, patrimônio cultural, histórico e paisagístico, ordem econômica, defesa do consumidor, entre outros.

Em seguida, outras Leis fizeram referência expressa ao instituto: Estatuto da Criança e do Adolescente (Lei n. 8.069/90, art. 211), Lei do CADE (Lei n. 8.884/94, art. 53, posteriormente alterada pela Lei n. 12.519/2011, arts. 9º, V, e 85), Lei ambiental (Lei n. 9.605/98, art. 79-A) e Estatuto do Idoso (Lei n. 10.741/2003, art. 74, X).

A Lei de Mediação, seguindo esse mesmo caminho, em seus arts. 33 a 40, traz normas específicas para a utilização das técnicas de conciliação e mediação nos conflitos que envolvam a administração pública e seus órgãos, bem como na utilização da ferramenta do termo de ajustamento de conduta.

Trataremos desse tema com mais profundidade no Capítulo 9.

Como visto, o CPC preocupa-se, precipuamente, com a mediação judicial. Não representa, claro, uma vedação à extrajudicial. Na verdade, foi apenas uma opção legislativa não tratar dela no código, mas o texto legal deixa claro que os interessados podem fazer uso dessa modalidade. Aliás, a mediação extrajudicial, tanto na modalidade física como eletrônica, está integralmente regulamentada na Lei n. 13.140/2015.

1.4. Visão sistemática das principais ferramentas para a resolução de conflitos

Um conflito pode ser solucionado pela via estatal (Poder Judiciário) ou pelas vias extrajudiciais[40].

Os meios extrajudiciais podem ser prévios, incidentais ou posteriores, se considerados em relação ao processo judicial. Dessa forma, podem ser antecedentes, incidentais ou sucessivos ao processo judicial.

Idealmente, esses meios devem ser utilizados a fim de evitar que o conflito tenha que ser levado ao Judiciário. São as chamadas formas típicas, a saber: a negociação, a conciliação, a mediação e a arbitragem.

Por outro lado, não raras vezes, a tentativa de acordo ocorre na pendência do processo judicial. Nesse caso, temos as denominadas formas híbridas. Nessas situações, em algum momento, mesmo que para efeitos de mera homologação, há a participação do Estado-Juiz. É o caso da conciliação e da mediação obtidas durante a audiência de que trata o art. 334 do CPC, as chamadas conciliação e mediação judiciais.

---

40. Tais vias alternativas são hoje largamente difundidas em diversos países, recebendo nomenclatura variada. No Brasil são chamados Meios Alternativos de Solução de Conflitos (MASC). Nos Estados Unidos foram batizados de mecanismos de "*Alternative Dispute Resolution*" (ADR). Na Argentina são identificados como meios de *Resolución Alternativa de Conflictos* (R.A.C.). Modernamente, são chamados de Meios Adequados e não alternativos.

No intuito de registrar as principais diferenças entre os meios de solução alternativa, apresentamos, a seguir, alguns conceitos básicos.

Por negociação, entende-se o processo pelo qual as partes envolvidas no litígio, diretamente e sem a interveniência de uma terceira pessoa, buscam chegar a uma solução consensual.

A negociação envolve sempre o contato direto entre as partes ou entre seus representantes; não há aqui um terceiro, um neutro, um mediador, um árbitro ou um juiz.

Obviamente, em razão do comprometimento emocional e, muitas vezes, da falta de habilidade dessas partes para chegar a uma solução, a negociação acaba se frustrando, razão pela qual se passa à segunda modalidade de solução alternativa: a conciliação e a mediação.

Na conciliação e na mediação existe a figura de um terceiro, o qual, de alguma maneira, vai atuar no relacionamento entre as partes envolvidas de forma a tentar obter a pacificação do seu conflito.

A forma e os limites que vão pautar a atuação desse terceiro indicarão a modalidade da intermediação.

Na mediação, por exemplo, aquele terceiro vai apenas ouvir as versões das partes e funcionar como um agente facilitador, procurando aparar as arestas sem, entretanto, em hipótese alguma, introduzir o seu ponto de vista, apresentar as suas soluções ou, ainda, fazer propostas, contrapropostas ou mesmo juízo de valor sobre o que está em discussão. Sua ação será, portanto, a de um espectador/facilitador. Nessa toada, adoça as amarguras e joga luz na escuridão dos pensamentos.

Ademais, na mediação, sempre existe um vínculo prévio entre as partes. Esse vínculo pode ser de natureza social, pessoal, familiar, afetiva, emocional etc.

Importante notar que o mediador estará sempre centrado em restaurar esse vínculo, uma vez que aquelas pessoas precisam, mesmo contra a sua vontade, relacionar-se por uma razão específica (elas moram no mesmo prédio, têm filhos em comum, são empregados da mesma empresa, estudam na mesma escola, são irmãos e disputam os bens deixados em inventário por seu pai etc.).

Numa segunda postura, encontramos o intermediador ativo, que, no direito brasileiro, recebe o nome de conciliador. A conciliação é utilizada para resolver questões meramente patrimoniais quando não é relevante a manutenção ou restauração da relação das partes.

A conciliação ocorre, portanto, quando o intermediador adota uma postura mais ativa: ele vai não apenas facilitar o entendimento entre as partes, mas, principalmente, interagir com elas, apresentar soluções, buscar caminhos não pensados antes por elas, fazer propostas, admoestá-las de que determinada proposta está muito elevada ou de que uma outra proposta está muito baixa; enfim, ele vai ter uma postura verdadeiramente influenciadora no resultado daquele litígio, a fim de obter a sua composição.

Nunca é demais lembrar que a conciliação, no seu aspecto processual, é um gênero, do qual são espécies a desistência, a submissão e a transação, conforme a intensidade da disposição do direito efetivada pela(s) parte(s) interessada(s).

E, finalmente, temos a figura da arbitragem, que, em uma definição singela porém precisa, é uma forma de resolução de conflitos envolvendo direitos patrimoniais disponíveis, em que é proferida uma sentença por um julgador privado escolhido pelas partes (árbitro), caso não haja acordo entre os sujeitos.

A arbitragem, como se costuma dizer, é um degrau a mais em relação à mediação (conciliação), especificamente à intermediação ativa, pois o árbitro, além de ouvir as versões das partes, tentar uma solução consensuada, interagir com essas partes, deverá proferir uma decisão de natureza impositiva, caso a alternativa conciliatória não seja alcançada.

Como se vê, a crucial diferença entre a postura do árbitro e a postura do mediador é que o árbitro tem efetivamente o poder de decidir, ao passo que o mediador pode apenas sugerir, admoestar as partes, tentar facilitar o acordo, mas não pode decidir a controvérsia.

Em relação à conciliação, apesar da intermediação mais incisiva do terceiro, mesmo assim, o objetivo é fazer com que os interessados empreguem suas forças para uma solução amigável do conflito, enquanto o árbitro pode ir além e, uma vez ultrapassada a fase *conciliatória*, irá impor uma solução adjudicada.

1.5. Semelhanças e distinções entre cada uma das ferramentas

Apresentaremos, a seguir, as principais ferramentas que podem ser utilizadas para a solução de conflitos de forma alternativa à jurisdição estatal.

1.5.1. Negociação

Como já destacado, a negociação é um processo bilateral de resolução de impasses ou de controvérsias, no qual existe o objetivo de alcançar um acordo conjunto, por meio de concessões mútuas. Envolve a comunicação, o processo de tomada de decisão (sob pressão) e a resolução extrajudicial de uma controvérsia, sendo entabulado diretamente entre as próprias partes litigantes e/ou seus representantes.

A negociação tem como principais vantagens evitar as incertezas e os custos de um processo judicial, privilegiando uma resolução pessoal, discreta, rápida e, dentro do possível, preservando o relacionamento entre as partes envolvidas, o que é extremamente útil, sobretudo em se tratando de negociação comercial.

Quanto ao momento, a negociação pode ser prévia ou incidental, tendo por referencial o surgimento do litígio; quanto à postura dos negociadores, pode ser adversarial (competitiva) ou solucionadora (pacificadora).

A Escola de Harvard[41] tem se notabilizado por pregar uma técnica conhecida como *principled negotiation*, ou negociação com princípios, fundada em alguns parâmetros que serão detalhados a seguir.

---

41. FISCHER, 1981, p. 34.

Primeiramente, é importante diferenciar o interesse da posição. Normalmente as partes expõem sua posição, que não necessariamente coincide com seu interesse. Por falta de habilidade, não raras vezes, fala-se em números, valores ou situações concretas, em vez de esclarecer o que se pretende ao final.

Diante desse descompasso, é preciso que ambas as partes (e seus negociadores) encarem o processo de negociação com uma solução mútua de dificuldades, na qual o problema de um é o problema de todos[42].

Nessa linha de raciocínio, é preciso separar o problema das pessoas, de modo a deixar claro que uma divergência de opinião não deve afetar o sentimento pessoal ou o relacionamento, que sempre são mais valiosos[43].

Ademais, na busca da solução do problema, é preciso estar atento a três parâmetros: a percepção, a emoção e a comunicação. As atitudes dos negociadores em relação a esses tópicos podem ser assim sistematizadas:

1) **Percepção:**
    i) coloque-se no lugar do outro e procure entender seu ponto de vista;
    ii) não presuma que o outro irá sempre o prejudicar;
    iii) não culpe o outro pelo problema;
    iv) todos devem participar da construção do acordo;
    v) peça conselhos e dê crédito ao outro por suas ideias;
    vi) não menospreze as demandas do outro; e
    vii) procure dizer o que o outro negociante gostaria de ouvir.

2) **Emoção:**
    i) os negociantes sentem-se ameaçados – a emoção pode levar as negociações a um impasse;
    ii) identifique suas emoções e o que as está causando;
    iii) deixe que o outro expresse suas emoções e evite reagir emocionalmente a seus desabafos – não as julgue como inoportunas; e
    iv) gestos simples podem ajudar a dissipar emoções fortes.

3) **Comunicação:**
    i) fale ao seu oponente;
    ii) não faça apresentação para o cliente;
    iii) ouça o seu oponente;
    iv) não planeje sua resposta enquanto o outro fala;
    v) seja claro na transmissão da informação;

---

42. FREEMANN, 1984, p. 85.
43. GOLDBERG, 2003, p. 78.

vi) utilize-se da escuta ativa (*active listening*);

vii) repita e resuma os pontos colocados – mostre que está compreendendo; e

viii) compreender o oponente não significa concordar com ele.

Observando esses conceitos, será possível identificar o real interesse, desenvolver diversas opções e alternativas e criar soluções não cogitadas até então, por meio de um procedimento denominado "*brainstorming*".

A partir daí, torna-se necessário utilizar critérios objetivos e bem definidos para avaliar as alternativas. Nesse momento, é preciso evitar a disputa de vontades, utilizar padrões razoáveis, baseados em descobertas científicas, precedentes legais ou judiciais, e recorrer a profissionais especializados. O critério deve ser debatido a fim de gerar um procedimento justo e aceito por ambos os interessados[44].

Não se pode olvidar que a negociação é apenas uma das formas de se compor o litígio. Normalmente é a primeira a ser tentada, até porque dispensa a presença de terceiros, mas, também por isso, possui forte vinculação emocional das partes, que, nem sempre, conseguem se desapegar do objeto do litígio para refletir de forma racional sobre ele.

Nesse processo interativo, as partes devem ter sempre em mente o limite do que é negociável. É o que a Escola de Harvard denomina *Best Alternative to a Negotiated Agreement* (BATNA). Se a negociação não sai como esperado, é possível deixar a mesa, a qualquer momento, e partir para outra forma alternativa ou mesmo para a jurisdição tradicional[45].

Muitas vezes, uma das partes simplesmente não colabora. Não faz propostas razoáveis, tem o ímpeto de conduzir o processo a seu bel-prazer e inviabiliza qualquer chance de solução pacífica[46]. Ou pior, lança mão de truques sujos, omite ou mente sobre dados concretos, simula poder para tomar decisões, utiliza técnica agressiva e constrangedora, faz exigências sucessivas e exageradas, ameaça etc.

Ainda que se tente, ao máximo das forças, por vezes é preciso reconhecer que um dos interessados não está preparado para uma solução direta negociada ou parcial (por ato das partes) dos seus conflitos. É o momento de "subir um degrau" na escada da solução das controvérsias e partir para a conciliação/mediação.

1.5.2. Conciliação e mediação

Tanto na conciliação como na mediação os interessados, como visto, buscam o auxílio de um terceiro imparcial que irá contribuir na busca pela solução do conflito.

Esse terceiro não tem a missão de decidir (nem a ele foi dada autorização para tanto). Ele apenas auxilia as partes na obtenção da solução consensual.

---

44. CRAVER, 2001, p. 23.

45. HARVARD LAW SCHOOL, 2004, p. 7.

46. MNOOKIN, 2000, p. 5.

O papel do facilitador é ajudar na comunicação através da neutralização de emoções, formação de opções e negociação de acordos.

O terceiro, estando fora do contexto conflituoso, exerce papel catalisador e atua como um filtro de disputas, tentando conduzir as partes à composição amigável, sem interferir concretamente na construção das soluções.

Do ponto de vista normativo, o grande *"turning point"* para o fortalecimento da mediação e da conciliação foi a Resolução n. 125/2010 do CNJ, que adotou as seguintes premissas:

a) o direito de acesso à Justiça, previsto no art. 5º, XXXV, da Constituição Federal, além da vertente formal perante os órgãos judiciários, implica acesso à ordem jurídica justa;

b) nesse passo, cabe ao Judiciário estabelecer política pública de tratamento adequado dos problemas jurídicos e dos conflitos de interesses, que ocorrem em larga e crescente escala na sociedade, de forma a organizar, em âmbito nacional, não somente os serviços prestados nos processos judiciais, como também os que possam sê-lo mediante outros mecanismos de solução de conflitos, em especial dos consensuais, como a mediação e a conciliação;

c) a necessidade de se consolidar uma política pública permanente de incentivo e aperfeiçoamento dos mecanismos consensuais de solução de litígios;

d) a conciliação e a mediação são instrumentos efetivos de pacificação social, solução e prevenção de litígios, e a sua apropriada disciplina em programas já implementados no país tem reduzido a excessiva judicialização dos conflitos de interesses, a quantidade de recursos e de execução de sentenças;

e) é imprescindível estimular, apoiar e difundir a sistematização e o aprimoramento das práticas já adotadas pelos tribunais;

f) a necessidade de organizar e uniformizar os serviços de conciliação, mediação e outros métodos consensuais de solução de conflitos, para evitar disparidades de orientação e práticas, bem como para assegurar a boa execução da política pública, respeitadas as especificidades de cada segmento da Justiça.

1.5.3. Arbitragem

O tema será examinado com profundidade na segunda parte desta obra, mas algumas considerações devem ser feitas desde logo.

A arbitragem surge como uma forma paraestatal de resolução de conflitos de maneira impositiva. Sua tônica está na busca de um mecanismo mais ágil e adequado para a solução de conflitos, numa fuga ao formalismo exagerado do processo tradicional, com a vantagem, ainda, de o árbitro poder ser uma pessoa especialista na área do litígio apresentado, ao contrário do juiz, que nem sempre tem a experiência exigida para resolver certos assuntos que lhe são demandados.

Na arbitragem, as partes maiores e capazes, divergindo sobre direito de cunho patrimonial, submetem o litígio ao terceiro (árbitro), que deverá, após regular procedimento, decidir o conflito. Há aqui a figura da substitutividade, existindo a transferência do poder de decidir para o árbitro.

A arbitragem pode ser convencionada antes (cláusula compromissória) ou depois (compromisso arbitral) do litígio, sendo certo, ainda, que o procedimento arbitral pode se dar pelas regras ordinárias de direito ou por equidade, conforme a expressa vontade das partes[47].

Diferentemente da jurisdição estatal, a via arbitral não ostenta a característica da coercibilidade e autoexecutoriedade, possuindo, ainda, alguns limites subjetivos (de pessoas) ou objetivos (de matéria).

A rigor, a crucial diferença entre a postura do árbitro e a postura do conciliador é que o árbitro tem efetivamente o poder de decidir, ao passo que o conciliador tem um limite: ele pode sugerir, admoestar as partes, tentar facilitar aquele acordo, mas não lhe é permitido decidir a controvérsia.

E qual seria a distinção entre a função do árbitro e a do juiz togado?

Inicialmente, importante ter em mente que o legislador quis transferir ao árbitro praticamente todos os poderes que o juiz de direito detém. O art. 18 da Lei n. 9.307/96 afirma textualmente que o árbitro é juiz de fato e de direito, e a sentença que ele proferir não fica sujeita a recurso ou a homologação pelo Poder Judiciário.

Esse dispositivo está em perfeita consonância com o art. 515 do Código de Processo Civil, que diz ser a sentença arbitral um título executivo judicial.

Mas também existem diferenças significativas entre o árbitro e o juiz, principalmente o poder atribuído a eles. Como se sabe, uma das características principais da jurisdição estatal é a coercibilidade.

O juiz, no exercício de seu mister, tem o poder de tornar coercíveis suas decisões, caso não sejam cumpridas voluntariamente. Ele julga e impõe sua decisão.

O árbitro, assim como o juiz, julga. Ele exerce a cognição, avalia a prova, ouve as partes, determina providências, enfim, preside aquele processo. Contudo, não tem o poder de fazer valer suas decisões.

Assim, se uma decisão do árbitro não é voluntariamente adimplida, não pode ele, de ofício, tomar providências concretas para assegurar a eficácia concreta do provimento dele emanado.

Não entraremos aqui na discussão política e constitucional do legislador ao não transferir a *coertio* ao árbitro.

É bem verdade que, se, de um lado, a opção legislativa representa um problema à efetivação da decisão arbitral, por outro, mantém o sistema de freios e contrapesos e a

---

47. Cf. arts. 2º e 3º da Lei n. 9.307/96. Vale lembrar que arbitragem envolvendo a Administração Pública será sempre de direito.

própria harmonia entre as funções do Estado, impedindo a transferência de uma providência cogente, imperativa, a um particular, sem uma forma adequada de controle pelos demais poderes constituídos, o que, em tese, acabaria por vulnerar o próprio Estado Democrático de Direito.

Pelo sistema atual, caso seja descumprida uma decisão do árbitro, deve a parte interessada recorrer ao Poder Judiciário a fim de emprestar força coercitiva ao respectivo comando, por meio da chamada Carta Arbitral, prevista no art. 237, IV, do Código de Processo Civil, c/c art. 22-C da Lei n. 9.307/96.

1.6. Características e desafios do procedimento de mediação

Três são os elementos básicos para que possamos ter um processo de mediação: a existência de sujeitos em conflito, uma clara contraposição de interesses e um terceiro neutro capacitado a facilitar a busca pelo acordo.

Com relação aos sujeitos em conflito, podem ser eles pessoas físicas ou jurídicas. Podem ser também entes despersonalizados, desde que se possa identificar seu representante ou gestor. Podem ser ainda menores, desde que devidamente assistidos por seus pais (p. ex., a utilidade da mediação em conflitos juvenis/escolares e a sua potencialidade como instrumento de prevenção ao envolvimento de adolescentes com atividades criminosas).

O segundo elemento, o conflito, delimita a amplitude da atividade desenvolvida pelo mediador. É preciso deixar claro que a mediação não se confunde com um processo terapêutico ou de acompanhamento psicológico ou psiquiátrico.

Embora seja desejável que o profissional da mediação tenha conhecimentos em psicologia e, sobretudo, prática em lidar com as relações humanas e sociais, deve haver um limite claro para a sua intervenção, sob pena de se perder o foco e tornar o processo abstrato, interminável e, portanto, infrutífero.

Por fim, o mediador deve ser pessoa imparcial, equidistante das pessoas envolvidas no litígio e que goze de boa credibilidade. Deve ser alguém apto a interagir com elas, mostrar-se confiável e apto a auxiliar concretamente no processo de solução daquele conflito.

Há duas formas básicas de estabelecer a metodologia e as premissas para a busca da solução mediada.

A primeira é denominada *rights-based* e ocorre quando as partes analisam quais são as perspectivas da questão conflituosa na hipótese de a causa ser submetida à jurisdição, a fim de delimitar objetivamente a solução prática a ser alcançada. Esses dados são tomados como ponto de partida para a negociação.

A outra é denominada *interest-based* e se dá quando a solução for buscada com base nos interesses e nas necessidades das próprias partes no que tange aos direitos em conflito, deixando-se a análise fria do texto legal e das tendências jurisprudenciais para um segundo momento e apenas como forma de conferir executoriedade ao termo de acordo.

Obviamente, chegar a um acordo por meio do processo de mediação não é tarefa fácil. Exige tempo, dedicação e preparação adequada do mediador.

Seria um erro grave pensar em executar mediações em série, de forma mecanizada, como hoje, infelizmente, se faz nas audiências prévias ou de conciliação nos Juizados Especiais e na Justiça do Trabalho.

A mediação é um trabalho artesanal.

Cada caso é único. Demanda tempo, estudo, análise aprofundada das questões sob os mais diversos ângulos. O mediador deve inserir-se no contexto emocional-psicológico do conflito. Deve buscar os interesses, por trás das posições externas assumidas[48], para que possa indicar às partes o possível caminho que tanto procuravam[49].

É um processo que pode se arrastar por semanas, com inúmeras sessões, inclusive com a participação de comediadores, estando as partes, se assim for de seu desejo, assistidas a todo o tempo por seus advogados, devendo todos os presentes anuir quanto ao procedimento utilizado e à maneira como as questões são postas na mesa para exame.

Contudo, independentemente do tipo de mediação ou da postura do mediador, é possível identificar alguns comportamentos recorrentes que constituem verdadeiras barreiras à mediação.

Essas barreiras podem ser institucionais ou pessoais.

Barreiras institucionais são aquelas opostas por entidades ou grupos políticos e sociais organizados.

Em linhas gerais, os pontos de resistência podem ser resumidos em três posições.

A primeira diz respeito à desinformação generalizada sobre o cabimento da mediação, seus limites, potencialidades e consequências jurídicas.

A segunda se refere à percepção social da figura de autoridade para a solução do conflito. A sociedade brasileira, de forma geral, ainda enxerga no juiz, e apenas nele, o personagem que encarna, de forma inquestionável, o poder de resolver litígios. Outras figuras, como conciliadores, juízes leigos, juízes de paz, integrantes de câmaras de mediação ou câmaras comunitárias, ainda são vistos com certa desconfiança.

A terceira é traduzida pela maior flexibilidade ínsita ao procedimento de mediação, aliada à noção de que sempre, de alguma forma, caberá algum tipo de recurso ou medida a ser distribuída ao Poder Judiciário, como forma de questionar a providência determinada no âmbito de um método adequado de solução de conflitos.

Por sua vez, barreiras pessoais são aquelas impostas pelos que estão diretamente envolvidos num processo de mediação.

---

48. FISCHER, 1981.

49. Cf., também, as seguintes obras: CRAVER, 2001; SINGER, 1994; e WILLIAMS, 1983.

Nesse particular, o ex-diretor do Centro de Conflito e Negociação da Universidade de Stanford[50] e ex-Diretor do *Program on Negotiation da Harvard Law School* (PON), Robert H. Mnookin[51], procurou sistematizar as quatro principais barreiras que impedem a obtenção de um acordo entre partes em litígio.

Afirma o professor[52] que a primeira das barreiras a ser transposta é a estratégica, que está embasada na barganha, em que cada um dos litigantes quer maximizar seus ganhos e diminuir os benefícios do outro.

Os negociadores devem ter em mente que o processo de negociação deve ser encarado como forma de atingir o máximo de benefícios para ambos os lados, em vez de implicar, necessariamente, perdas para um e ganhos correspondentes para o outro, visto que um negócio bem feito pode potencializar os ganhos de ambas as partes[53].

Para tanto, importante que as partes negociem com boa-fé, abertas ao maior número de opções possíveis, expondo as suas preferências e os fatos de seu conhecimento.

Também se coloca como barreira à obtenção de um bom acordo o uso de um preposto (agente) para negociar em nome do titular do direito, visto que é muito difícil que esse terceiro conheça todos os interesses do seu representado, bem como os limites aceitáveis das propostas.

Ademais, não raras vezes, estará também negociando em benefício próprio, pois seus ganhos pessoais dependem dos ganhos de seu cliente, o que tende a amesquinhar a questão e, por isso, dificultar o acordo.

A terceira barreira listada por Mnookin é a cognitiva, intimamente ligada à capacidade das pessoas de processar informações e lidar com riscos e incertezas.

É da essência do ser humano ter medo de perder; essa insegurança natural leva ao receio de assinar um acordo, sem se dar conta de que, não o firmando, as perdas podem ser potencializadas, visto que a demora levará, normalmente, à opção pela via adjudicatória para que a questão seja finalmente resolvida.

Finalmente, a quarta barreira consiste na tendência, quase automática, de as pessoas rejeitarem ofertas elaboradas pela outra parte, mesmo que lhes pareça satisfatória, por infundada e pura desconfiança.

Há uma tendência de interpretar uma boa proposta do adversário como barganha baseada em informações não compartilhadas no curso do processo negocial; acreditar

---

50. Disponível em: <http://www.stanford.edu/group/sccn>.

51. MNOOKIN, 1993, p. 235249.

52. Para mais informações dos interessados em atender aos Seminários de mediação e negociação promovidos pelo Programa de Negociação de Harvard Law School, e/ou obter material específico sobre o tema, cf. o sítio <http://www.pon.harvard.edu>.

53. Essa ideia de ganhos recíprocos e a permanente preocupação com esse parâmetro sempre foram um dos pilares da teoria clássica da negociação em Harvard. Para mais esclarecimentos, veja-se FISCHER, 1981.

que o outro negociante quer obter apenas ganhos próprios por meio do acordo, e não que deseja um acordo justo e bom para ambos.

Isso causa sensação de frustração e impotência. Instala-se um processo mental hermético e cíclico, que se desvia do foco e inviabiliza o acordo.

Para que todas essas barreiras sejam ultrapassadas e se chegue a um resultado final satisfatório, imprescindível será o desenvolvimento de um bom trabalho por parte do mediador.

Durante todo o tempo o procedimento deve ser transparente, com prévias e detalhadas explicações sobre tudo o que está sendo colocado na mesa, os futuros passos, as possibilidades e as opções de cada um.

O mediador pode tomar conhecimento de um maior número de informações (as partes lhe confiam dados que dificilmente transmitiriam a seu adversário); pode ter, então, maior noção da atitude de cada um (as partes estarem agindo de boa-fé ou não no decorrer do processo negocial), auxiliando com isso o afastamento da barreira estratégica.

Quanto menos a parte sentir-se surpreendida ou vulnerável, mais ela se entregará, sem reservas ou barreiras, ao processo de mediação e tornará mais fácil a tarefa de identificar os interesses (muitas vezes escondidos) por trás das posições, estabelecendo as possibilidades de composição entre esses interesses aparentemente antagônicos e inconciliáveis.

Os mediadores também podem superar os problemas decorrentes do uso de prepostos para a negociação, visto que sua função será trazer os próprios litigantes à mesa para discutir o problema, estabelecendo um relacionamento direto com eles e esclarecendo sobre a importância dessa conexão sem intermediários.

Ademais, será sua responsabilidade auxiliar a descoberta dos interesses comuns entre as partes e contabilizar os custos decorrentes da assinatura ou não do acordo, atitudes que ajudarão na derrubada da terceira barreira.

Por fim, segundo alguns autores, com os quais não concordamos, o mediador poderá elaborar as propostas em nome da parte proponente, o que mitigaria a densidade da quarta barreira[54].

---

54. Isso é viável apenas quando se convenciona uma intermediação ativa. Deve-se observar que, hoje, ao contrário da maioria das escolas de mediação nos Estados Unidos, a escola de Harvard coloca-se em posição francamente antagônica a essa modalidade de mediação, por acreditar que com isso se desnatura a essência do sistema de mediação. Pela mesma razão, não se admitem sessões privadas com uma das partes (*"caucus"*) ou a concretização de uma proposta até então abstrata, sob pena de violação da imparcialidade do mediador. Para mais esclarecimentos, cf. Harvard Law School, 2004. Sob a perspectiva dos negociadores, veja-se: MNOOKIN, 2000; e BRESLIN e RUBIN, 1999.

Capítulo 2

O Princípio do Acesso à Justiça, as Ferramentas de Extrajudicialização e de Obtenção do Consenso

> **Sumário: 2.1.** O acesso à justiça como aspecto do Estado de Direito. **2.2.** A problematização da insuficiência do acesso à justiça. **2.3.** O conteúdo do princípio do acesso à justiça. **2.4.** O acesso à justiça no CPC por meio da extrajudicialização e a jurisdição voluntária extrajudicial.

2.1. O acesso à justiça como aspecto do Estado de Direito

Cândido Rangel Dinamarco destaca, há muito, a relevância de se emprestar "interpretação evolutiva aos princípios e garantias constitucionais do processo civil", reconhecendo que "a evolução das ideias políticas e das fórmulas de convivência em sociedade" repercute necessariamente na leitura que deve ser feita dos princípios processuais constitucionais a cada época[1].

Com essa base, é fundamental reconhecer o acesso à justiça como princípio essencial ao funcionamento do Estado de direito[2]. Isso porque um Estado estruturado sob esse postulado deve garantir, na sua atuação como um todo, isonomia substancial aos cidadãos. E na função jurisdicional, esse dever de igualdade se expressa, precisamente, pela garantia de acesso à justiça[3].

Tal garantia, nas palavras de Dinamarco, "figura como verdadeira cobertura geral do sistema de direitos, destinada a entrar em operação sempre que haja alguma queixa de direitos ultrajados ou de alguma esfera de direitos atingida"[4].

---

1. DINAMARCO, 2005, p. 246.

2. O movimento do acesso à justiça e a sistematização de suas Ondas Renovatórias representou uma profunda mudança social, política e jurídica (CAPPELLETTI, 1994, p. 72-73).

3. SANTOS, 2013, p. 184.

4. DINAMARCO, 2004, p. 112.

Nesse sentido, o processo aparece como aspecto dinâmico, o que é essencial para que o Estado atinja seus fins no exercício da jurisdição. Esses fins, chamados escopos da jurisdição, são de três ordens: social, política e jurídica.

Quanto à questão social, há dois objetivos. Primeiro, informar aos cidadãos seus direitos e obrigações, criando um vínculo de confiança com o Poder Judiciário. Segundo a resolução de conflitos[5], valendo-se da tutela jurisdicional para alcançar a pacificação social.

No plano político, o escopo da jurisdição seria concretizar o poder de império estatal. Ao mesmo tempo, limitaria esse poder e conformaria seu exercício, para proteger a liberdade.

Por último, o escopo jurídico da jurisdição está representado na noção de processo justo, capaz de dar efetividade à realização do direito material.

O processo justo[6], em um ambiente democrático e constitucional, não pode perder de vista que o procedimento é uma estrutura de formação de decisões. Por isso, é necessário que o ambiente processual seja de intenso e verdadeiro debate, sem que se imponha a superioridade do Estado-juiz. Dessa forma, o cidadão deve ser visto como participante, não apenas o destinatário do exercício da função estatal, aplicando-se o princípio da igualdade.

É imperioso, destarte, que o magistrado aja para assegurar, na formação da decisão, uma efetiva participação e influência de todos os sujeitos processuais. Apenas dessa forma o processo também poderá ser considerado justo em seu aspecto comparticipativo e policêntrico.

2.2. A problematização da insuficiência do acesso à justiça

Não se pode esquecer de que, historicamente, a problematização das questões relacionadas ao acesso à justiça[7] originou-se de um projeto de 1971, na cidade de Florença, Itália, com a Conferência Internacional relativa às garantias fundamentais das partes no processo civil.

No decorrer daquela década, o estudo teve continuidade, tratando dos temas da assistência judiciária aos hipossuficientes, da proteção aos interesses difusos e, finalmente, da necessidade de implementação de novas soluções processuais[8].

Esse movimento foi, então, difundido internacionalmente por Mauro Cappelletti, ganhando substância crítica a partir a utilização do método comparativo[9].

---

5. COSTA, 2004, p. 163-164.

6. Não nos aprofundaremos na temática do processo justo nesse momento. Para mais considerações sobre o assunto, remetemos o leitor a: COMOGLIO, 1998, p. 55-95.

7. CAPPELLETTI, 1973, p. 683.

8. CAPPELLETTI, 1984, p. 15.

9. CAPPELLETTI, 1994, p. 79.

Sem dúvida, o acesso à justiça é direito social básico dos indivíduos. Contudo, esse direito não está restrito ao mero acesso aos órgãos judiciais e ao aparelho judiciário estatal. Muito além disso, deve representar um efetivo acesso à ordem jurídica justa.

Esse entendimento, trazido por Kazuo Watanabe[10], é de fundamental importância para a compreensão do movimento e para uma atuação sistemática e lúcida.

Nesse contexto, inserem-se as orientações do Código de Processo Civil, em perspectiva mais consciente, de forma a se aprimorar a técnica e a substância do direito processual como meio essencial para que se permita o acesso à tão proclamada ordem jurídica justa.

Ainda na teoria de Kazuo Watanabe, compõem o direito de acesso à justiça:

a) o direito à informação e perfeito conhecimento do direito substancial e à organização de pesquisa permanente, a cargo de especialistas, orientada à aferição constante da adequação entre a ordem jurídica e a realidade socioeconômica do País;

b) direito de acesso à Justiça adequadamente organizada e formada por juízes inseridos na realidade social e comprometidos com o objetivo de realização da ordem jurídica justa;

c) direito à pré-ordenação dos instrumentos processuais capazes de promover a efetiva tutela de direitos;

d) direito à remoção de todos os obstáculos que se anteponham ao acesso efetivo à Justiça com tais características.

Essa estruturação confirma que os institutos processuais precisam, realmente, sofrer revisão e aprimoramento. Só assim se poderá construir um instrumento cada vez mais eficaz rumo ao processo justo[11].

Os óbices que impedem a efetividade do acesso à justiça são de várias ordens. O primeiro deles é a questão econômica, nela incluídos os custos e o tempo despendido durante o procedimento. Os honorários contratuais do advogado e as taxas judiciárias, por vezes, podem, especialmente nas causas de menor monta, ser significativos ante o bem da vida discutido.

A demora na prestação jurisdicional também onera economicamente o processo, seja por pressionar as partes hipossuficientes a abandonar suas pretensões, seja por forçá-las a acabar aceitando acordo em patamar muito inferior ao dano experimentado. A excessiva delonga das demandas também perpetua os conflitos sociais, em vez de contribuir para sua pacificação.

Outra barreira ao acesso à justiça é a questão geográfica. Configura-se pela dificuldade de um indivíduo, sozinho, postular direitos da coletividade e pela dispersão das pessoas afetadas, impedindo a formulação de estratégia jurídica comum.

---

10. WATANABE, 1988, p. 128.
11. GRECO, 2006, p. 4.

Um terceiro óbice a ser enfrentado é o de ordem burocrática. Trata-se da dificuldade de o indivíduo, muitas vezes, tendo um único processo em toda vida, estar em juízo contra litigantes habituais. Dentro desse óbice, encontram-se também as mencionadas barreiras institucionais, representadas pela percepção da autoridade judiciária como única capaz de resolver as controvérsias e pelo desconhecimento quanto aos ritos processuais.

Não se pode perder de vista, ainda, que as barreiras suscitadas não se mostram autônomas e incomunicáveis. Pelo contrário, elas têm íntima relação, e qualquer solução aventada deve tratar de todos os problemas em conjunto.

Nessa configuração, tais embaraços acabam por atingir, de forma extremamente mais gravosa, os litigantes individuais, em especial os mais pobres, e as causas de conteúdo econômico diminuto. Portanto, é a partir dessa realidade, prioritariamente, que se deve pensar o acesso à justiça e estruturar as políticas capazes de lhe trazer efetividade.

Nada obstante toda a preocupação dos processualistas com a ideia do acesso à justiça, há muito a doutrina se debruça sobre a possibilidade de expandir os limites[12] desse acesso para além das fronteiras do Poder Judiciário, o que, hoje, já é uma realidade. Vamos, nos itens seguintes, explorar um pouco mais essa perspectiva.

2.3. O conteúdo do princípio do acesso à justiça

Paulo Cezar Pinheiro Carneiro, após estudo para aferir se as reformas legislativas havidas em meio ao movimento foram fiéis às premissas iniciais, afirma que o desenvolvimento desejado perpassa necessariamente pelos quatro grandes princípios que devem informar o real significado da expressão *acesso à justiça*[13].

Passemos, então, a uma breve análise desses princípios.

O primeiro deles é a acessibilidade. Esse princípio visa a assegurar que os sujeitos[14] de direito, com capacidade de estar em juízo, tenham meios para arcar com os custos financeiros do processo, bem como procedam ao correto manejo dos instrumentos legais judiciais ou extrajudiciais, para efetivar direitos individuais e coletivos.

Esse princípio se expressa em três elementos, quais sejam o direito à informação, para o cidadão ter consciência de seus direitos e da forma de exercê-los; a adequação do legitimado escolhido para propor as demandas cabíveis, além de seu desempenho satisfatório em juízo; e a estipulação dos custos financeiros do processo em patamar que não dificulte ou iniba o acesso à justiça.

O direito à informação deve garantir que os cidadãos conheçam os direitos que detêm e como podem fazer valê-los em caso de violação. Isso porque a ignorância jurídica gera as "não partes", completamente marginalizadas no que tange ao acesso à justiça.

---

12. CHIARLONI, 2014, p. 671.
13. CARNEIRO, 1999, p. 54.
14. DINAMARCO, 2010, p. 362.

O desempenho também se insere na acessibilidade. Esse preceito consiste no poder--dever das autoridades envolvidas no processo, magistrados e promotores, de assegurar a isonomia substancial entre as partes, de modo a evitar que um eventual desempenho insatisfatório de seus advogados possa frustrar a realização de direitos[15].

Compreendida a acessibilidade, o próximo princípio citado pelo autor é o da operosidade. Tal princípio se consubstancia no dever de atuar do modo mais eficiente possível para assegurar o acesso à justiça pelas pessoas que participam da atividade judicial ou extrajudicial.

Há duas vertentes de aplicação: objetiva e subjetiva. No plano subjetivo, é concretizada por meio de uma atuação ética de todos os sujeitos envolvidos no processo, que devem atuar colaborativamente entre si para a democratização do processo, além de se abster de praticar atos processuais procrastinatórios.

Por sua vez, no campo objetivo, significa a necessidade de utilização dos instrumentos mais eficazes pelas partes, pautando eticamente a escolha de meios, voltando-se a otimizar a produtividade. Em última análise, o que se pretende é a conjugação ideal do binômio celeridade-eficiência.

Em outras palavras, tem-se que, se houver mais de um jeito de praticar certo ato, deve--se escolher aquele mais apto a promover a melhor tramitação do processo. Esse dever não incumbe somente às partes, mas também ao juiz, que, especificamente, deve dirigir o processo de forma a assegurar uma efetiva paridade de armas e a isonomia substancial.

Nesse particular, o magistrado deve superar a ideia de que o jurisdicionado é um mero destinatário da tutela, dando atenção à sua condição concreta como ser humano, com todos os elementos que o cercam.

Ainda no plano da operosidade, cabe mencionar os mecanismos alternativos de soluções de controvérsia. O investimento nos ditos equivalentes jurisdicionais, em especial a conciliação e a mediação, permite que se solucionem os litígios mais rapidamente e, acima de tudo, alcançando o escopo de promover a participação social.

O terceiro princípio é o da utilidade. Por ele, deve-se compreender que o processo deve assegurar ao vencedor tudo aquilo que lhe é de direito, do modo mais rápido e proveitoso possível e com o menor sacrifício para a parte vencida.

Menciona o referido autor[16] que "a jurisdição ideal seria aquela que pudesse, no momento mesmo da violação, conceder, a quem tem razão, o direito material".

Para alcançar a utilidade do processo, devem ser considerados os seguintes fatores:

i)   a tentativa de harmonizar, no caso concreto, a segurança e a celeridade;
ii) a importância da tutela antecipada para proteção de direito líquido e certo violado ou ameaçado, não se apresentando razoável ter que se aguardar o fim do processo;

---

15.   HILL, 2013, p. 79.
16.   CARNEIRO, 1999, p. 79.

iii) a priorização permanente da execução específica como única forma de promover a plena satisfação com a prestação jurisdicional;

iv) a observância da fungibilidade da execução. Isso porque, sendo o processo instrumental em relação ao direito material, ele não pode ser o óbice ao atingimento de resultados práticos consentâneos com a finalidade pretendida, seja por uma rigorosidade excessiva de seus institutos, seja por uma congruência absoluta e inflexível entre o pedido, a sentença e a execução;

v) o alargamento do alcance subjetivo da coisa julgada, para que ela atinja um maior número de pessoas e, ainda, com maior limite objetivo prático, e, por fim;

vi) a imposição de limites para a incidência das nulidades processuais, tendo-se em vista o caráter instrumental do processo e a necessária busca por sua efetividade. Não se pode permitir que as matérias processuais, encaradas com rigidez extremada, façam o rito retroceder desnecessariamente, obstando que a atividade jurisdicional alcance seu objetivo maior de justa composição do direito material.

Apenas a correta combinação desses aspectos pode efetivar o princípio constitucional de razoável duração do processo[17], que, aliás, é um dos alicerces do processo justo[18].

Essa garantia, agora constante também do art. 4º do Código de Processo Civil, encontra guarida expressa igualmente no direito comparado. Citem-se, por exemplo, o art. 2º do Código de Processo Civil Português[19], o art. 111 da Constituição Italiana[20], o art. 1.1, número 2, alínea *d*, e o art. 1.4, número 2, alíneas *c, g* e *l*, das *Civil Procedure Rules*[21], do Reino Unido, e a 6ª Emenda à Constituição Norte-americana.

Não se pode olvidar que a ideia de "duração razoável" é de difícil balizamento. Em verdade, como afirma Luiz Fux, deve ser extraída a *contrario sensu*[22]. Na mesma linha, o ex-Ministro Ayres Britto destaca que a duração razoável do processo não compreende, em geral, uma obrigação de pisar no acelerador, mas sim de tirar o pé do freio[23].

---

17. CHIARLONI, 2013, p. 118.

18. Para Serge Guinchard, a noção de processo justo assenta-se em um tríptico, a saber: i) direito de acesso à justiça (universalidade); ii) direito a uma boa justiça (isonomia e contraditório); iii) direito à execução dos provimentos jurisdicionais (efetividade) (2011, p. 1091).

19. "Art. 2º Garantia de acesso aos tribunais. 1 – A protecção jurídica através dos tribunais implica o direito de obter, em prazo razoável, uma decisão judicial que aprecie, com força de caso julgado, a pretensão regularmente deduzida em juízo, bem como a possibilidade de a fazer executar" (República Portuguesa. Código de Processo Civil Português. Disponível em: <http://www.dgpj.mj.pt>. Acesso em: 1º set. 2012).

20. Disponível em: <www.senato.it>. Acesso em: 27 ago. 2012.

21. Reino Unido. *Civil Procedure Rules*. Íntegra, em inglês. Disponível em: <www.justice.gov.uk>. Acesso em: 1º set. 2018.

22. FUX, 2012.

23. Voto proferido no julgamento do RE 586.789, rel. Min. Ricardo Lewandowski, Tribunal Pleno, j. em 16-11-2011.

Serge Guinchard, por sua vez, realça que o significado do que é ou não a duração razoável do processo só pode ser aferido *in concreto*, considerando as circunstâncias e a complexidade do caso em tela[24].

O quarto e último princípio apontado por Paulo Cezar Pinheiro Carneiro é o da proporcionalidade.

Esse princípio impõe que o julgador escolha, diante de todas as soluções possíveis, a que mais esteja de acordo com os princípios informadores do direito – e com os fins a que determinado conjunto de regras visa a alcançar –, privilegiando, no caso concreto, o interesse que se mostre mais valioso[25].

Há quem defenda, inclusive, que os provimentos judiciais devem ter como referência o consequencialismo. A tese, com traços de utilitarismo, seria de que se priorizassem as consequências e os resultados práticos dos comandos judiciais[26]. Nesse sentido, a produção concreta de efeitos no particular e no sistema geral deveria ser levada em conta pelos magistrados[27].

Todos os princípios elencados por Paulo Cezar Pinheiro Carneiro, uma vez observados como pontos norteadores dos esforços para o aperfeiçoamento dos institutos e das regras processuais, sem dúvida conduzirão à ampliação do efetivo acesso à justiça em nosso país e ao desenvolvimento da jurisdição.

Algumas das mudanças têm caráter técnico, outras dizem respeito aos direitos coletivos amplamente considerados ou às questões administrativas dos tribunais nacionais.

Em suma, as reformas não podem se restringir ao plano jurídico-normativo. É preciso que haja a adoção de medidas práticas que realmente efetivem tais mudanças no plano dos fatos.

Deve-se, ainda, compreender que o movimento em prol do efetivo acesso à ordem jurídica justa visa a garantir nada menos do que um direito verdadeiramente fundamental de todos os jurisdicionados[28], o qual já constitui o foco da ciência processual moderna.

2.4. O acesso à justiça no CPC por meio da extrajudicialização e a jurisdição voluntária extrajudicial

O Código de Processo Civil, em seu art. 3º, estabelece que "não se excluirá da apreciação jurisdicional ameaça ou lesão a direito". Por sua vez, o art. 5º, XXXV, da

---

24. GUINCHARD, 2011, p. 975.
25. CHIARLONI, 2013, p. 119.
26. O que, de certa forma, está contemplado nos arts. 20 e 21 da Lei n. 13.655/2018, que alterou a Lei de Introdução às Normas do Direito Brasileiro.
27. BARROSO, 2014.
28. MARINONI, 2005, p. 31.

Constituição Federal dispõe que "a lei não excluirá da apreciação do Poder Judiciário lesão ou ameaça a direito".

Embora haja similitude entre as duas redações, uma leitura mais atenta revela que o comando infraconstitucional busca oferecer uma garantia mais ampla, extrapolando os limites do Poder Judiciário, a quem incumbe prestar a jurisdição, mas não como um monopólio[29].

A função jurisdicional representa o dever estatal de dirimir conflitos, abarcando as modalidades chiovendiana, de atividade substitutiva[30], e carneluttiana, de resolução de conflitos[31].

Contudo, na construção clássica, o Judiciário apenas atua na forma negativa, ou seja, dirimindo conflitos com a imposição de vontade do juiz, determinando um vencedor e um vencido[32].

Por isso, o art. 3º do Código de Processo Civil, ao se referir à apreciação jurisdicional, vai além do Poder Judiciário e da resolução de controvérsias pela substitutividade. O dispositivo passa a permitir outras formas[33] positivas de composição, pautadas no dever de cooperação das partes e envolvendo outros atores[34].

Desse modo, a jurisdição, outrora exclusiva do Poder Judiciário, pode ser exercida por serventias extrajudiciais ou por câmaras comunitárias, centros ou mesmo concilia-dores e mediadores extrajudiciais.

Nesse contexto, ganha força também a jurisdição voluntária extrajudicial[35], que será explorada mais adiante.

Embora a jurisdição seja "função preponderantemente estatal, exercida por um órgão independente e imparcial, que atua a vontade concreta da Lei na justa composição da lide ou na proteção de interesses particulares"[36], ela não precisa ser, necessariamente, uma função estatal.

---

29. LIMA, 1999, p. 5.

30. "Pode definir-se jurisdição como a função do Estado que tem por escopo a atuação da vontade con-creta da lei por meio da substituição, pela atividade de órgãos públicos, da atividade de particulares ou de outros órgãos públicos, já no afirmar a existência da vontade da lei, já no torná-la, praticamente, efetiva" (CHIOVENDA, 2002, p. 8).

31. CARNELUTTI, 2004, p. 63.

32. ALCALÁ-ZAMORA, 1992, p. 128.

33. Enunciado n. 161 da II Jornada de Prevenção e Solução Extrajudicial de Litígios: "O direito previsto no art. 5º, inciso XXXV, da Constituição da República não se esgota no acesso formal ao Poder Judiciário, compreendendo a existência de um sistema organizado e efetivo destinado à garantia de direitos, preven-ção de conflitos e resolução pacífica das controvérsias. Dispositivos relacionados: art. 5º, inciso XXXV, da CR/88; art. 2.1 da Declaração Universal dos Direitos Humanos de 1948; art. 3º, *caput* e §§ 1º, 2º e 3º da Lei n. 13.105/2015".

34. PINHO, STANCATI, 2016, p. 20.

35. LOPES DA COSTA, 1961, p. 36.

36. GRECO, 2015, p. 69.

É claro que não se pode simplesmente desatrelar a jurisdição do Estado, até porque, em maior ou menor grau, a dependência do Estado existe, principalmente para se alcançar o cumprimento da decisão não estatal. Por outro lado, podemos pensar no exercício dessa função por outros órgãos do Estado[37] ou por agentes privados[38].

Nessa ótica, percebe-se o fenômeno da desjudicialização (ou extrajudicialização) como ferramenta de racionalização da prestação jurisdicional e ajuste ao cenário contemporâneo[39], o que leva, necessariamente, à releitura[40], à atualização ou ainda a um redimensionamento[41] da garantia constitucional à luz dos princípios da efetividade[42] e da adequação.

O próprio Cappelletti defendeu o desenvolvimento da justiça coexistencial[43], mesmo sem a participação e o controle do Estado[44], de acordo com o tipo de conflito.

Nesse contexto, e sobretudo à luz do conceito moderno de acesso à justiça, o princípio da inafastabilidade da jurisdição deve ser ressignificado[45], não ficando limitado ao acesso ao Judiciário, mas se estendendo, também, às possibilidades de solucionar conflitos no âmbito privado. Nessas searas, também devem ser asseguradas a independência e a imparcialidade do terceiro que irá conduzir o tratamento do conflito[46].

Como já temos falado em diversas oportunidades[47], a via judicial deve estar sempre aberta, mas isso não significa que ela precise ser a primeira ou única solução. O sistema deve ser usado subsidiariamente, até para evitar sua sobrecarga, o que, a rigor, impede a efetividade e a celeridade[48] da prestação jurisdicional.

Não é compatível com as modernas teorias sobre o Estado Democrático de Direito a ideia de que o processo em juízo seja a forma preferencial de solução de controvérsias, nada obstante essa visão, seja pela tradição, seja pelo receio da perda de uma parcela de poder, mantenha-se em alguns segmentos.

Por vezes, é também trazido o argumento de que, fora do Poder Judiciário, pode haver perda[49] considerável da qualidade das garantias constitucionais[50] ou, o que é pior,

---

37. NALINI, 2000, p. 100.
38. MANCUSO, 2009, p. 52.
39. CALMON, 2013, p. 36.
40. PINHO, 2011, p. 219-236.
41. PASSOS, 1999, p. 111.
42. PAUMGARTTEN; PINHO, 2011, p. 443-471.
43. CAPPELLETTI, 1988, p. 31.
44. CAPPELLETTI, 1992, p. 134.
45. SANTANNA, 2014, p. 131.
46. GRECO, 2015, p. 71.
47. PINHO, 2014, p. 7.
48. SPENGLER, 2010, p. 104.
49. DENTI, 1980, p. 410.
50. FISS, 1984, p. 1075.

da qualidade da prestação jurisdicional. Essa é uma questão de suma importância, complexa, que ainda carece de maior reflexão no Brasil, e que será tratada mais adiante.

Na realidade, é preciso assentar a ideia de um Estado-juiz minimalista[51]. Cabe ao juiz assumir seu novo papel de gerenciador do conflito, de modo a orientar as partes, mostrando-lhes o mecanismo mais adequado para tratar aquela lide específica[52].

Há quem sustente, porém, que, paralelamente aos meios adequados de solução do conflito, o processo judicial deve continuar a ser desenvolvido[53], sob pena de causar uma distorção autoritária, em que não haverá, de fato, opção para o jurisdicionado. Taruffo[54] faz a mesma ressalva ao examinar o ordenamento italiano e as recentes iniciativas em favor dos meios consensuais.

Fixadas essas premissas, trataremos agora das formas de desjudicialização (ou extrajudicialização) previstas no ordenamento brasileiro.

Primeiramente há uma questão terminológica: se a desjudicialização pode ser caracterizada como um quarto meio de resolução de conflitos[55].

O ordenamento escolhe conceder tratamento diverso à pretensão que originaria o conflito objeto da futura demanda. Chega-se a um consenso pela atividade negocial das partes ou pela intervenção de um terceiro (conciliação ou mediação), valendo-se das ferramentas extrajudiciais.

O fenômeno da extrajudicialização não era imaginado pela comunidade jurídica em décadas anteriores[56], pela utilização de um conceito restrito de jurisdição. Mesmo assim, sutilmente, já era possível vislumbrar casos de desjudicialização na sociedade brasileira.

Ousa-se afirmar que, desde a edição da Lei n. 6.015/73 (Lei de Registros Públicos), já se apontava para a desjudicialização dos ritos presentes nessa Lei, ou seja, para os casos de procedimentos que não necessitavam de atividade decisória judicial para existir (em que pese a necessidade de ingerência estatal para lhes assegurar segurança jurídica e atribuir-lhes oponibilidade *erga omnes*).

Desde então, os procedimentos desjudicializados presentes na Lei n. 6.015/73 foram incorporados fortemente na sociedade brasileira, seja de forma negativa ou positiva, sem se notar conscientemente tal fenômeno.

Contudo, muitas vezes há uma banalização desse instituto, sendo colocado como mero sinônimo de "retirar do judiciário". Há de se perceber, contudo, que se trata de um fenômeno maior, próprio em si, caracterizando-se como jurisdição fora do Judiciário,

---

51. SANTOS, 2014, p. 19.

52. HOFFMAN, 2006, p. 23.

53. RESNIK, 2013.

54. TARUFFO, 2009, p. 86-87.

55. PEDROSO, 2002, p. 14.

56. ALMEIDA, 2011, p. 113.

como um meio alternativo de solução de conflitos, dotado de celeridade, eficácia, autenticidade, publicidade e oponibilidade *erga omnes*[57].

Pedroso[58] traz o seguinte esquema para explicar a desjudicialização, dividindo-a em três ramos:

a) a deslegalização;
b) a informalização da justiça, onde se encontram os ADRs; e
c) a desjudicialização, que pode ser de três formas:

    c.1) meios informais e recurso a não juízes nos processos em tribunal;

    c.2) transferência de competência de resolução de litígios para instâncias não judiciais; e

    c.3) transferência de resolução de litígios para velhas e novas profissões. Ele conceitua como velhas profissões os notários e registradores.

Por sua vez, a ideia de extrajudicialização é pensada, no âmbito do direito e do sistema estatal, como alternativa à incapacidade de resposta dos tribunais à procura (aumento de pendências), ao excesso de formalismo, ao custo, à "irrazoável" duração dos processos, bem como às dificuldades inerentes ao acesso à justiça.

Note-se que o mencionado autor, quando fala em desjudicialização, se refere à resolução de litígio. Como o sistema processual civil brasileiro usa o conceito de litígio carneluttiano[59], liga sua resolução somente ao Judiciário.

Além disso, Pedroso indica que a desjudicialização (ou informalização) funciona como uma via de mão dupla, contrapondo-se à judicialização ou juridificação. Para ele, as velhas questões devem ser extrajudicializadas, de modo que as novas questões sejam judicializadas, permitindo, dentro do Poder Judiciário, que sejam abertas para novos debates.

Possibilita-se, assim, tanto à sociedade, mais madura e responsável, resolver, em seara extrajudicial, seus conflitos, quanto ao Judiciário debater questões difíceis que se apresentem.

O autor também explica que a desjudicialização surgiu como um dos meios alternativos de resolução de conflitos[60], ao lado da conciliação, mediação e arbitragem, sendo incialmente um quarto modelo.

Todavia, cresceu exponencialmente, a ponto de se tornar categoria própria. Deixou, assim, de se limitar à informalização da justiça para a categoria da desjudicialização, transferindo-se a solução de controvérsias para as instâncias não judiciais e para as velhas profissões (notários e registradores).

---

57. Arts. 1º e 3º da Lei n. 8.935/94 – Lei dos Notários e Registradores (LNR).
58. PEDROSO, 2002, p. 17.
59. CARNELUTTI, 2004, p. 134.
60. PEDROSO, 2002, p. 14.

Entretanto, como adverte Taruffo[61], essa transferência não deve ser motivada pelas mazelas da jurisdição estatal ou mesmo justificada como alternativa aos obstáculos verificados na estrutura do Poder Judiciário.

A desjudicialização não perde a natureza de intervenção estatal – há, apenas, uma materialização estruturada de forma diversa do processo judicial.

Os conceitos de informalização e desjudicialização, em sentido amplo, manifestam-se por meio de diferentes realidades que permitem prevenir ou resolver um litígio.

Assim sendo, já se tornou lugar comum a percepção de que o Judiciário brasileiro não comporta todas as demandas que nele são propostas, seja por falta de servidores ou por falta de juízes, ou ainda porque as partes, algumas vezes, preferem não buscar um acordo para forçar um processo longo e cansativo, a fim de que um dos lados desista de seu direito.

Como já se referiu, em 1973, com a aprovação da Lei de Registros Públicos (LRP – Lei n. 6.015), buscou-se a unificação dos procedimentos que não precisavam ter cunho decisório jurisdicional para produzir efeitos contra terceiros, de modo que, nessa seara, há muito já se exerce jurisdição voluntária extrajudicial.

A partir de 1992, a desjudicialização acentua-se, como nos referimos anteriormente, com a promulgação da Lei n. 8.560, que institui formas de reconhecimento de paternidade direto no registro de nascimento, pela escritura pública ou escrito particular arquivado na serventia, por testamento, mesmo que incidental, e ainda, pela via judicial. Há a facultatividade da escolha do procedimento.

Registre-se que, desde 2012, esse reconhecimento foi ampliado de forma que o pai não precisa nem ir à serventia onde se localiza o assento de nascimento do filho, podendo reconhecer a paternidade em qualquer serventia de Registro de Pessoas Naturais do Brasil[62].

Em 1994, com a Lei n. 8.951, a consignação em pagamento passou a poder ser feita extrajudicialmente, com a inserção do § 1º no art. 890 do CPC/73.

Em 1997, a Lei n. 9.514, que trata de alienação judiciária de bem imóvel, permitiu o registro da alienação fiduciária em garantia de coisa imóvel e averbação do termo de securitização de créditos imobiliários, quando submetidos a regime fiduciário.

A sub-rogação de dívida, da respectiva garantia fiduciária ou hipotecária e da alteração das condições contratuais, em nome do credor que venha a assumir tal condição, também pode ser registrada na forma do disposto pelo art. 31 da Lei n. 9.514, de 20 de novembro de 1997, ou do art. 347 do Código Civil. O procedimento é realizado em ato único, a requerimento do interessado, devidamente instruído com documento comprobatório firmado pelo credor original e pelo mutuário, pela redação dada pela Lei n. 12.810,

---

61. TARUFFO, 2009, p. 86.

62. Provimento n. 16/2012, CNJ. O Provimento foi revogado e hoje a matéria é tratada no Provimento n. 149/2023 da Corregedoria Nacional de Justiça do CNJ.

de 2013. O registro desse gravame permite a troca de propriedade do bem sem a necessidade de intervenção do Poder Judiciário.

Já a Lei n. 10.931/2004, que dispõe sobre o patrimônio de afetação nas incorporações imobiliárias, introduziu a averbação da cessão de crédito imobiliário e o instituto da retificação administrativa, que é o modelo a ser utilizado pela usucapião extrajudicial. Na retificação, há a possibilidade de se corrigirem erros relacionados ao registro imobiliário, prescindindo de decisão judicial.

O divórcio e o inventário extrajudicial foram introduzidos pela Lei n. 11.441/2007, permitindo aos maiores, capazes, sem filhos menores, com bens ou não, se utilizarem dessa via de forma facultativa e célere para regularizar a situação de término da sociedade conjugal ou para inventariar e repartir os bens deixados pelo *de cujus*.

Também podem seguir esses procedimentos o inventário negativo, que visa atestar que o falecido não deixou bens, e o divórcio sem ou com bens a partilhar, com o intuito de extinguir os deveres do casamento e decidir sobre pensão alimentar ao cônjuge e filho maior.

Em 2008, a Lei n. 11.790 desjudicializou o procedimento de registro de nascimento após o prazo legal. A providência pode ser tomada pelo genitor ou pelo próprio interessado em ter seu assento de nascimento, em seu lugar de residência, com a assinatura de duas testemunhas.

Caso o oficial do registro não se convença acerca da identidade do registrando, pode exigir prova suficiente e realizar diligências complementares. Persistindo a dúvida, ele deverá remeter o procedimento à via judicial.

O Programa Minha Casa Minha Vida (PMCMV), trazido pela Lei n. 11.977/2009, permitiu aos detentores do título de legitimação de posse registrada, após cinco anos, a conversão em propriedade, pela modalidade de usucapião, sem a necessidade de processo judicial. Para áreas com mais de 250 m², o prazo da conversão da posse em propriedade é estabelecido na legislação específica sobre usucapião.

Ainda em 2009, a Lei n. 12.100 permitiu a correção de erros facilmente constatáveis pelo oficial, mediante provocação ou mesmo sem, independentemente de qualquer pagamento, após manifestação conclusiva do Ministério Público, sem necessidade de intervenção judicial.

No mesmo ano, tivemos a possibilidade do processo de habilitação de casamento perante o oficial do registro civil, na forma do art. 1.526 do Código Civil, com a redação dada pela Lei Federal n. 12.133/2009, observada, ainda, a Recomendação n. 34/2016 do CNMP.

O CPC manteve e acrescentou novas hipóteses de extrajudicialização.

O art. 1.071 autoriza a desjudicialização do procedimento de usucapião. A postulação pode ser dirigida diretamente ao cartório do registro de imóvel, incorporando-se o rito para a usucapião na Lei de Registros Públicos (Lei n. 6.015/73, art. 216-A)[63]. No caso

---

63. Enunciado n. 368 do FPPC: (art. 1.071) "A impugnação ao reconhecimento extrajudicial da usucapião necessita ser feita mediante representação por advogado".

44   *Manual de Mediação e Arbitragem*

de se judicializar a usucapião, não há mais previsão de rito específico, devendo seguir o procedimento comum.

Com o art. 1.071, além de outros dispositivos, o CPC consolida o movimento de desjudicialização.

Outras passagens do Código que tratam do tema são:

a)   art. 571 – permite que a demarcação e a divisão de terras possam ser realizadas por escritura pública, desde que maiores, capazes e concordes todos os interessados;

b)   art. 703, § 2º – autoriza a homologação do penhor legal pela via extrajudicial;

c)   art. 733 – reproduz a regra então vigente no CPC/73, por força da Lei n. 11.441/2007, dispondo que o divórcio consensual, a separação consensual e a extinção consensual de união estável, não havendo nascituro ou filhos incapazes e observados os requisitos legais, poderão ser realizados por escritura pública;

d)   art. 610, § 1º – na mesma linha da Lei n. 11.441/2007, estabelece que se todos os herdeiros forem capazes e concordes, o inventário e a partilha poderão ser feitos por escritura pública;

e)   art. 384 – estabelece que a existência e o modo de existir de algum fato podem ser atestados ou documentados, a requerimento do interessado, mediante ata notarial lavrada por tabelião;

f)   art. 539, §§ 1º a 4º – consignação em pagamento extrajudicial de quantia em dinheiro;

g)   art. 961, § 5º – averbação direta de separação e divórcio puros decretados no exterior, dispensando homologação pelo STJ, observado o Enunciado 10 da I Jornada de Direito Notarial e Registral do CJF.

Posteriormente à promulgação do CPC, foi editada a Lei n. 13.112/2015, que aumentou o prazo para o pai registrar o nascimento de seu filho, de modo a igualar o prazo do pai ao da mãe.

Ademais, possibilitou-se a retificação de registro civil, na forma do art. 110 da Lei Federal n. 6.015/73, com redação dada pela Lei Federal n. 13.484/2017, bem como a alteração consensual de prenomes, na forma dos arts. 55, § 4º, e 56 da Lei n. 6.015/73, com redação determinada pela Lei n. 14.382/2022.

Ainda sobre a Lei n. 14.382/2022, que dispõe sobre o Sistema Eletrônico dos Registros Públicos (Serp), importante ressaltar que determina a inserção, na Lei de Registros Públicos (Lei n. 6.015/73), do art. 216-B, que trata da adjudicação compulsória extrajudicial de bem imóvel.

O dispositivo, já em seu *caput*, estabelece que a ferramenta é uma alternativa à via judicial e que poderá ser efetivado no serviço de registro de imóveis da situação do imóvel. O § 1º estabelece serem legitimados a requerer a adjudicação o promitente comprador ou qualquer dos seus cessionários ou promitentes cessionários, ou seus sucessores, bem como o promitente vendedor, representados por advogado. O pedido deverá ser instruído com uma série de documentos elencados nos incisos I a VI deste dispositivo. O § 3º prevê que, à vista desses documentos, o oficial do RGI procederá ao registro do domínio em nome do promitente comprador, servindo de título a respectiva promessa de compra e venda ou de cessão ou o instrumento que comprove a sucessão.

Ao lado da iniciativa legal formal, importante registrar o protagonismo que o CNJ vem assumindo em matéria de desjudicialização, como se pode observar nos seguintes atos normativos:

a) reconhecimento espontâneo de paternidade biológica e socioafetiva e registro de filhos havidos por reprodução assistida: Provimentos n. 16/2012, 63/2017 e 83/2019 do CNJ. Enunciados 121 e 122 da II Jornada de Prevenção e Solução Extrajudicial de Litígios do CJF;

b) mudança de prenome e gênero no registro civil em virtude de transexualidade: Provimento n. 73/2018 do CNJ;

c) transcrição de registro de nascimento, casamento ou óbito lavrado no exterior: Resolução n. 155/2012 do CNJ;

d) averbação, no registro de nascimento e no de casamento dos filhos, da alteração do nome do genitor: Provimento n. 82/2019 do CNJ.

Capítulo 3

Disposições Gerais da Lei de Mediação: Conceito, "Obrigatoriedade", Visão no Direito Estrangeiro e Formação do Sistema Multiportas no Direito Brasileiro

Sumário: 3.1. Definição de mediação: o art. 1º da Lei n. 13.140/2015. **3.2.** A "obrigatoriedade" ou não da mediação: algumas ponderações. **3.3.** Visão do direito estrangeiro sobre o tema. **3.3.1.** A implantação da mediação no sistema de solução de conflitos. **3.3.2.** Panorama da mediação no direito estrangeiro. **3.3.2.1.** Observações gerais. **3.3.2.2.** Estados Unidos. **3.3.2.3.** O contexto europeu. **3.3.2.4.** América Latina. **3.4.** A consolidação do sistema multiportas de solução de conflitos no Brasil.

3.1. Definição de mediação: o art. 1º da Lei n. 13.140/2015

A mediação é um mecanismo de resolução de conflito em que as próprias partes constroem, em conjunto, um sistema de decisão, satisfazendo a todos os envolvidos e oxigenando as relações sociais.

Além disso, é uma forma heterotópica de solução de controvérsia, em que há a participação de um terceiro intermediando ou facilitando o alcance do entendimento.

Dessa forma, entende-se a mediação como o processo por meio do qual os litigantes buscam o auxílio de um terceiro imparcial que irá contribuir na busca pela resolução do conflito[1]. Esse terceiro não tem a missão de decidir (nem a ele foi dada autorização para tanto). Ele apenas auxilia as partes na obtenção da solução consensual.

O *Uniform Mediation Act*[2] dispõe em seu item (1): "*Mediation means a process in which a mediator facilitates communication and negotiation between parties to assist them in reaching a voluntary agreement regarding their dispute*".

Apresentando uma visão mais pragmática, Goldberg[3] afirma que "*mediation is negotiation carried out with the assistance of a third party*".

---

1. PINHO, 2005, p. 138.
2. Aplicável nos EUA e disponível em: <http://www.adr.org>. Acesso em: 25 out. 2017.
3. GOLDBERG, 2003, p. 111.

Já para Maria de Nazareth Serpa[4], mediação "é um processo informal, voluntário, onde um terceiro interventor, neutro, assiste aos disputantes na resolução de suas questões".

O papel do interventor é ajudar na comunicação por meio da neutralização de emoções, formação de opções e negociação de acordos.

Roberto Portugal Bacellar[5] define mediação como uma "técnica lato senso que se destina a aproximar pessoas interessadas na resolução de um conflito a induzi-las a encontrar, por meio de uma conversa, soluções criativas, com ganhos mútuos e que preservem o relacionamento entre elas".

Para Gladys Stella Álvarez[6], a mediação constitui um *"procedimiento de resolución de disputas flexible y no vinculante, en el cual un tercero neutral – el mediador – facilita las negociaciones entre las partes para ayudarlas a llegar a un acuerdo".*

Por sua vez, Helena Soleto Muñoz[7] sublinha a importância da autonomia da vontade para o sucesso do procedimento.

A mediação tem-se desenvolvido com êxito em diversos países, como Estados Unidos, Inglaterra, Itália e Espanha, especialmente após o advento da Diretiva n. 52/2008, emitida pelo Conselho da União Europeia, que fez com que seus Estados-membros se empenhassem na implementação do instituto.

O art. 3º da Diretiva n. 52, de 21 de maio de 2008[8], emitida pelo Conselho da União Europeia, define mediação como um processo estruturado no qual duas ou mais partes em litígio tentam, voluntariamente, alcançar por si mesmas um acordo sobre a resolução de seu litígio, com a ajuda de um mediador.

Observa-se, portanto, que são elementos da mediação, de acordo com a Diretiva: a estrutura do processo, a existência de duas ou mais partes, a voluntariedade do processo, o acordo das partes e, por fim, a ajuda do mediador.

No Brasil, a mediação foi objeto do já mencionado II Pacto Republicano, assinado pelos três Poderes da Federação em 2009, em que, entre os compromissos assumidos, constava o de "[...] Fortalecer a mediação e a conciliação, estimulando a resolução de conflitos por meios autocompositivos, voltados a maior pacificação social e menor judicialização [...]".

---

4. SERPA, 1999, p. 90.
5. BACELLAR, 2004, p. 174.
6. ÁLVAREZ, 2003, p. 135.
7. "(...) *la mediación es un procedimiento a través del cual un tercero imparcial ayuda a las partes en conflicto a llegar a un acuerdo. La esencia de la mediación que refleja esta definición es la autonomía de la voluntad de las partes: son las partes las que llegan a un acuerdo, libremente, y auxiliadas por un tercero, que, consecuentemente, ha de ser imparcial. Por otra parte, esta perspectiva de la mediación se encuentra vinculada al conflicto que es objeto o puede ser objeto de un proceso"* (MUÑOZ, 2009, p. 98).
8. DIRECTIVE 2008/52/EC OF THE EUROPEAN PARLIAMENTE AND OF THE COUNCIL, of 21 May 2008, on certain aspects of mediation in civil and commercial matters. Disponível em: <http://www. justice.ie/en/JELR/Pages/EU_directives>. Acesso em: 15 maio 2010.

Com base nessa realidade, o Conselho Nacional de Justiça, como visto, editou a Resolução n. 125/2010, que institui a Política Judiciária Nacional de Tratamento Adequado dos Conflitos de Interesses, tendente a assegurar a todos o direito à solução dos conflitos por meios adequados à sua natureza e peculiaridade.

Por sua vez, o CPC e a própria Lei n. 13.140/2015 também reconhecem o instituto da mediação, trazendo, assim, um novo reforço à regulamentação do assunto, o que incentiva e traz segurança jurídica aos que aplicam ou se utilizam dessa técnica de solução de conflitos.

Dessa forma, embora esse mecanismo de solução de conflitos já venha sendo amplamente utilizado tanto no âmbito judicial quanto no extrajudicial, a institucionalização legal da mediação deve ser priorizada e concretizada, garantindo que a disseminação ocorra de forma correta e que a sua prática ganhe legitimidade social, fazendo do Brasil mais uma referência mundial no estudo do tema.

Caivano, Gobbi e Padilla recomendam a mediação aos conflitos:

i)   policêntricos, entendidos como aqueles que apresentam múltiplas situações de tensão;
ii)   originados em relações continuadas;
iii) cuja solução recomende um mecanismo que ofereça confidencialidade;
iv)   nos quais estão presentes questões culturais, que a jurisdição não levaria em consideração;
v)   cujo mérito se relacione com matérias altamente específicas, as quais o juiz não conseguiria compreender adequadamente para decidir;
vi)   em que a solução jurídica é controvertida, tornando imprevisível a solução adjudicada;
vii) que geram custos excessivos se solucionados por meio da jurisdição;
viii) que demandem solução rápida[9].

Finalizando este tópico conceitual, cumpre ressaltar que o art. 1º, parágrafo único, da Lei n. 13.140/2015 traz um conceito legal de mediação, qual seja: "Considera-se mediação a atividade técnica exercida por terceiro imparcial sem poder decisório, que, escolhido ou aceito pelas partes, as auxilia e estimula a identificar ou desenvolver soluções consensuais para a controvérsia".

Por sua vez, a ementa da Lei de Mediação fixa-lhe a abrangência. Desse modo, a Lei n. 13.140/2015 se aplica às mediações judiciais e extrajudiciais, bem como às físicas e eletrônicas e as que envolvem direitos individuais, coletivos, disponíveis e indisponíveis.

3.2. A "obrigatoriedade" ou não da mediação: algumas ponderações

O crescimento da mediação é bastante influenciado pelo contexto do local onde ela se desenvolve. Nos sistemas *common law*, como Estados Unidos, Austrália, Canadá e

---

9.   CAIVANO; GOBBI; PADILLA, 2006, p. 79.

Inglaterra, a mediação e outras formas de *ADR* vêm crescendo mais rapidamente do que em sistemas *civil law*, como Brasil, Alemanha, Espanha e Itália[10].

Vista muitas vezes como uma justiça de segunda classe, a mediação não é um processo novo, mas ainda incipiente na arena legal.

Vantagens da mediação são laboriosamente propagadas principalmente entre aqueles que a consideram um útil instrumento para atenuar a gravidade do problema do acesso à justiça.

Sem dúvida, a mediação confere às partes maior controle sobre a resolução do conflito, afastando o risco e a incerteza de uma decisão judicial proferida por um juiz selecionado aleatoriamente para resolvê-lo. Além disso, há a oportunidade de se obter soluções criativas, com maior adequação e amplitude, abordando questões subjacentes ao conflito e não apenas a estreita questão que se submete ao Judiciário.

Por isso, a solução mediada é ainda mais valiosa e significativa em disputas nas quais a relação entre as partes é de longa duração e permanente.

A confidencialidade, que será explorada em detalhes no Capítulo 8, é outro fator importante, principalmente quando estamos diante de questões mais sensíveis.

Note-se que, não surtindo efeito o procedimento de mediação, as partes não estão impedidas de judicializar o conflito. Ou seja, a opção pela mediação não significa a eliminação da via judicial.

Importante, ainda, salientar que a mediação tem percorrido um caminho desafiador tanto em sistemas de *common law* quanto de *civil law*.

Como visto, o crescimento vertiginoso que se nota nos sistemas anglo-saxões[11], como Canadá, Inglaterra, Reino Unido e Estados Unidos, desde a década de 1970[12], contrasta com a relutância dos países da família romano-germânica em aceitar a prática da mediação como um meio para resolver conflitos[13].

Independentemente das diferenças nos estágios de desenvolvimento da mediação em cada um dos sistemas, as preocupações convergem a um ponto comum: a utilização da mediação como a solução para os problemas enfrentados pela administração pública, especialmente pelos Tribunais, respaldando o intento de acesso à justiça.

O que se observa é que, além da difusão da normatização de procedimentos de *ADRs*, os programas de mediação vêm sendo sobejamente incorporados aos Tribunais[14], notadamente em assuntos ou locais nos quais a mediação não é amplamente utilizada[15].

---

10. ALEXANDER, 2006, p. 34.
11. ALMEIDA, 2014, p. 318.
12. GABBAY, 2011, p. 187.
13. ALEXANDER, 2003, p. 36.
14. PRESS, 2011, p. 819.
15. DE PALO; D'URSO, 2016, p. 44.

A expressiva divergência entre a teoria da mediação e essas práticas é o maior desafio a ser enfrentado pelo futuro em termos de qualidade da mediação. Para isso, é imprescindível resgatar a racionalidade por trás do fundamento da mediação exposto no conceito de Lon Fuller.

A institucionalização da mediação e a sua realização nas dependências dos Tribunais são evidentes. A integração da mediação aos códigos de processo civil caminha em direção a uma fusão entre a normatização e a mediação, tornando-a uma "importante parte de uma nova era do processo civil"[16]. À primeira vista, a institucionalização pode até significar um avanço, mas acaba por enfraquecer as escolhas das partes envolvidas em conflitos.

A propósito, a realização da mediação na esfera intrajudicial vem deixando de ser uma mera opção oferecida às partes. A onipresença da mediação nos Tribunais e nos códigos de processo é um paradoxo, pois a leva a perder cada vez mais a sua identidade, adquirindo semelhança com a adjudicação, com normas de aplicação.

Os juízes passam a evitar o julgamento de casos e se tornam cada vez mais mediadores, cenário que se afasta do conceito tradicional da mediação como um processo primordialmente relacional.

No fim, o processo privado passa a se instalar num ambiente público, sendo consumido por regras e por uma concepção instrumentalista que vem a servir apenas à administração da justiça.

Não custa lembrar que a inflacionada demanda por justiça é um fenômeno complexo, que parte, sobretudo, de uma certa dependência social dos Tribunais, ainda insuflada por uma cultura[17] demandista especialmente notada em países do sistema *civil law*.

Somem-se a isso os reflexos causados pela globalização internacional de conflitos[18] e o fato de que as normas ou mesmo o direito consuetudinário não estão aptos a trabalhar com o conceito de conflitos insolúveis.

O máximo que se pode fazer é monitorar e empreender um trabalho de acompanhamento, com o objetivo de manter a disputa em níveis aceitáveis de convivência e de civilidade. Mas a pretensa solução se resume a resolver apenas a crise jurídica, deixando em aberto as pressupostas crises de outra natureza, que, por não terem sido conjuntamente dirimidas, tendem a retornar num momento futuro, talvez até recrudescidas.

É notório como as estruturas jurídico-políticas foram sempre muito atentas aos remédios para atacar os efeitos, quase nunca as causas.

Por outro lado, essa capacidade da solução adjudicada tem-se mostrado limitada e ineficaz, protraindo o fechamento da demanda a um futuro incerto, muitas vezes não resolvendo o problema. Ela apenas agrega estabilidade – indiscutibilidade – da decisão,

---

16. NOLAN-HALEY, 2004, p. 57.
17. TARUFFO, 2009, p. 63.
18. CANOTILHO, 1993, p. 18.

ratificando a inaptidão do Judiciário para recepcionar e resolver eficazmente as lides. É a famosa sentença que julga, mas não resolve o conflito.

A mediação vem notadamente se destacando nesse cenário como a cura para as ineficiências dos sistemas de justiça. Ainda que seja definida como um processo voluntário, o rótulo de *boa alternativa* para a adjudicação fez com que muitos políticos e estudiosos concluíssem que, além de a prática ser incorporada ao ambiente jurisdicional, ela deveria ser obrigatória.

Mas fica a dúvida: será que não serão repetidos os mesmos erros das últimas décadas em que se promoveu a busca ao Poder Judiciário sem dar importância aos seus limites?

É racional forçar[19] as partes a se submeterem à mediação? Supervalorizar a mediação não poderá a longo prazo transformá-la em mais um método ineficaz à solução de conflitos, tal como a jurisdição é hoje vista pela sociedade? Obrigar as partes a se submeterem ao processo de mediação as torna menos propensas a cumprir o acordo celebrado? Enfim, a mediação pode valer a pena, quando obrigada?

Transformá-la numa etapa obrigatória, seja no momento pré-processual, seja no incidental, tem a finalidade de servir a propósitos meramente estatísticos, longe de atender às necessidades do cidadão.

Chegamos a um extremo dialético, em que a mediação desponta numa perspectiva paradoxal. A institucionalização traz regras para serem seguidas por mediadores, juízes e demais interessados. Além disso, impõe prazo para terminar, predetermina os casos em que deverá ser utilizada e obriga os litigantes a se submeterem à prática mediativa. Tudo sob o pretexto de remediar a ineficiência estatal na gestão dos conflitos e os consequentes abalos à garantia do acesso à justiça.

Um remédio fraco, quase um placebo, pois, num primeiro momento, o sentimento de alívio no Judiciário é óbvio, já que a mediação obrigatória exprime uma verdadeira barreira a frear a chegada dos litigantes ao Judiciário.

A rigor, todo esse processo deveria ser voluntário, respeitando-se a autonomia da vontade das partes.

Até admitimos que seja incentivada a prática mediativa por um juiz, mas é descabida qualquer pretensão de torná-la uma etapa obrigatória, sobretudo para que não se converta em instrumento para aqueles litigantes que não desejam, verdadeiramente, buscar uma solução pacífica[20].

Os defensores da obrigatoriedade perguntam: como alguém não gostaria de celebrar um acordo mutuamente benéfico? Ocorre que nem todo mundo pode estar interessado ou pode ser que a mediação não seja realmente o melhor método a se aplicar na tentativa de resolução daquele conflito.

---

19. MONTELEONE, 2010, p. 4.

20. NIEVA FENOLL, 2014, p. 228.

A campanha que trata a mediação como uma poção mágica[21], cuja obrigatoriedade solucionaria a crise do acesso à justiça, reflete uma visão distorcida dessa garantia e totalmente equivocada do instituto, que, repita-se, é essencialmente voluntário. O princípio da autonomia da vontade é fundamento primeiro da mediação, englobando a liberdade de poder decidir se e quando ela será estabelecida, segundo os interesses e acordo de vontades dos envolvidos[22].

Despertam interesse as objeções que Owen Fiss lançou às *ADRs* em *Against Settlement*[23]. Seus argumentos centravam-se na qualidade do consentimento para a celebração de um acordo pautado especialmente num desequilíbrio de forças (econômica, habilidade negocial) entre os participantes do processo. Para Fiss, o consentimento ao acordo dessa parte, em desvantagem, seria produto de coação.

Kenneth Feinberg[24], em provocativo texto no qual reexamina as premissas clássicas de Owen Fiss, questiona se, de fato, existe um modelo melhor do aquele baseado na figura de um juiz ativo, gerenciador e garantista, apesar da insatisfação generalizada dos jurisdicionados.

Tornando mais atual a preocupação do grande jurista com o consentimento das partes que se submetem a uma *ADR* qualquer, suas premissas podem ser perfeitamente usadas como alerta sobre a fragilidade não do resultado que pode ser obtido numa mediação, mas da obrigação das partes em participar desse processo. A obrigatoriedade, sim, traduz um desequilíbrio de forças e pode contaminar o resultado obtido na mediação.

Pode parecer que exista algum benefício em obrigar as partes a se reunir e discutir a sua contenda. O melhor resultado poderia ser uma solução mutuamente satisfatória e voluntariamente acordada. Por outro lado, o pior resultado seria as partes não alcançarem êxito num acordo e o problema seguir para um Tribunal, traduzindo-se em descontentamento, custos adicionais e atrasos desnecessários.

Bret Walker e Andrews S. Bell[25] reforçam os argumentos negativos à mediação obrigatória.

No contexto histórico e na esteira do Livro Verde da Mediação[26], o Parlamento Europeu desenvolveu em 2004 um projeto para uma Diretiva relativa à mediação, culminando com sua publicação em 2008.

Ao ensejo da Diretiva, os Estados-membros europeus seriam livres, quando da transposição aos seus ordenamentos internos, para dispor sobre os métodos que seriam adotados na instalação de programas de mediação.

---

21. PINHO; PAUMGARTTEN, 2012, p. 171.
22. WAMBIER, 2013, p. 419.
23. FISS, 1984, p. 174.
24. FEINBERG, 2009, p. 1175.
25. WALKER; BELL, 2000, p. 7-8.
26. NOLAN-HALEY, 2011, p. 1-17.

Para Nancy Welsh[27], quando o tribunal determina que as partes devem se submeter à mediação, elas perdem a capacidade de autonomia até mesmo para decidir a não se submeter à mediação.

Pondera ainda que, como na maioria dos Estados americanos os advogados tornaram--se participantes frequentes nas sessões de mediação e têm assumido a responsabilidade por selecionar mediadores, o procedimento tornou-se menos focado no empoderamento dos cidadãos e mais voltado a forçar os litigantes a se reconciliarem juridicamente, de acordo com as normas do tribunal em que ocorre o procedimento.

Os advogados atualmente dominam as discussões nas sessões de mediação e, em muitas ocasiões, selecionam *colegas* como mediadores. Os selecionados, muitas vezes, não estão preocupados em gastar tempo com sessões conjuntas. Ao contrário, rapidamente procuram separar as partes e estabelecem um canal solo de comunicação e negociação, escolhendo as informações que serão repassadas e que, segundo eles, facilitarão o acordo.

Outro problema relatado por Nancy Welsh é o fato de que os mediadores não apenas podem ser escolhidos pelos advogados, mas são pagos pelas partes e não pelos tribunais. Dessa forma, acaba-se transformando a mediação em um negócio para um pequeno grupo de mediadores detentor de um grande número de casos[28], além de dificultar o acesso à técnica em muitos casos.

No direito pátrio, cabe lembrar que, em 2000, a Lei n. 9.958 inseriu, na CLT, os arts. 625-A a 625-H, dispondo sobre a necessidade da formação de comissões de conciliação prévias no âmbito trabalhista.

Ao empregado, não era facultativa, mas obrigatória a submissão à instância extrajudicial conciliatória previamente a qualquer demanda judicial trabalhista, em que pese o processo trabalhista já contar com dois momentos conciliatórios obrigatórios. Isso denotava claramente a intenção obstaculizadora para o ingresso da ação judicial, reconhecida pelo Supremo Tribunal Federal em 2009, acarretando a declaração de sua inconstitucionalidade (ADIs 2.139 e 2.160).

Essa experiência influenciou a comissão de elaboração dos projetos do Código de Processo Civil Brasileiro de 2015 e da Lei da Mediação. Apesar de o código processual criar etapa notadamente obrigatória para as partes no processo judicial, flexibiliza essa exigência ao permitir que a audiência seja desmarcada sempre que as partes, em conjunto, demonstrarem expressamente desinteresse em participar dela.

Assim, o art. 334 do CPC coloca a audiência de conciliação e de mediação como uma etapa preliminar do procedimento, mas que pode ser dispensada pela vontade das partes ou por determinação judicial. Abordaremos mais detalhadamente as peculiaridades dessa audiência em momento próprio.

---

27. WELSH, 2004, p. 132.
28. WELSH, 2004, p. 138.

Contudo, há regra específica quanto às ações de família. Nelas, o CPC determina que todos os esforços deverão ser empreendidos para a solução consensual da controvérsia, devendo o juiz dispor do auxílio de profissionais de outras áreas de conhecimento para a mediação e a conciliação. Com efeito, a redação do art. 694 do Código Processual exige que o juiz busque o apoio de outros profissionais para atuar na conciliação/mediação.

Além disso, o juiz poderá suspender o processo, a requerimento das partes, durante o tempo em que estejam participando de sessões de mediação extrajudicial ou de atendimento multidisciplinar.

Finalmente, a Lei n. 13.140/2015 traz dois dispositivos que parecem reforçar a ideia da mediação compulsória, mas com temperamentos. O primeiro é o art. 2º, segundo o qual ninguém será obrigado a permanecer em procedimento de mediação. Tal disposição, se interpretada literalmente, dá a ideia de que o jurisdicionado não pode se recusar a comparecer à primeira sessão, que seria informativa, chamada por alguns de pré-mediação.

O segundo dispositivo é o art. 23 que estabelece o chamado "Pacto de Mediação"[29]. Uma vez firmada essa cláusula, nem o procedimento arbitral nem o processo judicial podem ser instaurados sem que antes seja tentada a mediação[30]. O parágrafo único do dispositivo ressalva, contudo, as medidas de urgência, ou seja, a possibilidade do acesso livre ao Poder Judiciário, a fim de que seja requerida a tutela provisória de urgência.

3.3. Visão do direito estrangeiro sobre o tema

3.3.1. A implantação da mediação no sistema de solução de conflitos

Apesar dos avanços sentidos, ainda persiste um amplo debate acerca das vantagens e desvantagens quanto à exportação/importação de métodos de *ADR* através das fronteiras culturais.

Para alguns, trata-se de métodos neutros e harmônicos para resolver disputas, defendendo que a lei e a sua aplicação pelo juiz não seriam essenciais para fornecer um

---

29. Lei n. 13.140/2015: "Art. 23. Se, em previsão contratual de cláusula de mediação, as partes se comprometerem a não iniciar procedimento arbitral ou processo judicial durante certo prazo ou até o implemento de determinada condição, o árbitro ou o juiz suspenderá o curso da arbitragem ou da ação pelo prazo previamente acordado ou até o implemento dessa condição. Parágrafo único. O disposto no *caput* não se aplica às medidas de urgência em que o acesso ao Poder Judiciário seja necessário para evitar o perecimento de direito".

30. Enunciado CJF n. 21: "É facultado ao magistrado, em colaboração com as partes, suspender o processo judicial enquanto é realizada a mediação, conforme o art. 313, II, do Código de Processo Civil, salvo se houver previsão contratual de cláusula de mediação com termo ou condição, situação em que o processo deverá permanecer suspenso pelo prazo previamente acordado ou até o implemento da condição, nos termos do art. 23 da Lei n.13.140/2015".

resultado justo. Para outros, são meios que dissimulam uma prática coercitiva e de dominação política.

A mediação ilustra bem essas afirmativas. Para Luis Alberto Warat[31] e Lon Fuller[32], o objetivo da mediação não seria o acordo, mas a mudança das pessoas e seus sentimentos, de modo a transformar e redimensionar os efeitos da conflituosidade, apoiada na premissa segundo a qual os conflitos nunca desaparecem por completo, apenas se transformam e necessitam de gerenciamento e monitoramento a fim de que sejam mantidos sob controle.

Na América Latina, entretanto, os estudos delineados por Mariana Crespo[33] demonstram que os programas são geralmente voltados para a população de baixa renda e os centros de mediação nessas comunidades funcionam, em alguns casos, sob forte influência da cultura e dramas locais.

Por isso, a teoria transformadora dos meios adequados de solução de conflitos, quando se depara com a prática, encontra alguns obstáculos, pois a mediação, originalmente, não é uma técnica disposta para avaliar e proteger direitos, já que não há um juiz para assegurar os direitos de hipossuficientes. Diversamente, o foco é propiciar a negociação de interesses, preferencialmente entre pessoas com níveis, habilidades e poder equivalentes.

Se houver discrepância expressiva entre eles, o desequilíbrio tende a ser mantido nos processos de *ADR* e agravar o quadro conflitivo. A expressiva divergência entre a teoria da mediação e a prática é o maior desafio a ser enfrentado pelo futuro em termos de qualidade da mediação. Para tanto, é imprescindível resgatar a racionalidade por detrás do fundamento da mediação.

Por mais que seja possível identificar o alcance específico de cada um dos métodos, poderíamos eleger um traço comum e fundamental entre modalidades por vezes tão díspares: a liberdade.

Qualquer método de *ADR* pressupõe a vontade das partes, não apenas na escolha do método, mas na própria existência de um processo de concessões mútuas. Além disso, a liberdade continua imperando durante a execução do método, o que não importa dizer que inexistem protocolos a serem seguidos ou que há desorganização.

Mas, certamente, uma das principais incompreensões de que a mediação tem sido vítima diz respeito a sua integração ou não com o aparato estatal e com o Poder Judiciário.

Durante muito tempo, a concentração em torno da jurisdição tem transmitido a falsa ideia de que todos os conflitos devem passar necessariamente pela via jurisdicional para serem resolvidos, fazendo pensar que a sentença judicial é a verdadeira *panacea*.

Não há dúvidas de que o processo é uma forma de atuação do Estado. Condensa, em si, uma série de elementos democráticos para a sua aceitação teórica, pois admite a

---

31. WARAT, 2001, p. 31

32. FULLER, 1978, p. 41.

33. CRESPO, 2008, p. 109.

participação das partes em contraditório por meio de um procedimento previamente estabelecido, perpassado por vários princípios que propiciam o necessário equilíbrio entre garantias individuais e a atividade estatal.

Diante disso, para a promoção do uso dos métodos de *ADR*, tem sido uma tendência conectá-los aos tribunais, especialmente em países em que seus cidadãos têm sido apresentados às práticas mais recentemente, como na América Latina e em alguns países da Europa.

Contudo, os impactos das reformas produzidas por esses países demonstram um resultado aquém do esperado, muito em função de diminuírem o campo de escolha dos indivíduos. Até porque, para se atingir a qualidade esperada, não é necessário ancorar o procedimento de mediação na submissão das partes às regras de procedimentos, mas justamente o contrário.

Particularmente, a falta de conexão e envolvimento da sociedade, combinada com a formação insatisfatória do profissional do direito e a insuficiência participativa nas reformas, têm resultado na falta de conhecimento e de interesse pelos métodos oferecidos. Se os cidadãos e os operadores jurídicos não são convencidos pela metodologia, eles acabam a ignorando.

Nas camadas mais pobres, esse resultado é mais evidente, agravando-se por escolhas políticas difundidas em alguns países latino-americanos na matéria. Os cidadãos de baixa renda acostumaram-se a buscar e a confiar em serviços governamentais para a sua manutenção e proteção, transportando essas ideias para o campo da Justiça.

A introdução de métodos de resolução de conflitos através de *ADR* em sistemas jurisdicionais que carecem de tribunais funcionais e eficazes, realidade da maioria dos países da América Latina, tem exacerbado os problemas relativos ao acesso à justiça.

Criam-se, na verdade, outros *níveis* de justiça: a arbitragem privada, para aqueles que podem pagar por um árbitro; o sistema tradicional de justiça, para aqueles que podem bancar os serviços de um advogado e, por último, os centros de mediação, utilizados principalmente pelos cidadãos de baixa renda que não podem arcar com nenhum dos dois anteriores.

Politicamente, a crise do Judiciário vem tentando encontrar, especialmente na mediação e na conciliação, o remédio para a cura de uma das facetas desse problema.

A apresentação desses mecanismos como caminho para resolvê-la, por si só, já é um equívoco.

No sistema brasileiro, sabe-se que a conciliação já integra o processo judicial há algum tempo, e amarga uma condição de etapa processual cuja existência muitas vezes é rejeitada por partes e juízes, que a enxergam como um atraso no andamento do processo.

A mediação também não é isenta de críticas. Mesmo ainda sendo um procedimento incipiente na arena legal brasileira, busca-se a inserção social do método através da propagação de suas vantagens, utilidades e benefícios.

A judicialização de problemas humanos, muitos deles sem previsão normativa, requer nova estratégia jurisdicional e social, tal como conscientizar o indivíduo para essa nova realidade.

Nos EUA, por exemplo, a complexidade e os elevados custos do processo inspiraram a ideia de que nem todas as causas precisavam ser veiculadas no âmbito jurisdicional tradicional. Ao contrário, o juiz poderia trabalhar sob o manto de um *manager* processual, cuja função seria, além de suas clássicas atribuições, encaminhar a demanda ao tipo de procedimento mais adaptado às suas particularidades em concreto.

Essa ideia vem permeando alguns sistemas jurídicos nas últimas décadas e a mediação tem sido particularmente a "preferida" pelas Cortes de Justiça. Na Europa, o movimento pela adoção de mecanismos complementares à jurisdição teve início no fim da década de 90[34], seguindo uma filosofia entoada nos EUA a partir da *Pound Conference* em 1976, momento em que nasceu o conceito do *multidoor courthouse*. Essas ideias se expandiram para a Austrália, Canadá e Nova Zelândia ainda na década de 80.

A popularidade das *ADRs* em países que pertencem à tradição *common law* é notória. Especialmente nos Estados Unidos, a comunidade mais litigiosa do mundo, buscar a justiça sem advogados era o que já se fazia há séculos.

Sedimentou-se cada vez mais a ideia de que o processo institucionalizado é apenas um meio dentre a vasta gama de alternativas para se resolver conflitos interpessoais, por isso, apesar das sociedades providenciarem instituições para a resolução de disputas, não significa que ela tenha que ser, necessariamente ou exclusivamente, um tribunal.

3.3.2. Panorama da mediação no direito estrangeiro

3.3.2.1. Observações gerais

O sistema jurisdicional de alguns países tem enfrentado, nas últimas décadas, o incremento de uma sociedade hiperjurisdicionalizada. Para se contrapor a esse forte movimento, acaba-se adotando critérios meramente paliativos. Como resultado, há um afastamento dos indivíduos uns dos outros, desqualificando sua autoridade e objetivos tradicionais.

Nesse contexto, a jurisdição termina exaurida numa cultura que se limita a dizer o direito, distribuir as normas e os bens jurídicos. Tal esgotamento a força a atuar, a partir de agora, de forma colaborativa com os indivíduos. Nessa nova ordem, exige-se um mo-

---

34. Em 21 de maio de 2008 foi publicada a Diretiva n. 52 pelo Parlamento Europeu, oriunda da recomendação fundamental lançada em 1998 (98/257/CE) e em 2001 (2001/310/CE), desencadeando uma política de valorização da solução consensual de conflitos que entrou definitivamente na ordem do dia na *European Judicial Area*, obrigando cada Estado-Membro a refletir, inserir ou criar textos legais que contemplassem mecanismos de solução amigável dos conflitos, o que gerou uma série de alterações significativas nos ordenamentos nacionais de muitos países-membros.

delo democrático estatal, com novas maneiras para resolver conflitos, sem esquecer uma abordagem protetiva aos indivíduos frágeis e hipossuficientes.

A doutrina processual precisa incorporar esse conteúdo democrático para embrenhar-se em novos desafios. Para tanto, o direito processual deverá conter uma releitura do modo de tratamento das relações entre as pessoas, cada vez mais estranhas e intolerantes umas às outras.

Os esforços, porém, estão direcionados a restabelecer o processo conciliatório e a instalação da mediação no ambiente jurisdicional brasileiro.

Com isso, uma nova situação surge: o exercício da jurisdição, que tem como finalidade o reconhecimento das situações fático-jurídicas de que são titulares determinados sujeitos em relação a outros (conflito de interesses), atrai para o seu ambiente métodos de solução de conflitos (mediação e conciliação) que, via de regra, pertencem ao mundo extrajudicial.

Assim, eles são incorporados à atividade jurisdicional, que, segundo as palavras do Ministro Cezar Peluso: "Precisam ser integrados ao trabalho diário dos magistrados, como canais alternativos de exercício da função jurisdicional, concebida nos seus mais elevados termos"[35].

O caminhar das reformas processuais demonstra um fetiche pela pacificação dos conflitos, ao argumento da necessidade de se conferir um dimensionamento democrático ao processo.

Os métodos, entretanto, acabam subutilizados já que são politicamente direcionados a conter o indesejável despejo de conflitos nos limitados Tribunais, ou ainda para aliviar a carga já existente.

Com isso, técnicas aparentemente independentes da jurisdição acabam por emprestar a ela um novo método de resolver conflitos. Por essa constante ligação estabelecida, perde-se, em algum grau, a liberdade tão destacada na mediação.

A feição judicial continua presente nessa *nova etapa* processual e os programas de mediação são normatizados publicamente. Nessa esteira, possuem um protocolo mais rígido a seguir, um conjunto de regras de que as partes devem tomar conhecimento, comprometendo-se a respeitá-lo antes de iniciar o diálogo.

Por outro lado, não se pode perder de vista que o poder solucionador do conflito e consequentemente pacificador social pertence originalmente ao Estado, que o exerce através da jurisdição. Ao institucionalizar tais mecanismos, mantém-se o poder estatal sobre a solução dos conflitos, com o pretexto de pacificação pública e de se alcançar um ideal de justiça.

A expansão do uso da mediação tem se intensificado em países de todos os continentes, apesar das diferentes motivações que levaram à sua implementação.

---

35. PELUSO, 2011, p. 17.

Na experiência norte-americana, a mediação foi restaurada na década de 1960, com intuito pontual e pacificador comunitário. Difere-se, assim, dos objetivos da sua utilização como instrumento de solução de conflito na União Europeia, que não teve como principal mote a mudança de comportamento social[36]. Na União Europeia, a mediação foi implantada para tentar resolver o problema da demanda cada vez mais crescente de processos judiciais.

Na América Latina, a mediação ganha corpo conforme a política doméstica de cada país. Para melhor solucionar os conflitos, registramos ainda o incremento no uso da mediação em países do Extremo Oriente e em países asiáticos, como a China.

3.3.2.2. Estados Unidos

O padrão americano de solução de disputas sempre foi mais variado e complexo do que qualquer perspectiva pode sugerir. A experiência histórica americana mostra que a *Rule of Law* sempre foi explicitamente rejeitada em favor do uso de meios alternativos para resolver os conflitos que surgiam entre os indivíduos e, consequentemente, para ordenar as relações humanas.

O sucesso da *non legal dispute settlement* dependia certamente de uma visão coerente e comprometida da comunidade em que ela se desenvolvia. A resolução do conflito, em última análise, seria o modo como aquela comunidade seria preservada.

Historicamente, a preferência recaiu sobre a arbitragem e a mediação. Ambas expressavam uma ideologia comunitária[37] de justiça, sem formalidades, baseado num processo equitativo e na confiança entre os participantes.

Nas *New England Congregations*, e entre aqueles que integravam o núcleo místico da religião, a doutrina cristã encorajava o uso de meios alternativos à lei para a solução de controvérsias. Nesse passo, as instituições legais definhavam enquanto a religião legitimava a ordem social.

Os comerciantes e os demais empresários americanos desenvolveram um meio próprio para resolver seus conflitos, sob a ideia de que *law begins where community ends*. Com isso, desenvolveram padrões e instituições para a solução de disputas que detinham o conflito dentro da própria comunidade, formando um corpo de grandes defensores do *non legal dispute settlement*.

No contexto, a arbitragem comercial tornou-se uma grande aliada contra os atrasos e o alto custo do processo judicial, dando origem às Câmaras de Comércio que hoje se proliferam.

Já a mediação ganha força quando a Ford Foundation começa, em 1968, a patrocinar programas para mediar conflitos raciais e estabelece o National Center for Dispute Settlement, logisticamente apoiado na American Arbitration Association, que já havia se formado.

---

36. SANTANNA, 2015, p. 34 e 45.
37. AUERBACH, 1984, p. 5 e 6.

Em 1976, aconteceu a *Pound Conference*, evento organizado por advogados e juízes, convocados por Warren E. Burger. A partir do discurso de Frank Sander ali, o uso das *ADRs* e da mediação começou a ser encorajado, como parte de um sistema multiportas de solução de conflitos – *multidoor courthouse*[38].

A expressão "sistema multiportas", cunhada por Sander, preconizava que, ao invés de uma única porta direcionada ao Judiciário, um Centro de Solução de Conflitos poderia oferecer diversas portas. Por meio de cada uma delas, os indivíduos poderiam ser encaminhados à forma mais adequada de solução de conflitos para o seu caso – se seria a negociação, a mediação, a arbitragem, fazendo o que se denominava "uma filtragem".

A preocupação com a criação do sistema multiportas era em relação aos critérios que deveriam direcionar os conflitos ao sistema de filtragem. Nesse campo, eram muito importantes os papéis do Judiciário e do Legislativo, para o propósito de institucionalizar a mediação – e outros *ADRs*.

A criação de todo um sistema multiportas de solução de conflitos consumou-se com os Centros de Solução de Conflitos. No ano de 2001, foi publicado o *Uniform Mediation Act*, que teve como um dos seus principais objetivos a uniformização da regulação da mediação nos Estados Unidos.

Como consequência, *court-connected programs* e leis foram implementados em âmbito federal e local com o objetivo de estimular o uso das *ADRs*. Ao mesmo tempo, desencadeava-se a preocupação com uma *privatização* da resolução dos conflitos, já que a publicidade do julgamento e das decisões judiciais é a garantia da proteção dos direitos individuais.

Os argumentos delineados favoravelmente focam na qualidade da resolução do conflito. Isso porque as técnicas contidas no método de *ADR* possibilitam maior envolvimento das partes na compreensão mais profunda do problema, legitimando o resultado.

A maior possibilidade de reconciliação também é uma bandeira de seus defensores. Há, nos métodos alternativos, o favorecimento do diálogo racional, fugindo ao estrategismo inerente ao processo judicial. Diante disso, aumenta-se a probabilidade de manutenção ou de recuperação das relações interpessoais. Nesse caso, particularmente da mediação, aproxima-se da ideia de justiça coexistencial.

Por outro lado, críticas não lhe faltam. Argumenta-se que o uso de *ADR* seria defendido para liberar a justiça ordinária de casos de pequeno valor econômico e escassa relevância jurídica (*garbage cases)*[39], aliviando, assim, considerável carga de processo.

Alega-se, também, que as decisões proferidas pelos juízes têm maior potencial de alterar a realidade social. Uma vez desviadas da apreciação pelo Poder Judiciário, essa

---

38. A expressão *Multidoor Courthouse*, que se refere ao Sistema Multiportas de solução de conflitos, foi proclamada por Frank Sander na chamada *Pound Conference*, em 1976, em seu discurso, que depois foi transcrito e publicado no artigo "Varieties of Dispute Processing". GABBAY, 2013, p. 123.

39. FACCHINI NETO, 2011, p. 123.

possibilidade seria reduzida exponencialmente em diversos campos (consumerista, por exemplo).

O *Law and Public Policy Committee of the Society of Professionals in Dispute Resolution* divulgou um relatório, em 1990, afirmando que a participação obrigatória em um procedimento de resolução de disputas seria apropriada em certas situações.

A legislação federal seguiu o mesmo entendimento. Como consequência, o *Civil Justice Reform Act* foi aprovado com o objetivo de enfrentar os graves problemas que começaram a surgir com a demora e o excessivo custo dos processos que tramitavam perante os tribunais federais.

Em 1998, foi aprovado o *Alternative Dispute Resolution Act*. Três anos depois[40] advém o *Uniform Mediation Act*, quando a mediação obrigatória passou a ser adotada por alguns Estados em assuntos específicos, com o aval das Cortes que confirmaram a sua legitimidade.

A ideologia central da mediação norte-americana é a sua voluntariedade, fundamentada na autodeterminação; contudo, os programas de mediação obrigatória difundiram-se sob diversos modelos. Os sistemas vão desde a coerção, sob vestes de sugestão judicial para a submissão às sessões de mediação, à obrigatoriedade institucionalizada como uma condição precedente ao julgamento da demanda.

A explicação norte-americana é a de que existe uma diferença entre *coercion into* e *coercion within mediation*. Nesse sentido, os tribunais podem exigir a participação às sessões de mediação (*front-end)*, mas não poderiam exigir a celebração do acordo ou o aceite de uma proposta em particular (*back-end)*. Por isso, a denominada mediação obrigatória passa a ser uma figura aceitável no ambiente jurídico norte-americano.

Para Chase, o principal fator de incremento do movimento em favor das *ADR* (*Alternative Dispute Resolution*) foi bem pragmático. A partir da década de 70, houve um aumento exponencial da litigiosidade acarretando atraso excessivo na solução dos processos.

Chase[41] lembra, também, a crítica *Hyperlexis* como uma das causas do grande desenvolvimento dos movimentos *ADR* nos Estados Unidos. Por, o autor entende a confiança exagerada no direito para resolver os muitos problemas da sociedade.

Esse movimento marcou a famosa *Pound Conference*, em 1976, citada anteriormente.

Ademais, são apontados, como outros fatores propulsores dos meios alternativos, na década de 1960, o movimento contracultura. Na década de 1980, o impulso teria vindo da ideia de privatização consagrada com a vitória de Reagan nas eleições presidenciais. Finalmente, estimulou os *ADRs* o que autor denomina de *loss of certainty* – perda da certeza, que marca o pensamento pós-modernista.

---

40. *Alternative Dispute Resolution Act* (1998). Disponível em: https://www.law.cornell.edu/uscode/text/28/651. Acesso em: 20 mar. 2015.

41. CHASE, 2005, p. 105.

Espera-se que o contorno contemporâneo que adorna a mediação cumpra a promessa de promover um reencontro mais fiel com suas raízes democráticas.

3.3.2.3. O contexto europeu

Ao contrário da experiência norte-americana, pode-se afirmar que o uso da mediação como instrumento de solução de conflito na União Europeia não teve como principal mote a mudança de comportamento social.

Na Europa, ainda é pouco expressiva a prática da mediação quando contrastada com a demanda cada vez maior de processos judiciais. Diante disso, a União Europeia estabeleceu uma política pública voltada para a disciplina da matéria na hipótese de conflitos transnacionais, sendo que para os conflitos internos a mediação seria opcional ao Estado-Membro.

Contudo, ante o avanço tímido da mediação, atribuído à quantidade ínfima de regulamentação da matéria nos Estados-Membros, em 1999, o Conselho Europeu esforçou-se para mudar essa condição de mero encorajamento da mediação, culminando na Diretiva n. 52/2008.

Sem pretender esgotar a disciplina de métodos autocompositivos, a Diretiva n. 52/2008 teve como propósito estabelecer uma política pública de valorização da mediação mediante a instituição e desenvolvimento pelos Estados-Membros de institutos processuais extrajudiciais e alternativos de solução de litígio, sem prejuízo dos sistemas nacionais de mediação.

Um dos destaques da Diretiva diz respeito às principais vantagens da mediação, que seriam a celeridade, o custo-benefício, a maior disposição para o cumprimento do acordo e a preservação da relação entre as partes.

Vejamos o resumo das principais linhas mestras da Diretiva: 1) voluntariedade, cabendo aos litigantes optar livremente por esse meio de solução de conflitos. Ressalva-se a faculdade de os Estados-Membros preverem a mediação obrigatória, desde que esta não obste o acesso à justiça; 2) informalidade, detendo as partes ampla liberdade de organização do procedimento de mediação; 3) ausência de prazo, podendo as partes encerrar a mediação a qualquer tempo. Os tribunais podem fixar prazo máximo; 4) possibilidade de os tribunais recomendarem a mediação às partes, quando oportuno; 5) dever de os Estados-Membros incentivarem a formação e a capacitação de mediadores, bem como controlarem a qualidade dos serviços por eles prestados; 6) executoriedade do acordo de mediação em todos os Estados-Membros cujo ordenamento jurídico interno confira força executiva a acordos internos similares; 7) confidencialidade da mediação, inclusive em relação à divulgação de informações para instrução de processo judicial, salvo quando esteja envolvido interesse de menor ou a execução do acordo de mediação, situações em que será possível divulgar as informações.

Em razão da forte crise na prestação da tutela jurisdicional pelo Judiciário, marcada pela lentidão excessiva do processo judicial, o Poder Público da Itália providenciou a edição de normas regulamentando a mediação. Contemplou-se, inclusive, a mediação obrigatória, a partir do estabelecimento da política pública pelo Conselho Europeu.

Muito embora a crise na prestação da tutela jurisdicional seja uma constante na Itália e na maioria dos países-membros, a figura do magistrado ainda promove confiança na jurisdição, quando comparada a outros instrumentos de solução de conflito. Dessa forma, a resistência da sociedade em optar por vias alternativas resultou no fracasso da política pública em análise.

Apesar de a política pública ter como objetivo a expansão do uso da mediação entre os países-membros da União Europeia, na prática, não foi observado o progresso esperado. Ressalva-se, contudo, a importância da elaboração da Diretiva, que teve como mérito trazer à pauta o debate sobre os meios adequados de solução de conflito.

Diante do cenário de resistência pelos Estados-Membros, o Parlamento Europeu emitiu a Resolução n. 13/2011, na qual abordou a necessidade de medidas para o desenvolvimento do novo instrumento. O intento é promover uma maior sensibilização e compreensão da mediação, alertando acerca de suas vantagens, no que diz respeito ao custo-benefício[42].

Portanto, a política de valorização da solução consensual pela União Europeia fez com que os Estados membros, principalmente a Itália, passassem a refletir e a normatizar com mais afinco a mediação como instrumento extrajudicial de composição de conflito.

A. Inglaterra

A experiência inglesa é interessante e merece registro.

Com efeito, as *Civil Procedure Rules* tratam do uso dos meios alternativos, dispondo a Rule 1.4 [43] que a Corte tem o dever de gerenciar (*manage*) ativamente os casos, o que inclui, dentre outras providências: *"(e) encouraging the parties to use an alternative dispute resolution"* ("encorajar as partes a utilizar meio alternativo de resolução de disputas").

Nessa perspectiva, a efetividade da prestação jurisdicional significa intervir, por meio de uma sentença impositiva, apenas quando necessário, como *ultima ratio*[44].

Até mesmo porque não considerar o uso dos "meios alternativos" pode significar um desperdício[45]. Se bem empregados, eles não só facilitam o acesso à justiça, como complementam e auxiliam enormemente o sistema processual[46].

---

42. Resolução n. 13/2011. Disponível em: <www.europarl.europa.eu>. Acesso em: 19 maio 2015.

43. Texto disponível em: <http://www.justice.gov.uk/guidance/courts-and-tribunals/courts/procedure--rules/civil/menus/rules.htm>. Acesso em: 28 dez. 2019.

44. ANDREWS, 2009, p. 271.

45. CLARKE, 2012.

46. ANDREWS, 2012, p. 282.

Discute-se, contudo, se um sistema compulsório de mediação ofende o art. 6º da Convenção Europeia de Direitos Humanos, que protege o direito universal a um julgamento justo, em tempo razoável, por um tribunal independente e imparcial. Prevalece na doutrina a posição que sustenta não haver incompatibilidade.

Dessa forma, mesmo sem impor a mediação, houve significativa redução do número de demandas, como nos dá notícia Chiara Besso[47], e um considerável aumento no número de mediações[48].

Em texto instigante sobre a utilização de meios alternativos num sistema jurisdicional, Neil Andrews[49] se refere à "dupla hélice", fazendo alusão à estrutura químico-física do DNA, sobretudo a partir do processo civil inglês e da entrada em vigor das *CPR (Civil Procedure Rules)* a partir de 1999.

B. Espanha

Na Espanha, ainda que a mediação mostrasse certo grau de desenvolvimento no âmbito das Comunidades Autônomas, reclamava-se uma insuficiência normativa estampada na própria Lei n. 15/2005, que regulamentava a mediação antes da Diretiva. Isso porque ela recomendava ao Governo a elaboração de um projeto de lei sobre mediação com base nas diretrizes estabelecidas pela União Europeia.

O Código de Processo Civil espanhol integrou a prática mediativa em matéria de família por força da Lei n. 15/2005, permitindo que as partes solicitassem a suspensão do processo em comum acordo. O prazo máximo permitido pela lei processual era de sessenta dias, um tempo bastante exíguo para mediar.

Diante de severas críticas pela demora em transpor a diretiva ao seu ordenamento interno, o governo espanhol faz publicar, em 5 de março de 2012, o Decreto-lei n. 5/2012. Por ele, finalmente regulamenta-se a mediação em assuntos civis e mercantis, excluindo do seu campo de abrangência a mediação com o direito administrativo, penal, laboral e consumerista.

Preocupada em destacar o potencial da prática mediativa, fomenta a mediação como alternativa à jurisdição ou à via arbitral, prevendo-a como um eficaz instrumento de autocomposição de conflitos. Além disso, respeita-se a autonomia da vontade das partes,

---

47. BESSO, 2010, p. 14.

48. "1.9. Na opinião do autor, a mudança mais significativa é o reconhecimento do potencial da mediação como um meio de se alcançar um acordo. Três novas tendências são perceptíveis aqui. 1.10. Primeiro, o mercado privado de resolução de conflitos na Inglaterra tem recorrido a mediações em casos civis e comerciais. O elevado custo de um processo judicial, causado principalmente pelos altos honorários dos advogados tem sido um dos fatores significativos. (...). 1.11. A segunda grande mudança é que os tribunais ingleses têm demonstrado grande interesse em realizar mediações. (...) 1.12. Em terceiro lugar, reconheceu-se que os acordos podem ocorrer em diferentes ocasiões, resultantes de diferentes fatores ou estímulos processuais". ANDREWS, 2009, p. 30.

49. ANDREWS, 2010, p. 529.

como bem indicado nos títulos II e IV do decreto, consagrando a livre decisão das partes em aderir ao procedimento e a escolha do mediador.

Destaca, objetiva e claramente, que a mediação é voluntária, e que, mesmo após iniciada, ninguém é obrigado a manter-se no procedimento nem a concluir um acordo.

A lei processual civil espanhola também foi alterada para permitir a suspensão processual se as partes desejarem mediar no curso de uma ação judicial. Nesse caso, a suspensão terá a duração do tempo da mediação. Ainda, dependendo do objeto do litígio, permite ao Tribunal convidar as partes a participarem de um procedimento mediativo, com uma sessão informativa prévia.

Além de ressaltar a igualdade entre as partes, a imparcialidade dos mediadores, a neutralidade e a confidencialidade, o legislador espanhol também não impôs qualquer prazo limite para a realização da mediação, limitando-se a dizer que o procedimento será o mais breve possível.

Acerta ao não impor prazo para o término do procedimento, que sabemos ser impossível prever, pois depende do envolvimento emocional das partes com o caso, do objeto do litígio, dentre outros fatores. Por mais que exija a brevidade, é certo que a mediação terá a duração que for necessária para resolver o conflito.

O acordo celebrado pelas partes poderá versar sobre o todo ou sobre parte das matérias submetidas à mediação. Para ter força executiva, pode ser formalizada por uma escritura pública ou, se realizada no curso de um processo judicial, ser apresentada à homologação do juiz, com a consequente desistência do processo.

A institucionalização da mediação na Espanha opera dentro de um razoável nível de transição legal, protegendo a autonomia da vontade das partes envolvidas num litígio, sem afastar, contudo, a possibilidade de o Tribunal sugerir a mediação às partes se assim entender cabível ao caso. Consagra coerentemente a técnica mediativa, respeitando a natureza do instituto, sem a adoção de medidas processuais autoritárias.

C. França

Cadiet[50] lembra que, no direito francês, a partir da década de 1990, passou a ganhar forma a mediação judicial, ao lado da conciliação, que já tinha previsão expressa no ordenamento processual civil. Desse modo, o juiz deixa de ter o papel de mero prolator de decisões e passa ao dever de buscar a composição do conflito[51].

Assim, a ideia de acesso à justiça passa a ser vista de maneira mais ampla, o que leva à necessária atualização política da figura do magistrado.

Em cumprimento à diretiva, é publicado, na França, o Decreto n. 66, de 2012. Apesar de ainda representar um avanço tímido no tratamento das *ADRs* no país, consagra a

---

50. CADIET, 2006, p. 1181.
51. CADIET, 2013.

busca por uma solução amigável do conflito através da mediação (feita por pessoa física ou jurídica), da conciliação ou do processo participativo.

Não os impõe às partes em qualquer fase processual ou pré-processual.

A novidade trazida pelo decreto é o processo participativo. Inspira-se na *Collaborative Law*, comum em países como EUA, Canadá, Austrália, Reino Unido. Por meio dela, as partes lançam-se em busca de um acordo para encerrar o litígio, em conformidade com os termos e as condições estabelecidos em um contrato assinado com a participação de seus advogados.

A França editou a *Ordonnance* n. 2011-1540, de 16 de novembro de 2011, adaptando o direito francês às diretrizes estabelecidas pela Comunidade Europeia. A lei processual civil foi alterada para se introduzir um capítulo específico para disciplinar a mediação[52].

As partes passaram a ter a possibilidade de submeter o acordo de mediação extraprocessual à homologação judicial.

O art. 1.534 do *Code de Procédure Civile*, inserido pelo *Décret 2012-66*, prevê que o requerimento da homologação pode ser realizado pelas partes em conjunto ou por uma delas com o consentimento das demais.

Em novembro de 2016, a Lei n. 1.547 introduziu a figura da mediação obrigatória em determinadas circunstâncias, a título experimental, como requisito ao ajuizamento da demanda. O período de experiência se estendeu até dezembro de 2022. As hipóteses dizem respeito a decisões ou acordos homologados em matéria de direito de família, quando se pretender alteração futura, em casos como residência habitual dos filhos, visita aos menores e valores de verba alimentar.

Em março de 2019, foi editada a Lei n. 222 que introduziu a mediação pós-julgamento no artigo 373º, n. 2-10, do Código Civil, que trata do exercício consensual da autoridade parental. Esse mesmo ato tornou obrigatório o recurso a um dos meios adequados de resolução de conflitos para pedidos destinados ao pagamento de valor não superior a 5.000 Euros em litígios de vizinhança, sob pena de inadmissibilidade da demanda, ressalvadas situações peculiares, como por exemplo, as pretensões destinadas aos tribunais administrativos[53].

D. Alemanha

Para Nadja Alexander, Walther Gottwald e Thomas Trenczek[54], o desenvolvimento da mediação na Alemanha foi um processo longo e difícil, que apenas chamou atenção da comunidade acadêmica após os anos 1990.

---

52. SERVERIN, 2015, p. 107/149.

53. Disponível em: https://e-justice.europa.eu/content_mediation_in_member_states-64-fr-pt.do?member=1. Acesso em: 25 jul. 2023.

54. ALEXANDER; GOTTWALD; TRENCZEK, 2015, p. 181.

Em 2000, foi acrescentado o § 15 à Lei de Introdução do Código de Processo Civil (*Gesetz betreffend die Einführung der Zivilprozeßordnung – EGZPO*), que prevê que os Estados da Federação, em determinadas hipóteses, podem estabelecer, como requisito específico para a admissibilidade da demanda, a submissão a um procedimento amigável extrajudicial[55].

O movimento reformista do processo civil alemão iniciado no século XX teve seu ápice na reforma de 27 de julho de 2001, com entrada em vigor em 1º de janeiro de 2002. Com isso, buscou-se promover um fortalecimento do processo em primeira instância e um remodelamento do sistema recursal com vistas a tornar o processo como um todo mais eficiente e mais transparente[56].

Dentre as mudanças implementadas para atender a essa finalidade, podemos citar o estímulo ao uso dos meios adequados de solução de conflitos. Após a Reforma de 2001, a ZPO alemã passou a prever, em seu § 278 (2), a obrigatoriedade de realização de uma audiência de conciliação (*Güterverhandlung*) antes da audiência principal, salvo se uma tentativa já tiver sido realizada perante um órgão extrajudicial de conciliação, ou se for evidente que não há probabilidade de sucesso na obtenção de um acordo naquele caso.

O parágrafo desse dispositivo, no entanto, é direcionado na prática apenas ao juiz, e não traz qualquer consequência ao magistrado que insista em não o aplicar.

O § 278, I, ZPO prevê a possibilidade de tentativa de solução amigável no processo a qualquer tempo. A alínea II, por sua vez, prevê a necessidade de audiência de tentativa de conciliação, a não ser que já tenha sido tentada conciliação extrajudicial ou que a conciliação seja manifestamente improvável.

Segundo as alíneas III e IV, as partes devem comparecer pessoalmente à audiência, e, na ausência das duas partes simultaneamente, deve ser ordenada a suspensão do processo.

A alínea V, conforme modificação introduzida pela lei para promoção da mediação e de outros procedimentos extrajudiciais de solução de conflitos (*Gesetz zur Förderung der Mediation und anderer Verfahren der außergerichtlichen Konfliktbeilegung*) de 21-7-2012, prevê que o tribunal pode remeter as partes à audiência de conciliação (*Güterverhandlung*) ou a outras formas de tentativas de acordo diante de um juiz incompetente (*Güterichter*), determinando que o conciliador pode utilizar qualquer técnica de solução de disputas, incluindo a mediação.

A alínea VI do mesmo parágrafo determina que o acordo judicial pode ser realizado mediante termo escrito protocolado conjuntamente pelas partes.

Outro ponto relevante da audiência de conciliação no processo civil alemão está na segunda parte do § 278 (2), que prevê o dever do juiz de, nessa audiência, discutir com as partes os fatos e o *status* da disputa até então, levando em consideração todas as circunstâncias e fazendo perguntas quando necessário.

---

55. STOBER, 2015, p. 366.
56. GOTTWALD, 2004, p. 338.

Essa determinação deve ser lida à luz da previsão do § 139 da ZPO que impõe ao juiz o dever de adotar, durante todo o processo, uma postura ativa e colaborativa no esclarecimento e na correção de questões junto às partes. Nesse quesito, Gottwald[57] lembra que quando as partes se colocam perante o Poder Judiciário, elas o fazem porque não conseguiram chegar a um consenso por conta própria.

A ZPO também prevê no § 278a que o órgão julgador pode sugerir às partes que recorram à mediação ou a outro meio adequado. Caso as partes acatem essa recomendação, o processo judicial será suspenso, lembrando, sempre, que se espera das partes o maior grau de cooperação possível[58].

Em 2012, ao publicar a *Gesetz zur Förderung der Mediation und anderer Verfahren de außergerichtlichen Konfliktbeilegung*, a Alemanha editou lei específica sobre o tema da mediação, que engloba, na verdade, três espécies de procedimento.

A lei não instituiu, expressamente, a mediação obrigatória[59]. Por outro lado, exige que, ao ingressar com a ação, a parte informe se houve alguma tentativa conciliatória prévia[60].

Interessante observar que, no ordenamento suíço, a sua ZPO prevê, como meios alternativos de solução de conflitos, a conciliação, a mediação e a arbitragem. Na Segunda Parte, o Título 1 inicia com a "tentativa de conciliação". Aqui se pode observar que existe o dever de tentar conciliar antes de litigar, como bem observa Nelson Rodrigues Netto[61].

Houve, segundo Reinhard Greger[62], boa receptividade na comunidade jurídica, com incentivo por parte dos tribunais, com alto engajamento dos magistrados, fascinados pelo estilo de negociação cooperativa. Da mesma forma, foi possível detectar o comprometimento dos administradores da justiça com o interesse pela melhoria da cultura de conflitos[63].

E. Itália

A mediação era somente mencionada no Código Civil italiano de 1865, sendo que, em 1940, foi introduzida no Código de Processo Civil como um procedimento interno, conduzido pelos juízes.

---

57. GOTTWALD, Peter. Op. cit., p. 340.

58. Tradução livre de: "a litigation paradigm aimed at the protection of individual rights on the basis of a substantive finding of the truth should ask for greater cooperation from the parties". STADLER, 2003, p. 62.

59. Segundo o artigo 1º, § 1º, da Lei alemã de Mediação: "(1) Mediation ist ein vertrauliches und strukturiertes Verfahren, bei dem Parteien mithilfe eines oder mehrerer Mediatoren freiwillig und eigenverantwortlich eine einvernehmliche Beilegung ihres Konflikts anstreben" Gesetz zur Förderung der Mediation und anderer Verfahren der außergerichtlichen Konfliktbeilegung: <http://www.bundesgerichtshof.de/DE/Bibliothek/GesMat/WP17/M/Mediationsgesetz.html>. Acesso em: 14 set. 2015.

60. Bundesgesetzblatt Jahrgang 2012 Teil I nr. 35, ausgegeben zu bonn am 25. Juli 2012. Disponível em: <http://www.bundesgesetzblatt.de>. Acesso em: 26 jul. 2012.

61. RODRIGUES NETTO, 2013, p. 53.

62. GREGER, 2010, p. 789.

63. HOPT, 2010, p. 727.

Somente em 1973, a Lei n. 533 estabeleceu a mediação propriamente dita. A partir daí, a mediação foi difundida como meio de solução de conflito nas relações empresariais, levando as Câmaras de Comércio, em 1993, a estabelecer tanto a mediação quanto a arbitragem como instrumento de pacificação entre empresas e entre essas e seus clientes.

Em 2003, o Decreto Legislativo n. 05 permitiu a mediação para certas matérias de ordem financeira e para todas as questões empresariais.

No entanto, a mediação não era utilizada como instrumento de solução pela sociedade em geral. De acordo com o Parlamento Europeu, somente com a publicação da Diretiva n. 52/2008 os cidadãos italianos passaram a conhecer plenamente a mediação. Apesar de a diretiva tratar da mediação transnacional, a Itália também disciplinou a mediação interna.

Em junho de 2009, foi editada a Lei n. 69, que alterou diversos dispositivos do Código de Processo Civil. No que concerne à mediação interna, o art. 60 delegou ao Governo a sua regulamentação para causas cíveis e comerciais, que deveria ocorrer no prazo máximo de seis meses a partir de sua vigência.

Por sua vez, o Governo publicou o Decreto Legislativo n. 28/2010, marcado pela polêmica introdução de norma que impõe a realização de acordo entre as partes[64]. O art. 76 da Lei n. 69/2009 determinou que o exercício da função delegada deve observar os princípios e diretivas estabelecidos e deve ocorrer durante um tempo específico e com objeto definido.

Além dos princípios estabelecidos pela Lei n. 69/2009, Triscari e Giovannoni[65] observam que a lei delegada deve observar o princípio do acesso à justiça, previsto no art. 24 da Constituição italiana. De acordo com os autores, o princípio possui três ordens de ideias: garantia de tutela efetiva; eliminação de obstáculos normativos ao acesso à justiça; eliminação de obstáculos fáticos, como a situação financeira de uma parte.

Desde a sentença n. 127/1977, a Corte Constitucional da Itália debate a questão da obrigatoriedade de um meio alternativo. Na ocasião, foi julgada inconstitucional a lei que estabeleceu a arbitragem como único mecanismo de solução de conflito para determinadas matérias. Afirmou-se que somente as partes, e não o legislador, podem derrogar a demanda judicial.

Ressalta-se que o objeto da ação era a opção, pelo legislador, de um único instrumento de solução de lide, e não de uma previsão de condição de admissibilidade de ação.

Posteriormente, novo precedente da Corte Constitucional estabelece outro entendimento do tribunal, no sentido de que o direito de ação previsto no art. 24 da Consti-

---

64. Além da mediação obrigatória, o Decreto Legislativo previu a facultativa para a hipótese de a controvérsia versar sobre direito disponível (art. 2º); a mediação delegada ao juiz em qualquer momento pelas partes (art. 5º, 2) e a mediação "concordata", obrigatória para as partes que estabeleceram uma cláusula contratual ou mediante a previsão em estatuto ou ato constitutivo (art. 5º, 5). PISANI, 2010, p. 234/236.

65. TRISCARI; GIOVANNONI, 2012, p. 24.

tuição não impede a previsão em lei de tentativa obrigatória de conciliação em fase precedente à ação judicial. Num primeiro julgamento, a Corte decidiu pela constitucionalidade do art. 5º da Lei n. 108/90, na parte em que previa a tentativa obrigatória de conciliação como condição de admissibilidade de ação.

Portanto, entendeu a Corte Constitucional que o direito de ação pode ser retardado no tempo por lei, seja no interesse de se evitar um abuso da tutela jurisdicional, seja para conferir um mecanismo mais célere e menos dispendioso de solução de conflito.

Alguns anos depois, a Corte Constitucional revisitou a questão da obrigatoriedade da conciliação na sentença n. 276/2000, ao decidir acerca da constitucionalidade dos arts. 410, 410-bis e 412-bis do Código de Processo Civil.

De acordo com esse novo entendimento da Corte, era preciso averiguar se existia um interesse público na limitação do exercício do direito de ação. Ou seja, a constitucionalidade do filtro estabelecido em lei deve ter como fundamento um interesse maior.

Logo, no entendimento da Corte Constitucional italiana, é preciso verificar se o filtro à tutela jurisdicional: 1) é útil a satisfazer a celeridade da solução da controvérsia; 2) não comporta uma imposição de encargos desproporcionais ao interesse perseguido. Desse modo, o filtro não seria inconstitucional se for previsto para beneficiar o jurisdicionado, em vez de proteger um interesse secundário do Estado, de impedir ilegitimamente o acesso ao Judiciário.

Em decorrência da obrigatoriedade da mediação como condição de admissibilidade para ação judicial, a Ordem dos Advogados na Itália propôs ação de inconstitucionalidade face ao art. 5º.1 do Decreto n. 28. Como fundamento, apontou a violação ao art. 24 da Constituição italiana, o qual prevê que "todos podem recorrer em juízo para a tutela dos próprios direitos e interesses legítimos".

Na ocasião, contudo, a Corte Constitucional acabou reconhecendo a inconstitucionalidade por outro fundamento. Decidiu-se que o art. 5º.1 viola o princípio insculpido no art. 77 da Constituição, o qual estabelece que o Governo não pode, sem delegação das Câmaras, emanar decretos que tenham valor de lei ordinária, deixando de julgar a violação do art. 24.

Logo, a violação do Governo italiano restringiu-se a uma questão meramente formal, não tendo a Corte se posicionado expressamente com relação à inconstitucionalidade da mediação obrigatória em violação ao princípio da inafastabilidade da jurisdição.

Visando contornar a inconstitucionalidade formal, o Governo italiano publicou o Decreto Legislativo n. 69, de 21 de junho de 2013, introduzindo novamente a mediação obrigatória, cujas normas foram convertidas em lei pelo Parlamento em agosto de 2013.

O novo art. 5º-bis, o qual elenca os casos que devem ser submetidos à mediação obrigatória, possui vigência de quatro anos, sendo que, em setembro de 2015, o Ministério da Justiça começou a conduzir monitoramento do êxito da mediação (art. 5º-bis).

Os casos a serem submetidos à mediação permanecem quase os mesmos, sendo retirado do rol os danos correspondentes a acidentes de trânsito e de embarcação.

Dentre as inovações estabelecidas, a condição de admissibilidade deve ser alegada pelo réu, sob pena de decadência, ou revelada de ofício pelo juiz até a primeira audiência (art. 5º-bis). Além disso, a mediação passou a ser exigida também em segunda instância.

Considera-se satisfeito o requisito de admissibilidade na hipótese de fracasso do acordo antes do primeiro encontro com o mediador (art. 2º-bis).

O Decreto Legislativo n. 69/2013 também modificou a duração do processo de mediação, que não poderá ser superior a três meses. Deixou, ainda, expressa a necessidade de assistência de advogado desde o primeiro encontro com o mediador (art. 8º) e estabeleceu que, se a mediação resulta num acordo, há um desconto de 25% nos honorários de sucumbência.

Ao contrário do que se prevê no CPC brasileiro, art. 165, § 3º e em nosso Marco Legal da Mediação, art. 1º, parágrafo único, na Itália é possível o mediador formular uma proposta, denominada proposta de conciliação, na hipótese de fracasso de um acordo entre as partes (art. 11).

Antes do advento do Decreto Legislativo n. 69/2013, o acordo verbal obtido no processo de mediação deveria ser homologado pelo Presidente do Tribunal da mesma circunscrição da sede do organismo de mediação, constituindo título executivo.

A partir da publicação do mencionado decreto legislativo, o acordo de mediação torna-se automaticamente título executivo, não havendo necessidade de homologação pelo juiz. Entretanto, cabe aos advogados que assistem as partes atestarem a conformidade do acordo com a ordem pública e com as normas imperativas do direito.

Além do sistema da mediação obrigatória previsto no Decreto n. 28/2010, o magistrado pode, a qualquer momento do processo judicial, convidar as partes para uma tentativa de conciliação. Isso pode ocorrer perante o próprio juiz ou perante um mediador (nessa hipótese, o art. 696-bis do CPC italiano seria um exemplo). A função conciliatória do juiz está prevista em diversos artigos do Código de Processo Civil, do Código Civil e de leis especiais.

Cabe ao magistrado avaliar o momento de convidar as partes a experimentar a mediação, e, também, apesar de não haver previsão expressa, escolher o tipo de mediação adequada para o caso concreto. Isso porque a opção por um instrumento útil à determinada causa inclui a busca pelo procedimento mais adequado. Ademais, a Diretiva n. 52/2008 previu no art. 3º, letra "a", a opção do procedimento pelo juiz.

Pode-se afirmar que a contribuição do Decreto Legislativo n. 28/2010 foi disciplinar a mediação extrajudicial, no sentido de o terceiro imparcial ser uma pessoa diversa do juiz, apesar de o encaminhamento ter sido realizado pelo Judiciário. Outrossim, conferiu a padronização do procedimento, ofertando mais um instrumento às partes[66].

Vale ressaltar que, em complementação à mediação, também com o propósito de desjudicializar os conflitos, o Decreto-lei n. 132/2014, convertido na Lei n. 162/2014,

---

66. BESSO, 2010, p. 248.

disciplinou a negociação assistida, novo instrumento de solução de litígios instituído no direito italiano.

Na referida lei, é possível encontrar normas referentes à convenção e seus aspectos formais, às hipóteses em que a tentativa de negociação é obrigatória, dentre outros aspectos relativos ao instrumento.

A regulamentação desse novo meio de solução de conflito teve o antigo propósito de reduzir a carga de processos judiciais. Ela passou a prever uma fase prévia e extrajudicial com a assistência de advogados das partes com o intuito de obter um acordo amigável, evitando, com isso, o ajuizamento de uma ação.

De acordo com o art. 3º, a negociação assistida é obrigatória nas hipóteses de controvérsia envolvendo indenização por danos decorrentes de acidente de veículo ou de embarcação. Ainda, deve ser aplicada nas hipóteses de pagamento de qualquer título cujo valor não ultrapasse 50.000,00 Euros. Ficam ressalvadas as hipóteses de mediação obrigatória previstas no art. 5º, item 1-bis do Decreto Legislativo n. 28/2010.

Vê-se, assim, que o legislador previu a negociação assistida somente para as hipóteses prescritas como obrigatórias, casos em que ela será condicionante de admissibilidade da ação. Mais uma vez, a doutrina aponta possíveis inconstitucionalidades[67].

A inadmissibilidade da ação pela ausência de tentativa de negociação assistida deve ser apresentada pela parte interessada na primeira oportunidade de defesa ou de ofício pelo magistrado na primeira audiência.

Ressalta-se que a lei afasta a condição de admissibilidade para os conflitos que envolvam contrato trabalhista ou relação consumerista. Ademais, o item 3 do art. 3º do Decreto-lei n. 132/2014, prevê os procedimentos sobre os quais não pode incidir a referida condição de admissibilidade.

O acordo obtido na negociação assistida constitui título executivo, bem como possibilita a inscrição em hipoteca judicial (art. 2.818 do Código Civil italiano).

Além das hipóteses mencionadas, a convenção de negociação assistida também pode ser proposta nas lides referentes à separação ou divórcio.

Finalmente, o art. 6º, item 3, determina que deve haver tentativa de conciliação entre as partes, como também as partes devem ser informadas sobre a possibilidade de experimentar a mediação familiar.

Em janeiro de 2021 o Parlamento italiano aprovou a Lei n. 206/2021, delegando ao Governo o poder de adotar uma ou mais medidas com o objetivo de simplificar, acelerar e racionalizar os procedimentos cíveis[68].

---

67. CHIARLONI, 2016.

68. Legge 26-11-2021, n. 206 – Delega al Governo per l'efficienza del processo civile e per la revisione della disciplina degli strumenti di risoluzione alternativa delle controversie e misure urgenti di razionalizzazione dei procedimenti in materia di diritti delle persone e delle famiglie nonché in materia di esecuzione forzata.

Na sequência, foi aprovado o Decreto Legislativo n. 149/2022[69] com o objetivo de expandir as hipóteses de mediação obrigatória.

Essas hipóteses que já incluíam questões relacionadas a condomínio, direitos reais, testamentos e herança e seguros, foram estendidas, em 2020, para incluir as disputas relacionadas a Covid-19 e, agora, alcançam também os contratos envolvendo *joint ventures*, consórcios, franquias e subcontratações.

No entanto, isso não impediu o crescimento da mediação por determinação judicial, que vem aumentando ano a ano, não obstante a ausência de efetividade do procedimento de mediação, de acordo com a doutrina especializada[70].

Vale ressaltar que a Itália continua produzindo diversos atos normativos acerca da mediação. Os exemplos mais recentes são os seguintes:

a) Decreto Ministerial de 9 de junho de 2023 – trata da justiça reparativa e da mediação criminal[71];
b) Decreto Ministerial de 1º de agosto de 2023 – cuida de incentivos fiscais[72];
c) Decreto Ministerial de 24 de outubro de 2023 – traz o regulamento dos organismos de mediação e entes de formação[73]; e
d) Decreto Ministerial de 27 de outubro de 2023 – disciplina a mediação familiar[74].

3.3.2.4. América Latina

Na América Latina, programas com vistas à utilização da mediação para resolver consensualmente os conflitos têm sido promovidos, com diferentes finalidades. Segundo Mariana Hernandez Crespo, contudo, tais programas deveriam ser mais bem desenvolvidos, a fim de se tornarem parte de um futuro melhor para os cidadãos.

Disponível em: <https://www.gazzettaufficiale.it/eli/gu/2021/12/09/292/sg/pdf>. Acesso em: 15 set. 2022. The civil justice reform is part of a comprehensive overhaul of the judicial system: criminal justice (Law 27-9-2021, n. 134), tax justice, public administration and the judiciary bodies.

69. Decreto Legislativo 10 ottobre 2022, n. 149 – Attuazione della legge 26 novembre 2021, n. 206, recante delega al Governo per l'efficienza del processo civile e per la revisione della disciplina degli strumenti di risoluzione alternativa delle controversie e misure urgenti di razionalizzazione dei procedimenti in materia di diritti delle persone e delle famiglie nonché in materia di esecuzione forzata.

70. MATTEUCCI, 2023.

71. Disponível em: <https://www.gazzettaufficiale.it/eli/id/2023/07/05/23A03848/sg>. Acesso em: 20 nov. 2023.

72. Disponível em: <https://www.gazzettaufficiale.it/atto/serie_generale/caricaDettaglioAtto/originario?atto. dataPubblicazioneGazzetta=2023-08-07&atto.codiceRedazionale=23A04557&elenco30giorni=false>. Acesso em: 10 dez. 2023.

73. O texto pode ser consultado em: <https://www.gazzettaufficiale.it/atto/serie_generale/caricaDettaglioAtto/originario?atto.dataPubblicazioneGazzetta=2023-10-31&atto.codiceRedazionale=23G00163&elenco30giorni=true>. Acesso em: 12 jan. 2024.

74. Texto disponível em: <https://www.gazzettaufficiale.it/atto/serie_generale/caricaDettaglioAtto/originario?atto.dataPubblicazioneGazzetta=2023-10-31&atto.codiceRedazionale=23G00162&elenco30giorni=false>. Acesso em: 20 jan. 2024.

Apesar da viabilidade de tornar o indivíduo mais participativo na tomada de decisões, é indiscutível a necessidade de criar condições para que ele adquira a competência ideal para uma participação significativa.

O programa multiportas seria uma parte dessa engrenagem, desenvolvendo habilidades pessoais na resolução de conflitos privados.

No contexto da América Latina, o sistema pode adquirir uma dimensão social transformadora, proporcionando aos conflitantes a experiência de resolver os conflitos construtivamente, sem recorrer à violência ou se abster de resolvê-los.

Ao serem incluídas no processo de tomada de decisões, as partes podem adquirir, ainda, um senso de protagonismo sobre o processo maximizando o cumprimento do acordo[75].

A Guatemala foi o primeiro país a criar, em 1995, as *casas de justicia*, a fim de trazer a justiça para mais perto dos cidadãos. Com isso, buscou facilitar a luta contra a violência e impunidade, incorporando a cultura das comunidades indígenas e de outros grupos, e superando questões estruturais de comunicação entre o sistema tradicional de justiça e a sociedade.

Os modelos foram adaptados para atender às necessidades de cada região geográfica, já que não se limitam a um local físico. Ao contrário, pertencem a um conceito muito mais amplo, especialmente voltado para comunidades historicamente marginalizadas (pobres e povos indígenas). Nesse contexto, os métodos autocompositivos, especialmente a mediação, são aplicados de modo integrado às práticas locais.

A Argentina foi um dos primeiros países da América Latina a regulamentar a mediação e a qualificá-la como obrigatória, exceto em determinadas hipóteses[76]. A *Ley* n. 26.589/2010 coloca, em regra, a mediação como verdadeiro requisito de admissibilidade da demanda judicial.

Na Colômbia, temos a Lei n. 23/91, que introduziu os "mecanismos alternos" de resolução de conflitos e a Lei n. 448/98, que trata da conciliação de equidade por meio dos juízes de paz que atuam nas comunidades.

No Chile, a Lei n. 19.334/94 tornou obrigatória a mediação antes do processo judicial, mediante modificações introduzidas no art. 262 do Código de Procedimento Civil.

Podemos citar, ainda, as seguintes iniciativas normativas em países latino-americanos:

---

75. PAUMGARTTEN, 2015, p. 564.

76. Articulo 5º – Controversias excluidas del procedimiento de mediación prejudicial obligatoria. El procedimiento de mediación prejudicial obligatoria no será aplicable en los siguientes casos: a) Acciones penales; b) Acciones de separación personal y divorcio, nulidad de matrimonio, filiación, patria potestad y adopción, con excepción de las cuestiones patrimoniales derivadas de éstas. El juez deberá dividir los procesos, derivando la parte patrimonial al mediador; c) Causas en que el Estado nacional, las provincias, los municipios o la Ciudad Autónoma de Buenos Aires o sus entidades descentralizadas sean parte, salvo en el caso que medie autorización expresa y no se trate de ninguno de los supuestos a que se refiere el artículo 841 del Código Civil; d) Procesos de inhabilitación, de declaración de incapacidad y de rehabilitación; e) Amparos, hábeas corpus, hábeas data e interdictos; f) Medidas cautelares; g) Diligencias preliminares y prueba anticipada; h) Juicios sucesorios; i) Concursos preventivos y quiebras; j) Convocatoria a asamblea de copropietarios prevista por el artículo 10 de la ley 13.512; k) Conflictos de competencia de la justicia del trabajo; l) Procesos voluntarios.

a) Peru: Ley de Conciliación Extrajudicial n. 26.872/97. Alterada pelo Decreto Legislativo n. 1.070/2008;

b) Bolívia: Leis n. 1.770/97 e 708/2015; e

c) Paraguai: Leis n. 26.876/97 e 1.879/2002.

Recentemente, o México inovou em seu ordenamento jurídico. Foi publicado no *Diário Oficial da Federação Mexicana*, em 26 de janeiro de 2024[77], a *Ley General de Mecanismos Alternativos de Solución de Controversias*, com o objetivo de resolver conflitos de natureza civil e familiar.

De acordo com o decreto, que também promove alterações nas Leis Orgânicas do Poder Judiciário e do Tribunal de Justiça Administrativa, tais mecanismos alternativos poderão ser administrados por meio da utilização de tecnologias de informação e comunicação ou de sistemas *on-line*. O requerimento dos interessados pode ser formulado verbalmente, por escrito ou *on-line* em centros públicos ou privados.

A lei prevê, ainda, a criação do Conselho Nacional de Mecanismos Alternativos de Resolução de Litígios como órgão colegiado e responsável pelo estabelecimento de políticas públicas para a adequada resolução de litígios.

Além disso, os Centros de Mecanismos Alternativos de Resolução de Litígios podem ser públicos ou privados, possuindo os Centros Públicos independência técnica, operacional e de gestão.

A nova regulamentação estabelece que mecanismos alternativos de resolução de conflitos poderão ser aplicados por facilitadores da esfera pública ou privada, advogados colaboradores credenciados pelo Poder Judiciário Federal ou por entes federais, bem como nos tribunais de justiça administrativa federal e municipal.

A lei, composta por 144 artigos, traz os conceitos fundamentais, organiza competências e estabelece princípios norteadores. Também permite que órgãos públicos, governamentais, empresas estatais e órgãos autônomos participem como partes nos Centros Públicos de Mecanismos Alternativos de Resolução de Controvérsias. Caberá ao Tribunal de Justiça Administrativa Federal a competência para operar esses mecanismos por meio do Centro Público.

3.4. A consolidação do sistema multiportas de solução de conflitos no Brasil

Após o advento do CPC/2015, houve a edição da Lei de Mediação e da Lei n. 13.229/2015 (que reformou a Lei n. 9.307/96).

---

77. Texto disponível em: <https://www.diputados.gob.mx/LeyesBiblio/pdf/LGMASC.pdf>. Acesso em: 30 jan. 2024.

Como visto, o CPC regula a mediação feita dentro da estrutura do Poder Judiciário (*court connected mediation*), implementando o sistema multiportas[78], valorizando também a conciliação e a arbitragem.

Tricia Navarro[79] aponta as características da justiça multiportas, a saber:

a) sistêmica;

b) expansiva;

c) dinâmica;

d) democrática;

e) direito fundamental;

f) humanizadora;

g) gerencial;

h) heterogênea;

i) pluriespacial;

j) interativa;

k) instrumental;

l) permeável;

m) interdisciplinar;

n) pacificadora.

Especificamente em relação à seara trabalhista, o art. 42, parágrafo único, da Lei n. 13.140/2015 dispõe que a mediação nas relações de trabalho será regulada por lei própria. Em que pese a omissão legislativa, o Conselho Superior da Justiça do Trabalho editou a Resolução n. 174, de 30 de setembro de 2016[80]. Interessante observar que esse ato, em seu art. 1º, apresenta definições para conciliação e mediação diversas das constantes no art. 165, §§ 2º e 3º, do CPC, muito provavelmente em atenção às peculiaridades dos conflitos laborais.

Ademais, no que se refere à competência das Varas do Trabalho, o art. 652 da CLT foi alterado pela Lei n. 13.467, de 13 de julho de 2017. Assim, a alínea *f* passa a dispor que

---

78. LESSA NETO, 2015, p. 439.

79. NAVARRO, 2024, p. 11/13.

80. Resolução CSJT n. 174, de 30 de setembro de 2016. "Art. 1º Para os fins desta resolução, considera-se: I – 'Conciliação' é o meio alternativo de resolução de disputas em que as partes confiam a uma terceira pessoa – magistrado ou servidor público por este sempre supervisionado –, a função de aproximá-las, empoderá-las e orientá-las na construção de um acordo quando a lide já está instaurada, com a criação ou proposta de opções para composição do litígio; II – 'Mediação' é o meio alternativo de resolução de disputas em que as partes confiam a uma terceira pessoa – magistrado ou servidor público por este sempre supervisionado –, a função de aproximá-las, empoderá-las e orientá-las na construção de um acordo quando a lide já está instaurada, sem a criação ou proposta de opções para composição do litígio" (Disponível em: <http://www.csjt.jus.br/>. Acesso em: 10 out. 2016).

compete àquela especializada "decidir quanto à homologação de acordo extrajudicial em matéria de competência da Justiça do Trabalho".

Nesse sentido, a referida lei inseriu também na CLT o art. 855-B, de modo a regulamentar o procedimento de jurisdição voluntária para homologação de acordo extrajudicial[81].

E, ainda, a mesma lei trouxe de volta o dispositivo que havia sido vetado na Lei n. 13.129/2015. Dessa forma, o art. 507-A da CLT dispõe que:

> Nos contratos individuais de trabalho cuja remuneração seja superior a duas vezes o limite máximo estabelecido para os benefícios do Regime Geral de Previdência Social, poderá ser pactuada cláusula compromissória de arbitragem, desde que por iniciativa do empregado ou mediante a sua concordância expressa.

Contudo, mesmo admitindo expressamente todas as vantagens da mediação, em qualquer etapa ou procedimento, é forçoso reconhecer que não parece ser ideal a solução que preconiza um sistema de mediação incidental muito bem aparelhado. Nesses casos, já terá havido a movimentação da máquina judiciária, que poderia ter sido evitada.

É preciso pensar em desenhos de sistemas de solução de conflitos antes de acionar a máquina judiciária, que evitem o processo ou, pelo menos, o tornem mais ágil, mesmo que esses mecanismos possam assumir várias formas.

Para Judith Resnik[82], por exemplo, os meios de solução adequada de conflitos podem ser classificados em três espécies. A primeira é denominada quase adjudicação, na qual há uma decisão; na segunda há intervenção de um terceiro, mas este não tem poder decisório; e a terceira traz um procedimento informal, mais voltado para a facilitação da comunicação entre as partes.

Isso sem falar na possibilidade do uso dos meios consensuais após o processo judicial, quando, apesar da existência de uma decisão transitada em julgado, não foi possível alcançar a pacificação real do conflito[83].

Em países como o Brasil, a via judiciária reina na preferência dos indivíduos para resolver seus impasses. Por isso, a sociedade manteve-se distante, observando com

---

81. "Art. 855-B. O processo de homologação de acordo extrajudicial terá início por petição conjunta, sendo obrigatória a representação das partes por advogado. § 1º As partes não poderão ser representadas por advogado comum. § 2º Faculta-se ao trabalhador ser assistido pelo advogado do sindicato de sua categoria. Art. 855-C. O disposto neste Capítulo não prejudica o prazo estabelecido no § 6º do art. 477 desta Consolidação e não afasta a aplicação da multa prevista no § 8º art. 477 desta Consolidação. Art. 855-D. No prazo de quinze dias a contar da distribuição da petição, o juiz analisará o acordo, designará audiência se entender necessário e proferirá sentença. Art. 855-E. A petição de homologação de acordo extrajudicial suspende o prazo prescricional da ação quanto aos direitos nela especificados. Parágrafo único. O prazo prescricional voltará a fluir no dia útil seguinte ao do trânsito em julgado da decisão que negar a homologação do acordo."

82. RESNIK, 1995, p. 195.

83. GONÇALVES, 2014, p. 129.

desconfiança a utilização dos MARCS, já que a opção pelos métodos era arriscada, insegura, sem garantias.

Sem outras opções legítimas para solucionar seus problemas, a decisão imposta pelo juiz seria a única via disponível. Destarte, o jurisdicionado se acostumou a congestionar os tribunais para buscá-la, pois as supostas virtudes institucionais são indiscutíveis[84].

Como bem ressaltam Fiss e Resnik[85], a questão central está em definir qual o papel a ser desempenhado pelo magistrado quando a solução para o conflito não resulta de um processo adjudicatório.

Inserida no contexto judicial, a mediação se torna instrumento a concretizar o dogma da efetividade da atividade jurisdicional, tendo o dever de funcionar direcionada à justiça. Não pode, entretanto, ser vista como uma solução milagrosa para o acúmulo de processos nos tribunais[86].

Jacques Faget[87] observa que essa dinâmica conduz a mediação a dois modos de existência paralela. Uma primeira, que lhe confere uma concepção mais prescritiva do que normativa. Na maioria das vezes, essa perspectiva é criticada, pois gera um sentimento de insegurança devido à ausência de regulamentos e da supervisão de um juiz (Estado).

E uma segunda, que se estabelece à sombra de uma existência oficial, a qual desloca a mediação para uma realidade diferente, mas que lhe confere posição de legitimidade, garantindo-lhe maior aceitabilidade.

A mediação, assim, passa a ter duas existências, ou *double vie*, uma mais legítima que a outra.

Uma das principais razões para esse fenômeno reside na dificuldade de construção de uma problematização científica sobre esses mecanismos.

A mediação é uma ferramenta útil – não há discordância relevante quanto a essa ideia –, mas, ao aproximá-la do processo, o afastamento da sua essência é inconteste.

As expectativas quanto à jurisdicionalização da mediação são variadas, e as perspectivas quanto aos resultados para os cidadãos e para a justiça brasileira ainda se encontram em estágio latente.

De fato, já foi assentado em sede doutrinária o ceticismo de muitos juízes com o julgamento por meio de uma decisão imposta. Por outro lado, as vantagens de uma decisão acordada são inúmeras e irrefutáveis, como aponta Judith Resnik[88].

---

84. ESPLUGUES, 2013, p. 303.
85. FISS; RESNIK, 2003, p. 431.
86. WAMBIER, 2013, p. 417.
87. FAGET, 1995, p. 26.
88. RESNIK, 1995, p. 211.

Carrie Menkel-Meadow[89] já prenunciava, desde 1991, algumas possíveis consequências, ainda que não intencionais, de reformas legais elaboradas com o objetivo de legitimar esforços voltados à libertação do jurisdicionado das limitações e da rigidez do Direito e das suas instituições formais. Na ocasião, alertou que a submissão da mediação a uma racionalidade jurídica começava a desenvolver uma espécie de *common law* ou *jurisprudence* de *ADR*.

Em suma, a incorporação da mediação pelo sistema jurisdicional brasileiro reserva inúmeras implicações que merecerão dedicada pesquisa e acompanhamento. Entretanto, o modo de implementação da Lei no Brasil e a postura dos operadores do direito indicam a inclinação pelo sistema multiportas.

Três grandes desafios deverão ser enfrentados pela mediação nesse novo contexto.

Em primeiro lugar, o Estado deverá empreender sério trabalho voltado à compreensão popular sobre o instrumento que estará à disposição de todos, bem como ao aprimoramento dos profissionais do Direito acerca do método.

Ademais, a mediação precisa ser adaptada à feição processual, sem que isso fulmine suas características principiológicas, compatibilizando-a com os demais princípios constitucionais, processuais e com a garantia da realização de um processo justo.

Finalmente, é necessário construir um sistema célere, efetivo e garantista de obtenção de consenso prévio ao ajuizamento da ação, de forma a evitar processos desnecessários e a viabilizar um tratamento mais adequado a cada tipo de litígio[90].

---

89. MEADOW, 2016, p. 553.
90. SANDER, 1979, p. 65-87.

Capítulo 4

Os Princípios Gerais da Mediação

> **Sumário: 4.1.** Visão geral das garantias fundamentais. **4.2.** Os princípios processuais previstos no CPC e na Lei n. 13.140/2015. **4.3.** Potenciais conflitos entre as garantias fundamentais do processo e o uso da ferramenta da mediação judicial. **4.3.1.** Contraditório. **4.3.2.** Isonomia. **4.3.3.** Inafastabilidade do controle jurisdicional. **4.3.4.** Publicidade. **4.3.5.** Motivação. **4.3.6.** Duração razoável do processo. **4.4.** Perspectivas para o direito brasileiro: o desafio de conciliar a função pacificadora com a estrita observância das garantias fundamentais.

4.1. Visão geral das garantias fundamentais

O advento da Constituição de 1988 revelou a transformação de um Estado autoritário para um Estado de Direito, mais igualitário e democrático, com importantes reflexos nos processos administrativos e judiciais. O direito processual brasileiro funda-se em ampla gama de direitos fundamentais abrigados no texto constitucional.

Analisando o ordenamento brasileiro sob a ótica constitucional, Nelson Nery Jr.[1] aponta o desenvolvimento da subordinação do direito processual civil e de outras disciplinas à Constituição em histórica evolução, ultrapassando a barreira do autoritarismo do poder público na imposição de soluções administrativas ditatoriais, deixando para trás o tempo em que a simples aplicação e interpretação da lei ordinária era entendida como suficiente na resolução dos litígios.

Ainda que hoje a alegação de descumprimento de norma constitucional possa ser vista por alguns operadores do direito como apenas mais uma defesa que o interessado poderá opor, já se considera a interpretação conforme a Constituição essencial e o seu desatendimento como algo gravoso.

---

1. NERY JR., 2004, p. 32.

Através de uma posição privilegiada na arquitetura constitucional brasileira, firma-se a eficácia protetiva e a característica vinculativa das garantias fundamentais para todo o ordenamento[2].

Leonardo Greco apresenta uma excelente sistematização dessas garantias. As garantias fundamentais podem assumir a forma de garantias individuais ou estruturais[3].

O princípio-mãe é o devido processo legal (art. 5º, LIV, da CF), que faz a ponte entre as garantias das partes e a moderna estrutura cooperativa do processo jurisdicional[4]. A partir dele, então, podem ser extraídos outros princípios processuais, tais como o contraditório, a ampla defesa e a duração razoável do processo.

Nesse contexto, o respeito às garantias fundamentais das partes e aos princípios processuais constitucionalmente previstos é imprescindível para garantir o acesso à justiça por meio de um processo justo. A utilização dos meios adequados concretiza, no processo, a legalidade e a supremacia da Constituição, necessários à democracia participativa pós-moderna.

Nos chamados meios adequados de solução de conflito, a conciliação e a mediação – nos quais as próprias partes buscam, de forma consensual, a melhor solução para o conflito – ganham particular relevância. Nesses casos, o terceiro atua como intermediador imparcial, funcionando unicamente como facilitador da comunicação e, consequentemente, da composição entre as partes.

Como visto, a conciliação é o método mais adequado para solução de conflitos cujas partes não detenham vínculos anteriores. Trata-se, portanto, de um conflito circunstancial. Como terceiro imparcial, o conciliador deve incentivar as partes para que proponham soluções que lhes sejam favoráveis, notadamente em sede patrimonial e pecuniária (art. 165, § 2º, do CPC).

A mediação, por sua vez, pressupõe relacionamento entre as partes anterior ao conflito. Para o êxito na mediação, o mediador deverá ser profundo conhecedor do conflito existente entre as partes, o que torna a mediação mais demorada do que a conciliação[5]. O mediador tem atuação mais contida; ele não oferece proposta ou se intromete na negociação, somente agindo para que as próprias partes compreendam melhor e amadureçam, por elas mesmas, a relação conflituosa (art. 165, § 3º, do CPC).

Importante frisar, aqui, a relevância de a atividade ser conduzida por mediador profissional, imparcial e que não tenha proximidade com o conflito[6].

---

2. SARLET, 2011, p. 32.
3. GRECO, 2006, p. 4.
4. GRINOVER, 1985, p. 8.
5. SILVA, 2004, p. 68.
6. ALMEIDA, 2015, p. 38.

4.2. Os princípios processuais previstos no CPC e na Lei n. 13.140/2015

O CPC estabelece alguns princípios da conciliação e da mediação:

a) independência;

b) imparcialidade;

c) normalização do conflito;

d) autonomia da vontade;

e) confidencialidade;

f) oralidade;

g) informalidade; e

h) decisão informada.

Por sua vez, o art. 2º da Lei n. 13.140/2015 dispõe que a mediação será orientada pelos seguintes princípios:

I – imparcialidade do mediador;

II – isonomia entre as partes;

III – oralidade;

IV – informalidade;

V – autonomia da vontade das partes;

VI – busca do consenso;

VII – confidencialidade;

VIII – boa-fé.

Abordaremos, ainda que rapidamente, cada um desses oito princípios, embora esse rol não deva ser compreendido de forma taxativa[7].

A imparcialidade, segundo a Resolução n. 125/2010 do CNJ, implica o dever de o mediador "agir com ausência de favoritismo, preferência ou preconceito", cabendo-lhe assegurar que valores e conceitos pessoais não interfiram no resultado do seu trabalho, que compreenda a realidade dos envolvidos no conflito e que jamais aceite qualquer espécie de favor ou presente[8].

A isonomia, como será visto ainda neste capítulo, tem fundamental importância no procedimento de mediação, na medida em que a legitimidade da solução consensual repousa, entre outras, na garantia de que as partes tiveram as mesmas oportunidades de

---

7.   Enunciado CJF n. 41: "Além dos princípios já elencados no art. 2º da Lei 13.140/2015, a mediação também deverá ser orientada pelo Princípio da Decisão Informada".

8.   Código de Conduta para Mediadores, art. 1º. Anexo à Resolução n. 125/2010 do CNJ.

apresentar seus argumentos e pontos de vista, bem como receberam as mesmas chances para alcançar o acordo.

A oralidade e a informalidade conferem a agilidade e o dinamismo necessários à mediação. Como regra, apenas os termos iniciais e finais são reduzidos a escrito, salvo se o contrário for convencionado pelas partes. Do mesmo modo, as sessões são conduzidas de maneira informal.

Contudo, importante frisar que essa informalidade não pode surpreender as partes. Por exemplo, como será visto adiante, caso o mediador entenda ser necessário fazer uso das sessões individuais (*caucus*), deverá, previamente, submeter tal possibilidade às partes. Ou, caso resolva trazer um terceiro para participar da dinâmica do acordo, por vislumbrar que a participação daquela pessoa pode reduzir a resistência à proposta ou aumentar a credibilidade de uma das partes, da mesma forma deverá, antes, consultar as partes.

Em se tratando de mediação realizada nas dependências do Poder Judiciário, será necessário, ainda, observar as regras impostas pela Direção do CEJUSC e do NUPEMEC, órgãos criados pela Resolução n. 125 do CNJ e que serão examinados mais à frente.

Outros dois princípios expressamente assegurados e profundamente interligados são a autonomia da vontade e a busca do consenso. Cabe ao mediador, durante todo o procedimento, velar pela livre e desembaraçada manifestação de vontade. Em outras palavras, deve se certificar de que a vontade não esteja contaminada por nenhum vício (erro, dolo e coação) e que as partes estejam compreendendo a extensão e os efeitos do acordo. Da mesma forma, deve ofertar às partes todo o instrumental possível para que o acordo seja alcançado, sem, obviamente, ultrapassar os limites que lhe são impostos pelo art. 165, § 3º, do CPC.

No que tange à confidencialidade, esta vem expressamente assegurada nos arts. 30 e 31 da Lei n. 13.140/2015 (trataremos do tema mais adiante).

Por fim, a boa-fé, também assegurada no art. 5º do CPC. Na verdade, aqui devemos compreender a boa-fé no sentido amplo, ou seja, contemplando não apenas a boa-fé em sentido estrito (deixar de praticar atos de improbidade processual ou deslealdade), mas também a cooperação (ou colaboração, prevista no art. 6º do CPC), entendida como a atitude positiva no sentido de realmente esgotar todas as possibilidades na busca do acordo.

Aliás, é imprescindível que o mediador, ao início do procedimento, adote uma postura cooperativa de advertir e obter o consentimento das partes quanto às sessões privadas.

No caso da mediação, essa conduta tem ainda maior relevância porque são as próprias partes que, em conjunto, encontrarão a solução para seu conflito, com o auxílio do mediador.

Nesse sentido, o ambiente cooperativo é essencial para a mediação. Se o mediador conclui, de início, que uma ou ambas as partes não estão imbuídas desse espírito, a mediação deve ser desde logo encerrada, informando-se ao juízo a impossibilidade de se atingir uma solução consensual.

No ponto, seria recomendável, ainda, que o mediador indicasse ao juiz a parte que não se preocupou em colaborar para, sendo o caso, premiar a parte cooperativa (por exemplo, em caso de derrota, reduzir a condenação em honorários de sucumbência, o que, talvez, pudesse ser pensado de *lege ferenda*).

Vistos os princípios formadores da mediação, teceremos, agora, algumas considerações sobre eventuais conflitos entre garantias processuais e a busca do consenso.

Inicialmente, cabe questionar se não deveríamos ter princípios diversos para a mediação judicial e para a extrajudicial. Isso porque, em se tratando de atividade realizada por determinação judicial e/ou no âmbito de um processo judicial, não há como se afastar a principiologia fundamental, prevista tanto na Carta de 1988 como texto do CPC, especialmente nos arts. 1º a 12.

Com efeito, é preciso compatibilizar as ferramentas e técnicas dos meios alternativos com as garantias processuais, sob pena de se correr o risco de alcançar a pacificação com sacrifício de dispositivos que não podem ser afastados pela vontade das partes.

Até mesmo porque o art. 3º do CPC, ao tratar do princípio da inafastabilidade, prevê, no § 2º, que o "Estado promoverá, sempre que possível, a solução consensual dos conflitos" e, no § 3º, que a "conciliação, a mediação e outros métodos de solução consensual de conflitos deverão ser estimulados por magistrados, advogados, defensores públicos e membros do Ministério Público, inclusive no curso do processo judicial".

E aqui será necessária uma larga dose de ponderação entre o princípio da pacificação – ou princípio da busca da solução consensual mais adequada – e os demais princípios consagrados no texto do CPC, a saber:

a)   celeridade – art. 4º;

b)   boa-fé – art. 5º;

c)   cooperação – art. 6º;

d)   isonomia – art. 7º;

e)   dignidade da pessoa humana – art. 8º;

f)   ampla defesa – art. 9º;

g)   efetivo contraditório – art. 10;

h)   publicidade e fundamentação das decisões – art. 11.

Nesse passo, vejamos, ainda que sucintamente, alguns aspectos das garantias previstas no CPC, que aderem à irreversível tendência da constitucionalização do direito processual, mas que podem revelar algum grau de instabilidade ou desconforto quando imersos no ambiente consensual.

4.3. Potenciais conflitos entre as garantias fundamentais do processo e o uso da ferramenta da mediação judicial

Neste item vamos examinar o desafio que a implementação do procedimento de mediação implica.

A ideia é examinar a mediação como um meio adequado de resolução dos conflitos, dentro da perspectiva oferecida pelo art. 3º do CPC. Em seguida, analisaremos a tensão de algumas garantias fundamentais com questões práticas e operacionais verificadas, diuturnamente, no procedimento da mediação, de modo a testar os limites dessas garantias.

Com efeito, a jurisdição e, mais concretamente, a jurisdição contemporânea, neoconstitucionalizada, sujeita ao devido processo legal, à regra do processo justo e ao contraditório participativo, impõe ao juiz e às partes uma série de limites[9], que nem sempre podem ser afastados pela vontade das partes. Nesse sentido, o processo é um espaço de preservação das garantias constitucionais[10], e a função do juiz é a de um agente garantidor[11].

A ideia é, portanto, cotejar as principais garantias fundamentais resguardadas pela Carta de 1988 e pelo CPC com os princípios que informam os mecanismos adequados de solução de conflitos, a fim de verificar potenciais pontos de tensão.

4.3.1. Contraditório

Do processo justo se infere o direito de as partes (autor e réu) influenciarem no convencimento do juiz, no conteúdo da decisão, o que envolve:

i)   a necessidade de reconhecimento às partes dos poderes da demanda, exceção, réplica e contrarréplica;

ii)   a necessidade de reconhecimento às partes dos poderes instrutórios, do direito à contraprova, inclusive nos casos em que a instrução tenha se dado por determinação de ofício;

iii) a necessidade de reconhecimento às partes – uma vez madura a causa para o julgamento – do direito de discutir os seus termos, por escrito ou oralmente;

iv)   a necessidade de o juiz provocar a discussão das partes sobre questões de direito e de fato que tenha que considerar de ofício, reconhecendo, assim, às partes a reabertura dos poderes de manifestação e prova sobre tais questões; e, por fim,

v)   a necessidade de se assegurar o direito ao recurso imediato, ou seja, o direito a ter a decisão imediatamente avaliada por um juízo diverso, garantias que constituem, com efeito, o núcleo forte – e não eliminável – do processo justo, notadamente no processo de cognição[12].

O contraditório constitui o verdadeiro elemento qualificador do processo. Numa visão mais abrangente, envolve um complexo jogo de interação entre as partes e o próprio juiz, evitando a adoção de decisões inesperadas[13].

---

9.   PINHO, 2014, p. 75.

10.   COMOGLIO, 1998, p. 55.

11.   FISS, 1984, p. 1075.

12.   PROTO PISANI, 2003, p. 657.

13.   TROCKER, 2001, p. 393.

É consequência do princípio político da participação democrática, e pressupõe:

a) audiência bilateral: adequada e tempestiva notificação do ajuizamento da causa e de todos os atos processuais por meio de comunicações preferencialmente reais, bem como ampla possibilidade de impugnar e contrariar os atos dos demais sujeitos, de modo que nenhuma questão seja decidida sem essa prévia audiência das partes;

b) direito de apresentar alegações, propor e produzir provas, participar da produção das provas requeridas pelo adversário ou determinadas de ofício pelo juiz e exigir a adoção de todas as providências que possam ter utilidade na defesa dos seus interesses, de acordo com as circunstâncias da causa e as imposições do direito material;

c) congruidade dos prazos: os prazos para a prática dos atos processuais, apesar da brevidade, devem ser suficientes, de acordo com as circunstâncias do caso concreto, para a prática de cada ato da parte com efetivo proveito para a sua defesa;

d) contraditório eficaz é sempre prévio, anterior a qualquer decisão, devendo a sua postergação ser excepcional e fundamentada na convicção firme da existência do direito do requerente e na cuidadosa ponderação dos interesses em jogo e dos riscos da antecipação ou da postergação da decisão;

e) o contraditório participativo pressupõe que todos os contrainteressados tenham o direito de intervir no processo e exercer amplamente as prerrogativas inerentes ao direito de defesa e que preservem o direito de discutir os efeitos da sentença que tenha sido produzida sem a sua plena participação[14].

Esse princípio pode ser sintetizado em quatro garantias:

i) direito de ser ouvido em ao menos uma audiência pública por juiz independente e imparcial;

ii) direito de conhecer e se manifestar sobre todos os atos, alegações e provas apresentadas;

iii) direito de produzir qualquer prova que considere relevante para sua defesa;

iv) direito de ter a causa analisada e decidida com base nos fatos e argumentos apresentados no processo, conhecidos e debatidos pelas partes[15].

É possível afirmar que o contraditório é indissociável do princípio da igualdade, visto que a garantia da possibilidade de manifestação em todas as fases deverá ser assegurada de igual modo aos litigantes na dinâmica processual, refletindo a busca pela almejada efetividade da prestação jurisdicional, que contempla a paridade de armas como um dos pilares da ampla defesa.

---

14. GRECO, 2006, p. 7.

15. SCHENK, 2013, p. 58.

A garantia do contraditório confere maior confiabilidade ao resultado final, como fruto do chamado "processo justo"[16]. Da mesma forma, o princípio do contraditório "garante uma simetria de posições subjetivas" que dispõe às partes o diálogo necessário para oferecer ao juiz elementos que contribuam na busca da verdade real, durante a fase de cognição e formação do conteúdo decisório, afastando a participação em aspecto meramente formal ou aparente em apenas contrapor as alegações opostas[17].

Nesse sentido, podem existir algumas tensões entre a garantia do contraditório dinâmico (art. 10 do CPC) e algumas situações recorrentes na mediação judicial.

A prática de realizar as sessões individuais, conhecida como *caucus*, é muito antiga e largamente aceita, apesar da restrição promovida em relação ao contraditório.

O ponto-chave do processo de mediação é a troca de informações e a barganha entre as partes. Essa troca de informações pode ser desenvolvida tanto em sessões conjuntas (em que estejam presentes ambas as partes, juntamente com o mediador), bem como separadamente, reunindo-se o mediador com cada uma das partes em separado[18]. Esse último tipo de sessão é denominado *caucus* e pode ser requerido tanto pelo mediador como pelas próprias partes[19].

As informações obtidas em *caucus* são confidenciais, e diversas vantagens podem resultar daí[20].

Permite-se ao mediador descobrir as "motivações ocultas" das partes. É razoavelmente seguro supor que as razões expressas pelas partes, para lastrear suas pretensões ou suas defesas, não sejam as únicas existentes no mundo dos fatos.

Desse modo, uma das tarefas do mediador será descobrir o que mais está a influenciar as suas posições respectivas, isto é, descobrir essas "motivações ocultas". As razões por que são mantidas ocultas podem facultar ao mediador a necessária informação para impulsionar as partes a ultrapassar o que eventualmente esteja bloqueando as negociações diretas.

As sessões privadas são largamente utilizadas pelos mediadores como instrumento para a equalização e o balanceamento do procedimento, sobretudo quando o profissional percebe que as partes estão em diferentes pontos de compreensão e entendimento, ou mesmo quando há indícios de que apenas uma delas está agindo de forma colaborativa.

---

16. TARUFFO, 1997, p. 319.

17. THEODORO JR., 2012, p. 262.

18. MNOOKIN, 2000, p. 22.

19. Entendem os especialistas do P.O.N. da Harvard Law School que essa prática reduz o grau de confiabilidade das partes no mediador e impede a construção de um processo participativo, no qual todos (partes e mediador) devem se envolver nos problemas de todos. Uma expressão comumente utilizada nos Seminários, e que traduz bem essa mentalidade, é: *"anybody's problem is everybody's problem!"*. Veja-se a página em: <http://www.pon.harvard.edu>. Acesso em: 15 mar. 2012.

20. SILVA, 2004, p. 19.

Assim, ele poderá realizar sessões privadas com uma das partes, se considerar que uma delas está perfeitamente consciente, tem boa-fé e está empreendendo todos os esforços para alcançar um acordo, enquanto a outra parte não dá mostras de estar tão comprometida assim.

As sessões privadas também são bastante úteis para que o mediador, juntamente com uma das partes e seu advogado, conduza o chamado "choque de realidade". Essa providência tem o objetivo de fazer com que aqueles envolvidos analisem a fundo as consequências de suas ações, a efetiva força ou fragilidade de seu direito, bem como as consequências, presentes e futuras, de não se alcançar o acordo.

O problema é que, se o processo judicial deve seguir rigorosamente os princípios constitucionais, qualquer derivação ou extensão do processo judicial, como no caso da mediação, deve, a rigor, obedecer também a esses princípios[21].

E aí se apresenta a inevitável pergunta: como compatibilizar as sessões privadas de mediação com o princípio do contraditório e da ampla defesa?

Inicialmente, é fundamental que a possibilidade das sessões privadas seja colocada, e devidamente explicada, pelo mediador logo no primeiro encontro. As partes devem se sentir confortáveis com tal possibilidade, bem como seus respectivos patronos.

No entanto, é inegável que essa prática pode trazer perplexidade em sede de mediação realizada nas dependências do Poder Judiciário. Todavia, não enxergamos violação ao contraditório, desde que, como dito, o mediador exponha a possibilidade da realização de sessões privadas no curso do procedimento e as partes concordem expressamente.

Questão mais tormentosa pode surgir se o advogado de uma das partes desejar estar presente na sessão privada realizada com a outra parte, invocando suas prerrogativas funcionais. Nesse caso, o ato perderia a sua razão de ser, já que, por um lado, o advogado não pode ser impedido de participar de um dos atos do processo, e, por outro, a parte não se sentirá à vontade para falar abertamente da questão com o mediador, estando presente o patrono de seu *ex adverso*.

Nessa hipótese, parece-nos que não haveria alternativa a não ser abortar a realização da sessão privada e, talvez, o próprio procedimento de mediação, caso o mediador não se sinta mais à vontade para conduzi-lo da forma como pretendia inicialmente.

Outra questão que pode surgir é relativa à necessidade de autorização do magistrado para a realização do *caucus*. De se observar que a legislação não impõe tal requisito, deixando ao prudente arbítrio do mediador. Caso uma das partes não concorde com a providência, novamente não haverá alternativa a não ser encerrar o procedimento.

Contudo, como a prática é largamente aceita pela grande maioria dos mediadores e vem sendo introduzida nos procedimentos em curso com razoável facilidade, parece que não haverá maiores questionamentos.

---

21. COMOGLIO, 1998, p. 95.

90   *Manual de Mediação e Arbitragem*

4.3.2. Isonomia

Do primitivo conceito de igualdade formal e negativa (ou seja, de que o Direito não deve estabelecer diferenças entre os indivíduos), clama-se, hoje, pela igualdade material, isto é, por uma Justiça que assegure tratamento igual para os iguais e desigual para os desiguais (na medida de suas diferenças), conforme a máxima aristotélica, constituindo um pilar da democracia.

Em âmbito processual, significa restabelecer o equilíbrio entre as partes e possibilitar a sua livre e efetiva participação no processo, como corolário do princípio do devido processo legal.

O referido princípio é um dos pilares na configuração do processo socialmente efetivo, garantindo-se às partes igual possibilidade de fruição de todos os instrumentos processuais constitucionalmente previstos, uma vez que o desequilíbrio de forças entre as partes litigantes compromete a igual possibilidade de êxito no pleito[22].

Por isonomia não devemos compreender apenas a igualdade perante a lei. Essa afirmação pode gerar desvios e equívocos hermenêuticos[23]. É preciso ir além e garantir uma igualdade substancial que, contudo, demandará uma postura mais ativa do Estado[24].

É necessário garantir a igualdade de tratamento perante o órgão judicial, especificamente nos procedimentos cíveis[25-26], observadas as limitações de cada um. Verificada a desigualdade, cabe ao magistrado intervir, a fim de equilibrar as partes na relação processual, visando à igualdade real[27].

E isso se reproduz no ambiente da mediação. Cabe ao mediador, ao verificar a existência de um desnível de informação[28], ou mesmo eventual particularidade em um dos participantes, como uma dificuldade maior de falar do problema causador do conflito, ou ainda uma barreira emocional à exata compreensão da extensão do conflito, tomar as providências necessárias para reequilibrar as partes no procedimento de mediação[29].

---

22. BARBOSA MOREIRA, 2004, p. 63-66.
23. ROCHA, 1990, p. 36.
24. CANOTILHO, 1995, p. 306.
25. BARBOSA MOREIRA, 1986, p. 178.
26. ROSAS, 1999, p. 38.
27. NERY JR., 2004, p. 72.
28. Nesse sentido, Enunciado n. 34: "Se constatar a configuração de uma notória situação de desequilíbrio entre as partes, o mediador deve alertar sobre a importância de que ambas obtenham, organizem e analisem dados, estimulando-as a planejarem uma eficiente atuação na negociação" (Enunciados aprovados na I Jornada de "Prevenção e Solução Extrajudicial de Litígios", realizada em Brasília, nos dias 22 e 23 de agosto de 2016, disponíveis em: <http://www.cjf.jus.br/cjf/corregedoria-da-justica-federal/centro-de-estudos--judiciarios-1/publicacoes-1/cjf/corregedoria-da-justica-federal/centro-de-estudos-judiciarios-1/prevencao-e-solucao-extrajudicial-de-litigios/?_authenticator=60c7f30ef0d8002d17dbe298563b6fa2849c6669>. Acesso em: 14 nov. 2018).
29. ALMEIDA, 2015, p. 43.

Obviamente, há um limite ético e aqui não custa lembrar que há um Código de Ética para os mediadores, no Anexo III da Resolução n. 125/2010 do CNJ.

Contudo, há uma fronteira tênue entre a decisão informada e o dever de imparcialidade. Eventual intervenção mais incisiva do mediador pode comprometer sua imparcialidade[30].

4.3.3. Inafastabilidade do controle jurisdicional

Como se sabe, a garantia de inafastabilidade da jurisdição comporta não apenas um direito de ação, mas de próprio acesso à ordem jurídica justa, incluindo uma tutela jurisdicional adequada, tempestiva e efetiva.

A mediação vem notadamente se destacando nesse cenário como a cura para as ineficiências dos sistemas de justiça. Ainda que seja definida com um processo voluntário, o rótulo de boa alternativa para a adjudicação fez como que muitos políticos e estudiosos concluíssem que, além de a prática ser incorporada ao ambiente jurisdicional, ela deveria ser obrigatória.

Porém, a mediação tem como essência ser voluntária, respeitando-se a autonomia da vontade das partes. Até se admite que seja incentivada por um juiz, mas é descabida sua imposição.

Note-se que, ressalvadas as hipóteses da audiência de mediação nas ações de família (arts. 694 e 695 do CPC) e a designação de audiência de mediação no litígio coletivo pela posse de imóvel (art. 565 do CPC) – nas quais a intenção do legislador foi criar uma etapa preliminar obrigatória –, nas demais hipóteses vale a regra geral do art. 3º, § 2º, do CPC, que deve ser interpretada em harmonia com o art. 334 do CPC.

Dessa forma, o legislador criou para o Poder Público duas obrigações de fazer: a primeira, de índole objetiva, no sentido de oferecer à sociedade mecanismos de resolução adequada de conflitos; a segunda, de natureza subjetiva, qual seja sempre buscar em primeiro lugar a solução consensual quando for integrante do conflito. E mais, há ainda o dever de fundamentar a opção, ou não, do uso dos meios adequados, em consonância com o novo postulado da cooperação (art. 6º do CPC).

4.3.4. Publicidade

Tendo como base os arts. 5º, 37 e 93, IX, da Constituição Federal de 1988, o processo judicial no Brasil deve, em regra, gozar de ampla publicidade, sendo excepcional o sigilo, sobretudo para que se possam efetivar garantias fundamentais, tais como o contraditório participativo e a independência do juiz.

De outra ponta, a mediação pauta-se muitas vezes pela confidencialidade.

---

30. TAKAHASHI, 2014, p. 64.

Nesse compasso, a confidencialidade se insere no rol das obrigações de não fazer, uma vez que o mediador e todos os que participaram, direta ou indiretamente, do procedimento estão proibidos de expor a terceiros as informações obtidas durante o seu desenrolar[31].

Com efeito, a confidencialidade abrange não apenas o mediador[32], mas também as partes (mediandos), seus advogados, quando presentes, comediadores e observadores do processo de mediação, independentemente da sua natureza e do objetivo da observação.

A confidencialidade é regra universal e ponto central[33] em termos de mediação, até porque é uma das propaladas vantagens desse procedimento e responsável por atrair muitos interessados.

Somente assim as partes se sentem à vontade para revelar informações íntimas, sensíveis e muitas vezes estratégicas, que certamente não exteriorizariam num procedimento orientado pela publicidade.

Em alguns ordenamentos jurídicos, inclusive, não se permite que um eventual elemento de convicção recebido no processo de mediação possa, posteriormente, ser utilizado como elemento de prova em um processo judicial[34].

Importante assentar, ainda, que a confidencialidade resguarda a proteção do processo em si e de sua real finalidade, permitindo, com isso, que não se chegue a resultados distorcidos em favor daquele que se utilizou de comportamentos não condizentes com a boa-fé.

Note-se, porém, que as partes interessadas podem, de comum acordo, renunciar ao sigilo. Essa circunstância deve ser esclarecida, no início do procedimento, pelo mediador.

É possível, ainda, que a divulgação seja exigida pela lei. Será o caso, por exemplo, da mediação envolvendo a Administração Pública e seus entes (art. 32 da Lei n. 13.140/2015), em razão do princípio da publicidade insculpido no art. 37 da Constituição Federal, ressalvadas as hipóteses cujo sigilo seja imprescindível à segurança da sociedade e do Estado (art. 5º, XXXIII, da CF e arts. 3º, I, e 27 da Lei n. 12.527/2011).

---

31. Enunciado n. 46: "Os mediadores e conciliadores devem respeitar os padrões éticos de confidencialidade na mediação e conciliação, não levando aos magistrados dos seus respectivos feitos o conteúdo das sessões, com exceção dos termos de acordo, adesão, desistência e solicitação de encaminhamentos, para fins de ofícios". Enunciados aprovados na I JORNADA DE "PREVENÇÃO E SOLUÇÃO EXTRAJUDICIAL DE LITÍGIOS", realizada em Brasília, nos dias 22 e 23 de agosto de 2016, disponível em: <http://www.cjf. jus.br/cjf/corregedoria-da-justica-federal/centro-de-estudos-judiciarios-1/publicacoes-1/cjf/corregedoria-da-justica-federal/centro-de-estudos-judiciarios-1/prevencao-e-solucao-extrajudicial-de-litigios/?_aut henticator=60c7f30ef0d8002d17dbe298563b6fa2849c6669>. Acesso em: 20 nov. 2016.

32. Enunciado CJF n. 46: "Os mediadores e conciliadores devem respeitar os padrões éticos de confidencialidade na mediação e conciliação, não levando aos magistrados dos seus respectivos feitos o conteúdo das sessões, com exceção dos termos de acordo, adesão, desistência e solicitação de encaminhamentos, para fins de ofícios".

33. PINHO, 2014, p. 78.

34. ANDREWS, 2009, p. 35. O que, de certa forma, está em linha com o art. 30 da Lei de Mediação.

Em resumo, a confidencialidade na mediação aparece de duas formas: no ofício do mediador, no que se refere às informações reveladas nas sessões privadas, e quando aplicada a todos os que estiverem presentes às sessões de mediação, como forma de preservar os atores daquele processo de qualquer exposição pública acerca da disputa ali travada.

Não vamos avançar aqui nas minúcias das controvérsias da confidencialidade, visto que o tema será tratado em capítulo próprio.

4.3.5. Motivação

A motivação é uma justificação racional sobre a decisão, elaborada após a realização desta, cujo objetivo é permitir o controle sobre a racionalidade da própria decisão[35]. Em outras palavras, "é o discurso em torno das razões com base nas quais o juiz apresenta a decisão como aceitável"[36].

A motivação exerce uma função em relação às partes, caracterizada sob três aspectos: persuadir os sujeitos parciais da justiça da decisão, facilitar a caracterização dos defeitos da decisão que podem ensejar a sua impugnação através de recurso e permitir a interpretação do dispositivo da sentença, definindo e individualizando o conteúdo e o alcance da decisão, com base nas afirmações do juiz.

Os métodos hermenêuticos tradicionais, tais como a interpretação gramatical, sistemática ou teleológica, não são suficientes quando se trata de interpretar princípios constitucionais, tendo em vista o elevado grau de abstração dessas normas[37].

Assim, quando, por qualquer motivo, o órgão jurisdicional precisa interpretar tais princípios, deve utilizar os métodos e os postulados normativos da hermenêutica constitucional[38].

Na maioria dos processos, o poder do juiz é vinculado a normas preestabelecidas, cânones interpretativos, precedentes, regras de procedimento etc. Nesses casos, a solução do processo é predeterminada de maneira unívoca, não havendo espaço para opiniões contrárias razoáveis. Existe uma única solução legítima que o juiz deve acolher, sem margens de escolha[39].

Entretanto, em uma minoria de casos, habitualmente os mais complexos, o ordenamento jurídico atribui ao juiz um espaço de ação em que deve escolher, dentre as possíveis e legítimas alternativas de juízo, aquela que considere constitucionalmente mais adequada. Nessas hipóteses, o conteúdo da decisão não é vinculado ou predeterminado, sendo o juiz depositário de um aparente poder discricionário.

---

35. TARUFFO, 2005, p. 435.
36. GRECO, 2007, p. 306.
37. OLIVEIRA, 2013, p. 36.
38. TARUFFO, 1988, p. 275.
39. PICARDI, 2008, p. 16.

Assim, em razão da referida ampliação dos poderes do juiz, é preciso dar especial atenção a mecanismos que permitam eliminar da discricionariedade do juiz o perigo de abuso e de arbítrio. O poder absoluto se revela subtraído de qualquer controle e tendencialmente arbitrário.

O poder discricionário, exatamente porque limitado, visa a evitar os perigos do subjetivismo e da degeneração em arbítrio. Por isso, o respeito aos limites por parte do juiz é submetido a um controle externo. O poder discricionário do juiz caracteriza-se, assim, como um poder limitado e controlável.

O poder discricionário do juiz é controlável sob o plano da logicidade. Tanto o dever de publicidade quanto o da motivação, como discurso justificativo, constituem os trâmites necessários para verificar se o juiz exerceu ou não corretamente o poder discricionário.

Dessa forma, o juiz deve sempre justificar, em sua motivação, por que atribuiu um determinado sentido ao conceito jurídico indeterminado utilizado como razão de decidir, bem como de que maneira o referido conceito se relaciona com os fatos jurígenos que foram provados no processo (art. 489, II, do CPC).

De se observar que os precedentes, a jurisprudência e o argumento de autoridade podem ser usados no contexto do raciocínio justificativo, como expediente retórico-persuasivo de reforço, cumprindo o papel de mero *obiter dictum*. A jurisprudência pode ainda ser usada quando for expressão sintética de princípios gerais do senso comum que vão ajudar a compor a justificação da decisão. Em todo caso, a citação do precedente não substitui a motivação, representando somente um dos seus elementos (art. 489, V e VI, do CPC).

O princípio da motivação pode gerar alguma tensão no procedimento de mediação.

Em primeiro lugar, porque não há fundamentação no termo de acordo. Toda a lógica e o diálogo desenvolvido pelas partes no curso do procedimento não ficam registrados, formalmente, na ata de encerramento do procedimento nem no termo de acordo que vier a ser redigido. Trata-se de consequência prática e lógica da aplicação do princípio da confidencialidade. Assim sendo, o juiz simplesmente homologará o que foi avençado pelas partes, salvo a hipótese em que vislumbrar algum vício formal.

Nesse mesmo sentido, o magistrado também não terá como fundamentar analiticamente sua decisão homologatória, visto que não teve acesso aos motivos que levaram as partes a chegar àquele acordo específico.

Pode até ocorrer que as partes nem desejem a homologação, mas simplesmente o arquivamento do processo (art. 28, parágrafo único, da Lei n. 13.140/2015). Nessa hipótese, parece-nos, não apenas pela inteligência desse dispositivo, mas sobretudo pelo alcance do art. 10 do CPC, não poderá o magistrado determinar a homologação *ex officio*, mesmo que invoque o art. 488 do CPC.

Ademais, esse acordo poderá englobar pessoas ou objetos que não estavam descritos na petição inicial (art. 515, § 2º, do CPC) ou poderá ser celebrado extrajudicialmente, com o posterior requerimento de homologação (art. 784, IV, do CPC).

Outro ponto que pode suscitar algum desconforto é a possibilidade de o acordo afrontar, ainda que em parte, teor de precedente estabelecido pelos Tribunais (art. 927 do CPC). A princípio, é possível que as partes, por livre e espontânea vontade, afastem a incidência não apenas de um precedente, mas também de uma lei. Nesse sentido, aderimos à ideia de que a expressão "norma jurídica" (art. 966, V, do CPC) engloba tanto a lei em sentido formal como as decisões dotadas de efeito vinculante.

4.3.6. Duração razoável do processo

A consagração do direito à duração razoável do processo como um direito fundamental pela Constituição Federal fez com que o princípio deixasse de ser considerado uma subespécie de outros princípios ou mero acessório da efetividade processual.

O princípio da duração razoável do processo é parte do denominado "processo justo", que engloba outros princípios e garantias que regem o processo civil.

Na análise do referido princípio, devemos observar as peculiaridades do caso e a complexidade das questões deduzidas[40].

De fato, pode haver diversos conflitos entre a garantia da duração razoável do processo e as demais garantias constitucionais[41].

É extremamente difícil, para não dizer impossível, conciliar o ideal de celeridade processual com a preservação das garantias básicas para as partes[42].

Nessa dimensão, a inclusão da exigência de um processo justo, na Itália, com a alteração do art. 111 da Constituição, impôs um reexame do complexo tema das garantias das partes no processo, em busca do difícil equilíbrio entre garantia e eficiência. Deve-se registrar que há muitos problemas envolvendo a lentidão da prestação jurisdicional naquele país[43-44].

A razoável duração dos processos é garantia de tipo estrutural ou objetiva, tendo como principal destinatário o legislador ordinário. Nesse sentido, houve a constitucionalização do princípio da economia processual, visto que a outra face da duração razoável é justamente a otimização dos recursos disponíveis, evitando-se atividades processuais inúteis.

Assim, se o sistema falha em garantir a duração razoável dos processos, o direito de ação dos cidadãos resulta vulnerado, restando violado um direito subjetivo de matriz constitucional.

---

40. LEBRE DE FREITAS, 2006, p. 126.

41. TARZIA, 2001, p. 20.

42. BARBOSA MOREIRA, 2007, p. 377.

43. PROTO PISANI, 2003, p. 656.

44. Sobre a problemática da duração razoável do processo na Itália e os reflexos das decisões proferidas pela Corte Europeia de Direitos Humanos, remetemos o leitor a SCHENK, 2008, p. 194.

Na evolução histórica do acesso à justiça no Brasil, sempre houve uma preocupação clara em buscar um procedimento célere[45].

O direito à prestação jurisdicional em prazo razoável é uma exigência da tutela jurisdicional efetiva, sendo a demora no julgamento incompatível com a noção de segurança jurídica[46].

As questões que tornam o Judiciário mais lento na entrega da prestação jurisdicional refletem a insatisfação social com as mazelas públicas levadas ao Judiciário, avolumando o número de processos.

Na intenção de solucionar a questão da morosidade, foram criados mecanismos de simplificação e adoção de institutos que relegaram a segundo plano "a preocupação com a qualidade das decisões" e permitiram a supressão das garantias fundamentais do processo[47].

Daí que a forte pressão por celeridade processual não garante uma prestação jurisdicional satisfatória. Os meios criados para agilizar as decisões no volume cada vez maior de demandas acabam por suprimir outros direitos.

Ao tratar do princípio da inafastabilidade do controle jurisdicional, o CPC, como visto, traz em suas normas fundamentais de que é dever do Estado promover a solução consensual dos conflitos, devendo a conciliação, mediação e outros métodos serem estimulados pelos juízes, advogados, defensores públicos e membros do *Parquet*.

Nesse sentido, tanto a Lei n. 13.140/2015[48], como o art. 334, *caput*, do CPC, trazem prazos específicos para a realização das tentativas de acordo, seja por meio de audiências de conciliação ou de sessões de mediação.

O processo judicial atualmente está sujeito a um controle temporal[49].

Embora o art. 5º, LXXVIII, da Constituição Federal não imponha um limite temporal rígido ou um parâmetro matemático, o CNJ vem estabelecendo seus próprios parâmetros, que acabam se convertendo em metas[50]. E aí passamos a enfrentar uma situação delicada. Quando se impõe uma meta e no processo de mediação surgem questões mais densas, mais profundas, o que deve ser feito? Por um lado, não se pode excluir a utilização da mediação em razão da existência de uma meta e, por outro lado, não se pode aplicar essa meta à mediação, de forma absoluta.

As questões de fundo emocional, as questões de natureza psicológica e, às vezes, de caráter psiquiátrico, que surgirão e que se manifestarão no processo não podem ser medidas. O mediador não pode se limitar a olhar para o relógio e pedir à parte que

---

45. CARNEIRO, 2007, p. 48.

46. GRECO, 2005, p. 269.

47. GRECO, 2012, p. 7.

48. ALMEIDA, 2015, p. 79.

49. BARBOSA MOREIRA, 2007, p. 377.

50. Mais informações acerca dos objetivos podem ser encontradas no sítio eletrônico do CNJ: <http://www.cnj.jus.br/gestao-e-planejamento/metas>.

reduza sua exposição e que deixe para um momento posterior seu processo de expressão emocional[51].

Assim, a limitação de dois meses imposta pelo art. 334, § 2º, do CPC não pode ser absoluta, cabendo ao juiz avaliar caso a caso. Se for necessário um tempo muito maior, poderá o magistrado suspender o processo, na forma do art. 313, II, do CPC, ou mesmo sugerir às partes que procurem um mediador extrajudicial, de forma a possibilitar que o tratamento do conflito possa levar todo o tempo necessário.

Outra preocupação que vem sendo externada é com relação ao tempo de duração de cada sessão de mediação. É questionável a redação do § 12 do art. 334 do CPC, ao prever intervalo de vinte minutos entre o início das sessões. Obviamente tal prazo pode até ser razoável em se tratando de conciliação, mas não de mediação. A prática vem demonstrando que deve ser reservado um intervalo bem maior. A interpretação literal desse dispositivo, embora privilegie o princípio da duração razoável do processo, compromete a eficiência do instituto.

Por outro lado, se as partes demonstram já terem tentado o acordo antes da instauração da relação processual, pode o magistrado concluir pela desnecessidade da realização da audiência do art. 334[52].

Mesmo porque, e aqui chegamos a outra questão que demanda maior reflexão em nosso ordenamento: a sobrevivência dos conflitos; e isso sucederá em conflitos de vizinhança civil (comunitários), em Juizados Especiais Civis e Criminais, conflitos de natureza familiar etc.

Referimo-nos aos casos de conflitos que, simplesmente, não se resolvem! Eles se protraem no tempo, às vezes por anos. São muitas vezes relações distorcidas, violentas e que fazem com que o conflito não possa desaparecer. O conflito não deixa de existir e as partes vão ter que buscar uma forma de viver com ele, ou ao menos de gerenciá-lo.

Por isso, também deve ser pensada a hipótese do conflito que não se resolve; aquele que precisa ser constantemente monitorado pelo Poder Judiciário, porque, se existem pessoas que ainda não têm condições de fazer frente e de resolver seu litígio de forma madura, o Poder Judiciário tem que continuar intervindo. Existem litigantes contumazes; pessoas que sofrem transtornos emocionais e psicológicos os mais variados, e, justamente por conta disso, se alimentam do conflito. A vida delas é frustrada, sem objetivo, e parece que a única forma que conhecem para se relacionar com as pessoas é provocando conflitos.

Enquanto no processo judicial deve haver uma decisão – o juiz não pode se eximir do dever de julgar –, na mediação não há decisão. Existe um procedimento em que as partes tomam consciência em um grau mais profundo da origem e da natureza do

---

51. PAUMGARTTEN; PINHO, 2011, p. 443.

52. Enunciado CJF n. 29: "Caso qualquer das partes comprove a realização de mediação ou conciliação antecedente à propositura da demanda, o magistrado poderá dispensar a audiência inicial de mediação ou conciliação, desde que tenha tratado da questão objeto da ação e tenha sido conduzida por mediador ou conciliador capacitado".

problema, percebem as dificuldades recíprocas e intentam, através de um mecanismo de cooperação, evitar empreender esforços inúteis.

Com isso, tentam superar o problema da melhor forma possível. Se isso não for possível – o que é uma realidade em alguns casos –, buscam uma forma de conviver com aquele problema, procurando reduzir ao mínimo o estresse decorrente de sua relação.

Durante o procedimento de mediação não haverá, em hipótese alguma, uma decisão propriamente dita, nem tampouco se concede ao mediador o poder de decidir. Na verdade, o profissional deverá gerenciar e buscar a melhor solução possível para o conflito.

A partir do momento em que, no procedimento de mediação, as partes são convocadas a ter um olhar que vá além do problema, a mediação se desprende dos elementos dogmáticos e normativos que informam o processo judicial e pode levar a outra peça diferente da inicial. Não é raro que, no processo de mediação, surjam outras questões jurídicas e extrajurídicas.

Até aqui não há problema, porque o CPC admite que se possa chegar a um acordo sobre questões que não constavam da petição inicial. É uma forma de homenagear e privilegiar o princípio da consensualidade em detrimento do rigorismo formal.

As hipóteses a que estamos nos referindo aqui têm um caráter mais grave. Além de os acordos de mediação poderem trazer questões que não figuravam na petição inicial, também podem trazer uma solução que não se mostra viável dentro do ordenamento jurídico.

O que acontece, então? O juiz não homologará esse acordo, salvo naquelas hipóteses em que a lei o autorizar a decidir por equidade. Vamos encontrar isso concretamente no art. 6º do Estatuto da Criança e do Adolescente, em que o juiz pode optar a favor do menor, e nos procedimentos especiais de jurisdição voluntária (art. 723, parágrafo único, do CPC).

Também observamos que nos Juizados Especiais Cíveis é contemplada a previsão de uma decisão equânime, que não é necessariamente uma decisão por equidade. É uma decisão que busca uma solução mais apropriada para as partes (art. 6º da Lei n. 9.099/95). Entretanto, caso o juiz se veja impedido de homologar o acordo discutido, aprovado e firmado pelas partes, por ser este contrário ao ordenamento jurídico, ter-se-á gasto tempo, energia, dinheiro, bem como dado uma falsa esperança às partes e o processo precisará voltar ao início, com um nível de litígio muito mais alto.

4.4. Perspectivas para o direito brasileiro: o desafio de conciliar a função pacificadora com a estrita observância das garantias fundamentais

A expansão da atuação do Judiciário, concedida pela Carta brasileira, deve ser acompanhada de um reforço nas garantias jurisdicionais e de uma sólida cultura garantista[53],

---

53. TARUFFO, 2008, p. 631-632.

com fito de evitar uma possível distorção da jurisdição, alteração do Estado de Direito e desequilíbrio na esfera de atuação dos poderes. Essa tônica se dará especialmente na observância e efetiva aplicação das garantias processuais[54].

Não custa lembrar que as garantias fundamentais, estruturais ou individuais[55] representam um conjunto que pode ser sintetizado nas denominações "devido processo legal", adotada nas Emendas 5ª e 14ª da Constituição Norte-americana, ou "processo justo", constante do art. 6º da Convenção Europeia de Direitos Humanos, e, ainda, do art. 111 da Constituição italiana.

Por força do art. 6º da Convenção Europeia, atinge-se o estágio superior de inserir as garantias fundamentais do processo em uma realidade jurídico-política que não é mais apenas constitucional e nacional, mas também transnacional[56].

Note-se que, quando o legislador estabelece incumbir ao magistrado dirigir o processo, assegurando às partes igualdade de tratamento, está a impor, como dever primário do juiz, agir com igualdade em relação a todas as partes, para neutralizar as desigualdades, isto é, promover a igualdade substancial, quando necessário[57].

De um modo geral, pode-se estruturar a definição sobre os direitos fundamentais a partir de quatro premissas que, juntas, formam a teoria da democracia constitucional.

A primeira diz respeito à diferença estrutural entre direito fundamental e direito patrimonial, visto que, na tradição jurídica, ambos aparecem lado a lado sob o signo do direito subjetivo, o que oculta a necessária distinção.

A segunda baseia-se no fato de que os direitos fundamentais, ao corresponderem aos interesses e às expectativas de todos, formam o fundamento e o parâmetro da igualdade jurídica necessários à configuração da dimensão substancial da democracia.

A terceira se relaciona à hodierna natureza supranacional de grande parte dos direitos fundamentais. Finalmente, a quarta enfatiza a relação entre os direitos e as suas garantias, na medida em que, assim como os demais, os direitos fundamentais consistem em expectativas negativas ou positivas aos quais correspondem obrigações prestacionais ou proibições de lesão.

Assim, denominam-se garantias primárias as obrigações e os deveres, e secundárias as obrigações de reparar ou sancionar judicialmente as lesões aos direitos (violação da garantia primária)[58]. Com efeito, podemos conceituar os direitos fundamentais a partir das seguintes premissas:

a) direitos fundamentais são direitos subjetivos; e

---

54. FERRAJOLI, 2012, p. 232.
55. COMOGLIO, 1998, p. 167.
56. TROCKER, 2011, p. 179.
57. DINAMARCO, 2001, p. 207.
58. FERRAJOLI, 2008, p. 9.

b) direitos fundamentais são direitos universais. Esta segunda premissa traz ínsita a ideia de isonomia, ou seja, os direitos fundamentais são devidos a todos em situação de igualdade.

Nesse sentido, se entendermos que o termo "jurisdição" (art. 3º do CPC) é mais amplo e contempla outras formas de solução de conflitos, mesmo que fora da estrutura do Poder Judiciário, torna-se imperioso preservar as garantias constitucionais e cada um desses procedimentos.

A preservação das garantias constitucionais tem o condão de legitimar democrática e politicamente os meios adequados de solução de conflitos, reconhecendo sua autoridade institucional.

Assim, se os meios adequados forem utilizados na estrutura judiciária, o grande desafio será compatibilizar as garantias fundamentais com as peculiaridades desses procedimentos. Em certos casos, como vimos acima, enfrentaremos situações delicadas, como a realização das sessões individuais no curso da mediação judicial ou mesmo o sigilo das informações trocadas na audiência de mediação infrutífera, mesmo quando essa informação seria vital para a adequada solução adjudicada do litígio.

Por outro lado, nos procedimentos extrajudiciais, sejam eles consensuais (conciliação e mediação), sejam adjudicatórios (arbitragem e *dispute boards*), também deve ser preservada a ordem pública, ou seja, o conjunto de garantias mínimas para que aquela ferramenta possa se qualificar como jurisdicional. Caso o acordo ou a decisão não sejam voluntariamente cumpridos, será necessário recorrer à via judicial, ainda que apenas para a implementação das medidas executivas.

Nesse passo, como se já não bastassem todas as dificuldades inerentes à construção e estruturação do sistema multiportas, ainda teremos que assegurar a estrita observância às garantias fundamentais em todos os meandros desse complexo sistema.

Capítulo 5

As Cláusulas de Mediação e os Limites do Consenso nos Direitos Indisponíveis

> **Sumário: 5.1.** As espécies de convenções existentes no direito brasileiro após o advento do CPC/2015 e das Leis de Mediação e de Arbitragem. **5.2.** O acordo e os direitos disponíveis e indisponíveis. **5.3.** A homologação judicial do acordo envolvendo direitos indisponíveis. **5.4.** Peculiaridades da cláusula escalonada de mediação. **5.5.** Perspectivas para o futuro da cláusula de mediação no direito brasileiro.

5.1. As espécies de convenções existentes no direito brasileiro após o advento do CPC/2015 e das Leis de Mediação e de Arbitragem

O ordenamento jurídico pátrio, atualmente, contempla diversas convenções que podem ser livremente pactuadas pelas partes interessadas.

Em linhas gerais, existem as seguintes opções:

i) convenção de arbitragem (art. 3º da Lei n. 9.307/96), que pode ser materializada ou por meio de cláusula compromissória (art. 4º), ou de compromisso arbitral (art. 9º);

ii) convenção de mediação (arts. 2º e 23 da Lei n. 13.140/2015), que pode assumir ou a forma de uma cláusula isolada (as partes pactuam apenas uma tentativa de mediação antes do ajuizamento de ação), ou cláusula escalonada (as partes pactuam que, inicialmente, tentarão a mediação e, caso esta não seja bem-sucedida, seguirão para a via arbitral); e

iii) convenção processual, que pode se concretizar por meio de uma cláusula geral (art. 190 do CPC), que tanto pode ser típica[1], prevista pelo legislador para determinadas situações específicas, ou atípica, que não possui expressa previsão legal

---

1. Típicos são aqueles previstos na própria lei, por exemplo, eleição de foro (art. 63), suspensão convencional do processo (art. 313, II), escolha consensual do mediador e do perito (arts. 168 e 471), saneamento

102 *Manual de Mediação e Arbitragem* ....

Ademais, importante observar os limites subjetivos para o cabimento de cada uma dessas convenções. Como se sabe, o art. 3º da Lei de Mediação é um divisor de águas no que se refere à definição dos limites do acordo a partir da espécie de direito em jogo.

É digno de nota que o legislador opta por impor apenas limites objetivos, não excluindo da mediação incapazes ou mesmo vulneráveis.

Assim sendo, nada impede que a mediação seja realizada acerca de direitos titularizados por menores[2] ou incapazes, o que não é possível em outras ferramentas, como a arbitragem (ver art. 1º da Lei n. 9.307/96, que nesse ponto, pelo menos numa perspectiva literal, não foi alterado pela Lei n. 13.140/2015).

Ainda nessa perspectiva, as convenções processuais também não podem ser realizadas quando colocam em risco direitos daqueles que se encontram em manifesta situação de vulnerabilidade, nos exatos termos da parte final do parágrafo único do art. 190 do CPC. Não custa lembrar que vulnerabilidade significa suscetibilidade e pode ser examinada nos planos material ou processual, como bem salienta Fernanda Tartuce[3].

5.2. O acordo e os direitos disponíveis e indisponíveis

Inicialmente, vale lembrar que existem duas possíveis cláusulas contratuais a concretizar a convenção de mediação. Inicialmente, os §§ 1º e 2º do art. 2º[4] da Lei de Mediação estabelecem que, havendo previsão contratual de mediação, as partes devem comparecer, ao menos, na primeira sessão (que, na prática é chamada de pré-mediação), mas não são obrigadas a permanecer nessa via (ou seja, podem manifestar ao mediador, de forma inequívoca, sua intenção de não prosseguir na mediação – o que chamamos, na prática, de "termo de não adesão").

---

consensual (art. 357, § 2º), adiamento da audiência (art. 362, I), distribuição diversa do ônus da prova (art. 373, §§ 3º e 4º), liquidação de sentença por arbitramento (art. 509, I), desistência de uso de documento cuja falsidade é alegada pela parte contrária (art. 432, parágrafo único) etc.

2.   A título de exemplo, vale lembrar que a Resolução do Conselho Nacional de Justiça, n. 449/2022 – que dispõe sobre a tramitação das ações judiciais fundadas na Convenção da Haia sobre os aspectos civis do sequestro internacional de crianças (1980), em execução por força do Decreto n. 3.413, de 14 de abril de 2000, prevê, em seu art. 10, que uma vez recebida a petição inicial, o magistrado federal poderá designar audiência de mediação, a se realizar no prazo de 30 (trinta) dias, sempre que entender viável essa ferramenta. O art. 13 do referido ato normativo prevê que tal audiência será realizada na forma do CPC, sendo admitido o uso de meios eletrônicos de comunicação a distância e ressaltando o incentivo à participação de ambos os genitores na discussão das questões atinentes ao poder familiar.

3.   TARTUCE, 2012, p. 184.

4.   "Art. 2º A mediação será orientada pelos seguintes princípios: (...) § 1º Na hipótese de existir previsão contratual de cláusula de mediação, as partes deverão comparecer à primeira reunião de mediação. § 2º Ninguém será obrigado a permanecer em procedimento de mediação."

Além da previsão do art. 2º, vale citar o art. 23[5], que materializa a denominada cláusula escalonada de mediação.

Analisaremos, agora, o art. 3º da Lei n. 13.140/2015.

Primeiro, observa-se claramente uma dificuldade conceitual em todas as iniciativas legislativas: definir o alcance objetivo do acordo.

Diante da imprecisão do texto legal, remanescem as indagações: como definir, exatamente, o que é um direito disponível? Como o distinguir de um direito indisponível? Seriam esses conceitos estáticos ou dinâmicos, ou seja, um direito rotulado como disponível sempre se comportaria dessa forma? Ou talvez um mesmo direito pudesse assumir simultaneamente uma e outra característica, dependendo do referencial?

Nesse sentido, vale recordar um exemplo frequentemente utilizado por Sergio Bermudes[6] em suas palestras, por ocasião da Reforma Processual de 1994. Ele se referia ao direito aos alimentos como um direito dúplice, pois para o alimentante ele se reveste de caráter disponível, ao passo que, para o alimentando, seria indisponível.

Como se isso não bastasse, interessante rememorar as discussões em torno dos direitos coletivos, que podem ser concomitantemente disponíveis (no plano individual) e indisponíveis (no plano coletivo). É o caso típico dos direitos individuais homogêneos. Os Tribunais Superiores enfrentaram inúmeras vezes essa questão, sobretudo quando tiveram que fixar os limites para a atuação do Ministério Público na tutela desses direitos[7].

E a tormentosa discussão tende a ser reacendida diante dos lacônicos termos do art. 32, III, da Lei de Mediação, reproduzido no art. 174, III, do CPC, que prevê a admissibilidade de mediação no TAC, sem, no entanto, fixar limites quanto a legitimidade, alcance ou objeto, permitindo, ainda que em tese, transação sobre o próprio direito material[8].

Tudo isso reforça a tese de que há a necessidade premente de se determinar o alcance de cada uma das espécies de direito contempladas no art. 3º da Lei de Mediação[9].

---

5. "Art. 23. Se, em previsão contratual de cláusula de mediação, as partes se comprometerem a não iniciar procedimento arbitral ou processo judicial durante certo prazo ou até o implemento de determinada condição, o árbitro ou o juiz suspenderá o curso da arbitragem ou da ação pelo prazo previamente acordado ou até o implemento dessa condição. Parágrafo único. O disposto no *caput* não se aplica às medidas de urgência em que o acesso ao Poder Judiciário seja necessário para evitar o perecimento de direito."

6. BERMUDES, 1996, p. 78.

7. Apenas a título de exemplo: STJ, REsp 332.331/SP, rel. Min. Castro Filho, j. em 26112002, *Informativo STJ*, n. 156. STJ, REsp 419.187/PR, rel. originário Min. Laurita Vaz, rel. p/acórdão Min. Gilson Dipp, j. em 1542003, *Informativo STJ*, n. 170. STJ, REsp 146.483/PR, rel. Min. Hamilton Carvalhido, j. em 522004, *Informativo*, n. 197. STJ, REsp 416.298/SP, rel. Min. Ruy Rosado, j. em 2782002, *Informativo STJ*, n. 140. STJ, REsp 240.033/CE, 1ª Turma, rel. Min. José Delgado, j. em 1582000, *Informativo*, n. 66. STJ, REsp 267.499/SC, rel. Min. Ari Pargendler, j. em 9102001, *Informativo*, n. 112.

8. PINHO; VIDAL, 2016, p. 371-411.

9. "Art. 3º Pode ser objeto de mediação o conflito que verse sobre direitos disponíveis ou sobre direitos indisponíveis que admitam transação. § 1º A mediação pode versar sobre todo o conflito ou parte dele. § 2º O consenso das partes envolvendo direitos indisponíveis, mas transigíveis, deve ser homologado em juízo, exigida a oitiva do Ministério Público."

Numa interpretação literal do referido dispositivo, teremos direitos disponíveis e indisponíveis. Os disponíveis são sempre transacionáveis; os indisponíveis podem ou não admitir autocomposição (as peculiaridades sobre a homologação de acordo judicial envolvendo direitos indisponíveis serão examinadas no próximo tópico).

Quanto aos disponíveis, é possível realizar a mediação extrajudicial. Para facilitar a compreensão, apresentamos, abaixo, as quatro hipóteses passíveis de ocorrência nesse caso:

a) o acordo é firmado na via extrajudicial por instrumento público e, automaticamente, converte-se em título executivo extrajudicial, na forma do art. 784, II, do Código de Processo Civil;

b) o acordo é firmado na via extrajudicial por instrumento particular e, se preenchidos os requisitos formais do art. 784, III, do Código de Processo Civil, converte-se em título executivo extrajudicial;

c) o acordo é firmado na via extrajudicial e não preenche os requisitos do art. 784, III, mas atende ao disposto no art. 700 do Código de Processo Civil, ensejando o ajuizamento de ação monitória, no caso de descumprimento;

d) o acordo é firmado na via extrajudicial e as partes desejam submetê-lo à homologação judicial para obter maior grau de segurança jurídica, o que pode ser feito na forma dos arts. 725, VIII, c/c 515, III, do Código de Processo Civil, mesmo que o documento já ostente os requisitos mínimos para constituir título executivo extrajudicial (art. 785).

Por outro lado, pode o acordo ser firmado na via judicial, ou seja, na pendência de uma demanda já ajuizada. Nesse caso, caberá ao magistrado homologá-lo (arts. 334, § 11, 515, II, e 487, III, *b*, do CPC), ainda que venha a envolver sujeito estranho ao processo ou versar sobre relação jurídica que não tenha sido deduzida em juízo (art. 515, § 2º, do CPC).

5.3. A homologação judicial do acordo envolvendo direitos indisponíveis

Quando se fala em direitos indisponíveis, é preciso separar os indisponíveis transacionáveis dos indisponíveis não transacionáveis.

Em relação aos indisponíveis não transacionáveis, das duas uma: ou haverá uma expressa norma proibindo o acordo, ou haverá flagrante violação a direito fundamental, o que deverá ser apreciado pelo magistrado no caso concreto, já que tais acordos necessitam da homologação judicial, precedida da oitiva do Ministério Público, para que possam produzir seus efeitos.

Assim sendo, caso o juiz entenda que as partes se excederam e avançaram sobre matéria que não se encontra dentro de sua esfera de disposição, deverá recusar a homologação.

Podemos dizer, então, que, se for feito acordo sobre direito indisponível não transacionável, tal avença será nula de pleno direito.

Como exemplo, podemos citar os seguintes dispositivos legais:

a) art. 1.609 do Código Civil (o reconhecimento dos filhos havidos fora do casamento é irrevogável);

b) art. 39, § 1º, da Lei n. 8.069/90 (a adoção é medida irrevogável[10]);

c) arts. 1º e 9º da Lei n. 9.434/97 (autorizam a disposição apenas gratuita de tecidos, órgãos e partes do corpo humano em vida para fins terapêuticos e de transplante);

d) art. 192 do Código Civil (os prazos prescricionais não podem ser alterados por acordos entre as partes).

Qualquer acordo de vontades que contrarie expressamente tais dispositivos legais será nulo de pleno direito e, por via de consequência, não poderá ser homologado pelo magistrado.

Por outro lado, na hipótese dos direitos indisponíveis transacionáveis, o acordo pode ser alcançado nas vias judicial ou extrajudicial, mas, enquanto não for submetido ao crivo judicial, não poderá produzir seus efeitos. Em outras palavras, a homologação é condição de eficácia do acordo.

Como se percebe facilmente, sobretudo diante da imprecisão conceitual, há o risco de que o magistrado não homologue um acordo após um longo e complexo procedimento de mediação versando sobre direitos indisponíveis. Basta que o juiz considere o direito indisponível não transacionável.

Nesse caso, temos duas possibilidades:

i) O acordo foi alcançado na via extrajudicial. Na sequência, as partes requerem, de comum acordo, a homologação judicial, em procedimento de jurisdição voluntária, na forma do art. 725, VIII, do CPC. Nesse caso, a decisão do juiz, homologatória ou não, terá a natureza de sentença e contra ela poderá ser interposto recurso de apelação, na forma do art. 1.009 do CPC.

ii) Aqui o acordo é celebrado em processo já ajuizado, por exemplo, durante a audiência de conciliação. Nesse caso, os autos serão remetidos à conclusão do juiz, que poderá homologar por sentença, observado o art. 487, III, do CPC. Contudo, caso o magistrado recuse a homologação, deverá ele proferir decisão interlocutória (art. 334, § 11, *a contrario sensu*).

O grande problema nessa segunda hipótese é que não há, em princípio, previsão de agravo de instrumento contra tal decisão, já que a matéria não está explícita no rol do

---

10. Contudo, a prática registra algumas hipóteses excepcionais nas quais o magistrado acaba por chancelar pedido de revogação de adoção nas hipóteses em que o convívio entre os adotantes e o adotado gera malefícios a este. Trata-se de aplicação concreta do princípio do melhor interesse do menor, expressamente previsto no art. 6º do Estatuto da Criança e do Adolescente.

art. 1.015 do CPC. Isso nos levaria, numa primeira leitura, à conclusão de que tal ato do juiz seria irrecorrível, ao menos naquele momento. Poderiam as partes, futuramente, por ocasião da sentença, apelar e trazer essa questão nas razões ou nas contrarrazões do apelo, nos exatos termos do art. 1.009, § 1º.

Contudo, pensamos que, se na decisão o juiz recusar a homologação sob o argumento de que o direito não admite autocomposição, isso equivale a uma decisão interlocutória de mérito, e, nessa hipótese, a via do agravo de instrumento se mostra cabível nos exatos termos do art. 1.015, II, do CPC (decisão sobre o mérito).

Por outro lado, se a recusa da homologação se prende à ausência de um requisito formal, por exemplo, a ausência de assistência de advogado, ou mesmo ausência de representação ou assistência no caso do incapaz, a decisão resta não agravável, podendo ser atacada, apenas, nos restritos limites dos embargos de declaração, na forma do art. 1.022.

Ainda no que se refere à homologação judicial do acordo que envolva direito indisponível transacionável, uma última questão se impõe. Seria, de fato, essa homologação sempre necessária?

A indagação é relevante na medida em que já existiam no ordenamento jurídico, quando da vigência da Lei n. 13.140/2015, dispositivos isolados que reconheciam autonomia a certos órgãos para a celebração de acordos, independentemente de homologação[11].

É o caso, por exemplo, do art. 57 da Lei n. 9.099/95, que dispõe que o acordo extrajudicial, "de qualquer natureza ou valor", pode ser homologado em juízo. E, na sequência, o parágrafo único desse dispositivo estatui que valerá como título executivo extrajudicial "o acordo celebrado pelas partes, por instrumento escrito, referendado pelo órgão competente do Ministério Público". E observe-se que nesse parágrafo único não há nenhuma menção à necessidade da homologação, que havia sido prevista no *caput*.

Outro exemplo pode ser encontrado na Lei Complementar n. 80/94, com redação dada pela Lei Complementar n. 132/2009, que trata das funções institucionais da Defensoria Pública. O art. 4º estabelece, textualmente, que o "instrumento de transação, mediação ou conciliação referendado pelo Defensor Público valerá como título executivo extrajudicial, inclusive quando celebrado com a pessoa jurídica de direito público".

Mesmo no CPC, podemos trazer à baila o caso da execução de alimentos pactuados em instrumento extrajudicial. Interessante observar que o art. 911 do CPC não menciona, em nenhum momento, a necessidade de esse título ter passado por procedimento de homologação judicial prévia ao ajuizamento, até porque, se esse fosse o caso, teríamos uma hipótese de cumprimento de sentença e não de processo de execução.

---

11. Ou até em hipóteses que independem da intervenção do Ministério Público ou mesmo do magistrado, como ocorre com o reconhecimento de paternidade, com concordância do registrando maior de idade ou do outro genitor, se o registrando for menor, perante oficial registrador. É o que dispõe o art. 7º do Provimento n. 16 do CNJ.

Essas questões precisam ainda de um maior amadurecimento. Se, de um lado, a dispensa da homologação revela um grau mais elevado de cidadania e um alívio na sobrecarga do Judiciário, por outro lado, pode ensejar insegurança jurídica, justamente no momento do ajuizamento do processo de execução do título extrajudicial, no momento de um eventual descumprimento do que foi avençado.

5.4. Peculiaridades da cláusula escalonada de mediação

Como já destacado, a Lei de Mediação prevê que, na hipótese de existir previsão contratual de cláusula de mediação, as partes deverão comparecer à primeira reunião de mediação, mas ninguém será obrigado a permanecer nesse procedimento (art. 2º, §§ 1º e 2º).

O art. 22 estabelece os requisitos formais para a previsão contratual da mediação. Na sequência, o art. 23 trata da chamada cláusula escalonada[12], uma combinação de métodos adequados de resolução de conflitos, que pode consistir, por exemplo, na necessidade da tentativa de acordo via procedimento de mediação antes de ser instaurada a jurisdição arbitral ou mesmo a judicial.

Trata-se de manifestação concreta da técnica da advocacia colaborativa. Em determinadas situações, é saudável que sejam esgotadas todas as ferramentas conciliatórias antes da adoção de uma solução impositiva[13].

Antes que se pense que o dispositivo pode gerar embaraços ao princípio da inafastabilidade da prestação jurisdicional, não custa lembrar que adotamos uma concepção mais ampla da jurisdição, de forma que nesse momento, mesmo que não provocado o Judiciário, já haverá jurisdição em sentido lato, observada a nova dimensão dada pelo art. 3º do Código de Processo Civil.

Ademais, vale recordar que o parágrafo único desse dispositivo ressalva que a norma não se aplica às medidas de urgência, ou seja, àquelas nas quais o acesso ao Poder Judiciário é necessário para evitar o perecimento do direito. Obviamente estão incluídas aqui as modalidades de tutelas de urgência previstas no art. 300 do Código de Processo Civil, ou seja, a cautelar e a antecipada (quanto a essa última, tanto na forma antecedente como na incidental).

A segunda parte do art. 23 da Lei da Mediação, que será examinado com mais detalhes oportunamente, prevê a consequência processual do não atendimento dessa convenção. Nessa hipótese, o árbitro ou o juiz suspenderá o curso da arbitragem ou da ação pelo prazo previamente acordado.

---

12. Para um estudo aprofundado sobre as cláusulas escalonadas, ver TIJERINA, 2015, pp. 326-333.

13. SILVA, 2015, p. 181.

Nada obstante o silêncio do legislador, pensamos que a inobservância do pacto de mediação revela clara violação ao dever de colaboração, fato esse que deverá ser examinado pelo magistrado quando do ajuizamento da demanda. Importante observar, ainda, a existência de outras normas legais que estimulam a realização do procedimento. Veja-se, por exemplo, o art. 29 da Lei da Mediação, que prevê a isenção das custas finais caso o acordo seja alcançado antes da citação do réu. Também enfrentaremos o tema mais adiante.

Por outro lado, aquele que dolosamente viola o comando do art. 23 da Lei da Mediação está a merecer medida sancionatória, tendo em vista que houve direta e nítida violação à disposição contratual inserida por expressa manifestação de vontade de ambos os contratantes.

Seria cabível, aqui, por interpretação extensiva, a imposição da multa do art. 81 do Código de Processo Civil.

Ressalte-se, por fim, que a norma do art. 23 deve ser interpretada em consonância com o disposto no art. 2º, também da Lei de Mediação, segundo o qual ninguém será obrigado a permanecer em procedimento de mediação.

Como o texto legal utiliza a expressão "permanecer em procedimento" e não "iniciar o procedimento", parece intuitivo que é obrigatório o comparecimento à primeira sessão, denominada por alguns pré-mediação ou sessão preparatória[14].

Questão interessante reside em saber se, na hipótese de as partes terem pactuado uma cláusula escalonada MED-ARB e uma delas conseguir uma tutela provisória no Judiciário, o prazo de 30 dias para a instauração da arbitragem (art. 22-A, parágrafo único) deve ser observado. Imagine-se, por exemplo, que o magistrado conceda a tutela provisória. Nesse caso, à luz do referido dispositivo legal, a parte deve requerer a instauração do procedimento arbitral no prazo de 30 dias, sob pena de cessar a eficácia da medida. Mas indagamos: seria razoável obrigar a parte a instaurar a arbitragem se os envolvidos pactuaram uma mediação prévia?

Nesse ponto, pensamos que a convenção não pode ser subvertida em razão da decisão judicial. As partes ajustaram, originalmente, uma arbitragem necessariamente precedida de, pelo menos, uma tentativa de mediação. Assim, a menos que seja alterado o pacto celebrado entre as partes (o que é possível), o prazo de 30 dias previsto na Lei de Arbitragem deve ser entendido como o lapso temporal para o "favorecido pela tutela provisória" iniciar o procedimento de mediação.

Com isso, o prazo de 30 dias para a instauração da arbitragem só dever fluir a partir do término da mediação frustrada. Não se pode olvidar que a Constituição Federal prevê em seu preâmbulo a solução pacífica dos conflitos, e uma *interpretação conforme* reforça o nosso pensamento.

---

14. ALMEIDA, 2014, p. 39.

Outra questão instigante, já aventada, inclusive, em sede doutrinária[15], é a seguinte: imagine-se que, na hipótese acima, a parte que obteve a tutela provisória requer a instauração da arbitragem no prazo de 30 dias, por entender superada (ou mesmo que perdeu o objeto) a cláusula escalonada. Instaurado o procedimento arbitral, com prosseguimento regular do feito, o árbitro profere a sentença. Nesse caso, seria passível de anulação a sentença arbitral, por força do art. 32, IV (sentença proferida fora dos limites da convenção)?

O ponto é polêmico e, para o deslinde da controvérsia, é fundamental examinar a conduta das partes. Isso porque, quando uma delas deu início à arbitragem, a outra poderia (e deveria) ter suscitado ao árbitro a necessidade de se realizar primeiramente a mediação. Se a requerida silenciar e não suscitar a matéria na primeira oportunidade que tiver de se manifestar (art. 20 da Lei n. 9.307/96), a questão estará superada. Até porque, no decorrer do processo arbitral, é natural que os árbitros tentem a conciliação das partes.

Caso contrário, isto é, se a parte suscitou a questão e o árbitro rejeitou a alegação, aí sim, em tese, seria possível, posteriormente, manejar a ação anulatória. Mesmo nessa hipótese, é preciso examinar se, de fato, houve prejuízo pela não realização da sessão de mediação, até mesmo porque, não custa lembrar, a Lei de Arbitragem prevê, expressamente, a possibilidade de acordo (art. 28), que poderia ser obtido, por exemplo, numa sessão incidental de mediação.

5.5. Perspectivas para o futuro da cláusula de mediação no direito brasileiro

A aproximação entre o Poder Judiciário e os meios adequados de resolução de conflitos revela um grau maior de acesso democrático à via jurisdicional tradicional, bem como impõe a releitura do conceito clássico do interesse em agir. Começa a se consolidar a ideia de que as partes, antes do ajuizamento da demanda, devem tentar ao menos uma forma de solução amigável do problema[16].

---

15. Ver, a propósito, MAIA, 2018. Acesso em: 6 nov. 2018.

16. Nesse sentido, veja-se recente julgado do STF. O Tribunal, por maioria, apreciando o tema 1.184 da repercussão geral, negou provimento ao recurso extraordinário, nos termos do voto da Relatora, vencidos os Ministros Dias Toffoli e Gilmar Mendes e, parcialmente, o Ministro Luiz Fux. Por unanimidade, foi fixada a seguinte tese: "1. É legítima a extinção de execução fiscal de baixo valor pela ausência de interesse de agir tendo em vista o princípio constitucional da eficiência administrativa, respeitada a competência constitucional de cada ente federado. 2. O ajuizamento da execução fiscal dependerá da prévia adoção das seguintes providências: a) tentativa de conciliação ou adoção de solução administrativa; e b) protesto do título, salvo por motivo de eficiência administrativa, comprovando-se a inadequação da medida. 3. O trâmite de ações de execução fiscal não impede os entes federados de pedirem a suspensão do processo para a adoção das medidas previstas no item 2, devendo, nesse caso, o juiz ser comunicado do prazo para as providências cabíveis". RE 1.355.208. Pleno. rel. Min. Carmen Lucia, j. 19-12-2023.

Minimamente, devem demonstrar ao magistrado, na inicial ou na contestação, que tentaram um contato no sentido de esclarecer o fato ou mesmo desenhar possíveis alternativas à satisfação da pretensão. Essa prática está em perfeita sintonia com a ideia de cooperação, efetividade e duração razoável do processo, e não deve ser confundida com a antiga ideia de "esgotamento" das vias administrativas antes do ajuizamento da demanda.

De outro lado, exsurge a figura do juiz como agente de filtragem de conflitos, cabendo a ele identificar, num ambiente cooperativo, a ferramenta mais adequada e capaz de levar à pacificação do litígio. Em outras palavras, a jurisdição pacificadora se consolida a partir do binômio acessibilidade plena e intervenção mínima ou secundária. Esse binômio permite o acesso qualificado à justiça, ou seja, o uso racional dos instrumentos jurisdicionais.

Uma outra decorrência dessa ideia é a noção de um Poder Judiciário monitorador. Como há um sistema estruturado com múltiplas ferramentas, não há necessidade, em muitos casos, da intervenção automática ou imediata, o que não significa dizer que o Judiciário não deva acompanhar com atenção aquele caso.

Há muito já temos manifestações práticas desse conceito. A própria figura da audiência de justificação, prevista no art. 300, § 2º, do Código de Processo Civil, ou mesmo a denominada "audiência especial" – muitas vezes designada em varas de família ou nos juizados especiais –, servem para que as partes saibam que a questão já está sob exame do juiz, com participação do Ministério Público e da Defensoria Pública, muitas das vezes. Isso passa ao jurisdicionado uma noção de segurança, ao mesmo tempo em que o instrumento pode ser mais bem explorado, sobretudo para a proposta de convenções, calendarização ou mesmo uso das ferramentas de obtenção de consenso.

Nessa linha, e retomando o conceito de instituição de uma política pública de uso dos meios adequados para a solução dos conflitos, podemos dizer, também, que cabe ao Poder Judiciário uma função pedagógica, educativa e aconselhadora, o que, mais uma vez, se afina com o conceito de jurisdição cooperativa.

Contudo, é necessário prudência, na medida em que somos uma democracia constitucional jovem, pelo menos para os padrões europeus, e a figura do acesso à justiça ainda não está integralmente consolidada entre nós, pois muitos brasileiros ainda não têm o pleno acesso aos mecanismos de proteção dos seus direitos, principalmente por causas externas ao Poder Judiciário, como a miséria, a ausência de condições básicas de educação, saúde e saneamento, e mesmo pela falta de informações adequadas.

Isso justifica a ideia de uma audiência com comparecimento obrigatório das partes para que sejam esclarecidas acerca das ferramentas utilizáveis para tentar a composição do seu conflito. Nesse passo, são plenamente justificáveis o cabimento de sanção[17] para

---

17.   Assim, não comparecendo o INSS à audiência de conciliação, inevitável a aplicação da multa prevista no art. 334, § 8º, do CPC/2015, que estabelece que o não comparecimento injustificado do autor ou do réu à audiência de conciliação é considerado ato atentatório à dignidade da Justiça e será sancionado com multa de até 2% da vantagem econômica pretendida ou do valor da causa, revertida em favor da União ou do Estado. Qualquer interpretação passadista desse dispositivo será um retrocesso na evolução do Direito pela

a parte que falta sem justificativa à audiência de conciliação ou de mediação (art. 334, § 8º, do CPC)[18], a previsão da audiência de mediação ou de conciliação como etapa necessária das ações de família (art. 695 do CPC), a designação de audiência de mediação no litígio coletivo pela posse de imóvel (art. 565 do CPC) e mesmo as disposições previstas nos arts. 2º, § 2º (ninguém será obrigado a permanecer em procedimento de mediação), e 23 (pacto de mediação) da Lei n. 13.140/2015.

Assim sendo, toda a discussão acerca da "obrigatoriedade" da mediação parece ficar esvaziada. O legislador brasileiro, com extrema sabedoria e sensibilidade, opta por um sistema intermediário entre a mediação facultativa e a obrigatória, acolhendo a ideia de acesso adequado à justiça e a racionalização dos instrumentos de composição do litígio.

Não se pode olvidar que a primeira audiência do procedimento comum tem uma finalidade muito importante. Se bem conduzida, por profissional treinado, operoso e justamente remunerado, pode despertar nas partes a compreensão da necessária distinção entre suas posições (manifestações externas do conflito) e interesses (reais desejos), de forma a construir um feixe maior de possibilidades de acordo. Isso é expressamente admitido pelo art. 515, § 2º, do CPC (a autocomposição judicial pode envolver sujeito estranho ao processo e versar sobre relação jurídica que não tenha sido deduzida em juízo)[19].

Contudo, a importação dos meios de obtenção do consenso para o processo judicial pode produzir alguns efeitos colaterais. Idealmente, toda a atividade de busca do acordo deveria preceder o processo judicial. Como isso ocorre na minoria das hipóteses, nosso direito processual precisou se aparelhar para acolher o sistema multiportas, fazendo as necessárias adaptações.

Trata-se de um "transplante" de uma atividade tipicamente extrajudicial para o meio judicial. Entretanto, essa medida, nessa quadra do estágio evolutório do direito brasileiro, é absolutamente necessária, até mesmo como forma de legitimar o uso dos meios adequados perante o jurisdicionado.

---

via jurisdicional e um desserviço à Justiça. REsp 1.769.949-SP, rel. Min. Napoleão Nunes Maia Filho, 1ª Turma, por unanimidade, j. em 8-9-2020, *DJe* 2-10-2020. *Informativo* n. 680 STJ.

18. É preciso registrar que o § 8º faz menção expressa apenas à audiência de conciliação. Nesse sentido, como se trata de norma sancionatória, se interpretada restritivamente, chegaríamos à conclusão de que a imposição de multa por ausência injustificada ocorre, apenas, no caso de audiência de conciliação, mas não de mediação. Contudo, quer nos parecer que a distinção não cabe aqui, até mesmo pelo fato de que pode haver a convolação da audiência de mediação em conciliação ou mesmo a realização de atividade conciliatória e mediatória no mesmo ato (por exemplo, o mediador vislumbra a possibilidade de o consenso incidir apenas sobre o aspecto patrimonial da controvérsia, lavra o termo de acordo parcial e prossegue nas sessões de mediação quanto à restauração do vínculo entre as partes). Assim sendo, entendemos que a multa incide em ambas as figuras, até mesmo para que possa cumprir o caráter pedagógico. Nesse mesmo sentido, veja-se o Enunciado FPPC n. 273: "ao ser citado, o réu deverá ser advertido de que sua ausência injustificada à audiência de conciliação ou mediação configura ato atentatório à dignidade da justiça, punível com a multa do art. 334, § 8º, sob pena de sua inaplicabilidade".

19. Enunciado FPPC n. 485 (art. 3º, §§ 2º e 3º; art. 139, V; art. 509; art. 513): "É cabível conciliação ou mediação no processo de execução, no cumprimento de sentença e na liquidação de sentença, em que será admissível a apresentação de plano de cumprimento da prestação".

Para o bem e para o mal, ainda é muito forte a ideia de que o juiz é o único que pode resolver o problema. É ainda alto o nível de dependência das partes da solução imposta ou mesmo homologada pelo magistrado. Assim sendo, parece-nos temerário conduzir uma mudança radical e abrupta nesse componente cultural de nossa sociedade. Mudanças desse jaez devem ser feitas lentamente, com permanente monitoramento, auscultando a sociedade organizada e mantendo sempre aberto o diálogo com as demais instituições.

Capítulo 6

Os Mediadores

> **Sumário: 6.1.** Considerações gerais sobre a figura do mediador. **6.1.1.** Observações gerais sobre as técnicas de mediação. **6.2.** Critérios de escolha do mediador. **6.3.** Hipóteses de impedimento e suspeição do mediador. **6.4.** Dever de *disclosure* do mediador. **6.5.** Restrições aplicáveis ao mediador. **6.6.** Mediadores extrajudiciais. **6.7.** Mediadores judiciais.

6.1. Considerações gerais sobre a figura do mediador

Como visto, a mediação é uma poderosa ferramenta não adversarial de resolução de conflitos, que pode ser implementada tanto na esfera extrajudicial como em âmbito judicial, trazendo benefícios e vantagens aos envolvidos.

Importante ter em mente que o protagonista da mediação não é o mediador, e sim os mediandos[1], que voluntariamente participam da mediação e tentam alcançar o consenso.

O mediador, em sua atividade técnica (art. 1º da Lei n. 13.140/2015), facilita o diálogo e estimula a comunicação, permitindo que os mediandos tragam suas emoções e exponham seus sentimentos em um ambiente de cordialidade e respeito.

Com sua escuta ativa e por meio de um discurso inclusivo e participativo, o mediador convida os mediandos a visitarem o mapa mental do outro, a fim de que possam compreender melhor a posição alheia e avançar em busca do consenso, sem um discurso colonizado.

Nesse percurso, as técnicas e ferramentas do mediador são fundamentais. Sua empatia e paciência adoçam a amargura, criando um ambiente de segurança e tranquilidade

---

1. Ninguém constrói uma solução melhor do que as próprias partes, pois foram elas que vivenciaram os fatos, experimentaram as sensações, magoaram-se, arrependeram-se e conhecem o pano de fundo do que está em jogo.

para que os mediandos reflitam não apenas sobre o conflito em si, mas sobre a relação como um todo. Credibilidade e confiança também são fundamentais para uma boa mediação, e o mediador deve estar atento a tais predicados.

Como terceiro imparcial, independente e autônomo, o mediador não tem interesse na disputa e não decide nada, tampouco manifesta sua opinião sobre os fatos narrados confidencialmente pelas partes.

Em uma perspectiva macro, podemos dizer que o mediador tenta desconstruir o conflito e reconstruir a relação, permitindo que os mediandos construam juntos uma solução.

Uma espécie de ouvinte com olhos de esperança[2] e um equalizador de frequências.

6.1.1. Observações gerais sobre as técnicas de mediação

Embora, nesta obra, não tenhamos a pretensão de ingressar nos aspectos práticos das técnicas de mediação, algumas palavras precisam ser ditas sobre as diferentes Escolas que foram se formando ao longo do tempo. Muitas dessas Escolas foram importadas de outros países, em que a mediação já se encontra em estágio mais desenvolvido.

A rigor, o procedimento a ser adotado depende, essencialmente, da natureza do conflito, dos interesses em discussão e também da formação técnica do mediador e de seu "background"[3]. Nesse compasso, cabe ao mediador agir com a máxima transparência, indicando e explicando aos mediandos o passo a passo do procedimento, a fim de evitar qualquer surpresa e/ou quebra de confiança.

Inicialmente vale citar o modelo desenvolvido pela Universidade de Harvard (*Program on Negotiation* – PON)[4], que se fundamenta na teoria de compreensão do conflito.

Esse modelo de mediação estruturada, denominado Tradicional-Linear de Harvard ou Programa de Negociação da Escola de Harvard, também conhecida como mediação satisfativa, "adveio inicialmente do trabalho pioneiro de Mary Parker Follett (1942) no campo das Relações de trabalho"[5].

Nesse modelo, o papel do mediador será o de facilitador da comunicação, orientando os mediandos a alcançarem o acordo de modo colaborativo, com a satisfação de seus interesses.

O modelo da Universidade de Harvard é considerado o mais tradicional e suas principais características são:

---

2.   MAZZOLA, 2018.

3.   A inexistência de um modelo definitivo faz com que se pense na possiblidade de se conjugar os preceitos e as ideologias lançadas por cada escola de mediação, o que, porém, é questionado por parcela da doutrina (BUSH; FOLGER, 2005, p. 45).

4.   FISHER; URY; PATTON, 1991, p. 15.

5.   PARKINSON, 2016, p. 64.

a) diferenciar as pessoas do problema;

b) direcionar focos nos interesses que estão ocultos por trás das posições;

c) inventar opções para benefícios mútuos;

d) criar critérios objetivos;

e) eleger a melhor alternativa ao acordo feito. Como a mediação estruturada é focada no acordo, utiliza-se de quatro fases básicas para que ele aconteça.

Com o objetivo de desenvolver conceitos capazes de auxiliar a mediação estruturada, Fisher e Ury (1983) passaram a utilizar dois conceitos: o primeiro chamado de MAAN – melhor alternativa para um acordo negociado – e o segundo de PAAN – pior alternativa para um acordo negociado.

A crítica ao modelo da escola de Harvard reside na orientação direcionada especificamente ao acordo, e não ao próprio conflito: não se busca, a rigor, o restabelecimento dos vínculos e a restauração da relação, mas a concretização do acordo, o que destoa do entendimento das demais escolas de mediação.

Por sua vez, há quem sustente que os conflitos nunca desaparecem por completo, mas apenas se transformam e necessitam de gerenciamento a fim de que sejam mantidos sob controle[6]. Tal pensamento está em linha com o modelo transformativo de Bush e Folger e de Warat.

Nesse modelo também se valoriza a comunicação, porém com foco no aspecto relacional. A contribuição significativa dessa modalidade de mediação está em dois aspectos essenciais, quais sejam "o conhecimento de si e a relação com o outro"[7].

No entender de Michele Paumgartten[8], na mediação transformativa "o objetivo é propiciar o desmanche do conflito por meio de uma prática discursiva, do diálogo, da solidariedade e consenso".

As grandes vantagens da mediação transformativa são a mudança do paradigma do indivíduo com o conflito e a possibilidade de restabelecimento das relações interpessoais. De um modo geral, a proposta de Warat se diferencia das demais, pois, além de criar um modelo, propõe que a mediação seja vista sob a ótica da alteridade.

---

6. Luis Alberto Warat vê o efeito transformador que pode ser causado pela mediação sob uma perspectiva mais ampla. O mediador seria um psicoterapeuta de vínculos conflitivos, ajudando as partes para que sintam seus sentimentos e (re)construam vínculos, de forma autônoma e holística, a partir da sua identidade e sensibilidade. É a "possibilidade de transformar o conflito e de nos transformarmos no conflito, tudo graças a possibilidade assistida de poder nos olhar a partir do olhar do outro, e colocarmo-nos no lugar do outro para entendê-lo a nós mesmos". Assim, a "Teoria Contradogmática do direito e da sociedade encara a mediação como uma visão de mundo, um paradigma ecológico e um critério epistêmico de sentido". Por essa teoria, Warat fala em produção psicoterapêutica da diferença com o outro, gerando uma corrente mediadora que denomina de mediação alternativa ou terapia do reencontro, em alguns aspectos semelhantes à corrente de mediação transformativa. A mediação alternativa, um processo do coração, trata de um trabalho simbólico-psicodramatista de base semiótico-terapêutica (2001, p. 31).

7. PARKINSON, 2016, p. 68.

8. PAUMGARTTEN, 2015, p. 468.

Assim como ocorre no modelo da Universidade de Harvard, críticas são feitas à mediação transformativa, especialmente em relação à passividade do mediador, à forma "terapêutica" como é tratada a mediação, entre outros[9]. Porém, não se pode negar que, apesar das críticas, a mediação transformativa é um modelo que reconhece e aproveita os conflitos como uma oportunidade de crescimento, promovendo uma interação entre as partes, a fim de produzir melhores resultados.

Por sua vez, o modelo de Sara Cobb e Janet Rifkin parte da premissa de que a linguagem é constitutiva, e não apenas representativa da realidade. Em vista disso, os conflitos são transformados a partir dessas estruturas discursivas, privilegiando-se os elementos de expressão verbais e não verbais. O resultado pode advir de várias direções, numa causalidade circular que se retroalimenta.

Em tal modelo circular narrativo, considera-se que as partes estão envolvidas com suas posições e seus interesses, cabendo ao mediador promover uma narrativa conjunta, criando uma espécie de comunidade discursiva.

Tal modelo possui certas peculiaridades[10]:

a) os mediandos são levados à desconstrução ou desestabilização da narrativa inicial;
b) a escuta das narrativas ocorre com as perguntas de esclarecimentos e de desestabilização;
c) na primeira reunião conjunta, logo após os esclarecimentos e as recomendações iniciais, o mediador solicita aos mediandos que apresentem alternativas trabalhando a circularidade e a interdependência sistêmica das relações;
d) as sessões individuais são obrigatórias (são etapas da mediação circular narrativa), diferentemente dos demais modelos de mediação, em que elas são opcionais.

Por fim, vale mencionar o modelo de Mediação Sistêmica ou Ecossistêmica[11], que funciona como "uma rede de organização e de indivíduos vindos de profissões diferentes, todos cooperando e colaborando para que o sistema atinja os seus fins". Esse modelo é amplamente utilizado no Reino Unido e em parte da Europa, em razão de sua eficiência e eficácia no âmbito familiar.

Em suma, independentemente do modelo que se venha a adotar e de todas essas bases teóricas, é fundamental que o mediador tenha uma atuação comprometida e colaborativa, observando sempre a boa-fé, a transparência, a cordialidade, a urbanidade e a própria vontade dos mediandos na busca do consenso.

Por fim, vale registrar a existência do método "propulsivo", idealizado por Diego Faleck[12], que tenta aproveitar o melhor da técnica facilitativa e da avaliativa. Para ele, o

---

9. BUSH; FOLGER, 2005, p. 216-236.
10. VASCONCELLOS, 2008, p. 84.
11. PARKINSON, 2016, p. 75.
12. FALECK, 2018, p. 56.

mediador deve ser "um propulsor do acordo, no papel de um técnico de negociação de ambas as partes, igualmente próximo, que vai identificando e lidando na hora certa com cada obstáculo e desvendando o norte para o qual um acordo pode ser construído".

Conforme explica:

> O método tem apoio na sólida teoria da negociação *problem-solving* de Harvard, e parte da premissa de que, se ambas as partes seguirem essas técnicas e estiverem de boa-fé, elas realizarão uma negociação de alto nível que as levará a um acordo, ou no mínimo, à certeza de que fizeram tudo o que podiam antes de partir para uma ação judicial ou uma arbitragem.

6.2. Critérios de escolha do mediador

A autonomia da vontade é medula estruturante da mediação. Disso decorre que a escolha do mediador, via de regra, não pode ser imposta por terceiro, tratando-se, na verdade, de uma opção dos próprios mediandos.

Na mediação extrajudicial, cabe aos mediandos escolherem consensualmente o mediador, o que, inclusive, pode ser feito desde logo em cláusula contratual (art. 22, III, da Lei n. 13.140/2015). Vale apenas destacar que, na ausência de previsão contratual, compete à parte convidada escolher o nome do mediador (art. 22, § 2º, III).

Na esfera judicial, o art. 168 do CPC estabelece que as partes podem, de comum acordo, escolher o mediador ou a câmara privada de mediação. O mediador escolhido pelas partes poderá ou não estar cadastrado no tribunal[13].

Convém registrar que, inexistindo acordo quanto à escolha do mediador, haverá distribuição entre aqueles cadastrados no registro do tribunal, observada a respectiva formação, não estando os mediadores "sujeitos à prévia aceitação das partes" (art. 25 da Lei n. 13.140/2015)[14].

Apesar do regramento delineado pelo CPC – que, na teoria, estabelece uma primeira oportunidade para os envolvidos se engajarem –, a prática demonstra que a escolha do mediador não vem sendo franqueada ao mediandos, ao menos por parte dos juízes.

Com efeito, os magistrados remetem os casos diretamente para a mediação, a fim de que o procedimento seja conduzido pelos mediadores cadastrados no Tribunal (nos

---

13. A exigência de inscrição do mediador nos cadastros públicos visa a permitir um maior controle dos tribunais quanto às suas condições técnicas e éticas. Assim, mesmo que as partes não escolham nenhum profissional, saberão que um mediador capacitado e habilitado conduzirá o procedimento.

14. Aos necessitados será assegurada a gratuidade da mediação (art. 4º da Lei n. 13.140/2015), e os tribunais determinarão o percentual de audiências não remuneradas que deverão ser suportadas pelas câmaras privadas de conciliação e mediação, com o fim de atender aos processos em que deferida gratuidade da justiça, como contrapartida de seu credenciamento (art. 168, § 2º, do CPC).

CEJUSCs). E, raramente, os mediandos têm, nesse momento, tempo para costurar a indicação de outro mediador[15].

Especificamente em relação aos critérios para a escolha do mediador, afirma-se que esta envolve uma série de fatores, tais como:

i)   a competência e a capacitação do mediador;
ii)   a diligência;
iii) a credibilidade e a reputação;
iv)   o perfil de atuação e as qualidades do mediador; e
v)   o domínio da técnica/da matéria em discussão[16].

Podemos acrescentar alguns outros critérios, por exemplo, o gênero do mediador, a sua profissão e a fluência no idioma estrangeiro.

De qualquer forma, independentemente dos critérios de escolha, o importante é que o mediador goze da confiança das partes e não tenha nenhum impedimento para assumir a condução dos trabalhos. Em outras palavras, é preciso que tenha legitimidade para a função[17].

Sua postura, apresentação e desempenho também são fundamentais para avalizar o processo de construção do consenso.

Nesse particular, entendemos que não existe um mediador ideal e tampouco uma profissão mais indicada para a função (advogado, contador, psicólogo etc.). Cada conflito tem suas peculiaridades e não existe uma relação de homogeneidade entre os mediandos. Afinal, cada participante tem as suas necessidades e expectativas.

Nessa toada, não faz muita diferença, por exemplo, a escolha de um mediador fluente em alemão, se o tema não envolve um conflito originado em terras tedescas e os mediandos não falam o idioma.

Por outro lado, esse requisito pode ser fundamental se ambos os mediandos forem estrangeiros e optarem pelo referido idioma.

O ideal é que os mediandos customizem a escolha do mediador, levando em conta as nuances do conflito, as habilidades do profissional e suas próprias perspectivas.

Ainda nesse ponto, vale destacar a possibilidade de escolha de mediadores especialistas na matéria objeto do conflito.

A princípio, entendemos que a opção é vantajosa, pois, em áreas complexas e específicas, a *expertise* e o domínio da matéria podem contribuir para o melhor rendimento da mediação.

---

15. Para Diogo Rezende Almeida e Fernanda Pantoja, o juiz, quando da citação, deve determinar um prazo para que as partes indiquem um mediador de sua preferência, o que, inclusive, pode levar à alteração da data designada. Na visão dos autores, se não houver concordância entre os litigantes, "ficam mantidos o mediador e a data inicialmente designados" (2015, p. 148).

16. MAZZONETO, 2018.

17. Em mediações comunitárias, por exemplo, o mediador pode ser um membro da própria comunidade, o que, aliado à sua qualificação/formação, tem o condão de reforçar a sua legitimidade.

Para ilustrar, enfocaremos a área de propriedade industrial[18], em que muitas situações se conectam perfeitamente à mediação, tais como:

a) parceiros comerciais (licenciante e licenciado) em desalinho sobre determinados pontos do contrato (cláusula de exclusividade territorial, valor dos *royalties* etc.);

b) conflitos de marcas nos quais as empresas não são concorrentes, embora a ampla descrição de produtos e serviços sugira a relação indireta ou mesmo a breve sobreposição de atividades;

c) ações de infração de patente em que o autor (inventor) busca apenas a indenização pelo uso da invenção, e não uma tutela inibitória para cessar a violação; e

d) casos de violação de *trade dress* em que a preocupação de uma das partes é somente evitar a diluição de elementos pontuais, sem maiores repercussões financeiras.

Assim como em qualquer segmento especializado, existem muitas expressões técnicas – *secondary meaning, trade dress*, patentes *pipeline*, aproveitamento parasitário, entre outras –, cuja compreensão é fundamental para a otimização da mediação.

Isso porque o mediador que tem o domínio da matéria pode formular perguntas mais assertivas, delimitar de forma mais objetiva o conflito e, eventualmente, sugerir novas etapas para procedimento. Sim, pois as questões técnicas podem se desdobrar, afetando outras ciências (física, química, biologia, engenharia etc.).

Em tais situações, o mediador especializado, familiarizado com a hipótese, pode sugerir a participação de outro profissional para elucidação do ponto específico. Não se trata de definir quem tem razão no mérito, mas apenas esclarecer alguma premissa técnica para que os mediandos possam avançar.

Na verdade, entendemos que os próprios mediandos – que normalmente estão acompanhados de advogados – podem eleger, de comum acordo (nos moldes do art. 190 do CPC), um especialista de confiança, inclusive ajustando seus honorários e o tempo de conclusão do trabalho. De fato, não há nenhum óbice à celebração de negócios jurídicos processuais na mediação extrajudicial[19].

---

18. A confidencialidade da mediação é aspecto crucial para preservar e resguardar o sigilo dos bens imateriais em disputa. Aliás, não são raros os conflitos envolvendo segredos de negócio e *know-how* das empresas, além de informações sigilosas e dados estratégicos, que, se revelados em um processo judicial, podem afetar a operação e o próprio valor de mercado da pessoa jurídica ou, ainda, causar prejuízos ao titular do direito. Por mais que o interessado possa formular um pedido de segredo de justiça, muitas vezes o juiz indefere tal requerimento sem maiores aprofundamentos. Vale lembrar que, no processo judicial, a regra é a publicidade, sendo o sigilo a exceção (art. 189 do CPC).

19. Não temos dúvidas de que as convenções processuais podem dar novos contornos à mediação extrajudicial. A propósito, vale registrar que o art. 166, § 4º, do CPC estabelece que a mediação e a conciliação serão regidas conforme a livre autonomia dos interessados, inclusive no que diz respeito à definição das regras procedimentais.
Assim, nada impede que os mediandos definam regras procedimentais relacionadas à própria mediação extrajudicial (reuniões privadas, periodicidade dos encontros etc.) e também outros temas relacionados à futura ação judicial, caso o consenso não seja alcançado. Por exemplo, o mediador pode perfeitamente in-

120 *Manual de Mediação e Arbitragem*

Registre-se apenas que, por mais que o mediador seja um especialista na matéria, não pode intervir na discussão e opinar à luz de seus conhecimentos técnicos, sob pena de comprometer a sua imparcialidade e isonomia.

Esse é um cuidado que o mediador especializado deve ter, pois, não raro, a tentação o convida a se imiscuir no debate. Ou seja, não pode tirar seu "chapéu" de mediador e usar as vestes do especialista.

6.3. Hipóteses de impedimento e suspeição do mediador

De acordo com o art. 5º da Lei de Mediação, as mesmas hipóteses legais de impedimento e suspeição do juiz se aplicam ao mediador. Tais hipóteses estão reguladas nos arts. 144 e 145 do CPC, o que é reforçado pelos arts. 148, II, e 149 do diploma processual[20].

Nesse contexto, se seguirmos fielmente as previsões do CPC, pode-se dizer que o mediador está impedido[21] de exercer suas funções no processo:

a) em que interveio como mandatário da parte, atuou como perito, funcionou como órgão do Ministério Público ou prestou depoimento como testemunha;

b) de que conheceu em outro grau de jurisdição, tendo proferido decisão[22];

c) quando estiver postulando, como defensor público, advogado ou membro do Ministério Público, seu cônjuge ou companheiro, ou qualquer parente, consanguíneo ou afim, em linha reta ou colateral, até o terceiro grau, inclusive;

d) quando for parte no processo ele próprio, seu cônjuge ou companheiro, ou parente, consanguíneo ou afim, em linha reta ou colateral, até o terceiro grau, inclusive;

---

dagar aos mediandos – preferencialmente no início da mediação – se têm interesse em celebrar convenções processuais, caso não seja possível a autocomposição, inclusive com a participação dos advogados das partes. Se essa regra procedimental for acordada, os mediandos, na própria sessão de mediação, poderão ajustar a impenhorabilidade de determinado bem ou a alteração da ordem de penhora, o rateio das custas processuais, a dispensa da audiência de mediação/conciliação em sede judicial, a forma de intimação ou comunicação, o foro de eleição, a escolha do perito, o envio das petições protocoladas de parte a parte por e-mail etc. Acreditamos que o incremento dos negócios jurídicos processuais ampliará o leque de ferramentas da mediação extrajudicial, tornando-a ainda mais atrativa.

20. "Art. 148. Aplicam-se os motivos de impedimento e de suspeição: (...) II – aos auxiliares da justiça;". "Art. 149. São auxiliares da Justiça, além de outros cujas atribuições sejam determinadas pelas normas de organização judiciária, o escrivão, o chefe de secretaria, o oficial de justiça, o perito, o depositário, o administrador, o intérprete, o tradutor, o mediador, o conciliador judicial, o partidor, o distribuidor, o contabilista e o regulador de avarias."

21. Enunciado ENFAM n. 60: "À sociedade de advogados a que pertença o conciliador ou mediador aplicam-se os impedimentos de que tratam os arts. 167, § 5º, e 172 do CPC/2015".

22. Essa hipótese de impedimento não é aplicável ao mediador. Primeiro, porque ele não profere decisão e, segundo, porque não vemos nenhuma restrição para o mediador que atuou no processo em primeiro grau funcionar posteriormente junto ao Tribunal (caso o relator assim determine ou as partes requeiram).

e) quando for sócio ou membro de direção ou de administração de pessoa jurídica participante da mediação;

f) quando for herdeiro presuntivo, donatário ou empregador de qualquer das partes;

g) em que figure como parte instituição de ensino com a qual tenha relação de emprego ou decorrente de contrato de prestação de serviços; em que figure como parte cliente do escritório de advocacia de seu cônjuge, companheiro ou parente, consanguíneo ou afim, em linha reta ou colateral, até o terceiro grau, inclusive, mesmo que patrocinado por advogado de outro escritório; e

h) quando promover ação contra a parte ou seu advogado.

Também não poderá atuar como mediador, em razão da suspeição, aquele:

a) que for amigo íntimo ou inimigo de qualquer das partes ou de seus advogados;

b) que receber presentes de pessoas que tiverem interesse na causa antes ou depois de iniciado o processo, que aconselhar alguma das partes acerca do objeto da causa ou que subministrar meios para atender às despesas do litígio;

c) quando qualquer das partes for sua credora ou devedora, de seu cônjuge ou companheiro ou de parentes destes, em linha reta até o terceiro grau, inclusive;

d) que for interessado no julgamento do processo em favor de qualquer das partes.

No caso de impedimento e suspeição, caberá à parte interessada suscitar a questão em petição fundamentada na primeira oportunidade que lhe caiba falar nos autos, após a ciência do fato (art. 148, § 1º, do CPC)[23].

Vale destacar que o mediador e todos aqueles que o assessoram no procedimento de mediação, quando no exercício de suas funções ou em razão delas, são equiparados a servidor público, para os efeitos da legislação penal (art. 8º da Lei n. 13.140/2015), o que evidencia a responsabilidade do profissional e as consequências do eventual descumprimento de suas atribuições.

6.4. Dever de *disclosure* do mediador

De acordo com o parágrafo único do art. 5º da Lei de Mediação, a pessoa designada para atuar como mediador tem o dever de revelar às partes, antes da aceitação da função, qualquer fato ou circunstância que possa suscitar dúvida justificada em relação à sua imparcialidade[24] para mediar o conflito, oportunidade em que poderá ser recusado por qualquer delas.

---

23. Caso se trate de mediação pré-processual, entendemos que a petição deve ser endereçada ao juiz coordenador do respectivo Centro de Mediação ou a outro que o regimento do tribunal assim determinar.

24. Nos moldes do art. 14, § 1º, da Lei de Arbitragem.

Como um dos cânones da mediação é a imparcialidade, o dispositivo reforça o dever do mediador de revelar qualquer causa capaz de mitigá-la ou comprometê-la. A imparcialidade está conectada à independência[25], outro atributo sagrado do mediador[26].

Com efeito, o mediador deve estar livre de qualquer tipo de influência ou pressão. A sua transparência é fundamental, cabendo-lhe desnudar alguma situação que possa desabonar ou contaminar futuramente o procedimento.

Na verdade, esse dever de *disclosure* é vetor estruturante da própria mediação, pois, sem independência e imparcialidade, a participação do mediador perde a razão de ser.

Exatamente por isso, havendo hipótese de impedimento na seara judicial, o mediador deve comunicar o fato imediatamente, de preferência por meio eletrônico, e devolver os autos ao juiz do processo ou ao coordenador do centro judiciário de solução de conflitos, devendo este realizar nova distribuição (art. 170 do CPC).

Convém ressalvar que, se a causa de impedimento for apurada quando já iniciado o procedimento, a atividade será interrompida, lavrando-se ata com relatório do ocorrido e solicitação de distribuição para novo conciliador ou mediador (art. 170, parágrafo único, do CPC).

Registre-se, ainda, que será excluído do cadastro de mediadores aquele profissional que atuar em mediação, apesar de impedido ou suspeito (art. 173, II, do CPC), desde que assegurado o devido contraditório no respectivo processo administrativo.

6.5. Restrições aplicáveis ao mediador

Para assegurar e densificar a imparcialidade do mediador, a Lei de Mediação e o CPC estabelecem algumas restrições.

Por exemplo, o mediador fica impedido, pelo prazo de um ano, contado do término da última audiência em que atuou, de assessorar, representar ou patrocinar qualquer das partes (arts. 6º da Lei n. 13.140/2015 e 172 do CPC). Uma espécie de quarentena.

Além disso, o mediador não poderá atuar como árbitro nem funcionar como testemunha em processos judiciais ou arbitrais pertinentes a conflito em que tenha atuado como mediador (art. 7º da Lei de Mediação).[27]

---

25. Para Delton Meirelles e Fernando Gama de Miranda Neto, a independência "significa equidistância das partes durante o processo. Para tanto, basta a ausência de ligação anterior com as partes. Do contrário, cabe ao mediador esclarecer qualquer dúvida quanto a um eventual contato anterior com uma ou ambas as partes, consultando-as sobre a conveniência de tê-lo como agente de mediação" (2012, p. 219).

26. "Nesse sentido, o mediador deve procurar ver o conflito pela perspectiva das partes e se perguntar se existe alguma possibilidade de uma delas achar que sua atuação está favorecendo ou desfavorecendo um dos lados na mediação" (AZEVEDO, 2013, p. 152).

27. Em tom crítico à restrição legal, CABRAL, 2020, p. 353: "Por esses motivos, uma interpretação literal do art. 7º da Lei de Mediação vedaria a atuação simultânea como mediador e árbitro sobre o mesmo conflito, afrontando, de forma flagrante, a Lei de Arbitragem, que privilegia a autonomia da vontade no procedimento de escolha do árbitro".

Cabe observar, ainda, que os mediadores judiciais cadastrados no tribunal, se advogados, estarão impedidos de exercer a advocacia nos juízos em que desempenhem suas funções (art. 167, § 5º, do CPC).

Ao que parece, a finalidade de tal norma é evitar uma possível influência dos advogados mediadores junto aos juízos em que advogam. Uma espécie de blindagem para proteger a imparcialidade e assegurar a neutralidade dos julgamentos.

No entanto, pensamos que a norma deve ser vista com temperamento, já que a Lei da Mediação, norma posterior e especial, não trouxe essa restrição aos advogados mediadores judiciais. Logo, a disposição do CPC deve ser interpretada *cum grano salis*, até porque, como se sabe, o advogado é "indispensável à administração da Justiça" (art. 133 da CF) e tem o dever de atuar com honestidade, lealdade e boa-fé (art. 5º do CPC). Logo, sua ética não pode ser, ao menos abstratamente, colocada em xeque.

Em outras palavras, não se pode partir da premissa de que o advogado mediador usará o prestígio de sua função de auxiliar da Justiça (art. 149 do CPC) para se beneficiar em demandas por ele patrocinadas.

Sob outro prisma, vale lembrar que os juízes não designam pessoalmente os mediadores judiciais (existe uma lista de profissionais capacitados, e a distribuição será alternada e aleatória – art. 167, § 2º, do CPC).

Ademais, as sessões de mediação acontecerão, via de regra, em centros criados pelos próprios tribunais (art. 165 do CPC), e não nas próprias varas.

Significa dizer que o juiz da causa não terá, a princípio, nenhum contato com o mediador judicial. E mesmo que venha a ter, o dever de sigilo desse último o impedirá de divulgar ou depor acerca de fatos ou elementos da mediação (art. 166, § 2º, do CPC).

A rigor, não há razão para preocupação. Afinal, se o advogado pode ser designado como perito por um juiz e patrocinar outras demandas perante aquele mesmo juízo, por que impedir o advogado mediador judicial, que, via de regra, nem sequer é nomeado pelo magistrado, de exercer a advocacia no juízo em que figura como auxiliar da Justiça?

Além de sua capacitação, o advogado mediador normalmente tem conhecimento técnico da matéria em discussão, o que facilita o diálogo entre as partes e a própria construção do consenso.

Nesse contexto, pensamos que o impedimento do advogado deve se restringir tão somente aos mediadores vinculados a um juízo específico, e não àqueles vinculados ao CEJUSC.

6.6. Mediadores extrajudiciais

De acordo com o art. 9º da Lei de Mediação, poderá funcionar como mediador extrajudicial qualquer pessoa capaz que tenha a confiança das partes e seja capacitada para fazer mediação, independentemente de integrar qualquer tipo de conselho, entidade de classe ou associação, ou nele inscrever-se.

124   *Manual de Mediação e Arbitragem* ....

Em relação ao dispositivo em questão, o Enunciado 47 da I Jornada de "Prevenção e Solução Extrajudicial de Litígios", realizada nos dias 22 e 23 de agosto de 2016, em Brasília[28], esclarece que:

> A menção à capacitação do mediador extrajudicial (...) indica que ele deve ter experiência, vocação, confiança dos envolvidos e aptidão para mediar, bem como conhecimento dos fundamentos da mediação, não bastando formação em outras áreas do saber que guardem relação com o mérito do conflito.

Além disso, o Enunciado 83 – aprovado no mesmo evento – assinala que o terceiro imparcial, escolhido pelas partes para funcionar na resolução extrajudicial de conflitos, não precisa estar inscrito na Ordem dos Advogados do Brasil nem integrar qualquer tipo de conselho, entidade de classe ou associação, ou nele inscrever-se.

Ainda em âmbito extrajudicial, o art. 10 da Lei de Mediação dispõe que as partes poderão ser assistidas por advogados ou defensores públicos, ressalvando que, se uma das partes estiver acompanhada de advogado ou defensor público, o mediador suspenderá o procedimento, até que todas estejam devidamente assistidas.

Tal dispositivo visa a garantir a isonomia, princípio nuclear da mediação e também norma estruturante do próprio processo civil (art. 7º do CPC).

6.7. Mediadores judiciais

De acordo com o art. 11 da Lei da Mediação, poderá atuar como mediador judicial a pessoa capaz, graduada há pelo menos dois anos em curso de ensino superior de instituição reconhecida pelo Ministério da Educação e que tenha obtido capacitação em escola ou instituição de formação de mediadores, reconhecida pela Escola Nacional de Formação e Aperfeiçoamento de Magistrados (ENFAM) ou pelos tribunais, observados os requisitos mínimos estabelecidos pelo Conselho Nacional de Justiça em conjunto com o Ministério da Justiça.

Por sua vez, o § 1º do art. 167 do CPC estabelece que, preenchendo o requisito da capacitação mínima, por meio de curso realizado por entidade credenciada, conforme parâmetro curricular definido pelo Conselho Nacional de Justiça em conjunto com o Ministério da Justiça, o conciliador ou o mediador, com o respectivo certificado, poderá requerer sua inscrição no cadastro nacional e no cadastro de tribunal de justiça ou de tribunal regional federal.

O art. 6º, inciso II, da Resolução n. 125/2010, com redação dada pela Resolução n. 326/2020, estabelece que compete ao CNJ desenvolver parâmetro curricular e ações

---

28. O evento foi realizado pelo Centro de Estudos Judiciários do Conselho da Justiça Federal e contou com a participação de vários Ministros do Superior Tribunal de Justiça, além de magistrados, promotores, defensores públicos e advogados.

voltadas à capacitação em métodos consensuais de solução de conflitos para servidores, mediadores, conciliadores e demais facilitadores da solução consensual de controvérsias.

Na sequência, o respectivo § 2º prevê que o registro poderá ser precedido de concurso público.

A questão que se coloca é a seguinte: além do requisito da capacitação mínima, precisa o mediador judicial ser graduado há pelo menos dois anos em curso de ensino superior de instituição reconhecida pelo MEC, conforme determinado pela Lei da Mediação, mas não disciplinado pelo Código de Processo Civil?

Pensamos que sim. Esse prazo de dois anos revela uma preocupação do legislador na melhor preparação e capacitação do mediador judicial, já que a graduação em curso de ensino superior amplia o leque de conhecimento do mediador, permite o maior amadurecimento do profissional e transmite, de certa forma, credibilidade acadêmica.

Nesse contexto, por se tratar de requisito previsto em lei posterior e especial, os tribunais devem respeitá-lo e observá-lo nos processos de cadastramento e na elaboração dos editais de seus concursos públicos (art. 167, § 6º, do CPC).

Quanto ao cadastro dos mediadores judiciais, os tribunais devem criá-los e mantê--los atualizados (art. 12 da Lei de Mediação). A inscrição no cadastro de mediadores judiciais será requerida pelo interessado ao tribunal com jurisdição na área em que pretenda exercer a mediação (§ 1º).

O art. 6º, inciso IX, da Resolução n. 125/2010, com redação imposta pela Resolução n. 326/2020, determina a criação do Cadastro Nacional de Mediadores Judiciais e Conciliadores, visando a interligar os cadastros dos Tribunais de Justiça e dos Tribunais Regionais Federais.

Por sua vez, o CPC determina que do credenciamento das câmaras e do cadastro de mediadores constarão todos os dados relevantes para a sua atuação, tais como o número de processos de que participou, o sucesso ou insucesso da atividade[29], a matéria sobre a qual versou a controvérsia, bem como outros dados que o tribunal julgar relevantes (art. 167, § 3º).

Tais dados serão classificados sistematicamente pelo tribunal, que os publicará, ao menos anualmente, para conhecimento da população e para fins estatísticos e de avaliação dos mediadores (§ 4º).

Além de regular o processo de inscrição dos mediadores, cabe aos tribunais definir a sistemática de desligamento (art. 12, § 2º, da Lei de Mediação) e de exclusão dos referidos

---

29. Esse dado é muito sensível, pois o sucesso ou o insucesso da mediação não pode estar atrelado à obtenção ou não do consenso. O resultado do procedimento, por si só, não pode ser a baliza determinante para o sucesso da mediação. Uma mediação de "sucesso" é aquela que foi desenvolvida com respeito aos princípios do instituto, sob a condução de mediador capacitado e preparado para a função, em que os mediandos, à luz de um discurso participativo, puderam externar seus pensamentos e opiniões (ALMEIDA; PANTOJA; PELAJO, 2015, p. 161).

profissionais (art. 173 do CPC), bem como a remuneração deles (arts. 13 da Lei de Mediação e 169 do CPC)[30].

Em setembro de 2020, em razão da Pandemia da Covid-19, o Comitê Gestor da Conciliação do CNJ, por meio de seu então Presidente, Conselheiro Henrique Ávila, publicou o Regulamento das ações de capacitação e do banco de dados da política de tratamento adequado de conflitos[31]. O ato abrange os seguintes cursos:

I – Curso de Formação de Instrutores em Mediação e Conciliação Judiciais: a ação de capacitação destinada aos interessados em atuar como docentes nos cursos de formação de mediadores e conciliadores judiciais;

II – Curso de Formação de Mediadores e Conciliadores Judiciais ou de Formadores de Conciliadores Judiciais;

III – Curso de Formação de Instrutores de Expositores das Oficinas de Divórcio e Parentalidade; e

IV – Curso de Formação de Expositores das Oficinas de Divórcio e Parentalidade.

O art. 16 desse ato prevê os requisitos para inscrição em curso de formação de conciliadores ou mediadores judiciais, a saber:

I – ter idade mínima de 21 anos (vinte e um) anos;

II – apresentar diploma de curso de ensino superior concluído há pelo menos 2 (dois) anos, nos termos do art. 11 da Lei n. 13.140/2015 e do Anexo I da Resolução CNJ n. 125/2010;

III – estar no gozo dos direitos políticos, nos termos do art. 14, § 1º, da Constituição Federal;

IV – comprovar o cumprimento das obrigações eleitorais;

V – apresentar certidões dos Distribuidores cíveis e criminais;

VI – apresentar os seguintes documentos: a) carteira de identidade; b) cadastro de pessoas físicas – CPF; e c) comprovante de endereço.

Ademais, o art. 17 determina que o interessado deve, no ato da inscrição:

I – apresentar diploma de graduação ou declaração de matrícula, no 3º ano ou 5º semestre, em curso de ensino superior de instituição reconhecido pelo Ministério da Educação;

II – estar no gozo dos direitos políticos, nos termos do art. 14, § 1º, da Constituição Federal;

---

30. Alguns tribunais já disponibilizaram suas tabelas de valores, como é o caso, por exemplo, do Tribunal de Justiça de Goiás (Disponível em: <http://www.tjgo.jus.br/index.php/projetos-em-execucoes/programas-projetos-e-acoes/conciliacao-goias/tabela-de-remuneracao-mediadores-conciliadores>. Acesso em: 15 set. 2018).

31. Publicada no *DJe* n. 295/2020, no dia 9 de setembro de 2020.

III – comprovar o cumprimento das obrigações eleitorais;

IV – apresentar certidões dos Distribuidores cíveis e criminais;

V – apresentar os seguintes documentos: a) carteira de identidade; b) cadastro de pessoas físicas – CPF; e c) comprovante de endereço.

No que se refere ao conteúdo programático do curso de formação de mediadores judiciais, a fim de uniformizar e sistematizar o estudo do tema, o CNJ editou o *Manual de Mediação Judicial*.[32]

Além desse texto, foi disponibilizado no site do Conselho da Justiça Federal o *Manual de Mediação e Conciliação da Justiça Federal*[33]. O texto trata de áreas específicas nas quais é possível o emprego de meios consensuais na Justiça Federal: sistema financeiro de habitação e contratos bancários, ações previdenciárias, execução fiscal, danos morais e materiais, saúde e improbidade administrativa.

Retornando ao texto da Lei de Mediação, o art. 13 prevê que a remuneração devida aos mediadores judiciais será fixada pelos tribunais e custeada pelas partes, observada a garantia da gratuidade assegurada pelo § 2º do art. 4º desta Lei.

Como já mencionado acima, a matéria foi regulamentada pela Resolução n. 271/2018 do CNJ[34].

O art. 1º dessa Resolução determina que os valores a serem pagos pelos serviços de mediação judicial são os fixados por cada tribunal, conforme parâmetros sugeridos na tabela constante do anexo da Resolução[35], ressalvada a hipótese de tribunais que tenham quadro próprio de conciliadores e mediadores judiciais admitidos mediante concurso público de provas e títulos.

O art. 2º prevê que cada mediador deverá indicar sua expectativa de remuneração, por patamares, quando de sua inscrição no Cadastro Nacional de Mediadores Judiciais e Conciliadores. Tais patamares, na forma do parágrafo primeiro desses dispositivos, relativos às faixas de autoatribuição, podem ser:

I – voluntário;

II – básico (nível de remuneração 1);

III – intermediário (nível de remuneração 2);

---

32. Disponível em: <https://www.cnj.jus.br/wp-content/uploads/2015/06/f247f5ce60df2774c59d6e2dd-dbfec54.pdf>. Acesso em: 20 nov. 2017.

33. Disponível em: <www.cjf.jus.br>. Acesso em: 12 out. 2018.

34. Disponível em: <https://atos.cnj.jus.br/atos/detalhar/2780>. Acesso em: 12 mar. 2019.

35. A referida tabela pode ser encontrada em: <https://atos.cnj.jus.br/files/resolucao_271_11122018_12 122018115214.pdf>. Observe-se que os valores a serem pagos por hora variam de acordo com os quatro patamares indicados no texto da resolução, entre um piso de sessenta reais até um teto de hum mil duzentos e cinquenta reais por hora, ressalvada a hipótese do patamar extraordinário, no qual o valor da hora e negociado pelas partes diretamente com o mediador, independentemente do valor da causa.

IV – avançado (nível de remuneração 3); e

V – extraordinário.

Ainda de acordo com o § 3º, o custeio desses parâmetros será suportado pelas partes a título de remuneração de mediadores judiciais. Contudo, cada Tribunal, nos termos do art. 13 da Lei de Mediação, pode aumentar ou reduzir os valores para atender à realidade local.

Ademais, os §§ 4º e 5º estabelecem que o valor referente à remuneração do mediador judicial deverá ser recolhido pelas partes, preferencialmente em frações iguais, de modo antecipado, diretamente na conta-corrente por ele indicada, seguindo estimativa apresentada na primeira sessão de mediação[36].

---

36. Art. 3º da Resolução n. 271/2018: Nas demandas com valor inferior a R$ 500.000,00 (quinhentos mil reais), após a primeira sessão de apresentação de mediação e anuência das partes quanto à continuidade da autocomposição, será devido ao mediador o pagamento mínimo de 5 (cinco) horas de mediação, a ser preferencialmente antecipado, de forma proporcional, pelas partes. § 1º Após a assinatura do Termo de Mediação, as partes deverão recolher o valor equivalente a dez horas de atuação, ressalvados o direito à restituição de saldo devedor, se houver, ao final do procedimento autocompositivo, e a obrigatoriedade de complementação do depósito inicial, na hipótese de a mediação ultrapassar as dez horas inicialmente previstas. § 2º Nas demandas acima de R$ 500.000,00 (quinhentos mil reais), será garantido ao mediador o pagamento de, no mínimo, vinte horas de atuação, cujo valor, sujeito à complementação ao longo do procedimento, será antecipado pelas partes. § 3º Na hipótese de atuação no patamar extraordinário, mediador judicial e partes deverão negociar, conjuntamente, a forma da remuneração. § 4º O mediador judicial fará jus ao recebimento das horas mínimas somente se houver a realização de uma sessão de mediação após a apresentação do procedimento de mediação. § 5º Ao final da mediação, o mediador deverá encaminhar às partes, juntamente com recibo ou nota fiscal de serviços, relatório das horas mediadas, contendo data, local e duração das sessões de mediação. Art. 4º No caso de desistência da mediação por uma das partes após a sessão de apresentação e antes da primeira reunião, o mediador deverá restituir integralmente o valor depositado.

Capítulo 7

Procedimento da Mediação

Sumário: 7.1. Regras de confidencialidade. **7.2.** Possibilidade de comediação. **7.3.** Suspensão do processo judicial/arbitral. **7.4.** Início e fim da mediação. Suspensão do prazo prescricional. **7.5.** Mediação extrajudicial: convite e requisitos. **7.5.1.** Previsão contratual de mediação. **7.6.** Dever de não judicialização e as tutelas provisórias. **7.7.** Mediação judicial: a criação dos Centros Judiciários de Solução de Conflitos (CEJUSCS). **7.7.1.** Considerações gerais. **7.7.2.** Participação de advogados e defensores. **7.7.3.** Designação da audiência de mediação e homologação do acordo. **7.7.3.1.** A representação das partes na audiência de mediação e conciliação. **7.7.4.** Data de conclusão do procedimento de mediação judicial. **7.8.** A sanção premial do art. 29 da Lei de Mediação.

7.1. Regras de confidencialidade

Como já destacado, uma das regras de ouro da mediação é a confidencialidade. Nesse contexto, é fundamental que, no início da primeira reunião de mediação – e também sempre que julgar necessário –, o mediador alerte as partes sobre as diretrizes de confidencialidade aplicáveis ao procedimento (art. 14 da Lei de Mediação)[1].

---

1.   Enunciado n. 46: "Os mediadores e conciliadores devem respeitar os padrões éticos de confidencialidade na mediação e conciliação, não levando aos magistrados dos seus respectivos feitos o conteúdo das sessões, com exceção dos termos de acordo, adesão, desistência e solicitação de encaminhamentos, para fins de ofícios" (Enunciados aprovados na I Jornada de "Prevenção e Solução Extrajudicial de Litígios", realizada em Brasília, nos dias 22 e 23 de agosto de 2016. Disponível em: <http://www.cjf.jus.br/cjf/corregedoria-da-justica-federal/centro-de-estudos-judiciarios-1/publicacoes-1/cjf/corregedoria-da-justica-federal/centro-de-estudos-judiciarios-1/prevencao-e-solucao-extrajudicial-de-litigios/?_authenticator=60c7f30ef0d8002d17dbe298563b6fa2849c6669>. Acesso em: 18 mar. 2018).

Por exemplo, deve o mediador, salvo ajuste expresso das partes em contrário, deixar claro que o dever de confidencialidade abrange qualquer participante da mediação, incluindo as partes[2], seus prepostos, advogados, assessores técnicos e outras pessoas de confiança que tenham, direta ou indiretamente, participado do procedimento[3].

Compete-lhe, ainda, esclarecer que a confidencialidade abrange qualquer declaração, opinião, sugestão, promessa ou proposta formulada por uma parte a outra[4].

Também estão englobados nesse quesito o reconhecimento de fato por qualquer das partes, bem como eventuais manifestações de aceitação de proposta de acordo apresentada pelo mediador (art. 30, § 1º, III, da Lei n. 13.140/2015), além de documentos preparados unicamente para o procedimento em questão.

Sem a confidencialidade[5], a mediação provavelmente não alcançaria todo o seu potencial, não atrairia tanto interesse[6] e impediria a maximização dos resultados. Sim, porque os mediandos não se sentiriam tão à vontade para um diálogo aberto[7] e para revelarem preocupações, incertezas, desconfortos e, principalmente, seus interesses. Nesse contexto, a confidencialidade é uma espécie de antídoto contra o medo – justificável – de que algo revelado na mediação possa ser usado desfavoravelmente em eventual ação judicial.

Vale registrar que eventuais provas apresentadas em juízo ou em processo arbitral em desconformidade com a regra de confidencialidade não serão admitidas. Em nossa opinião, além da exclusão da prova, o ato pode ser enquadrado como ato de má-fé, diante da conduta abusiva e temerária (art. 80, V, do CPC)[8].

---

2. "A extensão do dever de confidencialidade às partes se aplica em razão de o processo de mediação ser baseado não em alegações e provas que se destinam ao convencimento de um terceiro que irá proferir uma decisão, mas, sim, na troca de informações pelas próprias partes que se encontram em conflito, com o objetivo comum de construírem uma solução consensual e mutuamente benéfica" (HALE; PINHO; CABRAL, 2016, p. 130).

3. A garantia de confidencialidade fomenta o diálogo e estimula uma troca de informações mais ampla. Com isso, os assuntos tendem a ser tratados com mais profundidade e maior transparência.

4. Nas audiências de conciliação, os conciliadores costumam registrar em ata as propostas de acordo sugeridas, o que, em nossa opinião, deve ser evitado, uma vez que a conciliação, assim como a mediação, rege-se pelo princípio da confidencialidade (art. 166 do CPC).

5. Cuja importância também é destacada em diplomas internacionais. *Vide*, por exemplo, a Diretiva n. 2008/52/CE do Parlamento Europeu, especificamente os "considerandos" 16, 23 e o art. 7º. Disponível em: <https://eur-lex.europa.eu/LexUriServ/LexUriServ.do?uri=OJ:L:2008:136:0003:0008:PT:PDF>. Acesso em: 13 fev. 2018.

6. "(...) Nos Estados Unidos, talvez seja o aspecto da mediação que é mais valorizado. Os processos judiciais, de um modo geral, são apresentados publicamente. Somente são resguardados, por segredo de justiça em função de lei ou decisão da Suprema Corte. Os mediadores estão, por dever ético, impedidos de discutir com pessoas alheias ao processo o que é revelado nas sessões de mediação, a não ser que essas revelações sejam autorizadas pelos participantes ou por ordem judicial (...)" (SERPA, 1999, p. 243).

7. PEIXOTO, 2018.

8. Recentemente, um advogado foi condenado por litigância má-fé por ter gravado a audiência de conciliação. Disponível em: <http://m.migalhas.com.br/quentes/277351/advogado-que-gravou-sessao-de--conciliacao-e-condenado-por-mafe>. Acesso em: 29 mar. 2018.

HUMBERTO DALLA
MARCELO MAZZOLA

Porém, a confidencialidade na mediação não é absoluta. As informações ali veiculadas podem ser utilizadas:

a) com expressa autorização dos mediandos (art. 30 da Lei de Mediação), não podendo o respectivo teor "ser utilizado para fim diverso daquele previsto" (art. 166, § 1º, do CPC);

b) nos casos em que a lei exija a sua divulgação[9] ou seja necessária para cumprimento de acordo obtido pela mediação (art. 30, *caput*, da Lei n. 13.140/2015); e

c) quando estiverem relacionadas com a ocorrência de crime de ação pública (art. 30, § 3º, da Lei de Mediação[10]).

Cumpre observar, ainda, que a regra de confidencialidade não afasta o dever dos envolvidos de prestarem informações à administração tributária após o termo final da mediação, aplicando-se aos servidores públicos a obrigação de manterem sigilo das informações compartilhadas, nos termos do art. 198 do Código Tributário Nacional.

Ou seja, embora a mediação goze da confidencialidade, esta não pode ser um álibi para encobrir ilícitos[11] e tampouco para encobrir condutas anticooperativas[12].

Com efeito, dentro da perspectiva de uma "jurisdição multifacetada"[13], em que a mediação tem *status* de equivalente jurisdicional, não se pode permitir que a audiência de mediação se transforme em "mecanismo de procrastinação"[14] e odioso álibi para comportamentos desleais, ímprobos e anticooperativos, sob pena de ferir a lógica do sistema e a própria *mens legis* do Código de Processo Civil.

---

9. É o caso da mediação envolvendo a Administração Pública e seus entes (art. 32 da Lei), em razão do princípio da publicidade insculpido no art. 37 da Carta de 1988, ressalvadas as hipóteses cujo sigilo seja imprescindível à segurança da sociedade e do Estado, nos termos dos arts. 5º, XXXIII, da Constituição Federal, e 3º, I, 23 e 27 da Lei n. 12.527/2011 (Lei de Acesso à Informação). Sobre o tema, vale conferir os Enunciados n. 6 e 36 do I e II Fórum Nacional do Poder Público.

10. Se o mediador tiver conhecimento ou obtiver informação referente à prática de crime de ação pública, deverá lavrar ata da sessão e encaminhá-la ao Ministério Público ou remeter aquela ao órgão que esteja vinculado, a fim de que seja providenciado o envio do documento ao *Parquet*.

11. Em mediações na área de família, por exemplo, podem ser reveladas informações sobre a prática de infrações penais contra as mulheres, crianças e adolescentes. O mesmo pode ocorrer em mediações comunitárias, ambientais, empresariais, entre outras.

12. Além de não ser absoluta, a noção de confidencialidade deve ser interpretada à luz de uma lógica sistêmica. O dever de sigilo não pode, em hipótese alguma, servir de escudo para comportamentos abusivos e protelatórios, em flagrante violação aos princípios da boa-fé e da cooperação (arts. 5º e 6º do CPC), desestimulando e infantilizando a mediação, sobretudo nesse momento de sedimentação do Código de Processo Civil. Nesse compasso, entendemos que o réu que sinaliza seu interesse na audiência de mediação, ou mesmo se mantém inerte diante da designação do ato – quando o autor já manifestou desinteresse –, mas, na audiência, não apresenta nenhuma proposta de acordo ou, ao menos, um direcionamento possível para a construção do consenso, litiga de má-fé e deve ser condenado às penalidades legais (art. 81 do CPC).

13. PINHO, 2017, p. 328.

14. MELLO PORTO, 2018.

7.2. Possibilidade de comediação

Via de regra, a mediação é realizada por um único mediador.

Porém, a requerimento das partes ou do mediador – nesse último caso sempre com anuência daquelas –, poderão ser admitidos outros mediadores para funcionarem no mesmo procedimento, quando recomendável em razão da natureza e da complexidade do conflito (art. 15 da Lei de Mediação).

Em linhas gerais, a comediação se caracteriza pela atuação conjunta de dois ou mais mediadores, permitindo uma visão panorâmica do conflito e contribuindo para a qualidade da mediação[15].

A comediação é um trabalho em equipe, que pressupõe uma atuação conjunta de profissionais, em verdadeira parceria. De acordo com a especialidade de cada mediador, o conflito é tratado sob diferentes prismas, permitindo um resgate mais profundo e completo dos fatos, das informações e dos aspectos inerentes ao tema em pauta.

É fundamental que os mediadores trabalhem de forma organizada, harmônica e coordenada, sem competição.

A doutrina aponta que a comediação tem o condão de:

a) melhorar os conhecimentos, as percepções e a capacidade de escuta dos mediandos, que muitas vezes provêm de diversas etnias, formações e profissões – a ideia é que os mediadores possam se complementar quanto às suas qualidades, aos seus estilos de trabalho e ao uso de aptidões específicas;

b) criar um equilíbrio na equipe devido à diversidade de mediadores (por exemplo, mulher e homem; advogado e assistente social);

c) promover um modelo de comunicação, cooperação e interação;

d) manter a boa prática, pois durante o procedimento a presença de um comediador ajuda a evitar esquecimentos e omissões[16], entre outros.

Sob essa ótica, a parceria entre um advogado e um terapeuta numa separação de casal, por exemplo, permitirá o tratamento das questões jurídicas/financeiras e também emocionais/sentimentais, com partilha de conhecimentos e experiências.

Aliás, não se pode perder de vista que, nas ações de família, o próprio CPC prestigia o tratamento multidisciplinar do conflito.

---

15. De acordo com o art. 8º do Regulamento do Conselho Nacional das Instituições de Mediação e Arbitragem (CONIMA), o mediador único escolhido poderá recomendar a comediação, sempre que julgar benéfica ao propósito da mediação. Disponível em: <http://www.conima.org.br/regula_modmed>. Acesso em: 24 fev. 2018.

16. MEXIA, 2012, p. 26.

Com efeito, de acordo com o art. 694 do diploma processual, todos os esforços serão empreendidos para a solução consensual da controvérsia, devendo o juiz dispor do auxílio de profissionais de outras áreas de conhecimento para a mediação e conciliação, o que é reforçado pelo respectivo parágrafo único.

Porém, também existem desvantagens na comediação. A falta de sincronia e a maneira peculiar de cada mediador trabalhar podem gerar uma competição, o que não é sadio para o desenvolvimento do procedimento. Além disso, a comediação pode alongar o procedimento, afetando também a logística das reuniões.

De qualquer forma, especialmente em casos complexos, a comediação pode ser muito útil e proveitosa.

7.3. Suspensão do processo judicial/arbitral

Na tentativa de racionalizar a entrega da prestação jurisdicional, o CPC, como visto, estimula os meios autocompositivos de resolução de conflitos, especialmente a conciliação e a mediação (art. 3º, §§ 2º e 3º), valorizando a autocomposição e a maior autonomia da vontade das partes.

Com efeito, de acordo com os referidos dispositivos legais, o Estado promoverá, sempre que possível, a solução consensual dos conflitos, devendo a mediação ser fomentada por juízes, advogados, defensores públicos e membros do Ministério Público, inclusive no curso do processo judicial.

Nesse particular, o art. 139, V, do CPC determina que o juiz deve promover, a qualquer tempo, a autocomposição, preferencialmente com auxílio de conciliadores e mediadores judiciais.

Também na audiência de instrução e julgamento, deve o juiz tentar conciliar as partes, independentemente do emprego anterior de outros métodos de solução consensual de conflitos, como a mediação e a arbitragem (art. 359).

A bem da verdade, o ideal seria que as partes buscassem efetivamente a autocomposição antes da judicialização. Assim, os conflitos não seriam transferidos automaticamente para o Judiciário e somente o residual seria submetido ao crivo judicial.

Até porque já foi o tempo em que julgar era pacificar. Aliás, uma sentença que julga, mas não resolve, contribui, na verdade, para o escalonamento do conflito.

A ideia do sistema multiportas é justamente permitir que cada conflito tenha um tratamento adequado, funcionando o Judiciário como uma rede de proteção, para a hipótese de as partes não alcançarem uma solução consensual.

Na verdade, o Judiciário deveria ser o último degrau de uma escalada conflituosa.

Nesse contexto, o legislador estabelece que, ainda que haja processo arbitral ou judicial em curso, as partes poderão submeter-se à mediação, hipótese em que requererão ao juiz ou árbitro a suspensão do processo[17] por prazo suficiente para a solução consensual do litígio (art. 16 da Lei de Mediação)[18].

Trata-se de espécie de negócio jurídico processual (art. 190 do CPC) celebrado pelas partes, que está absolutamente em linha com os princípios estruturantes do processo civil contemporâneo.

A decisão que suspende o processo é irrecorrível[19], mas não impede a concessão de medidas de urgência pelo juiz ou pelo árbitro (art. 16, §§ 1º e 2º, da Lei de Mediação).

A bem da verdade, não faz muito sentido a previsão dessa irrecorribilidade, pois o requerimento em questão depende do consentimento de ambos os litigantes.

Até porque, se não houver aquiescência das partes, o juiz, a rigor, não poderá suspender o processo. Por outro lado, se existir a reciprocidade de interesses, a suspensão do feito decorrerá da própria convenção processual, esvaziando, a princípio, o próprio interesse recursal para atacar o respectivo comando judicial[20].

De outra banda, a ressalva no sentido de que medidas urgentes podem ser deferidas durante a suspensão do processo é salutar, pois tem o condão de evitar a ocorrência de danos irreparáveis nesse lapso temporal, o que poderia esvaziar o próprio objeto do conflito. A previsão também está em linha com o art. 314 do Código de Processo Civil.

Além disso, a ressalva prestigia o princípio da inafastabilidade da jurisdição (arts. 5º, XXXV, da CF e 3º do CPC).

Alguma controvérsia pode existir sobre o prazo máximo de suspensão do processo. De acordo com o diploma processual, a suspensão do processo por convenção das partes nunca poderá exceder seis meses, devendo o juiz determinar o prosseguimento do feito assim que esgotado o respectivo prazo (art. 313, §§ 4º e 5º, do CPC).

---

17. "Embora pela sistemática vigente já se pudesse realizar o sobrestamento do feito pela simples convenção das partes (ainda que sem menção à mediação), o tratamento explícito da questão faz coroar em alguma medida o reconhecimento pelo Estado da ideia de um sistema com múltiplas portas, no qual possibilidades de solução variadas podem funcionar de forma harmônica e complementar" (HALE; PINHO; CABRAL, 2016, p. 138).

18. A norma do art. 16 da Lei n. 13.140/2015 inova ao não estabelecer limite temporal rígido para a suspensão do processo, na hipótese ali prevista. No mais, no que tange ao caráter convencional da suspensão, seu caráter vinculante para o juiz, o termo inicial e a irrecorribilidade, e os parâmetros aplicáveis são idênticos aos já antes vigentes. A norma em questão não se aplica apenas à mediação extrajudicial em sentido estrito. Incide também quando houver qualquer modalidade sistematizada de busca de solução consensual, como nos casos de conciliação extrajudicial, *dispute board* ou negociação direta (TALAMINI, 2018, p. 582).

19. E, consequentemente, não consta do rol do art. 1.015 do CPC, que prevê algumas hipóteses de recorribilidade imediata via agravo de instrumento.

20. E mais, se uma das partes "desistir" ou se arrepender, poderá simplesmente apresentar uma petição ao juiz informando os motivos, tendo em vista que a voluntariedade é princípio nuclear da mediação e ninguém pode ser obrigado a permanecer em procedimento de mediação.

Por sua vez, a lei especial não estabelece prazo específico, mencionando apenas "prazo suficiente"[21], um conceito fluido e indeterminado[22].

Em nossa opinião, a questão deve ser vista com certo temperamento. Isso porque, apesar do escoamento do prazo de seis meses, um juiz colaborativo deve estar sempre em busca de uma decisão de mérito "justa e efetiva", em tempo razoável.

Como se sabe, um acordo judicial enseja a extinção do feito com resolução de mérito (art. 487, III, *b*, do CPC) e tem muito mais chance de pacificar o conflito do que uma sentença imposta, objurgada. Além disso, a transação pode envolver sujeitos e temas não abarcados pela demanda (art. 515, § 2º), o que maximiza o escopo da prestação jurisdicional.

Vale lembrar, ainda, que é dever do magistrado promover, a qualquer tempo, a autocomposição (art. 139, V, do CPC) e estimular, sempre que possível, os métodos de solução consensual (art. 3º, § 3º, do CPC), podendo, inclusive, dilatar os prazos processuais, de modo a conferir maior efetividade à tutela do direito (art. 139, VI, do CPC).

Nesse compasso, pensamos que um juiz comprometido[23] com a causa, vislumbrando concretas perspectivas de composição amigável, deve flexibilizar o período máximo de suspensão convencional, fixando, se necessário, um derradeiro prazo para as partes se manifestarem e/ou apresentarem o acordo em juízo, antes de eventual decisão adjudicada[24].

Também pode designar uma audiência especial de conciliação com tal desiderato, exatamente como fez um magistrado carioca em hipótese análoga[25].

---

21. Ao que parece, a opção do legislador pela expressão "prazo suficiente" prestigia a flexibilidade procedimental da mediação (arts. 2º e 5º da Lei de Mediação e 166, § 4º, do CPC), permitindo que os envolvidos ajustem o cronograma e as etapas com ampla liberdade e autonomia.

22. O art. 19, 4, da Ley de Enjuiciamiento Civil espanhola, por exemplo, define que esse prazo de suspensão é de 60 (sessenta) dias. Na Argentina, o magistrado pode, uma única vez, suspender o processo por 30 dias contados da notificação do mediador indicado para o caso, podendo esse prazo ser prorrogado pelas partes (arts. 16 e 17).

23. MAZZOLA, 2017, p. 170.

24. Eduardo Talamini entende que "a suspensão processual requerida pelas partes para o desenvolvimento de mediação constitui regra especial, inconfundível com a regra geral da mera suspensão convencional". Nesse sentido, defende que não há limite temporal predefinido para a suspensão na hipótese, mas considera o prazo de seis meses um norte importante para o juiz avaliar se as partes praticaram atos concretos e formais para a instauração do procedimento de mediação (2018, p. 575-579).

25. Veja-se, a propósito, o despacho proferido: "A petição de fls. 218 foi protocolada em 8-8-2016 e requer suspensão do processo por 30 dias, uma vez que as partes estariam em tratativas de acordo. O pedido de suspensão foi indeferido às fls. 222, eis que já haviam se passado mais de dois meses desde o protocolo da petição. A petição de fls. 231 foi protocolada em 1-11-2016 e requer suspensão do processo por 30 dias. Já se passaram mais de três meses e meio desde o protocolo da petição de fls. 231. *No total, já se passaram mais de seis meses desde o protocolo da primeira petição em que as partes requereram a suspensão do feito por estarem em tratativas de acordo. Não se justifica que o feito permaneça paralisado, ante o longo tempo decorrido. Ante o ânimo conciliatório das partes, designe-se AUDIÊNCIA ESPECIAL DE CONCILIAÇÃO CONJUNTA COM O PROCESSO EM APENSO, devendo comparecer as partes, pessoalmente ou representante legal da parte com poderes para transigir, trazendo proposta concreta de acordo. Intimem-se as partes para o ato, cientes de que a não apresentação de proposta concreta poderá ser considerada como ato de litigância de má-fé"* (Processo 0271168-51.2015.8.19.0001, 3ª Vara Cível da Comarca da Capital do Estado do Rio de Janeiro, despacho proferido em 17-2-2017).

136   *Manual de Mediação e Arbitragem*

O que não pode admitir, porém, é que o juiz dê andamento ao feito sem intimar as partes, sobretudo quando já existe sinalização nos autos quanto à evolução da tentativa de composição extrajudicial.

7.4. Início e fim da mediação. Suspensão do prazo prescricional

Dependendo da técnica de mediação escolhida ou das regras da instituição eleita, o momento de assinatura do Termo Inicial de mediação pode variar.

Porém, de um modo geral, há razoável consenso entre os especialistas de que o procedimento de mediação pode ser dividido em uma fase preliminar (pré-mediação), na qual não se aborda o conflito propriamente dito, e outras etapas nas quais serão efetivamente tratadas as questões sensíveis e controvertidas.

Na fase de pré-mediação, ainda não se sabe se as partes avançarão e farão opção pelo método em questão. É normalmente nesse estágio que o mediador informa o seu papel no procedimento, instrui os mediandos sobre as características e peculiaridades da mediação, instigando-os e estimulando-os a valorizar a cultura do diálogo.

Após a anuência das partes, formaliza-se a concordância em documento (Termo Inicial) que pode indicar desde logo as datas das sessões, os horários, a duração de cada encontro, a possibilidade de realização de *caucus* (sessões privadas)[26], a maneira de trabalho do mediador, a possibilidade de utilização de comediador, as regras de comportamento nas sessões, a forma de comunicação entre os envolvidos, os honorários do mediador, as consequências jurídicas de um possível acordo, entre outros.

É justamente a assinatura do referido Termo que formaliza o início da mediação.

A propósito, de acordo com o art. 17 da Lei de Mediação, "considera-se instituída a mediação na data para a qual for marcada a primeira reunião de mediação". Esse marco é importante porque, enquanto transcorrer o procedimento de mediação, o prazo prescricional ficará suspenso (art. 17, parágrafo único, do referido diploma).

Significa dizer que eventuais sessões prévias realizadas antes da celebração do Termo Inicial não têm o condão de suspender o prazo prescricional, não se aplicando, em tese, os predicados de confidencialidade previstos na lei especial.

Na dicção do art. 18 da Lei de Mediação, instituída a mediação, as reuniões posteriores com a presença das partes somente poderão ser marcadas com a sua anuência[27],

---

26. São denominadas *caucus* as sessões privadas utilizadas pelos mediadores como instrumento de harmonização e balanceamento do procedimento, especialmente quando se percebe a falta de sintonia e de equalização sobre pontos de compreensão e entendimento, ou quando o mediador avalia que há um *gap* informacional e/ou falta de colaboração. Tais sessões também possibilitam os chamados "choques de realidade", abrindo a mente dos envolvidos para as consequências e os desdobramentos, caso o consenso não seja alcançado.

27. O dispositivo apenas confirma a importância do princípio da voluntariedade das partes. Com efeito, não pode o mediador impor datas e horários, sob pena de afrontar a autonomia da vontade dos mediandos podendo o mediador, no desempenho de sua função, reunir-se com as partes, em conjunto ou separadamente, bem como solicitar as informações que entender necessárias para facilitar o entendimento entre aquelas (art. 19).

Essa possibilidade é interessante e importante, pois nessas reuniões privadas o mediador consegue extrair com mais profundidade os fatos e sentimentos que permeiam o conflito.

Além disso, pode ter uma visão mais particularizada da posição de cada mediando e principalmente dos seus pontos de desconforto, tensão e resistência.

É muito importante que o mediador alinhe com cada mediando o que pode ser revelado nas sessões conjuntas, evitando que alguma informação fornecida *"em off"* nas sessões privadas seja indevidamente compartilhada, frustrando as expectativas da parte e abalando a confiança no mediador.

A opção pelas reuniões privadas será definida pelo mediador, à luz de suas percepções e de conhecimento técnico, mas nada impede que um dos mediandos a sugira. Daí a importância de o mediador esclarecer logo no início do procedimento a possibilidade de realização das chamadas *caucus*, evitando que algum dos lados se sinta surpreendido ou desconfortável com a situação.

A mesma transparência deve ser observada pelo mediador em relação à possibilidade de participação de terceiros no procedimento e no que tange à solicitação de documentos e informações[28].

Quanto mais claro, transparente e assertivo for o mediador na fase inicial do procedimento, menos desgastante será a sua tarefa de explicar, posteriormente, o leque de ferramentas à sua disposição.

A mediação será encerrada com a lavratura de seu termo final, seja em razão da celebração de acordo (parcial ou total), seja quando não for mais possível a obtenção do consenso, o que pode ser indicado pelo mediador ou por manifestação de qualquer das partes (art. 20 da Lei n. 13.140), voltando a fluir, a partir daí, o prazo prescricional.

Vale registrar que, na hipótese de celebração de acordo, o termo final de mediação constitui título executivo extrajudicial (arts. 20, parágrafo único, da Lei de Mediação e 784, XII, do CPC)[29] e, quando homologado judicialmente, título executivo judicial (art. 515, III, do CPC).

---

e antecipar o fim do procedimento. Ora, se ninguém pode ser obrigado a permanecer vinculado ao procedimento de mediação, muito menos pode ser compelido a comparecer às sessões agendadas unilateralmente pelo mediador. Nesse contexto, tudo deve ser previamente acordado e anuído pelos envolvidos, não havendo pensar em sujeição dos mediandos ao mediador.

28. Desnecessário dizer que o mediador não pode valorar os documentos apresentados. Seu papel é apenas aproximar as partes e facilitar a obtenção de todos os elementos que possam contribuir para a busca do consenso. Em outras palavras, o mediador promove uma ampliação cognitiva capaz de repercutir na construção da solução.

29. Vale registrar que também constitui título executivo extrajudicial o instrumento de transação referendado pelo Ministério Público, pela Defensoria Pública, pela Advocacia Pública, pelos advogados dos transatores ou por conciliador ou mediador credenciado por tribunal (art. 784, IV, do CPC).

138 *Manual de Mediação e Arbitragem*

Ainda que o mediador possa minutar o acordo alcançado, é fundamental a participação dos advogados[30], não apenas para avalizarem o documento, analisando a legalidade dos termos e das condições, mas também para que orientem seus clientes sobre os efeitos e as possíveis consequências da transação, cuidando, ainda, do equilíbrio entre os compromissos a serem assumidos por cada mediando, sob uma ótica colaborativa.

7.5. Mediação extrajudicial: convite e requisitos

Todo o regramento referente ao convite para participar de mediação extrajudicial[31] encontra-se na Lei de Mediação, especialmente nos arts. 21 e 22.

De um modo geral, o convite para iniciar o procedimento de mediação extrajudicial poderá ser feito por qualquer meio de comunicação e deverá estipular o escopo proposto para a negociação, a data e o local da primeira reunião.

Não se exige nenhuma formalidade quanto ao meio de comunicação, podendo ser um e-mail, uma carta correspondência, uma mensagem via WhatsApp, entre outros. O importante é que estejam expressamente delimitados o tema objeto da negociação, a data e o local do primeiro encontro.

Vale registrar que o convite formulado por uma parte à outra será desconsiderado se não for respondido em até trinta dias da data de seu recebimento.

Só se pode falar em "recusa" quando for possível demonstrar que a parte convidada realmente tomou ciência do convite e que teve o prazo de trinta dias para se manifestar, sem qualquer impedimento ou justa causa.

7.5.1. Previsão contratual de mediação

O convite para a mediação extrajudicial também já pode vir expresso em cláusula contratual, que deverá conter, no mínimo, o prazo mínimo e máximo para a realização da primeira reunião de mediação, contado a partir da data de recebimento do convite; o local da primeira reunião de mediação; os critérios de escolha do mediador ou equipe de mediação; e a penalidade em caso de não comparecimento da parte convidada à primeira reunião de mediação.

Alguns contratantes preferem indicar desde logo o regulamento de determinada instituição idônea prestadora de serviços de mediação – que tenha, evidentemente, cri-

---

30. Na mediação judicial, a presença dos advogados e defensores é obrigatória (art. 334, § 9º, do CPC – com algumas exceções, por exemplo, nas causas até 20 salários mínimos nos Juizados Especiais Cíveis), enquanto na mediação extrajudicial, é facultativa (art. 10 da Lei de Mediação). Nessa última, entendemos que, se o mediador verificar que apenas uma das partes está representada por advogado, deve suspender a sessão, sugerindo que o outro mediando constitua um causídico ou defensor, evitando a quebra da isonomia.

31. Entendida aquela que acontece fora do Poder Judiciário, sendo considerada uma mediação privada.

térios claros e objetivos –, poupando aqueles, assim, de indicar, no momento de celebração do contrato, todas as informações necessárias.

A Lei de Mediação prevê que, não havendo previsão contratual completa, deverão ser observados os seguintes critérios para a realização da primeira reunião de mediação: prazo mínimo de dez dias úteis e prazo máximo de três meses, contados a partir do recebimento do convite; local adequado a uma reunião que possa envolver informações confidenciais; e lista de cinco nomes, informações de contato e referências profissionais de mediadores capacitados.

A disposição é uma espécie de roteiro a ser seguido pelos interessados, facilitando que as partes e seus advogados formulem tanto os convites quanto as próprias cláusulas compromissórias de mediação.

Ressalte-se que a parte convidada poderá escolher, expressamente, qualquer um dos cinco mediadores. Caso a parte convidada não se manifeste, considerar-se-á aceito o primeiro nome da lista.

Essa é a razão pela qual a parte que convida costuma, normalmente, indicar o mediador de sua preferência no topo da lista de sugestões, a fim de que seja escolhido, caso a parte convidada se mantenha silente.

Como forma de reforçar e incentivar a prática da mediação extrajudicial, o legislador estabeleceu que o não comparecimento da parte convidada à primeira reunião de mediação acarretará a assunção por parte desta de cinquenta por cento das custas e honorários sucumbenciais caso venha a ser vencedora em procedimento arbitral ou judicial posterior, que envolva o escopo da mediação para a qual foi convidada (art. 22, § 2º, IV).

A disposição é, na verdade, uma penalidade, uma sanção para aquele que ignorar o convite.

Apesar de a voluntariedade ser um cânone da mediação, a ideia é constranger a parte convidada a, no mínimo, comparecer à primeira reunião de mediação, a fim de que possa tomar conhecimento do conflito, das técnicas do mediador e das vantagens e desvantagens do procedimento.

Ainda nesse prisma e como forma de incentivar a mediação, o art. 22, § 3º, da Lei n. 13.140/2015 estatui que, nos litígios decorrentes de contratos comerciais ou societários que não contenham cláusula de mediação, o mediador extrajudicial somente cobrará por seus serviços caso as partes decidam assinar o termo inicial de mediação e permanecer, voluntariamente, no procedimento de mediação.

A previsão, em tese, evita uma cobrança antecipada e eventuais desgastes entre o mediador e os mediandos. Porém, a doutrina critica essa previsão, sustentando a criação de um "trabalho voluntário de profissionais privados ao arrepio da lógica da autorregulação de mercado livre"[32].

---

32. HALE; PINHO; CABRAL, 2016, p. 165.

De fato, a questão é sensível, especialmente em razão da revogação do § 3º do art. 22 durante o processo legislativo (que tornava obrigatória a primeira reunião de mediação extrajudicial antes de se acionar o Judiciário quando o conflito decorresse de contrato comercial ou societário e tivesse valor superior à alçada dos Juizados Especiais).

Na verdade, a essência do atual § 3º do art. 22 (que, na redação original, constava como § 4º) só fazia sentido realmente à luz do parágrafo outrora revogado, que tinha como objetivo não apenas divulgar esse método adequado de resolução de conflitos, mas também fortalecer as relações comerciais, reduzindo o custo social oriundo de conflitos dessa natureza.

7.6. Dever de não judicialização e as tutelas provisórias

De acordo com o art. 23 da Lei de Mediação, se, em previsão contratual de cláusula de mediação, as partes se comprometerem a não iniciar procedimento arbitral ou processo judicial durante certo prazo ou até o implemento de determinada condição, o árbitro ou o juiz suspenderá o curso da arbitragem ou da ação pelo prazo previamente acordado ou até o implemento dessa condição.

O dispositivo deixa claro que, havendo acordo específico entre as partes sobre a não judicialização automática, o juiz ou árbitro deverá suspender o respectivo processo, observando o prazo pactuado ou o advento da condição especificada. Trata-se de pressuposto para desenvolvimento válido e regular do processo.

Entendemos, ainda, que a parte que judicializa automaticamente o conflito ignorando a cláusula de mediação, sem justificativa relevante, pode, inclusive, ser condenada por litigância de má-fé (arts. 80, V, e 81 do CPC).

Note-se que, por se tratar de convenção pré-processual livremente pactuada pelas partes (com base na lei especial que não fixa prazo específico), pode ser relativizado, a princípio, o prazo máximo de 6 (seis) meses de suspensão do processo por convenção das partes (art. 313, II, do CPC)[33]. Significa dizer que as partes podem pactuar,

---

33. Embora o prazo máximo de suspensão do processo por convenção das partes seja seis meses, entendemos que um juiz colaborativo pode flexibilizar tal prazo ou, eventualmente, designar uma audiência especial de conciliação, caso as partes sinalizem que as tratativas estão avançadas, exatamente como fez um magistrado carioca. Veja-se, a propósito o seguinte despacho: "A petição de fls. 218 foi protocolada em 8-8-2016 e requer suspensão do processo por 30 dias, uma vez que as partes estariam em tratativas de acordo. O pedido de suspensão foi indeferido às fls. 222, eis que já haviam se passado mais de dois meses desde o protocolo da petição. A petição de fls. 231 foi protocolada em 1º-11-2016 e requer suspensão do processo por 30 dias. Já se passaram mais de três meses e meio desde o protocolo da petição de fls. 231. No total, já se passaram mais de seis meses desde o protocolo da primeira petição em que as partes requereram a suspensão do feito por estarem em tratativas de acordo. Não se justifica que o feito permaneça paralisado, ante o longo tempo decorrido. Ante o ânimo conciliatório das partes, designe-se AUDIÊNCIA ESPECIAL DE CONCILIAÇÃO CONJUNTA COM O PROCESSO EM APENSO, devendo comparecer as partes, pessoalmente ou representante legal da parte com poderes para transigir, trazendo proposta concreta de acordo. Intimem-se as partes para o ato, cientes de que a não apresentação de proposta concreta poderá ser

contratualmente, um prazo maior do que aquele previsto no diploma processual[34], com o objetivo de alcançar o consenso e evitar o ajuizamento da demanda, devendo o juiz observá-lo. A questão não é pacífica.

Vale lembrar que tal convenção – assim como as demais convenções processuais – poderá ser invalidada e desconsiderada pelo juiz "somente nos casos de nulidade ou de inserção abusiva em contrato de adesão ou em que alguma parte se encontre em manifesta situação de vulnerabilidade" (art. 190, parágrafo único, do CPC).

A inserção do advérbio "somente" pelo legislador traduz a ideia de que a regra será o prestígio aos negócios jurídicos processuais, respeitando-se a autonomia de vontade. Em outras palavras, a recusa da convenção processual deve ser a exceção. Há, com isso, uma inversão do ônus argumentativo, pois cabe ao juiz, e não aos litigantes, mostrar de forma fundamentada e objetiva as razões para a invalidação da convenção processual.

A nosso sentir, mesmo nas hipóteses previstas no parágrafo único do art. 190, o juiz não pode, de ofício e de forma automática, recusar a validade de uma convenção processual, devendo, primeiramente, intimar os interessados (arts. 9º e 10 do CPC) e avaliar os interesses em jogo, para, então, decidir de forma fundamentada (arts. 11 e 489, § 1º, do CPC), seja para validar, seja para invalidar a convenção[35].

Esse cuidado é fundamental, pois, ainda que se trate de convenção estipulada em contrato de adesão[36], por exemplo, o ajuste pode beneficiar o aderente e não lhe causar nenhum prejuízo[37]. Ou seja, a regra do parágrafo único do art. 190 demanda interpretação sistemática e valorativa, não podendo ser aplicada automaticamente.

---

considerada como ato de litigância de má-fé" (Processo 0271168-51.2015.8.19.0001, 3ª Vara Cível da Comarca da Capital do Estado do Rio de Janeiro, despacho proferido em 17-2-2017).

34. Enunciado FPPC n. 509 (art. 334; Lei n. 9.099/95): "Sem prejuízo da adoção das técnicas de conciliação e mediação, não se aplicam no âmbito dos juizados especiais os prazos previstos no art. 334".

35. De acordo com o Enunciado FPPC n. 16, o controle dos requisitos objetivos e subjetivos de validade da convenção de procedimento deve ser conjugado com a regra segundo a qual não há invalidade do ato sem prejuízo.

36. Nas relações consumeristas, a cláusula deve estar redigida de modo claro e compreensível, grafada com caracteres bem legíveis, para que não se tenha dúvida quando ao aceite do consumidor. É o que dispõe o art. 46 do CDC: "Os contratos que regulam as relações de consumo não obrigarão os consumidores, se não lhes for dada a oportunidade de tomar conhecimento prévio de seu conteúdo, ou se os respectivos instrumentos forem redigidos de modo a dificultar a compreensão de seu sentido e alcance". Não se pode olvidar, ainda, que, de acordo com o art. 47 do CDC, as cláusulas contratuais serão interpretadas de maneira mais favorável ao consumidor.

37. Nesse ponto, vale lembrar que o STJ já reconheceu a validade da cláusula de arbitragem em contrato de adesão. De acordo com a corte infraconstitucional, "é possível a cláusula arbitral em contrato de adesão de consumo quando não se verificar presente a sua imposição pelo fornecedor ou a vulnerabilidade do consumidor, bem como quando a iniciativa da instauração ocorrer pelo consumidor ou, no caso de iniciativa do fornecedor, venha a concordar ou ratificar expressamente com a instituição, afastada qualquer possibilidade de abuso" (REsp 1.189.050/SP, 4ª Turma, rel. Min. Luis Felipe Salomão, *DJe* 14-3-2016). A doutrina também vem assim se posicionando (WAMBIER, 2015, p. 355).

142   *Manual de Mediação e Arbitragem*

Por outro lado, entendemos que a expressão "situação de vulnerabilidade" não significa apenas uma vulnerabilidade econômica, podendo também ser técnica, geográfica, social e até mesmo intelectual[38].

Como afirmam Claudia Lima Marques e Bruno Miragem, a vulnerabilidade é uma situação permanente ou provisória, individual ou coletiva, que fragiliza e enfraquece o sujeito, desequilibrando a relação[39].

Vale lembrar, ainda, que a vulnerabilidade pode ser prévia ao negócio jurídico (cenário antecedente de desequilíbrio) ou decorrente dele.

Registre-se, também, que a vulnerabilidade, na dicção do legislador, precisa ser "manifesta", o que revela que o "desequilíbrio subjetivo capaz de justificar a decretação da invalidade do negócio jurídico há de ser claro, evidente, de tamanha desproporcionalidade a ponto de colidir gravemente com a exigência de equivalência"[40].

De qualquer forma, a existência da cláusula de mediação não pode impedir o livre acesso à justiça, sobretudo quando se estiver diante de questões urgentes.

Exatamente por isso, o legislador, como visto, previu que a sistemática de suspensão do processo em razão da cláusula de mediação "não se aplica às medidas de urgência em que o acesso ao Poder Judiciário seja necessário para evitar o perecimento de direito", prestigiando os arts. 5º, XXXV, da CF e 3º do CPC.

Convém esclarecer apenas que, após a concessão ou não da medida urgente, o juiz deve manter o feito sobrestado, respeitando o prazo ou a condição acordada na cláusula de mediação.

7.7. Mediação judicial: a criação dos Centros Judiciários de Solução de Conflitos (CEJUSCS)

7.7.1. Considerações gerais

Desde a Resolução n. 125/10 do Conselho Nacional de Justiça, já se previa a criação dos Centros Judiciários de Solução de Conflitos (CEJUSCS).

Pela referida resolução, compete ao CNJ, por exemplo, estabelecer interlocução com a Ordem dos Advogados do Brasil, Defensorias Públicas, Procuradorias e Ministério Público, estimulando sua participação nos CEJUSCS e valorizando a atuação na prevenção dos litígios (art. 6º, VI), bem como monitorar, inclusive por meio do Departamento

---

38. Fernanda Tartuce fala em "vulnerabilidade processual", que seria a suscetibilidade do litigante "que o impede de praticar atos processuais em razão de uma limitação pessoal involuntária; a impossibilidade de atuar pode decorrer de fatores de saúde e/ou ordem econômica, informacional, técnica ou organizacional de caráter permanente ou provisório" (2012, p. 184). Nessa linha o Enunciado FPPC n. 18: "Há indício de vulnerabilidade quando a parte celebra acordo de procedimento sem assistência técnico-jurídica".

39. MARQUES; MIRAGEM, 2014, p. 120.

40. NOGUEIRA, 2016, p. 236.

de Pesquisas Judiciárias, a instalação dos CEJUSCS, o seu adequado funcionamento, a avaliação da capacitação e treinamento dos mediadores/conciliadores, orientando e dando apoio às localidades que estiverem enfrentando dificuldades na efetivação da política judiciária nacional instituída pela referida Resolução (art. 6º, XII, incluído pela Emenda n. 2, de 8-3-2016).

A instalação dos CEJUSCS foi considerada atribuição dos tribunais, com o objetivo de realização das sessões de conciliação e mediação a cargo de conciliadores e mediadores, dos órgãos por eles abrangidos (art. 7º, IV).

Ainda com base na Resolução em questão, as sessões de conciliação e mediação pré-processuais deveriam ser realizadas nos CEJUSCS, podendo as sessões de conciliação e mediação judiciais, excepcionalmente, ser realizadas nos próprios Juízos, Juizados ou Varas designadas, desde que o sejam por conciliadores e mediadores cadastrados pelo tribunal (art. 8º, § 1º).

Também foi previsto que nos tribunais os CEJUSCS[41] deveriam ser instalados nos locais onde existissem dois Juízos, Juizados ou Varas com competência para realizar audiência, nos termos do art. 334 do CPC (art. 8º, § 2º).

Quatro anos depois, o CNJ publicou a Resolução n. 50/2014, recomendando aos tribunais a realização de estudos e de ações tendentes a dar continuidade ao movimento de conciliação.

Em tal documento, foi recomendado aos tribunais, por exemplo, que organizassem e administrassem estágios supervisionados junto aos CEJUSCS aos participantes de cursos presenciais e a distância de conciliação ou mediação judicial que estivessem seguindo as diretrizes pedagógicas do CNJ (art. 1º, VI).

Cumpre destacar que a importância dos CEJUSCS também foi destacada pela Lei de Mediação[42] e pelo CPC[43].

---

41. Art. 9º da Resolução n. 125/2010, com redação dada pela Resolução n. 326/2020 do CNJ: "Art. 9º Os Centros contarão com um juiz coordenador e, se necessário, com um adjunto, aos quais caberá:
I – administrar o Centro;
II – homologar os acordos entabulados;
III – supervisionar o serviço de conciliadores e mediadores (...).
§ 3º Os Tribunais de Justiça e os Tribunais Regionais Federais deverão assegurar que nos Centros atue ao menos um servidor com dedicação exclusiva, capacitado em métodos consensuais de solução de conflitos, para triagem e encaminhamento adequado de casos".

42. "Art. 24. Os tribunais criarão centros judiciários de solução consensual de conflitos, responsáveis pela realização de sessões e audiências de conciliação e mediação, pré-processuais e processuais, e pelo desenvolvimento de programas destinados a auxiliar, orientar e estimular a autocomposição. Parágrafo único. A composição e a organização do centro serão definidas pelo respectivo tribunal, observadas as normas do Conselho Nacional de Justiça."

43. "Art. 165. Os tribunais criarão centros judiciários de solução consensual de conflitos, responsáveis pela realização de sessões e audiências de conciliação e mediação e pelo desenvolvimento de programas destinados a auxiliar, orientar e estimular a autocomposição. § 1º A composição e a organização dos centros serão definidas pelo respectivo tribunal, observadas as normas do Conselho Nacional de Justiça."

144   *Manual de Mediação e Arbitragem* ....

Atualmente, já existem centenas de CEJUSCS criados em todo o País. Os números são disponibilizados anualmente pelo CNJ[44].

Ainda não se tem notícia de pesquisas empíricas sobre os benefícios da realização das sessões de mediação nos CEJUSCS, mas, sem dúvida, o ambiente mais informal – e fora da serventia judicial em que o processo tramita – contribui para o diálogo e facilita a construção do consenso.

Enfim, é justamente nos CEJUSCS que acontece a grande maioria das sessões de conciliação e mediação, sendo importante órgão para a implementação de uma efetiva política pública de tratamento adequado aos conflitos.

7.7.2. Participação de advogados e defensores

Na mediação judicial, é obrigatória a participação de advogados e defensores. Tal obrigatoriedade é facilmente extraída dos arts. 26 da Lei de Mediação e 334, § 9º, e 695, § 4º, do CPC[45]. Não obstante, o STF atenuou essa regra quando o procedimento ocorre no CEJUSC, na forma do art. 11 da Resolução n. 125/2010, do CNJ[46].

Diante dos contornos da mediação judicial, é realmente importante a participação de advogados e defensores, não na qualidade de representantes legais dos mediandos, mas de verdadeiros assessores jurídicos.

São eles que irão orientar seus clientes, legitimar a construção do consenso e contribuir no momento de redação do acordo, caso este seja alcançado, sempre cuidando do equilíbrio entre os compromissos a serem assumidos pelos mediandos, inclusive no que tange às despesas e aos benefícios inerentes ao ajuste celebrado. Uma espécie de agente chancelador dos termos da composição.

Além disso, podem cooperar com o mediador no desenvolvimento do procedimento[47], pontuando questões relevantes e delineando as divergências[48].

---

44.   O gráfico indica o número de cada CEJUSC por tribunal. Disponível em: <http://www.cnj.jus.br/files/conteudo/arquivo/2017/12/9d7f990a5ea5e55f6d32e64c96f0645d.pdf>. Acesso em: 6 mar. 2018.

45.   Não se pode deixar de criticar a recente decisão do CNJ, que assinalou ser dispensável a presença dos advogados nas mediações e conciliações realizadas nos CEJUSCs. Disponível em: <http://www.cnj.jus.br/noticias/cnj/87969-plenario-decide-nao-obrigar-presenca-de-advogados-em-mediacao-ou-conciliacao>. Acesso em: 21 nov. 2018.

46.   É constitucional a disposição do Conselho Nacional de Justiça que prevê a facultatividade de representação por advogado ou defensor público nos Centros Judiciários de Solução de Conflitos e Cidadania (CEJUSCs). É constitucional o art. 11 da Resolução n. 125/2010 do CNJ, que permite a atuação de membros do Ministério Público, defensores públicos, procuradores e advogados nos Centros Judiciários de Solução de Conflito e Cidadania. Assim, fica facultada a representação por advogado ou defensor público, medida que se revela incentivadora para uma atuação mais eficiente e menos burocratizada do Poder Judiciário para assegurar direitos. ADI 6.324/DF, rel. Min. Roberto Barroso, j. 21-8-2023 (segunda-feira), às 23:59. *Informativo* n. 1.104 do STF.

47.   "Na fase de negociação propriamente dita, notadamente quando do *brainstorm* (sessão de sugestões livres, sem juízo crítico *a priori*), os assessores jurídicos tendem a oferecer uma importante contribuição ao processo de mediação: sua experiência consolidada, assim como seu maior afastamento emocional do conflito ajudam no processo de geração de opções/possibilidades criativas, até então não consideradas" (ALMEIDA; PANTOJA; PELAJO, 2015, p. 303).

48.   Há quem entenda que a presença dos advogados na sessão de mediação pode "prejudicar o canal de diálogo franco e direto que deve ser estabelecido entre os interessados (...) melhor seria confiar ao mediador a verificação, caso a caso, da necessidade de participação de advogados no curso da mediação, cabendo-lhe

Cabe apenas lembrar que, quando a parte não tiver condições de constituir advogado e comprovar a insuficiência de recursos, sua assistência deve ser feita pela Defensoria Pública (arts. 26, parágrafo único, da Lei de Mediação e 185 do CPC).

Importante destacar que existem algumas exceções quanto à necessidade de participação dos advogados e defensores, como, por exemplo, nas causas até 20 salários mínimos (art. 9º da Lei n. 9.099/99) ou nos feitos que tramitam nos Juizados Especiais Federais (art. 10 da Lei n. 10.250/2001).

Por outro lado, convém registrar que as partes devem participar das sessões de mediação, mas podem constituir representante, por meio de procuração específica, com poderes para negociar e transigir (art. 334, § 10). Em caso de ausência justificada, haverá condenação ao pagamento de multa de até dois por cento da vantagem econômica pretendida ou do valor da causa. O montante é revertido em favor da União ou do Estado (art. 334, § 8º) e tal decisão não comporta recurso de agravo de instrumento, já que não está referida no rol do art. 1.015 e nem se pode considerar como uma das hipóteses de mitigação, como já decidiu o STJ[49].

Trata-se de penalidade que visa a punir o "ato atentatório à dignidade da justiça", praticado por aquele que age com desídia em relação a esse importante ato processual.

7.7.3. Designação da audiência de mediação e homologação do acordo

Diferentemente do CPC/73, em que a audiência preliminar (art. 331 do antigo Código) acontecia, via de regra, antes da fase probatória, com o processo mais desenvolvido (contestação, réplica etc.), no CPC a audiência de mediação será realizada logo no início do processo.

De acordo com o art. 27 da Lei de Mediação, se a petição inicial preencher os requisitos essenciais e não for o caso de improcedência liminar do pedido, o juiz designará audiência de mediação[50]. Na mesma linha, o art. 334 do CPC estabelece que o juiz designará a audiência com antecedência mínima de 30 dias, devendo ser citado o réu com pelo menos 20 dias de antecedência[51].

---

advertir os interessados se reputar adequada a assistência" (HALE; PINHO; CABRAL, 2016, p. 174). Entendemos o ponto, mas a prática revela que, muitas vezes, os advogados são fundamentais no processo de construção do consenso. Daí por que pensamos que a sua participação deve ser valorizada *prima facie*. Todavia, pode o mediador, de comum acordo com os causídicos, alinhar em algumas situações a desnecessidade de sua participação em todas as sessões ao longo do procedimento.

49. Não cabe agravo de instrumento contra a decisão que aplica multa por ato atentatório à dignidade da justiça pelo não comparecimento à audiência de conciliação. REsp 1.762.957-MG, rel. Min. Paulo de Tarso Sanseverino, 3ª Turma, por unanimidade, j. em 10-3-2020, *DJe* 18-3-2020. *Informativo* n. 668 STJ.

50. Alguns autores sustentam que o termo mais indicado não seria "audiência", e sim sessão de mediação (HALE; PINHO; CABRAL, 2016, p. 178).

51. Se o réu for citado com menos de vinte dias de antecedência e comparecer ao ato, não há falar em nulidade (art. 277 do CPC). O mesmo raciocínio se aplica caso o juiz, por um lapso, fixe a audiência em prazo inferior a 30 dias, mas ambas as partes voluntariamente compareçam.

Ou seja, caso não haja algum vício na petição inicial, o que pode ser sanado pelo autor no prazo de quinze dias ou em prazo maior (art. 139, VI, do CPC), à luz dos arts. 6º e 321 do diploma processual, e não for o caso de improcedência liminar do pedido (art. 332 do CPC)[52], o juiz deve designar a audiência.

Significa dizer que, na prática, o réu, a rigor, não será mais citado para contestar a demanda, mas sim para comparecer à audiência de mediação.

A sistemática é interessante, pois pode viabilizar a construção do consenso logo no início do processo, evitando o escalonamento do conflito e o desenvolvimento de uma relação processual beligerante. Um acordo celebrado na fase inicial do processo, por um lado, abrevia o tempo de tramitação da demanda, e, por outro, permite a construção conjunta de um resultado que a decisão adjudicada jamais poderia garantir[53].

É muito importante que os juízes façam um filtro inicial para saber se o caso deve ser endereçado à mediação ou à conciliação, a fim de extrair o máximo de rendimento da técnica empregada e evitar que a mediação caia em descrédito[54]. Imagine, por exemplo, um caso simples envolvendo uma batida de carro. Nessa hipótese, não se pretende resgatar vínculos anteriores ou reconstruir a relação, sendo mais indicada, portanto, a técnica da conciliação.

Daí por que também é relevante que os advogados declinem desde logo na petição inicial a opção pela realização ou não de audiência de conciliação ou de mediação (art. 319, VII, do CPC).

Quanto à escolha do método mais indicado, cabe ao advogado indicá-lo, à luz das peculiaridades do caso concreto, e ao juiz verificar a sua pertinência, segundo o princípio da cooperação (art. 6º do CPC).

---

52. "Art. 332. Nas causas que dispensem a fase instrutória, o juiz, independentemente da citação do réu, julgará liminarmente improcedente o pedido que contrariar: I – enunciado de súmula do Supremo Tribunal Federal ou do Superior Tribunal de Justiça; II – acórdão proferido pelo Supremo Tribunal Federal ou pelo Superior Tribunal de Justiça em julgamento de recursos repetitivos; III – entendimento firmado em incidente de resolução de demandas repetitivas ou de assunção de competência; IV – enunciado de súmula de tribunal de justiça sobre direito local. § 1º O juiz também poderá julgar liminarmente improcedente o pedido se verificar, desde logo, a ocorrência de decadência ou de prescrição."

53. Certa feita, um dos autores vivenciou situação interessante que comprova a assertiva. Duas empresas estavam litigando acerca de um direito de propriedade intelectual. A controvérsia era ferrenha e o juiz não teria outra opção senão acolher ou rejeitar o pedido autoral. Em outras palavras, teria que dar razão a uma das partes. No entanto, em razão do bom relacionamento entre os presidentes das partes, foi possível a realização de acordo em que as empresas, outrora litigantes, transformaram-se em parceiras comerciais, com a assinatura de um contrato de cessão e licenciamento do ativo. Notem bem, uma decisão judicial jamais poderia obrigar as partes a formalizarem uma parceria.

54. De acordo com o art. 165, §§ 2º e 3º, do CPC, o conciliador atuará preferencialmente nos casos em que não houver vínculo anterior entre as partes e poderá sugerir soluções para o litígio, enquanto o mediador atuará preferencialmente nos casos em que houver vínculo anterior entre as partes e auxiliará aos interessados a compreender as questões e os interesses em conflito, de modo que eles possam, pelo restabelecimento da comunicação, identificar, por si próprios, soluções consensuais que gerem benefícios mútuos.

Entendemos que a decisão que designa ou deixa de designar a audiência é irrecorrível (com exceção de casos de direito de família, em que a designação é obrigatória), não apenas por não figurar no rol do art. 1.015, mas também por não se tratar de matéria urgente, até mesmo porque o acordo pode ser buscado na via extrajudicial, mesmo na pendência da ação. Contudo, o STJ entendeu de forma contrária, admitindo, em certas hipóteses, o cabimento de agravo de instrumento contra tal decisão[55].

A rigor, a intimação do autor para audiência de mediação será feita na pessoa de seu advogado, sendo certo que o ato processual só não será realizado se ambas as partes manifestarem, expressamente, desinteresse na composição consensual e/ou quando não se admitir a autocomposição (art. 334, §§ 3º e 4º, do CPC)[56].

Caso não tenha interesse, o autor deverá declinar seu desinteresse logo na petição inicial e o réu até dez dias antes da audiência; havendo litisconsorte, o desinteresse na realização da audiência deve ser manifestado por todos os litisconsortes (art. 334, §§ 5º e 6º, do CPC).

A ideia é prestigiar ao máximo a audiência de mediação, evitando que o desinteresse de apenas um dos litisconsortes prejudique a realização do ato-processo.

Porém, a sistemática apresenta, na prática, algumas inconsistências, uma vez que o art. 335, § 1º, do CPC, por exemplo, determina que, em caso de litisconsórcio passivo, o termo inicial do prazo da contestação será, para cada um dos réus, a data de apresentação de seu respectivo pedido de cancelamento da audiência.

Ou seja, se existirem quatro réus e dois deles se manifestarem contrariamente à realização da audiência de mediação, estes terão que apresentar suas defesas antes dos demais demandados. Isso, à primeira vista, não soa isonômico e razoável (arts. 7º e 8º do CPC) e pode até mesmo prejudicar a construção do consenso, já que os argumentos veiculados nas peças de defesa podem influenciar os demais réus.

---

55. "1– O propósito recursal é definir se, após a publicação do acórdão em que se fixou a tese referente ao tema repetitivo 988, segundo a qual "o rol do art. 1.015 do CPC é de taxatividade mitigada, por isso admite a interposição de agravo de instrumento quando verificada a urgência decorrente da inutilidade do julgamento da questão no recurso de apelação", ainda é admissível, ainda que excepcionalmente, a impetração de mandado de segurança para impugnar decisões interlocutórias. 2– A decisão interlocutória que indefere a designação da audiência de conciliação pretendida pelas partes é suscetível de impugnação imediata, na medida em que será inócuo e inútil reconhecer, apenas no julgamento da apelação, que as partes fariam jus à audiência de conciliação ou à sessão de mediação previstas, na forma do art. 334 do CPC, para acontecer no início do processo. 3– A decisão judicial que, a requerimento do réu, indefere o pedido de designação da audiência de conciliação prevista no art. 334, *caput*, do CPC, ao fundamento de dificuldade de pauta, proferida após a publicação do acórdão que fixou a tese da taxatividade mitigada, somente é impugnável por agravo de instrumento e não por mandado de segurança" (RMS 63.202/MG, rel. Min. Marco Aurélio Bellizze, rel. p/ Acórdão Min. Nancy Andrighi, Terceira Turma, j. 1º-12-2020, *DJe* 18-12-2020).

56. Enunciado ENFAM n. 61: "Somente a recusa expressa de ambas as partes impedirá a realização da audiência de conciliação ou mediação prevista no art. 334 do CPC/2015, não sendo a manifestação de desinteresse externada por uma das partes justificativa para afastar a multa de que trata o art. 334, § 8º".

O melhor seria estabelecer que o prazo de tais réus também só começaria a fluir concomitantemente ao dos demais demandados.

Cabe pontuar, ainda, que alguns juízes estão dando verdadeiros dribles hermenêuticos para dispensar a designação da audiência de mediação, o que, de certa forma, vai de encontro aos vetores estruturantes do processo civil contemporâneo e às normas estruturantes do Código de Processo Civil. A questão será detalhada no Capítulo 11.

Importante ressaltar, contudo, que, em relação aos processos coletivos, Bruno José da Silva Nunes e Tereza Cristina Sorice Baracho Thibau assinalam que os legitimados coletivos costumam apresentar proposta de solução negociada ao interessado e realizar reuniões para a tentativa do consenso. Somente quando a composição não é possível, ajuízam ação civil pública ou ação coletiva. Nessa linha, sustentam que a necessidade de designação da audiência do art. 334 do CPC deve ser interpretada *cum grano salis*.

Na visão dos autores[57]:

> Deve ser admitido que a parte apresente na petição inicial as circunstâncias da anterior tentativa extrajudicial de obtenção e solução consensual e que se manifeste pela designação da audiência para tentativa de autocomposição apenas se a parte contrária requerer a designação e se comprometer a apresentar proposta qualitativamente diversa daquela anteriormente recusada em âmbito extrajudicial.

Registre-se, apenas, que, alcançada a autocomposição, esta será reduzida a termo e homologada por sentença (art. 334, § 11, do CPC).

Antes de finalizar este tópico, vale sintetizar algumas ideias.

Em linhas gerais, a audiência do art. 334 do CPC representa grande avanço e inovação, se comparada com a audiência preliminar do art. 331 do CPC/73. Isso se dá por três razões:

a) a audiência agora ocorre antes da apresentação da resposta do réu, sistemática já adotada pelos Juizados Especiais e no procedimento sumário, agora excluído de nosso ordenamento;

b) a audiência passa a contar com a nova ferramenta da mediação, ao lado da conciliação, sendo interessante lembrar que, a teor do art. 175 do Código de Processo Civil, outras técnicas ou métodos podem ser adotados, sobretudo em questões mais sensíveis, como as que normalmente ocorrem em varas de família, órfãos e sucessões, crianças e adolescentes e idosos;

c) a extensão do acordo é mais bem definida, sobretudo com o auxílio do art. 3º da Lei n. 13.140/2015, que trata dos direitos disponíveis (sempre transacionáveis) e indisponíveis (transacionáveis ou não).

---

57. NUNES; THIBAU, 2018, p. 427.

Por outro lado, o dispositivo não é imune a críticas. Podemos identificar, ao menos, três pontos que poderiam ter sido aperfeiçoados:

a) como regra geral, o réu deveria levar a contestação nessa audiência, como ocorre no sistema dos Juizados Especiais. O sistema de contagem do prazo da contestação (art. 335 do CPC) acaba privilegiando o réu que tem o manifesto propósito protelatório. Além de os prazos serem contados em dias úteis, se a audiência for redesignada ou tiver que continuar em outra data, o prazo para contestar nem sequer começará a fluir;

b) a multa de dois por cento, prevista no § 8º do art. 334, acaba sendo, na grande maioria dos casos, de valor irrisório. Por que não usar, pelo menos, os mesmos critérios previstos nos arts. 77 ou 81 do CPC, já que a busca do consenso é um dos pilares centrais do novo ordenamento?

c) ainda na linha de priorizar o consenso, evitando sobrecarregar o Poder Judiciário com uma atividade que poderia (e deveria) ser realizada antes do ajuizamento da demanda, o art. 334 (ou mesmo o 319) deveria trazer disposição no sentido de que o autor que comprovasse documentalmente que já tentou resolver amigavelmente aquele litígio, por qualquer meio legítimo, poderia requerer a dispensa da audiência e a imediata citação do réu.

Aliás, seria interessante até mesmo pensar numa redução proporcional das custas em hipóteses como essa. Nessa linha de raciocínio, veja-se o art. 29 da Lei de Mediação[58], que também será examinado mais adiante. Se muitas vezes é complexo pensar em sanção àquele que não colabora com a parte contrária e, assim, viola o art. 6º do CPC, parece bem mais simples pensar num sistema de recompensa, previamente estipulado.

7.7.3.1. A representação das partes na audiência de mediação e conciliação

De um modo geral, as partes poderão ser representadas por um preposto, que deve ter poderes especiais para transigir. Esses poderes são expressos na carta de representação, que deve ser apresentada pelo preposto (art. 118 do CC).

O preposto apenas pratica atos de natureza material, nada postula em nome da parte. É semelhante à figura do mandatário, cujo poder é demonstrado pelo instrumento denominado procuração.

De acordo com o art. 9º, § 4º, da Lei n. 9.099/95, com a redação dada pela Lei n. 12.137/2009, o réu, "sendo pessoa jurídica ou titular de firma individual, poderá ser representado por preposto credenciado". Contudo, o Código de Ética, aprovado pela Resolução n. 2/2015 do Conselho Federal da OAB, proíbe que o advogado funcione, no mesmo processo, simultaneamente, como patrono e preposto do empregador ou cliente.

---

58. "Art. 29. Solucionado o conflito pela mediação antes da citação do réu, não serão devidas custas judiciais finais."

Observe-se, ainda, que, no caso específico da mediação, recomenda-se o comparecimento pessoal das partes, pois, diante das peculiaridades do conflito, apenas as próprias partes poderão contribuir na busca de uma solução eficaz de consenso (art. 334, §§ 9º e 10, do CPC).

Em caráter excepcional, poderá o juiz homologar acordo celebrado entre as partes em audiência, se ambas ou uma delas estiver desacompanhada de advogado. Nesse caso, o juiz deverá exercer exame minudente da legalidade da avença e se certificar de que as partes, apesar de leigas, compreenderam exatamente o alcance e as consequências do acordo.

Poderá, ainda, se assim entender, suspender a homologação por um determinado período, para que as partes consultem advogado ou defensor público. Tais providências vêm ao encontro dos princípios da consensualidade e da duração razoável do processo.

Importante observar que, se qualquer uma das partes não comparece à audiência e nem mesmo envia procurador com poderes específicos para negociar e transigir, o § 8º do art. 334 do CPC estabelece a configuração de ato atentatório à dignidade da justiça, não sendo o caso de revelia.

Traz, ainda, a sanção de multa de até dois por cento da vantagem econômica pretendida, a ser revertida em favor da União ou do Estado[59].

7.7.4. Data de conclusão do procedimento de mediação judicial

De acordo com o art. 28 da Lei da Mediação, o procedimento de mediação judicial deverá ser concluído em até sessenta dias, contados da primeira sessão, salvo quando as partes, de comum acordo, requererem sua prorrogação.

Caso haja acordo, os autos serão encaminhados ao juiz, que determinará o arquivamento do processo e, desde que requerido pelas partes, homologará o acordo, por sentença, e o termo final da mediação e determinará o arquivamento do processo (art. 28, parágrafo único).

Por sua vez, o art. 334, § 2º, do CPC estabelece que poderá haver mais de uma sessão destinada à mediação, não podendo exceder a dois meses da data de realização da primeira sessão, desde que necessárias à composição das partes.

Nota-se que, enquanto a lei especial adota o prazo de "sessenta dias", o diploma processual estabelece o prazo de "2 (dois) meses".

Como se sabe, dois meses não significam, necessariamente, sessenta dias, o que denota aparente falta de interação e diálogo na tramitação dos processos legislativos.

De qualquer forma, tal inconsistência é irrelevante, uma vez que tal prazo não é peremptório.

---

59. Contudo, o Enunciado CJF n. 26 restringe a regra ao dispor que a "multa do § 8º do art. 334 do CPC não incide no caso de não comparecimento do réu intimado por edital".

Além disso, na prática, caso seja necessário, as partes poderão pedir a prorrogação do prazo. Sabemos que o prazo máximo de suspensão do processo por convenção das partes é seis meses (art. 313, § 4º), mas nada impede que o juiz o dilate se as partes comprovarem que estão na iminência de fechar eventual acordo, prestigiando-se, assim, as normas estruturantes do processo civil contemporâneo (art. 3º, §§ 2º e 3º, do CPC).

Ao que parece, esse prazo de dois meses/sessenta dias fixado pelo legislador foi apenas para dar um norte mínimo, evitando que o processo fique paralisado por conta da mediação, mesmo quando não se esteja avançando na construção do consenso.

Lembre-se de que, caso o acordo seja alcançado, este deve ser homologado pelo juiz, que julgará extinto o feito com resolução de mérito (art. 487, II, *b*, do CPC), com a formação de título executivo judicial (art. 515, II, do CPC)[60].

Não sendo possível a transação, o mediador deve assinar o termo final da mediação e declarar encerrado o procedimento, remetendo o processo ao juiz para que dê prosseguimento ao feito (art. 334, § 11, do CPC).

Em todo caso, mesmo que frustrada a mediação, a proposta de acordo poderá ser renovada ao longo do processo de conhecimento, inclusive após a sentença, na fase recursal, e mesmo após o trânsito em julgado[61].

7.8. A sanção premial do art. 29 da Lei de Mediação

Na dicção do art. 29 da lei especial, se o conflito for solucionado pela mediação antes da citação do réu, não serão devidas custas judiciais finais. O dispositivo é um bom exemplo de "sanção premial".

Em linhas gerais, as sanções premiais são previsões normativas que estimulam e incentivam os sujeitos a fazerem ou deixarem de fazer algo, em troca de uma recompensa ou de um prêmio[62]. São regras que prescrevem (e não obrigam) comportamentos virtuosos mediante benefícios.

---

60.   Vale lembrar que será considerado título executivo extrajudicial o instrumento de transação referendado pelo Ministério Público, pela Defensoria Pública, pela Advocacia Pública, pelos advogados dos transatores ou por conciliador ou mediador credenciado por tribunal (art. 784, IV, do CPC). Porém, se houver a homologação do acordo extrajudicial, este será considerado um título executivo judicial (art. 515, III, do CPC).

61.   Enunciado n. 168 da II Jornada de Prevenção e Solução Extrajudicial de Litígios: "A preexistência de decisão judicial transitada em julgado não impede a conciliação ou mediação entre os mesmos interessados".

62.   De acordo com Norberto Bobbio, "o papel do direito na sociedade é comumente considerado do ponto de vista da sua função predominante, que sempre foi aquela, mais passiva que ativa, de proteger determinados interesses mediante a repressão dos atos desviantes. Não há dúvida de que a técnica das sanções negativas é a mais adequada para desenvolver esta função, a qual é, ao mesmo tempo, protetora em relação aos atos conformes e repressiva em relação aos atos desviantes. Contudo, a partir do momento em que, devido às exigências do Estado assistencial contemporâneo, o direito não mais se limita a tutelar atos conformes às próprias normas, mas tende a estimular atos inovadores – e, portanto, a sua função não é mais apenas protetora, mas também promocional –, surge, paralelamente ao emprego quase exclusivo das

No campo do direito processual civil, são muitos os dispositivos do CPC que contemplam situações de incentivo, prêmio e recompensa.[63]

A Fazenda Pública, por exemplo, ficará isenta de pagar honorários no cumprimento de sentença que enseje expedição de precatório, *se não oferecer impugnação* (art. 85, § 7º).

Da mesma forma, se as partes alcançarem uma composição amigável antes da sentença, ficam dispensadas de pagamento de eventuais custas finais (art. 90, § 3º).

No caso do réu que reconhece a procedência do pedido e simultaneamente cumpre a obrigação, os honorários serão reduzidos pela metade (art. 90, § 4º).

Já na ação monitória, se o réu efetuar o pagamento da dívida no prazo legal, poderá, no mesmo prazo, pagar 5% (cinco por cento) a título de honorários advocatícios (metade do mínimo legal), ficando eximido das custas processuais (art. 701, *caput* e § 1º).

Na execução, se o executado efetuar o pagamento do débito no prazo de 3 (três) dias, o valor dos honorários advocatícios será reduzido pela metade (art. 827, § 1º).

Por sua vez, em sede de embargos à execução, se o executado reconhecer o crédito do exequente e comprovar o depósito de trinta por cento do valor da execução, acrescido de custas e honorários, poderá parcelar o restante em seis parcelas mensais, acrescidas de correção monetária e juros de mora de um por cento ao mês, independentemente de concordância do exequente (art. 916).

Outra hipótese de sanção premial pode ser identificada na hipótese em que o autor concorda com a alegação de ilegitimidade passiva do réu ou sobre sua ausência de responsabilidade pelos fatos, e, em troca, paga apenas de três a cinco por cento do valor da causa a título de honorários sucumbenciais (art. 338, parágrafo único), independentemente de promover a substituição do demandado.

No plano jurisprudencial, o Superior Tribunal de Justiça já reconheceu, em várias oportunidades, a importância dos instrumentos premiais[64].

---

sanções negativas, as quais constituem a técnica específica da repressão, um emprego, não importa se ainda limitado, de sanções positivas, que dão vida a uma técnica de estímulo e propulsão a atos considerados socialmente úteis, em lugar da repressão de atos considerados socialmente nocivos. (...) O elemento novo das leis de incentivo, aquele que permite o agrupamento dessas leis em uma única categoria, é exatamente o fato de que elas, diferentemente da maioria das normas de um ordenamento jurídico, denominadas sancionatórias (com referência ao fato de que preveem ou cominam uma sanção negativa), empregam a técnica do encorajamento, a qual consiste em promover o comportamento desejado, em vez da técnica do desencorajamento, que consiste em reprimir os comportamentos não desejados" (2007, p. 15-24).

63. MAZZOLA, 2022.

64. REsp 1.424.814/SP, rel. Min. Marco Aurélio Bellize, 3ª Turma, *DJe* 10-10-2016. Dessa decisão, vale pinçar o seguinte trecho: "O ordenamento jurídico vai ao encontro do comportamento social desejado, estimulando a observância da norma, seja por meio da facilitação de seu cumprimento, seja por meio da concessão de benefícios, vantagens e prêmios decorrentes da efetivação da conduta socialmente adequada prevista na norma (técnica do encorajamento, por meio de sanções positivas)". *Vide* também REsp 832.293/PR, rel. Min. Raul Araújo, 4ª Turma, *DJe* 28-10-2015, com destaque para a seguinte passagem: "O desconto para pagamento pontual do aluguel – abono ou bônus pontualidade – é, em princípio, liberalidade do locador, em obediência ao princípio da livre contratação, representando um incentivo concedido ao locatário

Especificamente em relação ao art. 29 da Lei de Mediação, a norma reforça o estímulo à solução consensual, em troca da dispensa do pagamento de eventuais custas finais.

À primeira vista, poder-se-ia pensar que a sistemática preconizada pelo legislador não é factível, uma vez que, à luz do art. 334 do CPC, o réu é citado para comparecer à audiência de mediação e o art. 29 da Lei n. 13.140 fala em solução de conflito antes da citação do demandado.

Ou seja, para fazerem jus ao benefício, as partes teriam, a rigor, que se acertar antes da própria citação.

E é exatamente isso o que acontece, por exemplo, nas mediações pré-processuais. Em alguns tribunais da federação, são realizadas mediações dessa natureza[65], sem a prévia citação da parte.

O que existe, na verdade, é uma comunicação/interação entre as partes, normalmente por força de um convênio realizado entre determinada empresa e o respectivo tribunal. Muitas vezes as empresas já têm um e-mail cadastrado junto ao tribunal para tal finalidade. Em outros casos, *softwares* jurídicos fazem essa interface (com a ajuda da inteligência artificial), viabilizando o acordo antes mesmo da citação[66].

A iniciativa é interessante, pois, de um lado, incentiva a rápida resolução dos conflitos, desonerando as partes, e, de outro, racionaliza a própria entrega da prestação jurisdicional, evitando que mais uma demanda inunde o Poder Judiciário.

Pensamos, porém, que essa isenção das custas finais deveria ser aplicada até o momento de apresentação da contestação pelo réu, ampliando a utilidade do prêmio e maximizando as oportunidades[67]. Até porque, dependendo da sistemática de recolhimento de custas de cada tribunal, podem nem existir custas finais a serem recolhidas oportunamente[68].

---

para pagamento do aluguel em data convencionada, precedente à do vencimento normal da obrigação. Referido bônus tem, portanto, o objetivo de induzir o locatário a cumprir corretamente seu encargo de maneira pontual e até antecipada".

65. Sobre o tema, merece destaque o trabalho do Núcleo Permanente de Métodos Consensuais de Solução de Conflitos (NUPEMEC), do Tribunal de Justiça do Estado do Rio de Janeiro, dirigido pelo Desembargador Cesar Cury.

66. "O contato entre partes, promovido pela IA (inteligência artificial), pode ocorrer durante o curso do processo judicial, como também de modo preventivo à própria ação judicial, ou mesmo posteriormente à propositura da demanda, mas antes da citação da parte ré. Isso porque alguns sistemas são desenvolvidos para captar, nos sites de um dado tribunal, processos distribuídos contra a empresa contratante. Nesse sentido, já não há necessidade nem sequer de adotar um sistema de publicações, pois a IA o faz de forma integrada" (NUNES; RUBINGER; MARQUES. Os perigos do uso da inteligência artificial na advocacia. Disponível em: <https://www.conjur.com.br/2018-jul-09/opiniao-perigos-uso-inteligencia-artificial-advocacia>. Acesso em: 11 jul. 2018).

67. Kazuo Watanabe, Daldice Santa e Bruno Takahashi sustentam que a interpretação que se "mostra mais coerente é aquela que dispensa o pagamento de custas judiciais caso o acordo seja obtido antes ou durante a audiência de mediação ou conciliação do artigo 334" (2018, p. 154-155).

68. Não se pode olvidar, porém, que o juiz, no início do processo, pode autorizar o parcelamento das custas judiciais (art. 98, § 6º, do CPC). Nessa hipótese, se o acordo for celebrado antes da citação (ou da apresentação da contestação, como propomos), a isenção das custas finais pode ser um incentivo a mais para eventual composição amigável.

Capítulo 8

A Confidencialidade na Mediação

Sumário: 8.1. Aproximação ao tema. **8.2.** Conformação legislativa da confidencialidade no CPC e na Lei de Mediação. **8.3.** A confidencialidade nos procedimentos de mediação envolvendo o Poder Público.

8.1. Aproximação ao tema

Como visto, o processo judicial no Brasil deve gozar de ampla publicidade, sendo excepcional o sigilo.

De outra ponta, a mediação pauta-se muitas vezes pela confidencialidade. Em sua redação final, a Lei n. 13.140/2015 trata da confidencialidade e de suas exceções na Seção IV do Capítulo I, especificamente nos arts. 30 e 31.

Ao contrário do texto consagrado no art. 166, § 1º, do CPC, a Lei de Mediação, apesar de consagrar a confidencialidade como princípio informador dessa modalidade de solução consensual de conflitos (art. 2º, VII, do CPC), admite exceções, como já adiantado no Capítulo 7.

Sem dúvida, a confidencialidade materializa um importante fator de garantia de funcionalidade da própria mediação.

Não é por outro motivo que o Código Civil[1] e o Código de Processo Civil[2] expressamente ratificam esse entendimento, mediante a positivação do segredo profissional.

---

1. "Art. 229. Ninguém pode ser obrigado a depor sobre fato: I – a cujo, respeito, por estado ou profissão, deva guardar segredo."

2. "Art. 448. A testemunha não é obrigada a depor sobre fatos: (...) II – a cujo respeito, por estado ou profissão, deva guardar sigilo."

No campo penal[3], verifica-se que a revelação de segredo obtido em razão do exercício de profissão, ofício, função e ministério é conduta expressamente tipificada no Código Penal, sendo, portanto, passível de persecução criminal por parte do Estado.

8.2. Conformação legislativa da confidencialidade no CPC e na Lei de Mediação

Retornando ao exame dos dispositivos da Lei n. 13.140/2015, fica claro que a regra geral é, de fato, a confidencialidade, que, aliás, já havia sido alçada ao patamar de princípio fundamental da mediação, por força do art. 2º, VII, da mesma Lei.

Assim, é inegável que o art. 30 da Lei de Mediação confere especial proteção[4] à confidencialidade[5].

Porém, o instituto da mediação, embora confidencial, não pode ser secreto. Essa distinção assume especial relevância quando tomam parte no procedimento ou a Fazenda Pública ou órgãos que defendem interesses coletivos em sentido amplo (difusos, coletivos ou individuais homogêneos).

Desse modo, não podemos perder de vista que, em hipótese alguma, a sua utilização pode ser admitida como forma de ilidir a transparência e a impessoalidade que devem sempre nortear o uso da coisa pública. Além do mais, a mediação, como todos os outros meios de resolução de conflito, guarda estrita correlação com os mais altos padrões éticos de conduta.

Ou seja, o princípio da confidencialidade, apesar de ser essencial ao procedimento de mediação, não é nem pode ser absoluto, razão pela qual bem agiu bem o legislador pátrio ao prever, expressamente, as exceções à confidencialidade[6].

Como é o consenso que rege toda a estrutura da referida Lei, é permitido que as partes interessadas, de comum acordo, renunciem ao sigilo. Essa circunstância deve ser esclarecida, ao início do procedimento, pelo mediador.

É possível, ainda, que a divulgação seja exigida pela Lei. Será o caso da mediação envolvendo a Administração Pública e seus entes (art. 32 da Lei), em razão do princípio da publicidade insculpido no art. 37 da Carta de 1988, ressalvadas as hipóteses cujo sigi-

---

3. Violação de segredo profissional. "Art. 154. Revelar alguém, sem justa causa, segredo, de que tem ciência em razão de função, ministério, ofício ou profissão, e cuja revelação possa produzir dano a outrem: Pena – detenção, de 3 (três) meses a 1 (um) ano, ou multa."

4. Enunciado ENFAM n. 62: "O conciliador e o mediador deverão advertir os presentes, no início da sessão ou audiência, da extensão do princípio da confidencialidade a todos os participantes do ato".

5. "Art. 30. Toda e qualquer informação relativa ao procedimento de mediação será confidencial em relação a terceiros, não podendo ser revelada sequer em processo arbitral ou judicial salvo se as partes expressamente decidirem de forma diversa ou quando sua divulgação for exigida por lei ou necessária para cumprimento de acordo obtido pela mediação."

6. HALE; PINHO; XAVIER, 2016, p. 197.

lo seja imprescindível à segurança da sociedade e do Estado, nos termos dos arts. 5º, XXXIII, da Constituição Federal, e 3º, I, e 27 da Lei n. 12.527/2011 (Lei de Acesso à Informação).

Finalmente, é possível também que a divulgação seja necessária ao cumprimento do acordo. Imagine-se, por exemplo, que ao fim da mediação as partes cheguem a bom termo, pactuando que uma delas deve cumprir determinada obrigação de fazer. Caso não haja o cumprimento voluntário, será preciso iniciar um processo de execução, que terá como título executivo o próprio termo de mediação (art. 784, IV, do CPC).

Sendo necessária a execução judicial do acordo, deverá ser observado o princípio da publicidade previsto no art. 189 do Código de Processo Civil.

Por sua vez, o § 1º do art. 30 da lei prevê a extensão subjetiva e objetiva do dever de confidencialidade.

No plano subjetivo, como já vimos, ele alcança o mediador, as partes, seus prepostos, advogados, assessores técnicos e quaisquer outras pessoas de sua confiança que tenham, direta ou indiretamente, participado do procedimento de mediação.

No plano objetivo, esse dever abrange: a) a declaração, opinião, sugestão, promessa ou proposta formulada por uma parte à outra na busca de entendimento para o conflito; b) o reconhecimento de fato por qualquer das partes no curso do procedimento de mediação; c) a manifestação de aceitação de proposta de acordo apresentada pelo mediador; d) o documento preparado unicamente para os fins do procedimento de mediação.

O § 2º do art. 30 da lei determina que a prova apresentada em desacordo com as regras acima não será admitida em processo arbitral ou judicial. Como já apontamos, a disposição é de extrema relevância, na medida em que oferece uma garantia efetiva à parte que se dispôs a revelar informações muitas vezes íntimas ou mesmo estratégicas para um futuro processo, no afã de chegar a um acordo.

Imagine-se, por exemplo, que uma das partes, de má-fé, faz a outra crer que há possibilidade de acordo. Com isso, essa outra revela uma informação até então preservada para a fase instrutória de uma eventual e futura ação judicial.

De posse da informação desejada, a outra abandona a mediação e reorganiza sua estratégia para o processo judicial, agora em situação de manifesta vantagem. Como se isso não bastasse, produz em juízo aquele elemento de prova, salientando, ainda, que o mesmo foi revelado espontaneamente pela parte adversa. Tal situação, por óbvio, não poderia prosperar.

Finalmente, nos §§ 3º e 4º do art. 30 da lei, vamos encontrar mais duas exceções à confidencialidade.

O § 3º dispõe que não está abrigada pela regra de confidencialidade a informação relativa à ocorrência de crime de ação pública.

Assim sendo, no caso da mediação extrajudicial, uma vez identificado o crime de ação pública, o mediador tem o dever tomar as providências necessárias, ou seja, comunicar o fato à Presidência da Câmara, para que promova a devida notificação à autoridade policial ou ao Ministério Público.

Outrossim, se a mediação for judicial, a informação do crime deverá ser consignada em ata e remetida ao juiz competente para a adoção das providências necessárias pelo centro judiciário de solução consensual de conflitos (CEJUSC)[7].

Em ambos os casos, a omissão do mediador pode configurar o tipo penal da prevaricação, já que o art. 8º da Lei de Mediação equipara o mediador, no exercício de suas funções, ao servidor público, para fins penais[8].

Observe-se que o dispositivo ressalva apenas os crimes de iniciativa pública, ficando excluídas as figuras abrangidas pela ação penal privada, tais como o dano, a maioria dos crimes contra a honra e o exercício arbitrário das próprias razões, para citar os mais comuns.

Por outro lado, o legislador não distingue entre as hipóteses de ação penal pública incondicionada ou condicionada à representação do ofendido. Aqui, o texto legal apresenta relevante falha técnica.

A exceção à confidencialidade deveria contemplar apenas as hipóteses de ação incondicionada. Isso porque, nas condicionadas, sempre haverá, pelo menos até a sentença, a possibilidade de retratação por parte do ofendido, o que é bastante comum, sobretudo nas hipóteses que se submetem ao procedimento dos juizados especiais criminais, como é o caso da ameaça, da lesão corporal e da lesão culposa na condução de veículo automotor.

Cremos, ainda, que o dispositivo deve ser interpretado restritivamente, a fim de alcançar apenas os crimes não sujeitos à causa de extinção da punibilidade. Assim, se houver alguma das hipóteses previstas no art. 107 do Código Penal, entendemos que não deve haver rompimento da confidencialidade. Podemos citar como exemplos os fenômenos da prescrição, da decadência ou mesmo da morte do agente.

Além disso, temos para nós que o dispositivo deveria abranger, também, notícias de atos de improbidade administrativa, assim definidos pela Lei n. 8.429/92. Tal afirmação se justifica na medida em que tais condutas são, na maioria das vezes, mais graves e com maior potencialidade lesiva do que certos crimes sujeitos à ação penal pública condicionada. Ademais, não custa lembrar que o art. 17, § 1º, da referida Lei não permite nenhum tipo de acordo ou consenso em matéria de improbidade[9].

---

7.   HALE; PINHO; XAVIER, 2016, p. 204.

8.   "Art. 8º O mediador e todos aqueles que o assessoram no procedimento de mediação, quando no exercício de suas funções ou em razão delas, são equiparados a servidor público, para os efeitos da legislação penal."

9.   É bem verdade que esse ponto tem merecido novas reflexões na doutrina, tendo em vista o novo art. 32, III, da Lei de Mediação.

Chegamos, então, ao § 4º do art. 30 da Lei n. 13.140/2015. Tal dispositivo prevê que "a regra da confidencialidade não afasta o dever de as pessoas discriminadas no *caput* prestarem informações à administração tributária após o termo final da mediação".

O dispositivo vem preencher lacuna então existente, que já ocasionou conflitos entre o Fisco e contribuintes ligados às câmaras arbitrais. De fato, não nos parece razoável que o manto da confidencialidade possa ser estendido a ponto de ocultar da autoridade fiscal a movimentação financeira da câmara ou mesmo do mediador passível de incidência de tributos, como é o caso do imposto de renda ou mesmo do imposto sobre serviços.

Observe-se, contudo, que as informações que interessem à administração tributária devem ser divulgadas apenas com o objetivo do adequado exercício da fiscalização tributária, mas o sigilo delas passa a abranger também os servidores que operem com essa fiscalização[10].

Chegamos, então, ao art. 31 da Lei de Mediação. Esse dispositivo regulamenta que a confidencialidade é aplicável às sessões privadas que podem ser conduzidas pelo mediador durante o procedimento da mediação.

Como já salientamos, *caucus* são as sessões privadas utilizadas pela maioria dos mediadores como valioso instrumento para equalização e balanceamento do procedimento, sobretudo quando o profissional percebe que as partes estão em diferentes pontos de compreensão e entendimento, ou mesmo quando há indícios de que apenas uma delas está agindo de forma colaborativa.

Toda e qualquer informação revelada na sessão privada não pode ser compartilhada com os demais personagens da mediação, salvo se houver expressa autorização daquele que a disponibilizou. Isso assume uma especial relevância e, ao mesmo tempo, cria uma tensão a mais na mediação judicial[11].

8.3. A confidencialidade nos procedimentos de mediação envolvendo o Poder Público

Conforme dados divulgados pelo CNJ[12], a Administração Pública brasileira é a parte que possui o maior número de processos judiciais em andamento no país. Nada obstante, pouco ainda se produziu sobre as peculiaridades da resolução consensual de conflitos envolvendo o Poder Público, seja em nível normativo, doutrinário ou jurisprudencial.

---

10. PEIXOTO, 2017, p. 100.

11. PINHO, 2014, p. 81.

12. Disponível em: <http://www.cnj.jus.br/files/conteudo/arquivo/2018/08/44b7368ec6f888b383f6c3de40c32167.pdf>. Acesso em: 10 out. 2018.

Todavia, a necessidade se torna evidente ao passo que o regime jurídico diferencia-do da Administração Pública em relação aos particulares implica limitações relevantes no momento de celebrar acordos[13].

A Lei n. 13.140/2015 trata da autocomposição de conflitos em que for parte pessoa jurídica de direito público em seu Capítulo II. Dessa maneira, quando o legislador implanta o sistema de solução de controvérsias nesse tipo de relação, "favorece o desenvolvimento das atividades administrativas e da governança pública, o atendimento das demandas e anseios dos cidadãos, bem como do setor produtivo"[14], segundo Maria Tereza Fonseca Dias.

Já no tocante ao princípio da confidencialidade e a Administração Pública, há um ponto sensível quanto à tarefa de conciliar o dever de sigilo e o princípio da publicidade dos atos públicos, que é típico do Poder Público, como prevê a Constituição Federal de 1988, em seu art. 37, *caput*.

Além disso, a já mencionada Lei de Acesso à Informação (Lei n. 12.527/2011[15]), que regulamenta o direito constitucional de o cidadão solicitar e receber dos órgãos públicos e de todos os entes e Poderes informações públicas por eles produzidas ou custodiadas, prescreve o sigilo como exceção, definindo o que é informação sigilosa.

A doutrina majoritária defende que, quando houver mediação com pessoa jurídica de direito público, o procedimento não deverá seguir as regras da confidencialidade, pois há prevalência do interesse público na publicidade das informações obtidas, em detrimento do interesse no acordo sobre o litígio que envolva a Administração Pública[16].

Dessa maneira, deve ser garantida a transparência nas sessões de mediação da qual alguma pessoa jurídica de direito público faça parte, com a exceção dos casos em que a própria Lei n. 12.527/2011 preserve o sigilo das informações[17].

Apesar de as informações sob a custódia do Estado serem notadamente públicas, o acesso a elas deverá ser restringido em alguns casos específicos e por um período de tempo determinado. A Lei de Acesso à Informação prevê como exceções à regra geral os seguintes dados: pessoais, as informações classificadas por autoridades como sigilosas e as informações sigilosas com base em outras leis.

---

13. HALE; PINHO; XAVIER, 2016, p. 207.

14. DIAS, 2016, p. 78.

15. Lei n. 12.527/2011: "Art. 3º Os procedimentos previstos nesta Lei destinam-se a assegurar o direito fundamental de acesso à informação e devem ser executados em conformidade com os princípios básicos da administração pública e com as seguintes diretrizes: I – observância da publicidade como preceito geral e do sigilo como exceção; [...] Art. 4º Para os efeitos desta Lei, considera-se: I – informação: dados, processados ou não, que podem ser utilizados para produção e transmissão de conhecimento, contidos em qualquer meio, suporte ou formato; II – documento: unidade de registro de informações, qualquer que seja o suporte ou formato; III – informação sigilosa: aquela submetida temporariamente à restrição de acesso público em razão de sua imprescindibilidade para a segurança da sociedade e do Estado".

16. SOUZA, 2010, p. 153.

17. SOUZA, 2015, p. 183-185.

De acordo com o art. 31 da Lei n. 12.527/2011[18], os dados pessoais não são públicos e terão seu acesso restrito, podendo ser acessados apenas pelos próprios indivíduos e por terceiros, estes apenas em casos excepcionais.

As informações classificadas como sigilosas são aquelas cuja divulgação possa colocar em risco a segurança da sociedade ou do Estado, estando expressamente dispostas no art. 23 da Lei n. 12.527/2011[19]. Em vista disso, o acesso a elas deverá ser limitado por meio da classificação da autoridade competente, apesar de serem informações públicas.

Já as informações sigilosas com base em outras leis são aquelas amparadas por outras legislações, tais como os sigilos fiscal, industrial e bancário, a título de exemplo[20].

Marco Antônio Rodrigues[21] entende que, embora seja regra geral a superação da confidencialidade pela publicidade, esta não é absoluta, destacando a possibilidade de existirem valores que justifiquem a não incidência da publicidade em situações especí-

---

18. Lei n. 12.527/2011: Das Informações Pessoais: "Art. 31. O tratamento das informações pessoais deve ser feito de forma transparente e com respeito à intimidade, vida privada, honra e imagem das pessoas, bem como às liberdades e garantias individuais. § 1º As informações pessoais, a que se refere este artigo, relativas à intimidade, vida privada, honra e imagem: I – terão seu acesso restrito, independentemente de classificação de sigilo e pelo prazo máximo de 100 (cem) anos a contar da sua data de produção, a agentes públicos legalmente autorizados e à pessoa a que elas se referirem; e II – poderão ter autorizada sua divulgação ou acesso por terceiros diante de previsão legal ou consentimento expresso da pessoa a que elas se referirem. § 2º Aquele que obtiver acesso às informações de que trata este artigo será responsabilizado por seu uso indevido. § 3º O consentimento referido no inciso II do § 1º não será exigido quando as informações forem necessárias: I – à prevenção e diagnóstico médico, quando a pessoa estiver física ou legalmente incapaz, e para utilização única e exclusivamente para o tratamento médico; II – à realização de estatísticas e pesquisas científicas de evidente interesse público ou geral, previstos em lei, sendo vedada a identificação da pessoa a que as informações se referirem; III – ao cumprimento de ordem judicial; IV – à defesa de direitos humanos; ou V – à proteção do interesse público e geral preponderante. § 4º A restrição de acesso à informação relativa à vida privada, honra e imagem de pessoa não poderá ser invocada com o intuito de prejudicar processo de apuração de irregularidades em que o titular das informações estiver envolvido, bem como em ações voltadas para a recuperação de fatos históricos de maior relevância. § 5º Regulamento disporá sobre os procedimentos para tratamento de informação pessoal".

19. Lei n. 12.527/2011: "Art. 23. São consideradas imprescindíveis à segurança da sociedade ou do Estado e, portanto, passíveis de classificação as informações cuja divulgação ou acesso irrestrito possam: I – pôr em risco a defesa e a soberania nacionais ou a integridade do território nacional; II – prejudicar ou pôr em risco a condução de negociações ou as relações internacionais do País, ou as que tenham sido fornecidas em caráter sigiloso por outros Estados e organismos internacionais; III – pôr em risco a vida, a segurança ou a saúde da população; IV – oferecer elevado risco à estabilidade financeira, econômica ou monetária do País; V – prejudicar ou causar risco a planos ou operações estratégicos das Forças Armadas; VI – prejudicar ou causar risco a projetos de pesquisa e desenvolvimento científico ou tecnológico, assim como a sistemas, bens, instalações ou áreas de interesse estratégico nacional; VII – pôr em risco a segurança de instituições ou de altas autoridades nacionais ou estrangeiras e seus familiares; ou VIII – comprometer atividades de inteligência, bem como de investigação ou fiscalização em andamento, relacionadas com a prevenção ou repressão de infrações".

20. PINHO; RODRIGUES, 2018, p. 22.

21. RODRIGUES, 2016, p. 370-381.

cas, seja por previsão legal ou por decisão judicial (se a mediação for incidental no processo). Seguindo essa linha, vale mencionar os Enunciados n. 6[22] e 36[23] do I e II Fórum Nacional do Poder Público.

---

22. "A confidencialidade na mediação com a Administração Pública observará os limites da lei de acesso à informação" (I Fórum Nacional do Poder Público, realizado nos dias 17 e 18 de junho de 2016 em Brasília/DF).

23. "Durante o processo de mediação do particular com a Administração Pública, deve ser observado o princípio da confidencialidade previsto no art. 30 da Lei n. 13.140/2015, ressalvando-se somente a divulgação da motivação da Administração Pública e do resultado alcançado" (II Fórum Nacional do Poder Público, realizado nos dias 13 e 14 de outubro de 2016 em Vitória/ES).

Capítulo 9

Mediação de Conflitos e Administração Pública

Sumário: 9.1. Aproximação ao tema. **9.2.** Evolução histórica. **9.3.** Autocomposição envolvendo entes públicos na Lei n. 13.140/2015. **9.4.** A nova transação envolvendo a Administração Pública – Lei n. 13.988/2020, com as alterações e inclusões determinadas pelas Leis n. 14.375/2022 e 14.689/2023. **9.5.** O Projeto de Lei n. 2.485/2022 e a mediação tributária. **9.6.** O cabimento das ferramentas adequadas de resolução de conflitos na nova Lei de Licitações – Lei n. 14.133/2021.

9.1. Aproximação ao tema

O avanço civilizatório verificado desde o Estado Absolutista até os dias atuais, em que vige, na maior parte das democracias ocidentais, o modelo de Estado Democrático de Direito, alterou substancialmente a postura da Administração Pública, eis que atualmente as relações com o administrado são menos verticais e mais dialógicas, com consequente abertura de maiores espaços de consenso com os particulares.

O aperfeiçoamento do modelo de Estado verificado nas últimas décadas é ainda mais nítido em razão das conquistas democráticas do constitucionalismo implementado na Europa continental do período segundo pós-guerra. No Brasil, tal marco consiste, naturalmente, na Constituição Federal de 1988, que ampliou o rol de direitos fundamentais do cidadão perante o Estado.

A sociedade hodierna, nitidamente complexa, exige um sistema normativo mais permeável a princípios aptos a salvaguardar direitos fundamentais, bem como um modelo de Estado mais democrático e dialógico com seus administrados, impondo-se a adequação da Administração Pública nesse sentido.

Diante de tal cenário, o direito administrativo contemporâneo apresenta-se plenamente compatível com a possibilidade de resolução de litígios relativos a direitos titularizados por entes públicos pela via autocompositiva[1].

---

1. MOREIRA NETO, 2006, p. 335; CUNHA, 2022, p. 9.

Dentre eles se inclui, naturalmente, o crédito tributário, que mesmo diante de suas especificidades, consiste em direito disponível, como será examinado a seguir.

Paralelamente a essas modificações do Estado e de suas relações com os administrados, desenvolveu-se, também, profunda mudança no conceito de jurisdição, como já visto no início dessa obra.

Além da necessidade pragmática de desobstrução dos tribunais do país, passou-se a reconhecer que a função jurisdicional prestada pelo Estado-juiz muitas vezes não se revela como a mais adequada à resolução de determinadas controvérsias[2].

Tais constatações conduzem à conclusão de que o acesso à justiça deve ser compreendido atualmente a partir da noção contemporânea de jurisdição, a qual traz consigo a exigência de multiplicidade de instrumentos mais apropriados, céleres e, em geral, menos custosos que a jurisdição estatal para a resolução de inúmeras espécies de litígios.

Trata-se de fenômeno mundial que reverberou entre nós, em um primeiro momento com a edição, pelo Conselho Nacional de Justiça, da Resolução n. 125/2010, que instituiu no Direito brasileiro o sistema de justiça multiportas, e cuja evolução, especificamente em relação à autocomposição envolvendo a Administração Pública, ainda se encontra em curso.

Para o desenvolvimento do tema, alguns conceitos e princípios precisaram passar por uma releitura ou ressignificação. É o caso da supremacia e indisponibilidade do interesse público e da responsabilidade fiscal, especialmente em matéria tributária, como será visto adiante.

9.2. Evolução histórica

O advento do Código de Processo Civil de 2015 e da Lei Geral de Mediação marcaram um novo paradigma para o consenso envolvendo as pessoas jurídicas de direito público.

Os arts. 3º e 32 da Lei n. 13.140/2015, este último espelhado no art. 174 do CPC, abriram espaço para um novo olhar sobre os acordos e seus limites, mesmo quando em jogo direitos indisponíveis[3].

A bem da verdade, a matéria já vinha sendo tratada em nosso ordenamento jurídico, ainda que de forma esparsa e pouco sistematizada, há quase vinte anos.

Considere-se, por exemplo, a versão original da Lei da Concorrência (Lei n. 8.884, de 1994), cujo art. 53 admitiu a celebração de compromisso de cessação de conduta para suspender processo administrativo sancionador. Tal norma foi mantida na Lei n. 12.529/2011, cujos arts. 9º, V, e 85 continuam a dispor sobre o compromisso de cessação de conduta lesiva à concorrência.

---

2. WATANABE, 2012, p. 89.
3. PINHO, 2019, p. 170.

Na sequência, em 1997, a Lei n. 6.385, de 1976, que disciplinou o mercado de capitais e criou a Comissão de Valores Mobiliários para regulá-lo, veio a ser alterada pela Lei n. 9.457, que incluiu os §§ 5º a 12 em seu art. 11, que trata do processo administrativo sancionador. Os novos §§ 5º a 9º tratam da possibilidade de suspensão do processo punitivo mediante celebração de termo de compromisso de ajustar a conduta às prescrições legais.

Ademais, a Lei de Diretrizes e Bases da Educação Nacional tem semelhante previsão no exercício das atividades de fiscalização das instituições de ensino superior (Lei n. 9.394/96, art. 46, § 1º; Decreto n. 5.773/2006, arts. 47 a 50). Importante, ainda, lembrar dos Juizados Especiais Federais (Lei n. 10.259/2001), bem como da lei que criou os Juizados Especiais da Fazenda Pública (Lei n. 12.153/2009). Em ambas há previsão expressa do cabimento de acordo.

Essa tendência, aliás, já vinha sendo seguida, também, nas normas que regem as agências reguladoras[4].

A Lei de Mediação, seguindo esse mesmo caminho, em seus arts. 32 a 40, traz normas gerais e específicas para a utilização das técnicas de conciliação e mediação nos conflitos que envolvam a Administração Pública e seus órgãos, bem como na utilização da ferramenta do termo de ajustamento de conduta. É o que se passará a analisar a seguir.

Interessante notar, de plano, que o uso da mediação pelo Poder Público já era uma realidade desde a criação da Câmara de Mediação e Conciliação da Administração Federal (CCAF)[5], prevista originariamente no art. 18 do Decreto n. 7.392/2010, e atualmente disciplinada pelo Decreto n. 10.608/2021. Essa Câmara, que integra a estrutura da Advocacia-Geral da União, tem atuação em diversos casos de alta relevância, propõe-se a mediar casos complexos e que envolvam entes da Administração Pública[6], em iniciativa absolutamente pioneira e exitosa[7].

Aliás, cabe ressaltar que, mesmo após o advento da Lei de Mediação, houve, ainda, a edição da Lei n. 13.988/2020, que será comentada adiante, bem como da Lei n.

---

4. Eis as leis específicas dos setores altamente regulados: a) ANEEL – art. 3º, V, da Lei n. 9.427/96, e Resolução ANEEL n. 333/2008; b) ANATEL – art. 19, XVII, da Lei n. 9.472/96; c) ANP – art. 20 da Lei n. 9.478/97, e Portaria ANP n. 69/2011, art. 54; d) ANTT – Resolução n. 442/2004; e) ANTAQ – Resolução n. 987/2008; f) ANS – Lei n. 9.656/98, art. 29, § 1º, e Lei n. 9.961/2000, art. 4º, XXXIX; g) PREVIC – Lei n. 12.154/2009, art. 2º, VIII; Instruções PREVIC n. 3 e 7/2010.

5. Enunciado CJF n. 18 aprovado na I Jornada de Prevenção e Solução Extrajudicial de Litígios: "Os conflitos entre a administração pública federal direta e indireta e/ou entes da federação poderão ser solucionados pela Câmara de Conciliação e Arbitragem da Administração Pública Federal – CCAF – órgão integrante da Advocacia-Geral da União, via provocação do interessado ou comunicação do Poder Judiciário".

6. Enunciado CJF n. 25 aprovado na I Jornada de Prevenção e Solução Extrajudicial de Litígios: "A União, os Estados, o Distrito Federal e os Municípios têm o dever de criar Câmaras de Prevenção e Resolução Administrativa de Conflitos com atribuição específica para autocomposição do litígio".

7. Enunciado CJF n. 19 aprovado na I Jornada de Prevenção e Solução Extrajudicial de Litígios: "O acordo realizado perante a Câmara de Conciliação e Arbitragem da Administração Pública Federal – CCAF – órgão integrante da Advocacia-Geral da União – constitui título executivo extrajudicial e, caso homologado judicialmente, título executivo judicial".

14.057/2020, que disciplina o acordo com credores para pagamento com desconto de precatórios federais e o acordo terminativo de litígio contra a Fazenda Pública[8].

Em 2023, o CNJ editou a Recomendação n. 140/2023, com o objetivo de regulamentar a adoção de métodos de resolução consensual de conflitos pela Administração Pública dos órgãos do Poder Judiciário em controvérsias oriundas de contratos administrativos.

Da leitura do texto, extrai-se a ideia de estimular o uso de tais ferramentas, seja por iniciativa do particular ou pelos órgãos do Poder Judiciário, em sua atuação administrativa (art. 1º, § 1º).

De acordo com o § 2º, o acordo extrajudicial poderá ser celebrado no âmbito do procedimento administrativo destinado a apurar a inexecução do contrato ou mediante procedimento específico, caso o primeiro já tenha sido encerrado. De toda sorte, aplica-se o parágrafo único do art. 151 da Lei n. 14.133/2021 quando a controvérsia for relacionada a direitos patrimoniais disponíveis.

Segundo o § 4º da Recomendação n. 140/2023 do CNJ, o conflito pode ser dirimido em câmaras de prevenção e resolução administrativa de conflitos, na forma do art. 32 da Lei de Mediação e o § 5º autoriza a regulamentação dessa Recomendação pelos órgãos do Poder Judiciário com o objetivo de conferir segurança e estabilidade jurídica ao acordo.

O art. 2º traz um conceito relevante no que se refere à primazia dos métodos consensuais, observado o princípio da proporcionalidade. Desse modo, o texto refere, expressamente, que o acordo deve se pautar pela vantajosidade ao interesse público em relação ao ajuizamento de ação judicial, considerando-se, para tanto:

a)   a duração razoável do processo;
b)   a efetividade das sanções aplicáveis; e
c)   a celeridade na reparação do dano.

Ademais, o art. 7º reforça a orientação pragmática-consequencialista positivada nos arts. 20 a 30 do Decreto-lei n. 4.657/42, modificado pela Lei n. 13.655/2018, com o objetivo de efetivar critérios objetivos, de acordo com a natureza e a gravidade das infrações, observando-se os seguintes parâmetros:

a)   proporcionalidade;
b)   equanimidade; e
c)   eficiência,

O art. 3º enfatiza que o acordo deve conter obrigações certas, líquidas, determinadas e exigíveis. Desse modo, o particular deverá assumir a responsabilidade pela inexecução do contrato, de forma clara e detalhada, e o acordo poderá conter cláusula específica de

---

8.   "Art. 3º Os acordos terminativos de litígio de que tratam o art. 1º da Lei n. 9.469, de 10 de julho de 1997, e o § 12 do art. 19 da Lei n. 10.522, de 19 de julho de 2002, poderão ser propostos pela entidade pública ou pelos titulares do direito creditório e poderão abranger condições diferenciadas de deságio e de parcelamento para o pagamento do crédito deles resultante".

aplicação de multa ou outra espécie de cominação adequada no caso de descumprimento das obrigações assumidas.

Por sua vez, o art. 5º, parágrafo único, admite composição sobre a forma, o prazo e o modo de cumprimento da obrigação de reparação integral. Contudo, o art. 6º condiciona a eficácia do acordo extrajudicial à sua homologação pela autoridade máxima do respectivo órgão.

9.3. Autocomposição envolvendo entes públicos na Lei n. 13.140/2015

A Lei n. 13.140/2015 possui Capítulo específico destinado à regulamentação da autocomposição envolvendo a Administração Pública.

O art. 32 da Lei de Mediação, como já referido, reproduz os termos do art. 174 do CPC, no que concerne ao cabimento da mediação envolvendo órgãos públicos, ressalvada a restrição expressamente imposta pelo art. 38, I, quanto à incidência das normas dos incisos II e III do art. 32 (tributos administrados pela Secretaria da Receita Federal do Brasil ou créditos inscritos em dívida ativa da União).

Na sequência, várias normas específicas são apresentadas.

Inicialmente, o § 1º do art. 32 se refere às câmaras de prevenção e resolução administrativa de conflitos, no âmbito dos respectivos órgãos da Advocacia Pública. Cada órgão deverá regulamentar sua própria Câmara, tendo sempre em conta que a submissão do conflito é voluntária (§ 2º) e que o acordo obtido constitui título executivo extrajudicial, não havendo necessidade de levá-lo à homologação judicial, como ocorre na hipótese do art. 3º, § 2º, da Lei de Mediação.

Há de se chamar atenção para a relevância dessa regra. Ao que parece, a intenção do legislador foi a de conferir mais essa prerrogativa aos órgãos públicos, qual seja, não ter que buscar, obrigatoriamente, a homologação judicial dos seus acordos, mesmo quando versarem sobre direitos indisponíveis transacionáveis.

Considerado tal raciocínio, chega-se à conclusão de que, se o acordo, em matéria pública ou coletiva, é celebrado por um órgão privado, v.g., por uma associação de classe, haverá a necessidade de homologação judicial para a sua eficácia, pois deverá incidir a regra geral do art. 3º, § 2º, da Lei de Mediação. Ao contrário, se o acordo é celebrado por um órgão público, a homologação passa ser facultativa, nos exatos termos do art. 32, § 3º.

Ademais, as câmaras guardam competência para a resolução de conflitos que envolvam o equilíbrio econômico-financeiro dos contratos celebrados pela Administração (§ 5º). Essa função tem grande importância, sobretudo para contratos de longa duração, como em contratos de infraestrutura, uma vez que os indicadores econômicos tendem a variar, pressionados por fatores internos e externos, como a alta do dólar ou a saída de recursos financeiros.

Por outro lado, o § 4º estabelece uma restrição no caso de atos ou concessões de direitos sujeitos à autorização do Poder Legislativo. Nessa hipótese, não poderá ser instaurado procedimento de mediação sobre tais direitos. Aqui temos, na verdade, uma restrição legal expressa. Utilizando, por empréstimo, a noção do art. 3º, § 2º, podemos dizer que esse § 4º apresenta uma hipótese de direito indisponível não transacionável.

Já o art. 33 estabelece que, enquanto não forem criadas as câmaras de mediação, os conflitos poderão ser dirimidos nos termos do procedimento de mediação previsto no art. 14 e s., ou seja, as regras comuns à mediação judicial e extrajudicial.

O parágrafo único do art. 33 permite à AGU e às Procuradorias dos Estados, Distrito Federal e Município a instauração de procedimento de mediação coletiva de conflitos relacionados à prestação de serviços públicos. Trata-se, na verdade, de norma que estende a permissão já prevista no art. 32, § 4º.

Outra regra importante é aquela disposta no art. 34, que, na verdade, reproduz o que consta do art. 17 da Lei de Mediação. Assim, a instauração do procedimento suspende a prescrição. Importante notar que o ajuizamento da demanda judicial ou a instauração do procedimento arbitral tem como consequência a interrupção do prazo prescricional (art. 240, § 1º, do CPC e art. 19, § 2º, da Lei n. 9.307/96). Como se vê, portanto, quis o legislador dar efeito diverso à mediação. Nesse caso haverá, em qualquer hipótese (mediação privada ou pública), a suspensão e não a interrupção do prazo prescricional.

A fim de especificar o momento exato, o § 1º do art. 34 dispõe que se considera instaurado o procedimento quando órgão ou entidade pública emitir juízo de admissibilidade, retroagindo a suspensão da prescrição à data de formalização do pedido de resolução consensual do conflito. Contudo, se a matéria tiver natureza tributária, o § 2º do art. 34 determina a observância do que dispuser o Código Tributário Nacional – Lei n. 5.172, de 25 de outubro de 1966.

Nesse sentido, o art. 156, V, do CTN, determina que uma das causas de extinção do crédito tributário é a prescrição. Contudo, o parágrafo único do art. 169 dispõe que o prazo de prescrição é interrompido pelo início da ação judicial, recomeçando o seu curso, por metade, a partir da data da intimação válida do advogado público.

Por sua vez, o art. 174, parágrafo único, do CTN, apresenta as hipóteses de interrupção da prescrição, a saber:

I – o despacho do juiz que ordenar a citação em execução fiscal;

II – o protesto judicial;

III – por qualquer ato judicial que constitua em mora o devedor;

IV – por qualquer ato inequívoco ainda que extrajudicial, que importe em reconhecimento do débito pelo devedor.

Como se observa, o legislador expandiu bastante os limites do consenso em causas envolvendo a Administração Pública, apesar de ter criado regras específicas para questões tributárias, até mesmo em razão das regras formais impostas pelo Código Tributário Nacional.

Passa-se, agora, à análise do art. 35, que trata da chamada "transação por adesão".

Inicialmente, é preciso reconhecer que os entes públicos estão entre os maiores litigantes do Brasil. Assim, a transação por adesão, como instrumento para a realização de acordos em massa, pode contribuir de modo determinante para a racionalização da prestação jurisdicional no Brasil.

O instituto, previsto na Seção II do Capítulo II da Lei n. 13.140/2015, precisamente no art. 35, consiste, em síntese, na possibilidade de que as controvérsias entre particulares e entes da Administração Pública venham a ser objeto de transação por adesão, mediante prévia autorização do Advogado-Geral da União, que se baseará na jurisprudência pacífica do Supremo Tribunal Federal ou de tribunais superiores.

Fixados os parâmetros pelo Advogado-Geral da União, os administrados que possuam controvérsias jurídicas já judicializadas com a Administração Pública federal direta, autárquica e fundacional poderão vir a celebrar um acordo global, que terá como consequência a extinção daquelas ações judiciais.

Na verdade, parece haver uma nítida correlação entre a transação por adesão prevista na Lei de Mediação e os mecanismos processuais que integram o microssistema de casos repetitivos delineado pelo Código de Processo Civil.

Com efeito, a multiplicidade de demandas idênticas – ou no mínimo assemelhadas quanto à determinada questão de direito – consiste em pressuposto lógico para a celebração de transação por adesão, que não deixa de ser espécie do gênero meio consensual de solução de conflitos. O uso do instituto é potencializado por dois elementos, a saber:

a) a controvérsia é unicamente de direito; e

b) o réu é sempre o mesmo, ou seja, a União Federal.

Tem-se, assim, duas hipóteses para o uso da ferramenta prevista no art. 35:

I – autorização do Advogado-Geral da União, com base na jurisprudência pacífica do Supremo Tribunal Federal ou de tribunais superiores; ou

II – parecer do Advogado-Geral da União, aprovado pelo Presidente da República.

Pelo exame dos dispositivos, pode-se aferir que na primeira hipótese há uma avaliação jurídica do caso. Trata-se de constatação técnica da inviabilidade ou da inviável procrastinação do feito diante de uma jurisprudência que já se pacificou.

Importante ressaltar que o legislador não fez, como poderia, referência ao art. 927 do CPC. Portanto, não se exige a identificação de uma decisão com efeitos vinculantes. Basta a avaliação do Advogado-Geral da União de que se trata de uma jurisprudência pacífica, ou seja, que já existe um conjunto de decisões no âmbito do STF ou dos Tribunais Superiores, que permita, com razoável grau de segurança, afirmar que muito dificilmente haverá uma mudança de entendimento.

Para tanto, o AGU deverá observar o número de decisões e os órgãos prolatores.

Por exemplo: se todas as decisões são da 1ª Turma do STF, mas ainda não há decisão nem na 2ª Turma, nem no Pleno, não é possível afirmar que já exista uma jurisprudência pacífica. Da mesma forma, se houver apenas poucos julgamentos, ainda que de turmas diversas, com maioria apertada, esse entendimento pode vir a ser alterado se e quando for levado ao Pleno, no caso do STF, ou à Corte Especial, no caso do STJ.

Na segunda hipótese (art. 35, II), tem-se uma situação eminentemente política. Observe-se que o legislador não exige, aqui, nenhum outro requisito. É ato discricionário puro.

Nada obstante, o dispositivo deve ser, obviamente, interpretado em consonância com os princípios constitucionais previstos no art. 37 da Carta de 1988, em especial a impessoalidade e a moralidade administrativas. Assim sendo, o instrumento do inciso II não pode ser direcionado para beneficiar pessoas determinadas ou aplicado em casos específicos com o especial fim de evitar consequência jurídica que seria aplicável às demais pessoas naquela mesma situação.

O art. 36 elege a Advocacia-Geral da União (AGU) como responsável pela solução de conflitos que envolvam controvérsia jurídica entre órgãos ou entidades de direito público que integram a Administração Pública federal (§ 1º).

Já o art. 37 faculta aos Estados, ao Distrito Federal e aos Municípios, suas autarquias e fundações públicas, bem como às empresas públicas e sociedades de economia mista federais, submeter seus litígios com órgãos ou entidades da Administração Pública federal à Advocacia-Geral da União, para fins de composição extrajudicial do conflito, ressalvada a exceção do art. 38, II, que será vista a seguir.

Por sua vez, o art. 38, de maior relevância para o recorte teórico do presente estudo, dispõe que, nos casos em que a controvérsia jurídica seja relativa a tributos administrados pela Secretaria da Receita Federal do Brasil ou a créditos inscritos em dívida ativa da União, algumas regras excepcionais devem ser aplicadas, a saber:

I – não se aplicam as disposições dos incisos II e III do *caput* do art. 32, como já referido anteriormente, ou seja, nesses casos não poderá haver nem mediação, nem obtenção de acordo por meio de TAC;

II – as empresas públicas, sociedades de economia mista e suas subsidiárias que explorem atividade econômica de produção ou comercialização de bens ou de prestação de serviços em regime de concorrência não poderão submeter seus litígios com órgãos ou entidades da Administração Pública federal à Advocacia-Geral da União, para fins de composição extrajudicial do conflito;

III – quando forem partes órgãos ou entidades de direito público que integram a Administração Pública federal:

a) a submissão do conflito à composição extrajudicial pela Advocacia-Geral da União implica renúncia do direito de recorrer ao Conselho Administrativo de Recursos Fiscais[9];

---

9. Não custa lembrar que o CARF foi criado pela Medida Provisória n. 449, de 2008, convertida na Lei n. 11.941, de 27 de maio de 2009, e instalado mediante a Portaria MF n. 41, de 2009.

b) a redução ou o cancelamento do crédito dependerá de manifestação conjunta do Advogado-Geral da União e do Ministro de Estado da Fazenda[10].

Ademais, o parágrafo único do art. 38 ainda prevê que o dispositivo não afasta a competência do Advogado-Geral da União prevista nos incisos VI, X e XI do art. 4º da Lei Complementar n. 73, de 10 de fevereiro de 1993, e na Lei n. 9.469, de 10 de julho de 1997.

Por outro lado, o art. 39 prevê que a propositura de ação judicial em que figure concomitantemente nos polos ativo e passivo órgãos ou entidades de direito público que integrem a Administração Pública federal deverá ser previamente autorizada pelo Advogado-Geral da União. Trata-se de norma que visa a evitar demandas desnecessárias ou que possam ser resolvidas, previamente, por meio de acordo.

Do exame de seu inteiro teor, é possível perceber a preocupação do legislador com os espaços de consenso no âmbito da Administração Pública, bem como a definição das principais atribuições dos respectivos agentes.

A excepcional não incidência das regras gerais previstas na Lei n. 13.140/2015 às controvérsias relativas a tributos administrados pela Secretaria da Receita Federal do Brasil ou a créditos inscritos em dívida ativa da União, nos termos de seu art. 38, que expressamente exclui a possibilidade de realização de mediação e termo de ajustamento de conduta nessas hipóteses, deixou espaço para regulamentação específica sobre o tema, trazida pela Lei n. 13.988/2020.

9.4. A nova transação envolvendo a Administração Pública – Lei n. 13.988/2020, com as alterações e inclusões determinadas pelas Leis n. 14.375/2022 e 14.689/2023

Cabe consignar, de início, que, ao contrário do que se passa nas relações de direito privado, nas quais vige a plena disponibilidade de direitos e, por via de consequência, a plena liberdade de autocomposição, tal não se verifica no direito público, pela singela razão de que os administradores públicos não ostentam a condição de titulares dos direitos materiais em jogo, mas sim a de representantes do povo, não possuindo, à toda evidência, os mesmos poderes de disposição dos particulares em relação aos bens que integram seu patrimônio[11].

Ocorre que, como visto acima, já existe sólido arcabouço legal para a eleição de meios autocompositivos em detrimento da jurisdição estatal para dirimir conflitos relativos a direitos titularizados por entes públicos.

---

10. Aqui o legislador acrescenta um requisito, tornando o ato complexo. Como se trata de questão relevante, do ponto de vista político e tributário, haverá a necessidade da manifestação do AGU e do Ministro da Fazenda.

11. TALAMINI, 2018, p. 2.

No que concerne especificamente ao crédito tributário, deve-se deixar claro que, a despeito de sua essencialidade à manutenção do Estado, bem como de suas inúmeras especificidades, sua natureza é de direito disponível titularizado pela Administração Pública[12].

O Código Tributário Nacional prevê, em seu art. 156, que o crédito tributário é extinto pela transação. Já o art. 170 estabelece que a lei pode autorizar a compensação de créditos tributários com créditos líquidos e certos, vencidos ou vincendos, do sujeito passivo contra a Fazenda pública.

Atente-se para o Enunciado n. 53 da I Jornada de Prevenção e Solução Extrajudicial de Litígios, realizada em 2016 pelo CJF, no sentido de estimular a transação para tornar efetiva a justiça tributária, no âmbito administrativo e judicial, aprimorando a sistemática de prevenção e solução consensual dos conflitos tributários entre Administração Pública e administrados, ampliando, assim, a recuperação de receitas com maior brevidade e eficiência.

Nessa esteira, a Medida Provisória n. 899/2019 estabeleceu uma espécie de REFIS permanente, ao regulamentar o art. 171 do Código Tributário Nacional e prever a possibilidade de transação do crédito tributário.

A MP n. 899/2019 chegou ao ordenamento brasileiro com a pretensão de lei geral sobre transação tributária. Dando cumprimento ao art. 10 dessa MP, a Procuradoria--Geral da Fazenda Nacional (PGFN) editou a Portaria n. 11.956, de 27 de novembro de 2019, que regulamenta a transação na cobrança da dívida ativa da União, para disciplinar a resolução de conflitos entre a administração tributária federal e os contribuintes com débitos junto à União que não cometeram fraudes e que se enquadrem nas modalidades ali previstas.

Em 14 de abril de 2020, foi editada a Lei n. 13.988, fruto da conversão da Medida Provisória n. 899/2019, que dispõe sobre o cabimento de transação no âmbito da Administração Pública, dentre outras providências.

O art. 1º dessa lei estabelece os requisitos e as condições para que a União e suas autarquias e fundações realizem transação resolutiva de litígio relativo à cobrança de créditos de natureza tributária ou não.

A doutrina vem se referindo a essa nova modalidade como transação fiscal[13], salientando que se trata de mais uma ferramenta na linha da desjudicialização da cobrança de créditos públicos.

É certo que se trata de um ato discricionário da Administração e, como tal, orientado pelos princípios da oportunidade e conveniência (§ 1º). Contudo, o ato deve ser, sempre, motivado, atendendo, ainda, aos princípios da isonomia, da capacidade contri-

---

12. RODRIGUES; PINHO, 2020.
13. PEPE, 2020.

butiva, da transparência, da moralidade, da razoável duração dos processos e da eficiência e publicidade, salvo para as informações protegidas pelo sigilo (§ 2º).

A lei abrange as seguintes parcelas (§ 4º):

a) créditos tributários sob a administração da Secretaria Especial da Receita Federal do Brasil do Ministério da Economia;

b) dívida ativa e tributos da União, cujas inscrição, cobrança e representação incumbam à Procuradoria-Geral da Fazenda Nacional, nos termos do art. 12 da Lei Complementar n. 73, de 10 de fevereiro de 1993; e

c) dívida ativa das autarquias e das fundações públicas federais cujas inscrição, cobrança e representação incumbam à Procuradoria-Geral Federal ou à Procuradoria-Geral do Banco Central e aos créditos cuja cobrança seja competência da Procuradoria-Geral da União, nos termos de ato do Advogado-Geral da União e sem prejuízo do disposto na Lei n. 9.469, de 10 de julho de 1997 (dispositivo alterado pela Lei n. 14.689/2023).

Por sua vez, o art. 5º da lei em exame impõe restrições ao uso da transação. Nesse sentido, essa ferramenta não poderá ser utilizada para:

I – reduzir multas de natureza penal;

II – conceder descontos a créditos relativos ao:

a) Regime Especial Unificado de Arrecadação de Tributos e Contribuições devidos pelas Microempresas e Empresas de Pequeno Porte (Simples Nacional), enquanto não editada lei complementar autorizativa;

b) Fundo de Garantia do Tempo de Serviço (FGTS), enquanto não autorizado pelo seu Conselho Curador;

III – beneficiar devedor contumaz, conforme definido em lei específica.

Com relação ao teto do valor a ser transacionado, o art. 8º menciona a necessidade de edição de ato de atribuição do Ministro da Economia ou do Advogado-Geral da União.

O Capítulo II (arts. 10 a 15) da lei trata da transação na cobrança de créditos da União e de suas autarquias e fundações públicas.

O art. 10 foi alterado pela Lei n. 14.689/2023 e prevê que a transação na cobrança da dívida ativa da União, das autarquias e das fundações públicas federais poderá ser proposta pela Procuradoria-Geral da Fazenda Nacional, pela Procuradoria-Geral Federal e pela Procuradoria-Geral do Banco Central, de forma individual ou por adesão, ou por iniciativa do devedor, ou pela Procuradoria-Geral da União, em relação aos créditos sob sua responsabilidade.

Importante notar que o art. 11 permite que a transação contemple os seguintes benefícios:

I – a concessão de descontos nas multas, nos juros e nos encargos legais relativos a créditos a serem transacionados que sejam classificados como irrecuperáveis ou de difícil recuperação, conforme critérios estabelecidos pela autoridade competente, nos termos do parágrafo único do art. 14 dessa Lei;

II – o oferecimento de prazos e formas de pagamento especiais, incluídos o diferimento e a moratória;

III – o oferecimento, a substituição ou a alienação de garantias e de constrições;

IV – a utilização de créditos de prejuízo fiscal e de base de cálculo negativa da Contribuição Social sobre o Lucro Líquido (CSLL), na apuração do Imposto sobre a Renda das Pessoas Jurídicas (IRPJ) e da CSLL, até o limite de 70% (setenta por cento) do saldo remanescente após a incidência dos descontos, se houver;

V – o uso de precatórios ou de direito creditório com sentença de valor transitada em julgado para amortização de dívida tributária principal, multa e juros.

Por outro lado, é vedada transação que (§ 2º):

I – reduza o montante principal do crédito, assim compreendido seu valor originário, excluídos os acréscimos de que trata o inciso I do *caput* deste artigo;

II – implique redução superior a 65% (sessenta e cinco por cento) do valor total dos créditos a serem transacionados;

III – conceda prazo de quitação dos créditos superior a 120 (cento e vinte) meses;

IV – envolva créditos não inscritos em dívida ativa da União, exceto aqueles sob responsabilidade da Procuradoria-Geral da União ou em contencioso administrativo fiscal de que trata o art. 10-A dessa lei.

Registre-se que, na forma do art. 12, a proposta de transação não suspende a exigibilidade dos créditos por ela abrangidos nem o andamento das respectivas execuções fiscais.

Por sua vez, o Capítulo III aborda a transação por adesão no contencioso tributário de relevante e disseminada controvérsia jurídica. A primeira questão que chama a atenção é o fato de a nova lei não fazer menção ao art. 35 da Lei de Mediação, que, justamente, trata da transação por adesão, mas que até hoje não foi posto em prática sob a alegação de depender de norma regulamentadora.

A nova ferramenta prevista na Lei n. 13.988/2020, embora carregue o mesmo nome, parece apresentar diferenças bem marcantes quanto à iniciativa e ao procedimento para sua operacionalização.

Desse modo, o art. 16 confere iniciativa ao Ministro da Economia para propor aos sujeitos passivos transação resolutiva de litígios aduaneiros ou tributários decorrentes de relevante e disseminada controvérsia jurídica.

Para tanto, poderá tomar por base manifestação da Procuradoria-Geral da Fazenda Nacional e da Secretaria Especial da Receita Federal.

O § 2º do art. 16 da Lei n. 13.988/2020 prevê que essa nova proposta de transação versará, preferencialmente, sobre controvérsia restrita a segmento econômico ou produtivo, a grupo ou universo de contribuintes ou a responsáveis delimitados, vedada, em qualquer hipótese, a alteração de regime jurídico tributário.

O § 3º considera como controvérsia jurídica relevante e disseminada aquela que trata de questões tributárias que ultrapassem os interesses subjetivos da causa.

Já o art. 17 prevê que a proposta de transação será publicada na forma de um edital, ao passo que o § 1º do art. 35 da Lei de Mediação prevê a edição de uma resolução administrativa.

Note-se que o art. 18 restringe a possibilidade de celebração dessa nova transação à existência, na data de publicação do edital, de inscrição em dívida ativa, de ação judicial, de embargos à execução fiscal ou de reclamação ou recurso administrativo pendente de julgamento definitivo, relativamente à tese objeto da transação.

No entanto, o parágrafo único desse dispositivo prevê a rescisão do acordo quando contrariar decisão judicial definitiva prolatada antes da celebração da transação.

O art. 20, a seu turno, traz as seguintes vedações:

I – celebração de nova transação relativa ao mesmo crédito tributário;

II – oferta de transação por adesão nas hipóteses previstas no art. 19 da Lei n. 10.522, de 19 de julho de 2002, quando o ato ou a jurisprudência for em sentido integralmente desfavorável à Fazenda Nacional;

III – proposta de transação com efeito prospectivo que resulte, direta ou indiretamente, em regime especial, diferenciado ou individual de tributação.

Finalmente, o art. 22, § 3º, dispõe que a transação por adesão será realizada exclusivamente por meio eletrônico.

A Lei n. 14.689/2023 acrescentou o art. 22-A para determinar que se aplica à transação por adesão no contencioso tributário o disposto no inciso IV do *caput* e nos §§ 7º e 12 do art. 11.

Em relação ao Capítulo IV, este trata da transação por adesão no contencioso tributário de pequeno valor.

O art. 23 prevê que, observados os princípios da racionalidade, da economicidade e da eficiência, ato do Ministro de Estado da Economia deverá regulamentar:

I – o contencioso administrativo fiscal de pequeno valor, assim considerado aquele cujo lançamento fiscal ou controvérsia não supere 60 (sessenta) salários mínimos;

II – a adoção de métodos alternativos de solução de litígio, inclusive transação, envolvendo processos de pequeno valor.

De toda forma o parágrafo único desse art. 23 estabelece que no contencioso administrativo de pequeno valor, observados o contraditório, a ampla defesa e a vinculação aos entendimentos do Conselho Administrativo de Recursos Fiscais, o julgamento será realizado em última instância por órgão colegiado da Delegacia da Receita Federal do Brasil de Julgamento da Secretaria Especial da Receita Federal do Brasil.

Assim, na forma do art. 24, a transação relativa a crédito tributário de pequeno valor será realizada na pendência de impugnação, de recurso ou de reclamação administrativa ou no processo de cobrança da dívida ativa da União.

9.5. O Projeto de Lei n. 2.485/2022 e a mediação tributária

O referido projeto é fruto do trabalho de Comissão de Juristas instituída pelo Ato Conjunto do Presidente do Senado e do Supremo Tribunal Federal n. 1/2022, para apresentar anteprojetos de proposições legislativas tendentes a dinamizar, unificar e modernizar o processo administrativo e tributário nacional, sob a presidência da Ministra Regina Helena Costa, tendo como relator o juiz Marcus Livio Gomes.

Contudo, antes mesmo de o esforço legislativo ser consolidado, o Conselho Nacional de Justiça já havia editado a Recomendação n. 120/2021, aprovada à unanimidade na 95ª sessão virtual do CNJ, com a seguintes diretrizes aos tribunais pátrios, entre outras:

a) priorização, pelos magistrados, sempre que possível, da solução consensual da controvérsia, estimulando a negociação, a conciliação, a mediação ou a transação tributária, extensível à seara extrajudicial, observados os princípios da Administração Pública e as condições, os critérios e os limites estabelecidos nas leis e demais atos normativos das Unidades da Federação (art. 1º, *caput*);

b) a criação, pelos tribunais, de varas especializadas com competência exclusiva para processar e julgar demandas tributárias antiexacionais, com vistas a garantir tramitação mais célere e uniforme dos processos e assegurar tratamento isonômico a todos os jurisdicionados (art. 3º);

c) celebração de protocolos institucionais com os entes públicos, objetivando:

   i) a disponibilização das condições, dos critérios e dos limites para a realização de autocomposição tributária, inclusive na fase de cumprimento de sentença;

   ii) a ampla divulgação de editais de propostas de transação tributária e de outras espécies de autocomposição tributária;

   iii) a apresentação de hipóteses nas quais a realização de audiência prevista no art. 334 do CPC em demandas tributárias seja indicada;

   iv) a otimização de fluxos e rotinas administrativas entre os entes públicos e o Poder Judiciário no tratamento adequado de demandas tributárias; e

   v) o intercâmbio, por meio eletrônico, de dados e informações relacionados às demandas tributárias pendentes de julgamento que envolvem o ente público (art. 4º).

À época, os Conselheiros ressaltaram a necessidade de se levar em conta a situação peculiar em que o país se encontrava, diante dos efeitos causados pela pandemia da Covid-19, com a necessidade de recuperação das empresas e fomento às atividades econômicas.

Atendendo a essa orientação, foi apresentado o referido Projeto de Lei n. 2.485/2022, cujas principais características são apontadas a seguir.

O art. 1º caracteriza a mediação como meio de prevenção consensual de conflitos em matéria tributária administrativa e judicial entre a Fazenda Pública Federal e o sujeito passivo, sendo aplicáveis, subsidiariamente, as disposições do CPC e da Lei n. 13.140/2015. O § 3º prioriza a modalidade coletiva, por intermédio de entidades de classe, associações ou grupos detentores de situações idênticas ou análogas.

O projeto tem preocupação didática e sistematizadora, de forma que são oferecidos diversos conceitos no art. 4º, a saber:

I – mediação tributária: o método e procedimento requerido, instaurado e mantido voluntariamente pelo agente competente da administração tributária federal e pelo sujeito passivo, no qual a assistência facilitadora ou diretiva de um terceiro imparcial busca a prevenção de conflito tributário, cujo resultado poderá ser a celebração de acordo, formalizado por meio de termo de entendimento das partes;

II – requerimento de mediação: o ato de solicitação de mediação formalizado pelo sujeito passivo;

III – termo de aceitação da mediação tributária: o acordo vestibular para a instauração do procedimento de mediação tributária, a ser assinado em conjunto pelas partes, podendo ser renunciado a qualquer tempo; e

IV – termo de entendimento: o instrumento de formalização de acordo tributário, que consiste em documento escrito, elaborado pelo mediador e submetido à avaliação e assinatura das partes, com base nas tratativas e nos consensos construídos nas sessões de mediação e no que foi acordado entre as partes.

O art. 9º informa que a mediação será instaurada após a aceitação do requerimento pela outra parte e formalizada por meio de termo de aceitação da mediação tributária. Veja-se que aqui o legislador elege marco temporal diverso do que consta na Lei n. 13.140/2015 (data agendada para a primeira reunião). De acordo com o art. 11, instaurado o procedimento de mediação, com a assinatura do termo de aceitação, ficarão suspensos, por 30 dias úteis, os prazos dos processos administrativos e judiciais. Esse prazo poderá ser prorrogado por até 60 dias úteis.

Finalizado o procedimento com sucesso, deverá ser celebrado o termo de entendimento, que deve prever, expressamente, o objetivo e a motivação da autocomposição, bem como definir as obrigações, as condições e os efeitos sobre o entendimento acordado, determinando as consequências pelo descumprimento daquele. Ademais, o acordo será sempre homologado pela autoridade designada por ato do Ministério da Economia.

A exemplo do que consta no art. 30 da Lei de Mediação, o art. 14 do PL prevê expressamente o dever de sigilo, que impede a utilização de fatos, atos, documentos, declarações, informações, dados ou quaisquer elementos que tenham sido revelados durante a mediação e que não sejam adotados como motivos e definição do objeto para conclusão de acordo conclusivo.

Esse dever é reforçado pelo art. 16, segundo o qual os mediadores não poderão ter contato com o sujeito passivo fora do ambiente da mediação, devendo guardar sigilo quanto a todos os fatos, informações e documentos que tenham acesso, salvo se configurarem, em tese, crimes de ação pública, ou caso venham a servir de motivos para fundamentar o objeto do ato e do acordo conclusivo.

Verifica-se, também, no art. 3º do PL, repetição quase perfeita dos princípios gerais da mediação contemplados no art. 2º da Lei n. 13.140/2015.

Além dessas sobreposições entre comandos inscritos nos arts. 3º, 14 e 16 do PL n. 2.485/2022 com as previsões dos arts. 2º e 30 da Lei Geral de Mediação, é possível identificar outras situações análogas em relação à Lei n. 13.988/2020, que tem por objeto a transação resolutiva de litígio relativo à cobrança de créditos da Fazenda Pública, de natureza tributária ou não tributária.

Com efeito, o Projeto de Lei, de escopo nitidamente mais restrito, eis que abarca tão somente conflitos em matéria tributária administrativa e judicial entre a Fazenda Pública Federal e o sujeito passivo, também acaba por reproduzir comandos já previstos na Lei n. 13.988/2020.

É o que se verifica, por exemplo, com a previsão de exercício de juízos de conveniência e oportunidade da Fazenda Pública Federal para decidir quais conflitos serão objeto de transação ou mediação (art. 1º, § 1º, da Lei n. 13.988/2020 e art. 7º, parágrafo único, do PL).

Cabe destacar, ainda, que o art. 2º do PL faz alusão à possibilidade de mediadores internos ou externos, sendo certo que, na primeira hipótese, ter-se-á como mediador um Auditor da Receita Federal ou Procurador da Fazenda Nacional, a depender do fato de o conflito se desenvolver em âmbito administrativo ou judicial, respectivamente.

Tal tema se revela, à toda evidência, extremamente delicado, diante da possibilidade de perda de credibilidade do procedimento de mediação por suspeita de quebra do princípio da imparcialidade do mediador (consagrado na Lei Geral de Mediação, no CPC e aqui mais uma vez contemplado no inciso IX do art. 3º do PL).

Solução interessante para afastar tal temor consistiria na inserção de previsão – já adotada por alguns Estados da Federação – de instituição de câmaras mistas, compostas por mediadores ocupantes do cargo de procurador e advogados privados[14].

---

14. Como exemplos de Estados que adotaram câmaras de mediação mistas, podem ser citados Goiás e Pernambuco. No primeiro, a Câmara de Negociação, Conciliação, Mediação e Arbitragem da Administração Pública estadual é composta por Procuradores do Estado, Procuradores da Assembleia Legislativa e por advogados regularmente inscritos na OAB-GO. Modelo semelhante é empregado em Pernambuco. De acordo com o art. 3º do Decreto Estadual n. 48.505/2020, a Câmara de Negociação, Conciliação e Mediação da Administração Pública Estadual (CNCM) é composta por Procuradores do Estado, designados pelo Procurador-Geral, servidores da PGE e/ou de órgãos e entidades da administração estadual, designados por portaria conjunta do Procurador-Geral do Estado e do Secretário da pasta de origem do servidor designado, ou a ela vinculado; e/ou profissionais particulares contratados.

9.6. O cabimento das ferramentas adequadas de resolução de conflitos na nova Lei de Licitações – Lei n. 14.133/2021

Em 1º de abril de 2021, foi editada a Lei n. 14.133, que trouxe dispositivos específicos reforçando o cabimento das ferramentas de resolução adequada de conflitos.

Nesse sentido, destacamos o art. 138 que prevê, dentre as formas de extinção do contrato, a via consensual, por conciliação, mediação ou comitê de resolução de disputas (normalmente denominado "dispute board" no direito estrangeiro).

O inciso II do art. 138 deixa claro que o uso dessas ferramentas depende, necessariamente, do interesse da Administração; em outras palavras, isso significa que não existe um direito subjetivo ao uso desses meios. Essa discricionariedade já se encontrava presente na legislação da desapropriação, comentada em item próprio neste *Manual*.

O inciso III do art. 138 se refere à extinção por decisão arbitral, por força de cláusula compromissória ou compromisso arbitral e, de forma residual, por decisão judicial. Importante observar a ordem estabelecida pelos incisos, de forma a deixar bem clara a opção prioritária pelas formas consensuais.

Além do referido art. 138, a lei traz, ainda, o capítulo XII intitulado "Dos meios alternativos de resolução de controvérsias". Não obstante a linguagem inapropriada (meios alternativos e não meios adequados), a iniciativa é elogiável, embora tímida.

A bem da verdade as regras genéricas prevista nos arts. 151 a 154 apenas reforçam as regras gerais já previstas nas Leis de Mediação e Arbitragem.

Novamente chama a atenção a inserção expressa dos comitês de resolução de disputas. O tema será tratado com detalhes mais a frente, no item 2.3 da Parte II deste *Manual*.

O art. 151 reforça a ideia de que nas contratações regidas pela lei podem ser utilizados meios "alternativos" de prevenção e resolução de controvérsias. A questão já era pacífica desde o advento do CPC (art. 174) e da Lei de Mediação (arts. 32 e s.). Contudo quis o legislador reforçar esse entendimento, assim como já havia feito em matéria de fixação do valor da indenização no caso de desapropriação.

Capítulo 10

Mediação e Tutela Coletiva

> **Sumário: 10.1.** Visão geral do tema. **10.1.1.** Recomendação. **10.1.2.** Inquérito civil. **10.1.3.** Compromisso de ajustamento de conduta. **10.2.** A mediação na tutela dos direitos coletivos. **10.3.** Negócios jurídicos processuais coletivos. **10.4.** Acordos no sistema dos julgamentos repetitivos. **10.5.** A possibilidade de utilização dos protocolos pré-processuais na prevenção de conflitos coletivos.

10.1. Visão geral do tema

Antes de falarmos especificamente sobre a mediação envolvendo direitos coletivos, convém apresentar um panorama da matéria.

Inicialmente, vale destacar que já existe hoje, no ordenamento nacional, um sistema composto por ferramentas extrajudiciais de prevenção e solução de conflitos. Esse sistema é integrado principalmente pela recomendação, pelo inquérito civil, pelo termo de ajustamento de conduta (TAC) e pelo acordo de não persecução cível (aplicável apenas às hipóteses de improbidade administrativa). Adiante-se que as questões referentes ao consenso nos procedimentos de improbidade administrativa serão tratadas em tópico próprio, no capítulo 11.

De toda sorte tem havido uma forte tendência no sentido de se privilegiar o uso dos meios de obtenção de consenso, mesmo no âmbito dos direitos transindividuais. Aliás, nesse sentido, o CNJ editou a Recomendação n. 76/2020[1].

---

1. "Art. 2º Recomendar a todos os Juízos com competência para o processamento de ações coletivas que estimulem, incentivem e promovam a resolução consensual dos conflitos no âmbito coletivo, com a realização de mediações, conciliações e outros meios de composição, no âmbito judicial ou extrajudicial, com o eventual apoio de órgãos estatais ou entidades privadas." Texto disponível em: <http://www.cnj.jus.br/dje/jsp/dje/DownloadDe-Diario.jsp?dj=DJ297_2020-ASSINADO.PDF&statusDoDiario=ASSINADO>. Acesso em: 18 set. 2020.

10.1.1. Recomendação

Na forma do art. 15 da Resolução n. 23/2007, o Ministério Público, nos autos do inquérito civil ou do procedimento preparatório, poderá expedir recomendações devidamente fundamentadas, visando à melhoria dos serviços públicos e de relevância pública, bem como aos demais interesses, direitos e bens cuja defesa lhe caiba promover.

Contudo, o parágrafo único do mesmo dispositivo veda, peremptoriamente, a expedição de recomendação como medida substitutiva ao compromisso de ajustamento de conduta ou à ação civil pública.

Assim sendo, podemos dizer que a recomendação tem natureza preventiva. Com efeito, é preciso reconhecer que existe um *timing* para a expedição da recomendação. Ou seja, há um certo "prazo de validade" para ela. Queremos dizer, com isso, que a recomendação deve ser expedida tão logo se tenha ciência e alguma comprovação do ato que viole um direito coletivo, mas antes que ela possa produzir efeitos concretos, ou pelo menos antes que esses efeitos se tornem irreversíveis.

10.1.2. Inquérito civil

A ação civil pública pode ser (e normalmente é) precedida de inquérito civil (arts. 8º e 9º), cuja instauração é ato privativo do Ministério Público (art. 129, III, da CF).

O inquérito civil é procedimento prévio que tem por objetivo coletar os elementos necessários à propositura da ação civil pública. Sua instauração não é obrigatória, podendo a ação ser proposta independentemente de sua ocorrência, caso já haja "justa causa" para tanto. O inquérito civil serve, também, para a viabilização de uma solução consensual por meio do TAC, que será visto no próximo item.

O procedimento de instauração, instrução e arquivamento do inquérito civil é inteiramente regulamentado pela Resolução n. 23/2007 do Conselho Nacional do Ministério Público (CNMP).

O art. 1º da Resolução n. 23/2007 do CNMP assim define o inquérito civil:

> O inquérito civil, de natureza unilateral e facultativa, será instaurado para apurar fato que possa autorizar a tutela dos interesses ou direitos a cargo do Ministério Público nos termos da legislação aplicável, servindo como preparação para o exercício das atribuições inerentes às suas funções institucionais.

Assim, havendo elementos suficientes, deverá o membro do Ministério Público instaurar inquérito civil por meio de portaria, na forma do art. 4º da Resolução n. 23/2007 do CNMP.

O inquérito civil será instruído com a juntada de peças técnicas, declarações, depoimentos e demais diligências determinadas pelo membro do Ministério Público que o presidir.

Uma vez esgotadas as possíveis diligências, o inquérito deverá ser arquivado, fundamentadamente, caso o promotor se convença da inexistência de fundamento para a propositura de ação civil pública, na forma do art. 10.

Nessa hipótese, os autos deverão ser remetidos ao Conselho Superior do Ministério Público (no caso do MP estadual) ou da Câmara de Coordenação e Revisão (no caso do MPF), no prazo de três dias, para fins de homologação.

Homologada a promoção de arquivamento, os autos seguem para o arquivo. No entanto, em caso de decisão não homologatória, o § 4º do art. 10 prevê as seguintes providências a serem determinadas pelo órgão de revisão:

I – conversão do julgamento em diligência para a realização de atos imprescindíveis à sua decisão, especificando-os e remetendo os autos ao membro do Ministério Público que determinou seu arquivamento, e, no caso de recusa fundamentada, ao órgão competente para designar o membro que irá atuar;

II – deliberação pelo prosseguimento do inquérito civil, indicando os fundamentos de fato e de direito de sua decisão, adotando as providências relativas à designação, em qualquer hipótese, de outro membro do Ministério Público para atuação.

Mesmo após o arquivamento, o inquérito civil pode vir a ser desarquivado na forma do art. 12 da Resolução n. 23/2007, diante de novas provas ou para investigar fato novo relevante, desde que no prazo máximo de seis meses após o arquivamento.

Se já houver transcorrido esse lapso, será instaurado novo inquérito civil, sem prejuízo das provas já colhidas.

10.1.3. Compromisso de ajustamento de conduta

Um instituto extremamente interessante é o denominado "compromisso de ajustamento de conduta", que pode ser celebrado entre o réu e a parte autora, sendo esta o Ministério Público ou pessoa jurídica de direito público, antes ou durante a ação civil pública.

O nascimento desse instituto, em particular, e da tutela coletiva, em geral, advém da constatação da inadequação do modelo processual clássico à obtenção da tutela dos direitos de terceira dimensão, pensados sob o prisma da solidariedade.

Nesse contexto, voltado à proteção dos interesses coletivos *lato sensu*, cuja titularidade não pertence exclusivamente aos legitimados à propositura da ação civil pública, surge o compromisso de ajustamento de conduta como uma ferramenta conciliatória relevante, viabilizadora do acesso à justiça consensual, além de apta a colaborar para a desobstrução da máquina judiciária por se evitar a propositura da ação coletiva competente[2].

---

2.   Conforme sustenta Cassio Scarpinella Bueno, "esse compromisso tem o valor de garantia mínima em prol do grupo, classe ou categoria de pessoas atingidas, não pode ser garantia máxima de responsabilidade do causador do dano, sob pena de admitirmos que lesados fiquem sem acesso jurisdicional. Entender-se o contrário seria dar ao compromisso extrajudicial que versa interesses difusos ou coletivos a mesma concepção privatista que tem a transação no direito civil, campo em que a disponibilidade é a característica prin-

O compromisso de ajustamento de conduta foi inserido na Lei n. 7.347/85 pelo CDC, em 1990, que acresceu o § 6º ao art. 5º, prevendo a celebração de "ajustes de conduta" em todos os temas que podem ser objeto de ação civil pública, a saber, meio ambiente, patrimônio cultural, histórico e paisagístico, ordem econômica, defesa do consumidor, entre outros.

Em seguida, outras leis fizeram referência expressa ao instituto: Estatuto da Criança e do Adolescente (Lei n. 8.069/90, art. 211), Lei do Cade (Lei n. 8.884/94, art. 53, posteriormente alterada pela Lei n. 12.519/2011, arts. 9º, V, e 85), Lei ambiental (Lei n. 9.605/98, art. 79-A), e Estatuto do Idoso (Lei n. 10.741/2003, art. 74, X).

Note-se que a instituição do TAC (ou CAC) leva a diversas discussões sensíveis e atuais:

i) anseio de efetivação da tutela coletiva consensual, mitigando-se certos dogmas, como o da indisponibilidade de interesses públicos e de interesses transindividuais;

ii) aplicabilidade ou não de todas as saídas apresentadas pela autocomposição na resolução dessa espécie complexa de conflito, que são: transação, reconhecimento jurídico do pedido do autor, desistência da ação ou do pedido[3] e renúncia à pretensão de direito material;

iii) instituição de medidas eficientes que se encontrem harmonizadas com a maior participação possível das partes e de todos os interessados, de modo a se assegurar o controle social das decisões – ou de decisões estruturais, efetuadas por meio de medidas estruturantes[4] –, além da inafastável observância do princípio da publicidade e da moralidade administrativa.

Tem sido alvo de amplo debate na doutrina a natureza jurídica do compromisso de ajustamento de conduta, desde sua inserção no § 6º no art. 5º da LACP pelo CDC. Não é questão meramente teórica, sendo, ao contrário, importante para mensurar a abrangência objetiva do CAC e, caso seja admitida a negociação em seu bojo, a possibilidade de identificar os produtos obtidos dessa prática[5].

---

cipal. Graves prejuízos decorreriam para a defesa social, a admitir esse entendimento. Não sendo os órgãos públicos referidos no dispositivo os verdadeiros titulares do interesse material lesado, o compromisso de ajustamento que tomam passa a ter o valor de determinação de responsabilidade mínima; não constitui limite máximo para a reparação de uma lesão ao meio ambiente ou a qualquer outro interesse difuso, coletivo ou individual homogêneo" (1996, p. 147).

3. GUEDES, 2009, p. 3.

4. Consulte-se, por todos: BAUERMANN, 2012.

5. O art. 14 da Resolução n. 23/2007 determina que o "Ministério Público poderá firmar compromisso de ajustamento de conduta, nos casos previstos em lei, com o responsável pela ameaça ou lesão aos interesses ou direitos mencionados no artigo 1º desta Resolução, visando à reparação do dano, à adequação da conduta às exigências legais ou normativas e, ainda, à compensação e/ou à indenização pelos danos que não possam ser recuperados".

De toda sorte, o TAC tem sempre caráter facultativo, ou seja, nem o órgão público pode ser obrigado a ofertá-lo, nem o investigado pode ser forçado a aceitá-lo nos termos propostos. Haverá, sempre, um fator discricionário a ser levado em conta[6].

De maneira geral, podem ser apontados dois posicionamentos: o primeiro considera o CAC uma transação especial[7] e o segundo o classifica como um ato jurídico atípico, *sui generis.*

José dos Santos Carvalho Filho[8] e Paulo Cezar Pinheiro Carneiro[9] defendem que o ajuste possui natureza de reconhecimento jurídico do pedido por parte do transgressor. Tal entendimento leva à conclusão de que não há possibilidade de transacionar, ser flexível, dispor ou negociar sobre maneiras alternativas ao cumprimento da obrigação sem que estas estejam previstas expressa e taxativamente na legislação vigente.

Assim sendo, ao proponente só será lícito oferecer o termo se ficar clara a inadequação da conduta praticada pelo comprometente à lei e desde que ainda seja possível ajustá-la.

Em sentido contrário, Rodolfo de Camargo Mancuso[10] entende ser admissível a transação em matéria coletiva, mas ela apenas seria viável em juízo.

Para Hugo Nigro Mazzilli[11], diversamente, o compromisso seria um ato administrativo negocial e unilateral, pois somente o causador do dano poderia se comprometer. Por outro lado, o órgão público se vincularia apenas à não propositura da ação coletiva competente no que tange ao objeto do título.

Interessante abordar, ainda, a pesquisa elaborada por Geisa de Assis Rodrigues[12], principalmente em relação à ampliação dos limites observados na negociação. A autora considera o CAC um negócio jurídico bilateral, em certa medida conciliatório, mas não se pode dizer que seja transacionável. Para ela, então, é impossível a solução negociada dos direitos transindividuais, embora se utilize o rótulo de "transação".

Isso porque o espectro conciliatório se manifesta quanto aos aspectos adjacentes, ou seja, circunstâncias instrumentais ou periféricas da obrigação, sempre com a observância

---

6. "Assim, do mesmo modo que o Ministério Público não pode obrigar qualquer pessoa física ou jurídica a assinar termo de cessação de conduta, também não é obrigado a aceitar a proposta de ajustamento formulada pelo particular. O compromisso de ajustamento de conduta é um acordo semelhante ao instituto da conciliação e, como tal, depende da convergência de vontades entre as partes. Ademais, não se pode obrigar o MP a aceitar uma proposta de acordo – ou mesmo exigir que ele apresente contrapropostas tantas vezes quantas necessárias – para que as partes possam compor seus interesses, sobretudo em situações como a discutida, em que as posições eram absolutamente antagônicas" (REsp 596.764/MG, rel. Min. Antonio Carlos Ferreira, j. em 17-5-2012. *Informativo STJ*, n. 497).

7. Nesse sentido: MANCUSO, 2011; VIEIRA, 2002; NERY, 2012.

8. CARVALHO FILHO, 2001, p. 137.

9. CARNEIRO, 2007, p. 236.

10. MANCUSO, 2007.

11. MAZZILLI, 2008, p. 404.

12. RODRIGUES, 2011, p. 132.

da proporcionalidade e da razoabilidade, para não se afetar o dever principal. Exemplifica com a possibilidade de os legitimados pactuarem acordos sobre o modo, o tempo ou o lugar do cumprimento da conduta para a reparação do dano coletivo causado.

Entretanto, deve-se notar uma tendência recente de defesa de uma nova diretriz quanto à negociabilidade dos direitos coletivos. Os posicionamentos rígidos acabam descartados, pois pautados em argumentos genéricos que vêm impedindo a efetividade do CAC no plano prático[13].

Assim sendo, entendemos que atualmente é prejudicial a manutenção do dogma onipotente sobre a indisponibilidade absoluta do direito material coletivo, afastando um mínimo de margem negocial necessário para a efetivação da avença. A superação dessa linha de pensamento, então, parece imprescindível para serem atendidos os anseios por um sistema coletivo adequado.

Portanto, a experiência demonstra que um grau maior de autonomia aos órgãos públicos para celebrar o CAC levaria a uma maior eficácia, sob a condição de serem observados certos parâmetros de controle e limitação.

Como bem refere Carlos Alberto de Salles[14], a disponibilidade do direito não está relacionada diretamente a direitos patrimoniais de caráter privado. Assim, a indisponibilidade do interesse público admite duas modalidades, a saber, a material e a normativa. A primeira indica a proibição de modificação da titularidade originária do bem jurídico. Já a segunda se refere à qualificação das normas jurídicas, relacionando-se à diferenciação entre normas cogentes e dispositivas.

Segundo Bruno Takahashi[15], a partir dessas premissas é possível aferir que o interesse público, por si só, não é indisponível nem na primeira, nem na segunda modalidades.

Nesse contexto, vem ganhando espaço a tese doutrinária que visualiza, em um juízo de ponderação, a partir do caso concreto, a possibilidade de as partes realizarem concessões recíprocas para chegar à transação[16].

Conforme advogam Ana Luiza Nery[17], Patrícia Miranda Pizzol[18], Fredie Didier Jr. e Hermes Zaneti Jr.[19], o compromisso seria um negócio jurídico bilateral em sede do qual se reconhece a finalidade de contrair, modificar ou extinguir direitos. A celebração objetivaria o alcance da melhor alternativa para reparar ou evitar a lesão a um bem de natureza metaindividual.

---

13. PINHO; CABRAL, 2011, p. 81.

14. SALLES, 2012, p. 294.

15. TAKAHASHI, 2016, p. 61.

16. Esse posicionamento é corroborado por: NERY, 2010, p. 215.

17. NERY, 2012, p. 160.

18. PIZZOL, 1998, p. 151.

19. DIDIER JR.; ZANETI JR., 2014, p. 293-294.

A partir dessa ideia, mesmo um legitimado não podendo abrir mão de um direito essencialmente coletivo, não haveria óbice à renúncia de, por exemplo, uma obrigação acessória ou até mesmo principal, se não se referir ao núcleo do dever central.

Para ilustrar, podemos apontar a situação em que o Ministério Público, encerrado o inquérito civil, chega à conclusão de que o agente responsável por determinado dano ambiental será obrigado, além de recompor a área devastada, a pagar certa quantia a título de reparação por dano moral.

Contudo, verifica-se que o pagamento da quantia compromete, sobremaneira, a continuação da atividade do transgressor. Diante disso, o órgão ministerial poderia abrir mão da verba indenizatória, priorizando a recomposição imediata do ambiente degradado.

No caso narrado, há uma ponderação entre as concessões feitas para a assinatura do ajuste com os riscos assumidos e com o eventual ajuizamento de uma ação civil pública, além dos trâmites processuais lentamente enfrentados, até que se consiga discutir a respeito do direito material coletivo propriamente.

Defende-se, então, a partir dessas ideias aqui lançadas, a admissão de saídas não limitadas ao reconhecimento jurídico do pedido[20], mas que representem a pactuação de prestações sinalagmáticas, indo além dos ajustes laterais sobre a forma, o tempo e o lugar do cumprimento da obrigação.

É certo que a análise sobre a viabilidade da negociação em matéria coletiva, desde que não se renuncie ao direito material coletivo em sua substância, requer aguçada sensibilidade[21] do órgão público legitimado[22].

Deve haver a verificação então, em concreto, do princípio da proporcionalidade em todos os seus níveis ou subníveis de aferição – necessidade, adequação e proporcionalidade em sentido estrito –, de modo a se escolher a via mais apta para a melhor efetivação possível do direito violado, com a reparação imediata da conduta ilícita.

---

20.   CARNEIRO, 1993, p. 5.

21.   Veja-se, a título de ilustração, acórdão proferido nos autos do Recurso Extraordinário 253-885-0/MG, rel. Min. Ellen Gracie, relativizando o princípio da indisponibilidade dos bens públicos, num contexto pós-positivista: "Poder Público. Transação. Validade. Em regra, os bens e o interesse público, são indisponíveis, porque pertencem à coletividade. É, por isso, o administrador, mero gestor da coisa pública, não tem disponibilidade sobre os interesses confiados à sua guarda e realização. Todavia, há casos em que o princípio da indisponibilidade do interesse público deve ser atenuado, mormente quando se tem em vista que a solução adotada pela Administração é a que melhor atenderá à ultimação deste interesse" (*DJ* 21-6-2002. Acórdão disponível na íntegra no site <http://www.stf.jus.br>. Acesso em: 12 dez. 2015).

22.   No mesmo sentido há decisão do STJ: "Processo civil – Ação civil pública por dano ambiental – Ajustamento de conduta – Transação do Ministério Público – Possibilidade. 1. A regra geral é de não serem passíveis de transação os direitos difusos. 2. Quando se tratar de direitos difusos que importem obrigação de fazer ou não fazer deve-se dar tratamento distinto, possibilitando dar à controvérsia a melhor solução na composição do dano, quando impossível o retorno ao *status quo ante*. 3. A admissibilidade de transação de direitos difusos é exceção à regra. 4. Recurso especial improvido" (REsp 299.400/RJ, 2ª Turma, j. em 1º-6-2006, rel. Min. Francisco Peçanha Martins, rel. p/ acórdão Min. Eliana Calmon, *DJ* 2-8-2006, p. 229).

A determinação dos limites observados na negociação que versar sobre direitos transindividuais consiste em outro desafio a ser enfrentado, sobretudo a partir das mudanças anunciadas, conforme se verá adiante.

Quanto às vedações ao conteúdo do CAC, são proscritas determinadas cláusulas[23]:

i) impossibilidade de afastar o acesso dos lesados ao Judiciário, em razão da inevitabilidade da jurisdição, presente no art. 5º, XXXV, da Constituição Federal. Assim sendo, não se pode impedir que outro colegitimado firme novo compromisso com objeto mais amplo ou com outra obrigação não inclusa no primeiro ajuste, ou, até mesmo, ajuizar ação civil pública nas respectivas hipóteses de cabimento;

ii) vedação ao enfraquecimento do núcleo do direito material em jogo. Não se proíbe, todavia, transigência quanto à renúncia da obrigação periférica ou de parte inexpressiva da obrigação principal.

Com efeito, mesmo em tema tão sensível, há uma tendência[24] de flexibilizar o conceito de indisponibilidade material do direito, o que vem ao encontro das considerações expostas neste texto[25].

Essa tendência, aliás, foi expressamente acolhida pela Resolução n. 179/2017 do CNMP, que será examinada a seguir.

Com efeito, o art. 1º da referida Resolução estabelece que o TAC é um:

> Instrumento de garantia dos direitos e interesses difusos e coletivos, individuais homogêneos e outros direitos de cuja defesa está incumbido o Ministério Público, com natureza de negócio jurídico que tem por finalidade a adequação da conduta às exigências legais e constitucionais, com eficácia de título executivo extrajudicial a partir da celebração.

Nesse sentido, o § 1º veda concessões que impliquem renúncia a direitos transindividuais, na medida em que o Ministério Público não é o titular do direito material. Essa redação impõe, portanto, limites à renúncia de certos direitos. Desse modo, temos que combinar esse dispositivo com o art. 3º, § 2º, da Lei de Mediação, quando se refere aos direitos indisponíveis não transacionáveis. Nesse sentido, a segunda parte do dispositivo traz a seguinte redação:

> (...) cingindo-se a negociação à interpretação do direito para o caso concreto, à especificação das obrigações adequadas e necessárias, em especial o modo, tempo e lugar de cumprimento, bem como à mitigação, à compensação e à indenização dos danos que não possam ser recuperados.

---

23. PINHO; FARIAS, 2010, p. 97-126.
24. MARTEL, 2010, p. 18.
25. VENTURI, 2016, p. 391-426.

Por fim, o § 4º deixa ao critério discricionário do órgão do Ministério Público decidir quanto à necessidade, conveniência e oportunidade de audiências públicas com a participação dos interessados. Aqui andou mal o autor do ato. É absolutamente fundamental auscultar a sociedade civil organizada e os lesados diretamente pelo ato ilícito. A não realização de pelo menos uma audiência pública pode resultar num isolamento do Ministério Público e, com isso, gerar um acordo que não atenda, da melhor forma, aos interesses da sociedade.

Prossegue a resolução dispondo que o compromisso pode ser tomado para adoção de medidas provisórias ou definitivas, bem como pode ser parcial ou total (art. 2º). Ademais, pode ser tomado:

> Em qualquer fase da investigação, nos autos de inquérito civil ou procedimento correlato, ou no curso da ação judicial, devendo conter obrigações certas, líquidas e exigíveis, salvo peculiaridades do caso concreto, e ser assinado pelo órgão do Ministério Público e pelo compromissário (art. 3º).

Ademais, o compromisso deve prever "multa diária ou outras espécies de cominação para o caso de descumprimento das obrigações nos prazos assumidos" (art. 4º), bem como "as indenizações pecuniárias devem ser destinadas a fundos federais, estaduais e municipais que tenham o mesmo escopo do fundo previsto no art. 13 da Lei n. 7.347/85" (art. 5º).

Importante inovação vem no art. 6º da Resolução n. 179/2017 ao dispor que o "Conselho Superior disciplinará os mecanismos de fiscalização do cumprimento do compromisso de ajustamento de conduta tomado pelos órgãos de execução", salvo se for levado à homologação do Poder Judiciário (§ 1º). Isso, obviamente, sem prejuízo das diligências fiscalizatórias encetadas pelo próprio órgão que tomou o compromisso, na forma do art. 9º.

Nesse sentido, o STJ já decidiu que, para a configuração da natureza de título executivo extrajudicial, é preciso verificar se todas as etapas e os requisitos formais foram observados, incluindo eventual exigência de homologação[26].

Ademais, o Conselho deve ainda dar publicidade "ao extrato do compromisso de ajustamento de conduta em Diário Oficial próprio ou não, no site da instituição, ou por qualquer outro meio eficiente e acessível" (art. 7º).

A publicação deverá, ainda de acordo com esse dispositivo, conter os seguintes requisitos:

I – a indicação do inquérito civil ou procedimento em que tomado o compromisso;

II – a indicação do órgão de execução;

---

26. "(...) o termo de ajustamento de conduta (TAC), no caso, não constituiu título executivo extrajudicial porque não cumpriu as exigências legais, ou seja, não houve homologação de órgão administrativo superior do MPF, além de afirmar que o objeto da presente demanda abrangeria aspectos de indenização que não foram abarcados pelo TAC" (REsp 1.214.513/SC, rel. Min. Mauro Campbell Marques, j. em 23-11-2010. *Informativo*, n. 457).

III – a área de tutela dos direitos ou interesses difusos, coletivos e individuais homogêneos em que foi firmado o compromisso de ajustamento de conduta e sua abrangência territorial, quando for o caso;

IV – a indicação das partes compromissárias, seu CPF ou CNPJ, e o endereço de domicílio ou sede;

V – o objeto específico do compromisso de ajustamento de conduta;

VI – indicação do endereço eletrônico em que se possa acessar o inteiro teor do compromisso de ajustamento de conduta ou local em que seja possível obter cópia impressa integral.

Ademais, o § 1º do art. 7º determina ainda a disponibilização do acesso ao inteiro teor do documento ou onde pode ser consultado, sem prejuízo, obviamente, da divulgação imediata (§ 2º) e do encaminhamento ao CNMP para inserção no Portal de Direitos Coletivos (Resolução Conjunta CNJ/CNMP n. 2, de 21 de junho de 2011, que institui os cadastros nacionais de informações de ações coletivas, inquéritos e termos de ajustamento de conduta).

Finalmente, os arts. 11 e 12 tratam da execução do TAC. O art. 11 prevê o prazo máximo de 60 dias para que o órgão responsável pela fiscalização do cumprimento do TAC deflagre a execução judicial das cláusulas descumpridas.

O art. 12 confere ao Ministério Público legitimidade para executar o TAC firmado por outro órgão público no caso de omissão ou inércia.

Uma última palavra sobre o novo Anteprojeto[27] de Lei das Ações Coletivas. Em agosto de 2020, foi apresentada uma proposta de sistematização da legislação relativa à Ação Civil Pública, a partir de Comissão organizada pelo Conselho Nacional de Justiça, sob a Presidência da Min. Maria Isabel Gallotti, do Superior Tribunal de Justiça.

No exame do texto, é possível verificar a preocupação do legislador com a figura do Compromisso de Ajustamento de Conduta (art. 280). Na cabeça do referido dispositivo, encontramos a regra geral no sentido de que "todo litígio coletivo pode ser resolvido por meio de acordo ou termo de ajustamento de conduta".

O acordo é a ferramenta para obtenção de consenso a partir de proposta de qualquer legitimado – mesmo as associações de classe – desde que haja audiência pública e manifestação do Ministério Público, ressalvada a hipótese do § 5º, que nos parece, com a devida vênia, inapropriada, pois justamente a intervenção do MP e a possibilidade de discutir o tema com a comunidade são os grandes instrumentos de controle democrático dos termos do acordo.

Fica mantida a figura do TAC extrajudicial, tal qual regulamentado pela Resolução n. 179/2017 do CNMP, examinado acima. Contudo, o § 6º exige a homologação judicial, precedida de audiência pública, a fim de que possa ter validade em todo o território nacional.

---

27. A íntegra do texto pode ser consultada em: <https://www.cnj.jus.br/wp-content/uploads/2020/09/Lei-a%C3%A7%C3%B5es-coletivas.pdf>.

Por outro lado, o § 3º do art. 28 é claro no sentido de que o acordo homologado judicialmente "impede a propositura de novas ações coletivas com o mesmo objeto". Esse dispositivo contribui, bastante, na busca da segurança jurídica necessária às soluções consensuais.

Contudo, o § 4º desse mesmo dispositivo prevê o cabimento de ação anulatória contra esse acordo, observado o prazo de dois anos, perante o mesmo juízo no qual se deu a homologação.

Finalmente, o § 7º do art. 28 admite a celebração de convenções coletivas entre associações civis representativas de categorias econômicas, devendo ser aplicável, subsidiariamente, o art. 107 do Código de Defesa do Consumidor[28].

10.2. A mediação na tutela dos direitos coletivos

Além da previsão do TAC na legislação específica e ainda no art. 174, III, do CPC c/c art. 32, III, da Lei de Mediação, é preciso atentar para a possível realização da mediação por outros legitimados.

Referimo-nos aqui aos legitimados para a propositura da ação civil pública, mas que não podem, ao menos numa interpretação literal, tomar o termo de ajustamento de conduta. É o caso, por exemplo, das associações civis.

Não custa lembrar que o art. 3º, § 2º, da Lei n. 13.140/2015 permite o consenso envolvendo direitos indisponíveis transacionáveis, desde que o acordo seja levado à homologação judicial, com prévia oitiva do MP.

Nesse sentido, poderíamos estender a aplicação desse dispositivo também para os direitos transindividuais e visualizar uma hipótese de acordo em ACP promovida por associação de classe (durante a audiência do art. 334, por exemplo) caso o juiz entenda que o direito é transacionável (art. 334, § 4º, II, do CPC). Aliás, mesmo que a ação envolva ente público, isso não é justificativa para, de plano, dispensar a audiência[29].

Na verdade, esse acordo poderia ser alcançado mesmo antes da ACP, em procedimento de mediação prévia e extrajudicial.

Caso a ação seja promovida pelas pessoas jurídicas de direito público interno, temos que lembrar que o art. 32 da Lei de Mediação permite, expressamente, não apenas a mediação (inciso II), como a promoção do TAC (inciso III).

---

28. "Art. 107. As entidades civis de consumidores e as associações de fornecedores ou sindicatos de categoria econômica podem regular, por convenção escrita, relações de consumo que tenham por objeto estabelecer condições relativas ao preço, à qualidade, à quantidade, à garantia e características de produtos e serviços, bem como à reclamação e composição do conflito de consumo."

29. Enunciado FPPC n. 673 (art. 334, § 4º, II, e art. 139, V): "A presença do ente público em juízo não impede, por si, a designação da audiência do art. 334".

Ademais, o § 3º do art. 32 preceitua que, havendo consenso entre as partes, o acordo será reduzido a termo e constituirá título executivo extrajudicial, ou seja, prescinde de homologação, o que parece conflitar com os termos do art. 3º, § 2º, acima referido, sobretudo em sede de direitos indisponíveis transacionáveis.

10.3. Negócios jurídicos processuais coletivos

No CPC/73, a ideia de negócio jurídico processual era controvertida[30]. A doutrina[31] o entendia cabível em algumas hipóteses excepcionais, sempre quando houvesse norma expressa autorizativa. A jurisprudência[32] caminhava no mesmo sentido. Entretanto, o assunto já era debatido desde a década de 1980[33].

Leonardo Greco[34] sistematiza as convenções em três grupos:

i)   aquelas que afetam apenas direitos processuais das partes, sem interferir nas prerrogativas do órgão julgador, demonstrando-se, portanto, aptas a produzirem efeitos imediatos;

ii) aquelas que afetam os poderes do juiz, o que é autorizado por lei na hipótese de conjugação de intenção das partes, razão pela qual também produzem efeitos desde a avença;

iii) aquelas nas quais a conjugação da vontade das partes deve ser somada à concordância do juiz, que fará uma análise da *conveniência e oportunidade* para que o acordo passe a surtir efeitos, haja vista a inexistência de autorização legal para a limitação dos poderes apenas pela conjugação da vontade dos litigantes.

Ainda segundo o autor[35], as convenções processuais devem obedecer aos seguintes requisitos:

a)   a possibilidade de autocomposição a respeito do próprio direito material posto em juízo ou a impossibilidade de que a convenção prejudique o direito material indisponível ou a sua tutela;

b)   a celebração por partes plenamente capazes;

---

30. MACÊDO; PEIXOTO, 2015, p. 464.

31. CUNHA, 2015, p. 14.

32. Com relação à alteração da ordem probatória e sua viabilidade por iniciativa do juiz, o STJ já se manifestou favoravelmente, em decisão de 1994: "Ementa: Prova. Inversão na ordem prevista no art. 452 do Código de Processo Civil. Ausência de prejuízo. Além de não ser peremptória a ordem estabelecida no art. 452 do CPC, há parte de evidenciar o prejuízo que lhe adviria com a inversão ocorrida. Aplicação ao caso, ademais, da Súmula n. 283-STF. Recurso Especial não conhecido" (STJ, REsp 35.786/SP 1993/0016147-4, 4ª Turma, *DJ* 12-12-1994, p. 34350, *RSTJ*, v. 79, p. 238).

33. BARBOSA MOREIRA, 1984, p. 87-88.

34. GRECO, 2015.

35. GRECO, 2015, p. 61-62.

c) o respeito ao equilíbrio entre as partes e à paridade de armas, para que uma delas, em razão de atos de disposição seus ou de seu adversário, não se beneficie de sua particular posição de vantagem em relação à outra quanto ao direito de acesso aos meios de ação e de defesa; e

d) a preservação da observância dos princípios e das garantias fundamentais do processo e da ordem pública processual[36].

Duas questões precisam ser esclarecidas:

a) A primeira diz respeito à definição do alcance da expressão "ordem pública processual". Como bem sinaliza Diogo Almeida, a expressão se refere a *direitos públicos inafastáveis*: São eles:

a.1) a igualdade e a capacidade das partes;

a.2) o contraditório e a ampla defesa;

a.3) o devido processo legal;

a.4) o princípio do juiz natural;

a.5) a independência e a imparcialidade do julgador;

a.6) a fundamentação das decisões judiciais;

a.7) a busca da verdade;

a.8) a celeridade;

a.9) a coisa julgada material.

A propósito, Robson Godinho[37] critica o conceito tradicional de "ordem pública", salientando ser necessário rever alguns desses conceitos diante da problemática do processo contemporâneo.

b) A segunda se refere à possibilidade da realização de convenções processuais mesmo quando estiver em jogo direito identificado como indisponível[38]. Nesse passo, importante reconhecer que, com o advento do CPC (arts. 165 e 334, § 4º) e da Lei de Mediação (art. 3º, § 2º, da Lei n. 13.140/2015), não há mais dúvida quanto à possibilidade de composição em direitos indisponíveis.

Entendemos que, diante dos termos adotados pelo legislador, aliados à ideia da ressignificação da indisponibilidade a partir das premissas da contemporaneidade, a abran-

---

36. ALMEIDA, 2015, p. 149.

37. GODINHO, 2013, p. 175-176.

38. "Apesar de inexistir expressa conceituação legal no ordenamento brasileiro a respeito da locução 'direitos indisponíveis', pode-se dizer que existe uma compreensão generalizada no sentido de se tratar de uma especial categoria de direitos cujo interesse público de efetiva proteção, irrenunciáveis, inalienáveis e intransmissíveis por parte de seus próprios titulares. A marca da indisponibilidade, assim, revelaria uma legítima opção intervencionista do Estado no campo das liberdades individuais e sociais no sentido de, paradoxalmente, por via de vedações ou restrições do exercício de certos direitos ou interesses, protegê-los contra lesões ou ameaças provenientes de seus próprios titulares ou de terceiros" (VENTURI, 2016, p. 392-393).

gência do direito indisponível que não admite autocomposição deve ser reduzida às hipóteses nas quais haja vedação expressa ao acordo, ou quando a disposição violentar um direito fundamental do cidadão.

Nesse sentido, parece ser possível a realização de convenções prévias ou incidentais em quaisquer das modalidades de direitos transindividuais: difusos, coletivos e individuais homogêneos. Essas convenções, se inseridas no contrato que regula a prestação do serviço, obrigam as partes contratantes em eventual propositura de demanda individual.

No entanto, para que a convenção obrigue os legitimados à propositura da ação civil pública, será necessária a assinatura de documento com eles. Entendemos que a convenção do art. 190 deve ser sempre realizada de forma escrita e poderá constar, por exemplo, do termo de ajustamento de conduta, ou mesmo ser inserida em documento próprio preparado para essa finalidade.

Nesse sentido, pensamos que, a teor do art. 15 do CPC, o art. 190 pode ser aplicado aos procedimentos que integram o chamado microssistema de tutela coletiva.

Além desse requisito objetivo, o art. 190 faz menção a um de natureza subjetiva, ao exigir que as partes sejam plenamente capazes. A lógica do CPC é intuitiva: apenas aqueles que possuem aptidão plena para a prática dos atos da vida civil podem decidir sobre os rumos da tutela de seus direitos no processo.

Tal capacidade, para convenções elaboradas de forma endoprocessual, é aferida em seu tríplice aspecto: capacidade de ser parte, capacidade de estar em juízo e capacidade postulatória.

Já para aquelas realizadas na seara extrajudicial, em que pesem posições doutrinárias divergentes, Trícia Cabral sustenta a necessidade tão só da capacidade de ser parte, até o momento de ingresso no processo, uma vez que sua natureza seria de ato material[39].

Preenchidos ambos os requisitos, podem ser realizados acordos processuais versando sobre:

a) ônus;
b) poderes;
c) faculdades; e
d) deveres[40].

O acordo pode ser prévio[41] (realizado antes do processo, por exemplo, em uma cláusula contratual) ou incidental (quando já iniciada a relação processual).

---

39. CABRAL, 2015, p. 489-516.

40. Sobre a criação de deveres e sanções processuais, *vide* Enunciado FPPC n. 17: "As partes podem, no negócio processual, estabelecer outros deveres e sanções para o caso do descumprimento da convenção".

41. SANTOS, 2009, p. 93.

O art. 357, § 2º, do CPC, que trata da decisão de saneamento, prevê ainda que as partes podem apresentar ao juiz, para homologação, delimitação consensual das questões de fato e de direito.

E, ainda, o art. 373, § 3º, do CPC dispõe que a distribuição diversa do ônus da prova também pode ocorrer por convenção das partes, salvo quando recair sobre direito indisponível da parte ou tornar excessivamente difícil a uma parte o exercício do direito.

São expressões concretas do princípio da cooperação, genericamente disposto no art. 6º do CPC.

Retornando ao art. 190, seu parágrafo único determina que o magistrado, *ex officio* ou mediante provocação da parte interessada, deverá controlar a validade das convenções, sobretudo a fim de preservar os princípios constitucionais, observando os limites impostos pela ordem pública processual.

Ao examinar a convenção, o juiz pode homologá-la, ou, excepcionalmente, recusá--la, somente nos seguintes casos:

a) configuração de nulidade;

b) inserção abusiva em contrato de adesão;

c) quando uma das partes se encontre em manifesta situação de vulnerabilidade.

Como já destacado, vulnerabilidade significa suscetibilidade[42], sendo possível ainda falar em vulnerabilidade processual[43].

Necessário estabelecer em qual sentido o termo deve ser interpretado. Temos para nós que a vulnerabilidade, aqui, é somente a processual, devendo ser aferida pelo magistrado diante das peculiaridades do caso concreto. Diversa, portanto, da vulnerabilidade do consumidor, que será examinada abaixo.

10.4. Acordos no sistema dos julgamentos repetitivos

Inicialmente, cumpre ressaltar que partimos da concepção de que o termo "tutela coletiva" no direito brasileiro abrange não apenas a tutela dos direitos transindividuais, mas também a dos direitos pluri-individuais. A primeira é instrumentalizada por meio da ação civil pública e a segunda pelo sistema dos julgamentos repetitivos previsto no art. 928 do CPC.

---

42. "Vulnerabilidade indica suscetibilidade em sentido amplo, sendo a hipossuficiência uma de suas espécies (sob o viés econômico)" (TARTUCE. Vulnerabilidade processual no novo CPC. Disponível em: <https://www.academia.edu/25885818/Vulnerabilidade_processual_no_Novo_CPC>. Acesso em: 5 jun. 2016).

43. "Vulnerabilidade processual é a suscetibilidade do litigante que o impede de praticar atos processuais em razão de uma limitação pessoal involuntária; a impossibilidade de atuar pode decorrer de fatores de saúde e/ou de ordem econômica, informacional, técnica ou organizacional de caráter permanente ou provisório" (TARTUCE, 2012, p. 184).

Um sistema não se sobrepõe ao outro nem há revogação ou exclusão. O que existe, na verdade, é uma decorrência do princípio da adequação, ou seja, em algumas hipóteses, por exemplo, na defesa dos direitos difusos, o sistema tradicional da ação civil pública parece ser mais eficaz, já que há predominância de questões de fato. Já na tutela de direitos individuais homogêneos, o mecanismo dos julgamentos repetitivos parece ser mais célere e efetivo.

A partir dessas premissas, há algumas questões que, na prática, tendem a surgir, a partir das tentativas de pacificação do conflito e da preexistência de precedente, assim concebido como a decisão de observância obrigatória referida no art. 927. Vejamos, agora, algumas hipóteses.

A primeira delas é se as partes estão vinculadas ao precedente. A resposta é, a nosso sentir, negativa, mas não se despe de complexidade.

Isso porque, num primeiro momento, as partes podem, quer na via judicial, quer fora dela, chegar a um acordo que ignore a existência de um precedente. Contudo, não podemos deixar de registrar que pode haver dificuldade caso uma delas se recuse a cumprir voluntariamente o avençado.

O descumprimento de acordo que seja tipificado como título executivo extrajudicial, na forma do art. 784, enseja a deflagração do processo de execução.

Também pode ocorrer que as partes desejem levar o acordo à homologação judicial, simplesmente para alcançar um nível maior de segurança jurídica, o que é expressamente permitido pelo art. 785.

Ou, ainda, que a homologação seja condição de eficácia, por se tratar de direito indisponível, na forma do art. 3º, § 2º, da Lei n. 13.140/2015.

Não custa lembrar que o CPC tem diversos dispositivos que conferem condição preferencial ao consenso: desde a ressignificação do acesso à justiça, no art. 3º, passando pelo comando do art. 139, V, pela preocupação em conceituar e distinguir as ferramentas da conciliação e da mediação (art. 165, §§ 2º e 3º), pelo art. 334, que antecipa a fase de tentativa do acordo e, finalmente, chegando ao art. 515, § 2º, que autoriza expressamente que a autocomposição judicial envolva sujeito estranho ao processo e verse sobre relação jurídica que não tenha sido deduzida em juízo.

Nesse sentido, parece que, realmente, o acordo deve prevalecer sobre o precedente[44].

Vista essa primeira possibilidade, falemos um pouco agora da possibilidade de acordo no processo representativo da controvérsia, na sistemática dos julgamentos repetitivos.

Obviamente a hipótese é remota, se pensarmos na multiplicidade de processos envolvendo partes diversas.

---

44. Enunciado CJF n. 63: "A perspectiva da conciliação judicial, inclusive por adesão, em razão ou no bojo de Incidente de Resolução de Demandas Repetitivas, é compatível com o Código de Processo Civil (Lei n. 13.105, de 16 de março de 2015) e com a Lei da Mediação (Lei n. 13.140, de 26 de junho de 2015)".

Contudo, se focarmos na chamada litigiosidade repetitiva, ou seja, em um grupo de pessoas ingressando com ações individuais contra um mesmo réu[45], formulando pedido semelhante e fundado na mesma causa de pedir, a ideia do acordo parece mais factível[46].

No plano processual, é possível que, durante o julgamento repetitivo, a possibilidade de acordo se mostre, por exemplo, quando da convocação das audiências públicas, previstas, respectivamente, nos arts. 983, § 1º (IRDR), e 1.038, II (RE e REsp Repetitivo).

Como estamos, aqui, em sede de julgamento repetitivo, mas ainda dentro da tutela coletiva, podemos pensar na realização de um acordo nessa audiência. Na verdade, poderíamos combinar os dispositivos acima referidos com o art. 334, que trata da audiência de conciliação e de mediação, fazendo os ajustes necessários em razão das peculiaridades do procedimento.

Uma possível alternativa é usar a audiência pública para colher uma proposta de acordo que poderia ser registrada e submetida aos demais autores individuais.

Registramos que, em tese, é possível acordo judicial e extrajudicial nessa hipótese. Contudo, como já há ação ajuizada, o acordo teria que ser necessariamente submetido ao juiz natural (no caso o Relator, no tribunal local ou tribunal superior). Idealmente, isso deveria ser feito por meio eletrônico.

Nesse sentido, não custa lembrar que a Lei n. 13.140/2015 trata das modalidades judicial e extrajudicial de mediação. Ainda nessa diretriz, o art. 46 dessa Lei dispõe sobre o uso da mediação pela internet ou por outro meio de comunicação que permita a transação a distância, desde que ambas as partes estejam de acordo[47].

Nessa mesma linha de raciocínio, o art. 18-A da Resolução n. 125 do CNJ dispõe sobre o Sistema de Mediação Digital ou à distância[48]. A matéria veio a ser tratada ainda na nova redação imposta ao art. 6º, inciso X, pela Resolução n. 326/2020[49].

---

45. Marc Galanter se refere aos *"repeat players"* (litigantes repetitivos) e aos *"one-shotters"* (litigantes ocasionais), para designar aqueles que recorrem reiteradamente ou ocasionalmente ao sistema de justiça (1994, p. 165-230).

46. ASPERTI, 2014, p. 195.

47. Enunciado n. 58: "A conciliação/mediação, em meio eletrônico, poderá ser utilizada no procedimento comum e em outros ritos, em qualquer tempo e grau de jurisdição" (Enunciados aprovados na I Jornada de "Prevenção e Solução Extrajudicial de Litígios", realizada em Brasília, nos dias 22 e 23 de agosto de 2016. Disponível em: <http://www.cjf.jus.br/cjf/corregedoria-da-justica-federal/centro-de-estudos-judiciarios-1/publicacoes-1/cjf/corregedoria-da-justica-federal/centro-de-estudos-judiciarios-1/prevencao-e-solucao-extrajudicial-de-litigios/?_authenticator=60c7f30ef0d8002d17dbe298563b6fa2849c6669>. Acesso em: 21 nov. 2016).

48. Redação atualizada pela Resolução n. 326/2020: "Art. 18-A. O Sistema de Mediação Digital ou a distância e o Cadastro Nacional de Mediadores Judiciais e Conciliadores deverão estar disponíveis ao público no início de vigência da Lei n. 13.140, de 26 de junho de 2015 (Lei de Mediação)."

49. "Art. 6º. (...) X – criar Sistema de Mediação e Conciliação Digital ou a distância para atuação pré-processual de conflitos e, havendo adesão formal de cada Tribunal de Justiça ou Tribunal Regional Federal, para atuação em demandas em curso, nos termos do art. 334, § 7º, do Código de Processo Civil de 2015 e do art. 46 da Lei n. 13.140, de 26 de junho de 2015 (Lei de Mediação);"

Essa modalidade, denominada por alguns mediação *on-line* – trataremos do tema com mais densidade no Capítulo 11 –, é inspirada na Diretiva n. 11/2013 do Parlamento Europeu e do Conselho da União Europeia, que normatiza a resolução alternativa de litígios consumeristas, criando uma plataforma digital (RLL) para facilitar essa atividade (Regulamento UE n. 524/2013 do Parlamento Europeu e do Conselho, de 21 de maio de 2013, sobre a resolução de litígios de consumo em linha)[50].

Ademais, houve a regulamentação da resolução de disputa virtual entre consumidores e comerciantes, por meio da PE-COS n. 80/2012.

Uma possível solução para operacionalizar a comunicação dos termos do acordo pode estar na aplicação subsidiária dos arts. 982, § 3º[51], e 1.037, § 8º[52], do CPC.

Assim sendo, na medida em que os demais autores individuais devem ser comunicados da decisão de suspensão, também poderiam ser comunicadas da proposta de acordo formulada no processo piloto.

Finalmente, tratemos das ações individuais sobrestadas por força de um julgamento repetitivo. Aqui também enxergamos espaço de consenso, com algumas ponderações diante do regime específico aplicável a esse microssistema de tutela coletiva[53].

De início, lembramos que, instaurada a ferramenta de julgamento repetitivo, todos os processos pendentes devem ser suspensos (arts. 313, IV, 982, I, 1.029, § 4º, 1.035, § 5º, 1.036, § 1º, e 1.037, II).

Durante a suspensão, como regra, apenas tutelas de urgência podem ser apreciadas. Assim, não seria possível, em princípio, a realização de audiências de conciliação ou de mediação nessas ações.

Contudo, temos que não se pode retirar do magistrado a incumbência de dar ao conflito a solução mais adequada. Por isso, mesmo durante a suspensão, pensamos ser possível a realização de audiência, que poderá redundar, inclusive, em acordo[54]. Mesmo que se queira, por mera conveniência terminológica, rotulá-la como "audiência especial".

---

50. STOBER, 2015, p. 372.

51. "Art. 982. Admitido o incidente, o relator: (...) § 1º A suspensão será comunicada aos órgãos jurisdicionais competentes."

52. "Art. 1.037. Selecionados os recursos, o relator, no tribunal superior, constatando a presença do pressuposto do *caput* do art. 1.036, proferirá decisão de afetação, na qual: (...) II – determinará a suspensão do processamento de todos os processos pendentes, individuais ou coletivos, que versem sobre a questão e tramitem no território nacional; (...) § 8º As partes deverão ser intimadas da decisão de suspensão de seu processo, a ser proferida pelo respectivo juiz ou relator quando informado da decisão a que se refere o inciso II do *caput*."

53. SILVA NETO, 2015, p. 269.

54. Nesse sentido: Enunciado n. 63: "A perspectiva da conciliação judicial, inclusive por adesão, em razão ou no bojo de Incidente de Resolução de Demandas Repetitivas, é compatível com o Código de Processo Civil (Lei n. 13.105, de 16 de março de 2015) e com a Lei da Mediação (Lei n. 13.140, de 26 de junho de 2015)" (Enunciados aprovados na I Jornada de "Prevenção e Solução Extrajudicial de Litígios", realizada em Brasília, nos dias 22 e 23 de agosto de 2016. Disponível em: <http://www.cjf.jus.br/cjf/corregedoria-da-

Aplicamos, aqui, por analogia, o art. 485, VIII e § 5º, do CPC, que permite ao autor desistir da ação se ainda não houver sido proferida sentença. Ora, se pode ele desistir, parece-nos razoável que possa também tentar o acordo.

Lembramos, ainda, que há regra específica caso já tenha havido julgamento no processo piloto, com publicação do acórdão. Nesse caso, a parte pode desistir da ação se não houver ainda sentença em seu processo (art. 1.040, § 1º), e, mesmo que já tenha sido acostada contestação, não será necessária a concordância do réu (art. 1.040, § 3º).

Ainda nessa hipótese, subsiste a possibilidade do acordo judicial, desde que as partes fiquem cientes dos termos do precedente. Outra alternativa seria apenas desistir da ação e fazer um acordo extrajudicial, situação em que, a nosso ver, as partes poderiam convencionar livremente, sem o dever de observar o precedente.

10.5. A possibilidade de utilização dos protocolos pré-processuais na prevenção de conflitos coletivos

Para Lord Woolf[55], os protocolos pré-processuais[56], mais do que qualquer outro mecanismo, são os responsáveis pela implementação da "cultura do acordo".

Nessa diretriz, trazendo a ideia para o Direito brasileiro, seria possível que o tribunal fixasse certas diligências que deveriam ser satisfeitas antes da propositura da demanda.

Prosseguindo nesse raciocínio e observados, principalmente, os arts. 3º, 139, V, e 334 do CPC, seria possível a instituição de um protocolo a fim de estabelecer que, em determinados tipos de ação, deveria haver uma fase pré-judicial de tentativa de acordo[57].

Isso seria especialmente válido em demandas de massa, como ações consumeristas. E a providência seria potencializada com o uso dos meios eletrônicos para a busca do consenso, como a figura da mediação *on-line*, expressamente referida no art. 46 da Lei n. 13.140/2015.

De toda a sorte, em atenção ao art. 6º do Código de Processo Civil, a instituição dos protocolos, como também já referimos em capítulo anterior, deve ser precedida de audiências públicas, consulta aos interessados e, sobretudo, franco e amplo diálogo com as demais instituições, particularmente a advocacia pública e privada e o Ministério Público.

Parece possível, ainda, atrelar o interesse em agir em determinadas demandas repetitivas à submissão ao protocolo. Nesse aspecto, tem havido grande evolução da jurispru-

---

justica-federal/centro-de-estudos-judiciarios-1/publicacoes-1/cjf/corregedoria-da-justica-federal/centro--de-estudos-judiciarios-1/prevencao-e-solucao-extrajudicial-de-litigios/?authenticator=60c7f30ef0d8002 d17dbe298563b6fa2849c6669>. Acesso em: 22 nov. 2016).

55. WOOLF, 2000, p. 17.

56. PANTOJA, 2016, p. 78.

57. CUEVA, 2016, p. 313-316.

dência dos Tribunais Superiores. Veja-se, por exemplo, o caso das ações de revisão de benefício previdenciário sem a prévia provocação ao INSS na instância administrativa.

O STJ[58] já decidiu que para o ajuizamento desse tipo de demanda dispensa-se, excepcionalmente, o prévio requerimento administrativo quando houver:

i) recusa em seu recebimento por parte do INSS; ou

ii) resistência na concessão do benefício previdenciário, a qual se caracteriza:

    a) pela notória oposição da autarquia previdenciária à tese jurídica adotada pelo segurado; ou

    b) pela extrapolação da razoável duração do processo administrativo.

Nesse sentido, em regra, a falta de postulação administrativa de benefício previdenciário resulta em ausência de interesse processual dos que litigam diretamente no Poder Judiciário. Isso porque a pretensão, nesses casos, carece de elemento configurador de resistência pela autarquia previdenciária. Assim sendo, se não há conflito, não existe interesse de agir nessas situações.

O tribunal deixou claro que a exigência de prévio requerimento não se confunde com o exaurimento das vias administrativas, nem deve prevalecer quando o entendimento da Administração for notório e reiteradamente contrário à postulação do segurado[59].

Além da hipótese de um protocolo que estabeleça, diretamente, o dever de as partes tentarem um acordo antes do ajuizamento da ação judicial, é também possível vislumbrar hipóteses nas quais um protocolo estimulasse indiretamente a autocomposição.

Seria o caso, por exemplo, de um protocolo que estipulasse uma fase pré-processual para troca de provas entre as partes. Tal troca permitiria a ambas terem uma noção mais precisa da força dos argumentos de seu adversário e da sua capacidade de comprovar as suas alegações. Com isso, seria possível reduzir o espaço de assimetria das informações[60]

---

58. Nesse mesmo acórdão, o Tribunal asseverou que: "o Poder Judiciário é a via destinada à resolução dos conflitos, o que também indica que, enquanto não houver resistência do devedor, carece de ação aquele que 'judicializa' sua pretensão. Nessa linha intelectiva, a dispensa do prévio requerimento administrativo impõe grave ônus ao Poder Judiciário, uma vez que este, nessas circunstâncias, passa a figurar como órgão administrativo previdenciário, pois acaba assumindo atividades administrativas. Em contrapartida, o INSS passa a ter que pagar benefícios previdenciários que poderiam ter sido deferidos na via administrativa, acrescidos pelos custos de um processo judicial, como juros de mora e honorários advocatícios. Nesse passo, os próprios segurados, ao receberem, por meio de decisão judicial, benefícios previdenciários que poderiam ter sido deferidos na via administrativa, terão parte de seus ganhos reduzidos pela remuneração contratual de advogado" (REsp 1.488.940/GO, rel. Min. Herman Benjamin, j. em 18-11-2014. *Informativo STJ*, n. 552).

59. Esse entendimento está em consonância com a decisão proferida pelo STF em Repercussão Geral, no RE 631.240/MG (j. em 3-9-2014, *DJe* 10-11-2014), e foi posteriormente ratificado pela Primeira Seção, em regime de julgamento repetitivo (REsp 1.369.834/SP).

60. Uma das grandes dificuldades de quase todo processo de negociação é a *assimetria de informações*: inevitavelmente, cada parte terá conhecimento de determinados fatos materiais que a outra parte não tem. Os mais evidentes deles são o BATNA (*Best Alternative to a Negotiated Agreement* – Melhor Alternativa ao Acordo Negociado) e a reserva de valor (diferença entre os valores/posições de cada uma das partes). Difi-

– que é um dos principais elementos que impede o sucesso das negociações – e facilitar o diálogo paritário entre as partes. Com isso, aumentar-se-iam, consequentemente, as chances de celebração de um acordo, evitando o ajuizamento da ação.

Um protocolo com esse escopo teria o benefício adicional de adiantar a preparação e a instrução probatória da eventual ação judicial. Assim, mesmo que o conflito tivesse que ser judicializado pela impossibilidade de alcance de um acordo, haveria uma enorme economia de tempo e de dispêndio de recursos, porque boa parte das provas e dos argumentos já teria sido trocada entre as partes.

---

cilmente uma parte sabe todas as opções que seu "adversário" tem fora da mesa de negociações e o valor mínimo/máximo que ele está disposto a aceitar em um acordo, bem como todas as "cartas" que ele esconde na manga (informações, provas etc.). Sobre a assimetria de informações e a forma de lidar com ela no processo de negociação, v. MNOOKIN, 1993, p. 235-249.

Capítulo 11

Disposições Finais e Transitórias da Lei de Mediação

> **Sumário: 11.1.** Exame dos dispositivos legais. **11.2.** Mediação *on-line*. **11.3.** Questões sobre a não designação da audiência de mediação. **11.4.** Possibilidade de dispensa da audiência fora das hipóteses legais? **11.4.1.** Cláusula *opt-out*. **11.4.2.** Mediação ou conciliação antecedente à propositura da ação. **11.5.** Designação aleatória de audiência de mediação em vez de audiência de conciliação e vice-versa. **11.6.** Inclusão da disciplina em grades curriculares. **11.7.** O crescimento da mediação em algumas áreas específicas. **11.7.1.** Propriedade intelectual. **11.7.2.** Justiça criminal. **11.7.2.1.** A consensualidade nos Juizados Especiais Criminais. **11.7.2.2.** O acordo de colaboração premiada e de não persecução penal. **11.7.3.** Mediação nos cartórios extrajudiciais. **11.7.4.** Recuperação judicial. **11.7.5.** Desapropriação. **11.7.6.** Meio ambiente. **11.7.7.** Acordo de Não Persecução Cível na Lei de Improbidade Administrativa. **11.7.8.** Acordo de Leniência na Lei Anticorrupção. **11.7.9.** Termo de Ajuste de Gestão no âmbito dos Tribunais de Contas. **11.7.10.** Acordos em Processos Estruturais. **11.7.11.** Termo de Ajustamento de Conduta em Processo Administrativo Disciplinar.

11.1. Exame dos dispositivos legais

O Capítulo III da Lei de Mediação – intitulado "Disposições Finais" – possui uma série de regras atinentes à sistematização do instituto, sobretudo com outras leis extravagantes, além da preocupação em consolidar a política pública de solução adequada de conflitos iniciada com a Resolução n. 125/2010 do CNJ.

O art. 41, por exemplo, determina que a Escola Nacional de Mediação e Conciliação poderá criar banco de dados sobre boas práticas em mediação, bem como manter relação de mediadores e de instituições de mediação.

Esse dispositivo encontra-se esvaziado nos dias atuais, na medida em que o Ministério da Justiça abdicou desse mister e hoje toda a atividade organizacional e gerencial é exercida pelo CNJ, que, por sua vez, delega várias dessas competências aos CEJUSCs, na forma da Resolução n. 125 do CNJ, com as alterações impostas em 2016 após o advento da Lei n. 13.140/2015, e ainda pela Resolução n. 326/2020.

Por sua vez, o art. 42 tem redação que complementa o disposto no art. 175 do Código de Processo Civil, no sentido de que a Lei especial não esgota as práticas de mediação. Assim, a Lei de Mediação pode e deve ser aplicada a outras formas consensuais de resolução de conflitos[1], tais como mediações comunitárias e escolares, e àquelas levadas a efeito nas serventias extrajudiciais, desde que no âmbito de suas competências. No que se refere, especificamente, às serventias extrajudiciais, a Corregedoria Nacional de Justiça do CNJ, por meio do Provimento n. 67, de 26 de março de 2018, regulamentou a matéria[2].

O parágrafo único do art. 42 traz norma específica para a Justiça do Trabalho, prevendo que a mediação nessa área será regulada por lei própria. Tal redação foi entendida, à época da edição da Lei n. 13.140/2015, como um retrocesso, na medida em que deixaria a justiça laboral fora da tendência universal de resolução consensual de conflitos. Não custa lembrar que, no mesmo ano de 2015, a Lei n. 13.129, que alterou a Lei de Arbitragem, também sofreu veto nessa matéria, como será visto na Parte II desta obra.

Hoje, contudo, a questão está regulamentada na Resolução n. 174/2016, do Conselho Superior da Justiça do Trabalho[3]. Ademais, o art. 652 da CLT foi alterado pela Lei n. 13.467, de 13 de julho de 2017. Assim, a alínea *f* passa a dispor que compete àquela justiça especializada "decidir quanto à homologação de acordo extrajudicial em matéria de competência da Justiça do Trabalho". Nesse sentido, a referida Lei inseriu também na CLT o art. 855-B, de modo a regulamentar o procedimento de jurisdição voluntária para homologação de acordo extrajudicial[4]. Essas alterações parecem apontar para uma maior sensibilização do legislador no sentido de recepcionar a mediação também na área laboral.

Em relação ao art. 43, este permite que órgãos e entidades da Administração Pública criem câmaras para a resolução de conflitos entre particulares, que versem sobre

---

1. Enunciado FPPC n. 618 (arts. 3º, §§ 2º e 3º, 139, V, 166 e 168; arts. 35 e 47 da Lei n. 11.101/2005; art. 3º, *caput* e §§ 1º e 2º, art. 4º, *caput* e § 1º, e art. 16, *caput*, da Lei n. 13.140/2015): "A conciliação e a mediação são compatíveis com o processo de recuperação judicial".

2. Disponível em: <https://www.conjur.com.br/dl/provimento-67-cnj-cartorios-mediacao.pdf>. Acesso em: 20 maio 2018.

3. Disponível em: <http://www.csjt.jus.br/c/document_library/get_file?uuid=235e3400-9476-47a0-8bbb-bccacf94fab4&groupId=955023>. Acesso em: 20 ago. 2017.

4. "Art. 855-B. O processo de homologação de acordo extrajudicial terá início por petição conjunta, sendo obrigatória a representação das partes por advogado. § 1º As partes não poderão ser representadas por advogado comum. § 2º Faculta-se ao trabalhador ser assistido pelo advogado do sindicato de sua categoria. Art. 855-C. O disposto neste Capítulo não prejudica o prazo estabelecido no § 6º do art. 477 desta Consolidação e não afasta a aplicação da multa prevista no § 8º art. 477 desta Consolidação. Art. 855-D. No prazo de quinze dias a contar da distribuição da petição, o juiz analisará o acordo, designará audiência se entender necessário e proferirá sentença. Art. 855-E. A petição de homologação de acordo extrajudicial suspende o prazo prescricional da ação quanto aos direitos nela especificados. Parágrafo único. O prazo prescricional voltará a fluir no dia útil seguinte ao do trânsito em julgado da decisão que negar a homologação do acordo."

atividades por eles reguladas ou supervisionadas. Na verdade, a ideia é que a Câmara de Conciliação e Arbitragem da Administração Federal (CCAF) seja reproduzida nos demais órgãos públicos, nos níveis federal, estadual e municipal. Aliás, já existe até mesmo uma cartilha com o objetivo de facilitar o acesso a essas informações[5].

O art. 44 determina que seja dada nova redação aos arts. 1º e 2º da Lei n. 9.649/97.

Essa lei, entre outras providências, regulamenta o disposto no inciso VI do art. 4º da Lei Complementar n. 73, de 10 de fevereiro de 1993 (Lei da Advocacia-Geral da União), que dispõe sobre a intervenção da União nas causas em que figurarem, como autores ou réus, entes da administração indireta, bem como regula os pagamentos devidos pela Fazenda Pública em virtude de sentença judiciária[6].

O art. 45, por sua vez, acresce o art. 14-A ao Decreto n. 70.235, de 6 de março de 1972, que dispõe sobre o processo administrativo fiscal[7].

O art. 46 é de suma importância, pois trata da mediação eletrônica, e será tratado em item próprio, a seguir.

No que tange ao art. 47, a disposição fixa prazo de *vacatio legis* de 180 dias. Esse prazo acabou por gerar algumas confusões, pois a Lei de Mediação foi publicada após o CPC/2015, mas entrou em vigor antes, visto que seu prazo de *vacatio* era menor.

Com isso, quando o CPC entrou em vigor, em março de 2016, a aplicação de alguns dispositivos da Lei de Mediação, sobretudo na seara judicial, tornou-se controvertida, por exemplo, o tempo máximo para a realização das sessões de conciliação e mediação, que, pelo art. 334, § 2º, do CPC, é de dois meses, enquanto o art. 28 da Lei de Mediação determina que o procedimento deve estar concluído em até sessenta dias.

Como se sabe, no CPC, os prazos em dias são contados apenas em dias úteis. Os prazos em meses e anos são contados em dias corridos. Desse modo, criou o legislador uma dúvida quanto à real duração máxima dos encontros. Também existem diferenças entre: a) os princípios da mediação listados pelo CPC e pela Lei de Mediação (o consen-

---

5.   Disponível em: <http://www.agu.gov.br/page/content/detail/id_conteudo/217576>. Acesso em: 14 set. 2014.

6.   Nesse sentido, a nova redação do referido art. 1º passa a ser a seguinte: "Art. 1º O Advogado-Geral da União, diretamente ou mediante delegação, e os dirigentes máximos das empresas públicas federais, em conjunto com o dirigente estatutário da área afeta ao assunto, poderão autorizar a realização de acordos ou transações para prevenir ou terminar litígios, inclusive os judiciais. § 1º Poderão ser criadas câmaras especializadas, compostas por servidores públicos ou empregados públicos efetivos, com o objetivo de analisar e formular propostas de acordos ou transações. (...) § 5º Na transação ou acordo celebrado diretamente pela parte ou por intermédio de procurador para extinguir ou encerrar processo judicial, inclusive os casos de extensão administrativa de pagamentos postulados em juízo, as partes poderão definir a responsabilidade de cada uma pelo pagamento dos honorários dos respectivos advogados".

7.   "Art. 14-A. No caso de determinação e exigência de créditos tributários da União cujo sujeito passivo seja órgão ou entidade de direito público da administração pública federal, a submissão do litígio à composição extrajudicial pela Advocacia-Geral da União é considerada reclamação, para fins do disposto no inciso III do art. 151 da Lei n. 5.172, de 25 de outubro de 1966 – Código Tributário Nacional."

206 *Manual de Mediação e Arbitragem*

so é que todos se aplicam e formam o microssistema principiológico da mediação); b) os requisitos para se tornar mediador judicial, entre outros.

Finalmente, o art. 48 revogou o § 2º do art. 6º da Lei n. 9.469, de 10 de julho de 1997. Tal dispositivo[8], se fosse mantido em vigor, poderia trazer dificuldades à mediação na esfera da Administração Pública, daí sua acertada revogação[9].

Importante registrar que o Decreto n. 10.201, de 15 de janeiro de 2020, regulamentou o § 4º do art. 1º e o art. 2º da Lei n. 9.469, de 10 de julho de 1997, para fixar os valores de alçada para a autorização de acordos ou transações celebradas por pessoa jurídica de direito público federal[10] e por empresas públicas federais[11], para prevenir ou terminar litígios, inclusive os judiciais.

---

8. A redação original era a seguinte: "§ 2º O acordo ou a transação celebrada diretamente pela parte ou por intermédio de procurador para extinguir ou encerrar processo judicial, inclusive nos casos de extensão administrativa de pagamentos postulados em juízo, implicará sempre a responsabilidade de cada uma das partes pelo pagamento dos honorários de seus respectivos advogados, mesmo que tenham sido objeto de condenação transitada em julgado".

9. Enunciado CJF n. 32: "A ausência da regulamentação prevista no art. 1º da Lei n. 9.469/97 não obsta a autocomposição por parte de integrante da Advocacia-Geral da União e dirigentes máximos das empresas públicas federais nem, por si só, torna-a inadmissível para efeito do inc. II do § 4º do art. 334 do CPC/2015".

10. "Art. 2º O Advogado-Geral da União, diretamente ou mediante delegação, e os dirigentes máximos das empresas públicas federais, em conjunto com o dirigente estatutário da área à qual estiver afeto o assunto, poderão autorizar a realização de acordos ou transações para prevenir ou terminar litígios, inclusive os judiciais, que envolvam, respectivamente, a União e empresa pública federal. § 1º A realização de acordos ou transações que envolvam créditos ou débitos com valor igual ou superior a R$ 50.000.000,00 (cinquenta milhões de reais) dependerá de prévia e expressa autorização do Advogado-Geral da União e do Ministro de Estado a cuja área de competência estiver afeto o assunto. § 2º Na hipótese de interesse dos órgãos do Poder Legislativo ou Judiciário, do Tribunal de Contas da União, do Ministério Público da União ou da Defensoria Pública da União, a autorização prévia e expressa de acordos e transações, inclusive os judiciais, que envolvam créditos ou débitos com valores iguais ou superiores aos referidos no § 1º será concedida, em conjunto com o Advogado-Geral da União, pelo Presidente da Câmara dos Deputados, do Senado Federal, do Tribunal de Contas da União, de Tribunal ou de Conselho, pelo Procurador-Geral da República ou pelo Defensor Público-Geral Federal, no âmbito de suas competências. § 3º As empresas públicas federais deverão observar as suas respectivas regras sobre autorização de acordos judiciais e extrajudiciais estabelecidas em normativos internos aprovados pelo conselho de administração, se houver, ou pela assembleia geral, observado o disposto no Decreto n. 8.945, de 27 de dezembro de 2016. (...) Art. 3º O Procurador-Geral da União, o Procurador-Geral Federal e o Procurador-Geral do Banco Central poderão autorizar, diretamente ou mediante delegação, a realização de acordos para prevenir ou terminar, judicial ou extrajudicialmente, litígio que envolver valores de até R$ 10.000.000,00 (dez milhões de reais)".

11. Art. 2º (...). "§ 4º No caso de empresa pública federal, os acordos ou as transações que envolvam créditos ou débitos com valores iguais ou superiores a R$ 10.000.000,00 (dez milhões de reais) deverão se submeter à autorização prévia e expressa, na seguinte ordem: I – do dirigente máximo da empresa pública federal em conjunto com o dirigente estatutário da área à qual estiver afeto o assunto; II – do Ministro de Estado titular da Pasta à qual estiver vinculada a empresa; e III – do Advogado-Geral da União. (...) Art. 4º No caso das empresas públicas federais, os seus dirigentes máximos, em conjunto com o dirigente estatutário da área à qual estiver afeto o assunto, poderão autorizar, diretamente ou mediante delegação a realização dos acordos para prevenir ou terminar, judicial ou extrajudicialmente, litígio que envolver valores de até R$ 5.000.000,00 (cinco milhões de reais). Parágrafo único. Na hipótese prevista no *caput*, a delegação é restrita a órgão colegiado formalmente constituído, composto por pelo menos um dirigente estatutário."

11.2. Mediação *on-line*

O avanço da tecnologia alterou completamente os limites e rompeu as barreiras geográficas. As distâncias foram ressignificadas; e os canais de comunicação, alargados. A velocidade das informações criou novos paradigmas e transformou a dinâmica das relações, impactando diretamente a sociedade.

Nesse particular, a internet contribuiu decisivamente para o desenvolvimento de novas ferramentas e tecnologias, permitindo uma maior integração entre as necessidades e as exigências da atualidade[12].

No plano jurídico, os avanços também foram significativos.

A Lei n. 11.419/2006 (Lei do Processo Eletrônico), por exemplo, regula a comunicação e a prática de inúmeros atos processuais (citações, intimações, notificações etc.) de forma eletrônica, estimulando a criação de Diários da Justiça eletrônicos (art. 4º) e também sistemas eletrônicos de processamento de ações judiciais pelos tribunais (art. 8º).

No plano processual especificamente, o CPC positivou a prática de atos processuais eletrônicos (arts. 193 a 199)[13], inclusive por meio de videoconferência ou outro recurso tecnológico de transmissão de sons e imagens em tempo real (art. 236, § 3º).

Nessa toada, permite-se, por exemplo, que o depoimento pessoal da parte – ou da testemunha – que residir em comarca, seção ou subseção judiciária diversa daquela onde tramita o processo seja colhido por meio de videoconferência ou outro recurso tecnológico de transmissão de sons e imagens em tempo real (arts. 385, § 3º, e 453, § 1º); que a acareação seja realizada por videoconferência ou por outro recurso tecnológico de transmissão de sons e imagens em tempo real (art. 461, § 2º); que a sustentação oral de advogado com domicílio profissional em cidade diversa daquela onde está sediado o tribunal seja feita por meio de videoconferência ou outro recurso tecnológico de transmissão de sons e imagens em tempo real, desde que o requeira até o dia anterior ao da sessão (art. 937, § 4º), entre outros.

As citações e intimações também devem ser feitas preferencialmente por meio eletrônico (arts. 232, 246 e § 1º, 270, 272 e 275).

---

12.   Afirma-se que "entre os diversos impactos sofridos pelas relações sociais derivadas de tal revolução tecnológica estão, principalmente, o fluxo de informações disponíveis e acessíveis por meio de interconexões pelos computadores, bem como a necessidade de velocidade característica do cotidiano moderno" (SALDANHA; MEDEIROS, 2018, p. 542).

13.   Enunciado n. 149 da II Jornada de Prevenção e Solução Extrajudicial de Litígios: "A interoperabilidade dos sistemas referida no art. 194 do CPC deverá ser incentivada para proporcionar a criação de plataformas unificadas, a padronização de *layouts* e ferramentas disponíveis para os usuários, e a integração dos diversos sistemas processuais eletrônicos no âmbito judicial e também no âmbito administrativo, para que assim se promova efetivamente a cooperação institucional e interinstitucional, viabilizando o compartilhamento de dados e informações de maneira estruturada e harmônica, bem como assegurando o amplo acesso à justiça nos processos digitais, tendo sempre como foco a experiência do usuário".

Na mesma linha, o CPC permite que a audiência de conciliação ou de mediação seja realizada por meio eletrônico (art. 334, § 7º), em consonância com o art. 46 da Lei de Mediação[14].

Sem dúvida, ao estabelecer que a mediação pode ser feita pela internet ou por outro meio de comunicação a distância, a lei especial maximiza as oportunidades de construção do consenso e otimiza a própria prestação jurisdicional.

Além disso, o procedimento *on-line* impulsionou o surgimento de plataformas digitais de resolução de conflitos e câmaras privadas de mediação/conciliação[15], que, há algum tempo, já vêm oferecendo serviços nessa área e fomentando a mediação digital.

Nesse sentido, importante lembrar que o Decreto n. 10.197, de 2 de janeiro de 2020, alterou o Decreto n. 8.573, de 19 de novembro de 2015, para estabelecer o Consumidor.gov.br como plataforma oficial da administração pública federal direta, autárquica e fundacional para a autocomposição nas controvérsias em relações de consumo. Desse modo, todos os demais órgãos que possuam plataformas próprias devem migrar para a Consumidor.gov.br até o dia 31 de dezembro de 2020[16].

Porém, assim como em qualquer atividade, existem vantagens e desvantagens.

Se, de um lado, a mediação *on-line* aproxima virtualmente os mediandos e o mediador, evitando gastos com deslocamentos e dispêndio de tempo, por outro, inviabiliza o contato pessoal (cara a cara) e dificulta a ampla percepção e captação dos sentimentos, das angústias, dos interesses subjacentes ao conflito, o que pode prejudicar o procedimento de construção do consenso[17].

Em vista disso, é importante que os mediadores *on-line* tenham, além da capacitação técnica, habilidade e familiaridade com as particularidades do ambiente virtual[18], bem como uma especial atenção à questão da vulnerabilidade[19].

---

14. "Art. 46. A mediação poderá ser feita pela internet ou por outro meio de comunicação que permita a transação à distância, desde que as partes estejam de acordo. Parágrafo único. É facultado à parte domiciliada no exterior submeter-se à mediação segundo as regras estabelecidas nesta Lei."

15. Preciso e abrangente levantamento das plataformas digitais pode ser encontrado no Relatório produzido pelo Centro de Inovação, Administração e Pesquisa do Judiciário, da Fundação Getulio Vargas. Disponível em: https://ciapj.fgv.br/sites/ciapj.fgv.br/files/relatorio_ecommerce.pdf. Acesso em: 20 nov. 2023.

16. Enunciado n. 141 da II Jornada de Prevenção e Solução Extrajudicial de Litígios: "Recomenda-se o estímulo à utilização e à integração de mecanismos como a plataforma CONSUMIDOR.GOV.BR, criada pela Secretaria Nacional do Consumidor – Senacon com o apoio de Procons, com vistas a promover o acesso e a criação de alternativas para a solução eficiente dos conflitos de consumo".

17. Enunciado n. 158 da II Jornada de Prevenção e Solução Extrajudicial de Litígios: "A mediação e a conciliação por videoconferência observarão o mesmo rito do ato presencial, devendo ser oportunizado, a pedido do advogado ou de seu cliente, momento ou sala virtual própria para conversa reservada".

18. Enunciado n. 140 da II Jornada de Prevenção e Solução Extrajudicial de Litígios: "Os princípios da confidencialidade e da boa-fé devem ser observados na mediação *on-line*. Caso o mediador, em algum momento, perceba a violação a tais postulados, poderá suspender a sessão ou sugerir que tal ato seja realizado na modalidade presencial".

19. Nesse sentido, de se observar os enunciados adiante transcritos:
Enunciado n. 153 da II Jornada Prevenção e Solução Extrajudicial de Litígios: "Constatada a vulnerabilidade tecnológica do indivíduo no âmbito judicial e/ou extrajudicial, a Defensoria Pública poderá ser solicitada

Mais do que isso, é imprescindível regular os critérios de qualidade que garantam o funcionamento do procedimento digital de forma eficaz, transparente e eficiente[20].

Em suma, as novas tecnologias estimulam e valorizam a autocomposição, ampliando o acesso à justiça (arts. 5º, XXXV, da CF e 3º do CPC) e racionalizando a prestação jurisdicional, apesar de algumas incertezas e críticas[21] que são ínsitas a qualquer processo de mudança[22].

Nessa esteira, a Lei n. 13.994/2020 alterou os arts. 22 e 23 da Lei n. 9.099/95 (Lei dos Juizados Especiais Cíveis e Criminais). Pela nova redação, o antigo parágrafo único do art. 22 foi convertido em § 1º, tendo sido acrescido o § 2º, com a seguinte redação: "É cabível a conciliação não presencial conduzida pelo Juizado mediante o emprego dos recursos tecnológicos disponíveis de transmissão de sons e imagens em tempo real, devendo o resultado da tentativa de conciliação ser reduzido a escrito com os anexos pertinentes".

Aliás, não custa lembrar que nem o art. 46 da Lei de Mediação ou o art. 334, § 7º, do CPC trazem essa determinação.

Importante ressaltar, ainda, a Lei n. 14.129, de 29 de março de 2021, que dispõe sobre o Governo Digital e o aumento da eficiência pública por meio da desburocratização, inovação, transformação digital e participação do cidadão.

Essa lei deve ser aplicada em consonância com as Leis n. 12.527, de 18 de novembro de 2011 (Lei de Acesso à Informação), e 13.709, de 14 de agosto de 2018 (Lei Geral de Proteção de Dados Pessoais).

O art. 2º, I da Lei n. 14.129/2021 é expresso ao determinar a aplicação da lei aos órgãos da administração pública direta federal, abrangendo os Poderes Executivo, Judiciário e Legislativo, incluído o Tribunal de Contas da União, e o Ministério Público da União.

---

a cooperar no processo de inclusão digital, bem como o indivíduo que encontrar dificuldades tecnológicas poderá procurar apoio dessa instituição para participar de ato processual virtual".

Enunciado n. 155 da II Jornada de Prevenção e Solução Extrajudicial de Litígios: "Constatada a vulnerabilidade tecnológica do indivíduo para a participação em determinado ato processual, o magistrado pode facultar a realização do ato na sua forma híbrida ou presencial".

Enunciado n. 156 da II Jornada de Prevenção e Solução Extrajudicial de Litígios: "As plataformas de ODR, privadas ou públicas, buscarão, sempre que possível, atender a critérios de acessibilidade digital para grupos possivelmente marginalizados pela exclusão digital, como a compatibilidade com meios de tecnologia para viabilizar acesso a pessoas com deficiência".

20. HALE; PINHO; CABRAL, 2016, p. 270.

21. Critica-se, por exemplo, a existência do prazo dilatório de dez dias para que as partes abram suas intimações eletrônicas nos portais (art. 5º, § 3º, da Lei n. 11.419/2006). Isso porque muitas vezes as intimações são apenas abertas no último dia, retardando a fluência do respectivo prazo.

22. Ainda nessa linha de facilitar o uso dos meios consensuais e garantir maior celeridade e efetividade, no dia 7 de agosto de 2019, 46 países assinaram, em Singapura, uma Convenção que facilitará a execução dos acordos firmados através de mediação envolvendo as disputas de comércio internacional. Contudo, inexplicavelmente, o Brasil não assinou o ato. Disponível em: <https://www.migalhas.com.br/depeso/308828/a-convencao-de-singapura-um-marco-para-mediacao-empresarial>. Acesso em: 20 mar. 2020.

Destaca-se, ainda, o art. 14, segundo o qual a prestação digital dos serviços públicos deverá ocorrer por meio de tecnologias que permitam o amplo acesso pela população, inclusive de baixa renda ou residente em áreas rurais e isoladas, e sem prejuízo do direito do atendimento presencial.

Por fim, ainda que com certo atraso, em 10 de fevereiro de 2022, foi editada a Emenda Constitucional n. 115, que alterou a Constituição Federal para incluir a proteção de dados pessoais entre os direitos e garantias fundamentais e fixar a competência privativa da União para legislar sobre proteção e tratamento de dados pessoais. Entre as alterações promovidas está a inserção do inciso LXXIX no art. 5º, assegurando, nos termos da lei, o direito à proteção dos dados pessoais, inclusive nos meios digitais.

Igualmente, é de se referir o protagonismo do Conselho Nacional de Justiça na edição dos atos normativos necessários à viabilização do acesso à justiça digital no Brasil e da justiça multiportas. Faremos a menção às resoluções em ordem cronológica.

1. Resolução n. 332, de 21 de agosto de 2020. Dispõe sobre a ética, a transparência e a governança na produção e no uso de Inteligência Artificial no Poder Judiciário. A normativa aborda os seguintes pontos: aspectos gerais; respeito aos direitos fundamentais; não discriminação; publicidade e transparência; governança e qualidade; segurança; controle do usuário; pesquisa, desenvolvimento e implantação de serviços de inteligência artificial; prestação de contas e responsabilização.

2. Resolução n. 335, de 29 de setembro de 2020. Institui política pública para a governança e a gestão de processo judicial eletrônico. Integra os tribunais do país com a criação da Plataforma Digital do Poder Judiciário Brasileiro – PDPJ-Br. Mantém o sistema PJe como sistema de Processo Eletrônico prioritário do Conselho Nacional de Justiça.

3. Resolução n. 337, de 29 de setembro de 2020. Dispõe sobre a utilização de sistemas de videoconferência no Poder Judiciário.

4. Resolução n. 345, de 9 de outubro de 2020. Dispõe sobre o "Juízo 100% Digital" e dá outras providências.

5. Resolução n. 354, de 19 de novembro de 2020. Dispõe sobre o cumprimento digital de ato processual e de ordem judicial e dá outras providências.

O art. 1º dessa resolução regulamenta a realização de audiências e sessões por videoconferência e telepresenciais e a comunicação de atos processuais por meio eletrônico nas unidades jurisdicionais de primeira e segunda instâncias da Justiça dos Estados, Federal, Trabalhista, Militar e Eleitoral, bem como nos Tribunais Superiores, à exceção do Supremo Tribunal Federal.

Já o art. 2º traz as seguintes definições:

I – videoconferência: comunicação a distância realizada em ambientes de unidades judiciárias; e

II – telepresenciais: as audiências e sessões realizadas a partir de ambiente físico externo às unidades judiciárias.

Ademais, o art. 3º prevê que as audiências só poderão ser realizadas na forma telepresencial a pedido da parte, ressalvado o disposto no § 1º, bem como nos incisos I a IV do § 2º do art. 185 do CPP, cabendo ao juiz decidir pela conveniência de sua realização no modo presencial.

O §1º estabelece que o juiz poderá determinar excepcionalmente, de ofício, a realização de audiências telepresenciais, nas seguintes hipóteses:

I – urgência;

II – substituição ou designação de magistrado com sede funcional diversa;

III – mutirão ou projeto específico;

IV – conciliação ou mediação no âmbito dos Centros Judiciários de Solução de Conflito e Cidadania (Cejusc);

V – indisponibilidade temporária do foro, calamidade pública ou força maior.

Por fim, o § 2º alerta que a oposição à realização de audiência telepresencial deve ser fundamentada, submetendo-se ao controle judicial.

6. Resolução n. 358, de 2 de dezembro de 2020, que instituiu o Sistema Informatizado para a Resolução de Conflitos por meio da Conciliação e Mediação – SIREC.

Os Tribunais darão preferência ao desenvolvimento colaborativo de um sistema, nos termos preconizados pela Plataforma Digital do Poder Judiciário Brasileiro – PDPJ, instituída pela Resolução CNJ n. 335/2020.

O § 8º prevê como requisitos para esse sistema, sem prejuízo de outros a serem implementados pelos Tribunais:

I – negociação com troca de mensagens síncronas e/ou assíncronas;

II – possibilidade de propostas para aceite e assinatura;

III – relatórios para gestão detalhada dos requerimentos das partes e das empresas, bem como por classe e assunto das demandas que ingressaram no SIREC.

Finalmente, o art. 2º determina que o sistema informatizado para a resolução de conflitos por meio da conciliação e mediação – SIREC, se desenvolvido pelo Tribunal, deverá atender a arquitetura, requisitos e padrões de desenvolvimento da Plataforma Digital do Poder Judiciário (PDPJ), mantida pelo CNJ, nos termos da Resolução n. 335, de 29 de setembro de 2020. Ademais, os tribunais poderão se valer de solução tecnológica já existente, mas deverá haver progressiva adaptação à Plataforma Digital do Poder Judiciário Brasileiro – PDPJ instituída pela Resolução CNJ n. 335/2020.

7. Resolução n. 363, de 12 de janeiro de 2021. Estabelece medidas para o processo de adequação à Lei Geral de Proteção de Dados Pessoais (Lei n. 13.709/2018 – LGPD) a serem adotadas pelos tribunais.

8. Resolução n. 372, de 12 de fevereiro de 2021. Regulamenta a plataforma de videoconferência denominada "Balcão Virtual" e determina que todos os Tribunais do país, à exceção do Supremo Tribunal Federal, deverão disponibilizar, em seu sítio eletrônico, ferramenta de videoconferência que permita imediato contato com o setor de atendi-

mento de cada unidade judiciária, popularmente denominado como balcão, durante o horário de atendimento ao público.

9. Resolução n. 385, de 6 de abril de 2021. Dispõe sobre a criação de Núcleos de Justiça 4.0. Na forma do art. 1º desse ato normativo, os tribunais poderão instituir "Núcleos de Justiça 4.0" especializados em razão de uma mesma matéria e com competência sobre toda a área territorial situada dentro dos limites da jurisdição do tribunal.

10. Resolução n. 398, de 9 de junho de 2021. Dispõe sobre a atuação dos "Núcleos de Justiça 4.0", disciplinados pela Resolução CNJ n. 385/2021, em apoio às unidades jurisdicionais.

11. Resolução n. 455, de 27 de abril de 2022. Institui o Portal de Serviços do Poder Judiciário (PSPJ), na Plataforma Digital do Poder Judiciário (PDPJ-Br), para usuários externos.

12. Resolução n. 465, de 22 de junho de 2022. Institui diretrizes para a realização de videoconferências no âmbito do Poder Judiciário, de modo a possibilitar que os jurisdicionados compreendam a dinâmica processual no cenário virtual, e aprimorar a prestação jurisdicional de forma digital.

13. Recomendação n. 130, de 22 de junho de 2022, para que tribunais envidem esforços para a instalação de Pontos de Inclusão Digital (PID), ainda que por meio de acordos de cooperação com outras instituições, na área territorial situada dentro dos limites de sua jurisdição, especialmente nos municípios que não sejam sede de unidade judiciária.

14. Resolução n. 800, de 17 de maio de 2023. Em maio de 2023, o STF editou ato normativo que autoriza a incorporação da ferramenta de inteligência artificial VitorIA à plataforma STF Digital, com o objetivo de agrupar processos por similaridade de temas, para identificação de novas controvérsias, gerando mais consistência nos resultados e, por conseguinte, maior segurança jurídica.

A ferramenta é uma iniciativa da AIA – Assessoria de Inteligência Artificial e vai se juntar aos já conhecidos Victor e Rafa.

O robô Victor, uma homenagem ao falecido Min. Victor Nunes Leal, foi lançado em 2017, com o objetivo de analisar e classificar temas de processos com repercussão geral, evitando, assim, o recebimento de demandas repetitivas vindas de outros tribunais.

Já a ferramenta Rafa foi desenvolvida para classificar os processos de acordo com os Objetivos de Desenvolvimento Sustentável (ODS) definidos pelas Nações Unidas, de forma a integrar a Corte à Agenda 2030 da ONU.

Não vamos, nos apertados limites deste *Manual*, tratar pormenorizadamente, do uso da IA no Poder Judiciário e no processo eletrônico. Contudo, deixamos aqui, uma referência que servirá de bússola para aqueles que desejarem compreender melhor as possibilidades e limites desse uso.

Trata-se do Relatório de Inteligência Artificial produzido pelo Centro de Inovação, Administração e Pesquisa do Poder Judiciário da FGV Conhecimento. O documento pode ser acessado *on-line*[23] e é atualizado constantemente a fim de sistematizar todas as iniciativas em uso nos Tribunais brasileiros.

11.3. Questões sobre a não designação da audiência de mediação

De um modo geral, a mediação pode ser obrigatória, induzida ou convencionada.

Obrigatória porque decorre de expressa previsão legal. É o que ocorre nas ações de família e no conflito coletivo de posse velha.

Explica-se: mesmo que nenhuma das partes assim deseje, a mediação será realizada, pois o comando do legislador é claro: "o juiz ordenará a citação do réu para comparecer à audiência de mediação" (art. 695 do CPC) e, "antes de apreciar o pedido de concessão de medida liminar, [o juiz] deverá designar audiência de mediação" (art. 565 do CPC)[24].

Induzida porque, embora sua realização seja a regra (arts. 27 da Lei n. 13.140 c/c 334 do CPC) e caiba ao juiz estimular, sempre que possível, a busca do consenso (arts. 3º, § 3º, e 139, V, do CPC), isso não significa que a mediação acontecerá. Vale lembrar que o ato processual não será designado quando o conflito não admitir autocomposição (ou quando envolver direitos indisponíveis não transacionáveis – art. 3º da Lei n. 13.140) ou quando ambas as partes manifestarem desinteresse na composição consensual (art. 334, § 4º, do CPC)[25].

Convencionada porque os contratantes podem pactuar as chamadas cláusulas de paz, prevendo a realização de mediação antes da judicialização da questão. Nesse caso, havendo expressa previsão contratual, o litígio não pode ser iniciado antes da tentativa de autocomposição (arts. 2º, § 1º, e 23 da Lei n. 13.140/2015). Se mesmo assim a demanda for proposta, o magistrado deverá suspendê-la pelo prazo previamente acordado ou até o implemento da referida condição.

Feitas as ressalvas acima, examinaremos a controvérsia propriamente dita.

Inicialmente, cabe registrar que, em relação às demandas em que a mediação é obrigatória (ações de família e conflito coletivo de posse velha), os juízes, aparentemente, não estão deixando de designar o referido ato processual.

Todavia, no caso da audiência de conciliação/mediação do art. 334 do CPC (procedimento comum), alguns juízes, por diferentes motivos – que serão examinados abaixo –, não têm determinado o ato processual em questão, ignorando a imperativida-

---

23. Disponível em: <https://ciapj.fgv.br/sites/ciapj.fgv.br/files/relatorioia3aedicao0.pdf>. Acesso em: 30 jul. 2023.

24. Enunciado FPPC n. 67: "A audiência de mediação referida no art. 565 (e seus parágrafos) deve ser compreendida como a sessão de mediação ou de conciliação, conforme as peculiaridades do caso concreto".

25. Enunciado FPPC n. 639 (art. 334, § 4º, II): "O juiz poderá, excepcionalmente, dispensar a audiência de mediação ou conciliação nas ações em que uma das partes estiver amparada por medida protetiva".

de do verbo escolhido pelo legislador ("designará"), ratificada pelas expressões "promoverá" (art. 3º, § 2º) e "deverão ser" (art. 3º, § 3º).

Inicialmente, não concordamos com o argumento de que a designação de audiência de conciliação/mediação viola a duração razoável do processo (arts. 5º, LXXVIII, da CF e 139, II, do CPC)[26]. Muito pelo contrário.

Eventual acordo ou consenso alcançado no referido ato processual encurtará o processo e, no caso da mediação exitosa, além do encerramento do litígio, possibilitará o tratamento adequado do conflito[27].

Mesmo que o autor declare, genericamente, na petição inicial não ter interesse na audiência, a designação do ato, por si só, não tem o condão de retardar o andamento do feito, pois, se o réu também não tiver interesse, basta apresentar petição até dez dias antes da audiência (art. 335, § 5º).

Ou seja, não há falar em efetivo prejuízo à celeridade processual.

Nesse particular, pensamos, inclusive, que, à luz do formalismo-valorativo, a rigidez da forma não deve atentar contra o verdadeiro espírito da audiência do art. 334. Assim, ainda que o réu não se manifeste no prazo previsto em lei (10 dias antes da audiência), mas faça isso antes da referida audiência, o juiz pode dispensar o ato, em que pese a inobservância do prazo estipulado, sobretudo se o demandando estiver de boa-fé e apresentar justificativa para essa "demora". Isso evitará uma audiência inócua e acelerará o processo, inaugurando o prazo de defesa.

Discordamos também do entendimento de alguns juízes que determinam desde logo a citação do réu, quando o autor, na exordial, manifesta seu desinteresse na audiência ou mesmo se silencia.

Isso porque, como visto, o ato só não será realizado se **ambos** os litigantes manifestarem desinteresse[28].

Supor que o mero desinteresse sinalizado pelo autor inviabilizaria, automaticamente, a construção do consenso é ignorar completamente a realidade prática.

---

26. Veja-se, a propósito, o seguinte despacho proferido por magistrado carioca: "Considerando que houve manifestação do autor pela não realização da audiência prévia, com base no princípio da utilidade e da duração razoável do processo, deixo de designar a audiência prevista no art. 334 do Código de Processo Civil. Cite-se o réu, fazendo constar do mandado que o prazo de resposta contar-se-á nos termos do art. 231 do CPC" (Processo n. 0168163-76.2016.8.19.0001, 40ª Vara Cível do Rio de Janeiro, despacho proferido em 14-6-2016).

27. Em geral, o índice de consenso alcançado em mediações gira em torno de 70% (MAIA, 2017). No caso da conciliação, o índice de acordos alcançados na última semana de conciliação realizada no âmbito do TJ/RJ foi de 77%. Disponível em: <http://www.tjrj.jus.br/web/guest/home/-/noticias/visualizar/41215>. Acesso em: 19 jan. 2017.

28. Como lembra Fernando Gajardoni, o novo CPC "não é o que queremos que ele seja. (...) Ele é fruto de um processo legislativo regular, onde todas as forças políticas falaram e, ao final, prevaleceu a vontade democrática da nação brasileira" (2018, p. 3).

Com efeito, muitas vezes o autor comparece à audiência externando desconforto e impaciência, com um discurso colonizado, mas, após a intervenção do mediador/conciliador e de eventuais esclarecimentos do réu, os ânimos se arrefecem e as partes conseguem evoluir, construindo uma solução de benefício mútuo ou, ao menos, transacionando sobre parte do conflito (art. 3º, § 1º, da Lei de Mediação).

Pensamos, ainda, que a opção do legislador de condicionar a dispensa do ato ao desinteresse de ambas as partes tem – ao menos nesse momento de sedimentação do CPC – um viés pedagógico, pois nem todos os jurisdicionados estão familiarizados com a mediação e seus princípios, e poder-se-ia imaginar que a audiência de conciliação do art. 334 seria uma versão "antecipada" da inócua audiência do art. 331 do CPC/73, o que, porém, não é verdade.

Como se sabe, a audiência do CPC, não é normalmente realizada pelos juízes ou por seus assessores, mas sim por conciliares/mediadores capacitados, fora da respectiva serventia judicial, observando-se a estrita confidencialidade (art. 166 do CPC).

Sob outro prisma, não procede o argumento de que, como o juiz pode, a qualquer tempo, promover a autocomposição, preferencialmente com auxílio de conciliadores e mediadores judiciais (art. 139, V, do CPC), estaria autorizado a dispensar o ato no início da demanda, postergando-o para outra fase processual.

Isso porque, além de não ser esse o espírito do legislador, "nenhuma audiência ulterior será ou fará as vezes da audiência preliminar, por uma questão de definição. Só pode haver uma única audiência preliminar. Qualquer outra não será preliminar"[29].

Além disso, a experiência revela que, quanto mais o processo se desenvolve, com acusações de parte a parte e o escalonamento do conflito, mais rarefeita se torna a atmosfera cooperativa, o que, via de regra, dificulta a composição consensual.

Daí por que ser importante que a audiência aconteça na fase inicial do processo, antes mesmo da apresentação da contestação.

De outra banda, não concordamos com a ideia de que a designação de audiência de conciliação/mediação viola o princípio do acesso à justiça (arts. 5º, XXXV, da Carta Magna e 3º do CPC), por inviabilizar, ainda que momentaneamente, a efetiva entrega da prestação jurisdicional.

Primeiro, porque eventuais questões urgentes podem (e devem) ser examinadas em sede de tutela provisória. Como visto, mesmo havendo cláusula contratual de mediação, o ingresso ao Judiciário para apreciação de questões urgentes não é vedado (art. 23, parágrafo único, da Lei n. 13.140/2015)[30]. Segundo, porque, como um dos requisitos da

---

29. NIEMAYER, 2018.

30. "Art. 23. Se, em previsão contratual de cláusula de mediação, as partes se comprometerem a não iniciar procedimento arbitral ou processo judicial durante certo prazo ou até o implemento de determinada condição, o árbitro ou o juiz suspenderá o curso da arbitragem ou da ação pelo prazo previamente acordado ou até o implemento dessa condição. Parágrafo único. O disposto no *caput* não se aplica às medidas de urgência em que o acesso ao Poder Judiciário seja necessário para evitar o perecimento de direito."

216 *Manual de Mediação e Arbitragem*

conciliação/mediação é a voluntariedade, ninguém permanecerá eternamente vinculado, bastando que compareça à primeira audiência.

Registre-se, ainda, que, enquanto o dispositivo constitucional estabelece que "a lei não excluirá da apreciação do Poder Judiciário qualquer lesão ou ameaça de lesão a direito", o CPC dispõe que "não se excluirá da apreciação jurisdicional ameaça ou lesão a direito".

Essa sutil alteração evidencia que, no processo civil contemporâneo, a decisão adjudicada, isto é, imposta pelo julgador às partes, não pode mais ser considerada a única forma de pacificação social, devendo ser valorizados e incentivados os métodos adequados de resolução de conflitos, entre eles a conciliação e a mediação (verdadeiros equivalentes jurisdicionais).

Com isso, a noção de jurisdição – antes vinculada essencialmente à atividade estatal – ganha novos contornos, podendo ser compreendida como o direito de acesso à justiça e efetiva solução do conflito.

Ainda no plano das críticas, entendemos que a expressão "sempre que possível" (art. 3º, § 2º, do CPC) não significa uma carta em branco para juízes dispensarem o ato processual. Na verdade, o termo deve ser compreendido à luz de uma interpretação sistemática, não podendo se distanciar da vontade do legislador (que previu expressamente as hipóteses de dispensa da audiência).

Preocupa-nos, por exemplo, a ideia de que a falta de estrutura de determinado foro possa ser considerada um argumento legítimo para justificar a dispensa da audiência de conciliação/mediação.

Ora, não é a lei que deve adequar-se aos juízes, mas sim o contrário. Aliás, todos os tribunais tiveram tempo de sobra para se estruturar e criar os Centros Judiciários de Solução de Conflitos e Cidadania (CEJUSCs).

Ademais, no caso de déficit operacional, é possível que os juízes se valham do Cadastro Nacional de Mediadores Judiciais e Conciliadores[31] e também das Câmaras Privadas cadastradas no respectivo tribunal. Em último caso, o juiz poderia, excepcionalmente, designar uma audiência especial de conciliação, a ser presidida por ele mesmo[32].

Da mesma forma, gera certo desconforto a tese de que, nas comarcas em que não haja mediador, a mediação possa ser feita por outro juiz da própria comarca ou por magistrado da comarca contígua, desde que "treinado e inscrito perante o Tribunal para tal função"[33].

---

31. AZEVEDO, 2016.

32. Vale lembrar que, antes da audiência de instrução e julgamento, o juiz tentará conciliar as partes, independentemente do emprego anterior de outros métodos de solução consensual (art. 359 da Lei de Ritos), o que demonstra que essa tarefa de conciliação também lhe compete (*vide* também arts. 3º, §§ 2º e 3º, e 139, V, do CPC).

33. GUERRERO, 2016, p. 660.

Além da inexequibilidade prática – não há cadastramento para juízes ativos atuarem como mediadores –, seria o mesmo que admitir que um juiz possa cumular a função de magistrado e de auxiliar da justiça, recebendo, inclusive, remuneração, o que acabaria ferindo princípios básicos da mediação[34].

Por fim, uma última observação: é importante que os juízes interpretem de forma sistemática a expressão "quando não se admitir autocomposição" (art. 334, § 4º, II, do CPC). Isso porque direitos que admitam autocomposição não são apenas os direitos disponíveis, mas também os direitos indisponíveis que admitam transação (art. 3º da Lei n. 13.140/2015)[35].

Ou seja, o conceito de autocomposição é mais amplo do que o de direitos disponíveis[36].

Além disso, não se pode perder de vista que nem todo interesse público é indisponível, o que, inclusive, justifica os inúmeros acordos celebrados pelos entes públicos[37]. Há quem sustente, inclusive, que negociar direitos indisponíveis "pode se revelar a melhor ou a única opção para sua efetiva proteção"[38].

Assim, mesmo em situações que envolvam interesses públicos e direitos indisponíveis, os litigantes podem, em tese, transacionar, não fazendo sentido o juiz descartar desde logo a audiência.

Alguns exemplos podem facilitar a compreensão do tema: a) em ações envolvendo poder familiar – direito indisponível –, é possível convencionar algumas obrigações daí decorrentes, tais como alimentos e visitação; b) em demandas sobre erro médico envolvendo menores, pode-se transacionar sobre os valores devidos, ouvindo-se, previamente, o Ministério Público[39]; e c) no caso das recuperações judiciais, que, via de regra, englobam interesses públicos e direitos indisponíveis, merece registro a paradigmática decisão proferida pelo Dr. Fernando Viana, Juiz Titular da 7ª Vara Empresarial/RJ, que, em processo envolvendo a operadora OI, determinou que o conflito entre os acionistas fosse encaminhado para a mediação. Tal decisão foi posteriormente mantida pelo Superior Tribunal de Justiça[40].

---

34. No mesmo sentido PINHO, 2012, p. 216.

35. Concordamos com Ravi Peixoto quando afirma que, no caso do art. 334, § 4º, II, do CPC, não há menção à indisponibilidade dos direitos (e sim à autocomposição), "porque ela não pode ser confundida com a vedação da transação" (2016, p. 473).

36. WAMBIER, 2015, p. 353.

37. MAZZOLA; OLIVEIRA, 2017.

38. VENTURI, 2016, p. 391-426.

39. Não concordamos, portanto, com o seguinte despacho proferido em ação dessa natureza: "Defiro J.G. Considerando tratar-se de direitos indisponíveis, revelando-se inviável a autocomposição, deixo de designar audiência de conciliação, na forma do art. 334, § 4º, II do Código de Processo Civil. Assim, citem-se e intimem-se, de ordem, por OJA de plantão, se necessário for (...)" (Processo n. 0015993-13.2016.8.19.0004, 8ª Vara Cível de São Gonçalo/RJ, despacho proferido em 19-9-2016).

40. STJ, Conflito de Competência 148.728/RJ, Segunda Seção, rel. Min. Marco Buzzi. Processo em segredo de justiça.

Como se vê, a noção de interesse público não pode impedir, automaticamente e de forma abstrata, a designação da audiência de conciliação/mediação.

11.4. Possibilidade de dispensa da audiência fora das hipóteses legais?

Deixando de lado os dribles hermenêuticos, entendemos que existem ao menos duas situações em que a audiência de conciliação/mediação pode ser dispensada, sem violar o espírito do legislador.

11.4.1. Cláusula *opt-out*

A primeira ocorre quando as partes pactuam uma cláusula *opt-out* no bojo de um contrato ou mesmo durante uma mediação extrajudicial, abrindo mão da audiência em caso de eventual litígio.

Desde que o respectivo negócio jurídico processual preencha os requisitos legais e não materialize qualquer nulidade (art. 190, parágrafo único, do CPC), a disposição será válida[41].

Até porque o CPC e a Lei de Mediação não trazem nenhuma disposição em sentido contrário, isto é, não vedam eventual convenção das partes nesse particular.

Porém, na prática, esse desinteresse prévio à mediação/conciliação, que, a rigor, materializa uma negativa preliminar ao consenso, pode até atrasar o procedimento, em vez de agilizá-lo.

Primeiro, porque o *right to opt out* da mediação caminha em rota de colisão frontal com as normas fundamentais do processo civil (art. 3º, §§ 2º e 3º, do CPC), que, como visto, obrigam o Estado e todos os agentes do processo a promover e a estimular a solução consensual dos conflitos, especialmente por meio da mediação e da conciliação.

Segundo, porque é obrigação do juiz promover, a qualquer tempo, a autocomposição, preferencialmente com auxílio de conciliadores e mediadores judiciais (art. 139, V).

Terceiro, porque os princípios da autonomia da vontade, do consensualismo e do *pacta sunt servanda* não são absolutos e podem ser relativizados diante do caso concreto.

Quarto, porque durante o lapso temporal entre a data de assinatura do contrato (ou da realização da mediação extrajudicial) e o ajuizamento da ação, as partes e seus advogados (que não são necessariamente os mesmos daquela época) podem ter reavaliado o assunto e mudado de opinião.

---

41. A propósito, o Enunciado FPPC n. 19: "São admissíveis os seguintes negócios processuais, dentre outros: (...) pacto de mediação ou conciliação extrajudicial prévia obrigatória, inclusive com a correlata previsão de exclusão da audiência de conciliação ou de mediação prevista no art. 334; pacto de exclusão contratual da audiência de conciliação ou de mediação prevista no art. 334".

Quinto, porque a designação da audiência de conciliação/mediação pelo juiz, mesmo que contrariamente à cláusula ajustada pelas partes, não trará nenhum prejuízo significativo para os litigantes, pois, como dito, basta o autor manifestar seu desinteresse na exordial e o réu por meio de petição – até dez dias antes da data da audiência – para que o ato não seja realizado.

Sexto, e último, porque, por se tratar de um negócio jurídico processual, o juiz pode, "de ofício ou a requerimento", controlar a validade das convenções previstas, recusando-lhes aplicação nas hipóteses do art. 190, parágrafo único.

Logo, se tiver qualquer dúvida sobre a abusividade da disposição contratual ou da vulnerabilidade do réu, não dará aplicabilidade imediata à cláusula, e poderá, eventualmente, intimá-lo para se manifestar a respeito (art. 10), atrasando o procedimento inicial, em vez de agilizá-lo.

De qualquer forma, não se pode negar que a cláusula de *opt-out*, desde que válida, é um instrumento legítimo para justificar a dispensa da audiência de conciliação/mediação.

11.4.2. Mediação ou conciliação antecedente à propositura da ação

Outra questão que vem sendo debatida pela doutrina é a possibilidade de a audiência de conciliação/mediação ser dispensada quando as partes (preferencialmente o autor desde logo na petição inicial) comprovarem que já se submeteram a procedimento (não exitoso) de mediação/conciliação, conduzido por profissionais capacitados, envolvendo a questão objeto da ação.

A propósito, o Enunciado n. 29 da mencionada I Jornada de Prevenção e Solução Extrajudicial de Litígios, realizada em Brasília no mês de agosto de 2016, dispõe que, caso as partes comprovem a realização de mediação ou conciliação antecedente à propositura da demanda, o magistrado poderá dispensar a respectiva audiência inicial, "desde que tenha tratado da questão objeto da ação e tenha sido conduzida por mediador ou conciliador capacitado".

Nessa hipótese específica, parece realmente intuitivo que as partes não alcançarão, ao menos na etapa inicial do processo, a composição amigável esperada, tornando despiciendo o ato processual em questão.

Seria, portanto, uma forma de flexibilizar a rigidez da norma e equilibrar os princípios em jogo (valorização dos métodos adequados de resolução de conflitos x duração razoável do processo, efetividade etc.).

A ponderação afigura-se bem razoável e está em linha com o pensamento de outros doutrinadores[42].

---

42. Antonio do Passo Cabral e Leonardo Carneiro da Cunha externam opinião semelhante quando fazem uma analogia com a convenção de procedimento participativo francesa, uma espécie de acordo celebrado pelas partes em processo ainda sem árbitro ou juiz, no qual aquelas se comprometem a atuar de forma compartilhada, com boa-fé, para alcançar uma justa solução para o litígio. Para os referidos autores, "as

220　*Manual de Mediação e Arbitragem* ....

11.5. Designação aleatória de audiência de mediação em vez de audiência de conciliação e vice-versa

Embora a mediação e a conciliação sejam métodos autocompositivos de resolução de conflitos, ambas as técnicas possuem peculiaridades próprias e objetivos específicos[43], pressupondo uma atuação diferenciada do terceiro imparcial.

Tanto é verdade que, como visto, o CPC determina que o mediador atuará preferencialmente nos casos em que houver vínculo anterior entre as partes, auxiliando os interessados a compreender as questões e os interesses em conflito, de modo que possam, pelo restabelecimento da comunicação, identificar, por si sós, soluções consensuais que gerem benefícios mútuos (art. 165, § 3º).

Já em relação à conciliação, o CPC prevê que o conciliador atuará preferencialmente nos casos em que não houver vínculo anterior entre as partes, podendo sugerir soluções para o litígio, sendo vedada a utilização de qualquer tipo de constrangimento ou intimidação para que as partes conciliem (art. 165, § 2º).

Nesse contexto, é importante que o "filtro" realizado pelo juiz comprometido com a causa leve em consideração as nuances do caso concreto, aliadas às particularidades de cada instituto[44].

A ideia é evitar que uma simples discussão envolvendo colisão de veículos, na qual o prejudicado pleiteia unicamente o pagamento dos danos sofridos, seja endereçada à mediação, ou que uma complexa relação familiar, envolvendo a guarda de filhos, alimentos e/ou visitação, seja remetida à conciliação, perdendo-se a oportunidade de um tratamento mais adequado do conflito.

Em outra oportunidade, já destacamos que, em primeiro lugar, é importante "identificar qual a técnica mais adequada àquele conflito e, efetivamente, empregar esforços na tentativa real de buscar o acordo, compreendendo melhor as causas, limites e desdobramentos daquele litígio"[45].

---

partes que se submetem a essa técnica, mesmo não havendo sucesso ao final do procedimento, podem requerer a dispensa da audiência de mediação se o litígio desaguar no Judiciário" (2016, p. 484). Também já tivemos a oportunidade de nos manifestar sobre o tema em PINHO, 2016, p. 453: "se o autor comprovar documentalmente que já tentou resolver amigavelmente o litígio, por qualquer meio legítimo, poderia requerer a dispensa da audiência e a imediata citação do réu".

43.　Não concordamos com a afirmação de Dinamarco no sentido de que a distinção entre conciliação e mediação é muito tênue e não "haveria mal algum em fundi-los em um instituto só" (2016, p. 496-497). Isso porque, embora os institutos tenham semelhanças (métodos autocompositivos, presença de um terceiro imparcial sem poder decisório, informalidade, independência, imparcialidade, confidencialidade, valorização da autonomia da vontade, oralidade, decisão informada, entre outros), a essência é bem diferente. Na mediação, existe toda uma preocupação em restabelecer vínculos, restaurar relacionamentos, preservar situações continuadas, enquanto na conciliação busca-se, de forma objetiva, o acordo, isto é, a resolução pontual do conflito.

44.　No mesmo sentido, SILVEIRA, 2017, p. 478.

45.　PINHO, 2016, p. 449.

A providência é fundamental e realça o dever de comprometimento do juiz, pois, num conflito da área de família, por exemplo, se forem apenas utilizadas técnicas de conciliação, o acordo obtido não será definitivo, por não atingir o conflito no seu âmago[46].

Nesse particular, Michele Paumgartten reforça que "as diferenças entre a conciliação, a mediação e a sua função judicial devem ser bem compreendidas pelo juiz", a fim de evitar que os métodos sejam desprestigiados, podendo, inclusive, contribuir para o "recrudescimento do conflito existente"[47].

Em suma, um juiz verdadeiramente comprometido com a causa deve aquilatar as peculiaridades do caso concreto, avaliando, de forma consciente, a melhor técnica a ser empregada, tendo como foco a maximização dos resultados e a efetiva pacificação social.

11.6. Inclusão da disciplina em grades curriculares

Não se mudam os hábitos e a cultura apenas com leis. Os textos normativos apenas pavimentam as bases para o desenvolvimento de uma nova mentalidade.

Com efeito, de nada adianta o legislador criar princípios e regras se os velhos dogmas do passado permanecem arraigados na coletividade.

Nesse processo de transformação, é fundamental incentivar e incrementar o estudo dos métodos adequados de resolução de conflitos em faculdades e universidades. Talvez até mais cedo, nos últimos anos da graduação, pois são os jovens de hoje que podem consolidar, no futuro, a cultura do diálogo.

Durante muito tempo, o estudo do direito processual civil se limitou aos aspectos adversariais do conflito. A preocupação sempre foi mais com a vitória do que com a efetiva pacificação social.

Ensinava-se, por exemplo, a contraditar uma testemunha, mas pouco se falava sobre técnicas de negociação. O processo era tratado como uma batalha, em que há vencidos e vencedores. Não se cogitava de eventual solução "ganha-ganha".

Paulatinamente e sobretudo após a Resolução n. 125/2010 do Conselho Nacional de Justiça, muitas faculdades começaram a inserir disciplinas sobre conciliação, mediação e arbitragem em suas grades curriculares. Em alguns casos, como matérias eletivas, e em outros, como disciplinas obrigatórias. Algumas faculdades chegaram a ser premiadas por incentivarem tais práticas[48].

---

46. LAGRASTA, 2016, p. 989.
47. PAUMGARTTEN, 2015, p. 475-503.
48. Foi o caso de um professor da USP/SP, por exemplo, que ganhou o prêmio "Conciliar é Legal", por ter incluído duas disciplinas de conciliação e mediação na graduação. Disponível em: <http://www.cnj.jus.br/noticias/cnj/84434-direito-da-usp-e-premiado-por-incluir-disciplinas-sobre-mediacao-de-conflitos-2>. Acesso em: 28 mar. 2018.

Atualmente, quase todas as universidades do País possuem em sua grade curricular, seja na graduação, seja na pós-graduação, disciplinas e grupos de pesquisa sobre os métodos adequados de resolução de conflitos[49].

A medida é fundamental para incentivar e estimular cada vez mais as técnicas de autocomposição e a construção do consenso[50].

Da mesma forma, é importante que se conheça e estude os benefícios de outros métodos de resolução de conflitos, ainda que adversariais, como a arbitragem, ampliando o leque de possibilidade e ferramentas dos futuros advogados e operadores do direito[51].

11.7. O crescimento da mediação em algumas áreas específicas

11.7.1. Propriedade intelectual

Uma revolução silenciosa está ocorrendo na área empresarial. Advogados, gestores e a comunidade empresarial em geral perceberam que a mediação não é apenas uma forma alternativa de resolução de conflitos, mas sim a via adequada a ser buscada.

Tal assertiva pode ser comprovada pelo crescente número de conflitos empresariais encaminhados às câmaras privadas de mediação do país; pela explosão dos cursos de capacitação em mediação nesse segmento; pela nova mentalidade dos contratantes – que passaram a estipular as chamadas cláusulas de paz, prevendo a mediação como primeira medida de prevenção e solução dos impasses; e também pelo próprio sucesso das mediações realizadas judicialmente (os índices de acordo giram em torno de 70%)[52].

Especificamente na área de propriedade industrial, devemos reconhecer – por mais entusiastas que sejamos – que a mediação não é a ferramenta adequada para os múltiplos conflitos nesse segmento, mas seus benefícios são inegáveis e deixaram, há muito, o plano meramente teórico.

---

49. No mesmo sentido RAMOS, 2018, p. 63: "Noutro plano, o arrojo do legislador pode concorrer para que os currículos universitários sejam reformados e passem a contemplar disciplinas destinadas aos novos métodos de solução de conflitos. Isso tende a fazer com o que direito processual deixe de ser encarado como direito forense, contribuindo a formação de novos profissionais do direito antenados à realidade".

50. Para Ana Marcato e Fernanda Tartuce, "é essencial, em primeiro lugar, a reconfiguração do programa de ensino das faculdades de Direito para formar advogados, juízes e promotores prontos para reconhecer os procedimentos consensuais e atuar adequadamente no contexto negocial. Ao mesmo tempo, é primordial investir na formação de profissionais tecnicamente capacitados e cadastrados junto aos tribunais para atuarem como mediadores" (2018, p. 514).

51. Nesse sentido, veja-se o Parecer n. 635/2018, exarado nos autos do Processo 23001.000020/2015-61, do Conselho Nacional de Educação do Ministério da Educação. Mais recentemente, a Resolução n. 5, de 17 de dezembro de 2018, passou a prever, expressamente, a necessidade de inclusão no Projeto Pedagógico do Curso de Direito de disciplinas acerca das formas consensuais de solução de conflitos.

52. MAIA, 2016.

Aliás, nesse momento de mudança de paradigmas, o engajamento e o comprometimento do advogado com a causa são fundamentais, pois caberá a ele avaliar a possibilidade e a pertinência de encaminhamento do conflito à mediação.

Em sua análise, deve verificar, por exemplo, se existe algum vínculo ou uma relação continuada entre as partes (talvez um contrato de licença de uso de marca, patente, desenho industrial etc.), o que, a princípio, denotaria a possibilidade e a necessidade de restabelecimento da comunicação entre os envolvidos (art. 165, § 3º, do CPC).

Também é importante examinar o histórico dos acontecimentos, pois a discussão pode envolver, por exemplo, um pirata recalcitrante ou mesmo um concorrente de má-fé. Nesses casos, via de regra, a mediação dificilmente surtirá o efeito esperado, ainda mais em sede extrajudicial.

O causídico ainda deve apurar a necessidade de concessão de eventual tutela provisória para preservar o direito de propriedade industrial em jogo, hipótese em que a opção inicial pela mediação extrajudicial não se afigura recomendável.

Por outro lado, existem muitas situações que se conectam perfeitamente à mediação, tais como: parceiros comerciais (licenciante e licenciado) em desalinho sobre determinados pontos do contrato (cláusula de exclusividade territorial, valor dos *royalties* etc.); conflitos de marcas nos quais as empresas não são concorrentes, embora a ampla descrição de produtos e serviços sugira relação indireta ou mesmo breve sobreposição de atividades; ações de infração de patente em que o autor (inventor) busca apenas a indenização pelo uso da invenção, e não uma tutela inibitória para cessar a violação; casos de violação de *trade dress* em que a preocupação de uma das partes é somente evitar a diluição de elementos pontuais, sem maiores repercussões financeiras. Poderíamos citar muitos exemplos, mas as dimensões reduzidas desta obra não permitem.

Feita essa triagem inicial – e entendendo se tratar de um caso de mediação –, o advogado tem a obrigação de informar seu cliente a respeito das vantagens dessa ferramenta não adversarial. Tanto é assim que o novo Código de Ética da OAB estabelece que é dever do advogado estimular, a qualquer tempo, "a mediação entre os litigantes, prevenindo, sempre que possível, a instauração de processos judiciais" (art. 2º, VI).

Nesse particular, vale repisar a confidencialidade desse método autocompositivo, aspecto crucial para preservar e resguardar o sigilo dos bens imateriais em disputa.

Com efeito, não são raros os conflitos envolvendo segredos de negócio e *know-how* das empresas, além de informações sigilosas e dados estratégicos, que, se revelados em um processo judicial, podem afetar a operação e o próprio valor de mercado da pessoa jurídica ou, ainda, causar prejuízos ao titular do direito.

Por mais que o interessado possa formular um pedido de segredo de justiça, muitas vezes o juiz indefere tal requerimento sem maiores aprofundamentos. Vale lembrar que, no processo judicial, a regra é a publicidade, sendo o sigilo a exceção (art. 189 do CPC).

Outra peculiaridade da área da propriedade industrial é a complexidade dos conflitos.

Com alguma frequência, notamos que o Judiciário não está tão familiarizado com expressões oriundas do direito comparado e da doutrina especializada, por exemplo, *secondary meaning, trade dress,* patentes *pipeline,* aproveitamento parasitário, entre outras, o que muitas vezes torna nebuloso o horizonte do processo, principalmente em foros em que não existem varas especializadas.

Além disso, questões técnicas exigem conhecimento especializado e muitas vezes se desdobram, afetando outras ciências (física, química, biologia, engenharia etc.), o que obriga os juízes a se socorrerem de peritos. E, como se sabe, perícias são dispendiosas e retardam sobremaneira a entrega da prestação jurisdicional.

Aliás, a morosidade do Judiciário é, sem dúvida, o grande desestimulador da solução adjudicada. O enorme *backlog* do Judiciário faz com que os processos judiciais, sobretudo aqueles complexos, demorem anos para serem julgados, trazendo a reboque uma penosa fase executória. Uma verdadeira tortura homeopática para os litigantes.

Na mediação, como visto, o conflito pode ser resolvido em poucas semanas, com custos muito menores, desonerando as partes e contribuindo para o desfecho do impasse em tempo razoável (art. 4º do CPC). Ademais, os mediandos, auxiliados por seus advogados e sob os auspícios do mediador, não irão discutir o mérito da controvérsia, mas sim construir, conjuntamente, a melhor solução para o caso concreto. A famosa solução ganha-ganha, com segurança e previsibilidade.

Ainda que no curso da mediação extrajudicial os envolvidos considerem que eventual questão técnica seja prejudicial à busca do consenso, nada impede que elejam, de comum acordo (nos moldes do art. 190 do CPC), um especialista de confiança, inclusive ajustando seus honorários e o tempo de conclusão do trabalho. Com efeito, não há nenhum óbice à celebração de negócios jurídicos processuais na mediação extrajudicial, assim como é possível na via judicial[53].

Registre-se apenas que, por mais que o mediador seja um especialista na matéria, não poderá intervir na discussão, sob pena de comprometer a sua imparcialidade e isonomia.

Mais um ponto que merece reflexão – e que conta a favor da mediação – é a possibilidade de contingenciamento dos riscos. Em uma controvérsia envolvendo infração de marcas ou patentes, por exemplo, o valor das indenizações não tem um padrão definido, em razão das diferentes formas de cálculo dos lucros cessantes.

Como se sabe, a opção de escolha cabe exclusivamente ao prejudicado (art. 210 da LPI), que, invariavelmente, só indica o critério na fase de liquidação de sentença.

Em razão disso, é impossível contingenciar, com alguma segurança, os riscos envolvidos no início da demanda, o que, todavia, não acontece na mediação, já que todos os valores são negociados e definidos de comum acordo, com ampla liberdade e flexibilidade.

---

53. Enunciado FPPC n. 628 (arts. 334, 695, 190 e 191): "As partes podem celebrar negócios jurídicos processuais na audiência de conciliação ou mediação".

Uma última palavra: mesmo que o assunto já tenha sido judicializado e a discussão envolva um pseudointeresse público (interesse dos consumidores x acordo permitindo a coexistência de marcas), não vemos nenhum óbice à mediação, pois, como se sabe, nem todo interesse público é indisponível. Além disso, a própria Lei de Mediação autoriza a composição envolvendo direitos indisponíveis, mas transigíveis, com a oitiva do Ministério Público (art. 3º, § 2º), como visto anteriormente.

11.7.2. Justiça criminal

11.7.2.1. A consensualidade nos Juizados Especiais Criminais

O início da discussão acerca da composição civil em matéria penal remonta à Lei dos Juizados Especiais Cíveis e Criminais.

O art. 72 da Lei n. 9.099/95 trata da composição civil e da possibilidade de sua homologação pelo magistrado. Significa dizer que, na fase preliminar, o acordo impede o oferecimento da denúncia; se ela já foi ofertada, deverá o juiz extinguir punibilidade.

Na legislação atual, o acordo só pode ser promovido nas ações de iniciativa privada ou nas públicas sujeitas à representação. Contudo, a jurisprudência vem atenuando esse rigor e já há proposta legislativa a respeito, consubstanciada no Projeto do Novo Código de Processo Penal (NCPP).

Com efeito, o Projeto de Lei do Senado n. 156/2009, atualmente em trâmite da Câmara dos Deputados, sob o número PL n. 8.045/2010, trata do procedimento sumaríssimo, que abrange as atividades realizadas atualmente pelos JECRIMs, criados pela Lei n. 9.099/95.

Nessa linha de raciocínio, não custa lembrar que a Carta de 1988, no art. 98, I, menciona que compete aos Juizados Especiais a conciliação, o julgamento e a execução das causas de menor complexidade e das infrações de menor potencial ofensivo. E, frise-se, o termo "conciliação" é empregado antes de "julgamento", dando a nítida impressão de que a missão maior dos juizados é a pacificação, e não a imposição de uma decisão.

A real conciliação traz ínsita a noção de pacificação. É algo bem diverso da simples atividade de compor monetariamente a disputa, chegando a um valor que, se não agrada plenamente os interessados, mostra-se uma solução atrativa, tendo em vista a perspectiva de um processo longo, complexo e cheio de incertezas. A atual sistemática dos Juizados Especiais não traz um mecanismo apto a propiciar essa verdadeira conciliação. Isso só deve ocorrer quando estiver estruturada uma justiça restaurativa, como será mencionado a seguir.

Parece que o momento atual representa uma transição. A chamada "justiça consensual" não é ainda o ponto-final. É, em verdade, o meio do caminho entre a "justiça tradicional" e a "justiça restaurativa", que agora começa a tomar corpo com a Resolução n. 225/2016 do CNJ, que será vista adiante. Também não se afirma que cada uma dessas etapas evolutórias exclui a precedente. Elas devem coexistir e, por vezes, ser aplicadas concomitantemente[54]. Nesse sentido, é de se elogiar a iniciativa constante no art. 329, § 4º, do Projeto.

Por esse dispositivo, nas infrações penais em que as consequências do fato sejam de menor repercussão social, "o juiz, à vista da efetiva recomposição do dano e conciliação entre autor e vítima, poderá julgar extinta a punibilidade, quando a continuação do processo e a imposição da sanção penal puder causar mais transtornos àqueles diretamente envolvidos no conflito".

Talvez seja uma alternativa interessante ao simples reconhecimento indiscriminado das teorias que justificam o chamado "delito-bagatela" e que, embora prestigiadas inclusive pelo Egrégio Pretório Excelso[55], não geram a pacificação do conflito.

Especificamente quanto à composição civil, dispõe o art. 332 do Projeto do CPP que "a composição dos danos civis será reduzida a escrito e, homologada pelo juiz mediante sentença irrecorrível, terá eficácia de título a ser executado no juízo civil competente".

O § 1º desse dispositivo ainda determina que, "tratando-se de ação penal pública condicionada à representação, o acordo homologado acarreta a renúncia ao direito de representação".

Apesar da clareza do dispositivo, algumas situações que usualmente ocorrem nos juizados não foram contempladas. Por exemplo: como proceder se o lesado deseja fazer um acordo tão somente para encerrar o procedimento criminal, mas deixa claro que quer resguardar uma eventual e futura pretensão de índole exclusivamente cível?

Pode parecer uma contradição, em um primeiro momento, mas basta pensar no caso do sujeito que foi atropelado e ainda está em processo de recuperação. Nesse momento, ele não tem ainda condições de definir, com precisão, a extensão de seu dano, por quanto tempo ainda perdurará seu tratamento, quantas sessões de fisioterapia ainda lhe restam etc. Poderia ele fazer um acordo cível relativo aos seus custos até aquele momento, em sede de Juizado Especial Criminal (Jecrim) e, futuramente, se for o caso, ingressar em um Juizado Cível ou numa Vara Cível, dependendo do valor, visando ressarcimento pelas despesas posteriores?

---

54. Nesse sentido o excepcional texto produzido por Cláudia Cruz Santos, Professora Assistente da Faculdade de Direito da Universidade de Coimbra, fruto de sua exposição no Seminário Internacional do IBCCRIM, realizado em São Paulo, no dia 28 de agosto de 2009.

55. "Princípio da Insignificância e Concessão de Ofício de HC. Princípio da insignificância, como fator de descaracterização material da própria atipicidade penal, constitui, por si só, motivo bastante para a concessão de ofício da ordem de *habeas corpus*. Com base nesse entendimento, a Turma deferiu, de ofício, *habeas corpus* para determinar a extinção definitiva do procedimento penal instaurado contra o paciente, invalidando-se todos os atos processuais, desde a denúncia, inclusive, até a condenação eventualmente já imposta. Registrou-se que, embora o tema relativo ao princípio da insignificância não tivesse sido examinado pelo STJ, no caso, cuidar-se-ia de furto de uma folha de cheque (CP, art. 157, *caput*) na quantia de R$ 80,00, valor esse que se ajustaria ao critério de aplicabilidade desse princípio – assentado por esta Corte em vários precedentes –, o que descaracterizaria, no plano material, a própria tipicidade penal" (HC 97.836/RS, rel. Min. Celso de Mello, j. em 19-5-2009. *Informativo*, n. 547. Disponível em: <http://www.stf.jus.br>. Acesso em: 28 out. 2009).

Em outras palavras, é cabível o acordo cível com quitação parcial? Temos sustentado que sim, desde que essa condição fique absolutamente clara no acordo e passe pelo crivo do MP e do magistrado.

Outra hipótese que não fica clara: é possível retirar a representação ou não ofertar a representação e ainda assim exercer pretensão no juízo cível? Isso é razoavelmente comum na realidade dos Juizados.

Figure-se como exemplo o caso da mãe de família que vai ao mercado fazer compras e é "atropelada" por um funcionário que conduzia o carrinho com as mercadorias. Ela não deseja que o funcionário venha a responder um processo criminal (e sabe que ele não tem como ressarci-la), apesar de seu atuar culposo. Contudo, quer pleitear uma indenização do mercado capaz de cobrir suas despesas médicas e hospitalares.

Em ambas as situações, na prática, manifesta-se a possibilidade jurídica das pretensões formuladas. Se há acordo entre os envolvidos, parece que não há óbice à quitação parcial nem à retirada da representação com resguardo de futura pretensão cível indenizatória. Contudo, repita-se, é preciso que fique claro na audiência preliminar essa pretensão e que haja consenso. Caso contrário, a hipótese é de se prosseguir, mantendo-se a representação.

De qualquer sorte, seria interessante que o texto do Projeto fizesse expressamente essas ressalvas. Isso não só dissiparia qualquer dúvida ou eventual "virada" na jurisprudência, mas também serviria para prestigiar o esforço dos juízes que vêm se reunindo anualmente no intuito de eliminar os pontos de tensão na Lei dos Juizados.

Entre essas questões, é possível citar a não limitação dos termos do acordo cível. Imagine-se, por exemplo, que na audiência preliminar a vítima solicite, a título de composição de danos, valor superior a 60 vezes o salário mínimo.

Ou ainda que, em uma questão de família, em que o marido se viu agredido pela esposa, eles resolvam se separar e queiram, na conciliação, dispor sobre algumas cláusulas que deverão ser apreciadas no juízo de família. Ou, como exemplo mais radical, pense-se na prescrição da pretensão punitiva, já consumada, mas ainda assim os envolvidos resolvem acordar como forma de pôr fim não só àquele litígio, mas, principalmente, no afã de prevenir e evitar futuros confrontos.

Nessas três hipóteses[56], a jurisprudência vem se inclinando no sentido de prestigiar o princípio da consensualidade, em detrimento da aplicação do princípio da legalidade estrita, atendendo-se aos princípios do art. 98, I, do Texto Maior.

---

56.   Enunciado n. 37: "O acordo civil de que trata o art. 74 da Lei n. 9.099/95 poderá versar sobre qualquer valor ou matéria" (Nova Redação aprovada no XXI Encontro – Vitória/ES). Enunciado n. 74 (substitui o Enunciado 69): "A prescrição e a decadência não impedem a homologação da composição civil" (Aprovado no XVI Encontro – Rio de Janeiro/RJ). Enunciado n. 89 (substitui o Enunciado 36): "Havendo possibilidade de solução de litígio de qualquer valor ou matéria subjacente à questão penal, o acordo poderá ser reduzido a termo no Jecrim e encaminhado ao juízo competente" (Aprovado no XXI Encontro – Vitória/ES. Disponível em: <http://www.fonaje.org.br>. Acesso em: 18 out. 2009).

228 *Manual de Mediação e Arbitragem*

Registra-se, contudo, a discordância quanto à última hipótese. Sustenta-se que o esforço para a composição cível no âmbito dos Juizados Criminais é uma expressão dos princípios da efetividade, do acesso à justiça e da duração razoável do processo. Contudo, incomoda bastante o fato de que essa conciliação possa ser feita em hipóteses nas quais a ação penal não poderia ser deflagrada.

Se já está consumada a prescrição, se o fato é atípico, se não está configurada a justa causa ou mesmo se já há causa de extinção da punibilidade, não parece adequado estender os limites do juízo criminal para atender aos fins puramente patrimoniais. Ainda que a conciliação não envolva pecúnia, acredita-se que não deve haver o agigantamento do juizado, ainda que sob nobres pretextos.

Vistas essas questões, chama-se a atenção para outra dimensão da composição civil: a limitação temporal. Dispõe o art. 323 do Projeto que, não havendo conciliação a respeito dos danos civis, será dada imediatamente à vítima a oportunidade de exercer o direito de representação verbal, que será reduzida a termo.

Aqui, dois pontos merecem ser ressaltados: como primeiro aspecto, não parece razoável aguardar o término do prazo para representação após a audiência preliminar, salvo se essa for a vontade expressa da vítima.

É muito comum, no dia a dia, que o termo circunstanciado seja lavrado na delegacia e enviado rapidamente ao Juizado, muitas vezes em 30 ou 40 dias. Dependendo do fluxo de processos e da disponibilidade, é factível que essa audiência seja realizada em mais 15 ou 30 dias. Em alguns Estados, como o Rio de Janeiro, há interligação entre o sistema do Jecrim e o das chamadas Delegacias legais, de forma que, quando o fato é registrado, já é gerada a data da audiência preliminar e os envolvidos já deixam a unidade policial cientes dessa data, o que evita uma delonga desnecessária ou mais uma diligência intimatória.

Em diversos casos, encerrada a audiência preliminar, restam ainda três ou quatro meses para se esgotar o prazo decadencial para a oferta da representação e a vítima não compareceu ou não se disse certa de querer representar na audiência preliminar. Por vezes, ela já representou em sede policial, mas não compareceu à preliminar, ou mesmo compareceu e disse estar propensa a pensar em um acordo, embora não tenha manifestado desistência da representação.

Nesse sentido, em homenagem ao princípio da duração razoável do processo, sugere-se:

a) em sede de Jecrim, a representação deve ser necessariamente ratificada na audiência preliminar; não deve bastar a simples comunicação do fato delituoso à autoridade policial ou mesmo a representação em sede distrital; deve ser manifestada, formalmente, a vontade de representar na audiência preliminar e isso só deve ocorrer após as tentativas de composição cível;

b) a ausência injustificada da vítima à preliminar deve levar ao arquivamento. No entanto, esse arquivamento não deve ser imediato, pois é comum a hipótese em que a vítima não comparece e, duas semanas depois, vai ao Jecrim dizendo ter-se confundido quanto à data, mas que está certa de que deseja representar;

c) o Projeto, conforme entendimento dos autores, deve fixar um prazo decadencial contado a partir da audiência preliminar para que a vítima ou justifique sua ausência, ou represente, ou faça ao juízo o requerimento que entender pertinente.

Ultrapassada essa questão, chega-se ao segundo ponto. E se o desejo de acordo só se concretiza após o encerramento da fase preliminar? E se o Ministério Público já ofereceu a denúncia ou mesmo se a denúncia já foi recebida na Audiência de Instrução e Julgamento (AIJ)? Poderia a vítima desistir ou retirar a representação? Poderia ela aceitar a oferta de acordo cível proposto pelo autor do fato?

O entendimento majoritário[57] tem sido o de que o momento do recebimento da denúncia encerra a possibilidade conciliatória. Nessa mesma linha, se a vítima não comparece à AIJ, os autos são arquivados por desinteresse ou retratação tácita da representação. Contudo, o legislador deve se posicionar mais especificamente sobre a questão.

Tendo em vista o princípio da consensualidade que permeia toda a sistemática dos Juizados, não parece absurdo, por exemplo, que, até mesmo após a sentença, possam os envolvidos chegar a um acordo para pacificar o conflito, e esse acordo retira a justa causa para o prosseguimento do feito na instância recursal, ainda que a infração seja de ação pública incondicionada, mas com vítima determinada e sem maiores consequências[58].

É comum enfrentar questões nos Juizados em que a potencialidade lesiva é mínima ou imperceptível aos olhos da sociedade. Não obstante, o texto da lei considera tal infração passível de ação pública incondicionada.

Nesses casos, a manifestação de vontade da vítima passa a ser irrelevante. Pense-se, por exemplo, nos casos dos crimes de violação de correspondência (art. 151 do CP) e de invasão de domicílio (art. 150 do CP) ou nas contravenções penais de perturbação do sossego e do trabalho (arts. 42 e 65 da LCP). Se em todos esses casos houver consenso entre lesado e autor do fato no sentido de pôr termo ao conflito, não parece razoável o prosseguimento. Necessário aqui trabalhar com um conceito mais amplo, de base constitucional, da justa causa.

---

57. Enunciado FONAJE n. 35: "Até o recebimento da denúncia é possível declarar a extinção da punibilidade do autor do fato pela renúncia expressa da vítima ao direito de representação".

58. Enunciado FONAJE n. 99: "Nas infrações penais em que haja vítima determinada, em caso de desinteresse desta ou de composição civil, deixa de existir justa causa para ação penal" (Nova redação, aprovada no XXIII Encontro – Boa Vista/RR).

É preciso, no entanto, definir se tal hipótese será genérica, de aplicação ampla, ou se haverá limites.

Citam-se, como exemplos, os casos de desacato e desobediência (arts. 330 e 331 do CP). Em muitos juizados, não havendo maior potencialidade lesiva, ou mesmo se houver um pequeno entrevero sem maiores consequências, permite-se a composição cível mediante pedido de desculpas em audiência preliminar.

É preciso que o promotor e o juiz sejam cautelosos nessas hipóteses a fim de não abrirem brecha e fomentarem a corrupção no juizado. É preciso prudência para distinguir aquela hipótese em que os dois envolvidos se excederam, mas dentro de certos limites, da outra em que realmente houve um abuso e a não continuação do prosseguimento pode dar azo ao pagamento de propina indireta e, o que é pior, chancelada por um ato judicial, no caso de uma indenização descabida.

Nesse contexto, considera-se mais apropriado impedir qualquer tentativa de acordo em infrações que envolvem, de uma outra maneira, funcionários públicos no exercício de sua função. Se o promotor estiver convencido de que a questão está resolvida, de que houve a pacificação do conflito, de que é desnecessário ou inútil deflagrar a ação penal, deve promover o arquivamento por ausência de justa causa.

Feitos todos esses registros da amplitude da composição civil no âmbito dos juizados, é preciso enfocar a hipótese na qual o consenso é forçado, direta ou indiretamente. Inicialmente, impende ressalvar a inadequação da utilização do espaço da justiça criminal para fins puramente civis.

Com frequência, os profissionais que operam o Direito são procurados por conciliadores cônscios de seus deveres que dizem ter percebido, após a audiência preliminar, com sua sensibilidade, que a vítima estava com medo de seu agressor, embora em nenhum momento tenha verbalizado isso.

Em outros, a vítima desiste, mas afirma que está tomando tal atitude por não crer em uma punição ou por saber que o procedimento redundará em "uma cesta básica". São casos típicos de uma conciliação "mascarada". Em outros casos, percebe-se que a supremacia do poder econômico é capaz de viabilizar a impunidade.

Deve, portanto, ser amadurecida a redação de um dispositivo que permita ao juiz certa dose de discricionariedade à homologação ou não do acordo. Em outras palavras, o princípio da consensualidade é amplo, mas encontra limites, como qualquer outro. É possível e plenamente factível a hipótese na qual deva ser ponderado com os demais.

Bem a propósito, em 31 de maio de 2016, o CNJ editou a Resolução n. 225, que dispõe sobre a Política Nacional de Justiça Restaurativa no âmbito do Poder Judiciário. A resolução leva em consideração as recomendações da Organização das Nações Unidas (ONU) para fins de implantação da Justiça Restaurativa, previstas nas Resoluções n. 1999/1926, 2000/2014 e 2002/2012.

Não obstante ser um ato voltado para os procedimentos criminais (para os feitos cíveis tem-se, como visto, a Resolução n. 125/2010, atualizada em fevereiro de 2016), nos *Considerandos*, é expressamente referido que o direito ao acesso à Justiça:

Além da vertente formal perante os órgãos judiciários, implica o acesso a soluções efetivas de conflitos por intermédio de uma ordem jurídica justa e compreende o uso de meios consensuais, voluntários e mais adequados a alcançar a pacificação de disputa.

De fato, atualmente é inconcebível falar em acesso sem a oferta de todos os meios necessários à real pacificação do conflito. Ademais, pontua-se que os arts. 72, 77 e 89 da Lei n. 9.099/95 permitem a homologação dos acordos quando regidos sob os fundamentos da Justiça Restaurativa, como a composição civil, a transação penal ou a suspensão condicional dos processos de natureza criminal que tramitam perante os JECRIMs.

Acredita-se que essa resolução poderá propiciar um grau mais profundo de pacificação nos Juizados, sobretudo nos casos que envolvem conflitos em relações duradouras, e nas quais já há um vínculo bastante depauperado por conflitos continuados, e não adequadamente tratados.

Vale lembrar que a Resolução n. 288/2019, do CNJ, define a política institucional do Poder Judiciário para a promoção da aplicação de alternativas penais, com enfoque restaurativo, em substituição à privação de liberdade[59].

11.7.2.2. O acordo de colaboração premiada e de não persecução penal

Embora não seja nosso objetivo aprofundar, neste *Manual*, conceitos do processo penal, a evolução dessa disciplina nos últimos anos e sua visível aproximação da justiça consensual, sobretudo após a denominada "Operação Lava Jato", tornam necessário o estudo de certos institutos como a colaboração premiada e o acordo de não persecução penal.

Nesse sentido, vamos examinar alguns conceitos introduzidos pela Lei n. 12.850/2013[60], notadamente após a inclusão e alteração de alguns de seus dispositivos pela Lei n. 13.964/2019, que inseriu a Seção I naquele Diploma, de forma a delimitar de maneira mais clara e transparente o procedimento a ser adotado nas hipóteses de delação / colaboração premiada.

---

59. "Art. 2º Para os fins desta Resolução, entende-se por alternativas penais as medidas de intervenção em conflitos e violências, diversas do encarceramento, orientadas para a restauração das relações e a promoção da cultura da paz, a partir da responsabilização com dignidade, autonomia e liberdade, decorrentes da aplicação de: I – penas restritivas de direitos; II – transação penal e suspensão condicional do processo; III – suspensão condicional da pena privativa de liberdade; IV – conciliação, mediação e técnicas de justiça restaurativa; V – medidas cautelares diversas da prisão; e VI – medidas protetivas de urgência."

60. PINHO. MELLO PORTO, 2016, p. 32.

Assim sendo, o art. 3º-A dispõe que o acordo de colaboração premiada é um "negócio jurídico processual e meio de obtenção de prova, que pressupõe utilidade e interesse públicos".

Fica, portanto, consagrada a natureza dúplice do instituto: negócio jurídico e meio de obtenção de prova, como, aliás, já vinha sinalizando a doutrina[61] e a jurisprudência do STF[62]-[63].

O art. 3º-B estabelece que o recebimento da proposta para formalização de acordo de colaboração "demarca o início das negociações e constitui também marco de confidencialidade". Ademais, configura como "violação de sigilo e quebra da confiança e da boa-fé a divulgação de tais tratativas iniciais ou de documento que as formalize, até o levantamento de sigilo por decisão judicial".

Os parágrafos desse art. 3º-B cuidam dos detalhes procedimentais[64].

---

61. DIDIER JR.; BOMFIM, 2016, p. 17.

62. [...] 4. A colaboração premiada é um negócio jurídico processual, uma vez que, além de ser qualificada expressamente pela lei como "meio de obtenção de prova", seu objeto é a cooperação do imputado para a investigação e para o processo criminal, atividade de natureza processual, ainda que se agregue a esse negócio jurídico o efeito substancial (de direito material) concernente à sanção premial a ser atribuída a essa colaboração. 5. A homologação judicial do acordo de colaboração, por consistir em exercício de atividade de delibação, limita-se a aferir a regularidade, a voluntariedade e a legalidade do acordo, não havendo qualquer juízo de valor a respeito das declarações do colaborador. 6. Por se tratar de negócio jurídico personalíssimo, o acordo de colaboração premiada não pode ser impugnado por coautores ou partícipes do colaborador na organização criminosa e nas infrações penais por ela praticadas, ainda que venham a ser expressamente nominados no respectivo instrumento no "relato da colaboração e seus possíveis resultados" (art. 6º, I, da Lei n. 12.850/2013). 7. De todo modo, nos procedimentos em que figurarem como imputados, os coautores ou partícipes delatados – no exercício do contraditório – poderão confrontar, em juízo, as declarações do colaborador e as provas por ele indicadas, bem como impugnar, a qualquer tempo, as medidas restritivas de direitos fundamentais eventualmente adotadas em seu desfavor (HC 127.483 / PR, Min. Dias Toffoli, j. 27-8-2015, Tribunal Pleno. *DJe* 4-2-2016).

63. Destacou, ainda, que atualmente não há mais controvérsia acerca da natureza jurídica do instituto, considerado, em termos gerais, um negócio jurídico processual firmado entre o Ministério Público e o colaborador. Essa característica é representada pelas normas extraídas dos §§ 6º e 7º do art. 4º da Lei n. 12.850/2013, as quais vedam a participação do magistrado na celebração do ajuste entre as partes e estabelecem os limites de cognoscibilidade dos termos pactuados. Trata-se, portanto, de meio de obtenção de prova cuja iniciativa não se submete à reserva de jurisdição, diferentemente do que ocorre, por exemplo, com a quebra do sigilo bancário ou fiscal e com a interceptação de comunicações telefônicas. Pet 7.074/DF, rel. Min. Edson Fachin, j. 21, 22, 28 e 29-6-2017. *Informativo* n. 870 STF. Pet 7.074/DF, rel. Min. Edson Fachin, j. 21, 22, 28 e 29.6.2017. *Informativo* n. 870 STF.

64. "§ 1º A proposta de acordo de colaboração premiada poderá ser sumariamente indeferida, com a devida justificativa, cientificando-se o interessado. § 2º Caso não haja indeferimento sumário, as partes deverão firmar Termo de Confidencialidade para prosseguimento das tratativas, o que vinculará os órgãos envolvidos na negociação e impedirá o indeferimento posterior sem justa causa. § 3º O recebimento de proposta de colaboração para análise ou o Termo de Confidencialidade não implica, por si só, a suspensão da investigação, ressalvado acordo em contrário quanto à propositura de medidas processuais penais cautelares e assecuratórias, bem como medidas processuais cíveis admitidas pela legislação processual civil em vigor. § 4º O acordo de colaboração premiada poderá ser precedido de instrução, quando houver necessidade de identificação ou complementação de seu objeto, dos fatos narrados, sua definição jurídica, relevân-

Já o art. 3º-C trata da necessidade de a proposta de colaboração premiada estar instruída com "procuração do interessado com poderes específicos para iniciar o procedimento de colaboração e suas tratativas, ou firmada pessoalmente pela parte que pretende a colaboração e seu advogado ou defensor público". Os parágrafos desse dispositivo[65] impõem requisitos formais e materiais para o prosseguimento das tratativas.

O art. 4º favorece coautores, beneficiários ou cúmplices que espontaneamente revelem às autoridades competentes o nome dos mentores e dos principais autores do fato. Nesse sentido, o dispositivo confere ao magistrado o poder de, a requerimento das partes, conceder o perdão judicial, reduzir em até 2/3 (dois terços) a pena privativa de liberdade ou substituí-la por restritiva de direitos daquele que tenha colaborado efetiva e voluntariamente com a investigação e com o processo criminal.

Para tanto, a concessão do benefício levará em conta a personalidade do colaborador, a natureza, as circunstâncias, a gravidade e a repercussão social do fato criminoso e a eficácia da colaboração.

Aliás, é preciso que dessa colaboração advenha um ou mais dos seguintes resultados expressamente previstos nos incisos do referido art. 4º:

a) a identificação dos demais coautores e partícipes da organização criminosa e das infrações penais por eles praticadas;

b) a revelação da estrutura hierárquica e da divisão de tarefas da organização criminosa;

c) a prevenção de infrações penais decorrentes das atividades da organização criminosa;

d) a recuperação total ou parcial do produto ou do proveito das infrações penais praticadas pela organização criminosa;

e) a localização de eventual vítima com a sua integridade física preservada.

O § 4º, com redação dada pela Lei n. 13.964/2019, prevê que, nas mesmas hipóteses do *caput*, o Ministério Público poderá[66] deixar de oferecer denúncia se a proposta de

---

cia, utilidade e interesse público. § 5º Os termos de recebimento de proposta de colaboração e de confidencialidade serão elaborados pelo celebrante e assinados por ele, pelo colaborador e pelo advogado ou defensor público com poderes específicos. § 6º Na hipótese de não ser celebrado o acordo por iniciativa do celebrante, esse não poderá se valer de nenhuma das informações ou provas apresentadas pelo colaborador, de boa-fé, para qualquer outra finalidade."

65. "§ 1º Nenhuma tratativa sobre colaboração premiada deve ser realizada sem a presença de advogado constituído ou defensor público. § 2º Em caso de eventual conflito de interesses, ou de colaborador hipossuficiente, o celebrante deverá solicitar a presença de outro advogado ou a participação de defensor público. § 3º No acordo de colaboração premiada, o colaborador deve narrar todos os fatos ilícitos para os quais concorreu e que tenham relação direta com os fatos investigados. § 4º Incumbe à defesa instruir a proposta de colaboração e os anexos com os fatos adequadamente descritos, com todas as suas circunstâncias, indicando as provas e os elementos de corroboração."

66. A Segunda Turma negou provimento a agravo regimental interposto contra decisão que indeferiu mandado de segurança impetrado por condenado em duas ações penais contra ato da Procuradoria-Geral da República (PGR). O colegiado entendeu inexistir direito líquido e certo a compelir o Ministério Público à celebração do acordo de delação premiada, diante das características do acordo de colaboração premiada

acordo de colaboração referir-se à infração de cuja existência não tenha prévio conhecimento[67], e o colaborador:

a) não for o líder da organização criminosa; e

b) for o primeiro a prestar efetiva colaboração nos termos desse artigo.

O STF[68], por maioria, reconheceu que não apenas o MP, mas também o delegado de Polícia, pode formalizar acordos de colaboração premiada, na fase de inquérito policial.

Já se a colaboração for posterior à sentença, na forma do § 5º, a pena poderá ser reduzida até a metade ou será admitida a progressão de regime ainda que ausentes os requisitos objetivos.

Embora o juiz não participe das negociações realizadas entre as partes (§ 6º), caberá a ele a homologação ou não do respectivo termo.

Nesse sentido, o § 7º, também com redação determinada pela Lei n. 13.964/2019, determina que devem ser remetidos ao juiz, para análise, o respectivo termo, as declarações do colaborador e cópia da investigação, "devendo o juiz ouvir sigilosamente o colaborador, acompanhado de seu defensor".

Nessa oportunidade, o magistrado deverá levar em consideração os seguintes aspectos em sua decisão:

I – regularidade e legalidade;

---

e da necessidade de distanciamento do Estado-juiz do cenário investigativo. Observou que, na linha do que decidido no HC 127.483, o acordo de colaboração premiada, além de meio de obtenção de prova, constitui negócio jurídico processual personalíssimo, cuja conveniência e oportunidade não se submetem ao escrutínio do Estado-juiz. Trata-se, portanto, de ato voluntário por essência, insuscetível de imposição judicial. Ademais, no âmbito da formação do acordo de colaboração premiada, o juiz não pode participar das negociações realizadas entre as partes, por expressa vedação legal (Lei n. 12.850/2013, art. 4º, § 6º). Isso decorre do sistema acusatório, que desmembra os papéis de investigar e acusar e aqueles de defender e julgar e atribui missão própria a cada sujeito processual (MS 35.693 AgR/DF, rel. Min. Edson Fachin, j. 28-5-2019. *Informativo* n. 942 STF.

67. O § 4º-A, também inserido pela Lei n. 13.964/2019, presume existir o conhecimento prévio da infração quando o Ministério Público ou a autoridade policial competente tenha instaurado inquérito ou procedimento investigatório para apuração dos fatos apresentados pelo colaborador.

68. O Plenário, por maioria, julgou improcedente pedido formulado em ação direta para assentar a constitucionalidade dos §§ 2º e 6º do art. 4º da Lei n. 12.850/2013, a qual define organização criminosa e dispõe sobre a investigação criminal, os meios de obtenção da prova, infrações penais correlatas e o procedimento criminal. A ação impugnava as expressões "e o delegado de polícia, nos autos do inquérito policial, com a manifestação do Ministério Público" e "entre o delegado de polícia, o investigado e o defensor, com a manifestação do Ministério Público, ou, conforme o caso", contidas nos referidos dispositivos, que conferem legitimidade ao delegado de polícia para conduzir e firmar acordos de colaboração premiada (*Informativo* 888). Prevaleceu o voto do ministro Marco Aurélio (relator), no sentido de que o delegado de polícia pode formalizar acordos de colaboração premiada, na fase de inquérito policial, respeitadas as prerrogativas do Ministério Público, o qual deverá se manifestar, sem caráter vinculante, previamente à decisão judicial (ADI 5.508/DF, rel. Min. Marco Aurélio, j. 20-6-2018. *Informativo* n. 907 STF.

II – adequação dos benefícios pactuados àqueles previstos no *caput* e nos §§ 4º e 5º deste artigo, sendo nulas as cláusulas que violem o critério de definição do regime inicial de cumprimento de pena do art. 33 do Código Penal, as regras de cada um dos regimes previstos no Código Penal e na LEP, e os requisitos de progressão de regime não abrangidos pelo § 5º do art. 4º da Lei de Colaboração Premiada.

III – adequação dos resultados da colaboração aos resultados mínimos exigidos nos incisos I, II, III, IV e V do *caput* deste artigo;

IV – voluntariedade da manifestação de vontade, especialmente nos casos em que o colaborador está ou esteve sob efeito de medidas cautelares.

Ademais, o § 7º-A determina, ainda, que o magistrado ou Tribunal deve "proceder à análise fundamentada do mérito da denúncia, do perdão judicial e das primeiras etapas de aplicação da pena", nos termos do CP e CPP, antes de conceder os benefícios pactuados, "exceto quando o acordo prever o não oferecimento da denúncia na forma dos §§ 4º e 4º-A deste artigo ou já tiver sido proferida sentença".

Interessante observar que o § 7º-B considera nulas de pleno direito quaisquer previsões de renúncia ao direito de impugnar a decisão homologatória, por óbvia violação ao Princípio Constitucional do Acesso à Justiça.

Caso a proposta não atenda aos requisitos legais, o juiz pode recusar a homologação, na forma do § 8º. Curioso observar que a expressão que constava na redação original do dispositivo ("ou mesmo adequá-la ao caso concreto") foi suprimida pela Lei n. 13.964/2019, o que sinaliza a clara intenção do legislador no sentido de manter o magistrado integralmente afastado das negociações que cercam o acordo, como, aliás, já vinha sinalizando a jurisprudência do STF[69].

Importante, ainda, atentar para a regra contida no § 10-A, segundo a qual, em todas as fases do processo, "deve-se garantir ao réu delatado a oportunidade de manifestar-se após o decurso do prazo concedido ao réu que o delatou". Trata-se de corolário dos prin-

---

69. O Plenário, por maioria, resolveu a questão de ordem no sentido de reafirmar – nos limites dos §§ 7º e 11 do art. 4º da Lei n. 12.850/2013 e incisos I e II do art. 21 do Regimento Interno do STF (RISTF) – a atribuição do relator para, monocraticamente, homologar acordos de colaboração premiada, oportunidade na qual se limita ao juízo de regularidade, legalidade e voluntariedade da avença. Reafirmou, também, a competência colegiada do STF para avaliar, em decisão final de mérito, o cumprimento dos termos bem como a eficácia do acordo. Além disso, consignou que acordo homologado como regular, voluntário e legal gera vinculação condicionada ao cumprimento dos deveres assumidos pela colaboração. Salientou, ainda, que ao órgão colegiado é facultada a possibilidade de analisar fatos supervenientes ou de conhecimento posterior que firam a legalidade, nos termos do § 4º do art. 966 do Código de Processo Civil/2015. Pet 7.074/DF, rel. Min. Edson Fachin, j. 21, 22, 28 e 29.6.2017. *Informativo* n. 870 STF. Pet 7.074/DF, rel. Min. Edson Fachin, j. 21, 22, 28 e 29.6.2017. *Informativo* n. 870 STF.

cípios constitucionais do contraditório e da ampla defesa. Aliás, tal entendimento já havia sido expressamente prestigiado pela 2ª Turma do STF[70]-[71].

Em sendo homologado, deverá a sentença apreciar os termos do acordo homologado e sua eficácia (§ 11). A fim de garantir maior segurança ao julgador, a Lei n. 13.964/2019 alterou a redação do § 13 para determinar o registro das tratativas e atos de colaboração de forma a "obter maior fidelidade das informações, garantindo-se a disponibilização de cópia do material ao colaborador".

Ademais, o § 16 é enfático ao proibir a decretação de medidas cautelares reais ou pessoais, o recebimento de denúncia ou queixa-crime, ou mesmo a prolação de sentença condenatória com fundamento apenas nas declarações do colaborador.

Por outro lado, o acordo homologado pode ser rescindido em caso de omissão dolosa sobre os fatos objeto da colaboração (§ 17), ou na hipótese da não cessação do envolvimento do colaborador na conduta ilícita relacionada ao objeto da colaboração, sob pena de rescisão (§ 18).

---

70. A Segunda Turma, por maioria, deu provimento a agravo regimental em *habeas corpus* para anular a condenação imposta ao paciente e assegurar-lhe nova oportunidade de apresentar memoriais escritos, após o decurso do prazo oferecido para a apresentação dessa peça aos corréus colaboradores. (...) Nesse sentido, o direito fundamental ao contraditório e à ampla defesa deve permear todo o processo legal, garantindo-se sempre a possibilidade de manifestações oportunas da defesa, bem como a possibilidade de se fazer ouvir no julgamento e de oferecer, por último, os memoriais de alegações finais. Pouco importa, na espécie, a qualificação jurídica do agente acusador: Ministério Público ou corréu colaborador. (...) O direito de a defesa falar por último decorre do sistema normativo, como se depreende do Código de Processo Penal (CPP). A inversão processual consagrada pela intelecção que prestigia a manifestação final de réus colaboradores por último, ou simultaneamente, ocasiona sério prejuízo ao delatado, que não pode se manifestar para repelir os argumentos eventualmente incriminatórios ou para reforçar os favoráveis (HC 157.627 AgR/PR, rel. orig. Min. Edson Fachin, red. p/ o ac. Min. Ricardo Lewandowski, j. 27-8-2019. *Informativo* n. 949 STF.

71. A Segunda Turma, em conclusão de julgamento, deu provimento a agravo regimental para julgar parcialmente procedente reclamação a fim de assegurar ao delatado o acesso às declarações prestadas por colaboradores que o incriminem, já documentadas e que não se refiram à diligência em andamento que possa ser prejudicada. Nesta assentada, o ministro Ricardo Lewandowski (relator) reajustou o voto anteriormente proferido (*Informativo 937*). *Inicialmente, o colegiado conheceu da reclamação. Embora seja meio de obtenção de prova, a colaboração premiada é fenômeno complexo a envolver diversos atos com naturezas jurídicas distintas. Em conjunto com o acordo, há elementos de prova relevantes ao exercício do direito de defesa e do contraditório. Em seguida, registrou que o terceiro delatado por corréu, em termo de colaboração premiada, tem direito de ter acesso aos trechos nos quais citado, com fundamento no Enunciado 14 da Súmula Vinculante. À luz do referido verbete, o acesso deve ser franqueado caso estejam presentes dois requisitos. Um, positivo: o ato de colaboração deve apontar a responsabilidade criminal do requerente (Inq 3.983), outro, negativo: o ato de colaboração não deve referir-se à diligência em andamento (Rcl 24.116). Isso porque a leitura do § 2º do art. 7º da Lei n. 12.850/2013 determina que, antes mesmo da retirada do sigilo, será assegurado ao defensor, no interesse do representado, amplo acesso aos elementos de prova que digam respeito ao exercício do direito de defesa, devidamente precedido de autorização judicial, ressalvados os referentes às diligências em andamento. Com efeito, a jurisprudência da Segunda Turma garante o acesso a todos os elementos de prova documentados nos autos dos acordos de colaboração, incluídas as gravações audiovisuais dos atos de colaboração de corréus, com o escopo de confrontá-los, e não para impugnar os termos dos acordos propriamente ditos (Rcl 21.258 AgR). Rcl 3.0742 AgR/SP, rel. Min. Ricardo Lewandowski, j. 4-2-2020. (Rcl-30.742). *Informativo* n. 965 do STF.

Como se pode observar, a redação da Lei n. 12.850 foi sendo aperfeiçoada pela jurisprudência do STF, a partir do exame de casos concretos levados ao exame do Tribunal e pela Lei n. 13.964/2019.

O estudo pormenorizado dessas questões é importante na medida em que colaboração premiada, acordo de leniência e acordo de não persecução (penal e civil) formam diversas camadas do chamado direito sancionador e que podem ser sobrepostas num mesmo caso concreto, a partir da iniciativa de instituições diversas. Isso nos leva a algumas questões sensíveis, como, por exemplo, a fixação de parâmetros objetivos para se garantir efetividade e segurança jurídica.

Esse talvez seja o ponto crítico da questão, na medida em que no Brasil vigora o sistema da independência das instâncias. Porém, é inegável que, durante o acordo, podem ser negociadas questões que têm claras implicações nos planos civil e administrativo e que podem, também, repercutir na figura do acordo de leniência, acima tratado.

Ademais, não podemos nos esquecer da necessidade de proteger a empresa, a continuidade dos negócios e a preservação dos postos de trabalho. Nesse ponto específico, nosso ordenamento jurídico precisa, ainda, evoluir, de forma a alcançar uma equação máxima sob a perspectiva da análise econômica do direito. Ou seja, punir de forma exemplar os agentes públicos e particulares, mas preservar o ambiente de negócios e as relações trabalhistas, a fim de se evitar um mal maior e desnecessário.

Complementando o sistema consensual, foi inserido no direito brasileiro o instituto do Acordo de Não Persecução Penal – ANPP, por intermédio da Lei n. 13.964/2019, que incluiu o art. 28-A no Código de Processo Penal.

A ideia parece ter sido criar um espaço de consenso entre a transação penal e a colaboração premiada, reforçando a ideia de que a justiça exclusivamente punitiva não tem alcançado seus objetivos em nosso país.

Pela redação do *caput* do referido art. 28-A: "Não sendo caso de arquivamento e tendo o investigado confessado formal e circunstancialmente a prática de infração penal sem violência ou grave ameaça e com pena mínima inferior a 4 anos, o Ministério Público poderá propor acordo de não persecução penal, desde que necessário e suficiente para reprovação e prevenção do crime (...)".

Para tanto, devem ser ajustadas as seguintes condições cumulativa e alternativamente:

I – reparação do dano ou restituição da coisa à vítima, exceto na impossibilidade de fazê-lo;

II – renúncia voluntária a bens e direitos indicados pelo Ministério Público como instrumentos, produto ou proveito do crime;

III – prestação de serviço à comunidade ou a entidades públicas por período correspondente à pena mínima cominada ao delito diminuída de um a dois terços, em local a ser indicado pelo juízo da execução;

238 *Manual de Mediação e Arbitragem*

IV – pagamento de prestação pecuniária a entidade pública ou de interesse social, a ser indicada pelo juízo da execução, que tenha, preferencialmente, como função proteger bens jurídicos iguais ou semelhantes aos aparentemente lesados pelo delito;

V – cumprimento, por prazo determinado, de outra condição indicada pelo Ministério Público, desde que proporcional e compatível com a infração penal imputada

O § 2º do art. 28-A nos apresenta as hipóteses nas quais não será cabível o ANPP, a saber:

I – se for cabível transação penal de competência dos Juizados Especiais Criminais, nos termos da lei;

II – se o investigado for reincidente ou se houver elementos probatórios que indiquem conduta criminal habitual, reiterada ou profissional, exceto se insignificantes as infrações penais pretéritas;

III – ter sido o agente beneficiado nos 5 (cinco) anos anteriores ao cometimento da infração, em acordo de não persecução penal, transação penal ou suspensão condicional do processo; e

IV – nos crimes praticados no âmbito de violência doméstica ou familiar, ou praticados contra a mulher por razões da condição de sexo feminino, em favor do agressor.

O acordo deve ser formalizado por escrito e assinado pelo MP, investigado e seu advogado (§ 3º). Havendo recusa de proposta por parte do promotor com atribuição para o caso, o investigado pode requerer a remessa dos autos ao Procurador-Geral, na forma dos arts. 28 e 28-A, § 14.

A homologação judicial é condição de eficácia do acordo e deverá ser precedida de audiência na qual o magistrado deverá examinar a voluntariedade e a legalidade da avença, ouvindo o investigado na presença de seu defensor (§ 4º).

Cabe ao juiz examinar, ainda, a razoabilidade e a proporcionalidade das condições, embora não possa, *ex officio*, alterá-las. Deve, nesse caso, restituir o acordo ao MP para reformulação da proposta (§ 5º). Mantidas as condições inadequadas, o juiz deverá recusar a homologação (§ 7º), caso em que o MP deverá ou prosseguir nas investigações ou ofertar denúncia (§ 8º).

Homologado o acordo, os autos são restituídos ao MP para que se inicie a execução perante a VEP – Vara de Execuções Penais (§ 6º). Descumprida qualquer das condições o MP comunicará o fato ao juízo para fins de rescisão e posterior oferta de denúncia (§ 9º). Por outro lado, na forma do § 13 cumprido integralmente o acordo de não persecução penal, o juízo competente decretará a extinção de punibilidade.

Como podemos perceber, o sistema de justiça penal consensual está, agora, consolidado com a utilização da transação penal, suspensão condicional do processo, acordo de não persecução penal e acordo de colaboração premiada. Contudo, importante atentar para o fato de que ainda está em trâmite o Projeto de Lei do novo Código de Processo Penal (PL 8.045/2010), de forma que algumas mudanças e ajustes nesses institutos certamente serão implementados durante esse percurso.

Outro ponto que merece reflexão, e que será desenvolvido abaixo, é o fato de que falta sistematização quando da aplicação conjunta de ferramentas consensuais sanciona-tórias, como o ANPP e o ANPC.

Ampliando essa discussão, podem concorrer, no mesmo caso concreto, ainda que aplicados a sujeitos distintos, várias dessas providências. Imagine-se, por exemplo, uma empresa investigada por corrupção em contratos com o setor público. O gestor da empresa pode aceitar um acordo de colaboração premiada, ao passo que a pessoa jurídica celebra acordo de leniência na forma da Lei Anticorrupção. Enquanto isso, o servidor envolvido pode aceitar um ANPPC (acordo de não persecução penal e civil), sem prejuí-zo da realização de um TAG (termo de ajuste de gestão) com o Tribunal de Contas, em razão de irregularidades em rotinas administrativas.

11.7.3. Mediação nos cartórios extrajudiciais

Em 26 de março de 2018, foi editado pelo então Corregedor Nacional da Justiça, Ministro João Otávio de Noronha, o Provimento n. 67, que disciplina os procedimentos de conciliação e mediação nos serviços notariais e de registro do Brasil.

Vale lembrar que essa era uma antiga reivindicação dos notários, que já vinham se mobilizando nesse sentido. Com efeito, em 2016, houve uma consulta no CNJ[72] sobre a possibilidade de os notários e registradores realizarem conciliações e mediações volun-tariamente no âmbito judicial. Além disso, questionava-se a viabilidade de os cartórios extrajudiciais prestarem serviços de conciliação e mediação no âmbito extrajudicial.

O referido provimento foi revogado pelo Provimento n. 149/2023, que institui o Código Nacional de Normas da Corregedoria Nacional de Justiça do Conselho Nacional de Justiça — Foro Extrajudicial (CNN/ CN/CNJ-Extra). Esse novo Provimento consolidou vários atos normativos e regulamentou os serviços notariais e de registro.

A conciliação e a mediação estão reguladas no Capítulo II do Provimento n. 149, e as principais regras e características são as seguintes:

1. o procedimento é sempre facultativo e coerente com as normas do CPC e da Lei de Mediação;

2. as Corregedorias dos Tribunais devem manter nos seus sítios listagem pública dos serviços notariais e de registro autorizados para os procedimentos de conciliação e de mediação, indicando os nomes dos conciliadores e dos mediadores, de livre es-colha das partes;

3. o processo de autorização dos serviços notariais e de registro para a realização de conciliação e de mediação deverá ser regulamentado pelos respectivos NUPEMEC

---

72. Consulta 0003416-44.2016.2.00.0000. Disponível em: <https://webcache.googleusercontent.com/sea rch?q=cache:4I6pldY4eCcJ:https://www.conjur.com.br/dl/cnj-aceita-notario-conciliador-barra. pdf+&cd=1&hl=pt-BR&ct=clnk&gl=br>. Acesso em: 18 set. 2018.

e CGJ. Até cinco escreventes poderão ser habilitados para funcionar como concilia-dores ou mediadores;

4. toda a atividade será fiscalizada pelo CEJUSC e CGJ do respectivo Tribunal, e cabe-rá ao NUPEMEC manter cadastro de conciliadores e mediadores habilitados, do qual deverão constar dados relevantes de atuação;

5. só podem atuar como conciliadores ou mediadores aqueles que forem formados em curso para o desempenho das funções, observadas as diretrizes curriculares estabe-lecidas no Anexo I da *Resolução CNJ n. 125/2010*, com a redação dada pela Emenda n. 2, de 8 de março de 2016;

6. podem participar da conciliação e da mediação, como requerente ou requerido, a pessoa natural absolutamente capaz, a pessoa jurídica e os entes despersonalizados a que a lei confere capacidade postulatória;

7. as partes poderão ser assistidas por advogados ou defensores públicos munidos de instrumento de mandato com poderes especiais para o ato;

8. direitos disponíveis e os indisponíveis que admitam transação poderão ser objeto de conciliação e de mediação, o qual poderá versar sobre todo o conflito ou parte dele;

9. obtido o acordo, será lavrado termo de conciliação ou de mediação e as partes pre-sentes assinarão a última folha do termo, rubricando as demais. Finalizado o proce-dimento, o termo será arquivado no livro de conciliação e de mediação. Será forne-cida via do termo de conciliação ou de mediação a cada uma das partes presentes à sessão, que será considerado documento público com força de título executivo ex-trajudicial, nos termos do *art. 784, IV, do CPC*;

10. a não obtenção de acordo não impedirá a realização de novas sessões de conciliação ou de mediação até que finalizadas as tratativas.

Em paralelo, a Lei n. 14.711/2023, conhecida como "Marco Legal das Garantias", inseriu o art. 7º-A na Lei n. 8.935/94 – "Lei dos Cartórios", de forma a fazer constar, ex-pressamente, que aos tabeliães de notas compete atuar como conciliadores, mediadores e árbitros.

11.7.4. Recuperação judicial

De acordo com o art. 47 da Lei n. 11.101/2005, a recuperação judicial tem por obje-tivo "viabilizar a superação da situação de crise econômico-financeira do devedor, a fim de permitir a manutenção da fonte produtora, do emprego dos trabalhadores e dos inte-resses dos credores, promovendo, assim, a preservação da empresa, sua função social e o estímulo à atividade econômica".

O art. 167 da mesma lei prevê, ainda, serem cabíveis outras modalidades de acordo privado entre o devedor e seus credores.

Importante lembrar o Enunciado n. 45 da I Jornada de Prevenção e Solução Extra-judicial de Litígio que afirma serem a conciliação e mediação "compatíveis com a recuperação judicial, a extrajudicial e a falência do empresário e da sociedade empresária, bem como em casos de superendividamento, observadas as restrições legais".

No que concerne ao uso da mediação nos processos de recuperação judicial, o CNJ editou a Recomendação n. 58 de 22-10-2019, com o objetivo de incentivar os magistrados responsáveis pelo processamento e julgamento dos processos de recuperação empresarial e falências a promoverem, sempre que possível, o uso da mediação[73].

O art. 4º dessa recomendação possibilita tanto a mediação presencial como a on-line por meio de plataformas digitais. No entanto, o art. 6º ressalta que os magistrados não deverão atuar como mediadores. Ademais, é vedada ao administrador judicial a cumulação das funções de administrador e mediador.

Ainda nessa perspectiva, importante registrar que um dos fundamentos da Lei de Recuperação Judicial é, justamente, reforçar a função social da empresa, o que justifica ainda mais o uso de todas as ferramentas para a resolução adequada dos conflitos[74].

Importante registrar que, em 24 de dezembro de 2020, foi editada a Lei n. 14.112, que promoveu diversas alterações na Lei n. 11.101/2005.

Destacam-se, na seara da resolução consensual de conflitos, a alínea "j" inserida no inciso I do art. 22, e que determina ser dever do administrador judicial[75] estimular, sem-

---

73. "Art. 2º A mediação pode ser implementada nas seguintes hipóteses, entre outras:
I – nos incidentes de verificação de crédito, permitindo que devedor e credores cheguem a um acordo quanto ao valor do crédito e escolham um dos critérios legalmente aceitos para atribuição de valores aos bens gravados com direito real de garantia, otimizando o trabalho do Poder Judiciário e conferindo celeridade à elaboração do Quadro Geral de Credores;
II – para auxiliar na negociação de um plano de recuperação judicial, aumentando suas chances de aprovação pela Assembleia Geral de Credores sem a necessidade de sucessivas suspensões da assembleia;
III – para que devedor e credores possam pactuar, em conjunto, nos casos de consolidação processual, se haverá também consolidação substancial;
IV – para solucionar disputas entre os sócios/acionistas do devedor;
V – em casos de concessionárias/permissionárias de serviços públicos e órgãos reguladores, para pactuar acerca da participação dos entes reguladores no processo; e
VI – nas diversas situações que envolvam credores não sujeitos à recuperação, nos termos do § 3º do art. 49 da Lei n. 11.101/2005, ou demais credores extraconcursais.
§ 1º É vedada a mediação acerca da classificação dos créditos. § 2º O acordo obtido por meio de mediação não dispensa a deliberação por Assembleia Geral de Credores nas hipóteses exigidas por lei, nem afasta o controle de legalidade a ser exercido pelo magistrado por ocasião da respectiva homologação." Disponível em: <https://atos.cnj.jus.br/atos/detalhar/3070>. Acesso em: 30 de jan. 2020.
74. O paralelo entre o instituto da recuperação judicial e formas consensuais de solução de conflitos é cada vez mais necessário no cenário brasileiro. A crescente expansão da mediação, da conciliação e de outros métodos auxiliam enormemente o atingimento dos objetivos da recuperação – por excelência, a aprovação de um plano de recuperação benéfico a todas as partes do multifacetado conflito. Vasconcelos et al., 2019, p. 76.
75. Enunciado n. 190 da II Jornada de Prevenção e Solução Extrajudicial de Litígios: "O princípio da confidencialidade da mediação também se aplica ao administrador judicial, a quem compete avaliar tão somente o resultado final das negociações consubstanciadas nos acordos resultantes da mediação levados à homologação em juízo, pedir às partes informações necessárias à sua fiscalização e atentar para que os prazos do art. 20-A da Lei n. 11.101/2005 sejam observados".

pre que possível, a conciliação, a mediação e outros métodos alternativos de solução de conflitos relacionados à recuperação judicial e à falência, respeitados os direitos de terceiros, na forma do § 3º do art. 3º do CPC.

Ademais, foi inserida a Seção II-A no Capítulo II que trata das conciliações e das mediações antecedentes ou incidentais aos processos de recuperação judicial.

O art. 20-A prevê que a conciliação e a mediação deverão ser incentivadas em qualquer grau de jurisdição, inclusive no âmbito de recursos, e não implicarão a suspensão dos prazos previstos nessa lei, salvo se houver consenso entre as partes em sentido contrário ou determinação judicial.

O art. 20-B admite conciliações e mediações antecedentes ou incidentais aos processos de recuperação judicial. Esse dispositivo é composto por quatro incisos que tratam dos seguintes momentos e situações específicas:

I – nas fases pré-processual e processual de disputas entre os sócios e acionistas de sociedade em dificuldade ou em recuperação judicial, bem como nos litígios que envolverem credores não sujeitos à recuperação judicial, nos termos dos §§ 3º e 4º do art. 49 dessa lei, ou credores extraconcursais;

II – em conflitos que envolverem concessionárias ou permissionárias de serviços públicos em recuperação judicial e órgãos reguladores ou entes públicos municipais, distritais, estaduais ou federais;

III – na hipótese de haver créditos extraconcursais contra empresas em recuperação judicial durante período de vigência de estado de calamidade pública, a fim de permitir a continuidade da prestação de serviços essenciais;

IV – na hipótese de negociação de dívidas e respectivas formas de pagamento entre a empresa em dificuldade e seus credores, em caráter antecedente ao ajuizamento de pedido de recuperação judicial.

O § 1º desse art. 20-B prevê, ainda, que na hipótese do inciso IV, será facultado às empresas em dificuldade que preencham os requisitos legais para requerer recuperação judicial obter tutela cautelar, na forma do art. 305 do CPC, com o objetivo de ver suspensas as execuções contra elas propostas pelo prazo de até 60 dia. Essa providência tem por finalidade viabilizar a tentativa de composição[76] com os credores, em procedimento de mediação ou conciliação já instaurado perante o CEJUSC do tribunal competente ou da câmara especializada, observados, no que couber, os arts. 16 e 17 da Lei de Mediação.

Vale registrar que o legislador optou pela expressão "tutela de urgência cautelar", o que passa a impressão de que cabe ao devedor demonstrar especificamente o risco ou eventual situação de urgência. Porém, em nosso entendimento, basta que esteja caracte-

---

76. Enunciado n. 202 da II Jornada de Prevenção e Solução Extrajudicial de Litígios: "Na mediação antecedente à recuperação judicial, a empresa devedora e seus credores são livres para estabelecer a melhor composição para adimplemento das obrigações".

rizada a situação de pré-insolvência (o que pode ser verificado com a listagem de créditos e débitos, por exemplo) para que se obtenha a suspensão das execuções em curso. Isso porque, o perigo da demora seria presumido.

Contudo, se houver pedido de recuperação judicial ou extrajudicial, o período de suspensão será deduzido do período de suspensão, como dispõe o § 3º desse dispositivo.

Já o § 2º estabelece um limite objetivo[77], vedando o acordo sobre a natureza jurídica e a classificação de créditos, bem como sobre critérios de votação em assembleia-geral de credores. Podemos dizer que temos aqui mais um exemplo de um direito indisponível não transacionável, na forma do art. 3º, § 2º, da Lei de Mediação.

O art. 20-C determina que o acordo obtido deverá ser homologado pelo juiz competente conforme o disposto no art. 3º da Lei de Recuperação Judicial, combinado com o art. 3º, § 2º, da Lei de Mediação.

Importante atentar para o parágrafo único desse art. 20-C. Esse dispositivo prevê que se for requerida a recuperação judicial ou extrajudicial em até 360 dias contados do acordo firmado, o credor terá reconstituídos seus direitos e garantias nas condições originalmente contratadas, deduzidos os valores eventualmente pagos e ressalvados os atos validamente praticados no âmbito dos procedimentos de conciliação ou de mediação.

Ademais, o art. 20-D admite, expressamente, a realização de sessões de conciliação e de mediação por meio virtual, reforçando a regra já existente no art. 334, § 7º, do CPC, combinado com o art. 46 da Lei de Mediação.

Antes de finalizar esse tópico, cabe mencionar que muitas das alterações trazidas pela Lei n. 14.112/2020 apenas refletem algumas diretrizes do Conselho Nacional de Justiça (especialmente a já mencionada Resolução n. 58/2019 do CNJ) e de enunciados editados sobre o tema[78].

Por fim, cabe consignar que, no plano jurisprudencial, o STJ, em mais de uma oportunidade[79], já reconheceu que a Lei n. 11.101/2005 não impede a utilização do procedimento de mediação de processos de Recuperação Judicial em curso, citando expressa-

---

77. Enunciado n. 201 da II Jornada de Prevenção e Solução Extrajudicial de Litígios: "Na mediação antecedente ou durante a recuperação judicial, não cabe ao mediador julgar a existência, exigibilidade e legalidade do crédito. Na mediação em recuperação judicial, todos os participantes, colaborativamente, devem zelar pela observância da ordem de preferência dos créditos e pela verificação de existência, exigibilidade e legalidade dos créditos".

78. *Vide*, por exemplo, o Enunciado n. 45 da I Jornada de Prevenção e Solução Extrajudicial de Litígios: "A mediação e conciliação são compatíveis com a recuperação judicial, a extrajudicial e a falência do empresário e da sociedade empresária, bem como em casos de superendividamento, observadas as restrições legais". Disponível em: <https://www.cjf.jus.br/cjf/corregedoria-da-justica-federal/centro-de-estudos-judiciarios-1/publicacoes-1/cjf/corregedoria-da-justica-federal/centro-de-estudos-judiciarios-1/prevencao-e--solucao-extrajudicial-de-litigios/?_authenticator=60c7f30ef0d8002d17dbe298563b6fa2849c6669>. Acesso em: 14 mar. 2021.

79. Pedido de Tutela Provisória 1.049/RJ, rel. Min. Marco Buzzi, 4ª Turma, *DJe* 13-11-2017; REsp 1.692.985/SP, rel. Min. Marco Aurélio Bellizze, 3ª Turma, *DJe* 12-06-2018.

mente o art. 3º da Lei n. 13.140/2015[80] e dispositivos do CPC/2015 (arts. 3º, §§ 2º e 3º, 139, V, e 165 a 175). Em ambas as decisões, o STJ também destacou o fato de que a Lei n. 11.101/2005 – sobretudo antes da reforma de 2020 – não vedava a utilização da mediação nos processos por ela regidos.

Um último registro: dentro da ideia de aproveitamento das técnicas processuais, cabe investigar a pertinência de se importar a audiência do art. 334 do CPC (procedimento comum), ainda que com adaptações, para o processo de recuperação judicial[81].

Não se trata, obviamente, de impor uma audiência pré-processual[82]. Afinal, o devedor é livre para buscar a mediação/conciliação ou iniciar desde logo o processo de recuperação judicial, o que, muitas vezes, serve de gatilho para aproximação dos credores.

Na prática, estando a petição inicial em ordem e uma vez analisado eventual pedido de tutela provisória, poderia o juiz designar, nessa fase inicial do processo ou em etapa posterior, uma audiência de conciliação/mediação.

No caso da recuperação judicial, não haveria a obrigatoriedade de comparecimento inerente às ações de família e ao procedimento comum (cuja ausência, ressalvadas as hipóteses legais, pode ensejar a aplicação de multa – art. 334, § 8º, do CPC). Tal audiência seria, na realidade, um espaço criado pelo juiz para a busca do consenso (art. 139, V, do CPC e 22, I, *j*, da Lei n. 14.112/2020). Uma janela para acordos e interações.

Com os avanços da tecnologia, tal audiência poderia ser realizada em ambiente virtual (o que, aliás, é expressamente autorizado pelo art. 20-D), de modo a otimizar o ato – evitando, por exemplo, deslocamentos desnecessários dos envolvidos –, bem como permitir a maior participação e adesão dos credores.

Durante o ato processual, credores e devedores, ainda que pautados por um cronograma prévio elaborado pelo juiz ou pelo Administrador Judicial (definindo-se o tempo e a ordem dos temas e das intervenções), já poderiam tecer considerações sobre o futuro plano de recuperação, fazendo questionamentos e sugestões.

Também seria um espaço propício para a realização de negócios jurídicos processuais. Convém destacar que, no âmbito da recuperação judicial, a manifestação de vontade do devedor deve ser expressa e a dos credores será obtida por maioria, na forma do art. 189, § 2º, da Lei n. 11.101/2005.

Nessa toada, seria perfeitamente possível a realização de negócios jurídicos processuais para a) a formação de um cronograma que possibilite a ampliação e redução de prazos,

---

80. "Art. 3º Pode ser objeto de mediação o conflito que verse sobre direitos disponíveis ou sobre direitos indisponíveis que admitam transação."

81. MAZZOLA, Marcelo; CÂMARA, Rodrigo Freitas. *A simbiose entre métodos adequados de resolução de conflitos e recuperação judicial*. 2021. Disponível em: <https://www.jota.info/opiniao-e-analise/colunas/coluna-cpc-nos-tribunais/resolucao-conflitos-recuperacao-judicial-23012021>. Acesso em: 14 mar. 2021.

82. A obrigatoriedade de audiências pré-processuais já foi declarada inconstitucional pelo STF no julgamento das ADIs 2.139, 2.160 e 2.237, em que se determinou ser livre a escolha pela conciliação ou pelo ajuizamento de ação judicial.

especialmente buscando maior otimização procedimental de incidentes de habilitação e impugnação de crédito; b) a definição do *modus operandi* das hipóteses de substituição da Assembleia Geral de Credores presencial por outros meios alternativos, com idênticos efeitos[83], inclusive para votação do plano de recuperação judicial e constituição do Comitê de Credores[84]; c) a distribuição de despesas processuais considerando os altos custos envolvidos sobretudo com publicações de editais; d) exigir notificação prévia antes do ajuizamento de qualquer nova demanda; e) nomeação convencional de administrador judicial; f) contagem dos prazos em dias úteis; g) modos de divulgação do edital que se deve publicar após o deferimento da recuperação judicial, entre outras hipóteses.

Como se vê, a importação da audiência do art. 334 do CPC/2015 para o processo de recuperação judicial poderia, a um só tempo, fomentar a autocomposição e permitir a customização do rito procedimental, trazendo benefícios recíprocos aos envolvidos.

11.7.5. Desapropriação

O procedimento da desapropriação por utilidade pública é regulamentado pelo Decreto-lei n. 3.365, de 21 de junho de 1941.

O art. 2º dessa lei estabelece que, mediante declaração de utilidade pública, todos os bens poderão ser desapropriados pela União, pelos Estados, Municípios, Distrito Federal e Territórios.

Obviamente, numa desapropriação há uma forte carga de conflito entre o proprietário do bem e o Poder Público que pretende conferir àquele espaço um *status* de utilidade pública.

Via de regra, são procedimentos longos e complexos nos quais o Poder Judiciário, embora não possa reexaminar a decisão de declaração de utilidade pública, deve assegurar o pagamento de uma justa indenização ao particular.

No intuito de evitar todo esse desgaste e, ao mesmo tempo, ofertar outras opções que viabilizem um custo-benefício mais apropriado, foi editada a Lei n. 13.867, de 26 de agosto de 2019, que alterou o Decreto-lei n. 3.365/41, para possibilitar a opção pela mediação ou pela via arbitral para a definição dos valores de indenização nas desapropriações por utilidade pública.

Para tanto, a referida lei inseriu o art. 10-B no Decreto-lei n. 3.365/41, dispondo que o particular indicará um dos órgãos ou instituições especializados em mediação ou arbitragem previamente cadastrados pelo órgão responsável pela desapropriação.

---

83. Trata-se de relevante alteração prevista no art. 39, § 4º, da Lei n. 14.112/2020, que possibilita que qualquer deliberação prevista na lei seja substituída por manifestação escrita através de termo de adesão, votação por meio eletrônico ou outro mecanismo reputado suficientemente seguro pelo juiz. Nesse contexto, vale lembrar que a Lei n. 11.101/2005 somente previa a realização de assembleia-geral de forma presencial.

84. Nesse sentido, *vide* também os arts. 45-A, §§ 1º e 2º, e 56-A da Lei n. 14.112/2020.

246   *Manual de Mediação e Arbitragem*

Importante registrar que as ferramentas da mediação e da arbitragem são cabíveis mesmo que o decreto expropriatório tenha sido editado antes da vigência dessa lei[85]. Ademais, trata-se de um ato discricionário do Poder Público e não de um direito subjetivo do particular[86].

Cabe anotar que a Lei n. 14.620, de 13 de julho de 2023, alterou o § 2º do art. 2º do Decreto-lei 3.365 para exigir autorização legislativa para desapropriação dos bens de domínio dos Estados, dos Municípios e do Distrito Federal pela União e dos bens de domínio dos Municípios pelos Estados.

Ademais, inseriu o § 2º-A, dispensando a mencionada autorização legislativa quando a desapropriação for realizada mediante acordo entre os entes federativos, no qual serão fixadas as respectivas responsabilidades financeiras quanto ao pagamento das indenizações correspondentes. Dessa forma, a dispensa reforça a importância da autocomposição no âmbito público, consolidando, ainda mais, a ideia de consensualidade na Administração Pública, inerente ao Estado Democrático.

11.7.6. Meio ambiente

No mesmo sentido, o Decreto n. 9.769, de 11 de abril de 2019, alterou o Decreto n. 6.514/2008, que dispõe sobre as infrações e sanções administrativas ao meio ambiente, estabelecendo o processo administrativo federal para apuração destas infrações.

Nesse particular, o art. 95-A do Decreto n. 6.514/2008 passou a prever que a conciliação deve ser estimulada pela administração pública federal ambiental, com vistas a encerrar os processos administrativos federais relativos à apuração de infrações administrativas por condutas e atividades lesivas ao meio ambiente.

O art. 98-A dispõe que o Núcleo de Conciliação Ambiental será composto por, no mínimo, dois servidores efetivos, sendo ao menos um deles integrante do órgão ou da entidade da administração pública federal ambiental responsável pela lavratura do auto de infração. Já o art. 98-B prevê que a conciliação ambiental ocorrerá em audiência única.

---

85. Enunciado n. 129 do V Forum do Poder Público. (art. 2º, Lei n. 13.867/2019) O art. 2º da Lei n. 13.867/2019 não impede que o Poder Público adote meios consensuais para dirimir conflitos nas desapropriações por utilidade pública cujo decreto expropriatório tenha sido publicado anteriormente à edição dessa lei. (Grupo: Meios Consensuais e Poder Público). Enunciado aprovado no V Fórum do Poder Público. Disponível em: <http://www.pge.pe.gov.br/mobile.aspx?1608_enunciados_aprovados_no_v_forum_nacional_do_poder_publico_sao_publicados>. Acesso em: 10 dez. 2019.

86. Enunciado n. 126 do V Forum do Poder Público (arts. 10, 10-A, 10-B e 11, Decreto-lei n. 3.365/41, com os acréscimos da Lei n. 13.867/ 2019). Na desapropriação, constitui faculdade do ente expropriante oferecer ao particular as vias da mediação ou da arbitragem para discutir o valor indenizatório. (Grupo: Prerrogativas Processuais do Poder Público). Enunciado aprovado no V Fórum do Poder Público. Disponível em: <http://www.pge.pe.gov.br/mobile.aspx?1608_enunciados_aprovados_no_v_forum_nacional_do_poder_publico_sao_publicados>. Acesso em: 10 dez. 2019.

O decreto está em consonância com o art. 32 da Lei de Mediação e o art. 174 do CPC, que já autorizavam o uso das ferramentas consensuais em questões envolvendo as pessoas jurídicas de direito público e a tutela dos interesses transindividuais.

11.7.7. Acordo de Não Persecução Cível na Lei de Improbidade Administrativa

Como é de conhecimento geral, em sua redação original, o art. 17, § 1º, da Lei n. 8.429/92 vedava qualquer modalidade de transação, acordo ou conciliação nas ações destinadas a apurar a prática de ato de improbidade. Fruto da mentalidade dominante no fim do século XX, a solução acordada era vista com desconfiança. A possibilidade de seu uso em questões relacionadas ao direito público era fortemente rechaçada e, por vezes, vinculada a um sentimento de ilegalidade ou mesmo de impunidade.

Somente em 2002 o Supremo Tribunal Federal relativizou a regra da indisponibilidade absoluta do interesse público[87]. Na sequência, o STJ, em sede de compromisso de ajustamento de conduta, admitiu, expressamente, o cabimento de solução consensuada no plano material[88].

No entanto, até 2019, a jurisprudência se mostrava restritiva quando ao cabimento de acordos em demandas de improbidade[89], mesmo depois de sucessivas evoluções legislativas. Com a edição da Lei n. 13.964/2019, profundas alterações foram impostas à Lei de Improbidade e o art. 17, § 1º, passou a ter a seguinte redação: "As ações de que trata este artigo admitem a celebração de acordo de não persecução cível, nos termos desta Lei".

---

87. "Poder Público. Transação. Validade. Em regra, os bens e o interesse público são indisponíveis, porque pertencem à coletividade. É, por isso, o administrador, mero gestor da coisa pública, não tem disponibilidade sobre os interesses confiados à sua guarda e realização. Todavia, há casos em que o princípio da indisponibilidade do interesse público deve ser atenuado, mormente quando se tem em vista que a solução adotada pela Administração é a que melhor atenderá à ultimação deste interesse". STF. Pleno. Recurso Extraordinário 253-885-0/MG, rel. Min. Ellen Gracie, *DJ* 21-6-2002. Acórdão disponível na íntegra no site http://www.stf.jus.br. Acesso em: 12-12-2020.

88. "Processo civil – Ação civil pública por dano ambiental – Ajustamento de conduta – Transação do Ministério Público – Possibilidade. 1. A regra geral é de não serem passíveis de transação os direitos difusos. 2. Quando se tratar de direitos difusos que importem obrigação de fazer ou não fazer deve-se dar tratamento distinto, possibilitando dar à controvérsia a melhor solução na composição do dano, quando impossível o retorno ao *status quo ante*. 3. A admissibilidade de transação de direitos difusos é exceção à regra. 4. Recurso especial improvido" (REsp 299.400/RJ, Segunda Turma., j. 1º-6-2006, rel. Min. Francisco Peçanha Martins, rel. p/ acórdão Min. Eliana Calmon, *DJ* 2-8-2006, p. 229.

89. (...) 4. Na forma da jurisprudência do STJ, "tratando-se de ação de improbidade administrativa, cujo interesse público tutelado é de natureza indisponível, o acordo entre a municipalidade (autor) e os particulares (réus) não tem o condão de conduzir à extinção do feito, porque aplicável as disposições da Lei n. 8.429/92, norma especial que veda expressamente a possibilidade de transação, acordo ou conciliação nos processos que tramitam sob a sua égide (art. 17, § 1º, da LIA)" (REsp 1.217.554/SP, rel. Min. Eliana Calmon, Segunda Turma, *DJe* 22-8-2013) (AgInt no REsp 1.654.462/MT, rel. Min. Sérgio Kukina, Primeira Turma, j. 7-6-2018, *DJe* 14-6-2018).

Ademais, o § 10-A estabelecia que "havendo a possibilidade de solução consensual, poderão as partes requerer ao juiz a interrupção do prazo para a contestação, por prazo não superior a 90 (noventa) dias. (...) (NR)".

Registre-se que, desde 2015, a Lei de Mediação, no art. 36, § 4º, já abria a possibilidade "nas hipóteses em que a matéria objeto do litígio esteja sendo discutida em ação de improbidade administrativa ou sobre ela haja decisão do Tribunal de Contas da União, a conciliação de que trata o *caput* dependerá da anuência expressa do juiz (...)", o que jogou novas luzes sobre a redação original do art. 17, § 1º, da Lei de Improbidade Administrativa.

Como argumento de reforço, podia-se apontar, ainda, o art. 26 da Lei de Introdução às Normas de Direito Brasileiro (Decreto-lei n. 4.657/42)[90], inserido pela Lei n. 13.655/2018, que traz previsão geral de um compromisso de adequação ao direito público[91]. Dizia-se, a propósito, que as recentes modificações na Lei de Introdução às Normas do Direito Brasileiro teriam gerado a revogação tácita da redação original do art. 17, § 1º, já que a LINDB passou a prestigiar a eficiência administrativa, mediante ampla possibilidade de tomada de compromisso dos interessados (art. 26)[92].

Após o advento da Lei n. 12.846/2013 – Lei Anticorrupção –, a permissão de se firmar acordos de leniência apontava ainda mais claramente a possibilidade de flexibilização da vedação original que consta no art. 17, § 1º. Nesse sentido, o Supremo Tribunal Federal já reconheceu a repercussão geral da validade de acordo de colaboração premiada no âmbito de ação de improbidade[93].

---

90. "Art. 26. Para eliminar irregularidade, incerteza jurídica ou situação contenciosa na aplicação do direito público, inclusive no caso de expedição de licença, a autoridade administrativa poderá, após oitiva do órgão jurídico e, quando for o caso, após realização de consulta pública, e presentes razões de relevante interesse geral, celebrar compromisso com os interessados, observada a legislação aplicável, o qual só produzirá efeitos a partir de sua publicação oficial. § 1º O compromisso referido no *caput* deste artigo: I – buscará solução jurídica proporcional, equânime, eficiente e compatível com os interesses gerais; II – (vetado); III – não poderá conferir desoneração permanente de dever ou condicionamento de direito reconhecidos por orientação geral; IV – deverá prever com clareza as obrigações das partes, o prazo para seu cumprimento e as sanções aplicáveis em caso de descumprimento. § 2º (vetado).

91. Enunciado n. 130 do V Fórum do Poder Público: "(art. 26, LINDB) O art. 26 da LINDB prevê cláusula geral estimuladora da adoção de meios consensuais pelo Poder Público e, para sua aplicação efetiva e objetiva, recomenda-se a produção de repositório público de jurisprudência administrativa" (Grupo: Meios Consensuais e Poder Público). Disponível em: http://www.pge.pe.gov.br/AppThemes/enunciados.pdf. Acesso em: 11 abr. 2024.

92. PINHO, MAZZOLA, 2019, p. 192.

93. ARE 1.175.650/PR, Plenário, rel. Min. Alexandre de Moraes. Sessão Virtual de 23-6-2023 a 30-6-2023. O Tribunal, por unanimidade, apreciando o tema 1.043 da repercussão geral, negou provimento ao recurso extraordinário e fixou a seguinte tese: "É constitucional a utilização da colaboração premiada, nos termos da Lei n. 12.850/2013, no âmbito civil, em ação civil pública por ato de improbidade administrativa movida pelo Ministério Público, observando-se as seguintes diretrizes: (1) Realizado o acordo de colaboração premiada, serão remetidos ao juiz, para análise, o respectivo termo, as declarações do colaborador e cópia da investigação, devendo o juiz ouvir sigilosamente o colaborador, acompanhado de seu defensor, oportunidade em que analisará os seguintes aspectos na homologação: regularidade, legalidade e voluntariedade da manifestação de vontade, especialmente nos casos em que o colaborador está ou esteve sob efeito de medi-

Em 2019, com o advento da Lei n. 13.964, a Lei n. 8.429/92 foi, finalmente, alterada a fim de se garantir o cabimento de uma ferramenta consensual batizada de acordo de não persecução cível. O instituto teve clara inspiração no compromisso de ajustamento de conduta, embora o *nomen iuris* nos remeta intuitivamente à figura do acordo de não persecução penal, inserido no art. 28-A do CPP.

Ocorre que a Lei n. 14.230/2021 acabou por criar nova regulamentação para o ANPC, uma vez que a legislação de 2019 era bastante precária nesse sentido, em razão de veto aposto pelo chefe do Executivo ao art. 17-A, que seria inserido na Lei n. 8.429.

Curiosamente, alguns dos dispositivos vetados foram repaginados e finalmente ingressam no ordenamento jurídico pelas mãos do legislador de 2021, ainda que com importantes alterações.

Após tratar das principais regras processuais no art. 17 e seus vinte e um parágrafos, bem como revogar todas as disposições antes inseridas no art. 17-A, a nova lei insere o art. 17-B de forma a cuidar especificamente do ANPC. Na primeira parte do art. 17-B encontramos a afirmação da legitimidade privativa do Ministério Público para a celebração no ANPC, mantendo coerência com a regra do art. 17, caput que prevê essa exclusividade para a proposição da ação de improbidade.

Ocorre que logo após a edição da norma, o Min. Alexandre de Moraes deferiu liminar em duas ações diretas de inconstitucionalidade a fim de determinar interpretação conforme a Constituição e garantir a legitimidade concorrente da pessoa de direito público lesada, tendo em vista que o art. 129, § 1º da Carta de 1988, estabelece que a legitimidade do MP para ações de natureza cível é concorrente e não privativa.

A provisional foi confirmada pelo julgamento do Pleno[94] em agosto de 2022.

Outros dispositivos da lei foram questionados em nova ADI perante o STF, porém o pedido foi julgado improcedente em julgamento finalizado em agosto de 2023[95].

O ANPC poderá ser pactuado na sistemática da nova lei, apenas com pessoas físicas, investigadas ou demandadas pela prática de atos de improbidade administrativa, assim definidos na Lei n. 8.429/92. No sistema anterior, admitia-se a celebração do acordo também com pessoas jurídicas. No entanto, a regra agora contida no art. 3º, § 2º é clara

---

das cautelares, nos termos dos §§ 6º e 7º do art. 4º da referida Lei n. 12.850/2013; (2) As declarações do agente colaborador, desacompanhadas de outros elementos de prova, são insuficientes para o início da ação civil por ato de improbidade; (3) A obrigação de ressarcimento do dano causado ao erário pelo agente colaborador deve ser integral, não podendo ser objeto de transação ou acordo, sendo válida a negociação em torno do modo e das condições para a indenização; (4) O acordo de colaboração deve ser celebrado pelo Ministério Público, com a interveniência da pessoa jurídica interessada e devidamente homologado pela autoridade judicial; (5) Os acordos já firmados somente pelo Ministério Público ficam preservados até a data deste julgamento, desde que haja previsão de total ressarcimento do dano, tenham sido devidamente homologados em Juízo e regularmente cumpridos pelo beneficiado".

94. ADI 7.043/DF, rel. Min. Alexandre de Moraes, j. 31-8-2022. *Informativo* n. 1.066 STF.

95. ADI 4.295/DF, rel. Min. Marco Aurélio, redator do acórdão Min. Gilmar Mendes, julgamento virtual finalizado em 21-8-2023 (segunda-feira), às 23:59. *Informativo* n. 1.105 STF.

no sentido de que pessoas jurídicas ficam excluídas do âmbito de incidência da lei de improbidade[96]. O acordo deve, ainda, prever obrigações certas, líquidas e exigíveis.

Ademais, o acordo só pode versar sobre imputação dolosa de ato de improbidade administrativa, observando-se os novos parâmetros de prescrição, *ex nunc*, na medida em que o STF, em sede de repercussão geral (Tema 1.199), portanto de forma vinculante, resolveu tais questões[97].

Nesse sentido, o ANPC deve ser compreendido como:

i) negócio jurídico visando à aplicação célere e proporcional das sanções previstas na Lei de Improbidade; e

ii) meio de obtenção de provas, desde que o beneficiado pela composição colabore efetivamente com as investigações ou o processo, dependendo do momento.

Essa dupla natureza jurídica já havia se consolidado no âmbito do acordo de colaboração premiada. Primeiro em sede jurisprudencial[98] e, depois, por força da evolução legislativa[99]. Com relação ao objeto, o ANPC pode ser total ou parcial, admitindo-se, na segunda hipótese, a deflagração ou continuação da ação de improbidade quanto ao pedido sobre o qual não houve consenso.

De toda sorte, o acordo deve ser sempre priorizado como forma mais adequada e otimizada para a resolução do conflito, desde que se constitua em meio mais vantajoso ao interesse público do que o ajuizamento da ação civil por ato de improbidade adminis-

---

96. Isso não significa a exclusão do espaço de consenso para as pessoas jurídicas. Podem elas celebrar com os órgãos legitimados o acordo de leniência, na forma do art. 16 da Lei n. 12.846/2013, como referido acima.

97. Direito administrativo. Improbidade administrativa. Elemento subjetivo do tipo. Prescrição. Direito constitucional. Direitos e garantias fundamentais. *Nova Lei de Improbidade Administrativa e eficácia temporal* – ARE 843.989/PR (Tema 1.199 RG). Tese fixada: "É necessária a comprovação de responsabilidade subjetiva para a tipificação dos atos de improbidade administrativa, exigindo-se – nos arts. 9º, 10 e 11 da LIA – a presença do elemento subjetivo – dolo; 2) A norma benéfica da Lei n. 14.230/2021 – revogação da modalidade culposa do ato de improbidade administrativa –, é irretroativa, em virtude do art. 5º, inciso XXXVI, da Constituição Federal, não tendo incidência em relação à eficácia da coisa julgada; nem tampouco durante o processo de execução das penas e seus incidentes; 3) A nova Lei n. 14.230/2021 aplica-se aos atos de improbidade administrativa culposos praticados na vigência do texto anterior da lei, porém sem condenação transitada em julgado, em virtude da revogação expressa do texto anterior; devendo o juízo competente analisar eventual dolo por parte do agente; 4) O novo regime prescricional previsto na Lei n. 14.230/2021 é irretroativo, aplicando-se os novos marcos temporais a partir da publicação da lei". Com base nesses entendimentos, o Plenário, por unanimidade, ao apreciar o Tema 1.199 da repercussão geral, deu provimento ao recurso extraordinário para extinguir a ação, e, por maioria, acompanhou os fundamentos do voto do ministro Alexandre de Moraes (relator). Vencidos, parcialmente e nos termos de seus respectivos votos, os ministros André Mendonça, Nunes Marques, Edson Fachin, Roberto Barroso, Rosa Weber, Dias Toffoli, Cármen Lúcia, Ricardo Lewandowski e Gilmar Mendes.

98. HC 127.483/PR, Min. Dias Toffoli, j. 27-8-/2015, Tribunal Pleno. *DJe* 4-2-2016. Pet 7.074/DF, rel. Min. Edson Fachin, j. 21, 22, 28 e 29-6-2017. *Informativo* n. 870 STF.

99. Lei n. 12.850/2013, com modificações introduzidas pela Lei n. 13.964/2019. Art. 3º-A dispõe que o acordo de colaboração premiada é um "negócio jurídico processual e meio de obtenção de prova, que pressupõe utilidade e interesse públicos".

trativa ou seu prosseguimento. Para tanto, dentre outros, devem ser observados os seguintes parâmetros:

a) duração média de processos dessa natureza;

b) a efetividade das sanções aplicáveis;

c) a maior proteção do erário e dos bens públicos.

Do ponto de vista formal, a lei não especifica o conteúdo do ANPC, o que deverá ser objeto de regulamentação no âmbito do Conselho Nacional do Ministério Público. Contudo, parece-nos que certos requisitos são desejáveis, a saber:

i) identificação do(s) pactuante(s);

ii) descrição da conduta ímproba, com todas as suas circunstâncias;

iii) subsunção da conduta imputada à específica previsão legal de modalidade de ato de improbidade administrativa;

iv) quantificação e extensão do dano e dos valores acrescidos ilicitamente, quando houver;

v) compromisso, quando for o caso, de colaborar amplamente com as investigações, promovendo a identificação de outros agentes, partícipes, beneficiários, localização de bens e valores e produção de outras provas, durante o curso do inquérito civil ou do processo judicial;

vi) estipulação de cláusula específica de aplicação de multa diária ou outra espécie de cominação para a hipótese de descumprimento das obrigações assumidas;

vii) prazo de vigência do acordo, salvo hipótese de obrigação de cumprimento imediato;

viii) previsão de cláusula de confidencialidade entre as partes pactuantes, nas hipóteses legais;

ix) Indicação explícita quanto ao fato de o ANPC ser total ou parcial; e

x) esclarecimento quanto à existência de outros procedimentos derivados da investigação original do fato, sejam eles criminais ou ações coletivas, bem como se foram celebrados, no âmbito das respectivas competências, outros instrumentos de consenso, como ANPP, colaboração premiada ou mesmo TAC (sendo desejável, nessa hipótese, acostar cópia dos referidos termos).

Possível, ainda, a inserção de cláusula de convenção processual (art. 190 do CPC) de modo a disciplinar a ação de improbidade que vier a ser ajuizada (no caso de ANPC parcial, por exemplo). Podemos pensar, ainda, na hipótese de descumprimento parcial ou total do acordo, o que ensejará o pedido de cumprimento forçado da sentença homologatória, nos exatos termos dos arts. 513 e 523 do CPC. Tal procedimento, ressalvadas as questões de ordem pública, também pode ser objeto de ajustes pela vontade das partes. O legislador, contudo, não trata do procedimento para acompanhamento do cumprimento das cláusulas do acordo. Diante dessa omissão, cremos devam ser utilizadas, ao menos até que venha ato normativo específico, as mesmas regras aplicáveis ao TAC e previstas nos arts. 9º e 10 da Resolução n. 179 do CNMP.

Na segunda parte do art. 17-B, *caput*, o legislador nos apresenta as condições "não negociáveis" do acordo. Em outras palavras, enumeram-se, nos incisos desse dispositivo, as duas hipóteses que identificamos como direitos indisponíveis não transacionáveis, a saber:

i)   ressarcimento integral do dano causado; e
ii) reversão da vantagem indevida obtida à pessoa jurídica lesada, mesmo que oriunda de agentes privados.

Cremos que a celebração de ANPC em discordância com uma dessas duas hipóteses acarretará a nulidade absoluta do ato. Por outro lado, permanece um leque bem razoável de possibilidades para as tratativas, levando-se em conta as possíveis sanções a serem aplicadas na sentença proferida na ação de improbidade, listadas no art. 12 da Lei n. 8.429/92, também alterado pelo legislador de 2021. Observe-se que a lei menciona expressamente a "reversão" dos valores, razão pela qual será nula qualquer convenção no sentido de destinar a verba oriunda da "vantagem indevida" a outras instituições públicas ou privadas.

Questão sensível, e que já era objeto de debates antes da nova lei, diz respeito à possibilidade de inserção, dentre as cláusulas do ANPC, de sanções mais intensas, como a perda da função pública ou a suspensão de direitos políticos. No sistema antigo, alguns autores reputavam viável tal hipótese[100], remanescendo a discussão acerca da necessidade ou não de homologação judicial para dar eficácia ao avençado na seara extrajudicial. Na nova sistemática, é necessário observar o art. 20 da Lei de Improbidade: "A perda da função pública e a suspensão dos direitos políticos só se efetivam com o trânsito em julgado da sentença condenatória".

Temos aqui uma possível controvérsia. Se optarmos por uma interpretação restritiva e literal, seremos forçados a concluir que apenas as sentenças impositivas condenatórias poderiam impor tais sanções. Esse raciocínio parece ser reforçado pela premissa de que a gravidade de tais penas enseja um processo com cognição exauriente, farta produção de provas e múltiplas oportunidades de defesa e recursos, até que se chegue ao trânsito em julgado. Por outro lado, desde o advento da Lei n. 9.099/95, o ordenamento brasileiro admite sentenças homologatórias condenatórias. A ideia perdura, na seara criminal, com os acordos de não persecução penal e colaboração premiada.

Embora a hipótese seja bem mais teórica do que prática, na medida em que não deve ser comum a intenção de o agente firmar ANPC renunciando à função pública, parece-nos que a expressão "sentença condenatória", no referido art. 20, deve ser compreendida em sentido amplo, abrangendo não só as decisões impositivas como também as homologatórias. Reforçando esse ponto de vista, vale ressaltar que não há restrição específica a tal cláusula no corpo da lei.

---

100.   CASTRO, 2021.

Retornando ao exame do dispositivo, os sete parágrafos do art. 17-B trazem regras importantes acerca da validade e eficácia da avença. O § 1º traz os seguintes requisitos:

O inciso I prevê a oitiva do ente federativo lesado, antes ou após a propositura da demanda. A regra é relevante na medida em que as pessoas jurídicas de direito público perderam, com a nova lei, a legitimidade para a propositura da ação de improbidade, mas conservaram seu protagonismo na Lei Anticorrupção (Lei n. 12.846/2013), especialmente para a celebração do acordo de leniência. Ademais, o ente lesado, mais do que qualquer outro ator processual, pode dimensionar a extensão do dano sofrido e o possível envolvimento de outros servidores públicos ou agentes privados no ato de improbidade.

A lei não prevê, porém, prazo para manifestação e nem condiciona o acordo à anuência do lesado. Os incisos II e III preveem condições de eficácia para o acordo. Temos, aqui, três possíveis cenários:

a) o ANPC é celebrado antes da propositura da ação de improbidade.

Trata-se de consenso obtido na via administrativa pelo Ministério Público, sem que tenha havido, ainda, interferência judicial. Nesse caso, o inciso II exige a aprovação, no prazo de 60 dias, pelo órgão competente para apreciar a promoção de arquivamento do inquérito civil, ou seja, o Conselho Superior do Ministério Público, na forma do art. 9º da Lei n. 7.347/85, combinado com o art. 30 da Lei n. 8.625/93. Curiosamente, e rompendo com a tradição herdada da tutela coletiva, nessa hipótese o inciso III exige, ainda, a homologação judicial[101]. Aqui algumas observações se impõem.

Nesse ponto, cumpre registrar que não parece adequado estabelecer um paralelo entre controlar o arquivamento e aprovar o ANPC, até mesmo porque parcela doutrinária já se manifesta, há tempos, no sentido de que o TAC não deve ser remetido necessariamente ao Conselho Superior[102].

Superada essa questão, em razão da expressa opção legislativa, deve-se atentar à terminologia utilizada, a saber: "aprovação" pelo Conselho Superior e "homologação" judicial. Se o dispositivo for interpretado literalmente, o Conselho poderia apenas emitir juízo positivo ou negativo. Não poderia sugerir alterações nas cláusulas do acordo ou mesmo suprimir ou acrescer disposições.

Não concordamos com tal interpretação. O termo *aprovação* aqui deve ser lido de forma ampla. Não custa lembrar que, tradicionalmente, membros do Conselho Superior atuaram por anos na tutela coletiva e/ou da improbidade, acumulando rica experiência na matéria. Além disso, como já ocorre há décadas no âmbito da tutela coletiva, o Conselho Superior, ao examinar a promoção de arquivamento, pode recusar a homologação sem rejeitá-la expressamente, o que significa, na prática, a devolução dos autos ao pro-

---

101. Não podemos deixar de observar certa contradição do legislador na medida em que, como visto acima, exclui-se a tutela da improbidade administrativa do microssistema da tutela coletiva, mas há referências expressas a termos como inquérito civil e órgão responsável por apreciar a promoção de arquivamento.

102. BASTOS, 2021, p. 154.

motor oficiante para que prossiga nas diligências faltantes antes de formar seu convencimento definitivo.

Desse modo, atentos à tradição ministerial, pensamos que, a despeito do silêncio do legislador, o Conselho Superior pode devolver o ANPC ao promotor oficiante, alvitrando adição, subtração ou mesmo alteração nas cláusulas avençadas. Por óbvio, esse promotor, diante da garantia constitucional da independência funcional, poderá aquiescer ou não. Em caso negativo, deverá propor a competente ação de improbidade.

Outro ponto a ser ressaltado é o fato de que o início das tratativas para a celebração do ANPC pressupõe a existência de justa causa para a propositura da ação de improbidade. Não faria muito sentido, portanto, que diante da não aprovação do Conselho Superior e devolução para nova análise, o promotor simplesmente deixasse de propor a demanda e arquivasse o inquérito civil.

Outra questão que pode surgir na prática é se o Conselho Superior pode promover, *ex officio*, ajustes no termo, desde que, obviamente, com a aquiescência do investigado e, então, remeter os autos a juízo para fins de homologação. Para tanto, teríamos que interpretar o termo "aprovação" de forma extensiva, abrindo, inclusive, a possibilidade de o órgão colegiado converter a decisão em diligências. De toda sorte, é desejável que essa hipótese seja regulamentada em ato normativo específico.

Embora não haja dispositivo explícito a respeito, a simples disposição das normas que exige a homologação judicial após aquela que trata da aprovação pelo Conselho Superior parece apontar para a ideia de que essa providência deve ser encetada antes daquela. Não parece haver, contudo, contaminação no ato se houver inversão ou mesmo se ambas forem tomadas simultaneamente. Por outro lado, não se pode excluir a interpretação literal de forma que o juiz, provocado com o pedido de homologação, venha a sobrestar o feito a fim de aguardar a aprovação do órgão ministerial. Em outras palavras, a aprovação funcionaria como condição de procedibilidade para a admissão do procedimento de jurisdição voluntária instaurado a fim de obter a homologação judicial (arts. 515, III, c/c 725, VIII, do CPC).

Já se o magistrado entender por homologar o ANCP, mesmo sem a aprovação do Conselho Superior, não poderá haver o trânsito em julgado dessa decisão até que aquela providência seja ultimada. De toda sorte, parece-nos, com a devida vênia, que a opção legislativa não foi a melhor. A exigência da dupla homologação tende a criar mais problemas do que soluções e um pretendido sistema mais austero, com duas camadas de controle, pode acabar por desincentivar o uso do ANPC. Talvez devesse o legislador ter reservado ao Conselho Superior a tarefa de reexaminar as promoções de arquivamento, cabendo ao magistrado o controle sobre a forma e o conteúdo do ANPC.

b) Chegamos ao segundo cenário: o ANPC é celebrado já no curso da ação de improbidade. Nessa hipótese a questão se mostra bem mais singela, havendo a necessidade, apenas, da homologação, o que simplesmente faz incidir a regra geral do art. 515, II, do CPC.

Contudo, o magistrado, nesse momento, poderá apenas conceder ou recusar a homologação. Não poderá impor emenda ao avençado pelas partes, aplicando-se, diante da omissão da Lei de Improbidade, o disposto no § 8º do art. 4º da Lei n. 12.850/2013, observada a restrição imposta pela Lei n. 13.964/2019, ou seja, nas hipóteses de acordo de colaboração premiada, o magistrado pode devolver a proposta de acordo; contudo, não pode mais "adequá-la ao caso concreto" como autorizava o dispositivo antes da modificação imposta pelo chamado "Pacote anticrime". Aliás, no mesmo sentido encontramos o art. 28-A, § 5º, do Código de Processo Penal, ao se referir ao acordo de não persecução penal.

Não obstante essas considerações e, novamente, ante o silêncio do legislador, nada impede o juiz de designar audiência especial, a fim de que, em conjunto com as partes, examine as cláusulas do acordo. Não seria propriamente uma audiência de conciliação (art. 334 do CPC), nem de saneamento compartilhado (art. 357, § 3º) e nem de julgamento (art. 358). Apenas uma audiência cuja conveniência e oportunidade se insere dentre os poderes dos magistrados, especialmente diante do art. 139, V.

c) Finalmente, o terceiro cenário contemplado no § 4º do art. 17-B da Lei de Improbidade prevê o acordo celebrado após o decreto condenatório, durante a fase de cumprimento forçado da sentença. É importante observar que, mesmo antes do advento da Lei n. 14.230/2021, o STJ[103] já admitia a celebração de acordo em fase recursal, mesmo após a sentença condenatória. Note-se, contudo, que na hipótese prevista no § 4º, devemos indagar se a execução é provisória ou definitiva. Na segunda modalidade terá que ser observado, necessariamente, o teor da decisão transitada em julgado, incluindo o grau e a intensidade das sanções aplicadas, o que deixará menor espaço para o acordo.

Consideramos que o objeto de decisão transitada em julgado constitui direito indisponível não transacionável. Seguindo adiante no exame das regras gerais, o § 2º do art. 17-B da Lei de Improbidade, estabelece parâmetros para a celebração do acordo, a saber:

a)   a personalidade do agente;
b)   a natureza, circunstâncias, gravidade e repercussão social do ato de improbidade;
c)   as vantagens, para o interesse público, da rápida solução do caso.

Temos, portanto, diretrizes subjetivas e objetivas, embora repousem elas sobre conceitos jurídicos indeterminados, que acabam por conferir grande dose de discricionariedade ao Ministério Público, para propor ou não o ajuste e, também, ao magistrado, para homologar ou não o termo. O dispositivo, cuja ausência foi sentida em razão do veto aposto às modificações preconizadas pela Lei n. 13.964/2019, lembra o art. 59 do Código Penal[104] e supre relevante lacuna então existente no âmbito da improbidade administra-

---

103.   É possível acordo de não persecução cível no âmbito da ação de improbidade administrativa em fase recursal (AREsp 1.314.581/SP, rel. Min. Benedito Gonçalves, Primeira Turma, por unanimidade, j. 23-2-2021. *Informativo* n. 686 STJ.

104.   "Art. 59. O juiz, atendendo à culpabilidade, aos antecedentes, à conduta social, à personalidade do agente, aos motivos, às circunstâncias e consequências do crime, bem como ao comportamento da vítima, estabelecerá, conforme seja necessário e suficiente para reprovação e prevenção do crime".

tiva. A essas informações deve ser somada a exigência da oitiva do ente lesado, já mencionada no § 1º, inciso I, do art. 17-B da Lei de Improbidade, e do Tribunal de Contas (§ 3º)[105], que deverá indicar os parâmetros utilizados em sua manifestação, no prazo de 90 dias.

Interessante referir que Marcelo Mazzola e Rafael Oliveira[106] sustentam a possibilidade de inserir sanções premiais no acordo, de modo a otimizar o seu cumprimento.

De modo geral, as diligências que devem anteceder à formalização do ANPC não são simples e nem rápidas. Note-se que, com relação ao ente lesado, o legislador exige apenas a oitiva e não fixa prazo. Pode-se concluir, portanto, que eventual recusa de manifestação não obsta ao prosseguimento das tratativas, até mesmo porque sua manifestação pode ser colhida, posteriormente, quando da submissão à homologação judicial e o STF, como visto acima, restabeleceu sua legitimidade ativa para o ajuizamento da demanda de improbidade.

O § 5º prevê que as negociações para a celebração do ANPC ocorrerão entre o Ministério Público e o investigado/demandado e seu defensor. A norma, no entanto, foi tímida. Parece-nos aplicável, no que couber, o art. 3º-C da Lei n. 12.850/2013, com as alterações impostas pela Lei n. 13.964/2019[107].

Ponto relevante, e sobre o qual o legislador não se manifestou, diz respeito à necessidade ou não de o investigado/demandado confessar a prática do ilícito. Esse requisito está presente na colaboração premiada[108], no acordo de não persecução penal[109] e no acordo de leniência[110].

---

105. Contudo, o STF, em decisão liminar do Min. Alexandre de Moraes, proferida na ADI 7.236, proposta pela CONAMP, suspendeu a eficácia de mais dispositivos da LIA, entre eles o art. 17-B, § 3º.

106. Por exemplo, poderiam os envolvidos estabelecer a previsão de desconto para pagamento à vista ou antecipado do valor avençado, como forma de estimular a efetivação do cumprimento das obrigações financeiras do acordo. A vantagem, nesse caso, seria o recebimento mais célere do valor indicado no acordo para as obrigações financeiras assumidas pelo investigado/demandado, o que justificaria a concessão do desconto. Outra possibilidade seria a estipulação de obrigações de fazer e da realização de investimentos em substituição do valor da multa, com a fixação de metas e benefícios ao investigado/demandado, caso o adimplemento ocorra antes dos respectivos marcos temporais (MAZZOLA; OLIVEIRA, 2022).

107. "Art. 3º-C. A proposta de colaboração premiada deve estar instruída com procuração do interessado com poderes específicos para iniciar o procedimento de colaboração e suas tratativas, ou firmada pessoalmente pela parte que pretende a colaboração e seu advogado ou defensor público. § 1º Nenhuma tratativa sobre colaboração premiada deve ser realizada sem a presença de advogado constituído ou defensor público. § 2º Em caso de eventual conflito de interesses, ou de colaborador hipossuficiente, o celebrante deverá solicitar a presença de outro advogado ou a participação de defensor público. § 3º No acordo de colaboração premiada, o colaborador deve narrar todos os fatos ilícitos para os quais concorreu e que tenham relação direta com os fatos investigados. § 4º Incumbe à defesa instruir a proposta de colaboração e os anexos com os fatos adequadamente descritos, com todas as suas circunstâncias, indicando as provas e os elementos de corroboração".

108. Art. 3º-C da Lei n. 12.850/2013.

109. Art. 28-A, *caput*, do Código de Processo Penal.

110. Art. 16, § 1º, III, da Lei n. 12.846/2013.

Se partirmos da premissa, expressamente admitida pelo próprio legislador, e já referida acima, segundo a qual a Lei de Improbidade se insere no microssistema do direito administrativo sancionador, e que o § 6º do art. 17-B autoriza a adoção não só de mecanismos e procedimentos internos de integridade, de auditoria e de incentivo à denúncia de irregularidades, bem como outras medidas em favor do interesse público, além de boas práticas administrativas, parece razoável concluir que o acordo pode conter como uma de suas cláusulas a admissão da prática do ato de improbidade administrativa.

Some-se a esse argumento o fato de que pode haver a celebração de ANPC e ANPP, como aliás já tem ocorrido na prática. Não se pode excluir, ainda, a possibilidade de celebração conjunta de ANPC e acordo de leniência (com a pessoa jurídica, como explicitado acima) ou mesmo de acordo de colaboração premiada.

Como já temos sustentado em outras oportunidades[111], vivenciamos um momento de crescimento exponencial dos espaços de consenso no âmbito dos direitos indisponíveis e não raras vezes pode haver sobreposição das instâncias. Nesse sentido, é imperioso que não haja colidência entre as normas que regem os respectivos instrumentos ou mesmo omissão que possa causar insegurança jurídica na aplicação conjunta deles. Ao contrário, se a intenção do legislador é incentivar a obtenção do consenso, o ordenamento deve garantir aos entes legitimados e aos cidadãos todas as ferramentas necessárias para tanto.

Caminhando para o fim da análise do art. 17-B encontramos o § 7º, que estabelece sanção para o descumprimento do ANPC, a saber, o impedimento para celebrar novo acordo pelo prazo de cinco anos, contado do conhecimento, pelo Ministério Público, do efetivo descumprimento. Novamente aqui se verifica relevante omissão legislativa: E se o investigado/demandado já tiver formalizado um ANPC anteriormente? Ou mesmo se houver celebrado ANPP ou acordo de colaboração premiada, haveria algum impedimento à nova avença?

Se caminharmos pela via da interpretação literal, a resposta será negativa. Contudo, não parece razoável ofertar várias oportunidades de consenso ao mesmo agente que comete múltiplas infrações, mesmo que em outras esferas. Cabe lembrar o art. 17-B, § 2º, já referido, no sentido de que a personalidade do agente é um dos fatores a serem avaliados no momento da celebração ou não do ANPC. Nesse passo, se optarmos por uma interpretação sistemática, veremos que no ANPP há regra específica impedindo a celebração daquele acordo caso o agente tenha sido beneficiado por outro ANPP, transação penal ou suspensão condicional do processo há menos de cinco anos.

Nesse sentido, batendo novamente na tecla do necessário e saudável diálogo entre as fontes disciplinadoras dos espaços de consenso, parece razoável supor que, por interpretação extensiva, a mesma regra deve ser aplicável ao ANPC. Mesmo assim, restaria uma dúvida: Haveria impedimento à celebração do ANPC apenas se o agente houvesse

---

111. Ver, por todos: PINHO, 2020, p. 145/162.

sido beneficiado por outro ANPC há menos de cinco anos ou se houver sido contemplado com qualquer outra modalidade de solução consensual na área criminal?

Cremos que não há uma resposta única para essa indagação. Novamente, o membro do Ministério Público, atento às diretrizes do art. 17-B, § 2º, deverá avaliar todo o conjunto de circunstâncias. Por exemplo: há três anos o agente aceitou transação penal por lesão corporal leve na direção de veículo automotor (art. 303 do Código de Trânsito Brasileiro). Não parece haver, em tese, impedimento à celebração de ANPC. Por outro lado, imagine-se que, há 4 anos, o mesmo agente celebrou ANPP e confessou a prática do delito de corrupção passiva, capitulado no art. 317 do Código Penal Brasileiro. Nesse caso, sua elegibilidade para um ANPC é, no mínimo, questionável.

Um bom parâmetro para essa situação pode ser investigar se o ato pretérito foi cometido no exercício das funções públicas ou não. Ainda assim, haverá grande dose de subjetivismo. Veja-se, por exemplo, o caso dos crimes que causam forte clamor público, como os crimes contra a vida, crimes sexuais, contra menores, idosos ou em situação de violência doméstica. Essas figuras não estão relacionadas à "vida funcional" do agente; contudo, tais delitos dizem muito sobre sua personalidade e devem ser levados em consideração pelo órgão do Ministério Público. Reconhecemos, contudo, que a questão é bastante controversa.

11.7.8. Acordo de Leniência na Lei Anticorrupção

O acordo de leniência, no atual ordenamento brasileiro, está previsto em três leis específicas:

a) Lei n. 12.529/2011 (Lei do Cade);
b) Lei n. 12.846/2013 (Lei Anticorrupção); e
c) Lei n. 13.506/2017 (Proc. Adm. Sancionador/ BACEN/CVM).

Contudo, interessante notar que o Min. Gilmar Mendes, examinando mandados de segurança impetrados contra aplicação de sanção de declaração de inidoneidade pelo TCU[112], afirmou existirem no ordenamento jurídico pátrio pelo menos quatro gêneros de acordos de leniência que podem ser celebrados por pessoas físicas ou jurídicas para a atenuação da responsabilidade administrativa ou judicial de atos econômicos.

Assim, além das três modalidades acima indicadas, teríamos, ainda, o Acordo de Leniência proposto pelo MP, que não possui previsão legal expressa, mas surge de interpretação sistemática das funções constitucionais do *Parquet*.

Contudo, a principal fonte normativa é, sem dúvida alguma, a Lei Anticorrupção, regulamentada pelo Decreto n. 11.129/2022. Vejamos agora as principais características dessa modalidade de acordo.

---

112. MS 35.435/DF, MS 36.496/DF, MS 36.526/DF e MS 36.173/DF. rel. Min. Gilmar Mendes, j. 26-5-2020. *Informativo* n. 979 STF.

Segundo o art. 16 da Lei n. 12.846/2013 (Lei Anticorrupção), a autoridade máxima de cada órgão ou entidade pública poderá celebrar acordo de leniência com as pessoas jurídicas responsáveis pela prática dos atos previstos nessa Lei. Ademais, de acordo com o § 10 desse dispositivo, a Controladoria-Geral da União – CGU é o órgão competente para celebrar os acordos de leniência no âmbito do Poder Executivo Federal, bem como no caso de atos lesivos praticados contra a Administração Pública estrangeira.

Para tanto, exige que essas pessoas colaborem efetivamente com as investigações, sendo que dessa colaboração deve resultar:

a) a identificação dos demais envolvidos na infração, quando couber; e

b) a obtenção célere de informações e documentos que comprovem o ilícito sob apuração.

Ademais, segundo o § 1º desse dispositivo, para a celebração do acordo, a pessoa jurídica deve, cumulativamente:

a) ser a primeira a se manifestar sobre seu interesse em cooperar para a apuração do ato ilícito;

b) cessar completamente seu envolvimento na infração investigada a partir da data de propositura do acordo;

c) admitir a sua participação no ilícito e cooperar plena e permanentemente com as investigações e o processo administrativo.

Importante ressaltar que o acordo de leniência não exime a pessoa jurídica da obrigação de reparar integralmente o dano causado (§ 3º do art. 16 da Lei Anticorrupção), embora possa isentá-la das sanções previstas no inciso II do art. 6º e no inciso IV do art. 19, bem como reduzir em até 2/3 (dois terços) o valor da multa aplicável (§ 2º do referido art. 16).

Ainda nessa linha, o art. 18 da lei esclarece que na esfera administrativa a responsabilidade da pessoa jurídica não afasta a possibilidade de sua responsabilização na esfera judicial.

Por fim, na forma do § 4º do art. 16, o acordo de leniência deverá estipular as condições necessárias a assegurar a efetividade da colaboração e o resultado útil do processo, e sua celebração interrompe o prazo prescricional dos atos ilícitos previstos na lei (§ 9º).

De acordo com o § 5º, os efeitos do acordo de leniência serão estendidos às pessoas jurídicas que integram o mesmo grupo econômico, de fato e de direito. Para tanto, devem firmar o acordo em conjunto, respeitadas as condições nele estabelecidas.

Ponto importante, e que merece especial atenção, em razão da possibilidade de negociação simultânea de acordos nas searas civil, penal e administrativa, é o fato de que, na forma do § 6º, a proposta de acordo de leniência somente se tornará pública após a efetivação do respectivo acordo, salvo no interesse das investigações e do processo administrativo.

Caso rejeitada a proposta, tal fato não importará em reconhecimento do fato, na forma do § 7º. Por outro lado, em sendo aceita, mas descumprida, a pessoa jurídica ficará impedida de celebrar novo acordo pelo prazo de três anos contados do conhecimento pela Administração Pública do referido descumprimento.

A lei, como referido acima, é regulamentada pelo Decreto n. 11.129/2022, que esclarece, em seu art. 1º, § 1º, que a Lei Anticorrupção se aplica aos atos lesivos praticados:

a) por pessoa jurídica brasileira contra Administração Pública estrangeira, ainda que cometidos no exterior;

b) no todo ou em parte no território nacional ou que nele produzam ou possam produzir efeitos; ou

c) no exterior, quando praticados contra a Administração Pública nacional.

Ainda, na forma do § 2º, são passíveis de responsabilização as pessoas jurídicas que tenham sede, filial ou representação no território brasileiro, constituídas de fato ou de direito.

Interessante notar que, mantendo consonância com a Lei de Improbidade, a Lei Anticorrupção busca sancionar a pessoa jurídica, ao passo que a LIA visa punir o agente público, como regra.

O art. 33 do Decreto n. 11.129/2022 prevê que o acordo abrangerá:

a) atos lesivos previstos na Lei n. 12.846, de 2013;

b) ilícitos administrativos previstos na Lei n. 14.133, de 2021; e

c) outras normas de licitações e contratos, com vistas à isenção ou à atenuação das respectivas sanções, desde que colaborem efetivamente com as investigações.

Segundo o art. 39, a proposta de celebração do acordo será submetida à análise de juízo de admissibilidade, para verificação da existência dos elementos mínimos que justifiquem o início da negociação. Admitida a proposta, será firmado memorando de entendimentos com a pessoa jurídica proponente, definindo os parâmetros da negociação do acordo de leniência. Este momento é importante pois, a assinatura, na forma do § 3º deste art. 39:

I – interrompe a prescrição; e

II – suspende a prescrição pelo prazo da negociação, limitado, em qualquer hipótese, a trezentos e sessenta dias.

11.7.9. Termo de Ajuste de Gestão no âmbito dos Tribunais de Contas

Por meio da Instrução Normativa n. 91/2022, de iniciativa do Min. Bruno Dantas, o Tribunal de Contas da União instituiu procedimentos de solução consensual de controvérsias relevantes e prevenção de conflitos afetos a órgãos e entidades da Administração Pública Federal.

De acordo com o art. 2º do referido ato normativo, a solicitação de solução consensual pode ser formulada:

I – pelas autoridades elencadas no art. 264 do Regimento Interno do TCU;

II – pelos dirigentes máximos das agências reguladoras definidas no art. 2º da Lei n. 13.848, de 25 de junho de 2019; e

III – por relator de processo em tramitação no TCU.

Inicialmente, será realizado juízo de admissibilidade pelo Presidente do TCU, após a análise prévia da SecexConsenso. Contudo, não será admitida a solicitação nos casos em que haja processo com decisão de mérito no TCU sobre o objeto da solicitação.

Vencida a etapa da admissibilidade, o art. 7º determina a remessa do expediente à Secretaria-Geral de Controle Externo (Segecex) para, ouvida a SecexConsenso, designar, por meio de portaria, os membros da Comissão de Solução Consensual (CSC).

A Comissão tem prazo de 90 dias contados da sua constituição para elaborar proposta de solução, podendo o Presidente do TCU prorrogá-lo por até 30 dias.

Ao final do prazo e não sendo possível elaborar a proposta de solução, a CSC dará ciência ao Presidente do TCU, que determinará o arquivamento do processo.

Por outro lado, dispõe o art. 8º que, havendo concordância de todos os membros da CSC com a proposta de solução apresentada, o respectivo processo será encaminhado ao Ministério Público junto ao TCU para que, no prazo de até quinze dias, se manifeste sobre a referida proposta.

Após a manifestação do Ministério Público junto ao TCU sobre a proposta de solução apresentada pela CSC, o processo será encaminhado à Presidência do TCU para sorteio de relator entre os ministros, que deverá submeter a proposta de solução à apreciação do Plenário do TCU em até trinta dias. De acordo com o art. 11, o Plenário, por meio de acórdão, poderá sugerir alterações na proposta de solução elaborada pela CSC, acatá-la integralmente ou recusá-la.

Por fim, o art. 15 estabelece que não caberá recurso das decisões que forem proferidas nos autos de Solicitação de Solução Consensual, tendo em vista a natureza dialógica desses processos.

11.7.10. Acordos em Processos Estruturais

Para a correta concepção do acesso à justiça atualmente, não se pode perder de vista a expansão dos tipos de relações processuais, muito além do clássico modelo individual e patrimonialista. Tal fato tem acarretado a expansão dos efeitos subjetivos do processo, bem como tem levado o Judiciário a cada vez mais interferir em políticas públicas e na sua concretização, com o consequente crescimento da judicialização, revertendo sua tradicional postura de autocontenção ou autorrestrição.

Além do próprio acesso à justiça, ultimamente, tem havido um movimento por diferentes setores da sociedade para exigir, em face do Estado brasileiro, todo o catálogo de direitos individuais, coletivos e sociais previstos na Constituição.

Como nos aponta a teoria geral dos direitos fundamentais, uma das funções desses direitos é a de mandamento de tutela. Diante disso, inexistindo proteção legal a direito fundamental, há uma omissão inconstitucional, passível de controle jurisdicional.

Nesse sentido, tem-se colocada a chamada judicialização da política pública. Isso porque têm-se decidido questões relevantes de natureza política, social e moral, inerentes aos direitos fundamentais em caráter final pelo Poder Judiciário. Ocorre, principalmente, com a constante provocação ao STF para exercer sua jurisdição constitucional.

A problemática da judicialização traz consigo diversas controvérsias. A primeira – talvez maior delas – é a questão do ativismo judicial. A diferença entre os dois conceitos é que a judicialização se apresenta como consequência natural da organização da Justiça feita pela Constituição, enquanto o ativismo vai além, em uma atitude proativa de interpretação constitucional, geralmente quando existe uma significativa distância entre o Poder Legislativo e os anseios sociais.

Quando legitimamente exercido, essa atividade se mostra apta a extrair o máximo das potencialidades do texto constitucional, superando as amarras da autocontenção em relação às condutas omissivas.

É imperioso que a função jurisdicional assuma e lide com a interação de suas decisões com o corpo social, até mesmo porque elas não podem abrir mão da necessária adesão e deferência da sociedade para serem efetivas. Nada obstante, a jurisdição não pode se eximir de sua função contramajoritária, resguardando a democracia e os direitos fundamentais.

Nesse contexto, vem surgindo no Brasil, de inspiração estadunidense, a possibilidade da imposição das medidas estruturantes pelos juízes de modo a concretizar o acesso à justiça.

O instituto das medidas estruturantes, tradução utilizada na indispensável obra de Marco Jobim,[113] teve início no direito norte-americano, com o nome de *structural reform*, a partir da teoria desenvolvida por Owen Fiss[114].

Elas representam um fenômeno ligado à necessidade de desenvolvimento do direito constitucional. A Suprema Corte dos EUA notou que diversos direitos constitucionalmente assegurados apenas poderiam ser efetivados por uma supervisão judicial substancial.

Sérgio Cruz Arenhart[115] aduz que são decisões com uma visão prospectiva, pensando globalmente na decisão judicial, de modo a evitar que ela se torne um problema maior do que o litígio que foi examinado.

Nesse contexto, o art. 139 do CPC, no inciso IV, como já examinado, confere ao magistrado o poder-dever de determinar "todas as medidas indutivas, coercitivas, mandamentais ou sub-rogatórias necessárias para assegurar o cumprimento de ordem judicial"[116].

---

113. JOBIM, 2012, p. 9.

114. FISS, 1978. p. 13.

115. Arenhart, 2013, p. 389.

116. Sobre a possibilidade de medidas indutivas nos processos estruturantes, ver OSNA, Gustavo; MAZZOLA, Marcelo. As sanções premiais e sua aplicabilidade ao processo estrutural. *Revista de Processo* n. 325, mar./2022.

O referido artigo do diploma processual não constitui rol que esgota as medidas protetivas. Ademais, permite ao julgador exercer – respeitando o princípio do contraditório e da motivação das decisões judiciais – sua discricionariedade, como já salientado no capítulo que trata dos poderes e deveres do magistrado. Tal raciocínio foi, inclusive, referendado pelo STF[117].

O CPC, contudo, não regula expressamente as medidas estruturantes. No curso do processo legislativo, durante o trâmite da revisão na Câmara dos Deputados, chegou a se prever o instituto da "intervenção judicial" no § 1º do art. 536 do P.L. 8.046/2010. Contudo, na versão final do Senado Federal, a menção acabou suprimida.

Não se pode perder de vista, entretanto, o disposto no art. 497 do CPC/2015, sobre tutela específica e providências que assegurem o resultado prático equivalente nas ações que tenham por objeto prestação de fazer ou de não fazer.

A tutela específica permite ao jurisdicionado obter, em grau máximo, tudo a que ele tem direito no plano material. No mesmo sentido, Marinoni reforça o princípio da concentração dos poderes de execução do juiz. Para tanto, a legislação se vale da técnica das cláusulas abertas.

Imperioso esclarecer a expressão "resultado prático equivalente", pois esta tem o escopo de admitir a obtenção da tutela específica do direito em questão no caso concreto; o magistrado tem o poder de conceder um resultado diverso daquele pleiteado pelo autor, contudo, trabalhando sempre para a mesma finalidade.

Impende ressaltar que as medidas estruturantes têm um papel fundamental no cenário jurídico brasileiro, pois podem ser aplicadas nas relações privadas e no direito público. Ademais, protegem e efetivam os direitos fundamentais dos cidadãos brasileiros, tornando o Poder Judiciário órgão mais confiante e popular dentro da sociedade.

Contudo, há outras premissas a serem examinadas. Como bem lembra Desirê Bauermann[118], na teoria clássica das *structural injunctions* há direitos de base constitucional cuja efetividade só pode ser garantida pela supervisão judicial substancial. São estruturais, pois o Tribunal, para dar efetivo cumprimento e garantir a observância do direito das partes, exerce supervisão nas práticas e políticas adotadas pela instituição que está sob intervenção.

Logo, fica claro que não se trata de técnica a ser usada em qualquer hipótese, mesmo que configurado o descumprimento de ordem judicial.

O STF[119] já teve oportunidade de visitar o tema da intervenção do Poder Judiciário em implementação de políticas públicas com o intuito de efetivar direitos fundamentais nas hipóteses de deficiência grave do serviço.

---

117. ADI 5.941/DF, rel. Ministro Luiz Fux, j. 9-2-2023. *Informativo* n. 1.082 STF.

118. BAUERMANN, 2012, p. 68-70.

119. RE 684.612/RJ, rel. Min. Ricardo Lewandowski, redator do acórdão Min. Luís Roberto Barroso, julgamento virtual finalizado em 30-6-2023 (sexta-feira), às 23:59. *Informativo* n. 1.101 STF.

Assim, a participação judicial deve ocorrer em situações excepcionais e ser pautada por critérios de razoabilidade e eficiência, respeitada a discricionariedade do administrador em definir e implementar políticas públicas.

Entendeu o STF que a decisão judicial deve apontar as finalidades a serem alcançadas direcionando a Administração Pública a apresentar um plano ou os meios adequados para alcançar o resultado.

Ademais, como se trata de decisão com forte impacto concreto e alto grau de intervenção na esfera pessoal e patrimonial dos jurisdicionados, mais do que nunca deve ser observado o princípio da motivação analítica das decisões judiciais.

Indispensável, ainda, garantir-se elevado grau de participação popular. Uma vez mais nos referimos ao texto do CPC, que traz dispositivos tanto sobre o *amicus curiae*, quanto sobre a previsão de audiências públicas, sobretudo quando o Tribunal pretenda mudar seu entendimento já consolidado.

E não esqueçamos, ainda, da possibilidade de o juiz designar audiência especial ou sessão de conciliação ou de mediação a fim de que todas as facetas e desdobramentos da questão possam ser examinadas na profundidade necessária[120].

Aliás, nesse sentido, veja-se o Centro de Soluções Alternativas de Litígios do Supremo Tribunal Federal (CESAL/STF).

O Centro é composto por três unidades.

A primeira é o Centro de Mediação e Conciliação (CMC), criado em 2020, voltado à solução de questões jurídicas sujeitas à competência do STF que, por sua natureza, possam ser objeto de composição.

A segunda é o Centro de Cooperação Judiciária (CCJ), disciplinado pela Resolução n. 775/2022, que prevê a cooperação recíproca do STF com os demais órgãos do Poder Judiciário para a prática de atos judiciais ou administrativos.

E a terceira é o Centro de Coordenação e Apoio às Demandas Estruturais e Litígios Complexos (Cadec), disciplinado pela Resolução n. 790/2022. O objetivo é "auxiliar o STF na resolução de processos voltados a reestruturar determinado estado de coisas em desconformidade com a Constituição Federal e que exijam, para a concretização de direitos, técnicas especiais de efetivação processual e intervenções jurisdicionais diferenciadas"[121].

---

120. Enunciado n. 211 da II Jornada de Prevenção e Solução Extrajudicial de Litígios: "Em litígios coletivos de natureza estrutural que envolvam implementação de políticas públicas, recomenda-se a realização de audiência de conciliação ou mediação multipartes – isto é, não só com autor e réu, mas com todos os entes públicos e privados potencialmente capazes de contribuir com o diálogo – no início do processo, visando à formação de um cronograma negociado de execução das políticas pleiteadas".

121. Disponível em:<https://portal.stf.jus.br/noticias/verNoticiaDetalhe.asp?idConteudo=499682&ori=1>. Acesso em: 10 dez. 2023.

11.7.11. Termo de Ajustamento de Conduta em Processo Administrativo Disciplinar

Já tratamos do TAC no item referente à tutela coletiva e examinamos suas hipóteses de cabimento naquela seara. Ocorre, contudo, que o CNJ, em dezembro de 2023, publicou a Resolução n. 536, inserindo em seu Regimento Interno o art. 47-A, com a seguinte redação:

> "Art. 47-A. No curso de qualquer processo deste capítulo, uma vez evidenciada a prática de infração disciplinar por parte de magistrado, servidor, serventuário ou delegatário de serventia extrajudicial em que se verifique a hipótese de infração disciplinar leve, com possível aplicação de pena de advertência ou censura, o Corregedor Nacional de Justiça ou o sindicante poderá propor ao investigado Termo de Ajustamento de Conduta (TAC), que uma vez aceito pelo investigado será homologado pelo Corregedor Nacional de Justiça".

O dispositivo é regulamentado pelo Provimento n. 162/2024 da Corregedoria Nacional de Justiça.

Como se percebe, o instituto tem dois destinatários:

a)   magistrados; e

b)   titulares de cartório.

Se cumpridas as medidas estabelecidas pelo TAC, o PAD será arquivado. Por outro lado, havendo descumprimento injustificado, o Corregedor Nacional de Justiça aplicará, desde logo, ao investigado a sanção administrativa de advertência ou censura. Contra essa decisão caberá recurso ao Pleno do CNJ.

A exemplo do que ocorre com outras figuras similares, o beneficiário do TAC não poderá receber o mesmo benefício no prazo de três anos, contados do cumprimento integral do ajuste, caso cometa nova falta disciplinar.

Ademais, durante o cumprimento das medidas estabelecidas no ajuste, o prazo prescricional da infração fica suspenso.

O exame do cabimento do TAC no caso concreto é discricionário do Corregedor-Nacional. Ademais, o beneficiário deverá preencher certos requisitos objetivos, tais como:

a)   ser vitalício;

b)   não estar sendo processado em outro PAD;

c)   não ter sido apenado nos últimos 3 anos;

d)   não ter celebrado TAC ou outro instrumento assemelhado nos últimos 3 anos.

No plano subjetivo, o cabimento da medida será avaliado de acordo com certas condições, tais como o dolo ou a má-fé do investigado, as consequências da infração, o comportamento do ofendido e se o conflito se relaciona apenas à esfera privada dos envolvidos[122].

Proposto o TAC, o investigado deve reconhecer a irregularidade de sua conduta e cumprir determinadas condições a serem fixadas isolada ou cumulativamente, a saber: reparação do dano, retratação, incremento da produtividade, frequência a cursos oficiais de capacitação ou aperfeiçoamento e a suspensão do exercício de funções cumulativas remuneradas.

Se o TAC não for aceito, em princípio o procedimento seguirá as regras da Resolução n. 135 do CNJ. Contudo, o Corregedor Nacional poderá, antes de submeter a questão ao Plenário, convocar audiência de conciliação ou mediação.

No que se refere aos titulares de cartório, a Resolução é clara no sentido de que o TAC pode ser ofertado aos notários e registradores, desde que se trate de infração disciplinar de menor potencial ofensivo, com relação às infrações elencadas no art. 31 da Lei n. 8.935/94.

Por fim, o Provimento n. 162/2024, do CNJ, indica serem aplicados, subsidiariamente, os seguintes Diplomas:

a) Lei n. 9.099/95;
b) Código de Processo Penal;
c) Código de Processo Civil;
d) Lei de Improbidade Administrativa; e
e) Lei n. 13.140/2015 (Lei da Mediação).

---

122. LÉDA, 2024.

Capítulo 12

Desafios e Perspectivas para a Mediação no Direito Brasileiro

Sumário: 12.1. A ressignificação da tutela jurisdicional contemporânea. **12.2.** Perspectivas para o direito brasileiro a partir da influência da *collaborative law* do direito norte-americano.

12.1. A ressignificação da tutela jurisdicional contemporânea

O grande desafio da jurisdição contemporânea, tanto no ambiente cultural da *civil law* quanto no da *common law*, é a democratização do processo civil.

O rito de passagem de um Estado de tendências repressivas para o plano de um Estado engajado com o bem-estar da coletividade provoca reflexos na experiência jurídica.

No plano processual, obriga-se o Direito a abandonar o caráter meramente tecnicista, regulador, posicionando-o numa mirada voltada a atender às exigências que exsurgem a partir das justas expectativas do jurisdicionado com a oferta de uma resposta judiciária de qualidade[1].

Ainda na década de 1970, notava-se o recrudescimento da preocupação acerca da eficácia da adaptação dos procedimentos aos novos direitos[2], além de a lentidão, o custo e o formalismo de alguns procedimentos processuais já serem alvos de polêmica e severas críticas[3].

Entretanto, a experiência histórica processual brasileira tem revelado que a busca pela otimização do processo segue o caminho das tímidas e singelas alterações legislativas, microrreformas pontuais, em sua maioria pouco eficientes para lidar com problemas reais.

---

1. MANCUSO, 2009, p. 309.
2. HESPANHA, 2005, p. 333.
3. NUNES; PICARDI, 2011, p. 100.

Para evidenciar a faceta democrática da jurisdição, é imprescindível que ela se desvencilhe de um encastelamento, viabilizando novos instrumentos e institutos.

Nesse plano, é inegável a importância dos métodos complementares de solução de conflitos no sentido de modificar a realidade jurisdicional[4], proporcionando a aptidão para resolver não só a relação processual, mas, sobretudo, o conteúdo dessa relação, de maneira a não deixar "resíduos conflitivos não resolvidos"[5]. Desse modo, atinge-se um modelo mais coerente com a concepção processual do Estado democrático de direito.

A aspiração democrática da jurisdição aparece em dois pontos. Primeiro, na preocupação do processo civil com a eliminação das crises que desencadeiam a desconfiança social, exponencialmente agravadas a partir da segunda metade do século passado, diante do fenômeno de massificação da sociedade contemporânea, comprimida num mundo globalizado e competitivo.

Em segundo lugar, na eliminação da incerteza, finalidade buscada incessantemente por meio da decisão de mérito, objetivo que se tem chocado com a celeridade que cada vez mais se exige para prolação de uma decisão.

A jurisdição situada no centro da teoria processual é fruto do desenvolvimento de uma perspectiva publicística do processo.

Nesse contexto, o Estado precisaria modernizar sua forma de atuação em relação à violência social por meio de mecanismos de administração de conflitos para o alcance do valor justiça, e também porque a composição de litígios e a tutela de interesses particulares podem ser exercidas por outros meios, outros órgãos e até por sujeitos privados[6].

O princípio da inafastabilidade da jurisdição é, sem dúvidas, uma conquista, mas não pressupõe mais uma exclusividade da prestação pelo Poder Judiciário.

Ao contrário, tal princípio precisa ser visto como um dever de prestação de serviço pelo Estado, havendo entre a atuação estatal e as demais técnicas disponíveis uma relação de complementaridade. Destarte, exige-se do Estado não apenas a tolerância à existência de outros métodos, mas também o incentivo à sua adoção.

A questão é complexa, pois esbarra no conceito da jurisdição estatal. Notadamente, influi no seu poder de coerção, classicamente entendido como "o meio mediante o qual se fazem valer as normas jurídicas"[7] e mais especificamente, no tocante à função jurisdicional, "é o poder de impor, pela sua própria atuação, o respeito às suas decisões"[8].

---

4.   CALMON DE PASSOS, 1999, p. 111.

5.   Ideal compartilhado por Cândido Rangel Dinamarco, para quem o que interessa é que a justiça estatal ou outros meios auto ou heterocompositivos revelem-se capazes de resolver controvérsias de modo efetivo, sem deixar resíduos conflitivos não resolvidos, os quais, num ponto futuro, tendem a se degradar em novas lides, num perverso círculo vicioso (1990, p. 177).

6.   GRECO, 2015, p. 65.

7.   BOBBIO, 2006, p. 155.

8.   GRECO, 2015, p. 73.

Na maioria dos países, inclusive no Brasil com a arbitragem, mesmo diante da existência de mecanismos não estatais de solução de conflitos, não são repassados todos os poderes de atuação que compõem a jurisdição.

O notável fenômeno universal de desprestígio e de perda de credibilidade dos órgãos estatais ocorre nem tanto pelas suas deficiências, mas, principalmente, pela expansão das aspirações por um ideal de justiça na sociedade contemporânea, às quais o Judiciário estatal não está sendo capaz de dar respostas satisfatórias.

Diante disso, alguns juristas acreditam num direcionamento à desestatização da jurisdição, ou, ainda, na inversão da ordem dos objetivos finalísticos tradicionalmente postos, passando o consenso a ser o objetivo preliminar, estando em um plano subsidiário a prolação de uma decisão imperativa.

Ainda assim, não se pode desligar totalmente do componente estatal que historicamente caracteriza a jurisdição, mesmo com os sinais de desgaste.

Por mais que se aceite que a jurisdição não precisa ser necessariamente exercida por juízes, já que sua função não pressupõe mais unicamente o cumprimento da lei, essa metamorfose deve ser executada com parcimônia, para que não se sobreponham situações teratológicas, tal como ocorre com a institucionalização ou obrigatoriedade da mediação em alguns sistemas jurídicos.

Em outra extremidade, há o perigo de dotar o cidadão, desprovido da maturidade civil e política em torno das questões da justiça, de um sentimento de liberdade para buscar outros meios para resolver seu conflito, mesmo contrários ou ignorados pela lei, voltando aos tempos primitivos do uso da força.

A ideia de jurisdição ao modo como é pensada hoje, negativa e defensiva, corre o risco de implodir. De tanto se multiplicarem os direitos, o sujeito perde o referencial sobre o que é legítimo ou ilegítimo, a obrigação, a dívida, esperando sempre o dizer do juiz. Mas esse empoderamento do juiz não quer dizer que ele esteja apto a resolver toda a complexidade conflitiva que lhe é despejada, e o demandante pode se decepcionar.

Por outro lado, em nossa tradição romano-germânica, os meios consensuais de resolução de controvérsias, quando muito, sempre foram apenas *tolerados* dentro da cultura jurídica do Estado-juiz.

Dessa feita, antes de encarar a sentença apenas como uma das possíveis alternativas para a solução de conflitos, imperiosa se faz uma mudança de mentalidade.

Importante ressaltar que a construção da verdade jurídica, enaltecida no processo judicial, depende de um processo de justificação. Isso porque ela resulta dos conhecimentos e das experiências levados por cada participante do processo[9], mas seu atingimento pode ser discutível, especialmente quando a justificativa apresentada é incompleta ou incoerente.

---

9. FERRAJOLI, 2002, p. 40.

Desde logo, cabe destacar que a verdade processual difere da verdade consensual. Na verdade processual, há a justificação por meio da correspondência entre os fatos e as normas aplicadas. Já na verdade consensual, ela não estará no consenso obtido (justificação insuficiente), mas numa situação ideal de discurso[10], para que o consenso seja bem fundamentado, baseando-se na força do melhor argumento[11].

Essas conclusões permitem evidenciar que o exercício de uma jurisdição possível no contexto atual deve viabilizar a opção das partes em submeterem a resolução do seu conflito a múltiplas estruturas ofertadas. Além disso, deve proporcionar o equilíbrio necessário entre as exigências de aceleração, admitindo a verdade consensual dentro de uma criteriosa avaliação da probabilidade suficiente num ambiente em que o equilíbrio entre as partes é democraticamente assegurado.

A jurisdição é mais frequentemente acionada para decidir impasse oriundo das relações pessoais do que sobre o direito. Esse *novo campo* de atuação demanda um agir mais destinado à gestão tutelar do que decisória.

A função da Justiça, em muitos casos, resume-se a *prestar assistência* a uma família que passa por dificuldades em estabelecer a guarda dos filhos menores diante do divórcio, ou de um empregado de grande valia para a empresa, mas com sérias dificuldades de adaptação ao ambiente laboral[12].

Conflitos comportamentais, por essência, exigem, no mais das vezes, não uma decisão jurídica, mas uma tutela jurisdicional amparadora, apta a dar esteio e restaurar as relações comprometidas. Como assinala Garapon[13], nessas ocasiões, a função tutelar evoca a ideia de subsidiariedade que afasta a justiça da perspectiva clássica de autoridade.

Observe-se que, para Owen Fiss, o juiz não é intermediador de negociações, pois isso diminuiria a sua autoridade aos olhos da comunidade ao longo do tempo[14].

É inevitável admitir que há uma súbita inversão de tendências. Ao juiz, competia a análise da moral nas relações civis, comerciais ou políticas, porém a contemporaneidade tende a invocá-lo para a solução de conflitos cada vez mais íntimos, em um papel quase paternalista sobre pessoas mais frágeis.

A jurisdição continua como um modo de governo. O processo, contudo, deixa de ser um simples instrumento de solução de conflitos e passa a exigir do magistrado uma função de gestor de conflitos mais profundos.

Nesse contexto, a jurisdição, compreendida como a atividade de solução de conflitos com a observância das garantias constitucionais, tanto na esfera judicial como na extra-

---

10. ARANGO, 2005, p. 97.

11. ALEXY, 2001, p. 99.

12. As disputas que envolvem uma interseção complexa de relacionamentos são denominadas policêntricas, por Lon Fuller: FULLER, 1971, p. 38.

13. GARAPON, 2001, p. 151.

14. FISS, 2009, p. 108.

judicial, ou ainda mesmo numa instância híbrida em que a resolução do litígio se inicia numa das esferas e se completa na outra, passa por uma metamorfose e se consolida num conceito complexo.

12.2. Perspectivas para o direito brasileiro a partir da influência da *collaborative law* do direito norte-americano

As origens da expressão "advocacia colaborativa" no direito norte-americano estão mais próximas da prática do que do ambiente acadêmico[15].

O coração da *collaborative law* reside no denominado *four-way agreement*, um contrato preliminar por meio do qual as partes se comprometem a não recorrer às instâncias judiciais enquanto o procedimento estiver em andamento[16].

Entretanto, forçoso reconhecer que o avanço conceitual da cooperação depende de seu manejo pelos tribunais e das construções que surgirem na doutrina. Um consenso sobre os limites, os efeitos e o conteúdo é de difícil obtenção, pois até mesmo em outros ordenamentos, que já lidam há mais tempo com o princípio, ainda há diversas controvérsias. Mas isso não pode justificar uma inércia na busca de evolução no tema.

No caso do Brasil, com a previsão no CPC de uma cláusula geral de cooperação (art. 6º), há um potencial de se amadurecer e se desenvolver a temática por aqui, colocando o país, em um cenário otimista, em posição de vanguarda na matéria.

Nos Estados Unidos, usualmente, os magistrados se valem da cooperação como base para a direção do *iter* processual, bem como da interpretação da conduta das partes, o que pode auxiliar na formação de sua convicção sobre determinadas questões.

Por exemplo, no caso *Kleen Products LLC, et al., v. Packaging Corporation of America, et al.*[17], no qual se discutiam supostas práticas antitrustes da indústria de papelão, o Juiz Nan R. Nolan buscou promover a cooperação para construir consensos em relação a questões de direito probatório.

Em sua decisão (*"memorandum opinion"*), o magistrado afirma que, "graças ao trabalho duro dos advogados, as partes e a Corte puderam resolver uma série de questões através de reuniões deliberativas", explicando os diversos pontos nos quais as partes, por seus advogados, conseguiram chegar a acordos.

Interessante observar, ainda, que, ao menos uma parte da atuação do juiz estadunidense é possível de se realizar aqui no Brasil, à luz do CPC. O Código traz em seu art.

---

15. GOMES, 2011, p. 551.

16. LAVI, 2011, p. 61.

17. Disponível em: <http://blog.millnet.co.uk/resources/Kleen_Products_v._Packaging_Corp.pdf>. Acesso em: 10 fev. 2015.

357, §§ 1º, 2º e 3º, a relevante previsão de que, no saneamento do feito, visa-se que as partes e o magistrado atuem colaborativamente.

O § 1º do referido dispositivo prevê que as partes podem "pedir esclarecimentos ou solicitar ajustes, no prazo comum de cinco dias, findo o qual a decisão se torna estável", assegurando, assim, o direito de influência das partes, corolário do princípio da cooperação, no saneamento do processo.

Por sua vez, o § 2º dá às partes a prerrogativa de delimitarem, de forma consensual, as matérias fáticas sobre as quais incidirão as provas, além das matérias jurídicas relevantes para a decisão de mérito.

Sendo judicialmente homologado, o acordo vinculará as partes e até mesmo o magistrado. Com essa previsão, o CPC confere às partes um papel de destaque na direção do processo, sem se descuidar de submeter ao magistrado a aferição da regularidade no exercício desse direito, que não pode ser usado como um instrumento de opressão da parte mais forte.

Por fim, o § 3º, seguindo a mesma linha que, como dito, é adotada no direito norte-americano, prevê a realização de uma "audiência de saneamento" se a causa for complexa.

Por meio das "audiências de saneamento", será possível o estabelecimento de um canal de diálogo mais estreito entre as partes e o magistrado, para que todos possam participar de forma efetiva no despacho saneador e, em última análise, na condução do processo, minimizando os riscos de irresignação ou de "decisões-surpresa".

Por isso, esse dispositivo pode ser considerado uma das melhores demonstrações concretas da cooperação no novo Código brasileiro.

De toda sorte, um importante passo na consolidação da advocacia colaborativa é o oferecimento de um arcabouço normativo mínimo.

Uma primeira tentativa já foi ofertada nos Estados Unidos, com a apresentação de um código modelo, baseado no Código de Conduta Ética da American Bar Association (ABA)[18].

Na mesma linha de raciocínio, outra iniciativa interessante foi implementada em 2009 com o *Uniform Collaborative Law Act*[19].

---

18. FAIRMAN, 2005, p. 73.

19. Uniform Collaborative Law Act. National Conference of Commissioners nn Uniform State Laws. Disponível em: <http://www.uniformlaws.org/Act.aspx?title=Collaborative%20Law%20Act>. Acesso em: 20 jun. 2018.

PARTE II
ARBITRAGEM

Capítulo 1

Introdução ao Estudo da
Arbitragem no Direito Brasileiro

Sumário: 1.1. Considerações iniciais. **1.2.** Definição. **1.3.** Evolução histórica da arbitragem. **1.4.** Natureza jurídica. **1.5.** A Lei n. 9.307/96 e o questionamento de sua constitucionalidade. **1.6.** O tratamento conferido à arbitragem no CPC/2015.

1.1. Considerações iniciais

A arbitragem é uma forma alternativa de resolução de conflitos paralela à jurisdição estatal[1]. São vias distintas, autônomas e independentes, mas que se interconectam em algumas situações (que serão exploradas ao longo desta obra). Com efeito, a jurisdição é una, mas o exercício jurisdicional pode ser compartilhado, o que nos permite falar em uma rede jurisdicional colaborativa.

A tônica da arbitragem está na busca de um mecanismo mais ágil e adequado para a solução de conflitos, deixando-se de lado o formalismo exagerado do processo tradicional. Além disso, o árbitro, ao contrário do juiz – que nem sempre tem a experiência e o conhecimento exigidos para resolver certos assuntos que lhe são submetidos –, pode ser especialista na área do litígio apresentado.

Na arbitragem, surgindo divergência sobre direito de cunho patrimonial disponível, as partes maiores e capazes podem submeter o litígio ao terceiro de sua escolha (árbitro), que deverá, após regular procedimento, decidir o conflito, sendo tal decisão impositiva.

---

1. Atualmente, fala-se em "MASC" (Meio Adequado de Solução de Conflito). Como já destacamos na Parte I deste *Manual*, sob a ótica de um sistema multiportas, para cada controvérsia existe uma forma mais adequada de solução. É como se existisse um cardápio de possibilidades, cuja escolha depende da análise das nuances e peculiaridades do caso concreto.

276   *Manual de Mediação e Arbitragem* ....

Há aqui a figura da substitutividade, com a transferência do poder de decidir para o árbitro, que funciona como juiz de fato e de direito[2].

Durante muito tempo houve intensa discussão acerca da natureza da arbitragem: se seria atividade jurisdicional ou não. Porém, a controvérsia hoje está superada, sendo inequívoca a feição jurisdicional desse método heterocompositivo de resolução de conflitos, o que será detalhado nos próximos capítulos.

De um modo geral, a arbitragem pode ser convencionada antes (cláusula compromissória) ou depois (compromisso arbitral) do litígio, sendo certo, ainda, que o procedimento arbitral pode se dar pelas regras ordinárias de direito ou por equidade, conforme a expressa vontade das partes[3].

Enquanto na jurisdição estatal não existem limites subjetivos (de pessoas) ou objetivos (de matéria), na arbitragem fala-se em arbitralidade subjetiva (quem pode participar do procedimento) e arbitralidade objetiva (o que pode ser objeto da arbitragem). Além disso, a jurisdição arbitral não ostenta a característica da coercibilidade e autoexecutoriedade da jurisdição estatal[4].

De qualquer modo, a arbitragem é o método mais adequado para a solução e a deformalização de determinados tipos de conflito. Ademais, contribui, de certa forma, para desafogar o Poder Judiciário.

Em linhas gerais, a arbitragem consiste na solução do conflito por meio de um terceiro, escolhido pelas partes, com poder de decisão, segundo normas e procedimentos aceitos por livre e espontânea vontade das partes.

A arbitragem, como se costuma dizer, é um degrau a mais em relação à conciliação, especificamente na intermediação ativa, pois o árbitro, além de ouvir as versões das partes, tentar uma solução consensual e interagir com essas partes, deverá proferir uma decisão de natureza impositiva, caso o consenso não seja alcançado.

É fácil perceber, assim, a crucial diferença entre a postura do árbitro e a postura do terceiro facilitador. Enquanto o árbitro tem efetivamente o poder de decidir, o conciliador tem um limite bem definido: ele pode sugerir, admoestar as partes, tentar facilitar eventual acordo, mas não pode decidir a respectiva controvérsia.

Na prática, qual seria então a distinção entre a função do árbitro e a do juiz togado?

Primeiro, vale lembrar que o legislador quis transferir ao árbitro praticamente todos os poderes que o juiz de direito detém. O art. 18 da Lei n. 9.307/96 afirma textualmente que o árbitro é juiz de fato e de direito[5], e a sentença por ele proferida não fica sujeita a recurso ou a homologação pelo Poder Judiciário.

---

2.   Cf. arts. 1º e 18 da Lei n. 9.307/96.

3.   Cf. arts. 2º e 3º da Lei n. 9.307/96.

4.   Explica-se: se o árbitro profere uma sentença arbitral que é descumprida por uma das partes, não pode aplicar providências coercitivas para garantir o adimplemento. Deverá determinar a expedição de carta arbitral (art. 237 do CPC), requerendo que o Poder Judiciário dê exequibilidade à medida.

5.   Os árbitros, no exercício de suas funções, são equiparados aos funcionários públicos para fins de aplicação da legislação penal (art. 17 da Lei n. 9.307/96). O tema será detalhado posteriormente.

O art. 31 do referido diploma legal prevê que a sentença arbitral produz, entre as partes e seus sucessores, os mesmos efeitos da sentença proferida pelos órgãos do Poder Judiciário e, sendo condenatória, constitui título executivo, estando, assim, em perfeita harmonia com o art. 515, VII, do CPC.

Com isso, por força imperativa de lei, um título que originalmente não advém de um processo judicial passa a ser tratado e equiparado a uma sentença.

Nesse sentido, tudo aquilo examinado e decidido no procedimento arbitral recebe, a rigor, o mesmo tratamento das matérias examinadas e decididas num processo judicial.

Especificamente em relação ao *quantum* de poder do juiz e do árbitro, não se pode perder de vista que uma das características principais da jurisdição estatal é a coercibilidade.

O juiz, no exercício de seu mister, tem o poder de tornar coercíveis suas decisões, caso não sejam cumpridas voluntariamente. Ele julga e impõe sua decisão.

O árbitro, assim como o juiz, julga. Ele exerce a cognição, avalia a prova, ouve as partes, determina providências, enfim, preside o processo arbitral. Contudo, não tem o poder de fazer valer suas decisões.

Assim, se uma decisão do árbitro não é voluntariamente adimplida pela parte sucumbente, não pode ele, de ofício, tomar providências concretas para assegurar a eficácia concreta do respectivo provimento emanado.

Não abordaremos aqui a opção política e constitucional do legislador ao não transferir a *coertio* ao árbitro, mas podemos afirmar que, por um lado, a opção legislativa representa uma limitação à efetivação da decisão arbitral, mas, por outro, mantém o sistema de freios e contrapesos, bem como a própria harmonia entre as funções do Estado.

Dessa forma, impede-se a transferência de uma providência cogente, imperativa, a um particular, sem o adequado controle pelo ente estatal, o que, em tese, acabaria por vulnerar o próprio Estado Democrático de Direito.

Assim, à luz do sistema atual, em caso de descumprimento de uma decisão arbitral, deve a parte interessada, com o auxílio do árbitro, acionar o Poder Judiciário para buscar a coercibilidade da respectiva decisão arbitral.

1.2. Definição

Como já destacado, a arbitragem é um método heterocompositivo de solução de conflitos por meio do qual um terceiro imparcial, escolhido pelas partes, decide a controvérsia, segundo normas e procedimentos previamente acordados[6].

---

6.   No entendimento de José Cretella Jr., a arbitragem é "(...) o sistema especial de julgamento, com procedimento, técnica e princípios informativos próprios e com força executória reconhecida pelo direito comum, mas a este subtraído, mediante o qual duas ou mais pessoas físicas ou jurídicas, de direito privado ou de direito público, em conflito de interesses, escolhem de comum acordo, contratualmente, uma terceira pessoa, o árbitro, a quem confiam o papel de resolverlhes a pendência, anuindo os litigantes em aceitar a decisão proferida" (1988, p. 15).

278   *Manual de Mediação e Arbitragem* ....

Merece destaque o conceito bastante difundido pelo Desembargador Cláudio Viana de Lima[7]. Prestigiaremos o seu entendimento como forma de homenagem póstuma a um dos precursores da arbitragem no direito brasileiro, que merece todo respeito, não apenas por ter sido integrante do Poder Judiciário, mas também por ter rompido todos os obstáculos e preconceitos, tornando-se uma das figuras que mais prestigiou o instituto. Em sua visão, a arbitragem é uma prática extrajudiciária de pacificação antes da solução do conflito, porém limitada aos direitos patrimoniais e disponíveis.

1.3. Evolução histórica da arbitragem

Carlos Alberto Carmona, em sua tese de doutorado, assinala que a arbitragem era já conhecida e praticada na antiguidade, tanto para a solução de controvérsia no âmbito do direito interno como também para a solução de controvérsia entre cidades-estado da Babilônia, cerca de 3.000 anos antes de Cristo[8].

Da mesma forma, tem-se notícia de existência da arbitragem entre os povos gregos, tanto entre particulares como entre cidades-estados, desde a celebração do Tratado de Paz entre Esparta e Atenas, em 445 a.C.[9].

Por sua vez, Barbosa Moreira[10] aponta que o Digesto, na Roma Antiga, trazia a previsão da celebração de compromissos a fim de que um árbitro emitisse sua decisão. De acordo com o doutrinador, a resolução de conflitos com a intermediação de árbitros se desenvolveu durante o período de Justiniano, que tornou o procedimento mais normatizado.

Na realidade brasileira, as Ordenações Afonsinas (datadas de 1500) regulamentavam o juízo arbitral no Título 113 do Livro III. As Ordenações Manuelinas, que as sucederam, em 1521, dispunham sobre o juízo arbitral no § 7º do Título 24 e no Título 81 do Livro III. Em 1603, elas foram substituídas pelas Ordenações Filipinas, cujo Título 16 previa a exequibilidade da sentença arbitral independentemente de homologação e passou a distinguir entre arbitramento e juízo arbitral, regulando as atividades dos juízes árbitros (deveriam conhecer não somente das coisas e razões, mas também do Direito) e dos arbitradores (somente conheciam das coisas, sendo que, havendo alguma alegação de Direito, deveriam remetê-la aos juízes).

A Constituição Imperial de 1824, no art. 160, previu a possibilidade de instituição do juízo arbitral, norma que receberia uma regulamentação mais precisa por meio do Decreto n. 737/1850.

O Código Comercial, do mesmo ano, também se referia aos arbitradores e estabelecia o uso obrigatório da arbitragem nas causas entre sócios de sociedades comerciais

---

7.   LIMA, 1994, p. 8.

8.   CARMONA, 1990, p. 33.

9.   BOLZAN DE MORAIS, 2008, p. 213.

10.   BARBOSA MOREIRA, 2001, p. 25-28.

durante a existência legal, liquidação ou partilha da sociedade ou companhia (arts. 294 e 348). Contudo, o referido Decreto n. 737/1850 acabou por restringir essa regra às causas estritamente comerciais (art. 411, § 2º). Posteriormente, ela foi definitivamente abolida pela Lei n. 1.350, de 1866[11].

A Constituição de 1891 não reproduziu o artigo previsto na Carta Imperial, mas previu o recurso à arbitragem internacional para a solução de disputas entre Estados (arts. 34 e 88).

O Código Civil de 1916 qualificou a arbitragem como negócio jurídico, uma espécie de compromisso ajustado entre as partes (arts. 1.037 a 1.048).

A segunda Constituição republicana, em 1934, transferiu para a União a competência exclusiva para legislar sobre direito processual (art. 5º, XIX, *a*) e sobre normas gerais da arbitragem comercial (art. 5º, XIX, *c*). Em 1937, permitiu-se aos Estados legislarem sobre a constituição de organizações públicas para a conciliação extrajudiciária dos litígios ou para a realização de arbitragem (art. 18).

Em 1939, por meio de decreto-lei, aprovou-se o primeiro Código de Processo Civil unificado do país. O texto tratou do *juízo arbitral* nos arts. 1.031 a 1.046.

As Constituições seguintes, seja a de 1946 (art. 4º), seja a de 1967 (art. 7º), apenas mencionaram a arbitragem como mecanismo de resolução de conflitos internacionais, entre o Brasil e outros Estados soberanos.

Importante destacar que na Constituição de 1946, que influenciou as demais cartas constitucionais até 1988, foi consagrada a garantia de que "a lei não poderá excluir da apreciação do Poder Judiciário qualquer lesão de direito *individual*" (art. 141, § 4º). Previu-se, assim, o princípio da inafastabilidade da jurisdição, cuja compatibilidade com a natureza jurisdicional do procedimento arbitral gerou bastante controvérsia, em especial quando a lei da arbitragem foi publicada em 1996.

O Código de Processo Civil de 1973 tratava do juízo arbitral nos arts. 1.072 a 1.102. Contudo, assim como ocorria no cenário internacional, a exigência de homologação judicial do "laudo" arbitral retirava a efetividade do instituto, tornando-o burocrático e lento.

Finalmente, a Lei n. 9.307/96[12] revogou os dispositivos do Código Civil de 1916 sobre compromisso arbitral e do Código de Processo Civil sobre o juízo arbitral, viabilizando importantes transformações no tratamento dos conflitos. Além disso, modificou a redação dos incisos VII e IX dos arts. 267 e 301 do CPC/73, respectivamente, bem como inseriu o inciso VI no art. 520 do CPC/73[13]. A lei especial passou a regular inteiramente

---

11. AZEVEDO, 2004, p. 68.

12. Para um estudo detalhado do Projeto de Lei n. 78/92 (Senador Marco Maciel), que veio a originar posteriormente a Lei de Arbitragem, ver MARTINS, 2019, pp. 363-425.

13. Para aprofundamento do tema, MACIEL, 2006, p. 2.

o instituto, disciplinando a convenção de arbitragem, nas modalidades cláusula compromissória e compromisso arbitral.

Apesar de ter ficado em segundo plano[14], sobretudo no período entre o advento do CPC/73 e a edição da Lei n. 9.307/96[15], a arbitragem hoje é largamente utilizada, especialmente por sua proveitosa experiência internacional[16].

Em 2013, foi apresentado o Projeto de Lei do Senado n. 406[17], que não se tratava de uma nova lei, mas tão somente de atualizações pontuais. Após rápida tramitação, o texto foi aprovado e remetido à Câmara dos Deputados, onde foi autuado como PL n. 7.108/2014, sendo a redação final votada e aprovada em março de 2015.

Em 5 de maio de 2015, o Senado rejeitou a Emenda da Câmara dos Deputados (ECD n. 1/2015) ao referido projeto da Lei e restabeleceu o texto original, que foi aprovado, com alguns vetos, pelo Presidente em exercício, Michel Temer, em 26 de maio de 2015 (Lei n. 13.129/2015).

Na reforma de 2015, é nítida a preocupação do legislador em preservar o sistema instituído pela Lei n. 9.307/96, sem se descuidar das necessárias atualizações, a fim de compatibilizar o instituto da arbitragem com alguns institutos do diploma processual e com a jurisprudência dominante nos Tribunais Superiores.

A alteração passou a permitir, expressamente, o uso da arbitragem nas relações com a Administração Pública (art. 1º, § 1º). Regulou, ainda, a carta arbitral (art. 22-C), a fim de facilitar a comunicação entre árbitros e juízes togados. Além disso, criou solução para fixação de competência de árbitros e magistrados quando a arbitragem tivesse sido pactuada, mas ainda não instituída (arts. 22-A e 22-B), dirimindo uma antiga discussão em relação a quem caberia analisar os pedidos de tutelas de urgência.

Ademais, regulamentou o direito de retirada do acionista dissidente que não concordar com a inserção da convenção de arbitragem no Estatuto Social das Companhias regidas pela Lei n. 6.404/76, inserindo nesse diploma o art. 136-A[18].

---

14. AZEVEDO, 2004, p. 68.

15. Pontes de Miranda, em seus *Comentários ao Código de Processo Civil*, chegou a sustentar que o juízo arbitral é "primitivo, regressivo mesmo, a que pretendem volver, por atração psíquica a momentos pré-estatais, os anarquistas de esquerda e os de alto capitalismo" (1977, p. 344). Em sua última versão, atualizada por Sergio Bermudes, o trecho foi suprimido em razão da edição da Lei de Arbitragem.

16. CAHALI, 2012, p. 96.

17. Ementa: "Altera a Lei n. 9.307, de 23 de setembro de 1996, e a Lei n. 6.404, de 15 de dezembro de 1976, para ampliar o âmbito de aplicação da arbitragem e dispor sobre a escolha dos árbitros quando as partes recorrem a órgão arbitral, a interrupção da prescrição pela instituição da arbitragem, a concessão de tutelas cautelares e de urgência nos casos de arbitragem, a carta arbitral, a sentença arbitral e o incentivo ao estudo do instituto da arbitragem" (Disponível em: <http://www.camara.gov.br/proposicoesWeb/fichadetramitac ao?idProposicao=606030>).

18. Sobre o alcance desse dispositivo e a discussão sobre a eficácia subjetiva da respectiva sentença arbitral, ver SESTER, 2019, pp. 27-44. Ainda sobre a Lei n. 6.404/74, mas com foco na vinculação de partes não signatárias à cláusula compromissória inserida em acordo de acionista (art. 118), ver LONGA, 2019, pp. 131-156: "Assim, entendendo que (i) no direito societário há uma mitigação do princípio da relatividade dos contratos;

Nada obstante as inovações positivas, as alterações acabaram sendo tímidas, sobretudo após os vetos presidenciais. Criticou-se o fato de os vetos carecerem de fundamentos mais contundentes[19] e, aparentemente, atenderem a *pautas corporativas*[20].

Nesse particular, a supressão da previsão que autorizava a utilização da arbitragem nos contratos consumeristas[21] (art. 4º, § 3º) e nas relações trabalhistas[22] (art. 4º, § 4º) – o texto legal já era bastante comedido – foi considerada um verdadeiro retrocesso[23].

Contudo, especificamente quanto à matéria trabalhista[24], a Lei n. 13.467, de 13 de julho de 2017, alterou a CLT em diversos pontos e trouxe de volta o dispositivo que havia sido vetado na Lei n. 13.129/2015. Dessa forma, o art. 507-A dispõe que:

(ii) há uma vinculação legal da companhia, dos administradores e dos presidentes de assembleia a certos tipos de acordos de acionistas; (iii) o consentimento para figurar como parte de uma arbitragem pode ser dado tacitamente ou substituído por força de regramento legal; (iv) a companhia, a administração e presidentes de assembleia têm plena ciência dos termos dos acordos de acionistas arquivados nas sedes das companhias; e (v) a jurisprudência e doutrina brasileira vêm adotando um posicionamento mais brando acerca da extensão subjetiva das cláusulas arbitrais, concluímos que a companhia, os administradores estatutários e os presidentes de assembleia estariam vinculados à cláusula arbitral constante nos acordo de acionistas arquivados na companhia, mesmo que esses não constem expressamente como parte desses acordos, desde que a matéria tratada na arbitragem esteja expressamente prevista nos termos do art. 118 da Lei das Sociedades Anônimas".

19. "Razões dos vetos: 'Da forma prevista, os dispositivos alterariam as regras para arbitragem em contrato de adesão. Com isso, autorizariam, de forma ampla, a arbitragem nas relações de consumo, sem deixar claro que a manifestação de vontade do consumidor deva se dar também no momento posterior ao surgimento de eventual controvérsia e não apenas no momento inicial da assinatura do contrato. Em decorrência das garantias próprias do direito do consumidor, tal ampliação do espaço da arbitragem, sem os devidos recortes, poderia significar um retrocesso e ofensa ao princípio norteador de proteção do consumidor.' e 'O dispositivo autorizaria a previsão de cláusula de compromisso em contrato individual de trabalho. Para tal, realizaria, ainda, restrições de sua eficácia nas relações envolvendo determinados empregados, a depender de sua ocupação. Dessa forma, acabaria por realizar uma distinção indesejada entre empregados, além de recorrer a termo não definido tecnicamente na legislação trabalhista. Com isso, colocaria em risco a generalidade de trabalhadores que poderiam se ver submetidos ao processo arbitral.'"

20. PINHO, 2016, p. 474.

21. "Art. 4º (...) § 2º Nos contratos de adesão, a cláusula compromissória só terá eficácia se for redigida em negrito ou em documento apartado. § 3º Na relação de consumo estabelecida por meio de contrato de adesão, a cláusula compromissória só terá eficácia se o aderente tomar a iniciativa de instituir a arbitragem ou concordar expressamente com a sua instituição."

22. "§ 4º Desde que o empregado ocupe ou venha a ocupar cargo ou função de administrador ou diretor estatutário, nos contratos individuais de trabalho poderá ser pactuada cláusula compromissória, que só terá eficácia se o empregado tomar a iniciativa de instituir a arbitragem ou se concordar expressamente com a sua instituição."

23. Nesse sentido, veja-se o texto publicado no *Consultor Jurídico*, logo após a sanção, em 1º de junho de 2015. Disponível em: <http://www.conjur.com.br/2015-jun-01/vetos-presidenciais-lei-arbitragem-desqualificam-justeza-metodo>. Acesso em: 10 dez. 2015.

24. Importante lembrar que a Lei n. 10.101, de 19 de dezembro de 2000, dispõe sobre a participação dos trabalhadores nos lucros ou resultados da empresa como instrumento de integração entre o capital e o trabalho e como incentivo à produtividade, nos termos do art. 7º, inciso XI, da Constituição Federal. Em seu art. 4º, prevê que, caso a negociação visando à participação nos lucros ou resultados da empresa resulte em impasse, as partes poderão utilizar-se da mediação e da arbitragem de ofertas finais (aquela em que o árbitro deve restringir-se a optar pela proposta apresentada, em caráter definitivo, por uma das partes).

Nos contratos individuais de trabalho cuja remuneração seja superior a duas vezes o limite máximo estabelecido para os benefícios do Regime Geral de Previdência Social, poderá ser pactuada cláusula compromissória de arbitragem, desde que por iniciativa do empregado ou mediante a sua concordância expressa.[25]

Há quem defenda a inconstitucionalidade do referido dispositivo legal sob o argumento de que "a inclusão de cláusula compromissória no contrato de trabalho fere importantes garantias fundamentais do processo, quais sejam a igualdade das partes e o acesso à justiça".[26]

Sob outro prima, afirma-se que os sindicatos profissionais – para conquistar a simpatia de seus representados – deveriam incluir em seus serviços "o estímulo e a estrutura necessários para a solução de seus conflitos de trabalho através da arbitragem, quer pelo apoio jurídico consultivo aos trabalhadores, quer pela inserção de cláusulas em acordos coletivos e convenções coletivas do trabalho norteando a celebração de cláusulas compromissórias e/ou compromissos arbitrais, quer pela criação de suas próprias câmaras arbitrais com custos subsidiados aos seus representados".[27]

1.4. Natureza jurídica

Historicamente, duas correntes doutrinárias clássicas formaram-se sobre a natureza jurídica da arbitragem. São elas: a) corrente privatista e b) corrente publicista. Modernamente, há uma teoria eclética sobre o tema.

Os privatistas negam o exercício da jurisdição aos árbitros, por estes não possuírem dois dos cinco elementos da jurisdição – *coertio* e *executio* –, ou seja, não lhes foram atribuídos poderes para impor sanções, conduzir testemunhas, imprimir medidas de natureza cautelar e fazer valer suas decisões de maneira coativa. Para os defensores dessa corrente, *jurisditio sine coercitione, nulla est.*

---

25. "Independentemente da validade da cláusula compromissória no contrato individual de trabalho (de adesão ou não), o empregado tem a liberdade de escolha do procedimento arbitral, em virtude da sua vulnerabilidade, mesmo que se enquadre no conceito de alto empregado. Para evitar qualquer forma de abuso, até porque a arbitragem tende a ser sempre vantajosa para o empregador, o trabalhador pode libertar-se da via arbitral. Assim, a cláusula compromissória vincula apenas o empregador, e não o empregado, por ser o último vulnerável, tal qual ocorre em uma relação de consumo, em que essa cláusula não vincula o consumidor, mas apenas o fornecedor, conforme entendimento do Superior Tribunal de Justiça. Com efeito, a existência de cláusula compromissória não é suficiente para impedir o acesso do trabalhador à Justiça do Trabalho. A utilização da arbitragem é sempre uma faculdade do empregado, sob pena de ferir o amplo acesso do vulnerável ao Judiciário, como já recentemente decidiu o Supremo Tribunal Federal, quando afastou a necessidade de submissão obrigatória das demandas trabalhistas às Comissões de Conciliação Prévias". CORNÉLIO; GONÇALVES, 2019, pp. 131-149.

26. BEM, 2020, p. 85.

27. YOSHIDA, 2017, pp. 57-71.

Devido à natureza contratual firmada pela corrente privatista, a decisão emanada pelo árbitro ou pelo colégio arbitral não possuiria força de sentença, havendo, pois, a necessidade de homologação pelo Estado. Só assim se aperfeiçoaria o juízo arbitral.

Já os doutrinadores publicistas ou jurisdicionalistas defendem o aspecto processual da arbitragem, sustentando que os árbitros efetivamente exercem atos de jurisdição, não obstante nomeados pelas partes (a investidura e o poder de julgar decorrem do próprio pacto celebrado), visto que aplicam a lei ao caso concreto.

Modernamente, a doutrina, seguindo o entendimento de Joel Dias Figueira Jr.[28], procura conciliar as duas concepções da doutrina clássica, considerando a arbitragem um instituto de natureza *sui generis*, pois nasce da vontade das partes (caráter obrigacional, de direito privado) e, ao mesmo tempo, regula determinada relação de direito processual (caráter público).

Nesse plano, "a convenção arbitral seria um contrato privado que disciplina matéria de Direito Público, que interessa à ordem pública, nacional ou internacional, à medida que se destina a compor controvérsia, que, mesmo entre particulares, afeta a ordem pública"[29].

Com o advento da nova lei, não há mais como prosperar a corrente privatista. De fato, o legislador reforçou a natureza jurisdicional da arbitragem, reconhecendo a possibilidade de os árbitros exercerem funções jurisdicionais, fomentando, assim, a jurisdicionalização da arbitragem, e não a sua mera processualização[30].

Com efeito, atenta aos clamores e à evolução do instituto da arbitragem em terras estrangeiras, optou a Comissão Relatora da Revisão da Lei da Arbitragem, cujo trabalho redundou na edição da Lei n. 13.129/2015, por abraçar a teoria publicista. Isso acabou se confirmando, ainda, pela redação do art. 3º do CPC, que alarga o conceito de jurisdição e inclui expressamente a arbitragem e a mediação como métodos adequados de resolução de conflitos.

1.5. A Lei n. 9.307/96 e o questionamento de sua constitucionalidade

Alguns pontos da Lei n. 9.307/96 foram questionados em arguição incidental de inconstitucionalidade nos autos de homologação de sentença estrangeira, que tramitou pelo STF por mais de cinco anos. Após intensos debates, a Corte Suprema decidiu, por maioria, pela constitucionalidade[31] desses dispositivos, garantindo a efetividade da arbitragem no ordenamento brasileiro.

---

28. FIGUEIRA JR., 1997, p. 92.

29. MAGALHÃES, 1984, p. 164.

30. MARTINS, 1995, p. 144145.

31. Concluído o julgamento de agravo regimental em sentença estrangeira em que se discutia incidentalmente a constitucionalidade da Lei n. 9.307/96 – Lei de Arbitragem (v. *Informativo*s 71, 211, 221 e

O ponto central da discussão dizia respeito à autonomia da cláusula compromissória, ou seja, o pacto de arbitragem feito antes do surgimento do litígio. Pela letra da lei, declarada constitucional pelo STF (ainda que por maioria), a recusa em cumprir a cláusula daria ensejo ao ajuizamento de ação especial, com o objetivo de obter em juízo o suprimento judicial da vontade não manifestada (realização da arbitragem).

Discutiu-se se não se trataria de mera cláusula de conteúdo obrigacional, que deveria resolver-se em perdas e danos apenas, não ensejando a obrigatoriedade da utilização da solução arbitral em detrimento da solução jurisdicional, sobretudo diante dos termos do art. 5º, XXXV, da Constituição Federal.

Contudo, prevaleceu o entendimento de que a livre manifestação de vontade, a previsibilidade das consequências do ato e a existência de lei clara sobre a matéria seriam suficientes para afastar qualquer alegação de inconstitucionalidade.[32]

A questão foi, ainda, discutida sob o ângulo da autonomia da sentença arbitral e da desnecessidade de sua homologação pelo Poder Judiciário, na forma do art. 31 da Lei n. 9.307/96.

Os principais argumentos utilizados para questionar a inconstitucionalidade foram os seguintes:

a) impossibilidade de alguém ser processado ou sentenciado, senão pela autoridade competente (art. 5º, LIII, da CF);

b) subtração do juiz natural das partes (art. 5º, XXXVIII, da CF);

c) subtração do devido processo legal (art. 5º, LIV, da CF); e

d) acesso às vias recursais (art. 5º, LV, da CF).

---

226). O Tribunal, por maioria, declarou constitucional a Lei n. 9.307/96, por considerar que a manifestação de vontade da parte na cláusula compromissória no momento da celebração do contrato e a permissão dada ao juiz para que substitua a vontade da parte recalcitrante em firmar compromisso não ofendem o art. 5º, XXXV, da CF ("a lei não excluirá da apreciação do Poder Judiciário lesão ou ameaça a direito"). Vencidos os Ministros Sepúlveda Pertence, relator, Sydney Sanches, Néri da Silveira e Moreira Alves, que, ao tempo em que emprestavam validade constitucional ao compromisso arbitral quando as partes de uma lide atual renunciam à via judicial e escolhem a alternativa da arbitragem para a solução do litígio, entendiam inconstitucionais a prévia manifestação de vontade da parte na cláusula compromissória – dada a indeterminação de seu objeto – e a possibilidade de a outra parte, havendo resistência quanto à instituição da arbitragem, recorrer ao Poder Judiciário para compelir a parte recalcitrante a firmar o compromisso, e, consequentemente, declaravam, por violação ao princípio do livre acesso ao Poder Judiciário, a inconstitucionalidade dos seguintes dispositivos da Lei n. 9.307/96: 1) o parágrafo único do art. 6º; 2) o art. 7º e seus parágrafos; 3) no art. 41, as novas redações atribuídas ao art. 267, VII, e art. 301, IX, do Código de Processo Civil; e 4) do art. 42. O Tribunal, por unanimidade, proveu o agravo regimental para homologar a sentença arbitral (SE 5.206. Espanha (AgRg), rel. Min. Sepúlveda Pertence, j. em 12-12-2001, *Informativo STF*, n. 254).

32. Anos depois, foi editado o Enunciado 485 da Súmula do STJ: "A Lei de Arbitragem aplica-se aos contratos que contenham cláusula arbitral, ainda que celebrados antes da sua edição".

A tese da inconstitucionalidade, mesmo antes de ser derrotada no seio do STF, já era minoritária em sede doutrinária. Joel Dias Figueira Júnior[33], defensor da constitucionalidade dos dispositivos, enumera ainda outras razões:

a) o acesso à jurisdição estatal não deixa de estar garantido às partes. Pelo contrário, está expressamente permitido no art. 33. Caberá à parte interessada pleitear ao Judiciário a anulação da sentença arbitral ou interpor "embargos à execução" (art. 33, § 3º[34], da Lei n. 9.307/96), sempre que haja ocorrido nulidade (art. 32) ou alguma das circunstâncias do art. 20, §§ 1º e 2º, da Lei n. 9.307/96;

b) a execução forçada da sentença somente se dá por meio da provocação da jurisdição estatal, porque decisão é título executivo judicial, conforme art. 41 da Lei n. 9.307/96;

c) as tutelas de urgência acautelatórias, antecipatórias e inibitórias ou coercitivas somente poderão ser efetivadas pelos juízes togados, pois falta aos árbitros a *executio*;

d) surgindo questão que verse sobre direitos indisponíveis, o árbitro deverá suspender o procedimento arbitral, remetendo as partes às vias ordinárias até que se resolva a questão (art. 25 e parágrafo único);

e) caberá ao Poder Judiciário decidir a respeito da instauração do juízo arbitral quando houver cláusula compromissória e resistência de um dos litigantes em cumpri-la (art. 7º).

Feitos esses registros históricos, analisaremos, agora, as alterações trazidas pelo CPC/2015, que corroboram a natureza jurisdicional da arbitragem.

1.6. O tratamento conferido à arbitragem no CPC/2015

O CPC/2015 traz diversos dispositivos relativos à arbitragem. Alguns representam mera repetição de regras já existentes no CPC/73, ainda que com aperfeiçoamentos no texto. Por outro lado, há também inovações, em sintonia com a Lei n. 13.129/2015. Antes de avançar, vale lembrar que as regras procedimentais do CPC/2015 só são aplicáveis ao processo arbitral naquilo qu e couber (por exemplo, casos de impedimento e suspeição dos árbitros, conforme art. 14 da Lei n. 9.307/96; petição inicial da ação de homologação de sentença estrangeira, consoante art. 37 da referida lei) ou quando haja manifesta previsão na convenção da arbitragem.[35]

Em linhas gerais, o CPC/2015 busca aprimorar pontos controvertidos no regime anterior, tais como a efetivação do efeito vinculante da convenção de arbitragem, a aná-

---

33. FIGUEIRA JR., 1997, p. 34.

34. O dispositivo teve a redação atualizada pelo art. 1.061 do CPC/2015: "§ 3º A decretação da nulidade da sentença arbitral também poderá ser requerida na impugnação ao cumprimento da sentença, nos termos dos arts. 525 e seguintes do Código de Processo Civil, se houver execução judicial".

35. Parte da doutrina defende, inclusive, um "Direito Processual Arbitral", cujo escopo seria "transposição e adaptação das garantias constitucionais do processo (já consolidadas no âmbito do processo civil), para a rica e peculiar realidade da arbitragem". ARRUDA ALVIM; DANTAS, 2014, p. 155.

lise das medidas urgentes pré-arbitrais, a efetivação de medidas urgentes e constritivas, a ação de anulação da sentença arbitral, o cumprimento e a homologação da sentença arbitral, entre outros

Para iniciar, vale citar o art. 3º, § 1º, do CPC/2015. O dispositivo, no *caput*, faz alusão ao princípio da inafastabilidade da jurisdição, inscrito no art. 5º, XXXV, da Constituição Federal, e o respectivo § 1º apenas reforça o óbvio (a possibilidade de utilização da arbitragem). Consagra-se, definitivamente, o entendimento já manifestado pelo STF nos autos da SE 5.206 (precedente acima referido) e reproduzido pelo STJ em várias oportunidades.

Ademais, fica claro que a arbitragem é chamada a ocupar seu lugar entre as ferramentas de solução de conflitos (soluções de direito), ao lado da conciliação e da mediação, também expressamente referidas no diploma processual (art. 3º, § 3º).

Por sua vez, o art. 189, IV, assegura a confidencialidade da carta arbitral (desde que a confidencialidade estipulada na arbitragem seja comprovada perante o juízo), excepcionando o princípio da publicidade dos atos processuais. Trata-se de salutar inovação, na medida em que as arbitragens, em regra, seguem o princípio da confidencialidade, sendo esta, inclusive, uma de suas maiores vantagens. Por isso, era imperioso que tal garantia fosse estendida aos atos judiciais eventualmente praticados por solicitação do árbitro, via carta arbitral.

No art. 237, IV, o CPC/2015 trata da carta arbitral especificamente, apontando que ela poderá ser utilizada quando houver necessidade de realização de ato que dependa de força coercitiva.

No conceito de atos coercitivos, podem ser compreendidos atos de condução de pessoas, apreensão de bens ou pessoas, penhora física ou eletrônica ou mesmo atos de efetivação de tutelas provisórias de urgência (cautelares ou antecipatórias).

Vale destacar que os atos podem ser praticados pelo próprio juiz (por exemplo, a penhora eletrônica) ou podem ter seu cumprimento efetivado por outrem, por ordem do magistrado (por exemplo, as obrigações de fazer, não fazer e desfazer).

O art. 260, § 3º, por sua vez, dispõe que, além dos requisitos comuns a todas as cartas, as cartas arbitrais devem conter a convenção de arbitragem e a prova de nomeação e aceitação do árbitro.

Ou seja, o ato que instrumentaliza a manifestação de vontade deve acompanhar a carta, para que o magistrado possa aferir que as partes realmente quiseram levar o exame da questão à via arbitral.

Ademais, a carta deve estar instruída com os atos de nomeação e de aceitação do árbitro. Tais documentos são imprescindíveis para conferir se o árbitro que requer a diligência tem, de fato, competência e legitimidade para postular a providência.

Não custa lembrar que no procedimento arbitral há uma extrema liberdade para a convenção de regras e atribuições dos árbitros. Daí o CPC, com acerto, ter exigido a apresentação de todos esses documentos.

A recusa ao cumprimento da carta arbitral fica sujeita ao mesmo regime da precatória, conforme o art. 267 do CPC/2015. No ponto, não há alteração substancial em relação ao art. 209 do CPC/73, apenas a atualização da redação e a inserção da carta arbitral no regime da precatória.

Como corolário desse artigo, não caberá ao juiz apreciar o mérito da decisão arbitral cujo cumprimento se requer. Na verdade, apenas pode negar o seu cumprimento à luz das hipóteses previstas no referido art. 267.

O *caput* do novel art. 337 e seu inciso X não trazem alteração de conteúdo se comparados ao texto do CPC/73 (art. 301, IX e § 4º), isto é, manteve-se a regra de que a alegação de convenção de arbitragem deverá ser feita na contestação, juntamente com todas as matérias de defesa, em respeito ao princípio da concentração da defesa ou de eventualidade.

A nosso ver, trata-se de verdadeiro retrocesso materializado no curso do processo legislativo, na medida em que a exceção de arbitragem, anteriormente prevista no Projeto do CPC/2015 – versão da Câmara dos Deputados (PL n. 8.046/2010, arts. 345 a 350) –, possibilitava ao réu alegar, em petição autônoma, unicamente a convenção arbitral, sem a necessidade de adentrar nas demais matérias de defesa.

A justificativa dada no relatório do Senador Vital do Rêgo para afastar a disciplina inovadora foi a de que "não se justifica a apresentação de petição avulsa, com evidente atraso do processo, quando tais questões cabem como preliminar de contestação". Tal questionamento, todavia, não merece prosperar.[36]

Na verdade, a exceção de arbitragem, em vez de prolongar o processo, atendia ao princípio da celeridade, evitando não só a produção de atos judiciais desnecessários, como, ainda, que o réu fosse forçado a adiantar o mérito da matéria que se pretende deduzir no Juízo Arbitral.

De toda sorte, não obstante a falta de previsão legal dessa medida, entendemos que o réu, à luz dos princípios da eficiência (art. 8º) e da duração razoável do processo (art. 4º), pode, a qualquer momento, antes da contestação, apresentar petição informando ao juízo a preexistência de convenção de arbitragem[37].[38] Nesses casos, deverá o magistrado

---

36. "Rogadas as devidas vênias àqueles que defendem o contrário, é um *non sense* exigir que o réu, demandado em juízo incompetente, tenha que, em atenção ao princípio da eventualidade, antecipar toda a sua defesa de mérito, a qual deveria, por força da convenção arbitral, ser apresentada no âmbito de uma arbitragem, ainda mais sob pena de revelia. O CPC/2015 (LGL\2015\1656) permite, com isso, que uma demanda fadada ao insucesso, pois aflorada na via diversa da contratada, prossiga, talvez, por meses, sem qualquer utilidade, gerando gastos indevidos, tomando o valioso tempo das partes, que poderia ser melhor aproveitado no juízo arbitral competente, e expondo desnecessariamente informações e dados sigilosos. Viola-se, à toda evidência, os princípios da celeridade e economia processual, da razoável duração do processo, da segurança jurídica e, igualmente, da confidencialidade". ROCHA; VAUGHN, 2017, pp. 71-97.

37. Enunciado n. 5 da I Jornada de Prevenção e Solução Extrajudicial de Litígios do Conselho da Justiça Federal: "A arguição de convenção de arbitragem pode ser promovida por petição simples, a qualquer momento antes do término do prazo da contestação, sem caracterizar preclusão das matérias de defesa, permitido ao magistrado suspender o processo até a resolução da questão" (Disponível em: <http://www.cjf.jus.br/enunciados/enunciado/882>).

38. Uma solução interessante é a estipulação de convenção processual na própria convenção de arbitragem, prevendo expressamente que as partes poderão se valer de petição autônoma para impugnar a via estatal, ficando o prazo da contestação suspenso até a decisão final da jurisdição estatal.

ouvir o autor, em homenagem ao contraditório, e, se for o caso, extinguir o processo sem resolução de mérito, na forma do art. 485, VII.

O § 6º do art. 337, por sua vez, cristaliza, no plano legal, entendimento já consolidado pacificamente pela doutrina e jurisprudência: a preexistência de convenção de arbitragem deve ser expressamente alegada pelo réu, não podendo ser conhecida de ofício (art. 337, § 5º). Em caso de inércia do réu, "prorroga-se" a competência do ente estatal, já que o próprio autor renunciou a via arbitral quando propôs ação diretamente no Poder Judiciário.

Nessa toada, cabe destacar outra norma processual que estimula a arbitragem. Com efeito, o art. 359 do CPC estabelece que, instalada a audiência, o juiz tentará conciliar as partes, independentemente do emprego anterior de outros métodos de solução consensual de conflitos, como a mediação e a arbitragem.

Embora seja improvável, em razão de todos os atos processuais já praticados, é possível que, no momento de abertura da AIJ, as partes rejeitem a proposta renovada de mediação ou de conciliação, mas aceitem a ideia da arbitragem.

Nesse caso, deve o juiz:

i) suspender o processo pelo prazo de até seis meses, por convenção das partes, na forma do art. 313, II e § 4º; ou

ii) extinguir o processo, sem resolver o mérito, assim que o juízo arbitral reconhecer sua competência, na forma do art. 485, VII, parte final.

A propósito, cabe destacar que o art. 485, VII, do diploma processual repete a redação do antigo art. 267, VII, mas acrescenta mais um caso de extinção do processo: o reconhecimento da competência por parte do juízo arbitral (Princípio da *kompetenz--kompetenz*)[39].

Por sua vez, o art. 515, VII, do CPC/2015 traz mera atualização de redação se comparado ao art. 475-N, IV, do CPC/73, com a redação que lhe deu a Lei n. 11.232/2005, elencando a sentença arbitral como título executivo judicial.

O art. 516 repete a regra geral quanto à competência no cumprimento de sentença originada em órgão diverso (sentença estrangeira, penal condenatória e arbitral).

No seu parágrafo único, existe regra excepcional afinada com os princípios do acesso à justiça e da efetividade, de modo a flexibilizar a competência territorial inicialmente fixada[40].

---

39. Nesse contexto, o princípio da competência-competência configura um pressuposto processual negativo, na medida em que o reconhecimento da competência pelo árbitro inviabiliza o prosseguimento do processo judicial.

40. Como já destacado, as partes podem ajustar contratualmente que a fase de cumprimento da sentença arbitral será realizada em juízo específico, inclusive diferente daquele eventualmente eleito para a apreciação de tutelas de urgência.

O CPC, em seu art. 960, ratifica a necessidade de homologação de decisões estrangeiras, sejam elas proferidas por juiz togado ou por árbitro. A homologação deve ser requerida ao STJ, observando-se as regras previstas nos arts. 216-A a 216-N do seu Regimento Interno.

No art. 1.012, IV, houve apenas mera correção redacional do texto do art. 520, VI, do CPC/73, sem alteração de conteúdo, prevendo-se que a apelação contra sentença que julgar procedente o pedido de instituição de arbitragem não goza de efeito suspensivo.

No art. 1.015, que trata das hipóteses de cabimento do agravo de instrumento, há importante inovação. Registra-se, no ponto, que o CPC passa a trabalhar com o sistema da irrecorribilidade das decisões interlocutórias, sendo agraváveis apenas as situações excepcionais previstas no artigo – no geral, casos em que a decisão poderia provocar prejuízo iminente à parte[41]. Uma dessas hipóteses é justamente a rejeição de alegação de arbitragem.

Imagine-se, por exemplo, que a arbitragem já esteja em curso, e o juiz, provocado por uma das partes, rejeite a alegação formulada com base no art. 337, X. Nesse cenário, o processo prosseguiria paralelamente à arbitragem já em curso. Corria-se o risco, assim, de prolação de decisões conflitantes em dois procedimentos distintos.

Nesse particular, o STJ[42], em decisão de extrema relevância na matéria, admitiu, no passado, a possibilidade de existência de conflito de competência entre juízo de direito e juízo arbitral. Pensamos, porém, que a nova sistemática delineada pelo CPC irá desidratar a discussão quanto ao cabimento de novos de conflitos de competência nesse ponto, mas estes não deixarão de existir[43].[44]

---

41. REsp 1.704.520/MT e REsp 1.696.396/MT, rel. Min. Nancy Andrighi, Corte Especial, por maioria, j. em 5-12-2018, *DJe* 19-12-2018 (Tema 988) (*Informativo*, n. 636). "O rol do art. 1.015 do CPC é de taxatividade mitigada, por isso admite a interposição de agravo de instrumento quando verificada a urgência decorrente da inutilidade do julgamento da questão no recurso de apelação". De fato, há hoje uma forte tendência no sentido de viabilizar uma interpretação extensiva do rol do art. 1.015, à luz dos princípios da efetividade, isonomia, igualdade, proporcionalidade e duração razoável do processo (MAZZOLA, 2016, p. 417-433). Registre-se, por fim, que o STJ modulou os efeitos de sua decisão: "Embora não haja risco de as partes que confiaram na absoluta taxatividade serem surpreendidas pela tese jurídica firmada neste recurso especial repetitivo, pois somente haverá preclusão quando o recurso eventualmente interposto pela parte venha a ser admitido pelo Tribunal, modulam-se os efeitos da presente decisão, a fim de que a tese jurídica apenas seja aplicável às decisões interlocutórias proferidas após a publicação do presente acórdão".

42. STJ, CC 111.230/DF, rel. Min. Nancy Andrighi, j. em 8-5-2013, *D.O.* 3-4-2014.

43. Basta pensar, por exemplo, em eventual discussão sobre a competência do árbitro e do juiz da recuperação judicial, situação complexa em que pode haver um aparente entrelaçamento de temas. *Vide* STJ, CC 157.099/RJ, rel. Min. Marco Buzzi, red. p/ acórdão Min. Nancy Andrighi, j. em 10-10-2018.

44. Por exemplo, ao apreciar Conflito de Competência envolvendo uma instituição arbitral e determinado Juízo Federal, o STJ reconheceu a competência desse último para julgar ação proposta por acionistas da Petrobras em face da empresa e da União Federal. No processo arbitral, houve o indeferimento do pedido da União Federal de exclusão do feito, sendo que, paralelamente, restou deferida tutela provisória pelo Juízo Federal reconhecendo a inaplicabilidade da convenção de arbitragem à União Federal. De acordo com o STJ, "o Poder Judiciário é competente para dirimir as questões necessárias à instauração do Juízo alterna-

A última menção à arbitragem no CPC consta das disposições finais, mais precisamente no art. 1.061, que modifica a redação do art. 33, § 3º, da Lei n. 9.307/96, a fim de substituir a expressão "embargos do executado" por "impugnação", além de fazer a referência ao dispositivo do novo Código[45].

É uma mudança voltada a atualizar os termos processuais e conferir uniformidade ao sistema, ante o novo procedimento executivo, em vigor desde a reforma da Lei n. 11.232/2005.

Em suma, é fácil perceber a evolução e os avanços no tratamento do tema. Basta lembrar que, sob a égide do CPC/73, o "laudo" arbitral deveria ser homologado pelo juiz.

Do CPC/73 até a Lei da Arbitragem (1996) passaram-se pouco mais de 20 anos e desta até o CPC/2015, quase 20. Ou seja, em um período de 40 anos houve uma efetiva transformação do procedimento arbitral.

Atualmente, é possível falar em um microssistema de resolução de conflitos, facultando-se ao cidadão uma verdadeira "caixa de ferramentas", que vai desde a negociação, passando pela conciliação e mediação (judicial e extrajudicial), a arbitragem e a própria jurisdição. Todo o sistema, então, passa a ser construído em conformidade com o princípio da adequação, visando a oferecer ao jurisdicionado a providência mais apropriada para determinado tipo de conflito.

---

tivo de resolução de conflitos, inclusive a alegada inexistência da cláusula compromissória, de modo a tornar efetiva a vontade das partes ao instituírem a cláusula compromissória. Nesse sentido, a regra *kompetenz-kompetenz* não resolve o caso em tela, porquanto a discussão envolve a análise pretérita da própria existência da cláusula compromissória, e, nesta linha, a subtração à Jurisdição estatal excepcionaria uma das garantias fundamentais, que é a inafastabilidade da jurisdição estatal, prevista no art. 5º, inciso XXXV, da Constituição, sendo necessário, portanto, adotar interpretação consentânea aos interesses envolvidos no litígio". CONFLITO DE COMPETÊNCIA n. 151.130/SP, rel. Min. Luis Felipe Salomão, 2ª Seção, *DJe* 11--2-2020.

45. Outros ajustes técnicos e redacionais poderiam ter sido feitos, por exemplo, a exclusão da palavra "livre" da expressão "livre convencimento" (art. 21, § 2º), já que o CPC promoveu essa relevante alteração no art. 371.

Capítulo 2

Disposições Gerais

> **Sumário: 2.1.** Delimitação subjetiva e objetiva para o cabimento da arbitragem. **2.2.** Arbitragem de direito e por equidade. **2.3.** Arbitrabilidade dos interesses coletivos. **2.4.** Arbitragem envolvendo a Administração Pública.

2.1. Delimitação subjetiva e objetiva para o cabimento da arbitragem

O art. 1º da Lei da Arbitragem assim dispõe: "as pessoas capazes de contratar poderão valer-se da arbitragem para dirimir litígios relativos a direitos patrimoniais disponíveis".

A partir do conteúdo do dispositivo legal, sistematizamos dois campos para sua aplicação: um subjetivo e outro objetivo.

No primeiro, quis o legislador que apenas as pessoas capazes de contratar pudessem fazer uso da arbitragem. É a expressão literal que consta no art. 1º do referido diploma legal.

A rigor, capaz é aquele que não se enquadra em nenhuma das hipóteses do art. 4º do Código Civil. Assim sendo, parece bastante claro que relativamente incapazes não podem fazer uso da ferramenta da arbitragem[1].

Contudo, uma questão pode trazer complexidade e diz respeito aos chamados "vulneráveis". Não há uma definição clara do que seja vulnerável, mas o legislador, por vezes, o exclui da prática de certos atos. Assim, por exemplo, o art. 190 do CPC não permite

---

1. "Art. 4º São incapazes, relativamente a certos atos ou à maneira de os exercer: I – os maiores de dezesseis e menores de dezoito anos; II – os ébrios habituais e os viciados em tóxico; III – aqueles que, por causa transitória ou permanente, não puderem exprimir sua vontade; IV – os pródigos. Parágrafo único. A capacidade dos indígenas será regulada por legislação especial" (Redação dada pela Lei n. 13.146, de 2015).

que vulneráveis façam convenções acerca do procedimento. Já chamamos a atenção para esse ponto na Parte I desta obra.

Nesse passo, cabe a indagação: aquele que se encontra em situação de vulnerabilidade pode se submeter à arbitragem?

Pensamos que sim. E isso se dá por dois motivos. Primeiro, porque sempre que o legislador impede alguém de praticar determinado ato, o faz de forma expressa, devendo, portanto, a respectiva regra ser interpretada restritivamente. Segundo, porque, se essa fosse a intenção do legislador, teria feito uma ressalva dessa natureza na reforma de 2015, o que, todavia, não ocorreu.

Desse modo, consideramos que vulneráveis capazes podem, tranquilamente, se submeter a procedimento arbitral, observando-se, evidentemente, as peculiaridades do caso concreto[2].

No plano objetivo, é bastante amplo o campo de atuação da arbitragem no Brasil. De acordo com o art. 1º da Lei n. 9.307/97, apenas podem ser objeto da arbitragem os direitos patrimoniais disponíveis, isto é, aqueles passíveis de conversão monetária e que se encontrem na livre disposição do seu titular[3]. Ficam, portanto, excluídos da arbitragem os direitos não patrimoniais e os indisponíveis.

Como vimos na primeira parte deste *Manual*, no caso das mediações é possível alcançar o acordo nos chamados direitos indisponíveis transacionáveis.

Contudo, na arbitragem, quis o legislador restringir esse campo apenas aos direitos disponíveis[4]. Uma possível explicação para isso reside no fato de que, na mediação, não há decisão imposta, ao passo que na arbitragem haverá, necessariamente, uma sentença, inclusive na hipótese de superveniência de acordo no curso do procedimento, o qual deverá ser homologado pelo árbitro, na forma dos arts. 21, § 4º, e 28 da Lei n. 9.307/96.

Nesse sentido, observada a delimitação objetiva do art. 1º, são excluídas da aplicação da arbitragem as matérias de natureza familiar, ou seja, relativas à capacidade da pessoa ou ao seu estado (p. ex., alimentos, filiação, poder familiar, casamento etc.)[5].

---

2. Não é à toa que o art. 4º, § 2º, da Lei de Arbitragem estabelece que, nos contratos de adesão, a cláusula compromissória só terá eficácia se o aderente tomar a iniciativa de instituir a arbitragem ou concordar, expressamente, com a sua instituição, desde que por escrito em documento anexo ou em negrito, com a assinatura ou visto especialmente para essa cláusula.

3. O STJ entendeu que a competência para julgamento de medida cautelar de arrolamento de bens será do juízo arbitral se este tiver sido escolhido para a demanda principal. Nesse sentido: STJ, CC 111.230/DF, rel. Min. Nancy Andrighi, j. em 8-5-2013, *Informativo STJ*, n. 522.

4. Há quem defenda que a competência do juízo arbitral abarca não apenas os conflitos decorrentes de contrato com cláusula compromissória, mas também eventuais questões extracontratuais relacionadas ao referido instrumento. Ressalva-se, no entanto, que "essa prerrogativa somente poderá ser exercida pelo árbitro quando houver acordo das partes nesse sentido e o litígio, para além de se dar entre as partes contratantes, se relacionar ao contrato e envolver direito patrimonial disponível". TIBURCIO, 2016, pp. 95-113.

5. Alguma controvérsia existe sobre a possibilidade de arbitragens na área da propriedade intelectual. Particularmente, entendemos que, com exceção dos casos em que se discute a nulidade de títulos concedidos

Questão que pode despertar alguma controvérsia diz respeito à utilização da via arbitral por empresas em recuperação judicial ou mesmo em falência[6]. Muito embora nessas situações a empresa se encontre em situação delicada, entendemos que o direito, a rigor, continua sendo disponível. Nesse sentido, não haveria causa impeditiva do uso da arbitragem[7].Até porque a sentença arbitral respeitaria a ordem de preferência no recebimento de créditos devidos.

Nesse particular, o art. 6º, § 9º, da Lei de Recuperação Judicial e Falência (incluído pela Lei n. 14.112/2020) dispõe expressamente que o processamento da recuperação judicial ou a decretação da falência não autoriza o administrador judicial a recusar a eficácia da convenção de arbitragem, não impedindo ou suspendendo a instauração de procedimento arbitral.

Ainda no que tange às empresas, o pedido de dissolução de sociedade em decorrência de falecimento de um dos sócios também é matéria controversa. Há recente precedente do STJ alegando que a dissolução da sociedade é possível ser efetivada pela via arbitral, cabendo ao Judiciário, posteriormente, dirimir as questões sucessórias[8].

Observe-se, contudo, que as questões excluídas do objeto da controvérsia podem ser apreciadas incidentalmente, com o escopo de esclarecer ou servir de sustentação à matéria de fundo. Essa apreciação incidental não se confunde com a hipótese do art. 503,

---

pelo INPI (autarquia federal que deve participar das respectivas ações anulatórias, cujas decisões possuem eficácia erga omnes), é perfeitamente possível submeter o conflito ao juízo arbitral, em razão da disponibilidade e da natureza patrimonial dos bens em discussão. De qualquer forma, com o amadurecimento da arbitragem e a expressa possibilidade de entes públicos participarem de arbitragens, nada obsta que os envolvidos firmem compromisso arbitral para direcionar o assunto à arbitragem, inclusive preservando por convenção processual alguns "benefícios" do ente público. Sobre o tema ver, MILMAN, 2020, p. 212. Na mesma linha, conferir MARQUES, 2020, p. 306; ALVES, 2020, p. 327.

6. Vale apenas registrar que o STJ já decidiu que a existência de cláusula compromissória não impede a deflagração do pedido de falência pelo credor. Do voto, vale pinçar o seguinte trecho: "No caso concreto, a despeito da previsão contratual de cláusula compromissória, existem títulos executivos inadimplidos, consistentes em duplicatas protestadas e acompanhadas de documentos para comprovar a prestação efetiva dos serviços, o que dá ensejo à execução forçada ou ao pedido de falência, com fundamento no artigo 94, I, da Lei 11.101/05, que ostenta natureza de execução coletiva" (REsp 1.733.685/SP, rel. Min. Raul Araújo, 3ª Turma, DJe 12-11-2018). Sobre a possibilidade/compatibilidade de arbitragens envolvendo empresas em recuperação judicial e envolvidas em processo de falência, ver RAMALHO, 2020, p. 276.

7. Enunciado n. 6 da I Jornada de Prevenção e Solução Extrajudicial de Litígios: "O processamento da recuperação judicial ou a decretação da falência não autoriza o administrador judicial a recusar a eficácia da convenção de arbitragem, não impede a instauração do procedimento arbitral, nem o suspende".

8. REsp 1.727.979, rel. Min. Marco Aurélio Bellizze, 3ª Turma, DJe 19-6-2018. Do voto do Ministro Relator, vale transcrever o seguinte trecho: "Conclui-se, portanto, que estabelecida no contrato social a cláusula compromissória arbitral, seus efeitos são, necessariamente, estendidos à sociedade, aos sócios – sejam atuais ou futuros –, bem como aos sucessores da quota social do sócio falecido, até que ingressem na sociedade na qualidade de sócios ou até que efetivem a dissolução parcial de sociedade, a fim de excluir, em definitivo, a participação societária daquele".

§ 1º, do CPC[9]. Se o árbitro não tem jurisdição para conhecer de determinada matéria em sede principal, tampouco a poderá conhecer em sede incidental.

2.2. Arbitragem de direito e por equidade

De acordo com o art. 2º da Lei de Arbitragem, a arbitragem pode ser de direito ou por equidade, a critério das partes.

Vale lembrar que, no processo judicial, o art. 140, parágrafo único, do CPC é expresso no sentido de que a regra é o julgamento com base na lei[10]. Excepcionalmente, e apenas quando houver autorização legal nesse sentido, é que o magistrado poderá julgar por equidade.

O julgamento por equidade pauta-se pelo uso de critérios não contidos em norma jurídica, com o objetivo de alcançar o melhor resultado possível para o caso concreto. Para Carmona, o julgamento por equidade é "aquele que respeita a igualdade de cada um, levando em consideração determinantes concretas (intenções, motivos e fatos), conforme o sentimento do que se considera justo, independentemente de previsão legal"[11].

Um exemplo da autorização legal para o uso da equidade pode ser encontrado no parágrafo único do art. 723 do CPC[12]. Em qualquer caso, é indispensável o respeito ao dever de fundamentação analítica[13].

---

9. "Art. 503. A decisão que julgar total ou parcialmente o mérito tem força de lei nos limites da questão principal expressamente decidida. § 1º O disposto no *caput* aplica-se à resolução de questão prejudicial, decidida expressa e incidentemente no processo, se: I – dessa resolução depender o julgamento do mérito; II – a seu respeito tiver havido contraditório prévio e efetivo, não se aplicando no caso de revelia; III – o juízo tiver competência em razão da matéria e da pessoa para resolvê-la como questão principal. § 2º A hipótese do § 1º não se aplica se no processo houver restrições probatórias ou limitações à cognição que impeçam o aprofundamento da análise da questão prejudicial."

10. Vale lembrar que mesmo o juiz não fica adstrito de forma absoluta à letra da lei, já que o exercício da jurisdição deve observar os fins sociais, a exigência do bem comum e os valores constitucionalmente relevantes, como, aliás, é expresso no art. 8º do CPC.

11. CARMONA, 2011, p. 233. Em outro trabalho, o doutrinador assinala que é possível afastar a prescrição em julgamento por equidade (CARMONA, 2011, pp. 249-250).

12. "Art. 723. O juiz decidirá o pedido no prazo de 10 (dez) dias. Parágrafo único. O juiz não é obrigado a observar critério de legalidade estrita, podendo adotar em cada caso a solução que considerar mais conveniente ou oportuna."

13. "Art. 489. São elementos essenciais da sentença: (...) § 1º Não se considera fundamentada qualquer decisão judicial, seja ela interlocutória, sentença ou acórdão, que: I – se limitar à indicação, à reprodução ou à paráfrase de ato normativo, sem explicar sua relação com a causa ou a questão decidida; II – empregar conceitos jurídicos indeterminados, sem explicar o motivo concreto de sua incidência no caso; III – invocar motivos que se prestariam a justificar qualquer outra decisão; IV – não enfrentar todos os argumentos deduzidos no processo capazes de, em tese, infirmar a conclusão adotada pelo julgador; V – se limitar a invocar precedente ou enunciado de súmula, sem identificar seus fundamentos determinantes nem demonstrar que o caso sob julgamento se ajusta àqueles fundamentos; VI – deixar de seguir enunciado de súmula, jurisprudência ou precedente invocado pela parte, sem demonstrar a existência de distinção no caso em julgamento ou a superação do entendimento."

Contudo, é importante observar que a escolha entre a arbitragem de direito e a arbitragem por equidade é absolutamente livre, e depende, apenas, da manifestação de vontade das partes[14]. Não há uma regra geral, tal qual ocorre com o CPC. Isso é reflexo do considerável aumento do poder dispositivo das partes na seara arbitral.

Ademais, importante ressaltar que as partes podem não apenas optar pela arbitragem de direito, mas também escolher o ordenamento jurídico aplicável, independentemente do local em que o ato se realiza. A única restrição imposta pelo legislador é que tais regras não podem violar os bons costumes e a ordem pública[15].

Não há, porém, um dispositivo que estabeleça um rol de bons costumes e tampouco uma definição do que seja ordem pública. Isso deverá ser examinado caso a caso.

Essa discussão traz a reboque outra controvérsia, essa sim bem mais espinhosa e calorosa. Atualmente, a norma abrange não apenas a lei escrita, mas também as decisões dos Tribunais dotadas de força vinculante (art. 927 do CPC).

Assim, surgem algumas indagações: poderiam as partes escolher não apenas o conjunto de regras aplicáveis, mas também a jurisprudência a ser observada pelo árbitro? Ou, indo mais fundo, poderiam as partes convencionar sobre a lei e os precedentes a serem aplicáveis? Poderiam esses precedentes abarcar tanto as decisões judiciais como o conjunto de decisões predominantes naquela Câmara ou Tribunal arbitral?

Não vamos nos aprofundar nessas questões agora. Mais adiante, no Capítulo 11, quando enfrentarmos a temática da vinculação dos árbitros aos precedentes, voltaremos ao ponto.

Finalmente, vale ressaltar que o § 2º do art. 2º permite, ainda, que as partes convencionem que a arbitragem se realize com base nos princípios gerais de direito, nos usos e costumes e nas regras internacionais de comércio. No que concerne ao procedimento a ser utilizado, ele dependerá do que tiver sido pactuado na cláusula compromissória. Enfrentaremos o tema no próximo capítulo.

2.3. Arbitrabilidade dos interesses coletivos

Questão já explorada em sede doutrinária, mas ainda incipiente em âmbito prático no Brasil, diz respeito à possibilidade do uso das ferramentas de tutela coletiva na arbitragem.[16]

---

14. Salvo para as arbitragens envolvendo a Administração Pública, como veremos mais adiante. Nesse caso, a modalidade por equidade é expressamente vedada pelo art. 2º, § 3º, da Lei, acrescido pela Lei n. 13.129/2015.

15. "Art. 2º A arbitragem poderá ser de direito ou de equidade, a critério das partes. § 1º Poderão as partes escolher, livremente, as regras de direito que serão aplicadas na arbitragem, desde que não haja violação aos bons costumes e à ordem pública." Sobre o conceito de ordem pública, ver CABRAL, 2015.

16. Sobre a arbitragem coletiva envolvendo direito do consumidor na Espanha, ver STRONG, 2014, pp. 77-95. Em relação à arbitragem coletiva no contexto internacional, ver FontmicheL, 2016, p. 211. No mesmo sentido JÚDICE, 2016, p. 279.

Isso se dá, basicamente, em razão do entendimento segundo o qual os direitos transindividuais, previstos no art. 81, parágrafo único, do Código de Defesa do Consumidor[17], são, via de regra, indisponíveis, ainda que transacionáveis. Tal circunstância, numa interpretação literal do art. 1º da Lei de Arbitragem, como visto acima, já seria suficiente para inviabilizar o uso do instituto.[18]

Nesse particular, Ana Nery[19] sustenta que a *class arbitration* é possível no ordenamento norte-americano, salvo quando for expressamente excluída pela convenção de arbitragem. A partir dessa premissa, a autora defende que o permissivo que autoriza o TAC poderia servir de base também para o cabimento da arbitragem na tutela coletiva.

Ainda sobre o tema, Andre Roque[20] destaca que a *classwide arbitration* surgiu nos Estados Unidos na esfera cível como um "efeito colateral de manobras de grandes empresas para fugir da propositura de ações coletivas (*class actions*) de larga escala".

Para o referido autor, o objeto dessa arbitragem pode envolver direitos difusos, coletivos e individuais homogêneos, desde que o pedido formulado pelas partes no processo arbitral seja de natureza patrimonial e não viole a ordem pública. O problema aqui seria a determinação dos limites do que é disponível, uma vez que, como dito, não há no ordenamento brasileiro dispositivo que esclareça de forma objetiva um limite para tais direitos.

---

17. "Art. 81. A defesa dos interesses e direitos dos consumidores e das vítimas poderá ser exercida em juízo individualmente, ou a título coletivo. Parágrafo único. A defesa coletiva será exercida quando se tratar de: I – interesses ou direitos difusos, assim entendidos, para efeitos deste código, os transindividuais, de natureza indivisível, de que sejam titulares pessoas indeterminadas e ligadas por circunstâncias de fato; II – interesses ou direitos coletivos, assim entendidos, para efeitos deste código, os transindividuais, de natureza indivisível de que seja titular grupo, categoria ou classe de pessoas ligadas entre si ou com a parte contrária por uma relação jurídica base; III – interesses ou direitos individuais homogêneos, assim entendidos os decorrentes de origem comum."

18. Em defesa da arbitragem de classe, com a sugestão de inclusão de normas específicas em regulamentos de instituições arbitrais, ver WALD, 2017, pp. 229-248.

19. NERY, 2016, p. 312. Em outro trabalho, a mesma autora aborda o tema, salientando que "a arbitragem coletiva pode ser instituída por meio de cláusula compromissória ou por compromisso arbitral, sendo este último mais factível de efetivação em virtude da comum ausência de relação jurídica prévia envolvendo direitos transindividuais entre órgão público colegitimado à propositura da ação civil pública e particulares. Sobre o objeto da arbitragem coletiva, consignamos que tanto direitos difusos e coletivos como os direitos individuais homogêneos podem ser discutidos em arbitragem desde que o pedido formulado pelas partes no processo arbitral seja de natureza patrimonial e não viole a ordem pública". NERY, 2017, pp. 103-127.

20. "O assunto ganhou proeminência nacional em 2003, por ocasião do julgamento do caso Bazzle pela Suprema Corte dos Estados Unidos, no qual se entendeu que, existindo convenção de arbitragem, incumbe aos árbitros (não aos juízes) decidirem se a cláusula permite o processamento coletivo das pretensões. Nos anos seguintes, a Suprema Corte dos Estados Unidos voltou a apreciar o tema das arbitragens coletivas nos casos Stolt-Nielsen, Concepcion, Amex e Oxford Health Plans. Embora ainda seja cedo para definir as consequências dessas decisões, não parece que o futuro da arbitragem coletiva nos Estados Unidos seja dos mais auspiciosos. Ao que tudo indica, apenas nos casos em que a convenção permitir de forma expressa a arbitragem coletiva é que será, sem sombra de dúvidas, admitido seu processamento. Trata-se, porém, de hipótese raríssima, já que, em regra, as pretensões suscetíveis de coletivização nos Estados Unidos decorrerão de contrato de adesão cujas cláusulas terão sido redigidas pelo fornecedor de produtos ou prestador de serviços, que, na maioria dos casos, terá o interesse de impedir a certificação coletiva" (ROQUE, 2014, p. 251).

Ainda segundo o doutrinador, o procedimento deve seguir as regras previstas na convenção, mas não poderá ser confidencial[21], diante do interesse público envolvido. A sentença, o regime da coisa julgada, a liquidação e o cumprimento deverão observar as mesmas regras do microssistema da tutela coletiva.

Por sua vez, Cesar Pereira e Luísa Quintão[22] defendem que o direito à representação por associação (art. 5º, XXI, da CF) é um direito fundamental aplicável a qualquer procedimento judicial ou extrajudicial. Na visão dos autores, "nada impede o seu exercício em relação à arbitragem. Pode ser um instrumento útil para a facilitação da atuação de indivíduos em arbitragem, pois permite que os titulares de direitos individuais homogêneos se reúnam para ampliar a sua capacidade de atuação e reduzir os custos individuais do exercício de seus direitos".

Sob esse prisma, vale registrar que a Associação dos Investidores Minoritários (Aidmin) da Petrobras ajuizou ação civil pública em face dessa última pleiteando indenização decorrente das perdas dos investidores, em razão dos desdobramentos da operação Lava-Jato. O TJ/SP, porém, entendeu que o caso deveria ser submetido à jurisdição arbitral[23]. A discussão está em trâmite na Câmara de Arbitragem do Mercado e, de certo modo, configura exemplo de arbitragem coletiva[24].

Cumpre registrar, ainda, a proposta de Olavo Augusto Vianna Alves Ferreira, Débora Cristina Fernandes Ananias Alves Ferreira e Matheus Lins Rocha no sentido de uma reforma legislativa "visando à definição da abrangência da arbitrabilidade objetiva para consolidação da aplicação da arbitragem coletiva no âmbito do ordenamento jurídico brasileiro, preenchendo o vácuo legislativo e com isso expurgando a insegurança jurídica que hoje grassa na delimitação do âmbito de cabimento da arbitragem coletiva". Na visão dos doutrinadores, "impõe-se a alteração da Lei de Arbitragem regulamentando aspectos específicos da arbitragem coletiva, como previsão da participação do Ministério Público, definição dos sujeitos que podem celebrar a convenção de arbitragem coletiva, sua vinculação a determinado grupo, coisa julgada e, em especial à arbitrabilidade objetiva e à possibilidade de aplicação da arbitragem coletiva a casos que discutam direitos coletivos *lato sensu*"[25].

---

21. Vale lembrar que a confidencialidade do processo arbitral não decorre da lei, mas do acordo de vontades das partes. Na arbitragem coletiva, considerando o próprio objeto em discussão (situações jurídicas de grupo de pessoas), não parece haver realmente sentido na confidencialidade. Sob a mesma lógica, defende-se a mitigação da confidencialidade em arbitragens envolvendo companhias abertas, a fim de permitir que os investidores possam ter conhecimento de determinada medida capaz de "impactar o patrimônio ou condução dos negócios da companhia (seja ela favorável ou contrária aos interesses desta)", à luz da Lei n. 6.404/76 e da ICVM n. 358/02. Sobre este último tema, ver MOOG, 2020, p. 254.

22. PEREIRA; QUINTÃO 2015, pp. 105-123.

23. Processo n. 1106499-89.2017.8.26.0100, 6ª Vara Cível do Foro Central da Comarca de São Paulo.

24. Sobre a possibilidade de Associação de acionistas iniciar arbitragem coletiva, ver PRADO, 2017, p. 99.

25. FERREIRA; FERREIRA; ROCHA, 2020. Ainda no ponto, vale mencionar o PL n. 2.925/2023, que: "Altera a Lei n. 6.385, de 7 de dezembro de 1976, e a Lei n. 6.404, de 15 de dezembro de 1976, para dispor sobre a transparência em processos arbitrais e o sistema de tutela privada de direitos de investidores do mercado de valores mobiliários".

Sem nos aprofundarmos nas questões teóricas que cercam a matéria, uma vez que o tema exigiria uma obra específica a respeito, cabe mencionar que o legislador brasileiro vem pavimentando o terreno da "arbitragem coletiva"[26].

Nesse sentido, a Lei n. 13.488, de 13 de junho de 2017, trouxe, nos arts. 15[27] e 31[28], menção expressa à utilização da arbitragem e de outros meios de resolução de conflitos nos contratos de parceria[29].

Em linhas gerais, essa lei estabelece diretrizes para prorrogação e relicitação dos contratos de parceria definidos nos termos da Lei n. 13.334, de 13 de setembro de 2016, nos setores rodoviário, ferroviário e aeroportuário da Administração Pública federal, e altera a Lei n. 10.233, de 5 de junho de 2001, e a Lei n. 8.987, de 13 de fevereiro de 1995.

A arbitragem deve ser realizada no Brasil e em língua portuguesa (art. 31, § 3º), devendo o Poder Executivo regulamentar o credenciamento de câmaras arbitrais para os fins dessa lei (art. 31, § 5º)

A decisão arbitral abrange as matérias previstas no § 4º do art. 31 da Lei n. 13.448/2017, que elenca os direitos disponíveis[30], a saber:

I – as questões relacionadas à recomposição do equilíbrio econômico-financeiro dos contratos;

---

26.   A Constituição Federal, por exemplo, prevê a possibilidade de arbitragem nos dissídios coletivos: "Art. 114. Compete à Justiça do Trabalho processar e julgar: (...) § 2º Recusando-se qualquer das partes à negociação coletiva ou à arbitragem, é facultado às mesmas, de comum acordo, ajuizar dissídio coletivo de natureza econômica, podendo a Justiça do Trabalho decidir o conflito, respeitadas as disposições mínimas legais de proteção ao trabalho, bem como as convencionadas anteriormente."

27.   "Art. 15. A relicitação do contrato de parceria será condicionada à celebração de termo aditivo com o atual contratado, do qual constarão, entre outros elementos julgados pertinentes pelo órgão ou pela entidade competente: (...) III – o compromisso arbitral entre as partes com previsão de submissão, à arbitragem ou a outro mecanismo privado de resolução de conflitos admitido na legislação aplicável, das questões que envolvam o cálculo das indenizações pelo órgão ou pela entidade competente, relativamente aos procedimentos estabelecidos por esta Lei."

28.   "Art. 31. As controvérsias surgidas em decorrência dos contratos nos setores de que trata esta Lei após decisão definitiva da autoridade competente, no que se refere aos direitos patrimoniais disponíveis, podem ser submetidas a arbitragem ou a outros mecanismos alternativos de solução de controvérsias.

29.   Para uma análise detalhada, ver JUNQUEIRA, 2017, pp. 65-76. No mesmo sentido PEREIRA, 2017, p. 111-133.

30.   Trata-se de importante previsão a propósito da arbitrabilidade objetiva em contratos de concessão. Isto porque a Lei n. 13.129, de 26 de maio de 2015, que alterou a Lei n. 9.307/96 (Lei de Arbitragem), representou um avanço no tema da "Arbitragem na Administração Pública" apenas no tocante à arbitrabilidade subjetiva, já que autorizou a adoção de tal expediente em contratos de que o Poder Público é parte. É que, nos últimos anos, os tribunais brasileiros vinham se manifestando no sentido de que esse instrumento de solução alternativa de controvérsia só poderia ser utilizado por entidades da Administração Indireta, que ostentassem personalidade jurídica de direito privado (empresas estatais). VERAS, 2017, disponível em: <http://www.direitodoestado.com.br/colunistas/Rafael-Veras/as-prorrogacoes-e-a-relicitacao-de-que-tratam-a-lei-n-134482017-um-novo-regime-juridico-de-negociacao-para-os-contratos-de-concessao>. Acesso em: 20 out. 2019.

II – o cálculo de indenizações decorrentes de extinção ou de transferência do contrato de concessão; e

III – o inadimplemento de obrigações contratuais por qualquer das partes.

Importante ressaltar que a lei foi regulamentada pelo Decreto n. 9.957/2019 que menciona, expressamente, o uso da arbitragem nos arts. 3º, V, "e", 8º, IV e 11, § 2º.

Antes de finalizar este tópico, vale registrar, ainda que rapidamente, o incentivo para o uso dos chamados *Dispute Boards*, outro método que compõe o microssistema de resolução de conflitos. Trata-se de alternativa interessante, sobretudo em se tratando de obras de grande envergadura e que possam trazer ameaças ao meio ambiente ou ao direito de uma coletividade.[31] Os *Dispute Boards*, comitês de resolução de conflitos, são largamente difundidos no Direito norte-americano e começam a ser mais estudados no Brasil.[32]

Aliás, na I Jornada de Prevenção e Solução Extrajudicial de Litígios levada a cabo pelo STJ, sob a presidência do Ministro Luis Felipe Salomão, alguns enunciados foram publicados a respeito da matéria[33].

2.4. Arbitragem envolvendo a Administração Pública

Durante algum tempo, debateu-se a possibilidade do uso da arbitragem por entidades de direito público. Hoje a questão está superada (art. 1º, §§ 1º e 2º), o que traz maior segurança jurídica[34]. Porém, é importante abordar alguns pontos ainda controvertidos.

---

31. IUDICA, 2016, p. 495.

32. Vale citar, por exemplo, a Lei Municipal de São Paulo n. 16.873/2018, que reconhece e regulamenta a instalação de Comitês de Prevenção e Solução de Disputas em contratos administrativos continuados celebrados pela Prefeitura de São Paulo. Cabe mencionar, ainda, o Projeto de Lei n. 9.833/2018 (que dispõe sobre o uso dos Comitês de Resolução de Disputas – *Dispute Boards* – em contratos administrativos), em trâmite na Câmara dos Deputados, e o Projeto de Lei 206/2018, ainda em tramitação no Senado. Algumas instituições também já possuem regulamentos sobre o instituto, como é o caso, por exemplo, do CBMA.

33. Sobre a figura do *Dispute Boards*, foram aprovados os seguintes Enunciados no I Fórum de Prevenção e Solução Extrajudicial de Litígios. Enunciado n. 49: "Os Comitês de Resolução de Disputas (*Dispute Boards*) são métodos de solução consensual de conflito, na forma prevista no § 3º do art. 3º do Código de Processo Civil Brasileiro". Enunciado n. 76: "As decisões proferidas por um Comitê de Resolução de Disputas (*Dispute Board*), quando os contratantes tiverem acordado pela sua adoção obrigatória, vinculam as partes ao seu cumprimento até que o Poder Judiciário ou o juízo arbitral competente emitam nova decisão ou a confirmem, caso venham a ser provocados pela parte inconformada". Enunciado n. 80: "A utilização dos Comitês de Resolução de Disputas (*Dispute Boards*), com a inserção da respectiva cláusula contratual, é recomendável para os contratos de construção ou de obras de infraestrutura, como mecanismo voltado para a prevenção de litígios e redução dos custos correlatos, permitindo a imediata resolução de conflitos surgidos no curso da execução dos contratos" (Enunciados aprovados na I Jornada de "Prevenção e Solução Extrajudicial de Litígios", realizada em Brasília, nos dias 22 e 23 de agosto de 2016. Disponível em: <http://www.cjf.jus.br/cjf/corregedoria-da-justica-federal/centro-de-estudos-judiciarios-1/publicacoes-1/cjf/corregedoria-da-justica-federal/centro-de-estudos-judiciarios-1/prevencao-e-solucao-extrajudicial-de-litigios/?_authenticator=60c7f30ef0d8002d17dbe298563b6fa2849c6669>. Acesso em: 16 nov. 2016).

34. "No que diz respeito à arbitragem envolvendo a Administração Pública houve avanços importantes no âmbito jurisprudencial, que serviu para dar base à edição de inúmeras normas que, por sua vez, servi-

No passado, o argumento principal era no sentido de que os interesses da Administração Pública são sempre indisponíveis e, por isso, insuscetíveis de serem submetidos à arbitragem.

Porém, como se sabe, o interesse público nem sempre se confunde com o interesse da Administração Pública e, muitas vezes, envolvem direitos plenamente disponíveis[35].

Um primeiro passo legislativo quanto ao tema foi dado quando o legislador permitiu que a Administração Pública transigisse a respeito de interesses a ela referidos em processos judiciais, como ocorre nos Juizados Especiais (art. 10 da Lei n. 10.259/2001).

Com efeito, a edição da Emenda Constitucional n. 19/98, que alterou a redação do § 1º do art. 173 da Constituição Federal, abriu caminho para a inovação, o que acabou sendo consagrado pelas reformas da Lei de Arbitragem de 2015.

Especificamente no âmbito da Administração Pública, alguns diplomas legais já autorizavam a utilização da arbitragem antes mesmo da reforma de 2015:

a) a Lei n. 9.472/97 (Lei Geral de Telecomunicações) prevê, no art. 93, que o contrato de concessão indicará: (...) XV – o foro e o modo para solução extrajudicial das divergências contratuais;

b) a Lei n. 9.478/97 (Lei de Petróleo e Gás) autoriza a Agência Nacional de Petróleo a estabelecer, em seu regimento interno, os procedimentos a serem adotados para a solução de conflitos entre agentes econômicos, e entre estes e usuários e consumidores, com ênfase na conciliação e no arbitramento (art. 93). Em seu art. 43, dispõe que "o contrato de concessão deverá refletir fielmente as condições do edital e da proposta vencedora e terá como cláusulas essenciais: (...) X – as regras sobre solução de controvérsias, relacionadas com o contrato e sua execução, inclusive a conciliação e a arbitragem internacional";

c) a Lei n. 10.233/2001, sobre Transportes Aquaviários e Terrestres, estabelece que "o contrato de concessão deverá refletir fielmente as condições do edital e da proposta vencedora e terá como cláusulas essenciais as relativas a: (...) XVI – regras sobre solução de controvérsias relacionadas com o contrato e sua execução, inclusive a conciliação e a arbitragem" (art. 35);

---

ram de alicerce à última inovação trazida pela Lei n. 13.129/2015, que, de forma clara e direta, admitiu que o Estado utilize a arbitragem para dirimir conflitos relativos a direitos patrimoniais disponíveis, cujas principais vantagens decorrentes do novo panorama suscitam um incremento estatal de sua influência internacional, credibilidade, segurança jurídica e respeito aos contratos, além da maior especialização da matéria". ROCHA, 2016, pp. 103-126.

35. Enunciado n. 60 da I Jornada de Prevenção e Solução Extrajudicial de Litígios: "As vias adequadas de solução de conflitos previstas em lei, como a conciliação, a arbitragem e a mediação, são plenamente aplicáveis à Administração Pública e não se incompatibilizam com a indisponibilidade do interesse público, diante do Novo Código de Processo Civil e das autorizações legislativas pertinentes aos entes públicos".

d) a Lei n. 10.438/2002, sobre Energia Elétrica, estabelece que a Agência Nacional de Energia Elétrica (Aneel), ao proceder a determinada recomposição tarifária extraordinária ali especificada, estará condicionada, nos termos de resolução da Aneel, à solução de controvérsias contratuais e normativas e à eliminação e prevenção de eventuais litígios judiciais ou extrajudiciais, inclusive por meio de arbitragem levada a efeito pela própria Aneel;

e) a Lei n. 10.848/2004, ao disciplinar a Câmara de Comercialização de Energia Elétrica (CCEE), determinou, no seu art. 4º, § 5º, que as regras para a resolução das eventuais divergências entre os agentes integrantes da CCEE serão estabelecidas na convenção de comercialização e em seu estatuto social, que deverão tratar do mecanismo e da convenção de arbitragem, nos termos da Lei n. 9.307/96. Ainda, no § 6º do art. 4º, resta esclarecido que as empresas públicas e as sociedades de economia mista, suas subsidiárias ou controladas, titulares de concessão, permissão e autorização, estão autorizadas a integrar a CCEE e a aderir ao mecanismo e à convenção de arbitragem;

f) a Lei n. 11.079/2004, da Parceria Público-Privada (PPP), no campo da prestação de serviços públicos e da execução da infraestrutura correspondente, em seu art. 11, define que o instrumento convocatório de licitação pode prever o emprego dos mecanismos privados de resolução de disputas, inclusive a arbitragem, a ser realizada no Brasil e em língua portuguesa, "nos termos da Lei n. 9.307, de 23 de setembro de 1996, para dirimir conflitos decorrentes ou relacionados ao contrato";

g) a Lei n. 11.196/2005, que alterou a Lei n. 8.987, de 1995 – Lei das Concessões –, autoriza expressamente a Administração Pública a inserir previsão de que o contrato de concessão poderá prever o emprego de mecanismos privados para resolução de disputas decorrentes ou relacionadas ao contrato, inclusive a arbitragem, a ser realizada no Brasil e em língua portuguesa, nos termos da Lei n. 9.307, de 23 de setembro de 1996 (art. 23-A);

h) a Lei n. 11.668/2008, Lei de Franquias Postais, determina serem cláusulas essenciais do contrato de franquia postal as relativas ao foro e aos métodos extrajudiciais de solução das divergências contratuais;

i) a Lei n. 11.909/2009, sobre o Transporte de Gás Natural, dispõe que o contrato de concessão deve refletir fielmente as condições do edital e da proposta vencedora, tendo como cláusulas essenciais, entre outras, as regras sobre solução de controvérsias relacionadas ao contrato e sua execução, inclusive a conciliação e a arbitragem. A concessionária deve, ainda, submeter à aprovação da ANP a minuta de contrato padrão a ser celebrado com os carregadores, a qual deve conter cláusula para resolução de eventuais divergências, podendo, ainda, prever a convenção de arbitragem, "nos termos da Lei n. 9.307, de 23 de setembro de 1996". Já os contratos de comercialização de gás natural devem conter cláusula para resolução de eventuais divergências, podendo, inclusive, prever a convenção de arbitragem, "nos termos da

Lei n. 9.307, de 23 de setembro de 1996", o que pode ser adotado por adesão pelas empresas públicas e pelas sociedades de economia mista, suas subsidiárias ou controladas, titulares de concessão ou autorização.

No plano jurisprudencial, o STF, em precedente anterior à Constituição (caso Lage), já havia admitido a arbitragem em relações fazendárias[36].

No mesmo sentido, o STJ, ao tratar de contratos celebrados por empresas estatais, já admitia a utilização da arbitragem nos respectivos ajustes[37], bem como nas questões envolvendo sociedades de economia mista[38].

Com o advento da Lei n. 13.129/2015, a possibilidade de a Administração se tornar parte em arbitragem[39] fica expressamente ressalvada no § 1º do art. 1º[40-41].

Observe-se que o legislador faz questão de repetir a expressão "direitos patrimoniais disponíveis"[42].

---

36. STF, AI 52.181/GB, rel. Min. Bilac Pinto, Tribunal Pleno, *DJ* 15-2-1974, p. 720.

37. STJ, REsp 612.439/RS, rel. Min. João Otávio de Noronha, 2ª Turma, *DJ* 14-9-2006, p. 299; STJ, MS 11.308/DF, rel. Min. Luiz Fux, Primeira Seção, *DJe* 19-5-2008.

38. STJ, REsp 904.813/PR, rel. Min. Nancy Andrighi, j. em 20-10-2011. Atualmente, já existe lei específica prevendo: Lei n. 13.303/2016 (Dispõe sobre o estatuto jurídico da empresa pública, da sociedade de economia mista e de suas subsidiárias, no âmbito da União, dos Estados, do Distrito Federal e dos Municípios – *vide* art. 12, parágrafo único).

39. O Tribunal de Contas, por exemplo, tinha posição tradicional contrária à arbitragem. A esse respeito ver: TCU, Decisão 286/1993, Plenário, rel. Min. Homero Santos, *DOU* 4-8-1993; Acórdão 587/2003, Plenário, rel. Min. Adylson Motta, *DOU* 10-6-2003; Acórdão 906/2003, Plenário, rel. Min. Lincoln Magalhães da Rocha, *DOU* 24-7-2003; Acórdão 1.099/2006, Plenário, rel. Min. Augusto Nardes, *DOU* 10-7-2006. De qualquer modo, cabe registrar que, posteriormente, o TCU admitiu a arbitragem nos contratos celebrados por sociedade de economia mista (Petrobras), versando exclusivamente sobre "a resolução dos eventuais litígios a assuntos relacionados à sua área-fim e a disputas eminentemente técnicas oriundas da execução dos aludidos contratos" (TCU, Acórdão 2.094/2009, rel. Min. José Jorge, *DOU* 11-9-2009). Todavia, nessa última hipótese, os contratos não seriam administrativos propriamente ditos, mas privados da administração e, portanto, submetidos, naturalmente, ao direito privado.

40. "Art. 1º As pessoas capazes de contratar poderão valer-se da arbitragem para dirimir litígios relativos a direitos patrimoniais disponíveis. § 1º A administração pública direta e indireta poderá utilizar-se da arbitragem para dirimir conflitos relativos a direitos patrimoniais disponíveis." Enunciado 107 da II Jornada de Prevenção e Solução Extrajudicial de Litígios: "A definição de direito patrimonial disponível, consoante o art. 1º, § 1º, da Lei n. 9.307/96, para fins de submissão de questões que envolvam a Administração Pública ao procedimento arbitral, deve observar o critério de negociabilidade da matéria objeto de discussão".

41. Em termos de políticas públicas, vale mencionar o PL n. 8.058/2014 (ainda em tramitação na Câmara dos Deputados), que institui processo especial para o controle e intervenção em políticas públicas pelo Poder Judiciário e dá outras providências. O art. 11 estabelece que as partes poderão, de comum acordo, submeter o conflito ao juízo arbitral, observado o disposto na legislação em vigor ou à mediação ou conciliação judiciais ou extrajudiciais.

42. Enunciado n. 13 da I Jornada de Prevenção e Solução Extrajudicial de Litígios: "Podem ser objeto de arbitragem relacionada à Administração Pública, dentre outros, litígios relativos: I – ao inadimplemento de obrigações contratuais por qualquer das partes; II – à recomposição do equilíbrio econômico-financeiro dos contratos, cláusulas financeiras e econômicas".

A nosso sentir, tais conflitos se referem, expressamente, aos atos de gestão[43] da Administração, excluídos, obviamente, os atos de império[44], bem como os de natureza política, legislativa ou executiva em sentido estrito.[45]

Apenas a título ilustrativo, o parágrafo único do art. 1º do Decreto n. 46.245/2018 do Estado do Rio de Janeiro delimita, por exemplo, a arbitrabilidade objetiva nos casos envolvendo o Estado do Rio de Janeiro e entidades da Administração Pública estadual Indireta[46]. No mesmo sentido, o Decreto Federal n. 10.025/2019 (que dispõe sobre a arbitragem para dirimir litígios que envolvam a Administração Pública federal nos setores portuário e de transporte rodoviário, ferroviário, aquaviário e aeroportuário), estabelece, em seu art. 2º, que poderão ser submetidas à arbitragem as controvérsias sobre direitos patrimoniais disponíveis, envolvendo, por exemplo, as questões relacionadas à recomposição do equilíbrio econômico-financeiro dos contratos; o cálculo de indenizações decorrentes de extinção ou de transferência do contrato de parceria; e o inadimplemento de obrigações contratuais por quaisquer das partes, incluídas a incidência das suas penalidades e o seu cálculo.

Cabe destacar que a Administração Pública, em todas as suas esferas, pode fazer uso da arbitragem. Assim, União, Estados, Municípios e Distrito Federal passam a ter o direito de utilizar ferramenta. Ademais, o art. 1º, § 1º, da Lei de Arbitragem menciona, expressamente, a administração indireta, que compreende as autarquias e fundações públicas.[47]

---

43. "Sempre que a Administração Pública contrata uma obra ou serviço, ela pratica atos de disposição de seu patrimônio, mediante o desembolso dos recursos públicos correspondentes. É igualmente quando se dá quando o Poder Público promove o reequilíbrio econômico-financeiro de um contrato, ou quando realiza uma desapropriação amigável, pela via administrativa" (SCHMIDT, 2018, p. 54). Em sentido semelhante, o entendimento de Rafael Carvalho Rezende Oliveira: "Quanto à arbitrabilidade objetiva, as questões submetidas à arbitragem devem envolver direitos patrimoniais disponíveis. Trata-se, a nosso ver, de assunto inerente às contratações administrativas, uma vez que o contrato é o instrumento que encerra a disposição, pela Administração, da melhor forma de atender o interesse público. Destarte, as questões que podem ser objeto da contratação administrativa são, em princípio, disponíveis, passíveis de submissão à arbitragem" (2015, p. 69-70).

44. "Sendo assim, podemos afirmar que apenas as obrigações heterônomas do Direito Administrativo, ou seja, aquelas que se impõem ao particular de maneira inteiramente vertical – sem em nada precisar da sua aquiescência –, não podem ser objeto de contrato e, consequentemente, de arbitragem". ARAGÃO, 2017, pp. 25-63.

45. Como já destacado no capítulo da mediação, na desapropriação, constitui faculdade do ente expropriante oferecer ao particular as vias da mediação ou da arbitragem para discutir o valor indenizatório (Decreto-lei n. 3.365/41, com os acréscimos da Lei n. 13.867/ 2019).

46. Decreto n. 46.245/18/RJ. Art. 1º: "Parágrafo único. Entende-se por conflitos relativos a direitos patrimoniais disponíveis as controvérsias que possuam natureza pecuniária e que não versem sobre interesses públicos primários".

47. O STJ já reconheceu o comportamento contraditório de ente estatal que firmou contrato com cláusula compromissória e depois tentou alegar a falta de jurisdição do juízo arbitral: "O questionamento do Estado/agravante acerca da validade da sujeição da controvérsia à solução arbitral, com base no caráter indisponível do direito público em disputa, manifesta patente comportamento contraditório, visto que, em um primeiro momento, firmou contrato com previsão de não submeter à jurisdição estatal as ações que envol-

No caso da administração direta, o § 2º do art. 1º estabelece uma legitimidade concentrada para o uso da arbitragem. Nesse sentido, há a necessidade de se observar qual ou quais são os órgãos dotados de atribuição para a realização de acordos ou transações. Apenas esses órgãos poderão tomar a iniciativa de instituir o procedimento arbitral.

Como já afirmado, o § 3º do art. 2º da lei especial determina que a arbitragem envolvendo a Administração Pública será sempre de direito. Isso não significa, porém, que o procedimento deve se pautar em lei no sentido formal, mas sim que haja alguma espécie de norma[48-49].

Questão interessante – e que já foi objeto de questionamento judicial – é a validade de compromisso arbitral celebrado pela Administração Pública, mesmo sem anterior previsão de arbitragem no Edital de Licitação. Doutrina[50] e jurisprudência[51] já responderam afirmativamente e admitiram expressamente essa possibilidade.

Também já ficou assentado que a Administração Pública pode celebrar o compromisso arbitral mesmo que não tenha inserido previamente cláusula compromissória no contrato[52], não havendo, ainda, impedimento à realização de arbitragem *ad hoc*[53], embora seja desejável e mais comum a opção pela arbitragem institucional.

Questão relevante envolve o princípio da publicidade nas arbitragens envolvendo a Administração Pública (art. 2º, § 3º)[54], o qual deve ser interpretado de forma ampla, como

---

vem o certame e, em outro momento, no bojo do presente incidente processual – via inadequada para apreciar tais argumentos – alega que os temas atinentes à execução do contrato escapam à jurisdição arbitral (*venire contra factum proprium*)" (CC 180.394/BA, Min. Gurgel de Faria, Primeira Seção, j. 29-3-2002).

48. Enunciado n. 11 da I Jornada de Prevenção e Solução Extrajudicial de Litígios: "Nas arbitragens envolvendo a Administração Pública, é permitida a adoção das regras internacionais de comércio e/ou usos e costumes aplicáveis às respectivas áreas técnicas".

49. Sobre o tema, Rafael Carvalho Rezende Oliveira destaca que, "especialmente no campo das arbitragens internacionais, a utilização de critérios extralegais (costumes, equidade etc.) é comum na solução das controvérsias, o que é corroborado pelo art. 2º, § 2º, da Lei n. 9.307/96. Nesse ponto, seria oportuno que a legislação mencionasse expressamente a possibilidade de aplicação dos usos, costumes, equidade e regras internacionais do comércio nas arbitragens internacionais envolvendo a Administração Pública Direta e Indireta" (2015, p. 70). Sobre o tema, ver também: JOSEPHSON, 2023.

50. Enunciado FPPC n. 571 (art. 1º, §§ 1º e 2º, da Lei 9.307/96): "A previsão no edital de licitação não é pressuposto para que a Administração Pública e o contratado celebrem convenção arbitral". *Vide* também OLIVEIRA, 2018, p. 298-300.

51. STJ, REsp 904.813/PR, rel. Min. Nancy Andrighi, 3ª Turma, *DJe* 28-2-2012.

52. Enunciado n. 2 da I Jornada de Prevenção e Solução Extrajudicial de Litígios: "Ainda que não haja cláusula compromissória, a Administração Pública poderá celebrar compromisso arbitral".

53. Enunciado FPPC n. 572 (art. 1º, § 1º, da Lei 9.307/96): "A Administração Pública direta ou indireta pode submeter-se a uma arbitragem *ad hoc* ou institucional". No mesmo sentido o Decreto n. 64.356/2019 do Estado de São Paulo (que dispõe sobre o uso da arbitragem para resolução de conflitos em que a Administração Pública direta e suas autarquias sejam parte). "Art. 3º. A arbitragem será preferencialmente institucional, podendo, justificadamente, ser constituída arbitragem "ad hoc".

54. "Art. 2º (...) § 3º A arbitragem que envolva a administração pública será sempre de direito e respeitará o princípio da publicidade."

bem ressalta Gustavo Schmidt[55]. Até porque, a publicidade, nessa modalidade de arbitragem, está diretamente relacionada ao princípio democrático, que viabiliza o controle social sobre os atos políticos[56].

Contudo, em caráter excepcional[57], poderá o procedimento observar a regra da confidencialidade. Nesse sentido, para Gustavo Schmidt[58], o sigilo poderá ser deferido pelo tribunal arbitral quando:

i) por força da existência no processo de documentos, informações ou dados que possam colocar em risco a segurança da sociedade ou do Estado;

ii) quando a divulgação da informação, ou da matéria objeto de litígio, puder importar em ofensa a direitos individuais da parte privada; e

iii) quando a publicidade colocar em risco o direito de terceiros.

Tais ressalvas, de certo modo, estão em linha com as hipóteses previstas nos arts. 23 e 24 da Lei de Acesso à Informação (Lei n. 12.527/2011)[59].[60]

Com efeito, de acordo com a referida lei, em relação às informações consideradas "imprescindíveis à segurança da sociedade ou do Estado"[61], poderá a Administração Pública garantir acesso restrito a seu conteúdo por 5, 15 ou 25 anos, dependendo da relevância da informação, como bem lembra Fabio Rascão Marinho[62]. [63]

---

55. "Em outras palavras, independentemente do dever estatal de dar publicidade aos seus atos, imposição esta que recai sobre o Estado, por força do art. 37 da Constituição de 1988, a lei exige que o próprio procedimento arbitral seja público. É ao menos a exegese que se extrai, em caráter preliminar, da letra da lei" (SCHMIDT, 2018, p. 60-61).

56. OLIVEIRA, 2013, p. 29.

57. Enunciado n. 4 da I Jornada de Prevenção e Solução Extrajudicial de Litígios: "Na arbitragem, cabe à Administração Pública promover a publicidade prevista no art. 2º, § 3º, da Lei n. 9.307/96, observado o disposto na Lei n. 12.527/2011, podendo ser mitigada nos casos de sigilo previstos em lei, a juízo do árbitro".

58. SCHMIDT, 2016, p. 193.

59. "As informações consideradas imprescindíveis à segurança da sociedade ou do Estado, por sua vez, só poderão permanecer em segredo de justiça se classificadas como ultrassecretas, secretas ou reservadas, nos termos e na forma dos arts. 23 e 24 da Lei 12.527/2011. Não é papel do Tribunal Arbitral, evidentemente, classificar como sigilosos, ou não, os documentos trazidos pelo Poder Público ao procedimento arbitral. Não há, neste particular, qualquer margem de discricionariedade para o árbitro. Caso a informação tenha sido classificada como sigilosa pelo Estado, conforme o procedimento estatuído pela Lei de Acesso à Informação, deverá o Tribunal Arbitral decretar o segredo de justiça ou, ao menos, preservar o sigilo da informação. Do contrário, prevalecerá o princípio da publicidade" (SCHMIDT, 2018, p. 64-65).

60. De acordo com o Enunciado 128 do Fórum Nacional do Poder Público, "o juízo arbitral não se subordina aos pedidos de informação realizados com base na Lei n. 12.527/2011, quando a Administração Pública for parte no processo arbitral, fundado em razões que justifiquem a limitação de acesso à informação".

61. Lei n. 12.527/2011, art. 23, *caput*.

62. PINHO; RODRIGUES, 2018, p. 134.

63. Enunciado n. 89 da II Jornada de Prevenção e Solução Extrajudicial de Litígios: "Nas arbitragens envolvendo a Administração Pública, cabe à parte interessada apontar as informações ou documentos que entende sigilosos, indicando o respectivo fundamento legal que restringe sua publicidade".

A mitigação da publicidade[64] também se aplica às estatais exploradoras de atividade econômica, submetidas ao regime de concorrência, conforme art. 173 da Constituição Federal, devendo, nesse caso, incidir a regra contida no art. 5º, § 1º, do Decreto n. 7.724[65], de 16 de maio de 2012, que regulamentou, no âmbito do Poder Executivo Federal, a Lei n. 12.527/2011.

Outra questão interessante a ser examinada no campo da arbitragem envolvendo o Poder Público é a escolha do árbitro no procedimento. A discussão reside em saber se existe ou não necessidade de licitação.

Nesse particular, entendemos que a contratação de câmaras ou instituições para a operacionalização da arbitragem está inserida dentro das modalidades previstas no art. 25 da Lei n. 8.666/96. Trata-se da inexigibilidade de licitação, que torna a competição inviável[66].

Anote-se que o acima referido Decreto n. 10.025/2019 (dispõe sobre a arbitragem para dirimir litígios que envolvam a Administração Pública federal nos setores portuário e de transporte rodoviário, ferroviário, aquaviário e aeroportuário), no art. 10, define alguns critérios para a escolha da instituição arbitral:

i) estar em regular funcionamento como instituição arbitral há, no mínimo, de três anos; e

ii) ter reconhecida idoneidade, competência e experiência na condução de procedimentos arbitrais[67]; e

iii) possuir regulamento próprio, disponível em língua portuguesa.

---

64. Há quem defenda que "não se impõe, em princípio, que as audiências sejam abertas ao público, pois o relevante é que sua condução preserve o devido processo legal, verificado, se necessário, pelas manifestações dos advogados com suporte nas gravações, transcrições e atas de audiência. Tal posicionamento está de acordo com a recente Resolução Administrativa n. 2/2016, referente a interpretação e aplicação do Regulamento do CAM/CCBC quanto ao princípio da publicidade em arbitragens que envolvam a Administração Pública Direta. Do mesmo modo, parece desnecessário que todo o conjunto probatório esteja disponível ao público em geral". MARTINS, 2017, pp. 263-282.

65. Decreto n. 7.724/2012, art. 5º, § 1º: "A divulgação de informações de empresas públicas, sociedade de economia mista e demais entidades controladas pela União que atuem em regime de concorrência, sujeitas ao disposto no art. 173 da Constituição, estará submetida às normas pertinentes da Comissão de Valores Mobiliários, a fim de assegurar sua competitividade, governança corporativa e, quando houver, os interesses de acionistas minoritários".

66. OLIVEIRA, 2018, p. 303-305.

67. SCHMIDT, 2016, p. 202. Em obra posterior, o autor assim se manifesta: "É indispensável que se exija da entidade a comprovação de prévia e efetiva experiência na gestão de procedimentos arbitrais. Fundamental, também, é que a instituição arbitral possua a infraestrutura necessária para a gestão de procedimentos arbitrais, como sala de audiência com a tecnologia necessária e salas de apoio para testemunhas e peritos. Não há espaço aqui para aventureiros e nem principiantes. A dimensão econômica dos litígios que desaguam em uma arbitragem e o interesse público envolvido nas causas que envolvem a Administração Pública não permitem que se coloque em risco o bom e regular andamento do procedimento arbitral, com a escolha de uma entidade incapaz de prestar os serviços correlatos" (SCHMIDT, 2018, p. 71).

Sem dúvida, a ideia de estabelecer requisitos mínimos para orientar o administrador traz segurança e previsibilidade para o particular que contrata com a Administração Pública, além de impedir a escolha arbitrária da instituição e eventual abuso de poder.

Concordamos com a ideia de que seja feito um credenciamento prévio das câmaras junto à Administração Pública[68]. No entanto, conforme ressalva Gustavo Schmidt[69], "as exigências impostas para o credenciamento devem se limitar ao mínimo absolutamente necessário".

Antes de finalizar, cabe consignar que, ao optar pelo procedimento arbitral, a Fazenda renuncia às prerrogativas que lhe são conferidas em sede judicial. Assim, por exemplo, se restar vencida, não há falar em remessa necessária[70]. Também não é cabível falar em prazos diferenciados, isenções relativas à taxa judiciária, custas ou emolumentos na arbitragem[71], entre outros.

Por fim[72], questão que ainda gera alguma controvérsia diz respeito à necessidade ou não da expedição de precatório para pagamento voluntário da condenação arbitral pelo Poder Público.

Muito embora se tenha a noção preconcebida de que, salvo as hipóteses de requisição de pequeno valor, as condenações impostas à Fazenda Pública dependem sempre do precatório para sua instrumentalização, há quem defenda a possibilidade de seu pagamento voluntário, o que não é incomum na área pública (indenização por desapropriação, por exemplo) e na execução de contratos públicos[73]. Sustenta-se, ainda, que o art. 100 da Carta de 1988 faz menção expressa à "sentença judiciária" e não à "sentença arbitral"[74].

---

68. O art. 14 do Decreto n. 46.245/2018 (que regulamenta a adoção da arbitragem para dirimir os conflitos que envolvam o Estado do Rio de Janeiro ou suas entidades) prevê, por exemplo, a possibilidade de "cadastramento" do órgão institucional arbitral.

69. SCHMIDT, 2016, p. 204.

70. Enunciado FPPC n. 164 (art. 496): "A sentença arbitral contra a Fazenda Pública não está sujeita à remessa necessária". No mesmo sentido o Enunciado 117 do V Fórum do Poder Público ("A sentença arbitral não enseja a remessa necessária").

71. OLIVEIRA, 2018, p. 301.

72. Existem muitas outras questões relacionadas ao tema Arbitragem e Administração Pública, mas, em razão das limitações editoriais, não iremos nos alongar neste tópico. Por exemplo, vale registrar a discussão sobre a possibilidade de os árbitros investigarem atos de corrupção em contratos administrativos com cláusula compromissória. Sobre o tema, ver CURY, 2019, pp. 185-215.

73. Marcelo Mazzola e Rafael Oliveira sustentam essa posição em texto disponível na internet: <https://www.conjur.com.br/2016-dez-18/poder-publico-nao-burla-precatorios-pagamento-arbitragem>. Acesso em: 20 set. 2018. Para os autores, a Constituição de 1988 menciona o termo "sentença judiciária", o que, evidentemente não alcança a figura da sentença arbitral. Ademais, anotam esses autores, a própria Administração Pública já faz vários pagamentos voluntários, inclusive em acordos. E, por fim, vale mencionar que a própria Lei n. 11.079/2004, no seu art. 16, prevê a existência de fundo garantidor das parcerias público-privadas, destinado ao pagamento de obrigações pecuniárias assumidas por parceiros públicos federais, distritais, estaduais e municipais.

74. A redação do art. 100 da CF foi inteiramente modificada pela Emenda Constitucional n. 62/2009, quando a Lei de Arbitragem já estava em vigor há mais de 13 anos, ou seja, não se desconhecia à época a

Vale destacar, porém, que o art. 15 do Decreto n. 10.025/2019 (dispõe sobre a arbitragem para dirimir litígios que envolvam a Administração Pública federal nos setores portuário e de transporte rodoviário, ferroviário, aquaviário e aeroportuário) estabelece que, "na hipótese de sentença arbitral condenatória que imponha obrigação pecuniária à União ou às suas autarquias, inclusive relativa a custas e despesas com procedimento arbitral, o pagamento ocorrerá por meio da expedição de precatório ou de requisição de pequeno valor, conforme o caso". No mesmo sentido o art. 15 do Decreto n. 46.245/2018 do Estado do Rio de Janeiro.

Nesse sentido, Olavo Ferreira[75] pondera que "a execução da sentença arbitral contra a Fazenda Pública não pode ser tratada de forma diferente do regime constitucional dos precatórios, sob pena de ultrapassar os limites da convenção de arbitragem, caracterizando a hipótese descrita no art. 32, IV, da Lei de Arbitragem".

Um outro ponto que merece destaque é a edição da nova Lei de Licitações e Contratos Administrativos (a Lei n. 14.133/2021), que reafirmou o cabimento das ferramentas de resolução adequada de conflitos nessa seara.

Nesse sentido, destacamos o art. 138, inciso III, que prevê, dentre as formas de extinção do contrato, a decisão arbitral, por força de cláusula compromissória ou compromisso arbitral.

---

expressão "sentença arbitral". Por outro lado, a Emenda Constitucional n. 45/2004 confirmou a utilização do termo "arbitragem" no § 2º do art. 114 da CF: "Quer dizer, a sentença arbitral é título judicial, mas não é sentença judiciária, tal e qual apregoada pelo art. 100 da Carta Maior. É, na verdade, o ato final de um procedimento instituído por via contratual, para a resolução de conflitos. Da mesma forma que o Poder Público está autorizado a, pela via administrativa, promover a recomposição do equilíbrio econômico-financeiro de um contrato administrativo, nenhum óbice há a que promova o reconhecimento da dívida cristalizada em uma sentença arbitral e efetue o seu pagamento, dispensando a execução do julgado na esfera judicial. E até recomendável que assim seja. Desafoga-se o Poder Judiciário, dando-se mais celeridade à realização da justiça" (SCHMIDT, 2018, p. 93). Em recente artigo sobre o tema, Gustavo Schmidt e Tamara Balassiano indicam três formas para se afastar o regime de precatório: "Existem, contudo, alternativas mais eficientes para a solução de litígios com a Fazenda Pública, pela via arbitral. Com efeito, é perfeitamente possível que o tribunal arbitral, em atendimento a pedido formulado pela concessionária, nos termos do contrato de concessão, promova a recomposição do equilíbrio econômico-financeiro subjacente ao ajuste, mediante a majoração do valor da tarifa fixada para a prestação do serviço concedido, conforme autoriza o art. 15, § 2º, I, do aludido Decreto 10.025/2019. Também pode a sentença arbitral determinar, na forma contratada, a 'compensação de haveres e deveres de natureza não tributária, incluídas as multas, nos termos do disposto no art. 30 da Lei n. 13.448, de 5 de junho de 2017' (*vide* art. 15, § 2º, II, do decreto citado). Nesta hipótese, caberá ao tribunal, após promover as compensações entre créditos e débitos, declarar o saldo existente, se for o caso. Por fim, o contrato firmado com o ente estatal pode estabelecer que o pagamento dos valores devidos deverá ser promovido por terceiro, nas hipóteses admitidas na legislação brasileira. É o caso do Fundo Garantidor de Parcerias Público-Privadas (FGP), estabelecido pelo art. 16 da Lei n. 11.079/2004, que institui normas gerais para licitação e contratação de parcerias público-privadas no âmbito da Administração Pública". SCHMIDT; BALASSIANO, 2020. Disponível em: <https://www.jota.info/paywall?redirect_to=//www.jota.info/opiniao-e-analise/artigos/arbitragem-sem-precatorio-23062020>. Acesso em: 23 jun. 2020.

75. FERREIRA, 2024.

Além do referido art. 138, a lei traz, ainda, o capítulo XII intitulado "Dos meios alternativos de resolução de controvérsias".

O art. 151, *caput*, prevê que nas contratações regidas pela nova lei, poderão ser utilizados meios alternativos de prevenção e resolução de controvérsias, notadamente a conciliação, a mediação, o comitê de resolução de disputas[76] e a arbitragem[77]. Ademais, o art. 153 admite a possibilidade de celebração de aditivos aos contratos já existentes a fim de prever, expressamente, a adoção desses mecanismos.

Já o parágrafo único do art. 151 menciona, expressamente que o disposto no *caput*, ou seja, as ferramentas de resolução de conflitos ficarão restritas "às controvérsias relacionadas a direitos patrimoniais disponíveis, como as questões relacionadas ao restabelecimento do equilíbrio econômico-financeiro do contrato, ao inadimplemento de obrigações contratuais por quaisquer das partes e ao cálculo de indenizações".

Aqui parece que houve certa confusão conceitual. No caso da conciliação e da mediação, há previsão expressa para o acordo abranger direitos indisponíveis transacionáveis (art. 3º, § 2º, da Lei n. 13.140/2015), ao passo que no caso da arbitragem, por expressa disposição do art. 1º, § 1º, da Lei n. 9.307/96, com as alterações impostas pela Lei n. 13.129/2015, de fato, há um limite mais restrito (apenas direitos patrimoniais disponíveis).

Finalmente, o art. 152 repete a norma contida no art. 2º, § 3º, da Lei da Arbitragem (observância dos princípios da legalidade e publicidade) e o art. 154 determina que o processo de escolha dos árbitros, dos colegiados arbitrais e dos comitês de resolução de disputas observará critérios isonômicos, técnicos e transparentes.

Trata-se de norma que concede a necessária flexibilidade nos critérios de escolha desse profissional, sem exigir, como já vinha sinalizando a doutrina, um procedimento formal e engessado.

---

76. Enunciado n. 137 da II Jornada de Prevenção e Solução Extrajudicial de Litígios. "Na utilização do comitê de resolução de disputas (*Dispute Board*) como meio alternativo de prevenção e resolução de controvérsias relativas aos contratos administrativos (art. 151 da Lei n. 14.133, de 1º de abril de 2021), deverá ser utilizada, preferencialmente, a modalidade combinada, na qual o comitê pode emitir recomendações e decisões".

77. Enunciado n. 91 da II Jornada de Prevenção e Solução Extrajudicial de Litígios. "Eventual proposição de ação civil pública sobre o contrato administrativo não é, por si só, impeditivo para que as partes signatárias ingressem ou continuem com a arbitragem para discussão de direitos patrimoniais disponíveis, definidos na forma do parágrafo único do art. 151 da Lei n. 14.133/2021".

Capítulo 3

Convenção de Arbitragem e seus Efeitos

> **Sumário: 3.1.** Convenção de arbitragem. **3.2.** Cláusula compromissória. **3.2.1.** Espécies de cláusula compromissória. **3.2.2.** Cláusula compromissória em contrato de adesão. **3.2.3.** O convite para iniciar o procedimento arbitral. **3.2.4.** Acionamento forçado da cláusula compromissória. **3.2.5.** A autonomia da cláusula compromissória. **3.3.** O compromisso arbitral. **3.3.1.** Modalidades de compromisso arbitral. **3.3.2.** Requisitos formais do compromisso arbitral. **3.3.3.** Extinção do compromisso arbitral. **3.4.** O princípio da competência-competência.

3.1. Convenção de arbitragem

Convenção de arbitragem é o ajuste pelo qual as partes capazes acordam em submeter a solução de um conflito envolvendo direito disponível ao juízo arbitral. Afirma-se que a convenção de arbitragem tem um efeito positivo e um efeito negativo. O primeiro é direcionado às próprias partes, obrigando-as a submeter as respectivas controvérsias à arbitragem. Já o efeito negativo é dirigido ao Estado e significa que "é vedado ao Poder Judiciário a apreciação do mérito da controvérsia submetida à arbitragem"[1].

De um modo geral, as partes podem inserir num contrato convenções de mediação, arbitrais ou mesmo processuais, além das chamadas cláusulas híbridas ou escalonadas, nas quais duas ferramentas são, desde logo, escolhidas, em ordem sequencial[2].

---

1. RODOVALHO, 2017, pp. 351-373.

2. Para Sergio La China, é fundamental compreender o cerne da interpenetração entre as vias judicial e arbitral: *"sono, questi due mondi in contrasto tra loro, ed in tal caso quale deve prevalere sull'altro, o possono coesistere, e come ed a che condizioni?"* (2011, p. 18).

Também é possível convencionar que parte do litígio será levada à arbitragem e parte à via judicial[3], com ou sem prévia mediação.

As partes podem, ainda, eleger um foro para resolução de determinadas questões, mesmo que tenham optado pela solução do caso pela via arbitral. É o caso, por exemplo, da cláusula de eleição de foro para a efetivação de medidas urgentes, para o cumprimento de sentença arbitral ou para a propositura de eventual ação anulatória. Verifica-se, assim, ser plenamente possível a convivência entre convenção de arbitragem e cláusula de eleição de foro.

Ademais, mesmo que já escolhida a via judicial ou arbitral, podem as partes, de comum acordo, reavaliar a escolha realizada e suspender o procedimento a fim de se submeter a um procedimento de mediação ou de conciliação.

Finalmente, é possível a convenção de arbitragem mesmo quando já exista título executivo extrajudicial acerca da obrigação[4].

A convenção de arbitragem, portanto, admite as seguintes classificações:

a) quanto ao objeto: pode ser total ou parcial;

b) quanto ao momento: pode ser originária ou superveniente (tendo em vista o início do litígio).

O mais importante, sem dúvida, é que a convenção seja o produto da manifestação de vontade livre e desembaraçada das partes. Nesse sentido, é preciso que ambas tenham pleno conhecimento das consequências da opção pela arbitragem.

Fixadas essas premissas, observamos que o art. 3º da Lei de Arbitragem admite duas espécies de convenção arbitral[5]:

a) a cláusula compromissória;

b) o compromisso arbitral.

Vamos examinar cada uma dessas modalidades.

---

3.   "É válida a cláusula compromissória que excepcione do juízo arbitral certas situações especiais a serem submetidas ao Poder Judiciário. Isso porque a Lei n. 9.307/96 não exige, como condição de existência da cláusula compromissória, que a arbitragem seja a única via de resolução admitida pelas partes, para todos os litígios e em relação a todas as matérias" (REsp 1.331.100/BA, rel. Min. Maria Isabel Gallotti, rel. para acórdão Min. Raul Araújo, j. em 17-12-2015, *DJe* 22-2-2016. *Informativo*, n. 577). No mesmo sentido: "Não há vedação, na ordem jurídica brasileira, para que a resolução dos conflitos das diversas obrigações de um contrato sejam cindidas, de forma que parte seja resolvida por arbitragem e parte seja submetida ao Poder Judiciário" (SEC 11.106/EX, rel. Min. Herman Benjamim, Corte Especial, *DJe* 21-6-2017).

4.   Enunciado FPPC n. 544: "Admite-se a celebração de convenção de arbitragem, ainda que a obrigação esteja representada em título executivo extrajudicial".

5.   "Art. 3º As partes interessadas podem submeter a solução de seus litígios ao juízo arbitral mediante convenção de arbitragem, assim entendida a cláusula compromissória e o compromisso arbitral."

3.2. Cláusula compromissória

O art. 4º da Lei de Arbitragem define a cláusula compromissória como a convenção através da qual as partes em um contrato comprometem-se[6] a submeter à arbitragem os litígios que possam vir a surgir, relativamente a tal contrato. Redação parecida pode ser observada no art. 853 do Código Civil[7].

A cláusula compromissória, embora tenha natureza contratual, não esgota sua eficácia no direito civil. Na verdade, trata-se de cláusula híbrida, na medida em que, além de concretizar a cláusula *rebus sic stantibus*, tem o condão de afastar o julgamento pelo Poder Judiciário, a menos que ambas as partes se arrependam do avençado e realizem um distrato[8].

Do ponto de vista formal, a cláusula deve ser sempre estipulada por escrito, embora possa estar inserta no bojo do contrato principal ou em documento apartado conexo, como estatui o § 1º do art. 4º[9].

Ao redigir a cláusula, os contratantes podem ou não instituir algum tribunal arbitral ou entidade especializada. Nesse caso, se ocorrer a necessidade de instauração da jurisdição arbitral, a instauração do procedimento e o respectivo processamento realizar-se-ão de acordo com as respectivas regras internas da instituição escolhida.

Trata-se da chamada arbitragem institucional, que possui inúmeras instituições especializadas, inclusive em âmbito internacional, como a American Arbitration Association (AAA) e a International Chamber of Commerce (ICC). No Brasil, podemos identificar instituições como o Centro Brasileiro de Mediação e Arbitragem (CBMA), a Câmara de Comércio Brasil-Canadá (CCBC), a Câmara de Mediação e Arbitragem Empresarial (CAMARB), entre outras.

Sob outro prisma, as partes também poderão estabelecer na própria cláusula ou em documento diverso a instituição de uma arbitragem *ad hoc*. Nessa hipótese, todo o procedimento de arbitragem deve ser customizado pelas partes.

---

6. Sobre a extensão subjetiva de cláusula compromissória à sociedade pertencente a grupo empresarial (não signatária da respectiva cláusula), especialmente no contexto da prática da Câmara de Comércio Internacional, ver CAMPOS MELO, 2013, p. 255.

7. Nesse sentido o art. 853 do Código Civil: "Admite-se nos contratos a cláusula compromissória, para resolver divergências mediante juízo arbitral, na forma estabelecida em lei especial".

8. "A Corte Especial já se manifestou no sentido de que, uma vez expressada a vontade de estatuir, em contrato, cláusula compromissória ampla, a sua destituição deve vir através de igual declaração expressa das partes, não servindo, para tanto, mera alusão a atos ou a acor dos que não tinham o condão de afastar a convenção das partes". STJ, REsp n. 1.678.667/RJ, rel. Min. Raul Araújo, 4ª Turma, *DJe* 12-11-2018.

9. Enunciado n. 111 da II Jornada de Prevenção e Solução Extrajudicial de Litígios: "A cláusula compromissória deve ser estipulada por escrito, podendo ser registrada sob qualquer forma, como troca de e-mails ou outras formas, para aferir a vontade das partes".

314   *Manual de Mediação e Arbitragem* ....

Cabe destacar que a cláusula compromissória se reveste de força vinculante ou cogente. Além de ser obrigatória entre os contratantes[10], é autônoma em relação ao contrato em que é inserida, de modo que a eventual nulidade do contrato não implicará a sua nulidade, como será visto a seguir.

Desse modo, uma vez eleita a via arbitral, as partes não mais poderão recorrer ao Judiciário, salvo em caso de distrato ou nas hipóteses previstas na Lei de Arbitragem para invalidação da sentença arbitral, por exemplo, a ação anulatória (art. 33, § 1º) e a impugnação apresentada na fase de cumprimento de sentença (art. 33, § 3º), observando-se, evidentemente, os requisitos legais.

Parte da doutrina fala, ainda, na possibilidade de serem estabelecidas cláusulas compromissórias "assimétricas", em que apenas um dos contratantes está sujeito à jurisdição arbitral, ficando o outro livre para acionar o Judiciário ou mesmo a via arbitral. Afirma-se, porém, que "não existe uma recusa – mas também tão pouco existe uma aceitação – universal da validade e eficácia das cláusulas arbitrais assimétricas"[11].

3.2.1. Espécies de cláusula compromissória

A cláusula compromissória compreende uma obrigação de fazer, isto é, de instaurar um procedimento arbitral quando surgir o litígio relativo ao objeto do contrato[12].

A cláusula pode ser cheia/determinada (quando estiverem presentes todos os elementos essenciais para a instituição da arbitragem, que poderá ou não se vincular às regras de algum órgão institucional ou entidade especializada) ou vazia/indeterminada (quando tais elementos não estiverem contemplados, ficando sua estipulação diferida para o momento em que a arbitragem efetivamente se mostre necessária). Nesse último caso, eventual controvérsia sobre as regras e condições da arbitragem deverá ser dirimida pelo Poder Judiciário (art. 7º da Lei de Arbitragem), lavrando-se o respectivo compromisso arbitral.

3.2.2. Cláusula compromissória em contrato de adesão

Na forma do art. 4º, § 2º, da Lei de Arbitragem, a cláusula compromissória, nos contratos de adesão, só terá eficácia se o aderente tomar a iniciativa de instituir a arbitragem ou concordar, expressamente, com a sua instituição.

---

10. "A cláusula compromissória gera, pois, entre os contratantes, o desprezo pela jurisdição ordinária e sua consequência derrogação, em benefício da justiça privada – 'justiça dos experts'. Obrigam-se, assim, a submeterem a solução da pendência ao crivo exclusivo dos árbitros" (MARTINS, 2017, p, 11).

11. HENRIQUES, 2015, p. 45.

12. Enunciado n. 105 da II Jornada de Prevenção e Solução Extrajudicial de Litígios: "É possível a inserção da cláusula compromissória em acordo submetido à homologação judicial".

É possível perceber, aqui, uma preocupação específica do legislador com a vulnerabilidade do aderente. Dessa forma, a ratificação da sua manifestação de vontade tem natureza jurídica de condição de eficácia.

Ademais, a segunda parte do dispositivo traz um requisito formal. Com efeito, nesses contratos de adesão, a cláusula compromissória deve estar grafada em negrito ou em documento anexo, com assinatura ou visto especialmente para essa cláusula.

Importante salientar que os contratos de adesão não tratam, necessariamente, de relações consumeristas. Nesse sentido, o STJ[13] já reconheceu que o contrato de franquia não está sujeito ao Código de Defesa do Consumidor. Contudo, se a cláusula compromissória não observar os requisitos do art. 4º, § 2º, da Lei de Arbitragem, tal convenção pode ser declarada nula[14].

Vale notar que o STJ[15], examinando a cláusula arbitral inserida em convenção de condomínio, decidiu pelo seu caráter vinculante, embora tenha ressalvado não se tratar de contrato de adesão, mas sim de disposição institucional[16].

---

13. "(...) O contrato de franquia, por sua natureza, não está sujeito às regras protetivas previstas no CDC, pois não há relação de consumo, mas de fomento econômico. 3. Todos os contratos de adesão, mesmo aqueles que não consubstanciam relações de consumo, como os contratos de franquia, devem observar o disposto no art. 4º, § 2º, da Lei n. 9.307/96. 4. O Poder Judiciário pode, nos casos em que *prima facie* é identificado um compromisso arbitral 'patológico', i.e., claramente ilegal, declarar a nulidade dessa cláusula, independentemente do estado em que se encontre o procedimento arbitral. 5. Recurso especial conhecido e provido" (REsp 1.602.076/SP, rel. Min. Nancy Andrighi, 3ª Turma, j. em 15-9-2016, *DJe* 30-9-2016). Em tom crítico à referida decisão, ver TORRE, 2019, pp. 185-210.

14. "(...) No caso dos autos, o Tribunal de origem reconheceu tratar-se de contrato de adesão, a exigir a presença dos requisitos do art. 4º, § 2º, da Lei n. 9.307/96, no caso, não atendidos. A alteração de tal conclusão demandaria o reexame das provas acostadas aos autos e a interpretação de cláusulas contratuais, providência vedada em sede de recurso especial, nos termos das Súmulas 5 e 7 do STJ. Agravo interno não provido" (AgInt no AgInt no AREsp 1.029.480/SP, rel. Min. Raul Araújo, 4ª Turma, j. em 6-6-2017, *DJe* 20-6-2017).

15. "(...) A matéria discutida no âmbito da Convenção de condomínio é eminentemente institucional normativa, não tendo natureza jurídica contratual, motivo pelo qual vincula eventuais adquirentes. Diz respeito aos interesses dos condôminos e, como tal, não se trata de um contrato e não está submetida às regras do contrato de adesão. Daí a desnecessidade de assinatura ou visto específico do condômino. 3. Diante da força coercitiva da Convenção Condominial com cláusula arbitral, qualquer condômino que ingressar no agrupamento condominial está obrigado a obedecer às normas ali constantes. Por consequência, os eventuais conflitos condominiais devem ser resolvidos por arbitragem. 4. Havendo cláusula compromissória entabulada entre as partes elegendo o Juízo Arbitral para dirimir qualquer litígio envolvendo o condomínio, é inviável o prosseguimento do processo sob a jurisdição estatal" (REsp 1.733.370/GO, rel. Min. Ricardo Villas Bôas Cueva, red. para Acórdão Min. Moura Ribeiro, j. em 26-6-2018, *DJe* 31-8-2018).

16. Sobre a extensão dos efeitos da cláusula compromissória à seguradora (em razão do seu direito de sub-rogação), a doutrina destaca: "Especificamente sobre a extensão subjetiva dos efeitos da cláusula compromissória ao segurador sub-rogado nos direitos de seu segurado quando paga a indenização, após análise da jurisprudência e da doutrina nacionais e estrangeiras, há se de concluir no sentido de que a sub-rogação transfere tanto os ônus quanto os bônus da relação jurídica à seguradora, o que faz com que esta parte, certamente, seja obrigada a observar a convenção arbitral e o seu efeito negativo quando pretender litigar demanda de ressarcimento". ROCHA, 2020, 324.

No caso dos contratos de adesão envolvendo relações de consumo[17], o STJ já teve oportunidade de examinar a questão e adotou posição intermediária, buscando a compatibilização entre o art. 4º, § 2º, da Lei de Arbitragem e o art. 51, VII, do Código de Defesa do Consumidor[18].

Aliás, essa era a redação do art. 4º, § 3º, introduzido na Lei n. 9.307/96 pela Lei n. 13.129/2015, dispositivo que acabou sendo vetado[19] pela Chefia do Executivo[20].

O STJ[21] sistematizou a questão da arbitragem envolvendo direitos consumeristas, admitindo a convivência, em harmonia, de três regramentos de diferentes graus de especificidade:

i) a regra geral, que obriga a observância da arbitragem quando pactuada pelas partes, com derrogação da jurisdição estatal;

ii) a regra específica, contida no art. 4º, § 2º, da Lei n. 9.307/96 e aplicável a contratos de adesão genéricos, que restringe a eficácia da cláusula compromissória; e

iii) a regra ainda mais específica, contida no art. 51, VII, do Código de Defesa do Consumidor, incidente sobre contratos derivados de relação de consumo, sejam eles de adesão ou não, impondo a nulidade de cláusula que determine a utilização compulsória da arbitragem, ainda que satisfeitos os requisitos do art. 4º, § 2º, da Lei n. 9.307/96[22].

---

17. Enunciado n. 103 da II Jornada de Prevenção e Solução Extrajudicial de Litígios: "É admissível a implementação da arbitragem *on-line* na resolução dos conflitos de consumo, respeitada a vontade do consumidor e observada sua vulnerabilidade e compreensão dos termos do procedimento, como forma de promoção de acesso à justiça".

18. "(...) Assim, é possível a cláusula arbitral em contrato de adesão de consumo quando não se verificar presente a sua imposição pelo fornecedor ou a vulnerabilidade do consumidor, bem como quando a iniciativa da instauração ocorrer pelo consumidor ou, no caso de iniciativa do fornecedor, venha a concordar ou ratificar expressamente com a instituição, afastada qualquer possibilidade de abuso" (STJ, REsp 1.189.050/SP, 4ª Turma, rel. Min. Luis Felipe Salomão, *DJe* 14-3-2016).

19. Como razões de veto, foram apresentados os seguintes argumentos: "Da forma prevista, os dispositivos alterariam as regras para arbitragem em contrato de adesão. Com isso, autorizariam, de forma ampla, a arbitragem nas relações de consumo, sem deixar claro que a manifestação de vontade do consumidor deva se dar também no momento posterior ao surgimento de eventual controvérsia e não apenas no momento inicial da assinatura do contrato. Em decorrência das garantias próprias do direito do consumidor, tal ampliação do espaço da arbitragem, sem os devidos recortes, poderia significar um retrocesso e ofensa ao princípio norteador de proteção do consumidor" (Texto integral em: <http://www.planalto.gov.br/ccivil_03/LEIS/L9307.htm>. Acesso em: 20 set. 2018).

20. "§ 3º Na relação de consumo estabelecida por meio de contrato de adesão, a cláusula compromissória só terá eficácia se o aderente tomar a iniciativa de instituir a arbitragem ou concordar expressamente com a sua instituição."

21. REsp 1.753.041/GO, rel. Min. Nancy Andrighi, 3ª Turma, *DJe* 21-9-2018.

22. Note-se, porém, que "o art. 51, VII, do CDC se limita a vedar a adoção prévia e compulsória da arbitragem, no momento da celebração do contrato, mas não impede que, posteriormente, diante do litígio, havendo consenso entre as partes – em especial a aquiescência do consumidor –, seja instaurado o procedimento arbitral. Precedentes. É possível a utilização de arbitragem para resolução de litígios originados de relação de consumo quando não houver imposição pelo fornecedor, bem como quando a iniciativa da instauração ocorrer pelo consumidor ou, no caso de iniciativa do fornecedor, venha a concordar ou ratificar

Finalmente, o § 4º[23] do art. 4º, também vetado[24], tratava do cabimento de arbitragem em relações de trabalho. Contudo, não obstante esse veto, a matéria acabou sendo positivada pela Lei n. 13.467, de 13 de julho de 2017, que alterou a CLT.

Como visto, o art. 507-A dispõe que:

> Nos contratos individuais de trabalho cuja remuneração seja superior a duas vezes o limite máximo estabelecido para os benefícios do Regime Geral de Previdência Social, poderá ser pactuada cláusula compromissória de arbitragem, desde que a instauração do procedimento se dê por iniciativa do empregado ou mediante a sua concordância expressa.

3.2.3. O convite para iniciar o procedimento arbitral

Na hipótese de cláusula compromissória determinada (ou cheia), surgindo eventual conflito, basta o acionamento automático da câmara arbitral mencionada na respectiva convenção. Trata-se, portanto, de cláusula autoexecutável.

Em linhas gerais, a parte interessada notifica a outra e apresenta a petição de instauração perante o tribunal arbitral[25], salvo se houver interesse em eventual composição amigável, o que pode ser ajustado pelas partes nesse ínterim, ou diante de eventual cláusula escalonada, que preveja, por exemplo, uma mediação antes do início do processo arbitral.

Contudo, caso tenha sido pactuada uma cláusula compromissória vazia/indeterminada – e também não tenha sido firmada posteriormente uma convenção de arbitragem –, os interessados deverão, nesse momento, reunir-se para celebrar o pacto ou compromisso arbitral. Em regra, a parte interessada, na forma do art. 6º, manifestará à outra parte sua intenção de dar início à arbitragem.

Essa intimação pode ser feita por via postal ou por outro meio de comunicação (por exemplo, por mensagem eletrônica), mediante comprovação de recebimento.

---

expressamente com a instituição. Na hipótese, os consumidores celebraram, de forma autônoma em relação ao contrato de aquisição de imóvel, um termo de compromisso e participaram ativamente no procedimento arbitral". STJ, REsp 1.742.547/MG, rel. Min. Nancy Andrighi, 3ª Turma, *DJe* 21-6-2019.

23. "§ 4º Desde que o empregado ocupe ou venha a ocupar cargo ou função de administrador ou de diretor estatutário, nos contratos individuais de trabalho poderá ser pactuada cláusula compromissória, que só terá eficácia se o empregado tomar a iniciativa de instituir a arbitragem ou se concordar expressamente com a sua instituição."

24. "O dispositivo autorizaria a previsão de cláusula de compromisso em contrato individual de trabalho. Para tal, realizaria, ainda, restrições de sua eficácia nas relações envolvendo determinados empregados, a depender de sua ocupação. Dessa forma, acabaria por realizar uma distinção indesejada entre empregados, além de recorrer a termo não definido tecnicamente na legislação trabalhista. Com isso, colocaria em risco a generalidade de trabalhadores que poderiam se ver submetidos ao processo arbitral."

25. "Art. 5º Reportando-se as partes, na cláusula compromissória, às regras de algum órgão arbitral institucional ou entidade especializada, a arbitragem será instituída e processada de acordo com tais regras, podendo, igualmente, as partes estabelecer na própria cláusula, ou em outro documento, a forma convencionada para a instituição da arbitragem."

318   *Manual de Mediação e Arbitragem*

Nesse caso, o objetivo da diligência será marcar dia, hora e local a fim de firmar o compromisso arbitral.

Havendo resposta positiva da parte notificada, o compromisso deve ser pactuado e o procedimento se inicia normalmente.

Por outro lado, o parágrafo único do art. 6º prevê que, não comparecendo a parte convocada ou, comparecendo, recusar-se a firmar o compromisso arbitral, poderá a outra parte propor a demanda de que trata o art. 7º da Lei de Arbitragem. Ou seja, o interessado será obrigado a acionar o Poder Judiciário.

3.2.4. Acionamento forçado da cláusula compromissória

O art. 7º da Lei de Arbitragem prevê que, existindo cláusula compromissória[26] e havendo resistência quanto à instituição da arbitragem, poderá a parte interessada requerer a citação da outra parte para comparecer em juízo a fim de lavrar-se o compromisso.[27]

Esse dispositivo deve ser combinado com o art. 501 do CPC[28]. Assim, o que se busca é uma decisão judicial que possa produzir os mesmos efeitos práticos do compromisso que deveria ter sido firmado pela parte recalcitrante.

Como se vê, trata-se de uma demanda judicial, que deverá observar subsidiariamente o procedimento comum, previsto no art. 318 e seguintes do CPC. Apresentada a petição inicial, deverá o magistrado examinar se os requisitos do art. 319 estão presentes.

Há aqui um requisito específico que deve ser preenchido, na medida em que o § 1º do art. 7º da Lei da Arbitragem cria para o autor o dever de indicar com precisão o objeto da arbitragem. Além disso, deve ser observado o art. 320 do CPC, diante da obrigatoriedade de ser acostado aos autos o documento que contém a cláusula de arbitragem.

Estando tudo em ordem, o juiz deve designar uma "audiência especial". Nessa audiência, de acordo com o § 2º do art. 7º, comparecendo as partes, o juiz tentará, previamente, a conciliação. Mesmo que não obtenha sucesso, tentará ainda conduzir as partes à celebração, de comum acordo, do compromisso arbitral. Nessa última hipótese, segundo o § 3º, não concordando as partes sobre os termos do compromisso, decidirá o juiz,

---

26.   Enunciado n. 93 da II Jornada de Prevenção e Solução Extrajudicial de Litígios: "A ação prevista pelo art. 7º da Lei n. 9.307/96 somente deve ser proposta quando a cláusula compromissória não for suficiente para a instauração da arbitragem. Sendo possível instituir a arbitragem, competirá aos árbitros colmatar lacunas e/ou solucionar defeitos da convenção de arbitragem".

27.   "A inteligência do referido artigo reside em, havendo relutância do réu em submeter-se ao compromisso arbitral, existir um meio de trazê-lo, para comparecer em juízo e celebrar o compromisso. Por isso, os requisitos para o ajuizamento da referida ação de instituição de arbitragem são somente a existência de uma cláusula compromissória e a resistência de uma das partes quanto à instituição da arbitragem" (STJ, REsp 1.972.512/CE, rel. Min. Nancy Andrighi, Terceira Turma, j. 24-5-2022.

28.   "Art. 501. Na ação que tenha por objeto a emissão de declaração de vontade, a sentença que julgar procedente o pedido, uma vez transitada em julgado, produzirá todos os efeitos da declaração não emitida."

após ouvir o réu, sobre seu conteúdo, na própria audiência ou no prazo de dez dias, respeitadas as disposições da cláusula compromissória.

Importante notar que esse mesmo § 3º determina ao magistrado, nesse momento, a observância dos arts. 10 (requisitos obrigatórios do compromisso) e 21, § 2º (respeito aos princípios do contraditório, da igualdade das partes, da imparcialidade do árbitro e de seu livre convencimento). Ademais, caso a cláusula compromissória não tenha contemplado nem sequer o nome do árbitro, poderá o magistrado nomear árbitro único para solucionar o conflito, na forma do art. 7º, § 4º[29].

Não se pode perder de vista que o objeto dessa demanda é, apenas, proferir um provimento que faça as vezes do compromisso. Não cabe ao juiz adentrar no mérito da causa e decidir o mérito da controvérsia.

Outra questão que vale ser pontuada diz respeito à ausência injustificada do autor a essa "audiência especial". Ao contrário da regra adotada pelo § 8º do art. 334 do CPC (imposição de sanção pecuniária no montante de 2% do valor da causa), o § 5º do art. 7º da Lei de Arbitragem impõe como sanção para essa situação a extinção do processo sem resolução do mérito, tal qual ocorre na sistemática dos Juizados Especiais Cíveis (art. 51, I, da Lei n. 9.099/95).

Por outro lado, a ausência do réu indica o seu desinteresse em operacionalizar o início da arbitragem, sendo que o § 6º do art. 7º determina que, nessa situação, caberá ao juiz, ouvido o autor, estatuir a respeito do conteúdo do compromisso, nomeando árbitro único.

Finalmente, o § 7º do art. 7º estabelece que a sentença que julgar procedente o pedido valerá como compromisso arbitral. A partir daí o procedimento arbitral poderá ser iniciado.

3.2.5. A autonomia da cláusula compromissória

O *caput* do art. 8º da Lei de Arbitragem traz a regra da autonomia da cláusula compromissória em relação ao contrato em que estiver inserta. Por meio dela, as partes direcionam o conflito à via arbitral, excluindo a tutela conferida pelo Estado-Juiz[30].

---

29. Se houver referência à instituição arbitral na convenção de arbitragem, o magistrado pode seguir o respectivo regramento, sempre que houver previsão, por exemplo, de árbitro único em razão do valor da causa.

30. Pedro Batista Martins, em texto dedicado ao estudo da cláusula compromissória, salienta que, como prevê a lei brasileira, a cláusula compromissória é autônoma em relação ao contrato em que estiver inserta e, dessa forma, não deverá ser contagiada por vícios de nulidade, por invalidade ou mesmo inexistência do próprio contrato. Encontra-se a convenção, por ficção jurídica, em outro quadrante das relações. Não se sujeita à regra da acessoriedade, pois no mesmo nível do contrato principal. Apesar de formalmente inserido no âmbito do contrato, dele se destaca o ajuste arbitral para fins e efeitos de sua validade e execução (Disponível em: <http://www.arcos.org.br/livros/estudos-de-arbitragem-mediacao-e-negociacao-vol2/segunda-parte-artigos-dos-professores/autonomia-da-clausula-compromissoria>. Acesso em: 25 ago. 2018).

Como já mencionado, a nulidade do contrato não acarreta a nulidade da cláusula compromissória.

De certa forma, a previsão legal confere uma esfera de imunidade à cláusula e reforça a ideia do *pacta sunt servanda*, ou seja, a convenção de arbitragem deve ser honrada, ainda que outras cláusulas do contrato venham inquinadas de vício.

3.3. O compromisso arbitral

O compromisso arbitral é o acordo realizado após o surgimento do conflito. Ele independe da preexistência da cláusula compromissória.

O compromisso, portanto, pode ser realizado em duas hipóteses:

a) no caso de cláusula compromissória indeterminada no contrato, uma vez estabelecido o conflito, as partes podem ajustar as regras e as condições da arbitragem por meio de um compromisso arbitral;

b) na ausência de cláusula compromissória no contrato, as partes, diante de eventual conflito, podem pactuar diretamente as regras da disputa, elegendo a via arbitral.

Em ambos os casos, devem ser convencionados todos os elementos da arbitragem, permitindo-se o início do procedimento.

3.3.1. Modalidades de compromisso arbitral

O compromisso arbitral pode ser judicial, quando celebrado perante a autoridade judiciária, tomado por termo nos autos[31].

Também pode ser extrajudicial. Nessa hipótese, ele é celebrado fora de qualquer relação processual, normalmente antes do ajuizamento da ação. O compromisso extrajudicial admite duas espécies, de acordo com o rigor formal que se queira emprestar ao ato. Nesse sentido, o art. 9º, § 2º, dispõe que ele poderá ser formalizado:

a) mediante instrumento público; ou

b) por instrumento particular, devendo, nesse caso, conter, ainda, a assinatura de duas testemunhas.

---

31. "Art. 9º O compromisso arbitral é a convenção através da qual as partes submetem um litígio à arbitragem de uma ou mais pessoas, podendo ser judicial ou extrajudicial. § 1º O compromisso arbitral judicial celebrar-se-á por termo nos autos, perante o juízo ou tribunal, onde tem curso a demanda. § 2º O compromisso arbitral extrajudicial será celebrado por escrito particular, assinado por duas testemunhas, ou por instrumento público."

3.3.2. Requisitos formais do compromisso arbitral

Os arts. 10 e 11 tratam dos requisitos formais do compromisso. O primeiro dispositivo se refere aos requisitos obrigatórios, ao passo que o segundo cuida dos facultativos.

Nesse sentido, segundo o art. 10, são requisitos obrigatórios:

a) a qualificação das partes que pretendem levar sua contenda ao procedimento arbitral;
b) qualificação do árbitro e a identificação da instituição encarregada da indicação do árbitro, se for o caso;
c) a identificação da matéria objeto da arbitragem; e
d) o local em que será proferida a sentença arbitral.

Chama a atenção, nesse dispositivo, a precisão do objetivo da arbitragem, visto que a ausência e/ou inobservância dessa delimitação pode levar à anulação da sentença. Não raras vezes o contrato disciplina uma relação complexa, com diversas obrigações de parte a parte. É muito importante, portanto, que não paire nenhuma dúvida quanto à identificação exata da matéria disponível que será levada ao exame do árbitro.

Ademais, o compromisso pode estar sujeito a requisitos facultativos, que estão descritos no art. 11. São eles:

a) a identificação do local onde se desenvolverá a arbitragem;
b) a autorização para que o árbitro julgue por equidade, se assim for convencionado pelas partes, na forma do art. 2º;
c) o prazo para que a sentença arbitral seja proferida;
d) a indicação da lei nacional ou das regras corporativas aplicáveis à arbitragem, quando assim convencionarem as partes;
e) a declaração da responsabilidade pelo pagamento dos honorários e das despesas com a arbitragem; e
f) a fixação dos honorários do árbitro ou dos árbitros.

Por sua vez, o parágrafo único traz regra que contribui para a efetividade e celeridade da cobrança desses honorários, estabelecendo que, caso haja alguma dificuldade na percepção desse valor, o documento já constituirá, desde logo, título executivo extrajudicial, na forma do art. 784 do CPC.

3.3.3. Extinção do compromisso arbitral

O art. 12 da Lei traz três hipóteses que devem conduzir à extinção do compromisso arbitral.

A primeira delas é no caso da escusa do árbitro – antes de aceitar a nomeação –, desde que as partes tenham declarado, expressamente, não aceitar substituto. Não custa lembrar que, na forma do art. 19 (exploraremos o dispositivo mais adiante), a arbitragem só é considerada instituída a partir do momento em que é aceita a nomeação pelo árbitro.

Havendo a escusa, devem as partes indicar o substituto, a fim de que ele possa avaliar se aceitará ou não a nomeação. Contudo, em hipóteses excepcionais, podem as partes declarar, desde logo, que não têm interesse em aceitar substitutos. Seria algo como uma "arbitragem personalíssima", ou seja, aquela que só poderia ser conduzida dentro dos padrões de qualidade impostos pelas partes, por determinado profissional.

A segunda hipótese de extinção trata do falecimento ou da impossibilidade de o árbitro proferir seu voto, considerando que as partes também declararam anteriormente não aceitar substituto. O dispositivo se aplica aos casos em que o árbitro é acometido por uma doença superveniente que lhe causa deficiência de tal extensão que suas habilidades psicomotoras ficam comprometidas.

Obviamente, trata-se de situação bastante excepcional e delicada que deverá ser objeto de exame ou perícia médica, a fim de que as partes tenham a segurança jurídica necessária para tomar sua decisão no sentido de encerrar o compromisso ou indicar um substituto.

Por fim, a terceira hipótese prevista no art. 12 trata da perda do prazo para a entrega da prestação jurisdicional. Isso ocorre quando o árbitro não entrega a sentença arbitral no prazo fixado pelas partes no compromisso ou no prazo indicado pelo regimento interno da câmara. Tal situação não é comum na prática, mas sua ocorrência tem o condão de criar prejuízos para as partes, seja do ponto de vista temporal, seja sob a ótica financeira. Da mesma forma, essa situação atinge a credibilidade do árbitro.

Cabe destacar, porém, que, para que a referida causa de extinção se verifique, é preciso que a parte interessada já tenha notificado o árbitro ou o presidente do tribunal arbitral, concedendo-lhe o prazo de dez dias para a prolação e apresentação da sentença arbitral.

3.4. O princípio da competência-competência

O parágrafo único do art. 8º da Lei n. 9.307/96 consagra um dos princípios mais importantes da arbitragem.

Tal princípio determina que cabe ao árbitro[32], de ofício ou mediante provocação das partes, reconhecer sua própria competência[33]para julgar as questões acerca da exis-

---

32. Enunciado n. 48 do Fórum Permanente de Processualistas Civis: "A alegação de convenção de arbitragem deverá ser examinada à luz do princípio da competência-competência".

33. "O propósito recursal consiste em determinar se o Poder Judiciário pode se manifestar acerca do alcance de cláusula compromissória de forma prévia ao próprio Tribunal Arbitral. A convenção de arbitragem prevista contratualmente afasta a jurisdição estatal, impondo ao árbitro o poder-dever de decidir as questões decorrentes do contrato, além da própria existência, validade e eficácia da cláusula compromissória (...)". STJ, REsp 1.656.643/RJ, rel. Min. Nancy Andrighi, 3ª Turma, *DJe* 12-4-2019. No mesmo sentido: "A celebração de cláusula compromissória implica a derrogação da jurisdição estatal, impondo ao árbitro o poder-dever de decidir as questões decorrentes do contrato e, inclusive, decidir acerca da própria existência, validade e eficácia da cláusula compromissória (princípio da *Kompetenz-Kompetenz*)" (REsp 1.959.435-RJ, rel. Min. Nancy Andrighi, Terceira Turma, j. 30-8-2022. *Informativo* n. 747 STJ).

tência, validade e eficácia da convenção de arbitragem e do contrato que contenha a cláusula compromissória[34]. Ou seja, compete primeiramente ao árbitro decidir a respeito de sua própria competência (art. 8º, parágrafo único, da Lei de Arbitragem)[35].

Até mesmo quando se trata de cláusula compromissória inserida em contrato de adesão (duas empresas não consideradas hipossuficientes), o STJ prestigia o princípio competência-competência[36].

Aliás, o CPC, em boa hora, disciplinou expressamente a questão, prevendo que o juiz não resolverá o mérito quando "acolher a alegação de existência de convenção de arbitragem ou quando o juízo arbitral reconhecer sua competência" (art. 485, VII)[37].

Com isso, se o árbitro reconhecer a sua competência, havendo ação judicial em curso versando sobre o mesmo tema, deverá o juiz julgar extinto o feito, sem resolução de mérito.

---

34. "A sentença arbitral produz entre as partes envolvidas os mesmos efeitos da sentença judicial e, se condenatória, constitui título executivo. Além disso, tão somente após a sua superveniência é possível a atuação do Poder Judiciário para anulá-la, nos termos dos arts. 31, 32 e 33 da Lei n. 9.307/96. (...) Consigne-se, além disso, que vige, na jurisdição privada, o princípio basilar do *kompetenz-kompetenz*, consagrado nos arts. 8º e 20 da Lei de Arbitragem, que estabelece ser o próprio árbitro quem decide, em prioridade com relação ao juiz togado, a respeito de sua competência para avaliar a existência, validade ou eficácia do contrato que contém a cláusula compromissória. A partir dessa premissa, o juízo arbitral se revela o competente para analisar sua própria competência para a solução da controvérsia. Negar aplicação à convenção de arbitragem significa, em última análise, violar o princípio da autonomia da vontade das partes e a presunção de idoneidade da própria arbitragem, gerando insegurança jurídica" (REsp 1.550.260/RS, rel. Min. Paulo de Tarso Sanseverino, rel. Min. Ricardo Villas Bôas Cueva, por maioria, j. em 12-12-2017, *DJe* 20-3-2018). No mesmo sentido AgInt no CC 180.394/BA, rel. Min. Gurgel de Faria, Primeira Seção, j. 29-3-2022.

35. "Nos termos do artigo 8º, parágrafo único, da Lei de Arbitragem, a alegação de nulidade da cláusula arbitral instituída em acordo judicial homologado e, bem assim, do contrato que a contém, deve ser submetida, em primeiro lugar, à decisão do próprio árbitro, inadmissível a judicialização prematura pela via oblíqua do retorno ao Juízo" (STJ, REsp 1.302.900/MG, rel. Min. Sidnei Beneti, 3ª Turma, j. em 9-10-2012). No mesmo sentido: "É de se reconhecer a inobservância do art. 8º da Lei n. 9.307/96, que confere ao Juízo arbitral a medida de competência mínima, veiculada no Princípio da *Komptenz Komptenz*, cabendo-lhe, assim, deliberar sobre a sua competência, precedentemente a qualquer outro órgão julgador, imiscuindo-se, para tal propósito, sobre as questões relativas à existência, à validade e à eficácia da convenção de arbitragem e do contrato que contenha a cláusula compromissória" (STJ, CC 146.939/PA, rel. Min. Marco Aurélio Bellizze, Segunda Seção, *DJe* 30-11-2016). Sobre o tema, dispõe o Enunciado n.104 da II Jornada de Prevenção e Solução Extrajudicial de Litígios: "As alegações de extensão subjetiva e objetiva da convenção de arbitragem deverão, nos termos do art. 8º, parágrafo único, da Lei de Arbitragem, ser apreciadas, no primeiro momento, pelo juízo arbitral, em atenção ao princípio da competência-competência".

36. "Incumbe, assim, ao juízo arbitral a decisão acerca de todas as questões nascidas do contrato, inclusive a própria existência, validade e eficácia da cláusula compromissória. A hipossuficiência reconhecida na origem não é causa suficiente para caracterização das hipóteses de exceção à cláusula Kompetenz-Kompetenz (...)". STJ, REsp n. 1.598.220/RN, rel. Min. Paulo de Tarso Sanseverino, 3ª Turma, *DJe* 1º-7-2019.

37. Enunciado FPPC n. 153 (art. 485, VII): "A superveniente instauração de procedimento arbitral, se ainda não decidida a alegação de convenção de arbitragem, também implicará a suspensão do processo, à espera da decisão do juízo arbitral sobre a sua própria competência". Enunciado FPPC n. 434 (art. 485, VII): "O reconhecimento da competência pelo juízo arbitral é causa para a extinção do processo judicial sem resolução de mérito".

Esclareça-se que o controle da validade da convenção de arbitragem poderá ser feito pelo Judiciário, mas somente no caso de futura ação anulatória da sentença arbitral (art. 32 da Lei de Arbitragem, o que será abordado mais adiante)[38].

A regra demonstra a preocupação do legislador em densificar o estímulo aos métodos adequados de resolução de conflitos[39], evitando intervenção durante o uso da ferramenta extrajudicial, salvo em casos excepcionalíssimos[40].

Importante mencionar, ainda, que a existência de convenção de arbitragem deverá ser alegada pela parte em sede de contestação (art. 337, X, do CPC), sob pena de "aceitação da jurisdição estatal e renúncia ao juízo arbitral" (art. 337, § 6º). Significa dizer que o tema não pode ser analisado de ofício pelo juiz.

Ressalve-se, porém, que, uma vez instado a se manifestar, o juiz pode entender que o conflito em discussão foge ao perímetro da convenção de arbitragem, con-

---

38. A exceção, como já mencionado, fica por conta das chamadas convenções de arbitragem patológicas ou claramente ilegais (REsp 1.672.076/SP, rel. Min. Nancy Andrighi, 3ª Turma, *DJe* 30-9-2016). Há quem questione a ideia de uma "ilegalidade *prima facie*" assentada na referida decisão para justificar o afastamento do princípio competência-competência: "Dessa forma, não é possível conferir apenas ao juiz de direito a competência para declarar nula convenção de arbitragem pelo mero fato de verificar *prima facie* que o objeto da arbitragem envolve questão de ordem pública. Para tal efeito, a Lei n. 9.307/96 estabelece claramente a possibilidade de controle de legalidade da sentença arbitral, se esta for manifestamente contrária à ordem pública". BRANCHER, 2017, pp. 315-332.

39. Na mesma linha, o art. 485, VII, do CPC dispõe que o juiz não resolverá o mérito quando acolher a alegação de existência de convenção de arbitragem ou quando o juízo arbitral reconhecer sua competência. Com isso, se o árbitro reconhecer a sua competência, havendo ação judicial em curso versando sobre o mesmo tema, deverá o juiz julgar extinto o feito, sem resolução de mérito. Consagra-se, assim, o princípio competência-competência, cabendo primeiramente ao árbitro decidir a respeito de sua própria competência (art. 8º, parágrafo único, da Lei de Arbitragem).

40. Somente em casos excepcionais, quando existe um compromisso arbitral "patológico", o Judiciário pode relativizar o princípio da competência-competência: "Obviamente, o princípio *Kompetenz-Kompetenz* deve ser privilegiado, inclusive para o indispensável fortalecimento da arbitragem no País e sua aplicação no REsp 1.602.696-PI é irretocável. Por outro lado, é inegável a finalidade de integração e desenvolvimento do direito à admissão na jurisprudência desta Corte de cláusulas compromissórias "patológicas" – como os compromissos arbitrais vazios no REsp 1.082.498/MT mencionados acima e aqueles que não atendam ao requisito legal específico (art. 4º, § 2º, da Lei n. 9.307/96) que se está a julgar neste momento – cuja apreciação e declaração de nulidade podem ser feitas pelo Poder Judiciário mesmo antes do procedimento arbitral. São, assim, exceções que permitem uma melhor acomodação do princípio competência-competência a situações limítrofes à regra geral de prioridade do juízo arbitral" (REsp 1.602.076/SP, rel. Min. Nancy Andrighi, Terceira Turma, *DJe* 30-9-2016. No mesmo sentido: "(...) Segundo entendimento do STJ, cabe ao Poder Judiciário, nos casos em que *prima facie* é identificado um compromisso arbitral 'patológico', i.e., claramente ilegal, declarar a nulidade dessa cláusula (REsp 1.803.752/SP, rel. Min. Nancy Andrighi, Terceira Turma, j. 4-2-2020, *DJe* 24-4-2020). "Não se olvida, tampouco se dissuade de doutrina especializada, assim como da jurisprudência desta Corte de Justiça, que admite, excepcionalmente e em tese, que o Juízo estatal, instado naturalmente para tanto, reconheça a inexistência, invalidade ou ineficácia da convenção de arbitragem sempre que o vício que a inquina revelar-se, em princípio, clarividente (encerrando, assim, verdadeira cláusula compromissória arbitral patológica" (REsp 1.699.855/RS, rel. Min. Marco Aurélio Bellizze, Terceira Turma, *DJe* 8-6-2021.

firmando a sua competência[41], sobretudo se o árbitro ainda não tiver reconhecido a sua competência.

Vale consignar que contra a decisão que rejeitar a alegação de convenção de arbitragem caberá agravo de instrumento (art. 1.015, III, do CPC)[42], o que evidencia a preocupação do legislador infraconstitucional de permitir o rápido equacionamento da discussão sobre a via jurisdicional adequada, evitando uma futura – e indesejada – anulação de todo o processo judicial.

Por outro lado, como visto, nada impede que a alegação de existência de arbitragem seja feita antes da contestação. Na verdade, essa é uma alternativa que melhor se coaduna com os princípios da celeridade e da efetividade.

José Antonio Fichtner[43], ainda em momento anterior à vigência do CPC, já apontava a ineficiência da sistemática prevista pelo código no que se refere ao momento processual para a alegação de existência de convenção de arbitragem, que acabaria por transferir ao judiciário matéria que não deveria ser apreciada por ele.

Nesse particular, cumpre registrar que, ao menos em uma oportunidade, o TJ/SP já admitiu a apresentação dessa objeção por meio de petição autônoma[44], em homenagem ao princípio da instrumentalidade das formas.

---

41. "Com efeito, pugna a recorrente a aplicação do Princípio *Komptenz-Komptenz,* para que seja reconhecida a competência do Tribunal Arbitral. O documento mencionado pela recorrente trata, exclusivamente, de venda específica de alguns produtos, todavia não cuida do direito intelectual e sobre as formas de utilização (...) de modo que, por óbvio, não há cláusula compromissória de juízo arbitral capaz de ensejar o deslocamento da competência em favor de Corte Arbitral". TJ/RJ, Agravo de Instrumento n. 0027450-49.2019.8.19.0000, Des. Francisco de Assis Pessanha Filho, *DJe* 6-9-2019. No caso, como o contrato celebrado entre as partes (na qual havia a cláusula compromissória) era exclusivamente para a compra e venda de produtos, não versando sobre os direitos de propriedade intelectual das partes (o processo em questão tratava de direito de patente da Agravada), o Tribunal entendeu pela inaplicabilidade da cláusula compromissória.

42. De acordo com o Enunciado FPPC n. 435, "cabe agravo de instrumento contra a decisão do juiz que, diante do reconhecimento de competência pelo juízo arbitral, se recusar a extinguir o processo judicial sem resolução de mérito".

43. "É que no sistema que vai entrar em vigor, você entra com a ação, depois tem uma audiência de mediação. Não obtida a mediação, depois de um prazo, você oferece a sua contestação. Então, pelo que está proposto, você vai exigir que o juiz tenha, no conjunto de audiências de mediações que está fazendo, algo que não é da competência dele. E isso até ele verificar que de fato aquilo é para ser resolvido através de arbitragem e não pela via judicial. (...) Não faz sentido nenhum esperar seis meses para eliminar o que nunca deveria estar na frente do juiz" (FICHTNER, 2016).

44. "Extinção do processo sem julgamento de mérito. Alegação pela ré de existência de convenção de arbitragem, que afasta a jurisdição estatal. Arguição feita por meio de exceção de incompetência, não em preliminar de contestação. Irrelevância. Instrumentalidade das formas" (TJSP, 1ª Câmara Reservada de Direito Empresarial, Apelação n. 1007793-08.2016.8.26.0100, rel. Des. Cesar Ciampolini, j. em 22-2-2017, data de registro 23-2-2017).

Nesse mesmo sentido, vale repisar o Enunciado n. 5 da I Jornada de Prevenção e Solução Extrajudicial de Litígios do Conselho da Justiça Federal, coordenada pelo Ministro Luís Felipe Salomão, do Superior Tribunal de Justiça[45].

Outra solução já aceita por parte da doutrina[46] consiste na celebração de negócio jurídico processual, estabelecendo que a alegação de existência de convenção de arbitragem poderia ser feita por meio de simples petição, com a consequente interrupção ou suspensão do prazo para apresentação de contestação[47].

Nesse caso, as partes celebrariam negócio jurídico processual prévio[48] – no mesmo contrato do qual consta a cláusula compromissória ou um instrumento autônomo –, determinando a forma e o momento em que a alegação de existência de convenção de arbitragem deverá ser apresentada na eventualidade de surgimento de litígio entre as partes e uma das partes ingressar em juízo.

Também no mesmo instrumento as partes disporiam sobre os seus efeitos com relação ao processo judicial (por exemplo: a suspensão ou interrupção do prazo para apresentação de contestação)[49].

A alegação de existência de convenção de arbitragem seria, então, analisada, e, caso se entendesse pelo acolhimento da alegação, o processo seria extinto sem resolução de mérito, cabendo à parte autora direcionar seu pleito à jurisdição arbitral, com a apresentação de requerimento de arbitragem.

Em resumo, a celebração de negócio jurídico processual visando à alteração do momento e da forma de alegação de existência de convenção de arbitragem materializa importante ferramenta capaz de compatibilizar o disposto no CPC com os objetivos das partes ao decidirem submeter o conflito à jurisdição arbitral. Ainda que exista o risco de

---

45. "A arguição de convenção de arbitragem pode ser promovida por petição simples, a qualquer momento antes do término do prazo da contestação, sem caracterizar preclusão das matérias de defesa, permitido ao magistrado suspender o processo até a resolução da questão" (Disponível em: <http://www.cjf.jus.br/enunciados/enunciado/882>. Acesso em: 4 dez. 2018).

46. CARNEIRO; GRECO; PINHO, 2018, p. 37.

47. Enunciado FPPF n. 580: "É admissível o negócio processual estabelecendo que a alegação de existência de convenção de arbitragem será feita por simples petição, com a interrupção ou suspensão do prazo para contestação".

48. Nada impede que o negócio jurídico processual seja celebrado após o ajuizamento do processo. Embora isso pareça mais improvável, traria maior segurança jurídica às partes, na medida em que poderiam solicitar ao magistrado a designação de audiência especial para esse fim, ou poderiam fazê-lo na própria audiência do art. 334.

49. FARIA, 2016. Disponível em: <https://processualistas.jusbrasil.com.br/artigos/325669740/a-arguicao-de-existencia-de-convencao-de-arbitragem-no-novo-cpc-e-os-negocios-processuais>. Acesso em: 20 mar. 2020.

se alegar eventual preclusão consumativa[50], entendemos que a melhor interpretação caminha em sentido contrário[51].

Registre-se, por fim, que o juiz togado pode se antecipar, mediante provocação da parte interessada, e se declarar incompetente[52] para resolver questão objeto de convenção, mesmo que o árbitro não tenha ainda decidido sobre sua própria competência[53].

---

50. "Ressalte-se, por fim, que não há que se falar em preclusão consumativa em relação à apresentação da contestação, caso a exceção de convenção de arbitragem seja apresentada por simples petição e, depois, rejeitada. Ao apresentar a exceção de convenção de arbitragem, a vontade da parte é tão somente alegar que o caso deve ser solucionado na via arbitral. Nem mais, nem menos. A atitude de arguir, a tempo próprio, a exceção de convenção de arbitragem constitui um movimento processual amplamente identificado com o princípio da boa-fé, de modo que seria incompatível ignorar esta característica para impor à parte o prejuízo decorrente da preclusão consumativa em relação ao restante da matéria de defesa. Se a vontade da parte ao apresentar a alegação era apenas suscitar a existência da convenção de arbitragem, não se deve ignorar esse fato e impor uma consequência processual – a preclusão consumativa – que tem como pressuposto para sua incidência a vontade da parte de apresentar toda a matéria de defesa". FICHTNER; MANNHEIMER; MONTEIRO, 2019, pp. 113-130.

51. Em sentido análogo, o Enunciado n. 124 da II Jornada de Processo Civil: "Não há preclusão consumativa do direito de apresentar contestação, se o réu se manifesta, antes da data da audiência de conciliação ou de mediação, quanto à incompetência do juízo".

52. Enunciado FPPC n. 47: "A competência do juízo estatal deverá ser analisada previamente à alegação de convenção de arbitragem".

53. TALAMINI, 2016, p. 137.

Capítulo 4

Os Árbitros

Sumário: 4.1. Requisitos e qualificações para ser árbitro. **4.2.** Número de árbitros e processo de escolha. **4.2.1.** Presidente, coárbitro, suplente e secretário. **4.3.** Deveres dos árbitros. **4.4.** Impedimento e suspeição dos árbitros. **4.5.** Impugnação e substituição dos árbitros. **4.6.** Responsabilidade penal e civil do árbitro. **4.7.** Árbitro como juiz de fato e de direito.

4.1. Requisitos e qualificações para ser árbitro

De acordo com o art. 13 da Lei n. 9.307/96, pode ser árbitro qualquer pessoa capaz e que tenha a confiança das partes. A conjunção "e" revela que esses dois requisitos são cumulativos[1].

Em relação ao requisito da capacidade, aplicam-se as regras do Código Civil. Nesse particular, há quem defenda, por exemplo, que até mesmo um analfabeto, apesar de todas as dificuldades práticas, poderia ser árbitro[2]. Também não há óbice para que um estrangeiro atue como árbitro, a menos que exista alguma disposição em sentido contrário na convenção de arbitragem, uma vez que não há nenhuma restrição na lei especial.

---

1. Na prática, a escolha dos árbitros é questão relevantíssima na arbitragem. Trata-se de decisão estratégica, que perpassa pela análise da *expertise* e das características do profissional. Atualmente, já existem entidades especializadas em auxiliar as partes/advogados nesse processo de escolha, por exemplo, a CPR – International Institute for Conflict Prevention & Resolution. Podemos citar alguns aspectos a serem considerados no momento de escolha do árbitro: i) conhecimento técnico sobre o assunto objeto do conflito; ii) diligência; iii) disponibilidade (muitas vezes o profissional está envolvido com outros projetos e não conseguirá dedicar-se à solução da controvérsia); iv) integridade; v) experiência com procedimentos arbitrais; vi) habilidades linguísticas; etc. Esse *blend* de experiências e de atributos pessoais do profissional é essencial no momento de escolha do árbitro, devendo ser sopesado pelas partes.

2. Para Carmona, "o fato de não conseguir redigir o laudo de mão própria não o impediria de proceder o ditado, e a assinatura poderia ser feita a rogo" (2009, p. 230).

Por outro lado, existem algumas vedações legais para que uma pessoa atue como árbitro. É o caso do magistrado em atividade, uma vez que o art. 95, parágrafo único, I, da Constituição Federal lhe impede de exercer outro cargo ou função, exceto a de magistério.

Além disso, o mediador não poderá atuar como árbitro nem funcionar como testemunha em processos judiciais ou arbitrais pertinentes a conflito em que tenha atuado como mediador (art. 7º da Lei de Mediação).

Vale registrar que o árbitro não precisa ser advogado, embora já se tenha reconhecido que sua atuação como tal representaria exercício da advocacia[3].

De um modo geral, Carmona descreve algumas condutas que refletem os 7 (sete) pecados capitais do árbitro: gula (o desejo descomedido de ser árbitro), soberba (a cegueira do orgulho), ira (a inflexibilidade do ódio e do rancor), avareza (o espírito pobre e fraco), preguiça (a escolha pelo fácil e rápido), inveja (a cobiça por coisa alheias), luxúria (quando as paixões dominam)[4].

Questão ainda controversa diz respeito à possibilidade de pessoa jurídica figurar como árbitro. Há quem entenda que sim[5].

Porém, pensamos que o legislador, ao mencionar "pessoa" no art. 13, está se referindo apenas às pessoas físicas, já que os árbitros possuem deveres e responsabilidades inerentes à sua atuação, submetendo-se às mesmas regras de impedimento e suspeição dos juízes (art. 14), podendo, ainda, ser responsabilizados criminalmente[6].

Inovando no cenário normativo nacional, a Lei n. 14.711/2023, conhecida como "Marco Legal das Garantias", inseriu o art. 7º-A na Lei n. 8.935/94 (Lei dos Cartórios) com o objetivo de permitir que tabeliães de nota possam exercer, também, funções de árbitro[7].

4.2. Número de árbitros e processo de escolha

A Lei de Arbitragem não prevê um número máximo para árbitros, mas a quantidade deve ser "sempre em número ímpar" (art. 13, § 1º), evitando-se um empate. Na grande maioria dos casos, quando a arbitragem não é conduzida por árbitro único, é formado um painel com três árbitros.

Porém, se as partes convencionarem um número par de árbitros, será necessário ajustar a nomeação de um árbitro adicional[8], para que este possa atuar em caso de empate.

---

3. Proposição n. 49.0000.2013.011843-1/COP, do Conselho Federal da OAB, de 25-11-2013.

4. CARMONA, 2017, pp. 391-406.

5. MARTINS, 2008, p. 186.

6. Vale lembrar que os árbitros, no exercício de suas funções ou em razão delas, ficam equiparados aos funcionários públicos, para os efeitos da legislação penal (art. 17 da Lei de Arbitragem).

7. "Art. 7º-A. Aos tabeliães de notas também compete, sem exclusividade, entre outras atividades: I – certificar o implemento ou a frustração de condições e outros elementos negociais, respeitada a competência própria dos tabeliães de protesto; II – atuar como mediador ou conciliador; III – atuar como árbitro".

8. MUNIZ, 2017, p. 132.

O processo de escolha dos árbitros deve observar o disposto na convenção de arbitragem. Via de regra, a escolha dos árbitros é feita diretamente pelas partes. Cada parte escolhe um árbitro ("coárbitro") e os dois escolhidos elegem um terceiro, formando o painel arbitral[9].

Pode ocorrer, também, de a convenção de arbitragem fazer remissão ao regulamento de alguma instituição. Nesse caso, o processo de escolha deve respeitar as normas ali estabelecidas.

Durante algum tempo se discutiu se as instituições ou câmaras escolhidas poderiam obrigar as partes a elegerem os árbitros dentro de uma lista pré-aprovada. De um lado, a lista facilita a escolha dos árbitros, mas, por outro, limita as opções.

A questão foi regulada pela reforma de 2015 (Lei n. 13.129/2015), estabelecendo-se que as partes, de comum acordo, podem afastar a aplicação de dispositivo do regulamento do órgão arbitral que limite a escolha do árbitro único, coárbitro ou presidente do tribunal à respectiva lista de árbitros, "autorizado o controle da escolha pelos órgãos competentes da instituição, sendo que, nos casos de impasse e arbitragem multiparte, deverá ser observado o que dispuser o regulamento aplicável" (art. 13, § 4º, da Lei n. 9.307/96)[10].[11]

4.2.1. Presidente, coárbitro, suplente e secretário

a) **Presidente**

Quando as arbitragens são conduzidas por mais de um árbitro, um deles deve exercer o papel de presidente, não apenas para desempatar eventualmente o julgamento (art. 24, § 1º), mas também para coordenar e praticar uma série de atos (arts. 13, § 5º, 22, § 2º, 26, parágrafo único, 29, entre outros).

---

9. É possível que a indicação do terceiro árbitro também seja feita diretamente pela instituição escolhida ou pelo presidente do painel. Na prática, é comum que os coárbitros indiquem uma lista com cinco nomes de possíveis árbitros presidentes, dando-se oportunidade para as partes excluírem dois nomes dessa lista. Nessa hipótese, o árbitro presidente será escolhido entre os três nomes restantes. Tal sistemática prestigia o princípio da igualdade de oportunidade na formação do tribunal arbitral.

10. No que tange à remuneração dos árbitros, deve ser observado o disposto na convenção de arbitragem e/ou no regulamento da instituição escolhida. Muitas instituições têm regras bem definidas e levam em conta o valor da disputa. Outras preveem a cobrança com base no valor da hora trabalhada. Nas arbitragens *ad hoc*, as partes devem ajustar os honorários diretamente com o árbitro, o que pode gerar certo constrangimento.

11. No que tange ao processo de escolha dos árbitros em arbitragem multiparte, a doutrina afirma: "Se o contrato apresenta mais do que uma pessoa em cada polo, institui-se a arbitragem multiparte, isto é, aquela integrada por mais de duas partes litigantes, em que se prevê, a fim de preservar o direito de escolha a todos, uma forma particular de nomeação dos árbitros. Nesse evento, a indicação dos árbitros é realizada por polos, isto é, o polo requerente, integrado pela parte ou múltiplas partes que iniciarem a arbitragem, conjuntamente, elege um árbitro. O polo requerido, igualmente, nomeia outro. E a seleção do terceiro ocorre pelos dois já apontados. Nessa tessitura, todos participam de tal missão, preservando-se a igualdade e o direito de escolha". NANNI, 2016, pp. 263-284.

Há quem afirme que, por exercer um plexo de funções no procedimento arbitral, pode ser ajustada uma remuneração diferenciada para o presidente[12].

b) **Coárbitros**

Os árbitros indicados diretamente pelas partes são chamados de "coárbitros". Vale registrar que o fato de terem sido indicados pelas partes não significa que possam agir com parcialidade e falta de isenção.

Com efeito, as regras de imparcialidade, independência, competência, diligência e discrição (art. 13, § 6º) aplicam-se a todos os árbitros. Significa dizer que a indicação não tem o condão de favorecer ou beneficiar a parte que elegeu o respectivo árbitro.

Não concordamos com a tese de que o árbitro escolhido pela parte tem a obrigação de examinar os seus fundamentos e documentos com mais atenção, ainda que atue de forma imparcial[13].

Não se pode confundir coárbitro com assistente técnico indicado em perícia judicial. Esse último, de fato, tem a missão de auxiliar a parte e subsidiar o perito com todos os elementos necessários que possam favorecer aquele que o indicou. Por sua vez, o coárbitro foi indicado para julgar e decidir a questão, ainda que em conjunto com outros árbitros.

Ou seja, o tratamento dispensado às partes deve ser exatamente o mesmo, garantindo-se a isonomia, a paridade de armas, à luz da boa-fé e da cooperação.

c) **Árbitro suplente**

Além da possibilidade de nomearem árbitro, as partes podem eleger árbitros suplentes (art. 13, § 1º). Os suplentes são aqueles árbitros que somente atuarão na hipótese de vacância da função ou na impossibilidade de atuação dos árbitros escolhidos.

Na prática, a indicação dos suplentes vem sendo mitigada, uma vez que, ao ser eleito como suplente, o profissional, mesmo que não esteja efetivamente atuando como árbitro, fica impedido de representar algumas das partes, seja em processos judiciais, seja em assuntos extrajudiciais.

Tal restrição cria um duplo prejuízo para o suplente, pois não recebe seus honorários como árbitro e ainda perde a oportunidade de prestar serviços para alguma das partes.

d) **Secretário**

O árbitro ou o presidente do tribunal pode designar um secretário para lhe auxiliar nas funções administrativas (art. 13, § 5º). A nomeação não é obrigatória, podendo o secretário ser um dos próprios árbitros, o que não é tão comum[14].

---

12. MUNIZ, 2017, p. 135.
13. VERÇOSA, 2004, p. 341.
14. Na prática, o secretário costuma ser algum advogado do escritório do árbitro presidente.

Sua função é basicamente assessorar o árbitro nas atividades burocráticas (organizar o procedimento, fazer algumas comunicações às partes, controlar eventuais prazos etc.).

Como não se trata de um quarto árbitro, não pode opinar quanto ao mérito da discussão. Sua remuneração pode estar prevista no regulamento da instituição arbitral escolhida ou ser acordada pelos árbitros, podendo, ainda, ser ajustada no termo de arbitragem.

4.3. Deveres dos árbitros

Os deveres dos árbitros estão bem definidos na lei especial (art. 13, § 6º). Devem agir com imparcialidade[15], independência, competência, diligência e discrição. Também devem observar o dever de cooperação (o tema será tratado no Capítulo 12) e de *disclosure*.

Quanto à imparcialidade e à independência, estes são atributos inegociáveis tanto do árbitro[16] como do juiz. Com efeito, o ato de julgar pressupõe responsabilidade, e a falta de isenção do julgador contamina o julgamento[17].

Joaquim Muniz[18] pontua que, na arbitragem, a probabilidade de eventual conflito de interesse entre o árbitro e as partes é maior do que na esfera judicial, não apenas pelas próprias restrições legais dos juízes, mas também pelo fato de que a indicação cabe, via de regra, à própria parte. Nesse sentido, afirma que os deveres de imparcialidade e independência na arbitragem têm uma amplitude maior do que as hipóteses de impedimento e suspeição previstas no CPC.

Quanto aos requisitos da competência, diligência e discrição, estes se referem à capacidade do árbitro de aplicar seus conhecimentos à luz do caso concreto e de atuar com desenvoltura e eficiência, sem buscar holofotes para si.

---

15. Ainda que a citação de Daniel Mitidiero faça referência aos juízes, pode ser aplicada aos árbitros: "imparcialidade e neutralidade são conceitos que não se confundem. Juiz ativo é o contrário de juiz neutro; um e outro, todavia, podem ser imparciais" (2011, p. 111). Afirma-se, ainda, que "nenhum homem pode ser neutro, posto que tal situação agride a própria natureza humana. O homem, ente pensante, racional, tem emoções: vive e pauta sua conduta em crenças e convicções íntimas. Supor que o ser humano é neutro é compará-lo a um robô, um autômato" (LEMES, 2001, p. 64).

16. Há quem afirme que se deve "adotar mais rigor com a imparcialidade do presidente do tribunal arbitral que com a dos coárbitros, já que: (i) o presidente tem papel mais ativo na condução do procedimento e (ii) os coárbitros são, em geral, apontados pelas partes, o que gera, *prima facie*, uma aparência de parcialidade estrutural. Por outro lado, também parece convincente o argumento de que traz mais segurança jurídica adotar o mesmo teste para qualquer caso. O melhor é, portanto, que antes da constituição do tribunal se decida explicitamente sobre a questão". CAVALIERI, 2014, p. 117.

17. Na visão de Carmona, "a situação de equidistância deve ficar muito clara para as partes e para os árbitros, especialmente naquelas hipóteses em que os litigantes apontam diretamente os seus árbitros para compor o tribunal arbitral" (2009, p. 239).

18. MUNIZ, 2017, p. 270.

334 *Manual de Mediação e Arbitragem*

Vale registrar, ainda, o dever de revelação (*disclosure*), que compreende a obrigação do árbitro de desnudar, revelar e indicar qualquer situação capaz de comprometer a sua isenção ou que lhe impeça de atuar no processo arbitral (art. 14, § 1º)[19].

A regra tem como finalidade evitar que as partes sejam surpreendidas no futuro com alguma informação da qual não tinham conhecimento, afetando a confiança e a própria legitimidade do procedimento arbitral[20].

Sob esse prisma, cabe ao árbitro revelar tudo que possa comprometer a sua imparcialidade e independência[21]. Isso envolve acontecimentos pessoais e profissionais, experiências anteriores ou qualquer situação que tenha o condão de gerar dúvida, desconforto, desconfiança e suspeita.

Até porque, o que para o árbitro pode ser irrelevante[22], para as partes pode ser determinante, razão pela qual cabe ao julgador divulgar qualquer situação que possa atingir a sua imparcialidade[23], credibilidade e idoneidade. Pode ocorrer, porém, de as partes não

---

19. CARNEIRO; SCHENK, 2013, p. 581-597.

20. Como destaca Teresa Arruda Alvim, "na arbitragem, as partes, por força do princípio da autonomia privada, têm a possibilidade de escolher o julgador e essa escolha deve-se, fundamentalmente, basear na confiança! Confiança na competência, no preparo intelectual e, também, é claro, na independência e na imparcialidade" (ARRUDA ALVIM, Teresa. *Imparcialidade do árbitro e dever de revelação.* Disponível em: <https://www.migalhas.com.br/coluna/questao-de-direito/398790/imparcialidade-do-arbitro-e-dever-de-revelacao>. Acesso em: 10 jan. 2024).

21. Algumas instituições arbitrais possuem regras claras a respeito. *Vide*, por exemplo, o Enunciado n. 4 do Código de Ética do Centro de Arbitragem e Mediação da Câmara de Comércio Brasil-Canadá (CAM-CCBC): "O árbitro deverá revelar às Partes, frente à sua nomeação, interesse ou relacionamento negocial e profissional que tenha ou teve com qualquer uma delas e que possa de alguma forma afetar a sua imparcialidade ou sua independência. Revelar qualquer interesse ou relacionamento que potencialmente possa afetar a independência ou que possa criar uma aparência de parcialidade ou tendência. As Partes, ao tomarem ciência da indicação do árbitro, deverão informar qualquer fato que seja de seu conhecimento ou que deveriam conhecer e que as vincule ao árbitro, a fim de que este possa efetuar as verificações e revelações pertinentes. Ao tomar conhecimento da revelação efetuada pelo árbitro, a Parte deve informar os fatos de que deseja esclarecimentos e que no seu entender poderiam comprometer a imparcialidade e independência do árbitro. Por parcialidade e tendência entenda-se a situação pessoal do árbitro frente às partes e seus advogados ou, quanto à matéria objeto do litígio, que possa afetar a isenção do seu julgamento no caso concreto. O dever de revelação é contínuo durante o procedimento arbitral e quaisquer ocorrências ou fatos de que possam surgir ou ser descobertos nesse período, devem ser revelados".

22. "Independentemente de qualquer juízo do árbitro a respeito das situações as quais seriam reveláveis, literalmente todos os fatos devem ser revelados, mesmo julgando que não sejam verdadeiramente relevantes, em sua análise, ao conhecimento das partes. A razão para tanto seria a de que os acontecimentos dignos de revelação não aludem unicamente àqueles compreendidos pelo árbitro como essenciais, mas sim, e principalmente, aos fatos relevantes aos 'olhos das partes', consoante previsão no General Standard 3 (a) do Guidelines da IBA" (VIDAL, 2018, p. 514). Nesse mesmo trabalho, a autora cita alguns dispositivos de ordenamentos jurídicos estrangeiros que tratam do dever de revelação dos árbitros.

23. É o que explicam Paulo Cezar Pinheiro Carneiro e Leonardo Schenk: "A confiança das partes, que legitima os poderes decisórios na arbitragem, não tolera a simples dúvida de que a decisão tenha sido proferida em um ambiente contaminado pela predileção do árbitro por uma delas. A imparcialidade do árbitro condiciona a validade da sentença arbitral" (2018, p. XII). Na visão dos referidos autores, o "árbitro impugnado, por alegada falta de imparcialidade, deve obviamente ser ouvido, para que ele possa esclarecer os

vislumbrarem gravidade ou impedimento decorrente da revelação, aceitando permanecer com o árbitro.

Importante registrar que esse dever de revelação é dinâmico,[24] isto é, deve ser observado ao longo de todo o processo arbitral, de modo que, se algo superveniente acontecer (por exemplo, o ingresso de terceiro e/ou a participação de algum fundo de investimento no procedimento com quem o árbitro, eventualmente, tenha ou já tenha tido qualquer ligação), cabe ao árbitro comunicar imediatamente o fato às partes.

A lógica também se aplica a fatos antigos que só foram lembrados posteriormente pelo árbitro.

4.4. Impedimento e suspeição dos árbitros

De acordo com o art. 14 da Lei de Arbitragem, estão impedidos de funcionar como árbitros as pessoas que tenham – com as partes ou com o litígio que lhes for submetido – algumas das relações que caracterizam os casos de impedimento ou suspeição de juízes, observando-se, no que couber, o disposto no CPC. [25]

Vale destacar que, no diploma processual, a matéria está regulada nos arts. 144 e 145[26]. Cabe registrar que a expressão "no que couber" prevista no *caput* do art. 14 faz

---

fatos e, sobretudo, para que possa se afastar ao reconhecer a existência de dúvida razoável sobre a sua imparcialidade. Todavia, daí não parece decorrer que o árbitro impugnado deva participar do julgamento da arguição de falta de imparcialidade. E, havendo empate entre os dois árbitros remanescentes, se outro não tiver sido o critério previsto pelas partes ou no regulamento, a confirmação da existência de dúvida razoável sobre a imparcialidade do árbitro impugnado parece militar a favor do seu afastamento" (2018, p. 293).

24. Enunciado n. 109 da II Jornada de Prevenção e Solução Extrajudicial de Litígios: "O dever de revelação do árbitro é de caráter contínuo, razão pela qual o surgimento de fatos que denotem dúvida justificada quanto à sua imparcialidade e independência deve ser informado no curso de todo o procedimento arbitral".

25. Enunciado n. 97 da II Jornada de Prevenção e Solução Extrajudicial de Litígios: "O conceito de dúvida justificada na análise da independência e imparcialidade do árbitro deve observar critério objetivo e ser efetuado na visão de um terceiro que, com razoabilidade, analisaria a questão levando em consideração os fatos e as circunstâncias específicas".

26. "Art. 144. Há impedimento do juiz, sendo-lhe vedado exercer suas funções no processo: I – em que interveio como mandatário da parte, oficiou como perito, funcionou como membro do Ministério Público ou prestou depoimento como testemunha; II – de que conheceu em outro grau de jurisdição, tendo proferido decisão; III – quando nele estiver postulando, como defensor público, advogado ou membro do Ministério Público, seu cônjuge ou companheiro, ou qualquer parente, consanguíneo ou afim, em linha reta ou colateral, até o terceiro grau, inclusive; IV – quando for parte no processo ele próprio, seu cônjuge ou companheiro, ou parente, consanguíneo ou afim, em linha reta ou colateral, até o terceiro grau, inclusive; V – quando for sócio ou membro de direção ou de administração de pessoa jurídica parte no processo; VI – quando for herdeiro presuntivo, donatário ou empregador de qualquer das partes; VII – em que figure como parte instituição de ensino com a qual tenha relação de emprego ou decorrente de contrato de prestação de serviços; VIII – em que figure como parte cliente do escritório de advocacia de seu cônjuge, companheiro ou parente, consanguíneo ou afim, em linha reta ou colateral, até o terceiro grau, inclusive, mesmo que patrocinado por advogado de outro escritório; IX – quando promover ação contra a parte ou seu advogado. § 1º Na hipótese do inciso III, o impedimento só se verifica quando o defensor público, o

336 *Manual de Mediação e Arbitragem*

sentido, uma vez que algumas hipóteses delineadas no diploma processual não se aplicam à arbitragem, como, por exemplo, a do art. 144, II, do CPC (o árbitro, a rigor, não participará do processo "em outro grau de jurisdição").[27]

Cabe destacar que algumas outras situações de impedimento e suspeição dos árbitros são reguladas pelos códigos de ética e pelas diretrizes de conduta de instituições arbitrais[28]. Significa dizer que as causas de impedimento e de suspeição não se exaurem nas normas previstas no CPC[29].

Aliás, o STJ já decidiu que a Lei de Arbitragem, ao estabelecer que o árbitro tem o dever de revelar qualquer fato que denote dúvida justificada quanto à sua imparcialidade, "não trata a questão da imparcialidade do árbitro em *numerus clausus*, pelo contrário, estabelece uma dimensão aberta, muito ampla desse dever, em razão das peculiaridades mesmas da arbitragem"[30].

---

advogado ou o membro do Ministério Público já integrava o processo antes do início da atividade judicante do juiz. § 2º É vedada a criação de fato superveniente a fim de caracterizar impedimento do juiz. § 3º O impedimento previsto no inciso III também se verifica no caso de mandato conferido a membro de escritório de advocacia que tenha em seus quadros advogado que individualmente ostente a condição nele prevista, mesmo que não intervenha diretamente no processo. Observe-se que o STF, na ADI 5.953-DF, declarou a inconstitucionalidade do inciso VIII deste art. 144: "O Tribunal, por maioria, julgou procedente a presente ação direta, declarando-se a inconstitucionalidade do inciso VIII do art. 144 da Lei n. 13.105, de 16 de março de 2015, do Código de Processo Civil (CPC), nos termos do voto do Ministro Gilmar Mendes, Redator para o acórdão, vencidos os Ministros Edson Fachin (Relator), Rosa Weber (Presidente), Cármen Lúcia e Roberto Barroso. Plenário, Sessão Virtual de 11-8-2023 a 21-8-2023."
"Art. 145. Há suspeição do juiz: I – amigo íntimo ou inimigo de qualquer das partes ou de seus advogados; II – que receber presentes de pessoas que tiverem interesse na causa antes ou depois de iniciado o processo, que aconselhar alguma das partes acerca do objeto da causa ou que subministrar meios para atender às despesas do litígio; III – quando qualquer das partes for sua credora ou devedora, de seu cônjuge ou companheiro ou de parentes destes, em linha reta até o terceiro grau, inclusive; IV – interessado no julgamento do processo em favor de qualquer das partes. § 1º Poderá o juiz declarar-se suspeito por motivo de foro íntimo, sem necessidade de declarar suas razões. § 2º Será ilegítima a alegação de suspeição quando: I – houver sido provocada por quem a alega; II – a parte que a alega houver praticado ato que signifique manifesta aceitação do arguido."

27. "Já o árbitro é também um terceiro, mas sua institucionalização exige outros requisitos éticos. A condição de imparcialidade do árbitro pressupõe exigências éticas próprias. Ele é também um outro, mas cuja institucionalização é estabilizada por outros fatores: conhecimento técnico, prestígio profissional, donde a importância de ser um terceiro que não seja qualquer um. Por isso sua imparcialidade é sujeita a condições mais exigentes: ele é escolhido, para um procedimento escolhido, de uma câmara escolhida, donde ser o árbitro um terceiro *ad hoc*, com função jurisdicional personalíssima". FERRAZ JUNIOR, 2016, pp. 391-404.

28. Por exemplo, o art. 48 Regulamento do Conselho Arbitral do Estado de São Paulo (CAESP) dispõe que será fundada a suspeição, se o árbitro "tiver atuado como mediador ou conciliador de qualquer das partes na pré-controvérsia, a menos que as partes determinem expressamente em contrário".

29. O Enunciado FPPC n. 489 estabelece que, "observado o dever de revelação, as partes celebrantes de convenção de arbitragem podem afastar, de comum acordo, de forma expressa e por escrito, hipótese de impedimento ou suspeição do árbitro".

30. Trecho do voto da Ministra Nancy Andrighi na SEC 9.412/EX, rel. Min. João Otávio de Noronha, Corte Especial, *DJe* 30-5-2017. No mesmo sentido REsp 1.526.789/SP, rel. Min. Nancy Andrighi, 3ª Turma, *DJe* 22-6-2017: "Conquanto as hipóteses de impedimento e suspeição dos árbitros sejam as mesmas às que

Com efeito, a imparcialidade é pedra angular do direito. A existência de um julgador imparcial, além de garantia constitucional (art. 5º, XXXVII, LII e LIV, da CF), assegura legitimidade ao pronunciamento a ser proferido.

Exatamente por isso, também na arbitragem, o requisito da imparcialidade deve ser observado, sob pena de eventual ação anulatória da sentença arbitral (arts. 21, § 2º, c/c 32, VIII, da Lei de Arbitragem).[31]

Convém apenas salientar que, no juízo arbitral, é possível que as partes aceitem o árbitro que possua alguma "restrição", respeitando-se, assim, a autonomia da vontade, mas isso deve estar claro e expresso[32].

É o que acontece, por exemplo, quando as partes optam por um amigo comum próximo ou mesmo um parente para dirimir a controvérsia existente. Embora a hipótese não seja tão comum, pode ocorrer.

4.5. Impugnação e substituição dos árbitros

Como visto, cabe ao árbitro revelar qualquer situação capaz de comprometer a sua isenção e imparcialidade. Porém, as partes, obviamente, não podem ficar à mercê da iniciativa do julgador.

Nos casos de omissão ou flagrante impedimento/suspeição do árbitro, pode a parte interessada apresentar uma exceção de suspeição ou impedimento – diretamente ao árbitro ou ao presidente do tribunal arbitral –, indicando suas razões e acostando as provas pertinentes (art. 15).

Se a referida exceção vier a ser acolhida – vale lembrar que esta deve ser apresentada na primeira oportunidade que a parte tiver de se manifestar (a partir da ciência do fato, evidentemente, art. 20) –, o árbitro suspeito ou impedido será substituído, nos

---

estão sujeitos os juízes, não se pode considerá-las como fazendo parte de um rol taxativo. Isso porque a Lei n. 9.307/96 erigiu a imparcialidade em postulado fundamental do procedimento arbitral, sendo certo que sua violação pode acarretar, em última instância, a invalidação integral da sentença proferida (arts. 21, § 3º, e 32, VIII, da Lei n. 9.307/96). O alcance de seu conteúdo normativo, portanto, não pode ficar restrito, unicamente, às hipóteses de impedimento ou suspeição expressamente listadas nos arts. 134 e 135 do CPC/73".

31. "Quanto à possibilidade de se anular sentença arbitral proferida por árbitro que não observar em sua atuação os deveres de imparcialidade e independência, violados em função do não atendimento do dever de revelação, a regra autorizativa se encontra no art. 32, inciso VIII. Essa regra nos remete ao desrespeito aos princípios fundamentais do processo de que trata o art. 21, 2º, da Lei de Arbitragem, conteúdo principiológico que se denomina de devido processo arbitral ou de justo processo arbitral. A referida legislação prevê expressamente os seguintes princípios: contraditório, isonomia, imparcialidade do árbitro e o seu livre convencimento". VIDAL, 2020, p. 230.

32. CAHALI, 2017, p. 223. É justamente a confiança das partes que legitima o julgamento por árbitro que tenha alguma restrição. Assim, se o árbitro revelar algo e, mesmo assim, as partes aceitarem a restrição, não haverá vedação quanto à sua atuação e participação.

338 *Manual de Mediação e Arbitragem*

termos do art. 16[33]. Se a exceção não for acolhida, a parte pode eventualmente suscitar a questão em sede de ação anulatória (arts. 20, § 2º, c/c 32, VIII).

Toda essa sistemática tem como objetivo, de um lado, assegurar a total transparência e imparcialidade do procedimento, e, de outro, preservar a confiança das partes quanto à independência do árbitro[34].

Cabe registrar que a exceção não pode ser utilizada como instrumento para atacar eventual decisão arbitral desfavorável, ainda que a parte só tenha ciência da causa de impedimento e/ou suspeição (não revelada espontaneamente pelo árbitro) por ocasião da sentença arbitral. A medida adequada nesse caso é a propositura de uma ação anulatória, com base nos mencionados arts. 21, § 2º, c/c 32, VIII, da Lei de Arbitragem.

Por outro lado, se o árbitro recusar a nomeação ou, mesmo após a aceitação, vier a falecer ou tornar-se impossibilitado de exercer a função, assumirá em seu lugar o árbitro substituto indicado no compromisso arbitral, se houver. Nesse caso, devem ser observadas as regras da instituição arbitral, a menos que as partes tenham pactuado algo em sentido contrário.

A dificuldade ocorre quando não existe um regramento específico na convenção de arbitragem e as partes também não chegam a um consenso quanto à nomeação do substituto. Nesse caso, a parte interessada poderá propor uma ação judicial para que o Judiciário defina a questão (art. 7º).

Importante destacar que tal ação não será cabível se as partes tiverem pactuado expressamente na convenção de arbitragem não aceitar árbitro substituto (art. 16, § 2º), o que pode, inclusive, gerar a extinção do compromisso arbitral, nos termos do art. 12.

Cumpre destacar que, após a formalização do ingresso do árbitro substituto, este tem o direito de repetir eventuais atos processuais, fundamentando, evidentemente, a respectiva necessidade. Tais providências são fundamentais para a formação da convicção do julgador, mas quase sempre retardam o prazo da sentença arbitral.

---

33. Em algumas instituições arbitrais, existem regras específicas para a análise de impedimento e suspeição (CCI e CAMARB, por exemplo), em que um *board* formado por outros profissionais que não compõem o painel arbitral examina a questão. Veja-se, a propósito o item 5.3 do Regulamento da CAMARB: 5.3 A impugnação será decidida por Comitê especialmente composto para esse fim por três integrantes da Lista de Árbitros da CAMARB, nomeados pelo Presidente da CAMARB em conjunto com outro Diretor.

34. Na prática, quando os árbitros são impugnados, de pronto abdicam do procedimento, não apenas para preservar o procedimento, mas também para proteger sua própria imagem dentro do meio arbitral. A propósito, cabe destacar que existe um intercâmbio muito forte entre o procedimento arbitral brasileiro e as regras de *common law* e *soft law*. E uma das regras de *soft law* mais utilizada pelo meio arbitral são a International Bar Association Guidelines, que disponibilizam regras relativas a conflitos de interesses em arbitragem internacional, mas que são utilizadas como parâmetro em arbitragens domésticas. No referido documento, existe uma lista vermelha elencando os casos que justificam o afastamento do árbitro; uma lista laranja contendo situações que poderiam gerar dúvidas razoáveis às partes, devendo, portanto, ser divulgadas; e uma lista verde retratando exemplos em que não haverá conflitos de interesses (Disponível em: <https://www.ibanet.org/Document/Default.aspx?DocumentUid=e2fe5e72-eb14-4bba-b10d-d33dafee8918>. Acesso em: 30 out. 2018).

4.6. Responsabilidade penal e civil do árbitro

Diante da importância da função exercida e também para garantir maior proteção às partes, o art. 17 da Lei n. 9.307/96 equipara o árbitro, quando no exercício de suas funções ou em razão delas, aos funcionários públicos para os efeitos da legislação penal (assim como ocorre com os mediadores, *vide* art. 8º da Lei n. 13.140/2015).

De um modo geral, a ideia é proteger as partes de crimes como a concussão, corrupção e prevaricação, disciplinados nos arts. 316, 317 e 319 do Código Penal.

Alexandre Câmara destaca que os árbitros também podem ser vítimas de delitos praticados contra funcionários públicos, como a corrupção ativa e a desobediência[35].

Afirma-se, ainda, que o árbitro terá também as garantias legais a favor do funcionário público no exercício de sua função[36].

Sob o prisma civil, a Lei de Arbitragem não é clara, mas a doutrina confirma a responsabilidade do árbitro pelos danos eventualmente causados em razão de sua má atuação[37].

Entendemos, porém, que é possível fazer um paralelo com o CPC e sustentar que o árbitro, assim como o juiz togado[38], só responde quando, "no exercício de suas funções, proceder com dolo ou fraude" (art. 143, I, do CPC) ou "recusar, omitir ou retardar, sem motivo justo, providência que deva ordenar de ofício ou a requerimento da parte" (art. 143, II, do CPC), sendo que, nesse último caso, sua responsabilidade só estará configurada se a parte requerer que o árbitro determine a providência e o requerimento não for analisado no prazo de dez dias (art. 143, parágrafo único, do CPC).

Fernanda Levy destaca que os árbitros respondem pelo *error in procedendo*, e não pelo *error in judicando*, uma vez que sua obrigação é "proferir uma sentença de acordo com o procedimento escolhido pelas partes e pautada no princípio do devido processo

---

35. CÂMARA, 1997, p. 49.

36. Não podendo, por exemplo, ser desacatado (art. 331 do CP) (CAHALI, 2017, p. 227).

37. Na visão de Joel Dias Figueira Jr., "levando em conta os deveres atribuídos aos árbitros e que seu eventual descumprimento pode gerar danos às partes envolvidas, não resta dúvida de que além do âmbito da responsabilidade criminal, ao qual os árbitros estão legalmente sujeitos (art. 17 da Lei n. 9.307/96), também respondem civilmente pelos danos que causarem em razão de sua má atuação" (1999, p. 178).

38. Vale lembrar que o juiz não deve figurar como réu da ação, cabendo ao ente público, em caso de condenação, ajuizar a respectiva ação regressiva. Este é o entendimento do STF: "Responsabilidade objetiva. Ação reparatória de dano por ato ilícito. Responsabilidade exclusiva do Estado. Os magistrados enquadram-se na espécie de agente político, investidos para o exercício de atribuições constitucionais, sendo dotados de plena liberdade funcional no desempenho de suas funções, com prerrogativas próprias e legislação específica. Ação que deveria ter sido ajuizada com a Fazenda Estadual – responsável eventual pelos alegados danos causados pela autoridade judicial, ao exercer suas atribuições –, a qual, posteriormente, terá assegurado o direito de regresso contra o magistrado responsável, nas hipóteses de dolo ou culpa. Legitimidade passiva reservada ao Estado. Ausência de responsabilidade concorrente em face dos eventuais prejuízos causados a terceiros pela autoridade julgadora no exercício de suas funções, a teor do art. 37, § 6º, da CF/88" (STF, RE 228.977/SP, rel. Min. Néri da Silveira, 2ª Turma, *DJ* 12-4-2002).

legal, mas a falta de qualidade da sentença em termos de conteúdo não dá azo à indenização"[39].

Na prática, são raríssimos os casos de responsabilização civil dos árbitros, pois, a rigor, são profissionais altamente capacitados, idôneos e responsáveis. Além disso, constroem sua própria reputação em cima de trabalhos nessa área.

Antes de finalizar este tópico, cabe mencionar que, seja em arbitragens *ad hoc* ou institucionais, a responsabilidade do árbitro é subjetiva e pessoal. Assim, caso eventual ilícito seja praticado por algum membro do tribunal arbitral ou da própria entidade arbitral, sem influência ou participação do árbitro, este não deve ser responsabilizado.

Por outro lado, é importante que as entidades arbitrais façam constar nos respectivos regulamentos a sua total isenção de responsabilidade quanto a atos praticados exclusivamente pelos árbitros. A questão, porém, é sensível, pois muitas entidades arbitrais possuem lista própria de árbitros e não admitem a participação de profissionais externos. Nessa hipótese, ao menos em tese, seria possível sustentar uma corresponsabilidade dos envolvidos, mas tal apuração demandaria uma análise criteriosa à luz do caso concreto[40].

4.7. Árbitro como juiz de fato e de direito

De acordo com o art. 18 da Lei de Arbitragem, o árbitro é juiz de fato e de direito. Tal dispositivo reforça a natureza jurisdicional da arbitragem[41].

No passado, como já salientado, a sentença arbitral dependia de homologação pelo Poder Judiciário, mas, com as reformas trazidas pela Lei n. 11.232/2005, que alterou o CPC/73, aquela passou a ser considerada um título executivo judicial (art. 475-N, IV, do CPC/73).

No CPC, a sentença arbitral permanece no rol de títulos executivos judiciais (art. 515, VII). Ou seja, uma vez proferida a sentença pelo árbitro, não há falar em suspensão ou homologação pelo Judiciário. Nesse ponto, vale registrar que a única via cabível para

---

39. LEVY; DONNINNI, 2009, p. 180.

40. Algumas câmaras se preocupam em eximir a responsabilidade dos árbitros e demais membros da instituição arbitral. Veja-se, por exemplo, o art. 40 do Regulamento da CCI: Os árbitros, qualquer pessoa nomeada pelo tribunal arbitral, o árbitro de emergência, a Corte e os seus membros, a CCI e os seus funcionários e os Comitês Nacionais e Grupos da CCI e seus funcionários e representantes, não serão responsáveis perante qualquer pessoa por quaisquer atos ou omissões relacionados a uma arbitragem, salvo na medida em que tal limitação de responsabilidade seja proibida pela lei aplicável (Disponível em: <http://webcache.googleusercontent.com/search?q=cache:u17UWnWBgsJ:cbar.org.br/site/wp-content/uploads/2012/05/ICC-865-1-POR-Arbitragem-Mediacao.pdf+&cd=2&hl=pt-BR&ct=clnk&gl=br>. Acesso em: 30 out. 2018).

41. Vale lembrar que, de acordo com o art. 3º, § 1º, do CPC, não se excluirá da apreciação jurisdicional ameaça ou lesão a direito, sendo permitida a arbitragem, na forma da lei. Além disso, o art. 42 do diploma processual estabelece que as causas cíveis serão processadas e decididas pelo juiz nos limites de sua competência, ressalvado às partes o direito de instituir juízo arbitral, na forma da lei.

atacar a decisão arbitral é a ação anulatória (art. 33 – o tema será explorado mais adiante), ressalvando-se, ainda, a possibilidade de impugnação na fase de cumprimento de sentença (art. 33, § 3º, da Lei n. 9.307/96 c/c art. 525 do CPC/2015).

No que tange à conduta do árbitro, cabe a ele examinar os fatos que lhe são apresentados e aplicar o direito, observando os precedentes de observância obrigatória (trataremos do tema com mais detalhes no Capítulo 11)[42].

Embora tenha poder para decidir, e inclusive fixar multas (*astreintes*)[43], não pode mandar executar suas próprias decisões[44]. Em outras palavras, não tem poder de império[45].

Daí por que se fala que a autoridade do árbitro para decidir é despida da *coertio*[46] e da *executio*[47], poderes inerentes aos juízes togados[48]. Nesse contexto, a existência de

---

42. Vale apenas destacar que, para Leonardo Greco, como "a jurisprudência e os precedentes judiciais são meramente persuasivos, mesmo oriundos de incidentes-piloto, como os de recursos ou demandas repetitivas, tal como os juízes estatais, os árbitros também deverão aplicá-los, embora possam deixar de fazê-lo, desde que justifiquem adequadamente a sua discordância, porque seguir a jurisprudência constante ou precedentes originários de decisões judiciais solidamente fundamentadas, significa aplicar ou interpretar a norma jurídica do modo revestido da maior probabilidade de acerto" (CARNEIRO; GRECO; PINHO, 2018, p. 4).

43. Enunciado n. 108 da II Jornada de Prevenção e Solução Extrajudicial de Litígios: "O Tribunal Arbitral tem poderes para decretar a multa coercitiva (*astreintes*)".

44. "Com efeito, a jurisprudência desta Corte de Justiça tem asseverado que o árbitro ou Tribunal Arbitral não detém legitimidade para impetrar Mandado de Segurança contra ato que recusa a liberação de saldo de conta vinculada do FGTS". STJ, REsp 1.624.566/SP, rel. Min. Sergio Kukina, 1ª Turma, *DJe* 22-11-2018.

45. Em sentido contrário, Marcelo Barbi defende que "o mito do monopólio estatal da violência legítima não mais se sustenta, pois se admite a delegação do poder de império para agentes extraestatais. E essa constatação é fundamental para que se possa caminhar no sentido de que os árbitros podem, sim, praticar os atos necessários à concretização de medidas cautelares e executivas" (2018, p. 199). Na mesma linha, *vide* MARCAL, 2020, p. 167.

46. Algumas medidas, porém, podem constranger, ainda que moralmente, o devedor a cumprir a obrigação fixada na sentença arbitral. Cite-se, por exemplo, o art. 11.2 do Regulamento de Arbitragem do Centro de Mediação e Arbitragem da Câmara de Comércio Brasil-Canadá (CAM-CCBC): "Na hipótese de descumprimento da sentença arbitral a parte prejudicada poderá comunicar ao CAM-CCBC, para que divulgue a outras instituições arbitrais e às câmaras de comércio ou entidades análogas no país ou no exterior". De acordo com a doutrina, "embora despidas de caráter de força, parece certo que tais medidas podem possuir alguma repercussão na esfera do devedor, visto que terá sua imagem prejudicada perante terceiros". LATGE, 2020, p. 62.

47. Há quem defenda que os árbitros podem determinar a indisponibilidade de um imóvel no curso do processo arbitral, oficiando o Registro Geral de Imóveis competente: "A indisponibilidade do bem não o retira da esfera patrimonial de seu proprietário, pois não se configura como penhora, mas como uma forma de inalienabilidade, impedindo que o bem seja objeto de transações como venda, permuta, doação ou qualquer outra forma de disposição. A indisponibilidade, em sua essência, conserva o bem na propriedade do devedor. Assim sendo, será necessário ao árbitro solicitar a cooperação do juiz estatal para efetivação da medida? Defende-se que não". SANTOS, 2020, p. 288.

48. MARTINS, 2008, p. 307. Sobre o tema, ver: "A controvérsia está em definir qual o juízo competente – o estatal ou o arbitral – para julgar a pretensão de despejo por falta de pagamento, com posterior abandono do imóvel, diante da existência de cláusula compromissória. (...) Especificamente em relação ao contrato de locação e sua execução, a Quarta Turma do STJ já decidiu que, no âmbito do processo executivo, a convenção arbitral não exclui a apreciação do magistrado togado, já que os árbitros, como dito, não são

cláusula de arbitragem não impede a execução de título extrajudicial perante o Poder Judiciário, justamente porque o órgão estatal é o único competente para adoção de medidas que visem à expropriação de bens do devedor.[49]

Cabe registrar, porém, entendimento do STJ[50] no sentido de que o árbitro pode examinar pedido de desconsideração da personalidade jurídica de sociedade signatária da convenção de arbitragem para fins de futura incidência da sentença arbitral (de modo a incluir, na prática, terceiros no processo arbitral)[51]. Quer nos parecer, contudo, na linha dos votos vencidos dos Ministros Nancy Andrighi e Paulo de Tarso Sanseverino, que a descon-

---

investidos do poder de império estatal à prática de atos executivos, não tendo poder coercitivo direto (REsp 1.465.535/SP, rel. Min. Luis Felipe Salomão, Quarta Turma, j. 21-6-2016, *DJe* 22-8-2016). Por conseguinte, na execução lastreada em contrato com cláusula arbitral, haverá limitação material do seu objeto de apreciação pelo magistrado: o Juízo estatal não deterá competência para resolver as controvérsias que digam respeito ao mérito dos embargos, às questões atinentes ao título ou às obrigações ali consignadas (existência, constituição ou extinção do crédito) e às matérias que foram eleitas para serem solucionadas pela instância arbitral (*kompetenz e kompetenz*), que deverão ser dirimidas pela via arbitral. Na hipótese, não se trata propriamente de execução de contrato de locação, mas de despejo por falta de pagamento e imissão de posse em razão do abandono do imóvel. Assim, diante da sua peculiaridade procedimental e sua natureza executiva ínsita, com provimento em que se defere a restituição do imóvel, o desalojamento do ocupante e a imissão da posse do locador, não parece adequada a jurisdição arbitral para decidira ação de despejo". REsp 1.481.644-SP, rel. Min. Luis Felipe Salomão, Quarta Turma, por unanimidade, j. 1º-6-2021. *Informativo* n. 699 STJ.

49. REsp 1.373.710/MG. Isso não autoriza, porém, que o Poder Judiciário analise, em execução de título executivo extrajudicial que contenha cláusula compromissória ajuizada por credor sub-rogado, questões alusivas às disposições do contrato em si, o que deve ser discutido na jurisdição arbitral: "Nos embargos à execução de contrato com cláusula compromissória, a cognição do juízo estatal está limitada aos temas relativos ao processo executivo em si, sendo que as questões relativas à higidez do título devem ser submetidas à arbitragem, na linha do que dispõe o art. 8º, parágrafo único, da Lei n. 9.307/96" (REsp n. 2.032.426/DF, rel. Min. Moura Ribeiro, relator para acórdão Min. Ricardo Villas Bôas Cueva, Terceira Turma, j. 11-4-2023.

50. "No que importa à presente controvérsia, o consentimento tácito ao estabelecimento da arbitragem há de ser reconhecido, ainda, nas hipóteses em que um terceiro, utilizando-se de seu poder de controle para a realização de contrato, no qual há a estipulação de compromisso arbitral, e, em abuso da personalidade da pessoa jurídica interposta, determina tal ajuste, sem dele figurar formalmente, com o manifesto propósito de prejudicar o outro contratante, evidenciado, por exemplo, por atos de dissipação patrimonial em favor daquele. Em tal circunstância, se prevalecer o entendimento de que o compromisso arbitral somente produz efeitos em relação às partes que formalmente o subscreveram, o processo arbitral servirá de escudo para evitar a responsabilização do terceiro que laborou em fraude, verdadeiro responsável pelas obrigações ajustadas e inadimplidas, notadamente se o instituto da desconsideração da personalidade jurídica – remédio jurídico idôneo para contornar esse tipo de proceder fraudulento – não puder ser submetido ao juízo arbitral. (...) Portanto, o incidente de desconsideração da personalidade jurídica, ainda que veiculado inicialmente perante o Juízo estatal, a fim de subsidiar a cautelar de arresto incidente sobre bens de terceiros, é também matéria de competência do Juízo arbitral e, como tal, deveria ser necessariamente a ele submetido a julgamento em momento subsequente, providência não levada a efeito pela recorrida, como seria de rigor. (...) (REsp 1.698.730/SP, rel. Min. Marco Aurélio Bellizze, Terceira Turma, j. 05-5-2018).

51. No mesmo sentido da decisão do STJ: "No que tange ao limite objetivo, embora a competência do árbitro esteja vinculada ao objeto da convenção de arbitragem, essa compreende também o exame e a decisão sobre os fatos que incidem diretamente sobre a prestação jurisdicional, inclusive os relativos à personalidade jurídica". ASSIS, 2020, p. 97.

sideração da personalidade jurídica está ligada à execução da sentença arbitral, tarefa que incumbe exclusivamente ao Judiciário na fase de cumprimento do referido título.

Questão mais sensível seria verificar a possibilidade de a parte, mesmo com a arbitragem já instaurada e diante da necessidade de preservar bens de terceiros – para futura execução da sentença arbitral –, apresentar ação autônoma perante o Judiciário[52] requerendo a responsabilização do terceiro, o que parece possível (caso contrário, haveria um possível esvaziamento e perecimento dos bens, a evidenciar inequívoca lesão de direito – art. 5º, XXXV, da CF).

Sob outro prisma, vale lembrar que, diferentemente dos juízes – investidos na tarefa de julgar –, os árbitros são escolhidos para apreciação de determinados conflitos específicos. Ou seja, somente nessas situações, o árbitro é considerado juiz de fato e de direito.

Como destaca a doutrina, "enquanto um membro da magistratura judicial é juiz em prática de exclusividade, os árbitros 'andam pelo mundo' e podem ter interesses muito diversificados, para lá da prática arbitral. Basta lembrar que – pelo menos em tese – ser árbitro não é uma profissão"[53].

Essa percepção é importante para compreender que, fora dessa função, o árbitro não possui as mesmas garantias e prerrogativas do juiz, especialmente aquelas previstas na LOMAN (Lei Complementar n. 35/79)[54].

---

52. Em sentido semelhante, BENEDUZI, 2020, p. 495.

53. CUOZZO, 2018, pp. 149-166.

54. Veja-se, a propósito, algumas prerrogativas dos juízes previstas no art. 33 da LOMAN: "I – ser ouvido como testemunha em dia, hora e local previamente ajustados com a autoridade ou Juiz de instância igual ou inferior; II – não ser preso senão por ordem escrita do Tribunal ou do órgão especial competente para o julgamento, salvo em flagrante de crime inafiançável, caso em que a autoridade fará imediata comunicação e apresentação do magistrado ao Presidente do Tribunal a que esteja vinculado (vetado); III – ser recolhido a prisão especial, ou a sala especial de Estado-Maior, por ordem e à disposição do Tribunal ou do órgão especial competente, quando sujeito a prisão antes do julgamento final; IV – não estar sujeito a notificação ou a intimação para comparecimento, salvo se expedida por autoridade judicial; V – portar arma de defesa pessoal. Parágrafo único. Quando, no curso de investigação, houver indício da prática de crime por parte do magistrado, a autoridade policial, civil ou militar, remeterá os respectivos autos ao Tribunal ou órgão especial competente para o julgamento, a fim de que prossiga na investigação".

Capítulo 5

Procedimento Arbitral

> **Sumário: 5.1.** Regras procedimentais. **5.2.** Princípios formadores do procedimento arbitral. **5.2.1.** Contraditório. **5.2.2.** Igualdade das partes. **5.2.3.** Imparcialidade e livre convencimento do árbitro. **5.3.** Instauração da arbitragem. **5.4.** Arguição de questões relativas à competência ou suspeição/impedimento dos árbitros e à invalidade/ineficácia da convenção de arbitragem. **5.5.** Conciliação entre as partes. **5.6.** Fase postulatória e produção de provas na arbitragem. **5.6.1.** Do depoimento das partes e testemunhas. **5.6.2.** Perícia. **5.7.** Revelia da parte. **5.8.** Repetição de prova na hipótese de substituição do árbitro. **5.9.** Breves considerações sobre arbitragens envolvendo pluralidade de partes e as intervenções de terceiros.

5.1. Regras procedimentais

A flexibilidade[1] é a mola mestra do procedimento arbitral. As partes têm ampla liberdade para estabelecer regras de desenvolvimento da arbitragem[2] e convencionar o procedimento a ser seguido[3], inclusive o da própria instituição arbitral escolhida.

---

1. "Tendo em vista as diversas possibilidades de flexibilidade do procedimento arbitral (de criação e de adaptação do procedimento), parte da doutrina afirma que uma das grandes vantagens da arbitragem é exatamente a flexibilidade do procedimento arbitral, que pode ser adaptado a cada caso concreto" (MONTORO, 2018, p. 74). Em sentido semelhante: "A flexibilidade é, sem dúvida, uma das mais relevantes vantagens da arbitragem comparativamente ao processo estatal. A modificação ante as particularidades do caso concreto é medida que não somente proporciona uma solução mais aderente à realidade, mas também torna a arbitragem mais célere, com evidente redução do tempo de tramitação do procedimento". LUCON; BARIONI; MEDEIROS NETO, 2016, p. 265-276.

2. Afirma-se, inclusive, que o êxito da arbitragem "refletiu-se também na possibilidade de celebração de convenções processuais, prevista nos arts. 190 e 191 do CPC/2015 (LGL\2015\1656). Tais negócios jurídicos processuais tendem a emprestar maior flexibilidade ao procedimento e até mesmo a criar uma saudável concorrência à arbitragem, na medida em que varas e câmaras especializadas passem a adotar calendários pro-

A única ressalva[4] é que sejam respeitados os princípios do contraditório, da igualdade das partes, da imparcialidade do árbitro e de seu livre convencimento.

Em razão da peculiaridade do sistema arbitral, não é correto invocar o Código de Processo Civil "como se este fosse o repositório último das regras aplicáveis"[5]. Como dito, o procedimento arbitral deve ser guiado pelas regras da convenção de arbitragem, que podem ser estipuladas livremente pelas partes ou previstas no regulamento da instituição arbitral escolhida[6].

Mesmo quando se tratar de regras de entidades arbitrais, as partes, eventualmente, podem ter espaço para negociar alguma questão específica (por exemplo, aumento do prazo para prolação da sentença arbitral).

Não se recomenda que as partes façam um *pout-pourri* de regras de diferentes entidades arbitrais ou escolham determinada instituição, valendo-se, porém, de regras de outra, pois isso pode gerar instabilidades e incompatibilidades. Por exemplo, o Regulamento de Arbitragem da CCI prevê o exame prévio da sentença arbitral pela Corte Internacional de Arbitragem, sendo que muitas instituições arbitrais não têm um órgão análogo interno[7].

---

cessuais livremente pactuados pelas partes, com previsível redução do tempo de tramitação processual". CUEVA, 2018, pp. 119-120. No mesmo sentido: "Apontando para tal direção, o processo civil encontra respaldo nas práticas arbitrais. A via alternativa de resolução de conflitos demonstra que a experiência com a flexibilização do procedimento e o empoderamento das partes resulta em processo mais efetivo, no qual os atores processuais atuam em cooperação para a resolução da controvérsia". MAZZEI; CHAGAS, 2014, p. 223.

3. Sobre a correlação entre negócios jurídicos processuais e a liberdade das partes no processo arbitral, ver QUEIROZ; TORTORELLA; BANFIELD, 2017, p. 73-107. Os autores destacam algumas questões que podem ser ajustadas na arbitragem, mas não no processo civil (como, por exemplo, a escolha do idioma – art. 192 do CPC –, e a escolha do julgador).

4. Como pontua Carmona, "a flexibilidade do procedimento, todavia, não significa anarquia, com partes e árbitros organizando o procedimento de acordo com regras exotéricas, alheias à realidade, mas sim uma suavização necessária das técnicas típicas do processo estatal, técnicas essas criadas para garantir, em outro ambiente, os direitos dos litigantes" (2008, p. 292).

5. MUNIZ, 2017, p. 155.

6. "Claro que o árbitro no processo arbitral não está impedido, quer na arbitragem doméstica quer na arbitragem internacional, de utilizar certos conceitos que a ciência ou a técnica processualista elaboraram (caso julgado, litispendência etc.), mas isso não significa que lhe deva ser aplicado o regime legal do processo civil relativo a esses institutos. Apenas a analogia com o regime legal do processo civil pode, eventual e muito parcimoniosamente, ser útil ao processo arbitral como repositório de conceitos técnico-científicos e, eventualmente, como exercício analógico, não obrigatório para o árbitro, na tarefa de preencher uma lacuna legal verificada num processo arbitral". BARROCAS, 2017, p. 369.

7. "No plano internacional, para ficar em um exemplo, o regulamento da Corte Internacional de Arbitragem (CCI) determina que, antes de assinar qualquer sentença arbitral, o tribunal arbitral apresente uma minuta à Corte, que poderá prescrever modificações quanto aos aspectos formais e também destacar pontos relacionados ao mérito do litígio, chamando para eles a atenção dos árbitros, sem que o expediente afete a liberdade de decisão" (CARNEIRO; GRECO; PINHO, 2018, p. XII).

Em relação às arbitragens *ad hoc,* pode ser tormentosa a definição do procedimento, razão pela qual as partes, sobretudo em conflitos complexos, não costumam eleger esse tipo de arbitragem.

Vale lembrar que, não havendo previsão específica na convenção arbitral ou no regulamento da entidade arbitral, cabe ao árbitro decidir eventuais controvérsias sobre o procedimento.

5.2. Princípios formadores do procedimento arbitral

Como já salientado, em que a pese a autonomia das partes e a ampla liberdade para customizar o procedimento, o processo arbitral deve, obrigatoriamente, respeitar os princípios do contraditório, da igualdade das partes, da imparcialidade do árbitro e do seu livre convencimento (art. 21, § 2º, da Lei de Arbitragem), sob pena, inclusive, de anulação da sentença arbitral (art. 32, VIII).

5.2.1. Contraditório

A noção de contraditório pode ser extraída de diferentes passagens bíblicas[8].

No livro do Gênesis (3:9), por exemplo, antes de julgar Adão pelo fato de ter comido o fruto proibido oferecido por Eva, Deus indagou "Onde estás?" para, então, depois de sua explicação, mandar-lhe embora do Jardim do Éden. O mesmo proceder foi adotado por Deus ao ouvir Caim, antes de condená-lo pelo fratricídio mais famoso de todos os tempos[9].

No último Evangelho, Nicodemos questiona os fariseus: "Porventura condena a nossa lei um homem sem primeiro o ouvir e ter conhecimento do que faz?" (João 7:51). Na mesma linha, o livro dos Provérbios (18:13) ensina que responder antes de ouvir é estultícia e vergonha[10].

De textos do filósofo grego Plutarco também se colhem alguns ensinamentos: "antes de causar danos à pessoa, olhar em sua face e ouvir as razões que usa" e "antes de haver ouvido um e outro, não dar sentença sobre sua lide"[11].

Tais registros históricos desnudam a importância da participação das partes na construção da decisão. Com efeito, o contraditório é o princípio fundamental do processo, sua força motriz e garantia suprema[12].

---

8. MAZZOLA; MELLO PORTO, 2016.

9. Gêneses 4: 8-9: "Disse, porém, Caim a seu irmão Abel: 'Vamos para o campo'. Quando estavam lá, Caim atacou seu irmão Abel e o matou. Então o Senhor perguntou a Caim: 'Onde está seu irmão Abel?' Respondeu ele: 'Não sei; sou eu o responsável por meu irmão?'".

10. Provérbios 18:13: "O que responde antes de ouvir comete estultícia que é para vergonha sua".

11. PICARDI, 2008, p. 130.

12. CALAMANDREI, 1954, p. 148.

348   *Manual de Mediação e Arbitragem*

O contraditório (art. 5º, LV, da CF) não significa uma simetria perfeita de direitos e de obrigações, mas reflete a ideia de que eventuais diferenças de tratamento sejam justificáveis racionalmente, à luz de critérios de reciprocidade, "de modo a evitar, seja como for, que haja um desequilíbrio global em prejuízo de uma das partes"[13].

Ao longo do tempo, a noção de contraditório foi se transformando e sofrendo mutações, bastando lembrar que, no período romano, os imperadores decidiam com o polegar para cima ou para baixo e sem dizer os motivos[14].

Com a consolidação do Estado Democrático de Direito, o contraditório passou a ser compreendido não apenas como o direito de participar do procedimento, de ouvir e de ser ouvido (direito de informação-reação), mas sim de influenciar o diálogo – o direito de defender-se provando[15] – e de influir ativamente na construção do pronunciamento judicial (*Einwirkungsmöglichkeit*)[16]. O chamado contraditório-influência.

Nessa ressignificação do princípio do contraditório – projeção processual do princípio da participação democrática –, o que se busca é um diálogo capaz de construir uma ponte sobre o abismo de comunicação que separa a atividade das partes e a atividade judicante do julgador[17].

Especificamente acerca do processo arbitral, Paulo Cezar Pinheiro Carneiro e Leonardo Schenk sustentam a importância de se garantir uma igualdade concreta, que nada mais é do que a aplicação ao processo judicial do direito fundamental à igualdade (art. 5º, *caput*, da Carta Magna), assegurando-se que as partes desfrutem concretamente das mesmas oportunidades de manifestação em todas as fases da causa[18].

Nessa linha, cabe ao árbitro observar o direito das partes de apresentarem seus argumentos, produzirem provas, manifestarem-se nos autos, entre outros[19]. Ressalve-se, porém, que o respeito ao princípio do contraditório não retira do árbitro o direito de indeferir provas inúteis, em nome da eficiência do procedimento.

---

13. CHIAVARIO, 1982, p. 19.
14. ROSA, 2016.
15. GRECO, 2004, p. 183.
16. TROCKER, 1974, p. 370.
17. GRECO, 2005, p. 212.
18. CARNEIRO; SCHENK, 2013, p. 581.
19. Em alguns casos mais complexos, utiliza-se o chamado *Redfern Schedule*. Em linhas gerais, trata-se de um formulário colaborativo sobre a produção de provas documentais/orais, no qual as partes, junto com o Tribunal Arbitral, contribuem para delimitar as provas necessárias para dirimir o conflito. Com isso, minimiza-se a chance de práticas abusivas, por exemplo, o *fishing expedition* (quando a parte postula várias modalidades de prova para tentar, aleatoriamente, encontrar algo que lhe seja útil). A propósito, veja-se um modelo de *Redfern Schedule*, disponível em: <https://webcache.googleusercontent.com/search?q=cache:9a u46D6iX7ºJ:https://icsid.worldbank.org/en/Documents/process/Redfern.doc+&cd=3&hl=pt-BR&ct=clnk&gl=br>. Acesso em: 30 out. 2018.

Até porque, como se sabe, não existem valores absolutos e tampouco hierarquia entre princípios, de modo que um contraditório cego esvaziaria a própria finalidade do procedimento, onerando as partes e alongando desnecessariamente o processo arbitral.

5.2.2. Igualdade das partes

O art. 5º, *caput*, da Constituição Federal dispõe que todos são iguais perante a lei[20], sem distinção de qualquer natureza[21], garantindo-se aos brasileiros e aos estrangeiros residentes no País a inviolabilidade do direito à vida, à liberdade, à igualdade, à segurança e à propriedade.

É importante que a igualdade seja assegurada de forma substancial e não meramente formal, valorizando-se a lógica aristotélica de tratar igualmente os iguais e desigualmente os desiguais na medida de sua desigualdade. Afinal, a igualdade procurada é a igualdade material, "não mais perante a lei, mas através da lei"[22].

Nessa toada, é relevante verificar quais são os elementos ou as situações de igualdade ou desigualdade que autorizam, ou não, o tratamento igual ou desigual, sob pena de transformar o princípio "em escudo de impunidade para a prática de arbitrariedades"[23].

Para Alexandre de Moraes, a tríplice finalidade do princípio da igualdade se desdobra da seguinte forma: o legislador não poderá criar desigualdades de forma arbitrária; o intérprete/autoridade pública não pode aplicar as normas de forma a aumentar as diferenças fáticas; e o particular não poderá pautar-se em condutas discriminatórias, sob pena de responsabilidade civil e penal[24].

Sob outro enfoque, Humberto Theodoro Jr. consigna que o processo – seja judicial ou arbitral – traz em seu bojo pesada carga ética, devendo se desenvolver de forma escorreita e funcionar como instrumento de concretização dos princípios da igualdade, liberdade e legalidade[25].

Nesse particular, a noção de igualdade no processo pressupõe a chamada "paridade de armas", ou seja, a garantia de que ambas as partes terão as mesmas condições de manifestação e de defesa, podendo influir na construção da decisão.

Como destaca Mauro Cappelletti, as partes devem estar em *"condición de paridad no meramente jurídica sino que debe existir entre ellas una efectiva paridad práctica, lo*

---

20. Já houve tempo, por exemplo, em que o testemunho de um português valia pelo de quatro índios (SCHWARTZ, 2011, p. 48).

21. De acordo com art. 3º, IV, da Carta Magna, um dos objetivos fundamentais da República é "promover o bem de todos, sem preconceitos de origem, raça, sexo, cor, idade e quaisquer outras formas de discriminação".

22. TANCREDO, 2012, p. 8.

23. TAVARES, 2003, p. 414.

24. MORAES, 2006, p. 181.

25. THEODORO JR., 2012, p. 231.

350　Manual de Mediação e Arbitragem

que quiere decir paridad técnica y también económica"[26]. Ou seja, não se trata apenas de preservar a igualdade entre os jurisdicionados, mas também de neutralizar desigualdades[27].

No plano da arbitragem, compete ao árbitro zelar pela igualdade das partes, evitando qualquer privilégio[28] e garantindo as mesmas oportunidades. Por exemplo, em uma arbitragem envolvendo um requerente e vários requeridos, a menos que haja regra expressa em sentido contrário, cada polo deve indicar um único árbitro (se for a hipótese de uma arbitragem com três árbitros), não podendo os litisconsortes escolher diferentes árbitros.

5.2.3. Imparcialidade e livre convencimento do árbitro

O julgador deve conduzir o procedimento de modo independente e imparcial. Não pode sofrer pressões externas e tampouco dar azo a suspeitas quanto à sua integridade, honestidade e idoneidade.

Da mesma forma, cabe ao árbitro formar sua convicção à luz do acervo fático-probatório. Não se trata efetivamente de um "livre" convencimento[29], mas sim de um convencimento calcado nos fatos e nas provas do processo, levando em conta a lei escolhida pelas partes (salvo se se tratar de arbitragem por equidade[30]).

A motivação está diretamente conectada ao dever de fundamentação (requisito obrigatório da sentença – art. 26, II, da Lei de Arbitragem) e sua inobservância pode ensejar a anulação da sentença arbitral (art. 32, III).

Em outras palavras, o livre convencimento do árbitro não pode ser lido como livre-arbítrio para decidir.

Ainda nesse plano, desnecessário dizer que o árbitro não pode, sob o pretexto do "livre" convencimento, violar o devido processo legal, admitindo, por exemplo, provas ilícitas.

26.　CAPPELLETTI, 1974, p. 116.

27.　Na visão de Flavia Hill, o Estado Democrático de Direito se assenta nos ideais da igualdade, da justiça e da cooperação, a partir dos quais se desdobram todos os direitos constitucionais previstos na Carta Magna (2013, p. 353).

28.　No processo arbitral, a Fazenda Pública, por exemplo, não goza dos mesmos benefícios do processo judicial.

29.　O CPC/2015 excluiu o advérbio "livremente" que constava do art. 131 do CPC/73, corroborando a necessidade de fundamentação judicial. Assim, o livre convencimento cede espaço à convicção motivada, impedindo o juiz, por exemplo, de invocar conceitos jurídicos indeterminados "sem explicar o motivo concreto de sua incidência no caso" (art. 489, § 1º, II). Como afirma Lenio Streck, a decisão "não pode ser entendida como um ato em que o juiz, diante de várias possibilidades possíveis para a solução de um caso concreto, escolhe aquela que lhe parece mais adequada (...) decidir não é sinônimo de escolher" (2013, p. 106).

30.　Como destaca Carmona, "quando autorizado a julgar por equidade, o julgador pode com largueza eleger as situações em que a norma não merece mais aplicação, ou porque a situação não foi prevista pelo legislador, ou porque a norma envelheceu e não acompanhou a realidade, ou porque a aplicação da norma causará injusto desequilíbrio entre as partes" (2009, p. 65).

5.3. Instauração da arbitragem

A arbitragem começa com a apresentação, pelo requerente, do requerimento arbitral.

No caso de arbitragem institucional, o conteúdo desse requerimento pode variar de acordo com as regras arbitráveis aplicáveis, cabendo ao requerente comprovar a existência de cláusula arbitral ou do compromisso, identificar o objeto do conflito, apresentar a causa de pedir e o pedido, e requerer a nomeação dos árbitros (ou do árbitro único, a depender do regulamento).

A rigor, tudo é feito de forma concisa, pois as partes terão a oportunidade de apresentar suas alegações de forma mais detalhada em momento posterior[31].

Especificamente em relação à citação da parte contrária, esta observa normalmente as regras institucionais. Via de regra, a citação é feita por via postal com comprovante de recebimento no endereço do requerido. É importante que aquele que recebeu a citação tenha poderes para tanto, já que as regras do CPC não se aplicam automaticamente à arbitragem, ainda que o procedimento se desenvolva de modo mais informal.

Após a manifestação do requerido e a nomeação dos árbitros, as partes são geralmente convocadas para a assinatura de termo de arbitragem[32].

Na sequência, a entidade arbitral fará a nomeação dos árbitros (eleitos pelas partes ou escolhidos pela instituição), colhendo-se a sua aceitação e, assim, conferindo-lhe jurisdição. O art. 19 da Lei de Arbitragem estabelece que "considera-se instituída a arbitragem quando aceita a nomeação pelo árbitro, se for único, ou por todos, se forem vários"[33-34].

Esse marco temporal é importante, pois é a partir dele que se conta normalmente o prazo para ser proferida a sentença arbitral, salvo se as partes pactuarem algo diferente (art. 23 da Lei n. 9.307/96). É também a partir daquela data que o árbitro passa a ter jurisdição para apreciar medidas urgentes, evitando que o interessado tenha que direcionar sua pretensão ao Judiciário. E mais, é o termo *a quo* para que as partes suscitem questões

---

31.   O que se pretende, nesse momento, é apenas informar a vontade de instaurar o procedimento arbitral. Na verdade, o requerimento de arbitragem assemelha-se a um formulário, que, preenchido segundo os critérios da instituição arbitral escolhida, formaliza a vontade de iniciar o procedimento. Note-se que, como ainda não há Tribunal Arbitral formado nessa fase, não há maior relevância na explanação de teses jurídicas.

32.   No termo de arbitragem, as partes definem as regras do procedimento, delimitam de forma mais objetiva os pontos controvertidos, criam um cronograma com as etapas do procedimento, entre outros.

33.   A rigor, não basta que os árbitros tenham aceitado a indicação, mas sim que tenham sido nomeados e confirmados (em razão da inexistência de qualquer causa de impedimento e suspensão).

34.   O STJ já estabeleceu que compete ao Superior Tribunal de Justiça conhecer e julgar o conflito de competência estabelecido entre Tribunais Arbitrais vinculados à mesma Câmara de Arbitragem, quando a solução para o impasse criado não é objeto de disciplina no regulamento desta. Processo sob segredo de justiça, Rel. Min. Marco Aurélio Bellizze, Segunda Seção, por unanimidade, j. 22-6-2022, *DJe* 30-6-2022.

relativas à suspeição ou ao impedimento do árbitro, bem como eventual invalidade ou ineficácia da convenção de arbitragem.

Cabe lembrar, ainda, que a instituição da arbitragem interrompe a prescrição, retroagindo à data do requerimento de sua instauração, ainda que extinta a arbitragem por ausência de jurisdição (art. 19, § 2º)[35].

Alguma controvérsia pode existir em relação ao que se entende por "data do requerimento de sua instauração", sobretudo diante da expressão previsão legal ("aceita a nomeação pelo árbitro"), mas há razoável consenso no sentido de que esse termo se configura no momento em que a parte demonstra concretamente sua intenção de formalizar o juízo arbitral[36] (pode ser, por exemplo, mediante uma correspondência enviada ao adversário, convocando-o para firmar o compromisso arbitral ou mesmo pelo protocolo da solicitação da instauração da arbitragem perante a instituição eleita pelas partes)[37], ou seja, toda e qualquer iniciativa de se encaminhar o conflito ao juízo arbitral.

Constituído o tribunal arbitral, pode ocorrer de o árbitro ou o tribunal entender que há necessidade de explicitar questão disposta na convenção de arbitragem, sendo certo que, nesse caso, será elaborado, juntamente com as partes, adendo firmado por todos, que passará a fazer parte integrante da convenção de arbitragem (art. 19, § 1º). Tal providência visa a eliminar eventuais dúvidas sobre o escopo do procedimento arbitral, e define, com maior clareza, as regras norteadoras do feito.

---

35. Cabe registrar que, no CPC, a interrupção da prescrição é operada pelo despacho que ordena a citação, ainda que proferido por juízo incompetente, e retroagirá à data de propositura da ação (art. 240, § 1º).

36. "Se assim é, suficiente a interromper o prazo prescricional o simples protocolo do pedido de instituição da arbitragem, equivalente à distribuição da ação no foro judicial. Quer parecer que tal ato do demandante encerra, por certo, manifestação do titular com vistas ao exercício de seu direito. É demonstração cristalina de não estar o titular do direito em estado de inatividade e, portanto, ato hábil a interromper a prescrição e autorizar a ação ou demanda arbitral e, ao fim e ao cabo, a análise de mérito". MARTINS, 2016, pp. 337-349.

37. "Propõe diante disso, que uma boa adaptação daquelas regras do Código de Processo Civil à arbitragem consiste em fixar a comunicação feita por uma das partes à outra, nos termos do art. 6º da Lei de Arbitragem, o momento ao qual retroagirão os efeitos da notificação feita ao réu no processo arbitral (aplicação adaptada do art. 219, § 1º, do CPC [73 – correspondente ao art. 240, § 1º, do CPC/2015]. Aquela primeira iniciativa é uma indiscutível manifestação de irresignação em face de uma situação jurídica não desejada, equivalendo para esse efeito, *mutatis mutandis*, à iniciativa de um processo perante o Poder Judiciário mediante o ajuizamento da petição inicial. É naquele momento inicial que o sujeito rompe a inércia e já não se considera um *dormiens* descuidado do resguardo de seu direito. A partir daí vários atos deverão ser realizados, e tanto tempo poderá decorrer até quando realmente a demanda venha a ser proposta perante os árbitros, sendo ilegítimo sujeitar aquele que já saiu da inércia às incertezas de fatos e situações completamente fora de seu controle" (DINAMARCO, 2013, p. 142-143). No mesmo sentido Yussef Cahali: "No compromisso arbitral prevalece a interrupção da prescrição ocorrida na demanda em curso onde aquele foi convencionado. Na cláusula compromissória, interrompe-se a prescrição com a manifestação da outra parte interessada, por via postal ou por outro meio qualquer de comunicação, de sua intenção de dar início à arbitragem (art. 6º, citado). Assinado pelas partes o compromisso arbitral, tem o autor como interrompido o prazo da prescrição da sua ação contra o réu, porque a assinatura desse compromisso, pelo autor e pelo réu, equivale à propositura de uma demanda em juízo" (2013, p. 139-140).

Vale lembrar que, caso haja qualquer discussão quanto à instauração da arbitragem (nas hipóteses, por exemplo, de cláusulas vazias ou patológicas), inviabilizando-se a assinatura do compromisso arbitral, a questão terá que ser dirimida pelo Judiciário (art. 7º da Lei de Arbitragem).

Em linhas gerais, a instauração do procedimento arbitral pode ocorrer de três formas:

a) havendo compromisso arbitral ou cláusula compromissória cheia, a arbitragem institucional será instaurada de acordo com as regras previstas no regulamento da entidade;

b) na hipótese de cláusula vazia ou ausência de compromisso arbitral, a instauração da arbitragem exige providências prévias por parte do interessado, podendo a questão, se não resolvida consensualmente, desaguar no Judiciário;

c) no caso de arbitragem *ad hoc*, o procedimento deve ser aquele eleito pelas partes, cabendo ao árbitro escolhido, após a devida aceitação, fazer a convocação da parte contrária.

5.4. Arguição de questões relativas à competência ou suspeição/ impedimento dos árbitros e à invalidade/ineficácia da convenção de arbitragem

Se alguma das partes quiser arguir questões relativas à competência ou suspeição/ impedimento dos árbitros e à invalidade/ineficácia da convenção de arbitragem, deve fazê-lo na primeira oportunidade que tiver de se manifestar, após a instituição da arbitragem (art. 20 da Lei de Arbitragem).

Trata-se de regra de preclusão que visa a regular e otimizar o procedimento[38]. Com efeito, as questões devem ser suscitadas pelas partes assim que os árbitros assumirem suas funções[39], a fim de que possa ser viabilizada a substituição do árbitro impedido/ suspeito, ou a extinção da própria arbitragem, evitando-se uma série de atos processuais desnecessários[40].

---

38. Yuri Maciel Araújo afirma que "a fixação de parâmetros para a ocorrência da preclusão deve passar necessariamente pela análise da sua relação, em cada caso concreto, com a defesa de princípios processuais de índole constitucional, como o contraditório, a isonomia, a imparcialidade do julgador e a boa-fé processual, não podendo deles jamais se desvincular" (2018, p. 307).

39. Sobre o tema, o caso AVAX *v.* TECNIMONT julgado pelos tribunais franceses reforça o entendimento de que, se parte não impugnou o árbitro no processo arbitral, não pode questionar o fato na ação anulatória (LEITE, 2016, p. 408 e seguintes).

40. Discussão interessante é saber se parte que não arguiu a suspeição ou o impedimento do árbitro durante a arbitragem poderia suscitar a questão em sede de ação anulatória. A questão é controvertida, mas pensamos que ao menos o impedimento poderia ser alegado na esfera judicial, por se tratar de vício gravíssimo que, inclusive, justifica, em processos judiciais, a propositura de ação rescisória (art. 966, II, do CPC). Em sentido contrário, CAHALI, 2017, p. 255.

354   *Manual de Mediação e Arbitragem* ....

De acordo com a Lei n. 9.307/96, a exceção de recusa ao árbitro deve ser dirigida diretamente a ele ou ao presidente do tribunal arbitral (art. 15), sendo certo que o julgamento da questão pode ser feito pelo próprio painel de árbitros ou por algum órgão específico previsto nas regras arbitrais, o que parece ser mais apropriado[41].

Uma vez acolhida a arguição de suspeição ou impedimento, o árbitro será substituído nos termos do art. 16 da Lei n. 9.307/96 (art. 20, § 1º)[42].

Caso a arguição do árbitro não seja acolhida, o procedimento terá seguimento normal (art. 20, § 2º), mas a questão poderá ser analisada futuramente pelo Judiciário em eventual ação anulatória (art. 33 da Lei de Arbitragem)[43].

Tratando-se de vício superveniente (por exemplo, algo descoberto no decorrer do processo arbitral), deve ser assegurado às partes arguir a suspeição ou impedimento do árbitro, sem se cogitar de eventual preclusão.

Por outro lado, se reconhecida a nulidade, a invalidade ou ineficácia da convenção de arbitragem[44], o procedimento será extinto, franqueando-se às partes o acesso ao Judiciário. Embora a lei mencione que as partes serão "remetidas" ao órgão do Judiciário competente para julgar a causa, é óbvio que o árbitro – ou o painel arbitral – não pode direcionar diretamente as partes ao órgão estatal, sob pena de violação ao livre exercício do direito de ação.

Por fim, vale registrar que, se o árbitro rejeitar sua jurisdição para o caso ou considerar a existência de algum vício na convenção de arbitragem, a matéria não poderá ser revista ou modificada pelo Judiciário[45], cabendo ao órgão estatal, se acionado, examinar o conflito (art. 5º, XXXV, da CF).

5.5. Conciliação entre as partes

Conforme o art. 21, § 4º, da Lei de Arbitragem, compete ao árbitro ou ao tribunal arbitral, no início do procedimento, tentar a conciliação das partes, aplicando-se, no que couber, o art. 28 da referida lei (possibilidade de o árbitro ou o tribunal arbitral, a pedido das partes, declarar tal fato mediante sentença arbitral).

---

41.   A CCI, por exemplo, atribui essa competência a órgão administrativo próprio, distinto do painel de árbitros.

42.   A menos que as partes tenham instituído a arbitragem *intuito personae* (art. 16, § 2º), quando, então, o procedimento arbitral será extinto.

43.   Vale lembrar que a decisão será nula se "emanou de quem não podia ser árbitro" ou se "forem desrespeitados os princípios de que trata o art. 21, § 2º" (imparcialidade e livre convencimento), nos termos do art. 32, II e VIII, da lei especial.

44.   Não se pode olvidar que, pelo princípio competência-competência, cabe ao árbitro decidir em primeiro lugar a jurisdição da via arbitral e sua competência para julgar o conflito, cabendo ao Judiciário analisar a questão apenas futuramente, no bojo de eventual ação anulatória.

45.   CAHALI, 2017, p. 253.

Tal dispositivo está em perfeita sintonia com os vetores estruturantes do processo civil.

Com efeito, o art. 3º do CPC consagrou o princípio da inafastabilidade da jurisdição (art. 5º, XXXV, da CF), preconizando especificamente a solução consensual dos conflitos (art. 3, § 2º). Assim, "a conciliação, a mediação e outros métodos de solução consensual de conflitos deverão ser estimulados por juízes, advogados, defensores públicos e membros do Ministério Público, inclusive no curso do processo judicial" (art. 3º, § 3º).

Para Marco Antonio Rodrigues, o legislador tratou dos meios de resolução de conflitos (arbitragem, mediação e conciliação) no mesmo dispositivo legal, como forma de demonstrar sua igual dignidade enquanto mecanismos de pacificação social[46].

Não custa lembrar que o CPC também dedicou um capítulo específico ao assunto ("Dos Conciliadores e Mediadores Judiciais" – arts. 165 a 175), disciplinando:

a) a obrigação dos tribunais de criarem centros judiciários de solução consensual de conflitos, responsáveis pela realização de sessões e audiências de conciliação e mediação e, ainda, pelo desenvolvimento de programas destinados a auxiliar, orientar e estimular a autocomposição (art. 165);

b) os princípios da conciliação e da mediação (art. 166);

c) o cadastro dos mediadores, dos conciliares e das câmaras privadas no cadastro nacional e no cadastro dos tribunais (art. 167);

d) a possibilidade de escolha do mediador, do conciliador ou da câmara privada (art. 168);

e) a previsão de remuneração dos auxiliares da justiça e o rito a ser seguido em caso de impossibilidade temporária ou impedimento (arts. 169, 170, 171 e 172), disciplinando algumas restrições legais;

f) as causas de exclusão do mediador e do conciliador (art. 173);

g) a possibilidade de entes públicos criarem câmaras de mediação e conciliação (174); e

h) o incentivo à mediação e conciliação realizada de forma extrajudicial (art. 175).

Além disso, como forma de incentivar as soluções consensuais, o legislador infraconstitucional previu a realização de uma audiência de conciliação ou mediação logo no início do processo. Assim, se a petição inicial preencher os requisitos essenciais e não for o caso de improcedência liminar do pedido, caberá ao juiz designar audiência de conciliação ou de mediação com antecedência mínima de trinta dias, devendo o réu ser citado com pelo menos vinte dias de antecedência (art. 334, *caput*).

O referido ato processual só não será designado se ambas as partes manifestarem desinteresse ou se o litígio não admitir autocomposição (art. 334, 4º, I e II)[47]. A ausência

---

46. RODRIGUES, 2016, p. 373.

47. Registre-se, porém, que, em ações de família (art. 695) e no conflito coletivo de posse velha (quando o esbulho ou a turbação tiver ocorrido há mais de 1 ano e dia – art. 565), a designação de audiência de mediação é obrigatória, devendo o juiz, nesse último caso, designar o ato antes mesmo de apreciar eventual "medida liminar".

de uma das partes, sem justa causa, é considerada ato atentatório à dignidade da justiça e enseja a aplicação de multa de até 2% (dois por cento) da vantagem econômica pretendida ou do valor da causa, revertida em favor da União ou do Estado (art. 334, § 8º)[48].

O CPC prevê também que, quando da realização da Audiência de Instrução e Julgamento (AIJ), cabe ao juiz tentar conciliar as partes, independentemente do emprego anterior de outros métodos de solução consensual de conflitos, como a mediação e a arbitragem (art. 359), o que corrobora a preocupação do legislador em fomentar a solução negociada.

Cumpre destacar, por fim, que a decisão homologatória de autocomposição judicial é considerada título executivo judicial (art. 515, II), enquanto o "instrumento de transação referendado pelo Ministério Público, pela Defensoria Pública, pela Advocacia Pública, pelos advogados dos transatores ou por conciliador ou mediador credenciado por tribunal" é classificado como título executivo extrajudicial (art. 784, IV).

Como se vê, o estímulo aos métodos adequados de resolução de conflitos, entre eles a própria arbitragem, é evidente. Nesse particular, o comando da Lei de Arbitragem que incentiva o árbitro a buscar a conciliação no bojo do procedimento está em perfeita sintonia com o CPC[49].

Afirma-se, porém, que, se não houver a tentativa de conciliação no processo arbitral, não há falar em anulação do respectivo feito[50]. Concordamos com a assertiva, mas a questão é sensível, pois há muito se sabe que a decisão objurgada, imposta, não é a melhor. É a famosa sentença que julga, mas não resolve o conflito[51].

Antes de finalizar este tópico, cabe registrar a possibilidade, seja por sugestão das partes ou do próprio árbitro, seja à luz das regras arbitrais (uma cláusula escalonada, por exemplo[52]), de se tentar uma mediação. Nessa hipótese, o procedimento passaria a ser

---

48. Note-se, ainda, que a audiência de conciliação e mediação – que poderá ser realizada por meio eletrônico (art. 334, § 7º) – influenciará diretamente o prazo de resposta do réu, que começará a fluir a partir do dia seguinte à última audiência frustrada (art. 335, I). Porém, se o autor declinar seu desinteresse pelo referido ato na petição inicial (art. 319, VII) e o réu até dez dias antes da audiência (art. 334, § 5º), o prazo da contestação começará a fluir a partir da respectiva manifestação do demandado (art. 335, II).

49. No plano judicial, é obrigação do magistrado promover, a qualquer tempo, a autocomposição, preferencialmente com auxílio de conciliadores e mediadores judiciais (art. 139, V, do CPC).

50. MUNIZ, 2017, p. 205. No mesmo sentido, CARMONA, 2009, p. 303. Em sentido contrário, SCAVONE JR., 2010, p. 112.

51. Ninguém melhor do que as próprias partes para construir uma solução, pois foram elas que vivenciaram os fatos, experimentaram as sensações e conhecem os seus limites.

52. As cláusulas escalonadas são também denominadas cláusulas combinadas ou multietapas. Como explica Rodrigo Cunha Mello Salomão, "as cláusulas escalonadas começaram a ser realmente colocadas em prática a partir da década de 70, também nos Estados Unidos, sendo o advogado e árbitro Sam Kangel usualmente apontado como o responsável pelo desenvolvimento desse instituto. Em 1978, Wisconsin se tornou o primeiro estado norte-americano a utilizar formalmente a cláusula med-arb como forma de solução alternativa aos conflitos. O sucesso obtido na solução de disputas, sobretudo comerciais, fez com que essa ferramenta ganhasse força nos EUA e se expandisse para o Canadá, onde também passou a ser frequentemente utilizada" (2018, p. 271).

conduzido por um mediador, e não mais pelo árbitro. Nesse caso, o árbitro só voltaria a assumir a direção do processo se as partes não conseguissem alcançar o consenso por meio da mediação.

Pode ocorrer, ainda, de as partes transacionarem apenas sobre algum ponto específico do conflito. Nesse caso, a respectiva parcela do conflito será homologada pelo árbitro, prosseguindo-se o procedimento arbitral quanto às demais questões.

5.6. Fase postulatória e produção de provas na arbitragem

Após a assinatura de ata de missão/termo de arbitragem[53], inicia-se a fase postulatória, em que o requerente apresenta suas razões iniciais (cuja síntese já foi apresentada no pedido de instauração de arbitragem) e o requerido a respectiva contestação (a reconvenção é possível, mas o cabimento deve estar regulado no termo de arbitragem).

Na sequência, virão eventuais réplicas, tréplicas e os requerimentos de produção de provas.

De acordo com o art. 22 da Lei de Arbitragem, poderá o árbitro ou o tribunal arbitral tomar o depoimento das partes, ouvir testemunhas e determinar a realização de perícias ou outras provas que julgar necessárias, mediante requerimento das partes ou de ofício.

A rigor, como as regras[54] do CPC não se aplicam automaticamente à arbitragem, cabe aos árbitros, respaldados nas regras arbitrais – quando for o caso –, gerenciar a realização das provas, por exemplo, o depoimento pessoal das partes, a prova testemunhal, o pedido de exibição de documentos, a prova pericial, a realização de inspeções, entre outros.

---

53. O Termo de Arbitragem é documento muito relevante e define a sistemática do procedimento, bem como as regras aplicáveis. Além disso, sumariza os principais pontos da controvérsia. Apenas a título de exemplo, de acordo com o Regulamento da CAM-CCBC, o referido Termo deverá conter (4.18):
a) nome e qualificação das partes e dos árbitros;
b) sede da arbitragem;
c) a transcrição da cláusula arbitral;
d) se for o caso, a autorização para que os árbitros julguem por equidade;
e) idioma em que será conduzida a arbitragem;
f) objeto do litígio;
g) lei aplicável;
h) os pedidos de cada uma das partes;
i) valor da arbitragem;
j) a expressa aceitação da responsabilidade pelo pagamento dos custos de administração do procedimento, despesas, honorários de peritos e dos árbitros à medida que forem solicitados pelo CAM-CCBC.

54. Como já destacado, no procedimento arbitral é muito comum a utilização de regras de *common law* e *soft law*. Assim, o tribunal arbitral pode, por exemplo, colher depoimentos técnicos (*expert witness*) ou determinar que as partes forneçam todos os documentos que entender necessários para esclarecimento da controvérsia, preservando o sigilo e observando o dever de *discovery*.

A postura do árbitro costuma ser proativa, com ampla liberdade para investigar fatos, documentos e demais elementos existentes. Muitas vezes a sua atividade é apenas complementar à das partes, que são as responsáveis diretas pela produção das provas e por influírem eficazmente na convicção do julgador. Vale lembrar que o árbitro não está submetido a qualquer critério de tarifação legal da prova, tendo o "livre convencimento"[55] para decidir, desde que de forma fundamentada, evidentemente.

Em relação às despesas inerentes às provas, deve ser observado o disposto na convenção ou no regulamento arbitral, cabendo ao árbitro dirimir eventuais questões controvertidas.

Questão sempre tormentosa diz respeito à produção da prova de ofício pelo árbitro, por envolver uma suposta quebra da imparcialidade. Sobre o tema, é possível fazer um paralelo com o processo judicial, no qual a mesma preocupação ecoa.

A propósito, Dinamarco assinala que a experiência mostra que "a imparcialidade não resulta comprometida quando, com serenidade e consciência da necessidade de instruir-se para melhor julgar, o juiz supre com iniciativas próprias as deficiências probatórias das partes"[56], o que também reflete o pensamento de Joan Picó I Junoy[57].

Por sua vez, Montero Aroca destaca que a verdadeira imparcialidade não exige que o julgador não sirva à finalidade subjetiva de qualquer das partes, mas sim que seu julgamento seja orientado pelo correto cumprimento da função de atuar o direito objetivo, impedindo que qualquer outra circunstância interfira no pronunciamento judicial[58].

Na visão de Mauro Cappelletti, a utilização de um julgador mais ativo pode ser um apoio, não um obstáculo, "uma vez que, mesmo em litígios que envolvam exclusivamente duas partes, ele maximiza as oportunidades de que o resultado seja justo e não reflita apenas as desigualdades entre as partes"[59].

Atualmente, não cabe mais ao julgador o papel secundário de observador inerte, distante e impassível do embate dialético das partes, como se fosse um "simples fiscal incumbido de vigiar o comportamento, para assegurar a observância das regras do jogo e, no fim, proclamar o vencedor"[60]. Nesse ponto, Daniel Mitidiero destaca que "imparcialidade e neutralidade são conceitos que não se confundem. Juiz ativo é o contrário de juiz neutro; um e outro, todavia, podem ser imparciais"[61].

Na mesma toada, Lúcio Grassi entende que a chamada neutralidade do julgador, longe de garantir a justiça, pode dar ensejo a um desequilíbrio processual, o que não pode

---

55. A expressão deve ser lida à luz da concepção apontada no item 5.2.3 do Capítulo 5.
56. DINAMARCO, 2001, p. 54.
57. PICÓ I JUNOY, 2007, p. 576-578.
58. AROCA, 1999, p. 187.
59. CAPPELLETTI; GARTH, 1988, p. 77.
60. BARBOSA MOREIRA, 1985, p. 140-150.
61. MITIDIERO, 2011, p. 111.

ser admitido em um processo cooperativo, no qual se prima pela paridade de armas[62]. Como adverte Paula Costa e Silva, o princípio da imparcialidade não pode se transformar no trauma da parcialidade[63].

Retornando ao processo arbitral, é tarefa do árbitro definir a validade, a ordem e a cronologia das provas. Muitas vezes, por exemplo, uma prova oral só se faz necessária após a realização de prova técnica. Exatamente por isso, a flexibilidade procedimental é vetor estruturante do processo arbitral.

5.6.1. Do depoimento das partes e testemunhas

Em muitas situações, a análise do conflito perpassa pela análise dos fatos, dos acontecimentos, não se limitando ao exame da questão de direito invocada pela parte.

Nesses casos, o depoimento pessoal da parte[64] será muito importante para ajudar a elucidar a controvérsia. Por meio dele, é possível melhor esclarecer os fatos e eventualmente obter a confissão do envolvido acerca de determinado aspecto.

Vale lembrar que, quando o conflito for protagonizado por pessoas jurídicas, o depoimento deve ser feito por quem tem melhor conhecimento dos fatos. Aliás, a própria Lei de Arbitragem faculta à parte "designar quem as represente" (art. 21, § 2º), mesmo se tratando de pessoa diversa do representante legal previsto no contrato social ou no respectivo estatuto.

Em razão da informalidade que circunscreve o processo arbitral, o procedimento é flexível, permitindo-se, por exemplo, que o árbitro e os advogados da própria parte possam fazer perguntas diretas ao depoente. Também se admite um debate durante o próprio depoimento, com novos questionamentos de parte a parte, com perguntas elucidativas e confrontações.

De acordo com o art. 22, § 1º, da Lei n. 9.307/96, o depoimento das partes e das testemunhas será tomado em local, dia e hora previamente comunicados, por escrito, e reduzido a termo, assinado pelo depoente e pelos árbitros[65].

---

62. GOUVEIA, 2010, p. 38.

63. COSTA E SILVA, 2003, p. 600.

64. Como destaca Pedro Martins, "não há, na arbitragem, procedimento cerrado quanto à produção de provas", o que permite que "o depoimento pessoal pode se dar em reunião isolada para tal fim; pode ser deslocado para momento subsequente à oitiva das testemunhas; o depoimento pessoal, se conveniente for, pode ser realizado após terem sido ouvidas as testemunhas e os *experts*. A oitiva das testemunhas pode se dar separadamente, dependendo das circunstâncias (*v.g.*, testemunhas com domicílio no exterior) e, mesmo, repita-se, anteriormente à realização da perícia" (2018, p. 2).

65. Afirma-se que "tem sido comum a colheita da prova oral por gravação de toda a audiência, acompanhada ou não de estenotipia, com posterior transcrição, expediente que torna mais dinâmica e completa colheita da prova, ao se captar tudo quanto neste momento realmente foi dito ou debatido" (CAHALI, 2017, p. 277).

É claro que o depoimento pessoal é sempre mais interessante e impactante, mas é possível a realização de depoimentos por videoconferências ou outro meio tecnológico existente[66]. Não se pode olvidar que foram muitos os avanços da informática, especialmente após a internet[67], nesse segmento.

Um questionamento interessante: qual a consequência da recusa da parte em depor? No CPC, pode-se falar em confissão ficta[68]. No plano arbitral, porém, a própria lei prevê que, "em caso de desatendimento, sem justa causa, da convocação para prestar depoimento pessoal, o árbitro ou o tribunal arbitral levará em consideração o comportamento da parte faltosa, ao proferir sua sentença".

Ou seja, esse ato faltoso da parte – cuja convocação normalmente é feita por "ordem processual" diretamente ao seu advogado[69] – certamente será levado em consideração dentro do mosaico probatório, podendo influenciar negativamente, já que, quase sempre, o árbitro faz uso da técnica de "inferência negativa" no momento de decidir.

A rigor, não se cogita de condução coercitiva da parte, mas apenas da testemunha faltante[70], uma vez que a parte final do art. 22, § 2º, estabelece que, "se a ausência for de testemunha, nas mesmas circunstâncias, poderá o árbitro ou o presidente do tribunal arbitral requerer à autoridade judiciária que conduza a testemunha renitente, comprovando a existência da convenção de arbitragem".

Como se vê, diferentemente do depoimento da parte, a lei prevê a obrigatoriedade da participação da testemunha, podendo o árbitro determinar seu comparecimento forçado. E o meio que o árbitro possui para materializar a condução coercitiva é a carta arbitral, que será expedida ao Poder Judiciário solicitando a providência.

---

66. No STJ, por exemplo, há muito a Ministra Nancy Andrighi atende os advogados por meio do aplicativo Skype. Além dos avanços trazidos pela Lei n. 11.419/2006 (Lei do Processo Eletrônico), o CPC positivou uma série de atos processuais eletrônicos (arts. 193 a 199), inclusive por meio de videoconferência (art. 236, § 3º), por exemplo, sustentações orais (art. 937, § 4º), depoimentos (art. 385, § 3º) etc. Todo esse processo foi acelerado pela pandemia da Covid-19 que levou os operadores do direito a uma virtualização obrigatória dos atos processuais e arbitrais.

67. Afirma-se que, "entre os diversos impactos sofridos pelas relações sociais derivadas de tal revolução tecnológica estão, principalmente, o fluxo de informações disponíveis e acessíveis por meio de interconexões pelos computadores, bem como a necessidade de velocidade característica do cotidiano moderno" (SALDANHA; MEDEIROS, 2018, p. 542).

68. "Art. 385. Cabe à parte requerer o depoimento pessoal da outra parte, a fim de que esta seja interrogada na audiência de instrução e julgamento, sem prejuízo do poder do juiz de ordená-lo de ofício. § 1º Se a parte, pessoalmente intimada para prestar depoimento pessoal e advertida da pena de confesso, não comparecer ou, comparecendo, se recusar a depor, o juiz aplicar-lhe-á a pena. Vale ressalvar apenas os casos que não são produzidos os efeitos da revelia (art. 345)."

69. Em alguns casos, a convocação também pode ser feita por carta com aviso de recebimento.

70. Via de regra, o comparecimento das testemunhas acontece independentemente de intimação, em razão do espírito colaborativo que rege a arbitragem, mas o regulamento arbitral pode prever a intimação por intermédio de carta com aviso de recebimento ou outro meio idôneo de comunicação. Não custa lembrar que, pela atual sistemática do CPC, cabe aos advogados das partes intimar suas testemunhas, por carta com aviso de recebimento, para comparecer à Audiência de Instrução e Julgamento (art. 455, § 1º).

Convém destacar que a testemunha, a rigor, não pode ser obrigada a depor em comarca ou cidade distinta de sua residência, sob pena de onerá-la demasiadamente e desvirtuar o próprio ato. Da mesma forma, não se transfere para o juízo estatal o procedimento da oitiva da testemunha, ou seja, não há falar em expedição de carta arbitral/precatória para tal finalidade.

O que normalmente acontece é "a instauração da audiência no local onde as partes e testemunhas se encontram, diverso daquele onde se situa a instituição arbitral ou onde será proferida a sentença. Deslocam-se para lá os árbitros e toda a estrutura de apoio"[71]. A sistemática é interessante e possui base legal (art. 11, I, da Lei n. 9.307/96), mas, por outro lado, tem custos financeiros e pode alongar o procedimento.

Além das testemunhas convencionais, na arbitragem é comum a participação das testemunhas técnicas (*expert witness*). São pessoas convocadas para emitir sua opinião em razão de seu conhecimento técnico sobre determinada matéria. Faz lembrar a prova técnica simplificada na esfera processual (art. 464, §§ 2º e 3º, do CPC). O objetivo da prova é pontual e não há necessidade de entrega de laudos escritos, do envio prévio de quesitos/perguntas, entre outras formalidades. Muitas vezes essas testemunhas nem têm conhecimento do conflito em si. São apenas instadas a se manifestarem sobre uma determinada questão específica, tendo vista a *expertise* na temática[72].

Tal prova é muito utilizada em assuntos complexos, por exemplo, em conflitos industriais, infrações de patentes, franquia, sistemas de informática, algoritmos, contratos de transferência de tecnologia, entre outros.

5.6.2. Perícia

Na arbitragem, embora seja possível a escolha de árbitros com *expertise* na matéria objeto do conflito, isso não elimina a necessidade de realização de perícia para apuração de questões técnicas controvertidas.

Assim como ocorre no processo judicial, é muito comum que as partes também apresentem pareceres técnicos para subsidiar os árbitros com elementos técnicos.

Em relação à escolha do perito, existem basicamente duas formas: nomeação pelas próprias partes[73] ou pelos árbitros. É muito importante que o profissional escolhido tenha experiência, credibilidade mercadológica e seja especializado na respectiva área de atuação.

Da mesma forma que no processo judicial, o árbitro não está vinculado ao laudo do perito, devendo examinar a integridade e força da prova à luz dos outros elementos dos autos.

---

71. CAHALI, 2017, p. 279.

72. Na arbitragem, é comum os laudos escritos das testemunhas técnicas. Aliás, muitas vezes essas testemunhas são arroladas justamente em razão de pareceres apresentados anteriormente (geralmente na fase postulatória).

73. O CPC autoriza expressamente as partes a escolherem o perito, desde que sejam plenamente capazes e a causa possa ser resolvida por autocomposição (art. 471, I e II). Trata-se de convenção processual típica.

Nesse particular, o trabalho dos assistentes técnicos das partes densifica o contraditório, permitindo um debate mais plural sobre as impressões periciais, o que pode facilitar a análise e influenciar a convicção do árbitro.

Diante da importância do encargo assumido, os peritos devem ser imparciais e independentes. Normalmente, costuma-se exigir uma declaração de independência e imparcialidade, franqueando-se prazo para as partes apresentarem eventual impugnação, sobretudo quando a escolha é feita diretamente pelo árbitro.

Esse mesmo cuidado, contudo, não se aplica, evidentemente, aos assistentes técnicos, profissionais contratados diretamente pelas partes para auxiliá-las.

Uma vez deferido o escopo da perícia, caberá ao árbitro indeferir eventuais quesitos impertinentes, fora do contexto da prova técnica, ou que envolvam questão eminentemente de direito. Nesse contexto, é relevante que o árbitro ou o tribunal delimite muito bem o espectro da prova pericial, indicando os pontos técnicos a serem elucidados, evitando qualquer déficit de informação ou alegação de cerceamento de defesa no futuro.

Por sua vez, o laudo do perito deve ser claro e objetivo, com o enfrentamento da questão técnica. Além do relato dos fatos, cabe ao perito responder aos quesitos formulados, descrevendo os pontos relevantes e indicando, se possível, a metodologia utilizada. Durante eventuais diligências técnicas e na fase de elaboração do laudo, compete ao perito assegurar as mesmas oportunidades às partes, agindo de modo absolutamente transparente. Também lhe incumbe analisar e dialogar com os pareceres dos assistentes técnicos das partes, garantindo um exame mais plural da controvérsia.

5.7. Revelia da parte

Diferentemente do processo judicial, a ausência de contestação no processo arbitral não conduz automaticamente à presunção de veracidade dos fatos alegados pelo autor (art. 344 do CPC)[74].

A rigor, a parte poderá acompanhar normalmente o procedimento, apresentando provas e manifestações em prol de sua tese, sendo certo que caberá ao árbitro, dentro do prisma do seu livre convencimento, aquilatar e examinar os elementos dos autos e decidir, de forma fundamentada.

De acordo com o art. 22, § 4º, da Lei de Arbitragem, a revelia da parte não impede que seja proferida sentença arbitral.

---

74. Vale lembrar que, mesmo na esfera processual, existem algumas situações que afastam a presunção de veracidade dos fatos (art. 345 do CPC), por exemplo: a) havendo pluralidade de réus, algum deles contestar a ação; b) o litígio versar sobre direitos indisponíveis; c) a petição inicial não estiver acompanhada de instrumento que a lei considere indispensável à prova do ato; e d) as alegações de fato formuladas pelo autor forem inverossímeis ou estiverem em contradição com prova constante dos autos.

Significa dizer que a inércia da parte (não apenas a omissão na apresentação da defesa, mas também a ausência das partes em qualquer ato do processo) não obsta o desenvolvimento do procedimento e a prolação da respectiva sentença.

5.8. Repetição de prova na hipótese de substituição do árbitro

Como já destacado, o árbitro pode ser substituído em algumas situações. Em tais hipóteses, o árbitro substituto ou o painel de árbitros pode entender pela necessidade de repetição das provas já produzidas (art. 22, § 5º, da Lei n. 9.307/96).

Faz todo sentido. Afinal, se caberá ao árbitro substituto apreciar e decidir efetivamente a controvérsia, deve se sentir seguro quanto ao resultado da prova produzida anteriormente.

Via de regra, essa repetição ocorre com maior frequência em relação à prova oral (pode acontecer com a prova pericial também), já que a prova documental pode ser valorada mais facilmente, por não depender de qualquer interação direta com as partes ou outra formalidade específica (audiência, por exemplo).

Por se tratar de uma faculdade do árbitro, a questão deve ser aquilatada à luz do caso concreto, não se tratando de providência automática. Aliás, a repetição das provas, por atrasar o procedimento e onerar as partes, só deve ser realizada em casos estritamente necessários. E mais, muitas vezes a prova não precisa ser reproduzida na íntegra, bastando questionamentos adicionais às testemunhas ou ao perito, já que tudo estará reduzido a termo escrito nos autos.

5.9. Breves considerações sobre arbitragens envolvendo pluralidade de partes e as intervenções de terceiros

Assim como no processo judicial, a arbitragem pode abarcar uma pluralidade de partes, isto é, mais de um sujeito em cada polo do conflito.

Quanto à possibilidade de intervenção de terceiro, a sistemática é totalmente diferente do CPC (que, como se sabe, prevê assistência, denunciação da lide, chamamento ao processo, *amicus curiae* etc.), sendo certo que as regras disciplinadas no diploma processual não podem ser transplantadas para a esfera arbitral.

Na realidade, a intervenção de terceiro na arbitragem depende da expressa aquiescência das partes e também do próprio interesse do sujeito a intervir. É que não se pode obrigar o terceiro – que não participou da convenção de arbitragem – a participar de um processo arbitral[75].

---

75. Para Nathalia Mazzoneto, "a Lei n. 13.129/2015 andou bem ao manter as linhas mestras da Lei n. 9.307/96, silenciando a respeito do ingresso de terceiros em procedimento arbitral pendente. Apesar dos

Tal peculiaridade gera alguma controvérsia quando se trata de litisconsórcio necessário.

Na prática, quando o árbitro percebe a hipótese de litisconsórcio necessário envolvendo parte não vinculada à convenção de arbitragem, acaba intimando-a, a menos que exista regra expressa em sentido contrário.

Há quem sustente que, se o litisconsorte se recusar a participar, o árbitro deverá extinguir o processo arbitral e orientar que a controvérsia seja dirimida perante o Poder Judiciário[76].

De um modo geral, recomenda-se que as partes, no compromisso arbitral, prevejam a possibilidade de intervenção de terceiro, especialmente quando se quer garantir a eficiência processual[77].

Especificamente em relação ao *amicus curiae*, algumas vozes na doutrina sustentam a pertinência de seu ingresso, desde que o terceiro possa efetivamente contribuir com argumentos técnicos, sem comprometer a confidencialidade do procedimento e violar a isonomia entre as partes[78].

Por fim, cabe um último registro: ainda que não se trate de uma típica intervenção de terceiro, vale mencionar o *third party funding*, também chamado de financiamento de terceiros[79].

---

potenciais benefícios oriundos da regulamentação da matéria, para os quais acenamos acima, entendemos que a tratativa de questão procedimental poderia impactar negativamente o caráter convencional da arbitragem, o que não impede, contudo, que a admissibilidade do fenômeno da intervenção na arbitragem venha a ser pensada caso a caso e regulada mais precisamente pelos regulamentos institucionais, cabendo às partes bem escolher a instituição, conforme os interesses a serem defendidos e, com base nisso, atentar também para eventuais regras a respeito da integração ou não de terceiros em procedimento entre elas originariamente instaurado" (2016, p. 459-460).

76. THEODORO JR., 2002, p. 78.

77. Joaquim Muniz cita o exemplo de um contrato com cláusula compromissória, cujas obrigações do devedor tenham sido garantidas por terceiro em instrumento separado, sem previsão de arbitragem (2017, p. 185).

78. CAMPELLO, 2007, p. 93. Quer nos parecer que, na arbitragem, não faz muito sentido a preocupação com a legitimidade democrática da decisão, uma vez que a via escolhida decorre da vontade das partes, e estas, como visto, podem escolher as regras.

79. "Não cabe mais discutir se devemos ou não aceitar o financiamento da arbitragem, invocando a sua inviabilidade no direito brasileiro, por violação aos princípios da igualdade das partes e da necessária independência do advogado. É uma operação lícita, que já se implantou no mercado e está se consolidando no Brasil. (...) Para as partes, há um novo instrumento que é colocado pelo direito à sua disposição, desde que tomem as providências necessárias para manter os seus interesses econômicos e respeitar os princípios éticos. Para os advogados, é uma nova relação complexa que pode surgir, com todos os conflitos inerentes à mesma, em virtude de atendimento simultâneo de interesses, que podem ser diversos e cuja oposição pode levá-los a desistir de funcionar no feito (...) Para as Câmaras arbitrais, se coloca a questão de tratar da matéria seja em códigos de conduta, seja em regulamentos, ou ao contrário de deixar a questão ao livre arbítrio dos interessados, podendo eventualmente os advogados introduzir ou não a informação a respeito da existência ou da possibilidade de ocorrência de financiamento nos compromissos ou termos arbitrais". WALD, 2016, pp. 33-41.

Como se sabe, os custos do processo arbitral podem dificultar ou impedir a atuação nesse campo, sobretudo quando o conflito surge muito tempo depois da celebração do contrato com cláusula compromissória.

Muito utilizado no âmbito da arbitragem internacional[80], o *third party funding* vem ganhando alguma densidade – já existem algumas empresas especializadas no assunto, mas o instituto ainda desperta reflexões e não está plenamente consolidado no Brasil.

Em linhas gerais, o instituto permite que um terceiro financie os custos do procedimento (ou parte deles) em favor de alguma das partes, mediante alguma contrapartida (percentual sobre a condenação monetária auferida, por exemplo)[81].

É muito importante que esse financiamento seja comunicado pela parte financiada aos árbitros[82] e à parte contrária[83], apurando-se desde logo, assim, eventual conflito de interesses, sob pena de ser decretada a futura nulidade do procedimento arbitral.[84]

---

80. Sobre a utilização do instituto em arbitragens internacionais, especialmente abordando o grau de influência exercido pelos patrocinadores durante a condução da arbitragem e a possível repartição dos ônus sucumbenciais a não signatários da convenção de arbitragem, ver ANDRADE, 2015, p. 232. Em sentido semelhante JÚDICE, 2019, pp. 169-184.

81. A negociação depende da análise de alguns fatores que devem ser bem avaliados pelo financiador, por exemplo, a chance de sucesso do financiado, o valor e a complexidade do conflito, o valor objeto do financiamento, a instituição arbitral escolhida pelas partes, entre outros.

82. Enunciado n. 88 da II Jornada de Prevenção e Solução Extrajudicial de Litígios: "Na hipótese de financiamento de arbitragem com recursos de terceiros, a parte financiada deverá informar a identidade do financiador, sem prejuízo de que outras informações sejam solicitadas pelo tribunal arbitral e/ou pela instituição arbitral".

83. "Quanto ao processo arbitral em si, verificou-se que, em razão da importância de que o tribunal arbitral se assenhore de todos os interesses envolvidos na disputa, tanto a existência do financiamento como a pessoa do financiador e seus gestores devem sim ser revelados pela parte financiada, tanto aos árbitros como à outra parte, de modo a garantir a plena independência do tribunal arbitral e uma decisão informada sobre a alocação de despesas da arbitragem". NIEMEYER, 2016, p. 60.

84. Sobre o tema da participação de terceiros na arbitragem, ver FARIA, 2019.

Capítulo 6

Tutela Provisória de Urgência

Sumário: 6.1. Considerações sobre as tutelas de urgência no CPC. **6.1.1.** Tutela provisória de urgência. **6.1.1.1.** Tutela antecipada. **6.1.1.2.** Tutela cautelar. **6.2.** Tutela de urgência requerida antes da instituição da arbitragem. **6.3.** Tutela de urgência requerida após a instituição da arbitragem. **6.4.** A figura do árbitro de emergência.

6.1. Considerações sobre as tutelas de urgência no CPC

O CPC dispõe sobre a *tutela provisória* no Livro V de sua Parte Geral, desdobrando-se o tratamento em três títulos: disposições gerais (arts. 294 a 299); tutela de urgência (arts. 300 a 310), subdividindo-se esta em capítulos sobre disposições gerais; tutela antecipada requerida em caráter antecedente e tutela cautelar requerida em caráter antecedente; e tutela da evidência (art. 311)[1].

Enquanto os processos de conhecimento e execução oferecem tutela jurisdicional imediata e satisfativa, por meio da qual se busca atender à pretensão do autor, a tutela provisória:

> É aquela que, em razão da sua natural limitação cognitiva, não é apta a prover definitivamente sobre o interesse no qual incide e que, portanto, sem prejuízo da sua imediata eficácia, a qualquer momento, poderá ser modificada ou vir a ser objeto de um provimento definitivo em um procedimento de cognição exaustiva[2].

---

1. Não trataremos da tutela de evidência neste < pois entendemos que o árbitro, salvo expressa convenção entre as partes (ajustada no Termo de Arbitragem, por exemplo), não pode deferir tutela da evidência, uma vez que o CPC não se aplica subsidiariamente ao procedimento arbitral. Questão interessante seria saber se, na hipótese de convenção específica, as partes poderiam criar hipóteses para a concessão da tutela de evidência (distintas daquelas já previstas no CPC), o que, em tese, parece ser possível, diante da autonomia da vontade e da flexibilidade do procedimento, observando-se apenas a ordem pública.

2. GRECO, 2014, p. 296.

Trata-se, portanto, de uma tutela marcada pela sumariedade de sua cognição e pela provisoriedade, sendo decorrente da necessidade de prestação jurisdicional efetiva[3], a qual deve, obrigatoriamente, ser oferecida pelo Estado em virtude do monopólio da jurisdição, em prazo razoável.

De acordo com o art. 294, a tutela provisória pode se manifestar nas formas de evidência ou de urgência, dividindo-se esta em cautelar ou antecipada, podendo ser concedida em caráter antecedente ou incidental.

Sob o nome de tutela de urgência, o CPC visa a sistematizar evolução que, desde 1994, já se desenrolava no tocante à tutela provisória no direito brasileiro. Para tanto, subdividiu-a em cautelar ou antecipatória do provimento final (natureza da tutela), e em antecedente ao pedido principal ou incidental no processo (momento de concessão).

O juiz poderá, observando as normas atinentes ao cumprimento provisório da sentença, determinar todas as medidas que entender necessárias para a efetivação da tutela, mesmo que não tenham sido expressamente requeridas pela parte (art. 297).

Vale observar que o art. 139, IV, do CPC dispõe que o magistrado pode "determinar todas as medidas indutivas, coercitivas, mandamentais ou sub-rogatórias necessárias para assegurar o cumprimento de ordem judicial", independentemente do tipo de tutela que esteja sendo pleiteada.

Ressalte-se, porém, que a tutela provisória deve ser requerida pela parte[4], nos termos do art. 299, dispositivo que também estabelece que, se for o caso de tutela antecedente, a medida deverá ser requerida ao juízo competente para conhecer do pedido principal.

Por fim, o art. 298 impõe ao magistrado o dever de motivar, de modo claro e preciso, o seu convencimento ao conceder, negar, modificar ou revogar a tutela provisória, evitando, com isso, fundamentações genéricas[5]. Importante lembrar aqui o comando previsto no art. 489, § 1º, do CPC, que prevê um roteiro de hipóteses em que se considera não fundamentada a decisão judicial.

Vistas essas considerações preliminares, aprofundaremos, agora, o estudo em cada uma das modalidades.

6.1.1. Tutela provisória de urgência

Como a Lei de Arbitragem trata da matéria em apenas dois dispositivos (arts. 22-A e 22-B) e utiliza uma terminologia que pode induzir o leitor a erro, na medida em que se refere a "medida cautelar ou de urgência", quando, na verdade, a tutela cautelar é espécie

---

3. BARBOSA MOREIRA, 2009, p. 301.

4. Essa é a regra geral. Somente em situações especiais, as tutelas de urgência podem ser deferidas de ofício. *Vide*, por exemplo, o art. 4º da Lei n. 10.259/2001.

5. Enunciado FPPC n. 30 (art. 298): "O juiz deve justificar a postergação da análise liminar da tutela provisória sempre que estabelecer a necessidade de contraditório prévio".

do gênero tutela de urgência e não outra modalidade, pensamos ser adequado fazer uma breve revisão da matéria, tal qual disciplinada no CPC.

Nesse sentido, a tutela jurisdicional urgente tem por escopo neutralizar o perigo de dano decorrente da demora no processo e assegurar a tão proclamada efetividade do provimento final, que se traduz na utilidade que a tutela final representa para o titular do direito.

A tutela de urgência, como visto, pode se manifestar nas formas antecipatória e cautelar.

A tutela antecipatória possui natureza satisfativa. Por intermédio dela, o juiz profere decisão interlocutória no curso de um processo de conhecimento, cujo teor consiste na antecipação dos efeitos que só seriam alcançados com a prolação da sentença.

A tutela cautelar apresenta natureza instrumental, voltando-se para um processo de conhecimento ou para um processo de execução, não possuindo cunho satisfativo, uma vez que é somente ao final do processo que o reconhecimento do direito que se busca será alcançado, e não com a tutela cautelar.

É, dessa forma, uma tutela apenas mediata do direito material, assegurando uma situação jurídica tutelável sempre pelo mesmo processo, uma vez que o CPC não mais a prevê como medida autônoma.

O diploma processual também deixa de prever um procedimento comum para a tutela de urgência, não tratando especificamente de seu requerimento incidental.

Leonardo Greco[6] utiliza interpretação sistemática para afirmar que, em princípio, e com a ressalva de eventual incompatibilidade, as disposições do legislador sobre as tutelas antecipada e cautelar antecedentes se aplicam à tutela de urgência incidente.

O art. 300 traz a previsão de dois requisitos para a concessão da tutela de urgência: probabilidade do direito e o perigo de dano ou o risco ao resultado útil do processo.

Caberá ao magistrado, diante do caso concreto, ponderar valores e informações que fomentem o requerimento de tutela de urgência e, sendo provável o direito alegado, conjugá-lo ao outro requisito que veremos a seguir, para conceder ou não a medida requerida.

Como segundo requisito, além dos elementos que evidenciem a probabilidade do direito, o requerente da concessão de tutela de urgência deverá demonstrar em juízo que há o perigo de que, não sendo esta concedida, ocorra um dano irreparável ou de difícil reparação.

O perigo de dano deve correlacionar-se também com a ideia de impossibilidade, em momento posterior, do cumprimento da obrigação, ou, ainda, com a própria inutilidade de procedência do provimento.

Pode o juiz, para concedê-la, exigir caução real ou fidejussória apta ao ressarcimento de eventuais danos que a contraparte possa sofrer com a efetivação da tutela, sendo

---

6. GRECO, 2015, p. 52.

370   Manual de Mediação e Arbitragem ....

dispensável nos casos de hipossuficiência econômica da parte, garantindo-lhe o acesso à Justiça (art. 300, § 1º).

A tutela pode ser concedida sem manifestação prévia da outra parte, diferindo-se o contraditório, ou mediante justificação prévia, via audiência ou esclarecimentos da parte (§ 2º). Todavia, havendo perigo de irreversibilidade dos efeitos da decisão, a tutela de urgência antecipatória não será concedida (§ 3º)[7].

Impõe o legislador, como condição ao deferimento da medida, que a antecipação dos efeitos não seja irreversível, havendo possibilidade de retorno ao *status quo*. Contudo, o provimento nunca é irreversível, pois é provisório e revogável. O que é reversível são as consequências decorrentes da execução da medida.

Alternativas possíveis ao requisito da reversibilidade são a indenização por perdas e danos e a caução.

Todavia, em caráter absolutamente excepcional, quando os valores em jogo forem de grande relevância, valendo-se o intérprete do princípio da proporcionalidade, admite-se a utilização da técnica destinada à obtenção de tutelas sumárias e provisórias para a solução definitiva e irreversível de situações substanciais (o que, na realidade, deixa de ser antecipação provisória, assumindo o *status* de tutela final, ou seja, tutela sumária definitiva).

6.1.1.1. Tutela antecipada

A tutela antecipatória, espécie do gênero tutela de urgência, é providência que tem natureza jurídica mandamental, que se efetiva mediante execução *lato sensu,* com o objetivo de entregar ao autor, total ou parcialmente, a própria pretensão deduzida em juízo ou seus efeitos.

Essa tutela não se confunde com o julgamento antecipado do mérito, pois neste o juiz julga, em uma sentença, o próprio mérito da causa, enquanto naquela o juiz apenas antecipa, por meio de decisão interlocutória, os efeitos da sentença de mérito, prosseguindo, então, no processo[8].

Dessa forma, o julgamento antecipado do mérito, previsto no art. 355 do CPC, destina-se a acelerar o resultado do processo e está ligado à suficiência do conjunto probatório para possibilitar o julgamento definitivo do litígio, quer pela desnecessidade de produção de novas provas, quer quando o réu for revel, ocorrer o efeito do art. 344 e não houver requerimento de prova, na forma do art. 349.

---

7.   Entretanto essa ideia não pode ser tomada em termos absolutos: Enunciado ENFAM n. 25: "A vedação da concessão de tutela de urgência cujos efeitos possam ser irreversíveis (art. 300, § 3º, do CPC/2015) pode ser afastada no caso concreto com base na garantia do acesso à Justiça (art. 5º, XXXV, da CF)". Enunciado FPPC n. 419 (art. 300, § 3º): "Não é absoluta a regra que proíbe tutela provisória com efeitos irreversíveis".

8.   CARNEIRO; PINHO, 2015, p. 169.

Já a hipótese da tutela antecipada é distinta, uma vez que não acarreta a solução definitiva da situação litigiosa. Na verdade, permite, preenchidos seus requisitos, a antecipação imediata dos efeitos da sentença, ainda que pendente recurso dotado de efeito suspensivo.

Seu limite de extensão é o pedido, isto é, não se pode conceder a título de tutela antecipada mais do que o autor obteria se vencedor da totalidade da expressão deduzida em juízo. Caso o autor postule coisa diversa da que consta no pedido, deverá ajuizar medida autônoma.

O CPC, ao tratar da tutela de urgência, esmiúça o tratamento conferido a cada uma de suas modalidades, quais sejam tutela antecipada e tutela cautelar. Os arts. 303 e 304 do CPC abordam os casos da antecipatória requerida em caráter antecedente, disposições sem correspondentes no antigo Diploma Processual.

Pela nova lei, a tutela antecipada pode ser requerida previamente ao ingresso da ação principal completa, em contraposição ao sistema anterior, no qual isso somente era possível para medidas cautelares em procedimento autônomo. Isso, inclusive, não é mais possível no ordenamento brasileiro.

O processo principal seguirá, posteriormente, nos mesmos autos, com a petição inicial do requerimento antecedente eventualmente aditada.

Prevê o art. 303, *caput*, que, sendo a urgência contemporânea à propositura da ação, a inicial pode se limitar a requerer a tutela antecipada e a indicar o pedido de tutela final, com a exposição da lide, do direito visado e do perigo de dano ou do risco à utilidade do processo. Se deferida, deve ser aditada no prazo de quinze dias (§ 1º); se indeferida, cabe sua emenda em cinco dias, ambas as hipóteses sob pena de extinção do processo sem resolução do mérito (§§ 2º e 6º). Fica, contudo, vedado à parte alterar o pedido.

O réu será citado e intimado para a audiência de conciliação ou de mediação, na forma do art. 334; não havendo acordo, contar-se-á o prazo para contestação segundo a regra geral do art. 335, a correr da audiência, não da citação ou da juntada.

O aditamento a que faz alusão o § 1º, I, não sofrerá incidência de novas custas processuais, salvo se, dentre as provas requeridas na complementação, incluírem-se atos do juízo que importem em custas e que não tenham sido originalmente previstos.

A petição inicial deve indicar o valor da causa, bem como o pedido final (§ 4º).

O art. 304, por sua vez, constitui grande inovação, ao trazer a estabilização[9] da decisão que concede a tutela antecipada[10] nos termos do artigo antecedente, uma vez que não tenha sido interposto recurso[11].

---

9. Enunciado FPPC n. 421: "Não cabe estabilização de tutela antecipada em ação rescisória".

10. Enunciado FPPC n. 420: "Não cabe estabilização de tutela cautelar".

11. Enunciado ENFAM n. 28: "Admitido o recurso interposto na forma do art. 304 do CPC/2015, converte-se o rito antecedente em principal para apreciação definitiva do mérito da causa, independentemente do provimento ou não do referido recurso".

Trata-se de uma nova forma de manifestação de preclusão lógica, baseada na tácita aceitação da decisão. É exigido mais empenho do réu, para quem não basta simples pedido de reconsideração; é necessário recorrer, pagando custas, no que se presume um efetivo interesse e uma viável tese defensiva.

Se não interposto o recurso (agravo de instrumento, na forma do art. 1.015, I, ou o agravo interno, caso a tutela seja deferida pelo relator do recurso, na forma do art. 932), extingue-se o processo (art. 304, § 1º), embora não se produza coisa julgada, de modo a não constituir óbice a eventual impugnação em ação subsequente, consoante o disposto no § 2º[12].

No entanto, Teresa Arruda Alvim[13] pondera que não se deve fazer interpretação literal desse dispositivo, sob pena de se atentar contra a lógica do instituto.

A tutela antecipada conservará seus efeitos enquanto não revista, reformada ou invalidada por decisão de mérito em nova ação (§ 3º), fixando o § 5º prazo de dois anos para sua propositura.

Decorrido esse prazo, ela se torna imutável, não cabendo ação rescisória[14].

Nesse momento, coloca-se a questão do requerimento da tutela antecipada antecedente, perante o Poder Judiciário, quando já existir cláusula compromissória, mas a arbitragem não estiver, ainda, instituída, na forma do art. 19 da Lei n. 9.307/96.

Temos para nós que, no procedimento judicial preparatório ao arbitral, é possível que seja concedida uma tutela antecipada, inclusive em caráter antecedente, apesar de o art. 22-A da Lei n. 9.307/96 mencionar apenas a medida cautelar ou de urgência. Isso porque, na sistemática do CPC, como já referido acima, medida de urgência é o gênero, do qual são espécies a tutela cautelar e a antecipada.

Contudo, forçoso reconhecer que a essência da atividade arbitral e o expresso prazo do art. 22-A da Lei de Arbitragem são argumentos que inviabilizam a ocorrência do fenômeno da estabilização da tutela concedida por um juiz de direito quando a arbitragem não está, ainda, instituída[15]-[16].

---

12. Enunciado ENFAM n. 26: "Caso a demanda destinada a rever, reformar ou invalidar a tutela antecipada estabilizada seja ajuizada tempestivamente, poderá ser deferida em caráter liminar a antecipação dos efeitos da revisão, reforma ou invalidação pretendida, na forma do art. 296, parágrafo único, do CPC/2015, desde que demonstrada a existência de outros elementos que ilidam os fundamentos da decisão anterior".

13. WAMBIER, 2015, p. 512.

14. Enunciado FPPC n. 33: "Não cabe ação rescisória nos casos de estabilização da tutela antecipada de urgência".

15. TALAMINI, 2017, p. 3.

16. "A competência do Judiciário, na atividade urgente pré-arbitral, é provisória e temporária – "precária", na já referida dicção do STJ. A jurisdição estatal atua apenas para suprir uma lacuna decorrente da inviabilidade de atuação da jurisdição arbitral naquele momento. Trata-se de intervenção meramente colaborativa, coadjuvante. O órgão judicial opera "de empréstimo" e, em tal condição, tem um escopo específico e limitado: debelar perigo de dano enquanto o tribunal arbitral não estiver em condições de atuar. Portanto, não cabe ampliar a finalidade dessa intervenção judicial, desvirtuando-a, para o fim de desde logo produzir

Assim sendo, a instauração do processo arbitral seria mais uma das hipóteses em que não é possível falar em estabilização da tutela antecipada antecedente. E não se trata, aqui, de uma novidade. Já há forte entendimento na doutrina no sentido de que em certas situações não pode haver a estabilização da tutela[17].

Por exemplo, podemos citar o caso dos processos envolvendo incapazes. Soa desproporcional que o precário trato por parte do representante judicial enseje tão grande consequência para seu titular[18].

Outra hipótese é a ação que tem como réu a Fazenda Pública; aqui, a exigência do reexame necessário (art. 496) se restringe às sentenças de procedência em seu desfavor. Pois bem, a decisão que estabiliza os efeitos da tutela é uma sentença, ainda que terminativa (art. 304, § 1º), e, na essência, dá-se contra o ente fazendário. Assim, embora parcela da doutrina conclua justamente no sentido oposto[19], uma interpretação teleológica do instituto do duplo grau obrigatório nos leva a estender sua aplicabilidade à decisão que concede tutela antecipada em caráter antecedente.

Veja-se, ainda, o caso da ação rescisória: aqui haveria um óbice à estabilização em virtude da necessária desconstituição da coisa julgada, que se veria desprestigiada em relação a uma imutabilidade por cognição sumária, afetando, inclusive, a garantia constitucional de sua não violação (art. 5º, XXXVI).

Nada obstante todas essas considerações, temos para nós que, ao menos em tese, seria possível cogitar a hipótese de estabilização da tutela, caso a medida viesse a ser concedida por um árbitro de emergência, previsto no regimento interno da câmara ou por convenção das partes, como será visto no último item deste capítulo.

6.1.1.2. Tutela cautelar

A tutela cautelar se refere à proteção de um provimento jurisdicional futuro e incerto, de um direito que não foi reconhecido de forma definitiva pelo Estado-juiz, e a legitimidade para requerêlo é a hipotética constatação de que aqueles que comparecem em juízo na qualidade de autor e réu são os integrantes da situação conflituosa ameaçada no plano material.

A principal característica das medidas cautelares é a natureza preventiva relacionada com o art. 5º, XXXV, da Constituição Federal, pretendendo evitar o dano, que a ameaça seja convertida em lesão, seguida pela provisoriedade, uma vez que a

---

um resultado estável, tendente à permanência, ainda que não revestido da coisa julgada. Admitir-se a estabilização da tutela antecipada nessa hipótese implica igualmente tornar estável, permanente, a competência judicial estabelecida como provisória, "precária". Significa transformar o órgão judiciário de colaborador, coadjuvante, em agente principal, protagonista". TALAMINI, 2015, pp. 455-482.

17. Por exemplo, quando se tratar de uma tutela antecipada antecedente contra a Fazenda Pública.

18. PINHO; PORTO, 2017, p. 127.

19. SICA, 2016, p. 427.

proteção obtida cautelarmente se esgota com a efetivação da tutela jurisdicional que se pretende proteger.

Distingue-se da tutela antecipada, que objetiva adiantar os efeitos da tutela de mérito, propiciando sua execução provisória, concedendo, de forma antecipada, os próprios efeitos do provimento jurisdicional pleiteado. A cautelar, por sua vez, objetiva garantir a realização do resultado prático do processo ou a viabilidade da realização do direito assegurado pelo autor.

Com base no art. 300, pode o juiz conceder liminarmente ou após justificação prévia a tutela cautelar sem ouvir o réu.

Nesse caso, poderá o juiz condicionar a efetivação da medida cautelar à prévia prestação de contracautela pelo requerente, isto é, de caução real ou fidejussória, a fim de assegurar a reparação dos danos que o requerido, eventualmente, venha a sofrer (§ 1º).

A concessão da medida tutelar se legitima sempre que, nas circunstâncias, se mostre necessária para preservar o suposto direito ameaçado, quer a ameaça parta, quer não, do réu, sendo ela configurável até em fato de natureza.

Para que a liminar seja concedida, é preciso que o juiz verifique a presença cumulativa dos mesmos requisitos examinados para o deferimento da tutela antecipada (probabilidade do direito e perigo de dano ou risco ao resultado útil do processo – art. 300 do CPC). Também é necessário que o juiz leve em conta a natureza dos interesses em jogo, a possível extensão do dano e a reversibilidade do provimento.

A tutela cautelar requerida em caráter antecedente é uma cautelar preparatória, embora distinta daquela prevista no Código de 1973, dada a concentração do procedimento que aqui se opera. Ou seja, uma vez concedida, o pedido principal deverá ser formulado e ter curso no mesmo processo.

Pelo art. 305, a petição inicial deverá indicar a lide e seu fundamento, a exposição sumária do direito objetivado e o perigo da demora da prestação da tutela jurisdicional. E, entendendo o juiz que o pedido, em verdade, tem natureza antecipada, observará o disposto para a tutela antecipada requerida em caráter antecedente (art. 303), em nítida fungibilidade.

Embora o legislador refira-se apenas à possibilidade de substituição da tutela cautelar por antecipada, não pode haver dúvida de que a fungibilidade opera nas duas direções, sendo possível conceder tutela cautelar em lugar de antecipada. Isso porque, em direito, não há fungibilidade em uma só mão de direção. Se os bens são fungíveis, tanto se pode substituir um pelo outro, caracterizando o fenômeno denominado *duplo sentido vetorial*.

Todavia, fungibilidade não significa que o juiz possa exceder os limites da própria demanda. Se entre o pronunciamento final e o pedido inicial deve haver congruência, correlação (arts. 141, 490 e 492), não se admite a antecipação de efeitos não contidos na pretensão deduzida pelo autor a título de tutela definitiva. O limite da antecipação é o próprio provimento satisfativo final favorável ao autor, como já ressaltado.

Em seguida, o réu é citado para, em cinco dias, contestar o pedido e indicar as provas que pretende produzir (art. 306), observada a regulamentação dada pelo CPC/2015 ao tempo dos atos processuais, estabelecendo distinção em relação ao antigo art. 802 do CPC/73.

Não sendo contestado o pedido, presumem-se aceitos os fatos alegados pelo autor, cabendo, então, ao juiz proferir decisão também em cinco dias (art. 307).

Se, porém, tiver havido a contestação no prazo legal, há de se observar o procedimento comum, anotando-se que, concedida a tutela, o pedido principal deve ser apresentado em trinta dias nos mesmos autos (art. 308), se não tiver sido apresentado em conjunto com o pedido de tutela cautelar (art. 308, § 1º), sob pena de perda de eficácia dele (art. 309, I). Só a partir de então é que se segue o procedimento comum.

O § 2º do art. 308 estabelece, ainda, a possibilidade de aditamento da causa de pedir no momento de formulação do pedido principal. Apresentado este, as partes serão intimadas para audiência de conciliação ou de mediação, na forma do art. 334 (§ 3º); não havendo acordo, o prazo para contestação será contado pela regra geral do art. 335 (§ 4º).

A eficácia da tutela cautelar cessa nas hipóteses do art. 309, dentre as quais se encontram tanto o julgamento de improcedência do pedido principal quanto a extinção do processo sem resolução do mérito.

Finalmente, uma vez indeferida a tutela cautelar, não há óbice para que o autor formule, desde logo, o pedido principal, assim como não influi no julgamento deste, salvo se reconhecida a prescrição ou a decadência (art. 310). Fica a critério do autor aguardar o julgamento do processo cautelar ou apresentar o pedido principal no curso do procedimento.

6.2. Tutela de urgência requerida antes da instituição da arbitragem

Examinadas as regras gerais do CPC sobre o tema, vamos, agora, nos debruçar sobre os dispositivos da Lei de Arbitragem.

Com efeito, durante muito tempo doutrina e jurisprudência discutiram a competência do árbitro ou do tribunal arbitral para conceder medida de urgência. Boa parte da discórdia tem origem no § 4º do art. 22 da Lei de Arbitragem (dispositivo que veio a ser expressamente revogado pela Lei n. 13.129/2015), que estabelecia que, havendo necessidade, o árbitro poderia solicitar medidas coercitivas ou cautelares ao órgão do Poder Judiciário que seria competente para julgar a causa[20].

Com base nesse dispositivo, afirmava-se que o árbitro, por ser apenas equiparado a juiz, não poderia conceder medidas coercitivas, devendo elas sempre ser requeridas perante o Poder Judiciário.

---

20. CARNEIRO; GRECO; PINHO, 2018, p. 35.

A questão era tormentosa. No julgamento do Conflito de Competência 111.230/DF, o Ministro João Otávio de Noronha proferiu voto-vencido no sentido de não ser possível a concessão de medidas coercitivas pelo árbitro. Partindo da premissa de que o Tribunal Arbitral não tem poder de império, o ministro afirmou que o árbitro "não tem poder para praticar atos de constrição judiciária" e "não pode invadir, efetivamente, a esfera patrimonial das partes". Asseverou, ainda, que, uma vez que a execução da sentença arbitral deve necessariamente ser feita em sede judicial, já que o árbitro não pode determinar medidas executivas, razão não haveria para se admitir a possibilidade de deferimento de medidas constritivas em sede cautelar.

Essa controvérsia foi superada pela Lei n. 13.129, de 2015, que alterou a Lei de Arbitragem, incluindo o Capítulo IV-A, intitulado "Das Tutelas Cautelares e de Urgência", contendo dois artigos sobre o procedimento para concessão de medidas de urgência em sede arbitral[21].

Antes de analisarmos os dispositivos, uma breve nota sobre a imprecisão terminológica do legislador infraconstitucional. Ao se referir a "medida cautelar ou de urgência", a Lei n. 13.129/2015 passa a impressão de que se trata de duas modalidades diferentes de tutela, em uma postura diversa da adotada no CPC.

Bem se sabe que a tutela cautelar é espécie do gênero tutela de urgência, ao lado da tutela antecipada. Ao se referir a "medida cautelar ou de urgência", a Lei n. 13.129/2015 parece ter querido indicar a possibilidade de concessão não só de tutela cautelar, mas também de tutela antecipada. Dessa forma, melhor teria feito o legislador se tivesse falado apenas em "tutela provisória".

O art. 22-A[22] da Lei de Arbitragem prevê agora, de forma expressa, a possibilidade de, *antes da instauração da arbitragem*, as partes recorrerem ao Poder Judiciário para a concessão da medida de urgência.[23] Nesse caso, a instituição da arbitragem deverá ser

---

21. O Código de Processo Civil de 2015, promulgado anteriormente à alteração da Lei de Arbitragem, também prevê, de forma indireta, a possibilidade de concessão de tutela provisória pelo árbitro, uma vez que o já mencionado art. 237, IV, do Código, ao tratar da carta arbitral, afirma que ela pode ser expedida para que o Poder Judiciário pratique ou determine o cumprimento de atos solicitados pelo juízo arbitral, "inclusive os que importem efetivação da tutela provisória". Ao se referir apenas à efetivação da tutela provisória, está implícito que a concessão da tutela pode ser feita pelo próprio árbitro.

22. "Art. 22-A. Antes de instituída a arbitragem, as partes poderão recorrer ao Poder Judiciário para a concessão de medida cautelar ou de urgência. Parágrafo único. Cessa a eficácia da medida cautelar ou de urgência se a parte interessada não requerer a instituição da arbitragem no prazo de 30 (trinta) dias, contado da data de efetivação da respectiva decisão."

23. Sobre a possibilidade de concessão de tutela cautelar antecedente pelo Judiciário brasileiro antes da instauração de arbitragem internacional, ver COUCEIRO, 2017, pp. 123-139. Afirma a doutrina que "por certo, esse exercício jurisdicional deve ser limitado a casos urgentes e que não possam ser resolvidos de forma útil e eficaz perante outra autoridade competente – seja pelo Judiciário do local da sede da futura arbitragem, seja pelo árbitro de emergência. Assim, o juiz deverá agir com parcimônia e evitar que o exercício de seu poder jurisdicional obstaculize o andamento da futura arbitragem e não seja, ao contrário do desejado, uma forma de uma parte exercer fórum shopping em seu favor". Em sentido semelhante, o Enunciado n. 98 da II Jornada de Prevenção e Solução Extrajudicial de Litígios: "Independentemente do local da

realizada no prazo de trinta dias contados da data de efetivação da decisão, sob pena de cessar a eficácia da medida de urgência (parágrafo único).[24]

6.3. Tutela de urgência requerida após a instituição da arbitragem

Por sua vez, o art. 22-B[25] veio para pacificar a questão sobre a possibilidade de concessão de medidas coercitivas pelo árbitro ou pelo Tribunal Arbitral.

Além de ter previsto no *caput* a possibilidade de os árbitros, uma vez instituída a arbitragem, manterem, modificarem ou até mesmo revogarem a medida de urgência que fora concedida pelo Poder Judiciário[26], o parágrafo único estabelece que, após a instauração da arbitragem, a medida de urgência deverá ser requerida (e, portanto, concedida) diretamente aos árbitros[27].

Por fim, não custa lembrar que a arbitragem é considerada instituída, na forma do art. 19, quando aceita a nomeação pelo árbitro, se for único, ou por todos, se forem vários. Assim, pode haver pedido de instauração de arbitragem e, ainda assim, ser competente o Poder Judiciário. Sim, porque às vezes existe um hiato entre o pedido de tutela de urgência formulado no Poder Judiciário e a efetiva instauração da arbitragem.

---

sede da arbitragem, o Poder Judiciário brasileiro pode conhecer de pedido de tutela cautelar pré-arbitral, uma vez presente uma das hipóteses de exercício da jurisdição brasileira, na forma do art. 21 do CPC".

24. Enunciado n. 113 da II Jornada de Prevenção e Solução Extrajudicial de Litígios: "A medida de urgência deferida pelo Poder Judiciário preserva seus efeitos até ulterior análise pelo Tribunal Arbitral, desde que instaurada a arbitragem no prazo previsto no parágrafo único do art. 22-A da Lei n. 9.307/96".

25. "Art. 22-B. Instituída a arbitragem, caberá aos árbitros manter, modificar ou revogar a medida cautelar ou de urgência concedida pelo Poder Judiciário. Parágrafo único. Estando já instituída a arbitragem, a medida cautelar ou de urgência será requerida diretamente aos árbitros".

26. "(...) a partir do momento em que as partes investiram (no âmbito da autonomia da vontade) o árbitro de poderes para decidir todas as questões derivadas de determinada relação contratual, não parece razoável que esse julgador – que é de confiança das partes, geralmente especialista na matéria objeto do litígio e que está em contato com amplo material probatório no processo arbitral – não possa rever a decisão proferida (de forma precária, provisória e urgente) pelo Judiciário, que está impedido de analisar o mérito da controvérsia" (AMARAL, 2016, p. 470).

27. "A atividade desenvolvida no âmbito da arbitragem tem natureza jurisdicional, sendo possível a existência de conflito de competência entre juízo estatal e câmara arbitral. (...) 3. A medida cautelar de arrolamento possui, entre os seus requisitos, a demonstração do direito aos bens e dos fatos em que se funda o receio de extravio ou de dissipação destes, os quais não demandam cognição apenas sobre o risco de redução patrimonial do devedor, mas também um juízo de valor ligado ao mérito da controvérsia principal, circunstância que, aliada ao fortalecimento da arbitragem que vem sendo levado a efeito desde a promulgação da Lei n. 9.307/96, exige que se preserve a autoridade do árbitro como juiz de fato e de direito, evitando-se, ainda, a prolação de decisões conflitantes. 4. Conflito conhecido para declarar a competência do Tribunal Arbitral" (CC 111.230/DF, rel. Min. Nancy Andrighi, Segunda Seção, j. em 8-5-2013, *DJe* 3-4-2014). Esse entendimento foi ratificado posteriormente: CC 146.939/PA, rel. Min. Marco Aurélio Bellizze, Segunda Seção, j. em 23-11-2016, *DJe* 30-11-2016.

378   *Manual de Mediação e Arbitragem* ....

Em tais casos, pode ser deflagrado eventual conflito de competência entre o juiz togado e o árbitro, já que ambos exercem atividade jurisdicional[28].[29]

6.4. A figura do árbitro de emergência

Por fim, cabe registrar que algumas Câmaras de Arbitragem preveem a figura do árbitro de emergência, que tem competência para examinar questões urgentes[30] antes da efetiva instauração da arbitragem[31]. Em tais hipóteses, não haveria, em tese, a necessidade de se acionar o Poder Judiciário[32].

Mas e se uma das partes, ainda assim, invocando o art. 5º, XXXV, da Constituição, resolvesse invocar o art. 22-A da Lei de Arbitragem, mesmo havendo expressa previsão da figura do árbitro de emergência na cláusula compromissória e/ou no regimento interno da câmara arbitral?

Haveria violação ao dever de colaboração na não utilização do árbitro de emergência? Poderíamos falar em necessária extinção sem resolução do mérito por prévia competência do juízo arbitral de emergência?

---

28.   STJ, CC 111.230/DF, rel. Min. Nancy Andrighi, j. em 8-5-2013. *Informativo STJ*, n. 522. Idêntico posicionamento foi adotado no CC 157.099/RJ, rel. Min. Marco Buzzi, red. p/ Acórdão Min. Nancy Andrighi, j. em 10-10-2018: "3. As jurisdições estatal e arbitral não se excluem mutuamente, sendo absolutamente possível sua convivência harmônica, exigindo-se, para tanto, que sejam respeitadas suas esferas de competência, que ostentam natureza absoluta. Precedentes. 4. Em procedimento arbitral, são os próprios árbitros que decidem, com prioridade ao juiz togado, a respeito de sua competência para examinar as questões acerca da existência, validade e eficácia da convenção de arbitragem e do contrato que contenha cláusula compromissória – princípio da *kompetenz-kompetenz*. Precedentes".

29.   Vale lembrar que também pode ocorrer conflito de competência entre Tribunais arbitrais vinculados à mesma Câmara de Arbitragem: "Compete ao Superior Tribunal de Justiça conhecer e julgar o conflito de competência estabelecido entre Tribunais Arbitrais vinculados à mesma Câmara de Arbitragem, quando a solução para o impasse criado não é objeto de disciplina no regulamento desta". Processo sob segredo de justiça, rel. Min. Marco Aurélio Bellizze, Segunda Seção, por unanimidade, j. 22-6-2022, *DJe* 30-6-2022. *Informativo* 749 do STJ.

30.   Como destaca a doutrina, antes mesmo de iniciar o processo de arbitragem existem necessidades inadiáveis que "só podem ser atendidas por meio de tutelas provisórias de urgência: i) preservar as provas; ii) conservação de bens e ativos; iii) proteção de informações confidenciais; iv) garantir a continuação das obras e serviços; v) impedir ou permitir a inscrição em órgãos de registro; vi) evitar emissão de divisas ao exterior; vii) ordenar a manutenção de contrato de distribuição comercial ou o sequestro de cotas sociais, etc". MAIA, 2018, pp. 487-504.

31.   OLIVEIRA. Câmaras brasileiras permitem uso de árbitro de emergência. Disponível em: <http://www.conjur.com.br/2016-dez-12/rodrigo-oliveira-camaras-permitem-uso-arbitro-emergencia>. Acesso em: 28 ago. 2017.

32.   "Assim, o chamado Árbitro de Emergência representa uma forma de se disponibilizar na Instituição a possibilidade de imediata apreciação de pedidos de urgência, através de procedimento específico para tanto". CAHALI, 2016, pp. 113-121. Note-se que, uma vez não cumprida pelas partes a decisão proferida pelo árbitro de emergência, este pode solicitar auxílio ao Poder Judiciário para cumprimento forçado, por meio da carta arbitral.

A questão aqui parece passar, necessariamente, pela seguinte indagação: o art. 22-A é norma subsidiária, ou seja, só será aplicável se as partes não tiverem pactuado o árbitro de emergência, ou a competência do juiz togado se sobrepõe à disposição contratual ou regimental?

Entendemos que, se as partes convencionaram expressamente que a arbitragem seguiria as regras de determinado tribunal arbitral e havendo ali a previsão do árbitro de emergência, o interessado não pode acionar o Judiciário para pleitear eventual tutela provisória. Nessa hipótese, o juiz deve julgar extinto o feito, em analogia ao art. 485, VII, do CPC.

A questão seria diferente se, diante de "perigo de dano" ou de "risco ao resultado útil do processo", a parte interessada demonstrasse que o tribunal arbitral ainda não efetivou as regras para a atuação do árbitro de emergência, criando-se um verdadeiro "limbo jurisdicional". Nesse sentido, o STJ já decidiu que, na ausência de regra específica, deve ser prestigiado o princípio da inafastabilidade da apreciação judicial[33].

Paula Menna Barreto Marques[34] sustenta que, nas hipóteses em que há previsão de exclusão expressa da competência do Poder Judiciário para apreciar as tutelas provisórias[35] ou naquelas em que existe referência ao árbitro de emergência ou aderência ao regulamento de instituição que o preveja de forma obrigatória, as partes não poderão submeter os seus pleitos emergenciais ao Poder Judiciário.

Por sua vez, Caio Cesar Vieira Rocha[36] ressalta a competência subsidiária do Poder Judiciário em relação ao juízo arbitral, com o intuito de conciliar o direito de ação constitucionalmente assegurado aos cidadãos com o pacto de submissão do litígio à arbitragem.

---

33. Determinadas questões urgentes, especialmente as anteriores à instauração do painel arbitral, não só podem como devem ser ajuizadas no Judiciário, para que as partes não se vejam num "vazio jurisdicional", em que não poderiam alcançar tutela judicial ou arbitral (porque não instalada ainda a arbitragem). Nesse sentido, o STJ possui relevantes precedentes: CC 111.230/DF, Segunda Seção, *DJe* 3-4-2014; REsp 1.277.725/AM, 3ª Turma, *DJe* 8-3-2013; e REsp 1.297.974/RJ, 3ª Turma, *DJe* 19-6-2012. Como se vê nos precedentes, mesmo nas hipóteses em que as partes não estabeleceram previamente a competência do Judiciário sobre determinados litígios decorrentes do contrato, o STJ aplicou o princípio da inafastabilidade da jurisdição, pela impossibilidade de ser exercida a jurisdição arbitral antes de instaurada a arbitragem e constituído o painel arbitral. Desse modo, não pode ser considerada nula a cláusula compromissória constante de acordo que excepcione ou reserve certas situações especiais a serem submetidas ao Judiciário, mormente quando essas demandem tutelas de urgência. *A contrario sensu*, nulidade haveria em previsão que vedasse completamente toda e qualquer apreciação de litígio pelo Judiciário. REsp 1.331.100/BA, rel. Min. Maria Isabel Gallotti, rel. para acórdão Min. Raul Araújo, j. em 17-12-2015, *DJe* 22-2-2016. *Informativo*, n. 577.

34. CARNEIRO; GRECO; PINHO, 2018, p. 229.

35. Em sentido contrário, Cahali entende que as partes não podem excluir, por convenção, a competência do Poder Judiciário para apreciação das medidas de urgência, sob pena de violação do princípio do acesso à justiça (2015, p. 238), entendimento com o qual concordamos.

36. SALOMÃO; ROCHA, 2017, p. 134.

380   *Manual de Mediação e Arbitragem*

Especificamente no que toca ao árbitro de emergência, vale citar, a título de exemplo, o art. 29 do Regulamento da Câmara de Comércio Internacional (CCI)[37], previsão que se repete em regulamentos de outras instituições internacionais[38].

Nesse mesmo sentido, a Resolução Administrativa n. 32/2018 do Centro de Arbitragem da Câmara de Comércio Brasil-Canadá (CAM-CCBC) estabelece a figura do árbitro de emergência[39], o que também é expressamente previsto nos Regulamentos da Câmara de Arbitragem do Mercado – BM&F-BOVESPA (art. 5.1.1), da Câmara de Mediação e Arbitragem Empresarial – Brasil (CAMARB – item 9.4), do Conselho Arbitral do Estado de São Paulo (CAESP – item 59, parágrafo único), da Câmara de Arbitragem da Federação das Indústrias do Estado do Paraná (CAMFIEP – art. 7º), da Câmara de Arbitragem e Mediação de Santa Catarina (CAMESC – art. 20), bem como no Regulamento da Arbitragem Esportiva do Centro Brasileiro de Mediação e Arbitragem (CBMA[40]), entre outros Regulamentos de instituições arbitrais[41].

Nesse ponto, retomamos a discussão apresentada no tópico anterior quanto à possibilidade de estabilização de tutela antecipada antecedente deferida pelo árbitro de emergência.

Para tanto, porém, devem estar configuradas as seguintes premissas:

a) previsão expressa de árbitro de emergência ou no regimento interno da câmara ou por convenção expressa das partes[42];

---

37. "Art. 29. A parte que necessitar de uma medida urgente cautelar ou provisória que não possa aguardar a constituição de um tribunal arbitral ('Medidas Urgentes') poderá requerer tais medidas nos termos das Regras sobre o Árbitro de Emergência dispostas no Apêndice V. Tal solicitação só será aceita se recebida pela Secretaria antes da transmissão dos autos ao tribunal arbitral nos termos do artigo 16 e independentemente do fato de a parte que requerer a medida já ter apresentado seu Requerimento de Arbitragem."

38. AAA – American Association Arbitration (item R-38, R-39 e O-2); ICDR – International Center of Dispute Resolution (art. 6º); LCIA – l London Court of International Arbitration (art. 9º B); Centro Internacional de Arbitragem de Singapura (art 26 e item 1 do Anexo 1), HKIAC – Centro de Arbitragem Internacional de Hong Kong (art. 23.1), entre outras.

39. Art. 1º. A parte que necessitar de medidas de urgência antes da constituição do Tribunal Arbitral nos termos do art. 4.14.[1] do Regulamento do CAM-CCBC poderá requere-las, para a designação de um árbitro de emergência ("Requerimento de Medidas Urgentes"), nos termos das regras dispostas abaixo.

40. "4.1. Caberá pedido de tutela provisória, de caráter cautelar ou antecipatório, tanto antes como depois da formação do Tribunal Arbitral. Caso o pedido seja formulado antes da formação do Tribunal Arbitral, será nomeado árbitro de emergência pelo CBMA, nos termos deste Regulamento. Após a sua formação, a competência para confirmação, revogação ou apreciação dos pedidos de tutela provisória ficará a cargo do Tribunal Arbitral".

41. Por exemplo, Câmara de Mediação e Arbitragem do Amazonas (CBMAE – item 12); Câmara de Mediação e Arbitragem da Associação Comercial do Paraná (ARBITRAC – "Regulamento de Arbitragem de Emergência").

42. Quando não há uma vinculação a uma instituição arbitral, as partes dificilmente irão minudenciar todos os detalhes procedimentais, chegando a ponto de regular a questão do árbitro de emergência, mas não podemos deixar de considerar a hipótese.

b) disposição no sentido de ser aplicável ao procedimento os arts. 303 e 304 do CPC, na medida em que não há aplicação subsidiária automática do CPC às arbitragens[43];

c) manifestação de vontade das partes identificando qual ou quais as questões podem ser objeto da estabilização.

Ressaltamos, contudo, que essa hipótese parece ter mais relevância teórica do que prática, na medida em que a matéria a ser discutida na arbitragem é geralmente de alta complexidade, o que dificulta o exercício da cognição sumária.

Com efeito, na prática, é muito mais comum o requerimento de uma tutela cautelar do que antecipada.

Por fim, alguns registros em sentido contrário ao cabimento do árbitro de emergência ou, ao menos, à sua incipiente regulamentação.

Por exemplo, a Câmara de Comércio Brasil-Canadá (CCBC), no seu art. 8.2[44], não prevê a figura do árbitro de emergência, bem como o art. 13 do Regimento Interno da Câmara de Arbitragem da FIESP[45].

Vale ressaltar que, em decisão de agosto de 2018, o STJ[46], ao examinar o Conflito de Competência n. 159.922/SP, sendo relator o Ministro Moura Ribeiro, entendeu pela não configuração de conflito de competência entre árbitro e juiz de direito, na medida em que não havia previsão da figura do árbitro de emergência no caso concreto. Na hipótese, a arbitragem seguia as regras da CCBC. Entendeu-se, assim, que as partes podem livremente pleitear as medidas de urgência junto ao Poder Judiciário, enquanto não instaurada a arbitragem.

---

43. Embora não haja a aplicação subsidiária do CPC no procedimento arbitral, o STJ reconhece a influência do diploma processual em algumas situações: "Não se olvidam, tampouco se afastam as vantagens de se traçar um paralelo entre o processo judicial e a arbitragem, notadamente por se tratar efetivamente de ramos do Direito Processual. Desse modo, é natural que do processo judicial se extraiam as principais noções e, muitas vezes, elementos seguros para solver relevantes indagações surgidas no âmbito da arbitragem, de maneira a conceder às partes tratamento isonômico e a propiciar-lhes o pleno contraditório e a ampla defesa. Por consectário, vislumbra-se, em certa medida, a salutar harmonia dos institutos processuais incidentes no processo judicial com aqueles aplicáveis à arbitragem. Tal circunstância, todavia, não autoriza o intérprete a compreender que a arbitragem – regida por princípios próprios (notadamente o da autonomia da vontade e da celeridade da prestação jurisdicional) – deva observar necessária e detidamente os regramentos disciplinadores do processo judicial, sob pena de desnaturar esse importante modo de heterocomposição. Há que se preservar, portanto, as particularidades de cada qual" (REsp 1.543.564/SP, rel. Min. Marco Aurélio Bellizze, 3ª Turma, *DJe* 1º-10-2018).

44. "ARTIGO 8 – MEDIDAS DE URGÊNCIA (...) 8.2. Havendo urgência, quando ainda não instituído o Tribunal Arbitral, as partes poderão requerer medidas cautelares ou coercitivas à autoridade judicial competente, se outra forma não houver sido expressamente estipulada por elas. Nesse caso, a parte deverá dar ciência ao CAM-CCBC das decisões."

45. "13.1. O Tribunal Arbitral tem competência para determinar as medidas cautelares, coercitivas e antecipatórias necessárias para o correto desenvolvimento do procedimento arbitral."

46. STJ, Conflito de Competência 159.922/SP, rel. Min. Moura Ribeiro, publicada em 29-8-2018. Disponível em: <http://www.stj.jus.br>. Acesso em: 10 out. 2018.

Diante desse tratamento divergente dado pelos regimentos internos das câmaras, impõe-se a discussão dos limites da convenção das partes nessa matéria. Nesse sentido, ganha fôlego a discussão em torno das chamadas anti-*suit injunctions*.

Para Arnoldo Wald[47], as anti-*suit injunctions* ou medidas antiarbitrais significam uma obrigação de não intentar ação perante o Poder Judiciário.[48]

Há previsão da adoção desse mecanismo no art. II, 3º, da Convenção de Nova Iorque (ratificada pelo Brasil por meio do Decreto 4.311/2002)[49], embora o mesmo texto, em seu art. VII, item 1, assegure a prevalência da regra nacional mais favorável à arbitragem[50].

Na Comunidade Europeia, a concessão de anti-*suit injunctions* pelos tribunais dos Estados-membros para impedir a continuidade de procedimentos judiciais quando há convenção de arbitragem viola o Regulamento n. 44/2001 da CE, relativo à competência judiciária e à execução de decisões em matéria civil e comercial. Nesse sentido foi o resultado do julgamento C-185/07[51].

Nesse passo, a instituição do árbitro de emergência, seja pela convenção das partes, seja pela adesão ao regimento interno de câmara arbitral que traga expressamente sua previsão, pode representar, às avessas, uma anti-*suit injunction*.

---

47. "As anti-*suit injunctions*, ou ações judiciais com o objetivo de não permitir o julgamento por um órgão jurisdicional ou arbitral considerado incompetente, têm sido objeto de numerosos artigos nos últimos anos. (...) Oriunda da *common law*, a anti-*suit injunction* costuma ser definida como 'uma ordem dada a uma das partes pela jurisdição de um Estado de não intentar uma determinada ação perante a jurisdição de outro Estado ou de um tribunal arbitral e, se já o fez, de desistir da referida ação'. Essas injunções surgiram no direito inglês, inicialmente em apoio à arbitragem, em virtude do aspecto negativo da *Kompetenz-Kompetenz*, ou seja, para excluir a jurisdição estatal nos casos nos quais existia uma convenção de arbitragem. Mas também passaram a ser usadas, em vários outros países, para que a justiça estatal viesse a impedir a constituição ou o funcionamento do tribunal arbitral. É este último aspecto que mais nos preocupa, pois significa uma ameaça à eficiência da arbitragem" (WALD, 2006, p. 29).

48. Sobre o tema, ver também TALAMINI, 2016, p. 138. O autor também questiona o cabimento de tais medidas por parte da Administração Pública: "Não há nenhum fator que exclua a aplicação dessas diretrizes à Administração Pública. Pelo contrário, há aspecto que torna ainda mais censurável o emprego da medida judicial antiarbitragem pela Administração Pública".

49. "3. O tribunal de um Estado signatário, quando de posse de ação sobre matéria com relação à qual as partes tenham estabelecido acordo nos termos do presente artigo, a pedido de uma delas, encaminhará as partes à arbitragem, a menos que constate que tal acordo é nulo e sem efeitos, inoperante ou inexequível."

50. "Artigo VII – 1. As disposições da presente Convenção não afetarão a validade de acordos multilaterais ou bilaterais relativos ao reconhecimento e à execução de sentenças arbitrais celebrados pelos Estados signatários nem privarão qualquer parte interessada de qualquer direito que ela possa ter de valer-se de uma sentença arbitral da maneira e na medida permitidas pela lei ou pelos tratados do país em que a sentença é invocada."

51. "De acordo com o Tribunal de Justiça da CE, a concessão de anti-*suit injunctions* pelos tribunais dos Estados-membros para impedir a continuidade de procedimentos judiciais quando há convenção de arbitragem viola o Regulamento n. 44/2001 da CE, relativo à competência judiciária e à execução de decisões em matéria civil e comercial. O acórdão da CE proferido no caso C -185/07 foi considerado um divisor de águas a respeito da matéria dentro da CE, na medida em que tem efeito vinculante no referido órgão e nos demais órgãos jurisdicionais nacionais dos Estados-membros que porventura sejam provocados sobre a mesma matéria" (SILVA; COSTA, 2012, p. 15).

A questão, até onde pudemos observar, não chegou a ser examinada nesses termos pelos Tribunais brasileiros. Contudo, pensamos que, nessa quadra da história do direito processual brasileiro, já há maturidade suficiente para garantir maior autonomia à vontade das partes, sobretudo em uma seara na qual há clara delimitação objetiva e subjetiva, como é o caso da arbitragem.

Mais do que isso, quer nos parecer que, se uma parte pactua o uso do árbitro de emergência e depois, sem nenhuma justificativa plausível, aciona o Poder Judiciário, alegando, por exemplo, que se trata de matéria reservada com exclusividade ao exame judicial, teríamos uma situação que revelaria não apenas violação do dever de colaboração, mas também *venire contra factum proprio*[52], expressão que reflete a vedação ao comportamento contraditório como decorrência da tutela da confiança, apoiada na boa-fé objetiva, a ensejar, inclusive, a condenação da parte por litigância de má-fé.

---

52. SCHREIBER, 2007.

Capítulo 7

Carta Arbitral

Sumário: 7.1. Considerações iniciais. **7.2.** A carta arbitral no CPC e na Lei de Arbitragem. **7.3.** Questões controvertidas.

7.1. Considerações iniciais

O CPC trata dos atos entre juízos separando-os em atos de cooperação internacional e atos de cooperação nacional.

O art. 26 do CPC dispõe que a cooperação jurídica internacional será regida por tratado em que o Brasil for parte, sendo atos de cooperação a carta rogatória, que é utilizada entre juízos de países diferentes; a homologação de sentença estrangeira, requerida diretamente no STJ e executada perante o juiz federal; e o auxílio direto, baseado em tratado ou compromisso de reciprocidade e apreciado em cada caso pelo juiz federal.

Os mecanismos de cooperação jurídica internacional previstos no CPC têm por objeto a comunicação de atos processuais; a produção de provas; as medidas de urgência; o perdimento de bens, direitos e valores; o reconhecimento e a execução de outras espécies de decisões estrangeiras; informações do direito estrangeiro; e, ainda, a prestação de qualquer outra cooperação não vedada pela lei.

Já na cooperação nacional, constante dos arts. 67 e seguintes do CPC, o diploma prevê um auxílio entre juízos no território nacional para a prática de um ato processual.

A cooperação parte do princípio da unidade do Poder Judiciário. Apesar da previsão de diversos órgãos no art. 92 da CF/88, o Poder Judiciário é uno e, como tal, deve manter permanente conectividade entre seus integrantes.

A ideia do CPC parte das premissas da efetividade e da instrumentalidade. Assim, os "juízos poderão formular um ao outro pedido de cooperação para a prática de qualquer ato processual", segundo o princípio da liberdade das formas. São modalidades de cooperação (art. 69):

i) auxílio direto;

ii) reunião ou apensamento de processo;

iii) prestação de informações;

iv) atos concertados entre os juízes cooperantes.

Obviamente essas modalidades, nada obstante as melhores intenções do legislador reformista, dependem, em grande parte, da migração do sistema do processo físico para o processo eletrônico.

Enquanto houver a necessidade de expedir uma precatória ou encaminhar um ofício em papel, por correio, para outro juízo, haverá demora desnecessária na prática do ato.

Infelizmente, a realidade e a prática demonstram que atos que deveriam ser simples, como uma precatória ou um pedido de informações, demoram meses, por vezes anos, causando inúmeros prejuízos aos litigantes. Tais providências, num ambiente eletrônico, serão quase imediatas.

7.2. A carta arbitral no CPC e na Lei de Arbitragem

Além dos atos praticados pelas partes, pelo juiz e pelos auxiliares do juízo, existem os chamados atos de comunicação, que consistem nos atos realizados pelos juízes entre juízos diversos (entre países, comarcas diferentes ou entre juízos de hierarquia diferente). Também são atos de comunicação aqueles realizados entre o juízo e as partes, ou seja, citações e intimações realizadas pelo oficial de justiça ou pelo escrivão com auxílio dos Correios. São eles:

a) carta de ordem: é utilizada quando há relação de hierarquia entre o juízo emitente e o juízo ao qual foi destinada. Pode ter qualquer objeto, como a requisição de documento ou a oitiva de testemunha, tendo natureza instrutória;

b) carta precatória: serve para a comunicação entre comarcas diferentes. É uma carta de cooperação entre juízos. Ela, por sua vez, também é utilizada para comunicação dentro de uma mesma comarca, mas quando os juízos possuem competência diferente;

c) carta rogatória: é reservada para a comunicação entre juízos de países diferentes. Recebida a carta rogatória do exterior, cabe ao Superior Tribunal de Justiça deferir ou não o pedido;

d) carta arbitral: é a modalidade de ato de comunicação entre o Poder Judiciário e o juízo arbitral.

Interessante observar que o texto (art. 260 do CPC) menciona as cartas de ordem, precatória e a rogatória (que é objeto da cooperação internacional e não doméstica), além de incluir a chamada "carta arbitral" (art. 260, § 3º).

Como se sabe, as decisões arbitrais não possuem coercitividade. Logo, caso não sejam adimplidas voluntariamente por uma das partes, o árbitro deverá solicitar a colaboração do Poder Judiciário, a fim de que a medida possa ser cumprida.

O instrumento adequado para essa comunicação e solicitação de auxílio ao Poder Judiciário é a carta arbitral (art. 237, VI, do CPC)[1], cujos requisitos[2] são aqueles genéricos do art. 260 do CPC[3], devendo aquela também ser instruída com a convenção de arbitragem e com as provas da nomeação do árbitro e de sua aceitação da função (art. 260, § 3º)[4].

De acordo com o art. 22-C da Lei de Arbitragem[5], o árbitro ou o tribunal arbitral pode expedir carta arbitral para que o órgão jurisdicional nacional pratique ou determine o cumprimento, na área de sua competência territorial[6-7], de ato por ele solicitado[8].

Importante registrar que, no cumprimento da carta arbitral, será observado o segredo de justiça, desde que comprovada a confidencialidade estipulada na arbitragem (art. 22-C, parágrafo único, da lei especial).

Nesse ponto, o CPC prevê que, apesar da publicidade dos atos processuais (arts. 11 e 189), tramitam em segredo de justiça os processos que "versem sobre arbitragem, inclusive sobre cumprimento de carta arbitral, desde que a confidencialidade estipulada na arbitragem seja comprovada perante o juízo" (art. 189, IV)[9].

---

1. "Art. 237. Será expedida carta: (...) IV – arbitral, para que órgão do Poder Judiciário pratique ou determine o cumprimento, na área de sua competência territorial, de ato objeto de pedido de cooperação judiciária formulado por juízo arbitral, inclusive os que importem efetivação de tutela provisória."

2. Enunciado FPPC n. 417 (arts. 260, *caput* e § 3º, 267, I): "São requisitos para o cumprimento da carta arbitral: i) indicação do árbitro ou do tribunal arbitral de origem e do órgão do Poder Judiciário de destino; ii) inteiro teor do requerimento da parte, do pronunciamento do árbitro ou do Tribunal arbitral e da procuração conferida ao representante da parte, se houver; iii) especificação do ato processual que deverá ser praticado pelo juízo de destino; iv) encerramento com a assinatura do árbitro ou do presidente do tribunal arbitral conforme o caso".

3. Enunciado FPPC n. 26 (art. 260; art. 267, I): "Os requisitos legais mencionados no inciso I do art. 267 são os previstos no art. 260".

4. Enunciado FPPC n. 4 (art. 69, § 1º): "A carta arbitral tramitará e será processada no Poder Judiciário de acordo com o regime previsto no Código de Processo Civil, respeitada a legislação aplicável".

5. "Art. 22-C. O árbitro ou o tribunal arbitral poderá expedir carta arbitral para que o órgão jurisdicional nacional pratique ou determine o cumprimento, na área de sua competência territorial, de ato solicitado pelo árbitro. Parágrafo único. No cumprimento da carta arbitral será observado o segredo de justiça, desde que comprovada a confidencialidade estipulada na arbitragem."

6. Enunciado FPPC n. 24 (art. 237, IV): "Independentemente da sede da arbitragem ou dos locais em que se realizem os atos a ela inerentes, a carta arbitral poderá ser processada diretamente pelo órgão do Poder Judiciário do foro onde se dará a efetivação da medida ou decisão, ressalvadas as hipóteses de cláusulas de eleição de foro subsidiário".

7. Enunciado n. 3 da I Jornada de Prevenção e Solução Extrajudicial de Litígios: "A carta arbitral poderá ser processada diretamente pelo órgão do Poder Judiciário do foro onde se dará a efetivação da medida ou decisão".

8. Ainda sobre o tema, pensamos que, se houver cláusula de eleição de foro, o processamento da carta arbitral, a rigor, deve ser promovido pelo juízo competente – à luz do pacto celebrado –, o que, na prática, pode criar algumas dificuldades e burocratizar o procedimento (basta imaginar a expedição de carta arbitral para determinado Estado da Federação, em que a diligência objeto da carta arbitral tenha que ser cumprida em outro, ensejando, assim, a expedição de carta precatória).

9. Enunciado FPPC n. 13 (art. 189, IV): "O disposto no inciso IV do art. 189 abrange todo e qualquer ato judicial relacionado à arbitragem, desde que a confidencialidade seja comprovada perante o Poder Judiciário, ressalvada em qualquer caso a divulgação das decisões, preservada a identidade das partes e os fatos da

Repise-se que, nas arbitragens envolvendo a Administração Pública, deve ser observado o princípio da publicidade[10] (art. 2º, § 3º, da Lei de Arbitragem e art. 37 da CF)[11].

Finalmente, uma última consideração. Da leitura do art. 22-C da Lei n. 9.307/96 é possível perceber a intenção do legislador de restringir a carta arbitral apenas aos órgãos do Poder Judiciário brasileiro. Não por acaso a norma tem como destinatário o "órgão jurisdicional nacional". Dessa forma, parece-nos não haver, em princípio, previsão legal para a expedição de carta arbitral para órgão judicante alienígena[12].

7.3. Questões controvertidas

Vamos, a seguir, tratar de alguns pontos sensíveis relativos ao cumprimento da carta arbitral, notadamente relacionados aos aspectos da confidencialidade e da autonomia do árbitro.

Uma primeira questão interessante que pode surgir é a eventual existência de informação sensível e de interesse estratégico do Estado, nos exatos termos do art. 23 da Lei n. 12.527/2011 (Lei de Acesso à Informação), e que já tenha sido revelada no procedimento arbitral.

Imagine-se, por exemplo, que, durante a fase instrutória conduzida pelo árbitro, a Administração Pública revele informação que tenha sido fornecida em caráter sigiloso por outro país (art. 23, II, da referida Lei).

Assim sendo, havendo necessidade, por exemplo, de buscar e apreender coisa em poder de terceiro, a carta arbitral expedida deve determinar a manutenção do sigilo, mesmo que haja interesse público. Seria como que uma exceção da exceção, o que, em última análise, acaba por confirmar a regra geral.

---

causa que as identifiquem". Enunciado n. 99 da II Jornada de Prevenção e Solução Extrajudicial de Litígios: "O art. 189, IV, do Código de Processo Civil é constitucional, devendo o juiz decretar segredo de justiça em processos judiciais que versem sobre arbitragem, desde que a confidencialidade estipulada na arbitragem seja comprovada perante o juízo".

10. Enunciado FPPC n. 15 (art. 189): "As arbitragens que envolvem a Administração Pública respeitarão o princípio da publicidade, observadas as exceções legais (*vide* art. 2º, § 3º, da Lei n. 9.307/96, com a redação da Lei n. 13.129/2015)".

11. Sobre o tema, Andre Roque destaca que, no caso de "arbitragens envolvendo interesses estatais, a incidência dos princípios da transparência e da publicidade não permitirá o sigilo absoluto. Nesse caso, restam duas alternativas: ou as partes afastam completamente a confidencialidade do procedimento arbitral ou estipulam uma forma de sigilo parcial, em que se permite o acesso dos interessados ao conteúdo da decisão dos árbitros". Na visão do doutrinador, dessa maneira preservar-se-ia a confidencialidade não apenas dos documentos que instruíram o processo na arbitragem, mas também das informações trazidas pelas partes cuja revelação seja capaz de causar dano ao particular que contratou o Estado (*A arbitragem envolvendo entes estatais na jurisprudência do Superior Tribunal de Justiça*. Disponível em: <http://www.publica-direito.com.br/artigos/?cod=ab7a710458b8378b>. Acesso em: 29 ago. 2017).

12. CARNEIRO; GRECO; PINHO, 2018, p. 34.

Em termos práticos, a carta arbitral é muito utilizada para o cumprimento de tutelas provisórias deferidas pelos árbitros e não adimplidas por aquele contra o qual a ordem foi emanada[13]. Também é utilizada para a intimação e condução de testemunhas, que, apesar de intimadas, não atendem à convocação do Juízo Arbitral para depor[14].

Em algumas situações, o juiz pode recusar-se a dar cumprimento à carta arbitral, quando, por exemplo, a carta não estiver revestida dos requisitos legais; faltar ao juiz competência em razão da matéria ou da hierarquia[15]; e o juiz tiver dúvida acerca de sua autenticidade (art. 267, I a III, do CPC).

Nesses casos, deverá o juiz devolvê-la ao Juízo Arbitral com decisão motivada. Se a hipótese for apenas de incompetência em razão da matéria ou da hierarquia, o juiz pode remeter a carta arbitral ao juiz ou ao tribunal competente (art. 267, parágrafo único, do CPC), em razão do chamado caráter itinerante das cartas.

Contudo, uma questão que gera desconforto é a possibilidade de o juiz negar-se a cumprir a carta sob o fundamento de discordar do mérito da decisão.

Explicamos. Imagine-se uma carta para garantir o cumprimento de uma tutela de urgência concedida pelo árbitro. O juiz de direito, ao examinar o teor da carta, conclui que não estão presentes os pressupostos autorizadores da medida (art. 300 do CPC).

Poderíamos pensar, também, num caso em que o magistrado visualizasse o *periculum in mora* inverso, ou seja, o deferimento da medida pode vir a causar dano de difícil ou impossível reparação ao requerido.

Ou, ainda, imagine-se que a providência determinada na carta contraria a legislação brasileira (mas a arbitragem é conduzida utilizando-se o direito positivo de outro país), ou mesmo que a concessão da tutela de urgência naquele caso viola decisão com efeito vinculante, na forma do art. 927 do CPC.

Em alguma dessas hipóteses seria razoável restituir a carta sem o devido cumprimento? Comecemos pelo exame das hipóteses nas quais o juiz discorda da decisão concessiva da provisional exarada pelo árbitro.

Ora, assim como é vedado ao juiz analisar o mérito da sentença arbitral, também não pode reexaminar o conteúdo da tutela deferida pelo árbitro. Vale lembrar que, no processo arbitral, as partes podem escolher livremente a lei aplicável ao caso, não sendo permitida, portanto, qualquer interferência do juiz, a quem cabe somente dar efetivo

---

13. Há quem defenda uma maior autonomia dos árbitros, mitigando a necessidade da carta arbitral em algumas situações: "propomos, cuidadosamente, uma possível interpretação extensiva das normas vigentes. Seria interessante, por exemplo, que a efetivação de medidas de urgência, que prescindam da necessidade da presença de um oficial de justiça, pudessem ser concretizadas a partir da determinação dos árbitros regularmente constituídos na respectiva arbitragem (independentemente, pois, da prévia aferição e do "cumpra-se" do juiz togado)". NASCIMBENI; FINKELSTEIN, 2017, pp. 125-150.

14. CÂMARA, 2015, p. 149.

15. Ainda que exista cláusula de eleição de foro, entendemos que o juiz ("relativamente incompetente") não pode se recusar a cumprir a carta arbitral, a menos que a questão seja invocada pela parte contrária.

cumprimento à carta arbitral[16]. Mais uma vez, vale destacar o princípio competência-competência[17].

Em tais casos, havendo recusa do magistrado, entendemos que a parte prejudicada pode interpor agravo de instrumento, valendo-se do art. 1.015, I, do CPC, uma vez que, direta ou indiretamente, o que está em discussão é a implementação de tutela provisória (valendo aqui o mesmo raciocínio utilizado para sustentar o cabimento do agravo de instrumento contra a decisão que não aprecia ou que posterga o exame da tutela provisória requerida pela parte).

A questão mais espinhosa diz respeito à concessão de tutela de urgência pelo árbitro, que, eventualmente, viole os chamados precedentes de observância obrigatória.

Partindo da premissa de que os precedentes são fontes normativas e tendo em vista a composição federativa do país, entendemos que os árbitros devem observar as decisões elencadas no art. 927 do CPC. Porém, alguns precedentes ali listados não possuem, necessariamente, vinculação nacional (basta pensar no IRDR – antes da projeção para todo o país – e no IAC, assim como a orientação do plenário ou do órgão especial aos quais os tribunais estiverem vinculados). Em tais hipóteses, não poderia um juiz de São Paulo, por exemplo, invocar uma decisão proferida em IAC pelo Tribunal do Rio para barrar o cumprimento da carta arbitral.

Por outro lado, quando a tutela de urgência arbitral violar flagrantemente os precedentes de observância obrigatória, com eficácia nacional, pensamos que o juiz deve, à luz da cooperação[18], antes de cogitar recusar o cumprimento da carta arbitral, oficiar, com urgência, o tribunal arbitral, ventilando a questão detectada. Até mesmo para que o tribunal arbitral possa ratificar ou não o seu comando. É possível, por exemplo, que o órgão responda o ofício assinalando que fez o *distinguishing* no caso concreto.

Se o tribunal arbitral ratificar o comando, com ou sem maiores explicações, entendemos que o juiz não pode, nesse momento, barrar o cumprimento da carta arbitral, pois a medida violaria o aludido princípio competência-competência do árbitro.

Nesse caso, poderia, eventualmente, a parte prejudicada, se assim entender, invocar a questão em sede de ação anulatória, alegando ausência de fundamentação específica da futura sentença arbitral, bem como violação da convenção de arbitragem (se for o caso) e do contraditório efetivo (arts. 32, III, IV e VIII, da Lei de Arbitragem).

---

16. Enunciado FPPC n. 27 (arts. 267 e 26, § 3º): "Não compete ao juízo estatal revisar o mérito da medida ou decisão arbitral cuja efetivação se requer por meio da carta arbitral, salvo nos casos do § 3º do art. 26 do CPC".

17. Note-se que, no cumprimento da carta arbitral, o juiz age como se fosse um "Juiz-Deprecado", que apenas recebe a carta precatória para cumprimento. Ou seja, não havendo vícios formais, deve dar regular prosseguimento e exarar o "cumpra-se".

18. "(...) A existência dessa harmonia e cooperação serve a um propósito especial, que é a efetividade e eficiência das resoluções de conflitos. Em outras palavras, é aceitável a convivência de decisões arbitrais e judiciais, quando elas não se contradizerem e tiverem a finalidade de preservar a efetividade de futura decisão arbitral" (ut. CC 111.230/DF, rel. Min. Nancy Andrighi, Segunda Seção, j. em 8-5-2013, *DJe* 3-4-2014). Voto do Ministro Marco Buzzi, Relator vencido, nos autos do CC 157.099/RJ, j. em 10-10-2018.

Um último aspecto que merece ser destacado envolve a possibilidade de o Judiciário dar cumprimento a comandos estabelecidos na carta arbitral que se destinam a empresas não participantes do processo arbitral. Em julgamento recente[19], após uma empresa recorrer ao Judiciário e oferecer Embargos de Terceiros para tentar bloquear determinada obrigação de fazer (viabilizar o acesso à uma mina, para que os interessados acompanhassem o processo de pesagem do minério), o TJ/MG indeferiu o pleito. Inconformada, a empresa interpôs Recurso Especial, que foi parcialmente provido apenas para excluir a multa dos embargos de declaração outrora fixada pelo TJ/MG.

No mérito, porém, o STJ entendeu que "o cumprimento de cartas arbitrais pelo Poder Judiciário não constitui uma atividade meramente mecânica. Por mais restrita que seja, o Poder Judiciário possui uma reduzida margem de interpretação para fazer cumprir as decisões legalmente exaradas por cortes arbitrais". Além disso, a corte especial salientou que "a impossibilidade de verificar a quantidade de minério produzida na mina em questão pode comprometer significativamente a eficácia de uma futura decisão dos árbitros.

Em arremate, o STJ observou que "a determinação feita pelo Tribunal de origem, segundo a qual a recorrente deve suportar a vistoria pelos recorridos da quantidade de minério produzida pela mina durante o procedimento arbitral, não ofende a necessidade de consensualidade para a validez da cláusula compromissória que fundamenta o julgamento arbitral".

Uma última palavra sobre a possibilidade do uso da carta arbitral pelo juiz de direito para averbação de penhora no rosto dos autos de procedimento arbitral. A questão foi dirimida pelo STJ[20] em julgamento de maio de 2019, sob a relatoria da Min. Nancy Andrighi. Na ocasião, o Tribunal concluiu pela possibilidade da providência. Posteriormente, o tema foi objeto do Enunciado n. 212[21] da III Jornada de Direito Processual Civil do CJF, com o seguinte teor: "É cabível a averbação de penhora no rosto dos autos de processo arbitral".

---

19. STJ, REsp 1.798.089/MG, rel. Min. Nancy Andrighi, 3ª Turma, *DJe* 4-10-2019.

20. REsp 1.678.224-SP, rel. Min. Nancy Andrighi, Terceira Turma, por unanimidade, j. 7-5-2019, *DJe* 9-5-2019.

21. Na justificativa do Enunciado aprovado consta a seguinte fundamentação: "Na ocasião, decidiu-se pela possibilidade de realização de penhora no rosto dos autos de arbitragem por se entender que o ato não implica propriamente a individualização, tampouco a apreensão efetiva e o depósito de bens à ordem judicial, mas a mera afetação à futura expropriação". A penhora no rosto dos autos é ato essencialmente cognitivo, prévio à expropriação, que não pressupõe a incursão em bens e direitos do executado. Há tão somente a afetação do direito em perspectiva essencialmente jurídica. Não há ingresso patrimonial forçado na esfera de bens do devedor, mas tão somente ato cognitivo, cabível ao árbitro. Por consequência, cabe ao árbitro promover tal penhora. Efetivada a penhora no rosto dos autos, o futuro devedor na arbitragem está vinculado àquela determinação, de modo que, no momento da quitação do débito ao qual for eventualmente condenado, deverá pagar ao exequente que requereu a penhora, sob pena de responsabilização direta, nos termos do art. 312 do Código Civil. Aquele que promove a penhora tem direito a ser intimado da sentença arbitral não na condição de parte, mas para que tenha ciência do término do processo a fim de efetivar os seus direitos decorrentes da penhora na forma que entender cabíveis, com a ocultação das informações sensíveis, a teor do art. 189, §2º, do CPC".

Capítulo 8

Sentença Arbitral

> **Sumário: 8.1.** Prazos da sentença arbitral. **8.2.** Sentenças parciais. **8.3.** Requisitos formais e obrigatórios da sentença. **8.4.** Decisões majoritárias. **8.5.** Custas e despesas com a arbitragem. Honorários advocatícios e litigância de má-fé. **8.6.** Decisão homologatória de transação. **8.7.** Cientificação das partes. **8.8.** Pedido de esclarecimentos ou embargos arbitrais. **8.9.** Efeitos da sentença arbitral. **8.10.** Invalidação da sentença arbitral. **8.11.** Ação de complementação da sentença arbitral. **8.12.** Ação anulatória: prazos e procedimento. **8.13.** Impugnação da sentença arbitral em cumprimento de sentença.

8.1. Prazos da sentença arbitral

Diferentemente da legislação anterior (CPC/73), que usava tanto "laudo" como "sentença", a Lei de Arbitragem adota a expressão "sentença arbitral". Na verdade, essa alteração de "laudo" para "sentença arbitral" foi apenas promovida pela Lei n. 13.129/2015, que deu nova redação ao art. 33, § 2º, II, da Lei n. 9.307/96.

De um modo geral, "a sentença poderá ser condenatória, constitutiva ou declaratória"[1], a depender da pretensão das partes e da solução a ser dada no caso concreto[2]. Também pode ser definitiva, dirimindo o conflito (quando, por exemplo, o requerido é condenado à obrigação de fazer postulada pelo requerente), ou terminativa (nulidade da convenção, por exemplo), o que não encerra a controvérsia e obriga o prejudicado a buscar o Poder Judiciário.

---

1. CAHALI, 2017, p. 323.

2. A sentença arbitral também pode ser meramente homologatória (art. 28 da Lei de Arbitragem), sendo que, também nesse caso, devem ser observados os requisitos do art. 26 do referido diploma legal.

Diferentemente do que ocorre em âmbito judicial[3], a sentença arbitral será proferida no prazo estipulado pelas partes, ou, não havendo essa previsão, em um prazo de seis meses, contados da instauração do processo arbitral, ou da substituição do arbitro, nos termos do art. 23 da Lei de Arbitragem[4].

O legislador fixou tal prazo (seis meses) para prestigiar um dos vetores da arbitragem (a celeridade), entendendo, aparentemente, que o referido lapso temporal seria suficiente para a conclusão do procedimento, o que, porém, não é a realidade do mercado.

De toda forma, cabe destacar que as partes podem convencionar um prazo distinto, seja por meio da cláusula arbitral, por compromisso ou por qualquer outra forma de declaração de vontade[5]. Os próprios regulamentos das entidades arbitrais podem estipular um prazo diferente[6].

Na prática, a alteração do prazo da sentença arbitral no curso do procedimento, desde que de comum acordo pelas partes e pelo árbitro (salvo se houver prévia autorização das partes ou disposição específica no regulamento arbitral), pode se justificar, por exemplo, em razão de uma instrução probatória complexa[7].

Importante destacar que o mero transcurso do prazo para a prolação da sentença arbitral não enseja, automaticamente, a nulidade da arbitragem, cabendo às partes notificar o árbitro ou o tribunal arbitral concedendo-lhe um prazo de dez dias (art. 12, III, da Lei de Arbitragem)[8]. A previsão é interessante, pois evita que uma das partes aguarde, maliciosamente, o transcurso do prazo, para, na sequência, dependendo do resultado, alegar a sua nulidade.

Porém, ultrapassado esse prazo após a notificação do árbitro, a sentença arbitral pode ser futuramente anulada (art. 32, VII, da Lei de Arbitragem)[9].

---

3. Não se pode negar a possibilidade de o juiz e as partes celebrarem um calendário processual (art. 191 do CPC), definindo a data de prolação da sentença.

4. Para Alexandre Câmara, caso se substitua o árbitro no curso do processo, o prazo de seis meses seria interrompido, voltando a correr por inteiro em benefício do árbitro substituto. Esta regra também seria aplicada quando um dos componentes do colegiado tenha sido substituído (2005, p. 112). No mesmo sentido: "A substituição do árbitro, por sua vez, faz restaurar o prazo primitivo, passando a ser a sua aceitação o marco inicial da contagem" (CAHALI, 2017, p. 325).

5. MUNIZ, 2017, p. 250.

6. No caso das arbitragens institucionais, não deve ser considerada a data em que as partes tomam ciência da decisão, mas quando esta foi enviada pelos árbitros, já que estes não têm controle e ingerência sobre o procedimento cartorário da entidade.

7. Contrariamente, é possível que as partes e o árbitro convencionem a redução do prazo legal, em casos mais simples. Aliás, algumas instituições arbitrais (CAM-CCBC, por exemplo) fornecem a opção por uma arbitragem expedita, cujo procedimento pode se encerrar em até 90 dias. Sobre as vantagens e desvantagens da arbitragem expedita em âmbito internacional, ver CARVELARIS, 2015, pp. 249-277.

8. "Art. 12. (...) III – tendo expirado o prazo a que se refere o art. 11, inciso III, desde que a parte interessada tenha notificado o árbitro, ou o presidente do tribunal arbitral, concedendo-lhe o prazo de dez dias para a prolação e apresentação da sentença arbitral."

9. "Art. 32. É nula a sentença arbitral se: (...) VII – proferida fora do prazo, respeitado o disposto no art. 12, inciso III, desta Lei."

8.2. Sentenças parciais

Até o advento da Lei n. 13.129/2015, uma das hipóteses de nulidade da sentença arbitral ocorria quando o árbitro ou o tribunal arbitral não decidia "todo o litígio submetido à arbitragem" (art. 32, V, da Lei de Arbitragem). Assim, durante muito tempo, discutiu-se a possibilidade de árbitros proferirem decisões parciais.

A controvérsia deixou de existir em razão da revogação do referido dispositivo e a inclusão do § 1º ao art. 23 ("os árbitros poderão proferir sentenças parciais") pela Lei n. 13.129/2015[10].

A alteração é positiva, e agiliza, na prática, o equacionamento de algumas questões.

Como destaca Carmona[11], a sentença parcial pode ser útil ao interesse das partes.

Imagine-se, por exemplo, um caso envolvendo a validade de um contrato em que a parte formula um complexo pedido indenizatório, cuja quantificação demandaria prova técnica. Em vez de determinar a realização da perícia, que certamente onerará as partes e alongará o procedimento, os árbitros podem decidir primeiramente acerca da validade do próprio contrato (se houver impugnação nesse ponto ou se se tratar de vício evidente). Nessa hipótese, sendo anulado o instrumento, tornar-se-á despicienda a prova pericial.

Vale destacar que a sentença arbitral, ainda que parcial, ou o "julgamento por etapas"[12], põe fim ao procedimento (art. 29 da Lei de Arbitragem), gerando os mesmos efeitos – quanto ao capítulo decidido – de uma sentença arbitral completa ou final. Nessa linha, e em tom hiperbólico, podemos afirmar que, na hipótese de múltiplas sentenças parciais, múltiplas podem ser as ações anulatórias[13].

---

10. O CPC também autoriza expressamente as decisões interlocutórias parciais de mérito (art. 356), quando um ou mais dos pedidos formulados ou parcela dele mostrar-se incontroverso ou estiver em condições de imediato julgamento. Também autoriza a prolação de decisões de extinção parcial do processo (art. 354, parágrafo único).

11. "(...) a permissão para que sejam proferidas sentenças parciais pode vir ao encontro do interesse das partes, que eventualmente terão necessidade de ver resolvidos rapidamente determinados pleitos, o que facilitará (ou condicionará) o normal desenvolvimento de obrigações contratuais múltiplas. As sentenças arbitrais parciais certamente entrarão em cogitação para dirimir litígios que demandem liquidação, bem como para as múltiplas demandas societárias, em que os contendentes muitas vezes precisam de decisão rápida acerca de partes dos litígios (que reclamam apenas resolução de questões de direito)" (CARMONA, 2009, p. 348-349).

12. CAHALI, 2017, p. 340. De acordo com o doutrinador, em razão da expressa previsão legal, mostra-se "desnecessária a usual anuência prévia das partes para o julgamento fracionado, em convenção, ata de missão ou termo de arbitragem".

13. A ação anulatória da sentença parcial deve ser proposta no prazo de 90 dias a partir do respectivo trânsito em julgado, e não do trânsito em julgado da última decisão do processo arbitral. STJ, REsp 1.519.041/RJ, rel. Min. Marco Aurélio Bellizze, 3ª Turma, *DJe* 11-9-2015: "Como assinalado, a sentença parcial arbitral resolve parte da causa (reconhecendo-se ou não o direito alegado pela parte, ou reputando-se ausente pressupostos ou condições de admissibilidade da tutela jurisdicional pretendida) em definitivo, ou seja, finaliza a arbitragem na extensão do que restou decidido, sendo, portanto, apta, no ponto, à formação da coisa julgada. Nessa medida, a ação anulatória destinada a infirmá-la – único meio admitido de

Em 2018, o STJ[14] reconheceu o cabimento de ação anulatória contra sentença parcial – que determinou a inclusão de determinada empresa no procedimento arbitral –, reformando o acórdão do tribunal local, que havia entendido que a aludida ação anulatória só poderia ser proposta contra a sentença arbitral final[15].

Em linhas gerais, restou asseverado no voto do Ministro Relator Marco Aurélio Bellizze que:

> A sentença arbitral final não substitui a sentença arbitral parcial, pois, como já assentado, possuem conteúdos distintos, e, como tal, hão de ser infirmadas, cada qual, por ação anulatória própria, observado o prazo decadencial de 90 (noventa) dias, previsto no art. 33 da Lei n. 9.307/96.

Ademais, restou destacado que:

> Em consonância com o sistema processual então vigente, absolutamente admissível que, no âmbito do procedimento arbitral, assim como no processo judicial, os árbitros profiram decisão (sentença) que resolva a causa parcialmente, compreendida esta como o *decisum* que reconhece, ou não, o direito alegado pela parte (sentença de mérito), ou que repute ausentes pressupostos ou condições de admissibilidade da tutela jurisdicional pretendida (sentença terminativa)[16].

Por fim, há quem considere que a decisão arbitral que confirma a respectiva jurisdição é uma sentença parcial, o que autoriza a propositura de ação anulatória no prazo de 90 (noventa) dias[17].

8.3. Requisitos formais e obrigatórios da sentença

De acordo com o art. 24 da Lei de Arbitragem, a sentença arbitral deve ser escrita e assinada pelos árbitros, ainda que em língua estrangeira. Com efeito, não é permitida a

---

impugnação do decisum – deve ser intentada de imediato, sob pena de a questão decidida tornar-se imutável, porquanto não mais passível de anulação pelo Poder Judiciário, a obstar, por conseguinte, que o Juízo arbitral profira nova decisão sobre a matéria".

14. REsp 1.543.564/SP, rel. Min. Marco Aurélio Bellizze, 3ª Turma, *DJe* 1º-10-2018.

15. Veja-se, ainda, sobre o tema, o preciso texto de José Rogério Cruz e Tucci (2018). Acesso em: 7 nov. 2018.

16. Com base nessa decisão do STJ, parece nítido que o conceito de sentença utilizado na arbitragem difere da definição de sentença empregada pelo CPC ("sentença é o pronunciamento por meio do qual o juiz, com fundamento nos arts. 485 e 487, põe fim à fase cognitiva do procedimento comum, bem como extingue a execução" – art. 203, § 1º), sendo certo, ainda, que a "sentença parcial" também não se confunde com as hipóteses dos arts. 356 e 354, parágrafo único, do diploma processual. Afirma-se isso porque a decisão que determinou a inclusão de uma empresa no procedimento arbitral não se encaixaria, a rigor, na hipótese do art. 354, parágrafo único (extinção parcial do processo), e tampouco na do art. 356 (julgamento antecipado parcial do mérito – que, como dito, exige que um dos pedidos seja incontroverso e/ou esteja em condições de imediato julgamento).

17. FICHTNER; MANNHEIMER; MONTEIRO, 2019, pp. 113-130.

prolação de sentença oral (diferentemente do procedimento em si, em que são admitidos depoimentos em vídeo, por exemplo), mesmo que exista registro audiovisual de seu conteúdo. Por se tratar de título executivo judicial, a forma escrita confere maior segurança às partes.

Embora o art. 32 da Lei n. 9.307/96 não mencione expressamente a ausência de forma escrita da sentença arbitral como causa de nulidade dela[18], entendemos que a questão está implícita, já que a disponibilização oral violaria, por si só, alguns requisitos do art. 26 (necessidade de indicação de data e local em que proferida, e exigência de que seja "assinada" pelos árbitros).

A rigor, a sentença arbitral deve ser assinada por todos os árbitros[19]. Se algum deles não puder assinar, caberá ao presidente do tribunal arbitral certificar tal fato.

No tocante aos requisitos da sentença arbitral, deve ser observado o art. 26 da Lei n. 9.307/96[20].

De um modo geral, os requisitos da sentença arbitral se assemelham aos da sentença judicial (art. 489 do CPC)[21]. Afirma-se que essa equiparação fortalece "a identidade de ambas quanto à eficácia jurídica" e ainda "reforça a necessidade de se oferecer ao jurisdicionado uma satisfação do quanto avaliado e decidido"[22].

---

18. Existe controvérsia na doutrina acerca da taxatividade do rol do art. 32. Para alguns doutrinadores, o rol seria apenas exemplificativo e genérico. José Cretella Neto, por exemplo, afirma que "a sentença arbitral é espécie, de que o negócio jurídico é gênero. Pode, portanto, padecer dos mesmos vícios que os atos jurídicos em geral, estipulados nos arts. 138 a 144 do novo Código Civil (erro ou ignorância), 146 a 150 (dolo), 151 a 155 (coação), 156 (estado de perigo), 157 (lesão) e 167, § 1º (simulação). Pode ser invalidada pelos mesmos motivos enumerados pelo Código em vigor a partir de 1-1-2001, ou seja, os constantes de seus arts.166 a 184 do Capítulo V (Da Invalidade dos Negócios Jurídicos), do Título I (Do Negócio Jurídico, do Livro III (Dos Fatos Jurídicos)" (2004, p. 121). No mesmo sentido: "Ainda que possam ser consideradas taxativas, como sustenta a doutrina majoritária, o inciso I, do art. 32 da Lei de Arbitragem, que trata da nulidade da sentença por nulidade do compromisso, permite interpretação próxima àquela sugerida por Cretella Neto. Não se pode negar que, ao se referir à nulidade da sentença por nulidade (absoluta ou relativa) do compromisso ou da cláusula, o inciso I do art. 32 da Lei de Arbitragem admite a nulidade da convenção e consequentemente da sentença em razão de todas as causas legais de nulidade (absoluta ou relativa) dos negócios jurídicos" (SCAVONE JR., 2011, p. 171-172). Em sentido contrário, CARMONA, 2009, p. 399.

19. De acordo com Alexandre Câmara, "ainda que não esteja elencado no *caput* do art. 26 como elemento essencial da sentença, assim também deve ser considerado o elemento constante no parágrafo único daquele dispositivo, ou seja, a assinatura do árbitro ou dos árbitros que compõem o tribunal arbitral" (1997, p. 125).

20. "Art. 26. São requisitos obrigatórios da sentença arbitral: I – o relatório, que conterá os nomes das partes e um resumo do litígio; II – os fundamentos da decisão, onde serão analisadas as questões de fato e de direito, mencionando-se, expressamente, se os árbitros julgaram por equidade; III – o dispositivo, em que os árbitros resolverão as questões que lhes forem submetidas e estabelecerão o prazo para o cumprimento da decisão, se for o caso; e IV – a data e o lugar em que foi proferida."

21. "Art. 489. São elementos essenciais da sentença: I – o relatório, que conterá os nomes das partes, a identificação do caso, com a suma do pedido e da contestação, e o registro das principais ocorrências havidas no andamento do processo; II – os fundamentos, em que o juiz analisará as questões de fato e de direito; III – o dispositivo, em que o juiz resolverá as questões principais que as partes lhe submeterem."

22. CAHALI, 2017, p. 328.

Em relação ao relatório, seja completo ou mais sucinto, ele contém a descrição dos fatos, dos pedidos e do próprio conflito, criando uma moldura para o litígio. Isso é importante para que as partes e os próprios árbitros possam compreender e aferir com previsão os limites da arbitragem.

No que tange ao dever de fundamentação, cabe aos árbitros, assim como aos magistrados[23], examinar os argumentos das partes e decidir de forma fundamentada[24]. A fundamentação está intimamente ligada ao princípio do contraditório e ao dever de "*accountability*" do julgador[25].

É preciso, porém, distinguir "fundamentação" de "motivação" da decisão. Trata-se de conceitos distintos. Assim como o juiz, o árbitro não deve apenas motivar suas decisões, mas fundamentá-las, de modo justificado, para demonstrar às partes que sua decisão é a mais adequada para o caso concreto[26]. O julgador que apenas "motiva" a decisão acaba, na prática, só indicando os argumentos capazes de embasar a sua pré-convicção.

Michele Taruffo, ainda que em referência à esfera judicial, faz algumas observações que se aplicam perfeitamente ao procedimento arbitral. O jurista italiano destaca as funções endoprocessual e extraprocessual da fundamentação. A primeira garante que a motivação seja útil às partes (conhecimento das razões e controle de eventuais equívocos pelo julgador), enquanto a segunda desnuda o caminho racional das razões adotadas no contexto do ordenamento jurídico[27].

Ainda no plano da fundamentação, concordamos com Paulo Cezar Pinheiro Carneiro Filho quando afirma que o art. 489, § 1º, do CPC se aplica à sentença arbitral[28].

---

23. Além da própria previsão constitucional (art. 93, IX), muitos dispositivos do CPC reforçam esse dever de fundamentação dos juízes, por exemplo, os arts. 11, 371, 489, § 1º, entre outros.

24. "A fundamentação a) possibilita o controle da decisão pelas partes, permitindo a verificação da coerência e racionalidade do pensamento do juiz, bem como a ausência de contradições; b) permite o controle da decisão pelo titular do poder; c) é a parte principal da decisão de onde se extrai a norma geral do caso concreto: o precedente e d) é a parte da decisão que são analisadas as questões incidentais" (MINAMI; PEIXOTO, 2018, p. 326).

25. Com efeito, existe um "inegável entrelaçamento do princípio do contraditório com o princípio da fundamentação, propiciado pelo devido processo legal" (BRÊTAS, 2015, p. 137). No mesmo sentido: "Hodiernamente, é preciso destacar, há uma amarração necessária entre os princípios da fundamentação e do contraditório" (NUNES; VIANA, 2018, p. 267). *Vide* também: "(...) o entrelaçamento entre contraditório e fundamentação impõe ao juiz levar em consideração a postura hermenêutica e 'prestar contas' às partes. Portanto, é preciso atentar ao dever de consideração das teses trazidas" (THEODORO JR.; NUNES; BAHIA; PEDRON, 2016, p. 349).

26. Para Lenio Streck, "a motivação seria o apontamento pelo juiz dos elementos que ele – de modo individual e solitário – considerou mais relevantes no caso e que fizeram que ele tomasse tal decisão em determinado sentido – e não em outro – o que é diferente da fundamentação, por meio da qual deverá o magistrado convencer as partes e a sociedade da correção de sua decisão" (THEODORO JR.; NUNES; BAHIA; PEDRON, 2016, p. 333-334).

27. TARUFFO, 2005, p. 167-168. No mesmo sentido, DIDIER JR., 2018.

28. De acordo com o doutrinador, o "parágrafo 1º, do art. 489, do CPC de 2015, é aplicável à arbitragem, já que o livre convencimento devidamente motivado passou a exigir a observância pelo árbitro de todas as hipóteses abarcadas pelo artigo" (CARNEIRO; GRECO; PINHO, 2018, p. 246).

Por sua vez, no que tange ao dispositivo da sentença arbitral, é nele que o árbitro ou o painel arbitral efetivamente decide as questões controvertidas, devendo haver congruência entre o que foi pedido pelas partes e o que foi decidido, sob pena, inclusive, da prolação de sentenças *cita*, *extra* ou *ultra petita*, suscetíveis de invalidação (art. 32, IV, da Lei de Arbitragem).

Por fim, quanto à data e ao local da assinatura da sentença arbitral (art. 26, VI, da Lei n. 9.307/96), alguns comentários devem ser feitos. A data da assinatura da sentença arbitral põe termo à contagem do prazo (legal ou convencional) para a prolação da decisão e também indica a finalização do processo (ressalvada a hipótese de embargos arbitrais ou pedido de esclarecimentos).

Por outro lado, o local de prolação da sentença arbitral é importante para identificar, por exemplo, se a sentença é nacional ou estrangeira (art. 34, parágrafo único, da Lei de Arbitragem). Isso é relevante para verificar a necessidade de sua homologação perante o Superior Tribunal de Justiça (na hipótese de sentença arbitral estrangeira) ou a possibilidade de execução imediata; a identificação do foro competente para conhecer e decidir questões relacionadas à arbitragem, inclusive quanto à ação anulatória do art. 32, entre outros[29].

8.4. Decisões majoritárias

Tratando-se de tribunal arbitral, a Lei n. 9.307/96 estipula que a "decisão será tomada por maioria", sendo certo que, se não houver acordo majoritário, prevalecerá o voto do presidente do tribunal arbitral (art. 24, § 1º).

Evidentemente, a sentença majoritária tem a mesma força e eficácia de uma sentença proferida por um único árbitro ou por unanimidade (no caso de painel arbitral).

A rigor, como o tribunal arbitral é formado em número ímpar, não haverá empate. Mas isso pode ocorrer em algumas situações, por exemplo, se um dos árbitros renunciar ou em caso de morte ou incapacidade, sem a respectiva reposição. Pode acontecer, ainda, de se estabelecer uma divergência qualitativa (procedência, improcedência e procedência parcial) e quantitativa[30] (fixação de valores distintos a título de indenização).

---

29. Em linhas gerais, a jurisprudência considera que a nacionalidade da sentença depende do local em que proferida. Em caso emblemático (Nuovo Pignoni x Petromex), o fato de a sentença ter sido proferida no Brasil prevaleceu sobre o argumento de que a arbitragem havia sido administrada pela CCI, sediada em Paris (STJ, REsp 1.234.554/RJ, rel. Min. Nancy Andrighi, 3ª Turma, j. em 24-5-2011).

30. A doutrina defende que, em caso de divergência quantitativa, "o sistema da continência é o mais adequado, pois reflete de forma mais precisa a realidade. O sistema da média aritmética faz com que o voto vencedor não corresponda a nenhuma das posições estabelecidas pelos árbitros, o que representa um enorme contrassenso". VELMOVITSKY, 2020, p. 36.

Manual de Mediação e Arbitragem

Em tais situações, caberá ao presidente do painel decidir[31], a menos que as partes tenham ajustado de alguma outra forma[32] ou exista regramento específico no regulamento da entidade arbitral[33].

Cabe registrar, ainda, que os árbitros que divergirem da maioria poderão declarar seus votos em separado, nos termos do art. 24, § 2º, da Lei n. 9.307/96, permitindo que as partes tenham pleno conhecimento de sua posição[34] [35].

8.5. Custas e despesas com a arbitragem. Honorários advocatícios e litigância de má-fé

De acordo com o art. 27 da Lei de Arbitragem, a sentença arbitral decidirá sobre a responsabilidade das partes acerca das custas e despesas com a arbitragem[36], bem como

---

31. O presidente é normalmente escolhido por consenso das partes ou dos árbitros, ou por meio da entidade arbitral, razão pela qual é percebido como julgador de maior neutralidade, embora todos os demais árbitros devam ser independentes e imparciais.

32. "Os problemas ocorrem no silêncio dos regulamentos e nas arbitragens *ad hoc*. Como resolver a divergência entre os árbitros? Há alguns critérios conhecidos e dispostos nos regimentos internos dos tribunais, a exemplo do Tribunal de Justiça do Rio de Janeiro, que autorizam a disposição dos votos em ordem decrescente de grandeza para se apurar a quantidade que alcançar a maioria e, ainda, na divergência qualitativa, que haja a votação com a participação de todos os julgadores, na primeira rodada, para a escolha de uma entre duas opções aleatoriamente selecionadas, repetindo-se depois a votação, com a vencedora e a remanescente, para o conhecimento da solução que prevalecerá. A questão está em saber se os árbitros podem aplicar uma dessas técnicas sem o prévio conhecimento das partes. O poder de decidir conferido aos árbitros decorre da estrita confiança neles depositada pelas partes, a recomendar, até mesmo para evitar a futura arguição de nulidade, que haja a consulta e a aquiescência das partes quanto ao critério de solução da divergência que será aplicado, sempre que não for possível alcançar a maioria, sendo ainda de todo aconselhável que, no silêncio dos regulamentos das Câmaras de Arbitragem, a matéria tenha merecido atenção e disciplina expressa no termo de arbitragem" (CARNEIRO; GRECO; PINHO, 2018, p. XIII).

33. É possível pensar, por exemplo, na possibilidade de um voto médio ou o "meio-termo" (CARNEIRO, 1996, p. 131-156). Até mesmo no âmbito do Poder Judiciário a questão em torno da colheita dos votos é controversa.

34. Vale lembrar que, na esfera do Poder Judiciário, o voto vencido é parte integrante do acórdão para todos os fins legais, inclusive de prequestionamento (art. 941, § 3º), o que, no plano judicial, evita a alegação de ausência de preenchimento do requisito de admissibilidade, em razão de o tema só ter sido enfrentado no voto condutor.

35. "Na arbitragem, a dedicação das partes em discutir as regras de procedimento mais adequadas está, em regra, totalmente focada nas fases postulatória e instrutória do processo. A ampla liberdade conferida às partes para regrar o procedimento, um dos principais atrativos da arbitragem, não é refletida na fase de deliberação, na qual, em geral, apenas se decide se os árbitros podem ou não julgar por equidade. Ao deixar de prever regras sobre a forma de deliberação dos árbitros (se em sessões abertas ou fechadas, proferindo votos sequenciais ou voto único, com a necessidade ou não de declaração de voto vencido) e como os árbitros devem superar eventuais divergências, as partes perdem a oportunidade de conferir previsibilidade ao momento mais relevante do processo, que é, inequivocamente, a sentença arbitral". (GASPARETTI, Marco Vanin. Técnicas de deliberação colegiada e arbitragem: um diálogo necessário. *Revista de Processo*, v. 332, p. 409/424, out./2022).

36. Discute-se na doutrina as alternativas quando uma das partes não tem condições de pagar os valores do processo arbitral, inclusive para sua instauração, além de honorários de árbitros, entre outras despesas.

sobre a verba decorrente de litigância de má-fé, se for o caso, respeitadas as disposições da convenção de arbitragem, se houver.

De um modo geral, não existe uma regra *standard* acerca da responsabilidade quanto aos custos e às despesas. Na prática, são as regras institucionais que disciplinam a questão, que costumam prever o reembolso da parte vencedora pela parte vencida.

Alguma controvérsia pode existir quando se tratar de "sucumbência recíproca".

Nesse caso, se não houver uma regra específica no regulamento institucional, os árbitros terão autonomia para decidir a questão, aplicando os critérios da proporcionalidade e da razoabilidade[37], inclusive analisando a parcela de contribuição da parte no prolongamento do procedimento e na oneração das partes (testemunhos totalmente irrelevantes, por exemplo).

Em relação aos honorários advocatícios, também não existe um regramento específico sobre o tema, seja na lei especial, seja nos regulamentos das instituições arbitrais. Nada obsta, porém, que as partes regulem a questão, estipulando as bases e condições para a incidência da aludida verba, ou mesmo pactuem a exclusão dos honorários advocatícios.

Na prática internacional, costuma-se remunerar a parte vencedora das despesas razoavelmente incorridas com os advogados da causa, o que não parece ser o melhor caminho, pois a análise envolve muitas peculiaridades (valor da contratação, tempo despendido, complexidade do tema etc.) e pode gerar fortes divergências.

Especificamente em relação à má-fé, muitos autores entendem que os árbitros podem condenar a parte por litigância de má-fé[38]. Concordamos com o posicionamento, já que, na qualidade de juiz de fato e de direito (art. 18 da Lei n. 9.307/96), os árbitros não podem pactuar com condutas abusivas e protelatórias, capazes de atentar contra a dignidade da própria jurisdição arbitral[39].

Se uma das partes assumir os custos da outra para cobrar ao final, parece não haver maiores problemas. O problema é quando não existe tal possibilidade e a instituição arbitral também não encontra uma solução. Em tais situações, defende-se que "a consequência lógica para a situação de impossibilidade de resposta do tribunal arbitral em relação à controvérsia posta está na reassunção da competência estatal para dirimir o conflito, por força da ineficácia da cláusula compromissória. Reafirmamos, portanto, que a falta de recursos financeiros, devidamente demonstrada e comprovada por quem alega, não pode jamais servir de impedimento ao acesso à ordem jurídica e à resposta jurisdicional do conflito existente". OLIVEIRA, 2020, p. 184. Para uma obra integralmente dedicada ao tema, ver CABRAL, 2019.

37. Vale lembrar que, no plano judicial, o art. 8º do CPC dispõe que, ao aplicar o ordenamento jurídico, o juiz atenderá aos fins sociais e às exigências do bem comum, resguardando e promovendo a dignidade da pessoa humana e observando a proporcionalidade, a razoabilidade, a legalidade, a publicidade e a eficiência.

38. PARENTE, 2012, p. 296-297. No mesmo sentido, CARMONA, 2009, p. 375.

39. No IBA Guidelines on Party Representation in International Arbitration, existem disposições estipulando sanções, na hipótese de condutas indevidas por parte dos advogados das partes: "*26. If the Arbitral Tribunal, after giving the Parties notice and a reasonable opportunity to be heard, finds that a Party Representative has committed Misconduct, the Arbitral Tribunal, as appropriate, may: (a) admonish the Party Representative;(b) draw appropriate inferences in assessing the evidence relied upon, or the legal arguments advanced by, the Party Representative; (c) consider the Party Representative's Misconduct in apportioning the*

8.6. Decisão homologatória de transação

Existindo ou não cláusulas escalonadas (arb-med, por exemplo[40]), as partes podem alcançar um acordo durante o procedimento.

O art. 28 da Lei de Arbitragem estabelece que se, no decurso da arbitragem, as partes chegarem a acordo quanto ao litígio, o árbitro ou o tribunal arbitral poderá, a pedido delas, declarar tal fato mediante sentença arbitral, que conterá os requisitos do art. 26 da Lei.

Na verdade, as partes têm duas opções: desistir da arbitragem, o que ensejará a extinção do procedimento, ou requerer a homologação dos termos e das condições do acordo pelo árbitro, que proferirá, então, uma sentença arbitral homologatória. Tal sentença deverá ter os mesmos requisitos de outras sentenças arbitrais (relatório, fundamentação, dispositivo, data e local).

Desnecessário dizer que a sentença arbitral homologatória também tem força de título executivo judicial (art. 515, VII, do CPC) e pode ser executada perante o Poder Judiciário, em caso de inadimplemento da transação.

Questão interessante reside em saber se o árbitro poderia homologar eventual composição que extrapolasse os limites da convenção de arbitragem. Pensamos que, se as partes forem capazes e a matéria envolver direitos disponíveis, não haveria problema[41], garantindo-se, dessa forma, a operosidade do sistema arbitral[42].

8.7. Cientificação das partes

Com base na flexibilidade que rege o procedimento arbitral, o art. 29 da Lei n. 9.307/96 estabelece que deverá "o árbitro, ou presidente do tribunal arbitral, enviar cópia

---

costs of the arbitration, indicating, if appropriate, how and in what amount the Party Representative's Misconduct leads the Tribunal to a different apportionment of costs; (d) take any other appropriate measure in order to preserve the fairness and integrity of the proceedings. 27. In addressing issues of Misconduct, the Arbitral Tribunal should take into account: (a) the need to preserve the integrity and fairness of the arbitral proceedings and the enforceability of the award; (b) the potential impact of a ruling regarding Misconduct on the rights of the Parties; (c) the nature and gravity of the Misconduct, including the extent to which the misconduct affects the conduct of the proceedings; (d) the good faith of the Party Representative; (e) relevant considerations of privilege and confidentiality; and (f) the extent to which the Party represented by the Party Representative knew of, condoned, directed, or participated in Misconduct".

40. Enunciado n. 169 da II Jornada de Prevenção e Solução Extrajudicial de Litígios: "A qualquer momento do procedimento arbitral, as partes podem ser convidadas para a mediação, especialmente quando a complexidade do conflito puder ser reduzida, esclarecida ou mesmo solucionada por esse método". *Vide* também Enunciado n. 216: "As partes, se assim desejarem e manifestarem expressamente, poderão se submeter à mediação em qualquer fase do procedimento arbitral ou judicial, independentemente da suspensão do procedimento".

41. Este também é o entendimento de Paulo Hoffmann. Para o doutrinador, ainda que os termos de eventual acordo extrapolassem os limites da convenção, as partes, consensualmente, poderiam requerer a providência ao árbitro, sendo uma espécie de aditamento aos termos do compromisso arbitral (2008, p. 323-324).

42. Vale lembrar que o art. 515, § 2º, do CPC prevê a possibilidade de autocomposição envolvendo sujeito estranho ao processo e sobre relação jurídica que não tenha sido deduzida em juízo.

da decisão às partes, por via postal ou por outro meio qualquer de comunicação, mediante comprovação de recebimento, ou ainda, entregando-a diretamente às partes, mediante recibo".

Nessa linha, é possível, por exemplo, o envio de cópia da sentença arbitral por e-mail, desde que as partem tenham assim pactuado ou haja a inequívoca comprovação do recebimento da mensagem[43].

Interessante observar que a lei faz referência "às partes" e não aos advogados das partes, mas, na prática, as intimações são realizadas em nomes dos advogados da causa[44].

Cahali confirma que a comunicação da sentença às partes tem sido feita através dos advogados constituídos com poderes para tanto, ressalvando que tem sido comum "a entrega de originais da sentença, promovida em tantas vias quanto às partes, além daquela destinada aos arquivos do procedimento"[45].

A grande preocupação com a data de comunicação da sentença arbitral se refere ao início do prazo decadencial para eventual ação anulatória e/ou eventuais pedidos de esclarecimentos, que é contado a partir daquela (art. 33, § 1º, da Lei n. 9.307/96).

8.8. Pedido de esclarecimentos ou embargos arbitrais

Como já destacado, não existe previsão legal de recurso contra a sentença arbitral[46]. Também não cabe ação rescisória[47].

Porém, a Lei de Arbitragem prevê expressamente que, no prazo de cinco dias, a contar do recebimento da notificação ou da ciência pessoal da sentença arbitral, salvo se outro prazo for acordado entre as partes (ou estiver previsto no regimento da instituição

---

43. Enunciado n. 102 da II Jornada de Prevenção e Solução Extrajudicial de Litígios: "A sentença arbitral poderá ser enviada por correio eletrônico ou transmissão eletrônica ao endereço designado ou autorizado pela parte destinatária".

44. No plano processual, os advogados das partes podem ser diretamente intimados para determinados atos processuais (por exemplo, na fase de cumprimento de sentença – art. 513, § 2º, I, do CPC).

45. CAHALI, 2017, p. 331.

46. Embora não seja comum, as partes podem ajustar, porém, o cabimento de um recurso para que a sentença arbitral seja revista por outro órgão arbitral. Um exemplo de órgão arbitral que faz as vezes de órgão revisor é o International Centre for Settlment of Investment Disputes (ICSID), cujo regulamento traz mecanismo nesses moldes (ver especialmente o artigo 50). Interpretation, Revision and Annulment of the Award: *"(1) If any dispute shall arise between the parties as to the meaning or scope of an award, either party may request interpretation of the award by an application in writing addressed to the Secretary-General. (2) The request shall, if possible, be submitted to the Tribunal which rendered the award. If this shall not be possible, a new Tribunal shall be constituted in accordance with Section 2 of this Chapter. The Tribunal may, if it considers that the circumstances so require, stay enforcement of the award pending its decision".*

47. O tema foi examinado na I Jornada de Prevenção e Solução Extrajudicial de Litígios, realizada em Brasília, editando-se Enunciado n. 1, no sentido de que "a sentença arbitral não está sujeita à ação rescisória". No mesmo sentido, o Enunciado FPPC n. 203.

arbitral), a parte interessada, mediante comunicação à outra parte, poderá solicitar ao árbitro ou ao tribunal arbitral que corrija qualquer erro material da sentença arbitral; esclareça alguma obscuridade, dúvida ou contradição da sentença arbitral; ou se pronuncie sobre ponto omitido a respeito do qual devia manifestar-se a decisão (art. 30)[48].

Uma vez provocado, o árbitro ou o tribunal arbitral decidirá no prazo de dez dias – ou em prazo acordado com as partes –, aditará a sentença arbitral e notificará as partes na forma do art. 29 (art. 30, parágrafo único, da Lei n. 9.307/96).

Cabe examinar, agora, algumas hipóteses de cabimento dos chamados embargos arbitrais.

Ocorre o erro material[49] quando há indicação equivocada de números, informações técnicas, cálculos, lapsos ortográficos, nomes, entre outros. São inconsistências facilmente perceptíveis que não demandam nenhuma atividade intelectual dos árbitros. Trata-se de efetiva inexatidão material. Há quem defenda que o defeito em questão pode até ser corrigido de ofício, enquanto ainda pendente o juízo arbitral[50].

Entendemos que o erro material pode eventualmente ser retificado pelo Poder Judiciário quando da execução da sentença arbitral, não havendo falar em invasão da competência do árbitro ou violação da jurisdição arbitral, uma vez que não haverá, a rigor, alteração do conteúdo meritório da sentença arbitral.

No que tange à obscuridade, contradição e omissão, são vícios amplamente conhecidos pelos operadores do direito. Em linhas gerais, existe obscuridade quando há falta de clareza ou imprecisão na decisão arbitral. Já a omissão decorre da não apreciação de algum ponto ou argumento pelo árbitro. No caso da contradição, esta se materializa quando, no próprio texto, existem afirmações e entendimentos discrepantes, evidenciando uma "contradição interna".

Assim como no processo judicial, não devem ser admitidos os chamados embargos com efeitos infringentes, cuja intenção da parte é, na verdade, buscar a reforma da decisão, o que acabaria transformando os embargos em um recurso de revisão sem previsão legal.

É claro que, ao sanar determinado vício, uma contradição, por exemplo, os árbitros podem acabar alterando algum ponto da decisão, inclusive repercutindo no resultado do julgado, atribuindo, assim, efeitos infringentes ao recurso[51]. Mas isso não quer dizer que

---

48. Algumas regras arbitrais possuem suas próprias hipóteses de cabimento dos embargos arbitrais, o que, a nosso sentir, não impede que as partes também se valham daquelas situações previstas na Lei de Arbitragem.

49. No plano judicial, o erro material também justifica a oposição de embargos de declaração (art. 1.022, III, do CPC).

50. CAHALI, 2017, p. 337.

51. Pense-se também na hipótese de os árbitros não terem analisado o argumento de prescrição. Se, em sede de embargos arbitrais, a prescrição vier a ser acolhida, poderá haver a alteração da decisão.

os embargos possam ser utilizados genericamente como instrumento de reconsideração ou revisão pelas partes.

Note-se que, uma vez recebidos os embargos arbitrais e certificada a sua tempestividade, os árbitros, se assim entenderem – especialmente quando houver possibilidade de alteração da decisão –, devem determinar a intimação da parte contrária para ciência e eventual manifestação[52]. A ideia é evitar a "decisão-surpresa", aquela que surpreende a parte, retirando a chance de prévia manifestação, o que, em última análise, viola o próprio o contraditório (art. 21, § 2º, da Lei de Arbitragem)[53].

Pensamos, inclusive, que a inobservância desse procedimento pode justificar a propositura de eventual ação anulatória com base no art. 32, VIII, da lei especial, em razão da vulneração do princípio do contraditório.

Por fim, vale lembrar que, a partir da decisão dos embargos arbitrais, flui o prazo de 90 dias para a propositura de eventual ação anulatória (art. 33, § 1º, da Lei n. 9.307/96).

8.9. Efeitos da sentença arbitral

Como já salientado, a sentença arbitral produz os mesmos efeitos da sentença judicial, sendo considerada um título executivo judicial (art. 515, VII, do CPC). No passado, como visto, não era assim. Predominava a teoria contratualista, que defendia a necessidade de homologação judicial da sentença arbitral.

Com o advento da Lei n. 9.307/96, a controvérsia restou superada, uma vez que o legislador, no art. 31, estabeleceu que "a sentença arbitral produz, entre as partes e seus sucessores, os mesmos efeitos da sentença proferida pelos órgãos do Poder Judiciário, e, sendo condenatória, constitui título executivo"[54]. Vale apenas consignar que, com a prolação da sentença arbitral, encerra a investidura dos árbitros e a própria jurisdição arbitral (art. 29)[55].

---

52. Na esfera judicial, trata-se de norma cogente (art. 1.023, § 2º, do CPC).

53. "É possível afirmar, desse modo, que independente da legislação aplicável, o princípio do contraditório, em toda sua amplitude, deve ser observado pelo árbitro, até mesmo quando se tratar de questão que ele possa se manifestar de forma oficiosa. A arbitragem não fica de fora da tendência atual, de que o julgador – árbitro ou juiz – deva dialogar com as partes, permitindo, assim, que elas influenciem no resultado final da demanda". AFFONSO, 2020, p. 116.

54. Tratando-se de sentença arbitral líquida, por exemplo, esta pode ser protestada no tabelionato competente (SOUZA, 2001, p. 261) e também valer como título constitutivo de hipoteca judiciária (art. 495 do CPC). De acordo com o Enunciado n. 9 da I Jornada de Prevenção e Solução Extrajudicial de Litígios, "a sentença arbitral é hábil para inscrição, arquivamento, anotação, averbação ou registro em órgãos de registros públicos, independentemente de manifestação do Poder Judiciário".

55. No plano judicial, a situação é diferente, pois, ainda que o juiz esgote seu ofício jurisdicional com a sentença (art. 494 do CPC), não perde sua investidura e/ou competência, o que se verifica, por exemplo, quando gerencia a fase de cumprimento de sentença.

De acordo com Alexandre Câmara, "pode se chamar efeito da sentença a consequência de seu conteúdo no mundo fenomênico"[56], algo que dela se projeta para fora, alcançando o mundo dos fatos.

Normalmente, a cognição arbitral é fracionada: julga-se primeiramente o mérito (sentença parcial) e depois se promove a liquidação, se necessário (sentença final).

Com isso, na maioria dos casos, a sentença arbitral é suficiente, por si só, para ser executada junto ao Poder Judiciário, demandando apenas meras atualizações e cálculos aritméticos.

É possível, porém, que o órgão estatal tenha que intervir e colaborar, dando liquidez à decisão (art. 509 e seguintes do CPC). Embora a hipótese seja rara, as partes podem excluir da convenção de arbitragem, por expressa manifestação de vontade, a apuração do *quantum debeatur*.

8.10. Invalidação da sentença arbitral

Utilizaremos o termo "invalidação", e não "nulidade" da sentença arbitral, para evitar eventual confusão entre a sistemática das nulidades civis e as nulidades processuais. A rigor, a única hipótese que deveria ser tratada efetivamente sob a sistemática das nulidades civis é a do art. 32, I, da Lei n. 9.307/96 (nulidade da convenção de arbitragem), por envolver um efetivo negócio jurídico.

Nesse compasso, há quem afirme que "a invalidade de sentença é matéria que deve ser analisada com as lentes do direito processual; por sua vez, a nulidade da convenção (causa legal para aquela) se apura com base nos elementos do direito civil (direito material)"[57].

Por sua vez, Joaquim Muniz destaca que a maioria dos casos ensejadores da ação cabível para impugnar a sentença arbitral materializa nulidades relativas, e não nulidades absolutas, razão pela qual prefere adotar o termo "ação anulatória", em vez de "ação de nulidade"[58].

Controvérsias à parte, cabe analisar as hipóteses para a invalidação da sentença arbitral perante o Judiciário[59].

---

56. CÂMARA, 1997, p. 132.

57. CAHALI, 2017, p. 384.

58. MUNIZ, 2017, p. 267.

59. Há quem defenda, sob o prisma do ordenamento jurídico português, a possibilidade de se estabelecer a competência do juízo arbitral para a ação anulatória (arbitrabilidade da pretensão anulatória). Sobre o tema, ver COSTA E SILVA, 2015, p. 233. Nesse particular, vale lembrar que a Lei n. 9.307/96 estabelece que a "parte interessada poderá pleitear ao órgão do Poder Judiciário competente a declaração de nulidade da sentença arbitral, nos casos previstos nesta Lei". Porém, a lei especial não restringe, ao menos expressamente, a possibilidade de as partes convencionarem a arbitrabilidade da pretensão anulatória. Trata-se de tema complexo que demandaria uma obra específica a respeito, enfrentando-se a (i)legalidade de tal convenção, à luz do art. 5º, XXXV, da CF e da própria Lei de Arbitragem.

Nesse particular, os incisos do art. 32 da Lei n. 9.307/96 estabelecem que a sentença será nula se:

I – for nula a convenção de arbitragem;

II – emanou de quem não podia ser árbitro;

III – não contiver os requisitos do art. 26 desta Lei;

IV – for proferida fora dos limites da convenção de arbitragem;

V – (revogado)

VI – comprovado que foi proferida por prevaricação, concussão ou corrupção passiva;

VII – proferida fora do prazo, respeitado o disposto no art. 12, III, desta Lei; e

VIII – forem desrespeitados os princípios de que trata o art. 21, § 2º, desta Lei.

Trata-se de rol taxativo[60]. Sob essa perspectiva, as partes não podem ampliar, ainda que de comum acordo, as causas de invalidação da sentença arbitral[61]. Por outro lado, podem, em princípio, renunciar ao direito de ajuizar ação anulatória, salvo se essa disposição importar em violação aos princípios do contraditório, da igualdade das partes, da imparcialidade do árbitro e de seu livre convencimento, expressamente consagrados no art. 21, § 2º, e erigidos – pelo próprio legislador – como núcleo duro das garantias fundamentais em sede arbitral.

Não custa lembrar que o *error in judicando*, por si só, não é causa de desconstituição da sentença arbitral. Logo, mesmo que ambas as partes não se conformem com o resul-

---

60. Para Donaldo Armelin, "tal como sucede com a ação rescisória, a anulatória está vinculada a certas hipóteses de cabimento, especificadas em *numerus clausus* no art. 32 da Lei 9.307/96. Ou seja, é uma ação de âmbito restrito de cabimento, cuja admissibilidade exige um prévio exame de sua subsunção à hipótese legal autorizadora de seu ajuizamento" (2004, p. 907-918). No mesmo sentido, CARMONA, 2009, p. 399. Em sentido contrário, CRETELLA NETO, 2004, p. 121. Por sua vez, Rafael Estrela Nóbrega pondera que a taxatividade "deve ser interpretada com algum temperamento. Não se pode perder de vista que os dispositivos são, na realidade, espécies de *errores in procedendo* que podem ensejar o controle da sentença arbitral. Nessas categorias, devem ser enquadráveis quaisquer questões processuais afetas a direitos fundamentais ligados ao devido processo legal e à autonomia da vontade, que eventualmente incidam sobre a sentença arbitral, devendo ambos conviver harmonicamente. Essa visão mitigada da taxatividade deve incidir, por exemplo, sobre o inciso VIII do art. 32. Além da nulidade por descumprimento dos princípios expressos no art. 21, § 2º, deve-se entender incluídos todos os princípios intrínsecos ao devido processo legal, ainda que não constem do dispositivo" (2018, p. 257).

61. Como destaca Leonardo Greco, é "essencial a preservação da *finality* da arbitragem, ou seja, que os meios de impugnação judicial da decisão por quaisquer fundamentos fiquem restritos ao que prevê a legislação específica, excluída qualquer outra ação anulatória ou rescisória, assim como o recurso ao artifício de considerar a decisão arbitral inexistente, para poder simplesmente ignorá-la. Se as partes convencionaram a arbitragem, por esse caminho deve a controvérsia ser resolvida, com os meios que lhe são próprios, caso contrário de nada terá adiantado o seu uso. Será mais um dos tantos litígios que vai se eternizar nos tribunais" (CARNEIRO; GRECO; PINHO, 2018, p. 8).

tado arbitral decorrente do erro no julgamento, não podem pactuar uma hipótese adicional de invalidação da sentença[62].

Antes de analisar cada uma das hipóteses do art. 32, importante registrar que não cabe a ação anulatória do art. 33 da Lei de Arbitragem quando se tratar de sentença arbitral estrangeira, uma vez que esta só produz efeitos no Brasil após sua homologação pelo STJ, de modo que qualquer discussão quanto a esse aspecto deve ser travada no referido procedimento de homologação.

Da mesma forma, vale mencionar que a lei não exige eventual exaurimento de outros recursos (embargos arbitrais, por exemplo) antes do manejo da ação anulatória, o que, porém, não é pacífico e recomenda prudência[63].

Pois bem, especificamente em relação ao inciso I do art. 32 ("nula a convenção de arbitragem"), andou bem o legislador de 2015 ao alterar a expressão "nulidade do compromisso" por "nulidade da convenção de arbitragem", pois o legislador anterior tinha dito menos do que queria dizer.

Como se sabe, os poderes dos árbitros decorrem da convenção de arbitragem. Nesse sentido, se esta não existir e/ou não tiver validade e eficácia (aqui devem ser examinados os requisitos do negócio jurídico em geral, previstos nos arts. 166, 16 e 171 do Código Civil) – o que deve ser apontado pela parte na primeira oportunidade que tiver de se manifestar nos autos (art. 20 da Lei n. 9.307/96) para a decisão dos árbitros (art. 8º, parágrafo único) –, a futura sentença arbitral poderá ser invalidada.

No que tange ao inciso II do art. 32 ("emanou de quem não podia ser árbitro"), já analisamos os requisitos para a atuação como árbitro. Em resumo, além da incapacidade civil[64], algumas restrições decorrentes da Constituição Federal e de leis especiais impedem a atuação do profissional como árbitro.

---

62. Daniel Vianna Vargas sustenta que as partes podem "inserir na convenção de arbitragem que eventual pretensão anulatória será conhecida pelo próprio tribunal arbitral, seja no seu juízo de admissibilidade, seja no mérito da pretensão. Admite-se, portanto, convenção que defina a competência para o conhecimento da pretensão anulatória para o próprio tribunal arbitral" (2018, p. 60).

63. "No caso da arbitragem, a parte não pode voluntariamente abrir mão da jurisdição arbitral – especialmente quando se vê na iminência de ser derrotada – para, no decorrer do processo, invocar a intervenção estatal. Vale dizer: o mesmo ônus de alegação que vigora no início do processo arbitral acompanha a parte até o efetivo respectivo desfecho. Como dissemos então, quer pela vinculação da parte à arbitragem, quer pelo caráter excepcional da intervenção estatal, não há como tratar a possibilidade de obter a resposta às pretensões deduzidas como mera faculdade. Para que se chegue ao Judiciário, é jurídica e eticamente exigível que a parte esgote toda a demanda – não apenas a inaugural – perante o órgão arbitral". YARSCHELL, 2016, pp. 155-163.

64. Como explica Carmona, não basta que o árbitro seja capaz no momento da decisão, "é preciso que a capacidade perdure todo o arco do procedimento, desde a data da aceitação do encargo (momento em que se instaura a arbitragem) até o instante em que o laudo é proferido" (2009, p. 402).

Como visto, o art. 14 da Lei de Arbitragem também impede a atuação como árbitro de pessoas que tenham, com as partes ou com o litígio que lhes for submetido, algumas das relações que caracterizam os casos de impedimento ou suspeição de juízes.

Eventualmente, a convenção arbitral pode estabelecer algum requisito específico (possuir determinada qualificação específica ou integrar determinada classe profissional, por exemplo), o que também deve ser observado, sob pena de invalidação da sentença arbitral.

Em todos os casos, a parte deve suscitar a questão na primeira oportunidade, sob pena de eventual preclusão da matéria e, conseqüentemente, do direito de manejar a ação anulatória.

Com relação ao inciso III (não contiver os requisitos do art. 26 da Lei de Arbitragem), a hipótese é objetiva. Se a sentença arbitral (forma escrita) não contiver relatório, fundamentação, dispositivo, assinatura, data e local em que foi proferida, poderá ser invalidada.

Assim, por exemplo, uma sentença arbitral sem fundamentação – ou que deixou de examinar os principais argumentos veiculados pelas partes, capazes de, em tese, infirmar a conclusão adotada pelo julgador – poderá ser invalidada. No caso da ausência de fundamentação, vale lembrar que ação anulatória não tem como objetivo a revisão do mérito, mas sim impugnar o vício (a forma como o mérito foi decidido), o que, uma vez sanado, pode repercutir no resultado final. É claro que o vício deve ser relevante[65] e não ter sido sanado por eventuais embargos arbitrais.

No que toca ao inciso IV ("for proferida fora dos limites da convenção de arbitragem"), alguns esclarecimentos devem ser feitos. Como se sabe, a convenção de arbitragem delimita e regula os poderes conferidos pelas partes aos árbitros.

Nessa toada, não pode o árbitro proferir sentença *citra*, *extra* ou *ultra petita*. Com efeito, não pode decidir aquém do que foi ajustado pelas partes, inventar algo que não foi pedido e conceder mais do que fora pleiteado.

Em tais hipóteses, será cabível a ação anulatória, e os árbitros terão que retificar a sentença arbitral, seja para examinar o ponto não analisado, seja para suprimir "algo estranho", e, ainda, para excluir a parcela conferida a maior (entendemos que, nesse caso, basta a preservação da parte sadia do julgamento[66]). Com efeito, sempre que possível, devem ser preservadas as partes da sentença arbitral que estiverem dentro dos limites da convenção.

Note-se que, se houver vício quanto ao procedimento estabelecido na convenção de arbitragem (número de árbitros, forma de escolha do presidente, vedação do julgamento por equidade etc.), também será cabível a ação anulatória com base nesse inciso IV.

---

65. Um relatório sucinto não significa ausência de relatório. Além disso, a não indicação da nacionalidade da sentença arbitral, por exemplo, em razão da ausência do local de sua prolação, pode, eventualmente, ser desconsiderada, se outros documentos acostados aos autos puderem fornecer a informação.

66. CAHALI, 2017, p. 394.

Em relação ao inciso VI ("comprovado que foi proferida por prevaricação[67], concussão[68] ou corrupção passiva[69]"), vale lembrar que os árbitros são equiparados aos funcionários públicos, inclusive para fins da legislação penal (art. 17 da Lei de Arbitragem). Assim, se praticarem qualquer dos três delitos mencionados acima[70], a sentença arbitral será anulada.

Sustenta-se que não há necessidade de que o árbitro já tenha sido condenado para que o prejudicado possa ajuizar a respectiva ação anulatória, podendo, eventualmente, a prova do delito ser produzida na própria demanda, com a ressalva de que o respectivo resultado independe do desfecho do processo criminal[71].

Alguma controvérsia pode existir se algum dos crimes tiver sido cometido apenas pelo árbitro que restou vencido. Pensamos que, nessa hipótese, em razão da inexistência de revisão meritória da sentença arbitral, não há, a princípio, maiores prejuízos para as partes, devendo ser mantida a sentença arbitral, sem prejuízo de eventuais medidas contra o árbitro.

Com relação ao inciso VII ("proferida fora do prazo, respeitado o disposto no art. 12, inciso III"), já vimos que a sentença arbitral deve ser proferida no prazo de seis meses (art. 23 da Lei de Arbitragem), salvo se outro tiver sido acordado expressamente pelas partes.

Em qualquer caso, afigura-se indispensável a prévia notificação do árbitro (ou do tribunal) para que profira a decisão no prazo de dez dias, conforme o art. 12, III, da lei especial. Como o dispositivo fala em notificação pela "parte interessada", há quem entenda que a parte inerte, isto é, aquela que não notificou o julgador, não poderá propor a ação anulatória[72].

---

67. Prevaricação – "Art. 319. Retardar ou deixar de praticar, indevidamente, ato de ofício, ou praticá-lo contra disposição expressa de lei, para satisfazer interesse ou sentimento pessoal: Pena – detenção, de três meses a um ano, e multa. Art. 319-A. Deixar o Diretor de Penitenciária e/ou agente público, de cumprir seu dever de vedar ao preso o acesso a aparelho telefônico, de rádio ou similar, que permita a comunicação com outros presos ou com o ambiente externo: Pena – detenção, de 3 (três) meses a 1 (um) ano".

68. Concussão – "Art. 316. Exigir, para si ou para outrem, direta ou indiretamente, ainda que fora da função ou antes de assumi-la, mas em razão dela, vantagem indevida: Pena – reclusão, de dois a oito anos, e multa. § 1º Se o funcionário exige tributo ou contribuição social que sabe ou deveria saber indevido, ou, quando devido, emprega na cobrança meio vexatório ou gravoso, que a lei não autoriza: Pena – reclusão, de 3 (três) a 8 (oito) anos, e multa. § 2º Se o funcionário desvia, em proveito próprio ou de outrem, o que recebeu indevidamente para recolher aos cofres públicos: Pena – reclusão, de dois a doze anos, e multa".

69. Corrupção passiva – "Art. 317. Solicitar ou receber, para si ou para outrem, direta ou indiretamente, ainda que fora da função ou antes de assumi-la, mas em razão dela, vantagem indevida, ou aceitar promessa de tal vantagem: Pena – reclusão, de 2 (dois) a 12 (doze) anos, e multa. § 1º A pena é aumentada de um terço, se, em consequência da vantagem ou promessa, o funcionário retarda ou deixa de praticar qualquer ato de ofício ou o pratica infringindo dever funcional. § 2º Se o funcionário pratica, deixa de praticar ou retarda ato de ofício, com infração de dever funcional, cedendo a pedido ou influência de outrem: Pena – detenção, de três meses a um ano, ou multa".

70. No plano judicial, vale lembrar que é cabível ação rescisória se restar verificado que a decisão foi proferida por força de prevaricação, concussão ou corrupção do juiz (art. 966, I, do CPC).

71. CAHALI, 2017, p. 396. No mesmo sentido, MUNIZ, 2017, p. 278.

72. CARMONA, 2009, p. 409.

Por fim, o inciso VIII do art. 32 dispõe que será cabível a ação anulatória se forem desrespeitados os princípios de que trata o art. 21, § 2º, da Lei de Arbitragem. A matéria já foi examinada com mais densidade acima, mas cabe lembrar que no procedimento arbitral devem ser sempre observados e respeitados os princípios do contraditório, da igualdade das partes, da imparcialidade do árbitro[73] e de seu livre convencimento.

Atenção especial deve-se ter diante das alegações de violação ao princípio do contraditório. Isso porque não é qualquer situação que autoriza a propositura da ação anulatória. Deve haver um concreto déficit na ampla defesa e no direito de influir eficazmente na convicção do julgador. Nesse contexto, o mero indeferimento de uma prova inútil ou irrelevante pelo árbitro não legitima a propositura da ação anulatória.

Questão altamente controvertida se refere à possibilidade de o árbitro decidir com base em fundamento jurídico não suscitado pelas partes. No plano judicial, a questão está regulada no art. 10 do CPC ("O juiz não pode decidir, em grau algum de jurisdição, com base em fundamento a respeito do qual não se tenha dado às partes oportunidade de se manifestar, ainda que se trate de matéria sobre a qual deva decidir de ofício").

Porém, como o CPC não se aplica automaticamente ao procedimento arbitral, pode surgir a dúvida. Em nossa opinião, o árbitro deve sim intimar as partes antes de decidir com base em fundamento não debatido previamente por elas.

Como já destacado, na consolidação do Estado Democrático de Direito, o contraditório passou a ser compreendido não apenas como o direito de participar do procedimento, de ouvir e de ser ouvido (direito de informação-reação), mas sim de participar do diálogo e de influir ativamente na construção do pronunciamento.

De forma sistemática, Leonardo Greco destaca que o contraditório-influência, considerado um "megaprincípio"[74], pressupõe:

a) audiência bilateral, com ampla possibilidade de impugnar e de contrariar os atos dos demais sujeitos do processo, de modo que nenhuma questão seja decidida sem prévia audiência das partes;

b) o direito de apresentar alegações, propor e produzir provas, de participar da produção das provas requeridas pelo adversário ou determinadas de ofício pelo julgador;

c) que os prazos para a prática dos atos processuais devem ser suficientes;

d) que contraditório eficaz é sempre prévio, anterior a qualquer decisão, devendo a sua postergação ser excepcional e fundamentada na convicção firme da existência do direito do requerente e na cuidadosa ponderação dos interesses em jogo e dos riscos da antecipação ou da postergação da decisão; e

---

73. Enunciado n. 110 da II Jornada de Prevenção e Solução Extrajudicial de Litígios: "A omissão do árbitro em revelar às partes fato que possa denotar dúvida quanto à sua imparcialidade e independência não significa, por si só, que esse árbitro seja parcial ou lhe falte independência, devendo o juiz avaliar a relevância do fato não revelado para decidir ação anulatória".

74. GRECO, 2015, p. 301.

412   *Manual de Mediação e Arbitragem* ....

e)   o direito de intervenção dos contrainteressados: o contraditório participativo pressupõe que todos os contrainteressados tenham o direito de intervir no processo e exercer amplamente as prerrogativas inerentes ao direito de defesa, preservando o direito de discutir os efeitos da decisão que tenha sido produzida sem a sua plena participação.

De fato, "o contraditório é o meio assecuratório do princípio político da participação democrática no processo"[75], isto é, o modo de concretização da democracia, servindo como instrumento de legitimação do exercício do poder jurisdicional[76]. É a garantia de que as partes terão não apenas o direito de informação e manifestação, mas também o direito de ver seus argumentos considerados pelo julgador, assim como já decidiu o Supremo Tribunal Federal[77] e algumas cortes internacionais[78].

Portanto, entendemos que, se o árbitro decidir com base em fundamento sobre o qual não deu a oportunidade de as partes se manifestarem previamente, será cabível a ação anulatória, em razão da violação do princípio do contraditório.

Nessa toada, Joaquim Muniz faz referência ao caso *Engel Austria* vs. *Don Trade*, em que a Corte de Apelação de Paris teria invalidado sentença arbitral internacional fundamentada em violação do contraditório (argumento não debatido previamente pelas partes)[79].

8.11. Ação de complementação da sentença arbitral

De acordo com o art. 33, § 4º, da Lei n. 9.307/96, "a parte interessada poderá ingressar em juízo para requerer a prolação de sentença arbitral complementar, se o árbitro não decidir todos os pedidos submetidos à arbitragem".

Tal dispositivo foi incluído pela Lei n. 13.129/2015, que alterou a Lei de Arbitragem e – entre outras coisas: a) corrigiu o § 1º do art. 23 para admitir expressamente a sentença parcial; b) revogou o inciso V do art. 32, que autorizava a propositura de ação anulatória quando a sentença arbitral não decidisse "todo o litígio submetido à arbitragem"; e c) aperfeiçoou a redação do § 1º do art. 33 para admitir, expressamente, o cabimento de ação anulatória em face de sentença arbitral parcial.

---

75.   GRECO, 2005, p. 73.

76.   CAMBI, 2001, p. 15.

77.   STF, MS 24.268/MG, Pleno, rel. Min. designado para acórdão Gilmar Mendes, *DJ* 17-9-2004.

78.   De acordo com Neil Andrews, "*the Court of Appeal in English v Emery Reimbold & Strick Ltd noted that Article 6 (1) [da Convenção Europeia de Direitos Humanos] requires that a judgment should contain reasons that are sufficient to demonstrate that the essential issues that have been raised by the parties have been addressed by domestic court and how those issues have been resolved*" (2009, p. 107).

79.   MUNIZ, 2017, p. 280.

Diferentemente da ação anulatória (art. 33, *caput*, da Lei de Arbitragem), cujas causas de invalidação da sentença arbitral estão no rol taxativo do art. 32, a ação de complementação da sentença arbitral se justifica pelo fato de o árbitro não ter apreciado um dos pedidos formulados. Ou seja, a hipótese é de uma sentença arbitral *citra petita*.

Na visão de José Rogério Cruz e Tucci, entre os vícios que maculam a sentença arbitral, encontra-se aquele referente à falta de harmonia entre o "que foi pedido e o que foi efetivamente decidido. A sentença arbitral é passível de anulação e/ou complementação quando for considerada respectivamente *ultra*, *extra* ou *citra petita*, porque infiel ao objeto do processo"[80].

Nesse contexto, "caso o árbitro deixe de se manifestar sobre alguma questão abrangida pela convenção de arbitragem, deverá o juiz devolver o processo ao árbitro para que este se manifeste sobre a questão pendente[81].

Importante ter em mente que o juiz não analisará o mérito da sentença arbitral, mas apenas examinará se a decisão deixou de examinar um dos pedidos formulados, sem qualquer incursão na discussão de fundo[82].

Na prática, cabe ao Poder Judiciário fazer uma confrontação objetiva entre o conjunto de pedidos formulados pelas partes e a decisão arbitral, de modo que, "constatada a ausência de subsunção dos pedidos *vis a vis* e o que fora decidido pela sentença arbitral, consubstanciada estará a procedência do pedido autoral"[83].

Em outras palavras, se restar configurada a incongruência entre os pedidos deduzidos e a sentença arbitral, deverá o Judiciário determinar que o árbitro ou o tribunal arbitral prolate nova decisão, examinando o item não apreciado.

---

80. CRUZ E TUCCI, José Rogério. Ainda sobre a liberdade do tribunal arbitral e o princípio da adstrição. Disponível em *ConJur*: <https://www.conjur.com.br/2022-fev-15/paradoxo-corte-ainda-liberdade-tribunal-arbitral-principio-adstricao/>. Acesso em: 10-1-2023.

81. FARIA, 2014, p. 75. No mesmo sentido: "(...) com a ação para complementação da sentença arbitral, busca-se, perante o Poder Judiciário, que o processo arbitral seja restabelecido, com o aproveitamento dos atos praticados, para que seja corrigida a decisão final da arbitragem, com a prolação de uma sentença arbitral complementar". GONÇALVES, Mauro Pedro. Os meios de Correção e invalidação da sentença arbitral, de acordo com a jurisprudência do STJ. *Revista de Arbitragem e Mediação*, v. 59, out.-dez./2018, p. 167-179.

82. "Não cabe ao Poder Judiciário, que não é instância recursal do tribunal arbitral (também cf. art. 18 da Lei de Arbitragem), dizer se houve erro ou acerto na decisão de mérito proferida. O que se deve examinar, nesta análise preambular, é se a sentença arbitral parcial é, como se alega, *extra* e/ou *infra* petita, enquadrando-se em alguma das hipóteses do art. 32, e naquela do art. 33, § 4º, da Lei n. 9.307/96. Respeitado entendimento diverso, o exame dos autos demonstra que não resta evidenciado nem um, nem outro, e que, portanto, as hipóteses legais de nulidade da sentença arbitral e de prolação de sentença arbitral complementar não estão presentes no caso" (TJ/SP, Agravo de Instrumento 2170826-30.2020.8.26.0000, rel. Des. Grava Brazil, Segunda Câmara Reservada de Direito Empresarial, j. 17-9-2020.

83. FIORAVANTI, Marcos Serra Neto. Sentença arbitral parcial e as consequências práticas das alterações trazidas pela Lei n. 13.129/2015. Disponível em: Portal Jurídico (investidura.com.br). Acesso em: 10-1-2023.

Registre-se que a falta de análise de um dos pedidos (hipótese do art. 33, § 4º) também pode materializar a violação ao art. 26, III, da Lei de Arbitragem (no dispositivo, os árbitros devem resolver as *"questões que lhes forem submetidas"*), o que autorizaria, em tese, a ação anulatória com base no art. 32, III (em virtude da ausência dos requisitos do art. 26, já que, embora a sentença tenha dispositivo, este está incompleto). Nessa hipótese específica, deve ser observado o prazo de 90 dias para a propositura da ação anulatória.

Por outro lado, em relação ao prazo para a propositura da ação de complementação da sentença arbitral[84], entendemos que deve ser observado o prazo prescricional inerente à respectiva pretensão. Isso porque, resgatando a clássica lição de José Carlos Barbosa Moreira, "se o todo é inexistente quando nenhum dos itens que compunha o *thema decidendum* foi objeto de pronunciamento na conclusão, por igualdade de razão será inexistente a parte ou capítulo relativo a algum item específico, sobre o qual haja deixado o juiz de pronunciar-se no dispositivo"[85]. Ou seja, se um pedido não foi apreciado, nada foi decidido em relação a ele, podendo a parte propor uma nova ação para discutir o tema[86].

Alguma controvérsia pode existir acerca da possibilidade de propositura da ação de complementação da sentença arbitral, quando a parte interessada não tiver apresentado anteriormente eventual pedido de esclarecimento (art. 30 da Lei de Arbitragem[87]).

Respeitados os posicionamentos em sentido contrário[88] e salvo algum ajuste específico na convenção de arbitragem, entendemos que os "embargos arbitrais" não são um

---

84. Entendemos que a escolha de uma via excluiria a outra. Ou seja, ajuizando-se a ação anulatória com base no art. 32, III, da Lei de Arbitragem, não faria sentido a ação de complementação da sentença arbitral. Da mesma forma, optando-se pela ação de complementação da sentença arbitral, faltaria interesse de agir para a ação anulatória com base no mesmo fundamento. Por outro lado, num cenário em que há uma primeira sentença parcial nula e uma segunda válida, porém incompleta, é possível, em tese, utilizar ambas as ferramentas.

85. BARBOSA MOREIRA, José Carlos. Item do pedido sobre o qual não houve decisão. *Temas de direito processual*: segunda série. São Paulo: Revista dos Tribunais, 1980, p. 247.

86. No CPC/2015, a lógica foi prestigiada e isso fica claro à luz do art. 85, § 18 ("Caso a decisão transitada em julgado seja omissa quanto ao direito aos honorários ou ao seu valor, é cabível ação autônoma para sua definição e cobrança").

87. "Art. 30. No prazo de 5 (cinco) dias, a contar do recebimento da notificação ou da ciência pessoal da sentença arbitral, salvo se outro prazo for acordado entre as partes, a parte interessada, mediante comunicação à outra parte, poderá solicitar ao árbitro ou ao tribunal arbitral que: I – corrija qualquer erro material da sentença arbitral; II – esclareça alguma obscuridade, dúvida ou contradição da sentença arbitral, ou se pronuncie sobre ponto omitido a respeito do qual devia manifestar-se a decisão. Parágrafo único. O árbitro ou o tribunal arbitral decidirá no prazo de 10 (dez) dias ou em prazo acordado com as partes, aditará a sentença arbitral e notificará as partes na forma do art. 29."

88. "Outro ponto que não foi tratado no § 4º do art. 33, mas que faz todo sentido, como condição de procedibilidade, isto é, como condição da ação de complementação, seria o fato de a parte autora ter apresentado pedido de esclarecimentos tendente a complementar a sentença arbitral ainda na arbitragem, pois se não o fez não me parece adequado que invoque o § 4º para ajuizar demanda de complementação no Poder Judiciário (*dormientibus non succurrit jus*)". FIORAVANTI, Marcos Serra Neto. Sentença arbitral parcial e as consequências práticas das alterações trazidas pela Lei n. 13.129/2015. Disponível em: *Portal Jurídico* (investidura.com.br). Acesso em: 10-1-2023.

requisito de admissibilidade da ação de complementação da sentença arbitral. Assim como a ausência de embargos de declaração não impede, por exemplo, a propositura da ação para buscar a fixação dos honorários sucumbenciais não estipulados na decisão judicial transitada em julgado (art. 85, § 18, do CPC), não se pode fazer uma interpretação restritiva, suprimindo da parte o direito de propor a ação de complementação da sentença arbitral, mesmo que não tenha apresentado anteriormente o pedido de esclarecimento para corrigir a omissão.

Até porque, o vício, na origem, não foi da parte, e sim do árbitro ou do tribunal arbitral, que deixou de apreciar algo que lhe foi requerido. Essa é a interpretação mais consentânea com os princípios constitucionais da ampla defesa e do contraditório e, ao mesmo tempo, evita que a parte prejudicada sofra novos prejuízos em decorrência de uma "preclusão-surpresa".

8.12. Ação anulatória: prazos e procedimento

Como já mencionado, a ação para a invalidação da sentença arbitral, seja total ou parcial, com base nas hipóteses do art. 32 da Lei de Arbitragem, seguirá as regras do CPC[89] e "deverá ser proposta no prazo de até 90 (noventa) dias após o recebimento da notificação da respectiva sentença, parcial ou final, ou da decisão do pedido de esclarecimentos" (art. 33, § 1º, da Lei n. 9.397/96)[90].

O referido prazo é decadencial[91] e, portanto, não se interrompe nem se suspende[92]. Entendemos que também não pode ser dilatado por convenção das partes. Apesar de se

---

89. Em 2015, o art. 33, incluindo *caput* e seus parágrafos, foi alterado pela Lei n. 13.129, estabelecendo que todo procedimento da ação anulatória seguirá o procedimento comum previsto no CPC (arts. 318 e s. do CPC).

90. Sobre a possibilidade de se estabelecer contratualmente foro internacional para julgamento da ação anulatória de sentença arbitral proferida no Brasil, ver ALMEIDA, 2015, pp. 85-103. Em resumo, o doutrinador entende que "se se entender que a jurisdição é concorrente, caberia a eleição de foro para determinar o Judiciário internacionalmente competente para tal ação, sempre que se tratar de sentença arbitral com dupla ou múltipla nacionalidade, em virtude da existência de critérios legais distintos, para a determinação da nacionalidade da sentença, em diferentes ordenamentos jurídicos. Por outro lado, se se entender que a jurisdição é exclusiva, a eleição de foro não seria eficaz para derrogar a competência internacional brasileira, com o que ficaria assegurado o controle judicial da legalidade da sentença no Brasil".

91. A impugnação ao cumprimento de sentença arbitral, devido à ocorrência dos vícios elencados no art. 32 da Lei n. 9.307/96, possui prazo decadencial de 90 (noventa) dias. A declaração de nulidade da sentença arbitral pode ser pleiteada, judicialmente, por duas vias: (i) ação declaratória de nulidade de sentença arbitral (art. 33, § 1º, da Lei n. 9.307/96) ou (ii) impugnação ao cumprimento de sentença arbitral (art. 33, § 3º, da Lei n. 9.307/96). Se a declaração de invalidade for requerida por meio de ação própria, há também a imposição de prazo decadencial. Esse prazo, nos termos do art. 33, § 1º, da Lei de Arbitragem, é de 90 (noventa) dias. Sua aplicação, reitera-se, é restrita ao direito de obter a declaração de nulidade devido à ocorrência de qualquer dos vícios taxativamente elencados no art. 32 da referida norma. Assim, embora a nulidade possa ser suscitada em sede de impugnação ao cumprimento de sentença arbitral, se a execução for ajuizada após o decurso do prazo decadencial da ação de nulidade, a defesa da parte executada fica limitada às matérias especificadas pelo art. 525, § 1º, do CPC/2015, sendo vedada a invocação de nulidade da

tratar de um prazo curto (90 dias corridos), guarda relação com a celeridade que se espera do procedimento arbitral, bem como com a definição de seu resultado[93].

Importante destacar que o prazo flui separadamente para cada parte, uma vez que o termo *a quo* é a data de notificação da sentença arbitral, o que pode acontecer em dias diferentes para os interessados.

A legitimidade passiva da ação anulatória é da parte sucumbente no procedimento arbitral. Importante destacar que os árbitros ou as instituições arbitrais não possuem legitimidade para figurar no polo passivo da aludida demanda[94].

Uma vez julgada procedente a ação, será invalidada, no todo ou em parte, a sentença arbitral, e o juiz, se for o caso, determinará que o árbitro ou o tribunal arbitral profira nova sentença arbitral (art. 33, § 2º). É o caso, por exemplo, das hipóteses previstas nos incisos III e IV do art. 32 (não contiver os requisitos do art. 26 e for proferida fora dos limites da convenção de arbitragem).

Tratando-se de sentença *ultra petita*, como já mencionado, entendemos que o juiz pode invalidar apenas a parte que excede o escopo da convenção de arbitragem.

Importante ter em mente que o Poder Judiciário não reaprecia o mérito da arbitragem, mesmo em caso de invalidação da decisão. Sob esse prisma, ou invalida a decisão para simplesmente desconstituí-la (nulidade da convenção de arbitragem, por exemplo – art. 32, I)[95], ou a invalida para determinar que os árbitros profiram nova sentença arbitral (julgamento *citra petita*, por exemplo – art. 32, IV).

---

sentença com base em matérias definidas nas matérias definidas no art. 32 da Lei n. 9.307/96. Processo REsp 1.900.136/SP, rel. Min. Nancy Andrighi, 3ª Turma, por unanimidade, j. em 6-4-2021. No mesmo sentido, REsp 2.001.912-GO, rel. Min. Nancy Andrighi, Terceira Turma, j. 21-6-2022.

92. CARMONA, 2009, p. 426.

93. Há quem sustente o cabimento de ação declaratória autônoma, mesmo fora do prazo decadencial de 90 (noventa) dias, quando se tratar da "ineficácia da jurisdição arbitral", o que se daria nos casos de nulidade absoluta, ineficácia ou inexistência da convenção ou da própria instauração do procedimento arbitral. Tal ação não teria como fundamento a sentença arbitral em si, mas a nulidade do procedimento ou da própria jurisdição arbitral (CAHALI, 2017, p. 403-407). Como exemplo, o doutrinador cita situações envolvendo direitos indisponíveis ou pessoas sem capacidade, bem como de nulidade absoluta da convenção arbitral em razão de simulação. Entretanto, destaca que "a melhor opção será a apresentação da ação de desconstituição na forma prevista na lei, mesmo que fundamentada em motivos capazes de ensejar a ação declaratória".

94. Enunciado n. 7 da I Jornada de Prevenção e Solução Extrajudicial de Litígios: "Os árbitros ou instituições arbitrais não possuem legitimidade para figurar no polo passivo da ação prevista no art. 33, *caput*, e § 4º, da Lei n. 9.307/96, no cumprimento de sentença arbitral e em tutelas de urgência".

95. Nessa hipótese específica, nada impede que as partes firmem nova convenção arbitral para submeter o conflito à jurisdição arbitral, observadas evidentemente as arbitrabilidades subjetiva e objetiva. O que não é permitido é o Poder Judiciário julgar, diretamente, o conflito propriamente dito, diante da ausência da jurisdição arbitral. O julgamento do conflito pelo Poder Judiciário depende da provocação da jurisdição estatal pelo interessado.

De toda forma, sempre que possível, mesmo em caso de invalidação da sentença arbitral, devem ser aproveitados os atos praticados no procedimento arbitral não contaminados pelo vício.

Assim, por exemplo, se a violação ao contraditório ocorreu apenas em determinada etapa do procedimento, as fases anteriores devem permanecer hígidas. O mesmo se diga acerca da sentença arbitral que, independentemente de eventuais embargos arbitrais, não examinou todos os pedidos formulados pelas partes. Sob essa ótica, preserva-se o que foi decidido, complementando-se[96].

Por fim, vale mencionar que a mera propositura da ação declaratória não suspende os efeitos da sentença arbitral, cabendo à parte interessada, se for o caso, pleitear ao juiz da causa a concessão de tutela provisória (de urgência ou de evidência) para tal finalidade.

8.13. Impugnação da sentença arbitral em cumprimento de sentença

Além do manejo da ação anulatória para invalidar a sentença arbitral, o interessado pode requerer "a decretação da nulidade da sentença arbitral" em sede de impugnação na fase de cumprimento de sentença, observando-se o disposto nos arts. 525 e seguintes do CPC.

Com isso, se a sentença arbitral (nacional ou internacional[97]) estiver sendo executada judicialmente, pode o interessado oferecer impugnação, requerendo a invalidação da referida decisão.

Vale lembrar que o art. 525, § 1º, do CPC indica algumas matérias que podem ser veiculadas em sede de impugnação (falta ou nulidade da citação se, na fase de conhecimento, o processo correu à revelia; ilegitimidade de parte; inexequibilidade do título ou inexigibilidade da obrigação; penhora incorreta ou avaliação errônea; excesso de execução ou cumulação indevida de execuções; incompetência absoluta ou relativa do juízo da execução; e qualquer causa modificativa ou extintiva da obrigação, como pagamento, novação, compensação, transação ou prescrição, desde que supervenientes à sentença).

A rigor, portanto, o executado poderá alegar, em sua impugnação, todas essas matérias, bem como as causas de invalidação da sentença arbitral listadas no art. 32 da Lei de Arbitragem. Deve observar, contudo, o prazo de 90 (noventa) dias previsto no § 1º do referido dispositivo[98].

---

96. A própria Lei de Arbitragem prevê que a parte interessada poderá ingressar em juízo para requerer a prolação de sentença arbitral complementar, se o árbitro não decidir todos os pedidos submetidos à arbitragem (art. 33, § 4º).

97. No caso da sentença arbitral internacional, esta deve ser primeiro homologada pelo STJ para que possa produzir efeitos no Brasil.

98. Sobre o tema, o Enunciado n. 10 da I Jornada de Prevenção e Solução Extrajudicial de Litígios estabelece que "o pedido de declaração de nulidade da sentença arbitral formulado em impugnação ao cumprimento da sentença deve ser apresentado no prazo do art. 33 da Lei n. 9.307/96". No mesmo sentido, CARMONA, 2009, p. 426.

Ultrapassado esse prazo na fase de cumprimento de sentença, não poderá mais o executado requerer a invalidação da sentença arbitral com base nas hipóteses da Lei de Arbitragem[99].

Questão sensível pode acontecer se a causa de invalidação (corrupção, por exemplo) só for descoberta após o prazo de noventa dias. Nessa hipótese, poder-se-ia pensar na flexibilização do referido prazo, à luz da ordem pública processual.

Para arrematar, vale lembrar que cabe a fixação de honorários sucumbenciais na hipótese de rejeição da impugnação, quando a parte impugnante suscitar a invalidade da sentença arbitral. Com efeito, não se pode tratar a impugnação nessa hipótese como mero incidente processual, uma vez que a discussão perpassa pela própria anulação da sentença arbitral (art. 33, § 3º, da Lei de Arbitragem).

Ou seja, existe, a rigor, um pedido declaratório encartado na impugnação, de considerável caráter litigioso, com potencialidade de encerrar o processo de execução. Isso tudo sem falar que, se o executado tivesse ajuizado uma ação anulatória da sentença arbitral, arcaria sem qualquer discussão com a verba sucumbencial, em caso de improcedência do pedido autoral. Portanto, até mesmo por uma questão de simetria, a condenação sucumbencial se justifica[100].

---

99. "Em observância ao § 1º do art. 33 da Lei de Arbitragem, deve ser seguido o mesmo prazo decadencial de 90 (noventa) dias para a ação anulatória. Tal dispositivo reduziu à inutilidade a impugnação ao cumprimento de sentença para invalidação de sentença arbitral. Dentro desse prazo de 90 (dias) dias, contado a partir do recebimento da notificação da sentença, é remota a possibilidade de haver tempo hábil para citação do executado, transcurso do prazo de 15 (quinze) dias para pagamento voluntário (art. 523 do CPC) e início do prazo para apresentação de impugnação (art. 525 do CPC)". GONÇALVES, 2018, pp. 167-179.

100. REsp n. 2.102.676/SP, rel. Min. Antonio Carlos Ferreira, Quarta Turma, *DJe* 30-11-2023.

Capítulo 9

Reconhecimento e Execução de Decisões Arbitrais Estrangeiras

> **Sumário: 9.1.** O reconhecimento de decisões estrangeiras e os protocolos internacionais. **9.2.** O CPC e a homologação de decisão estrangeira. **9.3.** O procedimento da ação homologatória no Regimento Interno do Superior Tribunal de Justiça. **9.4.** Homologação de decisão arbitral estrangeira na Lei n. 9.307/96.

9.1. O reconhecimento de decisões estrangeiras e os protocolos internacionais

De modo geral, pode-se afirmar que a cooperação internacional visa à realização de providências de natureza jurídica que são necessárias para a efetividade de um processo que tramita (ou tramitou) em uma jurisdição diferente dessa na qual a providência deve ser implementada.

O Código de Processo Civil apresenta uma disposição sistemática da cooperação jurídica internacional no Capítulo II do Título II ("Dos limites da jurisdição nacional e da cooperação internacional") do Livro II ("Da função jurisdicional").

O tratamento da matéria começa com as disposições gerais (Seção I), aplicáveis a todas as modalidades de cooperação internacional. Assim, o art. 26, *caput*, estabelece os princípios (devido processo legal, igualdade, acesso à Justiça, publicidade processual) e as regras estruturais (existência de uma autoridade central e espontaneidade na transmissão de informações a autoridades estrangeiras) que regem a cooperação jurídica internacional.

Interessante observar que as normas fundamentais do ordenamento jurídico brasileiro não só determinam como o procedimento deve se desenvolver, mas também estabelecem limites para a realização da cooperação internacional, na medida em que fica vedada a prática de atos que contrariem ou que produzam resultados incompatíveis com tais normas (art. 26, § 3º).

420 Manual de Mediação e Arbitragem

O CPC prevê ainda que, na ausência de tratado regulando a comunicação entre os dois países, será aplicado o princípio da reciprocidade, com exceção da homologação de decisão estrangeira, que dispensa essa exigência (art. 26, §§ 1º e 2º).

Com relação às medidas que podem ser objeto de cooperação internacional, o art. 27 do CPC prevê um rol não exaustivo, admitindo no inciso VI a realização de qualquer outra medida judicial ou extrajudicial que, não tendo sido citada nesse dispositivo, não seja proibida pela Lei brasileira – em outras palavras, que não ofenda as normas fundamentais do ordenamento jurídico nacional, conforme o art. 26, § 3º.

A cooperação internacional pode se realizar tanto entre autoridades judiciais como entre autoridades administrativas, de diferentes países. No Brasil, o art. 26, § 4º, do CPC estabelece que o Ministério da Justiça exercerá as funções de autoridade central na ausência de designação específica.

As diligências requeridas em regime de cooperação podem partir do Brasil para jurisdição estrangeira (pedido ativo) ou, ao reverso, serem aqui cumpridas a partir de demanda de outro Estado (pedido passivo).

A cooperação internacional tem como elemento central o *juízo de delibação*, que consiste na verificação da compatibilidade do ato judicial[1] estrangeiro com os princípios fundamentais da ordem jurídica nacional, sem adentrar, contudo, no mérito[2] do que foi decidido alhures[3]. É a partir do juízo de delibação realizado pelo Judiciário nacional que será autorizada a realização, no território nacional, da jurisdição executiva ou de urgência em favor da jurisdição de conhecimento estrangeira[4], configurando o chamado sistema da contenciosidade limitada[5].

---

1. Salvo no caso do auxílio direto, na forma do art. 28 do CPC, visto que nessa modalidade não é necessária a interferência judicial.

2. Nesse sentido, veja-se, por exemplo, i) SEC 3.932/GB, STJ, rel. Min. Félix Fischer, j. em 6-4-2011 – "V – Ausência de ofensa à soberania nacional, à ordem pública ou aos bons costumes, uma vez que o princípio *solve et repete* – assim como a regra da exceção do contrato não cumprido – não possui natureza de ordem pública, razão pela qual foge à apreciação por esta via. Precedente: SEC 507/GB, Corte Especial, rel. Min. Gilson Dipp, *DJ* 13-11-2006. VI – Incabível a análise do mérito da sentença que se pretende homologar, uma vez que o ato homologatório está adstrito ao exame dos seus requisitos formais. Precedentes: SEC 269/RU, Corte Especial, rel. Min. Fernando Gonçalves, *DJe* 10-6-2010, e SEC 1.043/AR, Corte Especial, rel. Min. Arnaldo Esteves Lima, *DJe* 25-6-2009"; ii) SEC 2.277/US, STJ, rel. Min. Aldir Passarinho Junior, j. em 22-4-2010 – "De fato, em nosso sistema jurídico, a ação de homologação de sentença estrangeira apresenta contenciosidade limitada, que se traduz na simples verificação dos requisitos legais enumerados na legislação ordinária e no Regimento Interno do STJ"; e iii) SE 7.741/EU, STF, rel. Min. Maurício Corrêa, j. em 24-3-2004 – "Com efeito, a função judiciária do Supremo Tribunal Federal nessa espécie de procedimento limita-se a observar se o julgado proferido em outro país coaduna-se com os princípios básicos do direito vigente no Brasil. De fato, conforme já decidiu o Plenário desta Corte, o processo homologatório faz instaurar relação jurídico-processual revestida de contenciosidade limitada, razão pela qual não é permitido discutir o mérito da sentença estrangeira trazida à apreciação (SEC 4.638, STF, rel. Min. Celso de Mello, j. em 7-4-1994)".

3. SILVA, 2005, p. 287.

4. FUX, 2006, p. 645.

5. "O sistema de controle limitado, que foi instituído pelo direito brasileiro em tema de homologação de sentença estrangeira, não permite que o Supremo Tribunal Federal, atuando como Tribunal do foro,

No Brasil, a cooperação internacional tem previsão na própria Constituição Federal de 1988, que estabelece a competência do Superior Tribunal de Justiça para processar e julgar a homologação de sentença estrangeira, e para a concessão de *exequatur* às cartas rogatórias (art. 105, I, *i*, da CF)[6].

A homologação de decisão estrangeira está relacionada à produção de efeitos no Brasil de provimento emanado de autoridade estrangeira. A carta rogatória, por sua vez, tem por objeto diligências processuais destinadas ao cumprimento de atos de citação, notificação e cientificação, ou de coleta de prova.

O CPC regula a matéria nos arts. 960 a 965. Anteriormente, na ausência de legislação infraconstitucional específica, o tema havia sido disciplinado na Resolução n. 9/2005 do Superior Tribunal de Justiça. Essa Resolução, por sua vez, foi revogada em dezembro de 2014, pela Emenda Regimental n. 18, e atualizada pela Emenda Regimental n. 24, de 2016.

Há diversas normas relativas a acordos internacionais para a prática de atos processuais, como, dentre outros, os Decretos n. 6.891/2009 e 6.679/2008, que tratam de cooperação, assistência e justiça gratuita entre países do Mercosul, Bolívia e Chile, além de convênios com a Espanha (Dec. 166/91) e França (Dec. 3.598/2000).

O Brasil é signatário de alguns tratados que preveem a cooperação entre países em matéria judiciária. É o caso, por exemplo, do Protocolo de Cooperação e Assistência Jurisdicional em Matéria Civil, Comercial, Trabalhista e Administrativa, o chamado Protocolo de Las Leñas, celebrado entre os Estados-Membros do Mercosul e que foi ratificado pelo Brasil e promulgado pelo Decreto n. 2.067, de 12 de novembro de 1996[7].

Poderíamos citar aqui diversos outros tratados importantes sobre cooperação interjurisdicional dos quais o Brasil faz parte, mas, não sendo esse o escopo da presente obra, iremos apenas analisar brevemente o Protocolo de Las Leñas, que traz algumas especificidades para a matéria processual que está sendo aqui tratada.

Esse tratado foi assinado em 1992, no âmbito do Mercosul, e regula a tramitação de cartas rogatórias e homologação de sentenças estrangeiras, permitindo que tais sentenças sejam reconhecidas e executadas por meio de cartas rogatórias e por intermédio da autoridade central (art. 19).

---

proceda, no que se refere ao ato sentencial formado no Exterior, ao exame da matéria de fundo ou à apreciação de questões pertinentes ao 'meritum causae', ressalvada, tão somente, para efeito do juízo de delibação que lhe compete, a análise dos aspectos concernentes à soberania nacional, à ordem pública e aos bons costumes" (SEC 4.738, STF, rel. Min. Celso de Mello, j. em 24-11-1994).

6. Na redação original, a Constituição Federal de 1988 atribuía essa competência ao Supremo Tribunal Federal, mas foi alterada pela Emenda Constitucional n. 45, de 2004.

7. Conforme destaca Nadia de Araujo, a celebração desse tratado se justifica pela intensificação das relações comerciais e pessoais entre os países do Mercosul, que acarretou um aumento dos conflitos transnacionais, envolvendo elementos de mais de um país, demandando, com isso, o aperfeiçoamento da cooperação jurisdicional entre os países do bloco (2005, p. 77).

No entanto, vale ressaltar que o STF[8] já decidiu que o Protocolo de Las Leñas não afeta a exigência de que qualquer sentença estrangeira para tornar-se exequível no Brasil deve ser previamente submetida à homologação do STF (hoje, STJ). No entanto, o referido Protocolo inova ao admitir que o pedido de homologação seja feito mediante rogatória, o que importa admitir a iniciativa da autoridade judiciária competente do foro de origem, e que o *exequatur* se defira independentemente da citação do requerido, sem prejuízo de sua posterior manifestação.

Nessa dimensão, vale mencionar, ainda, o Protocolo de Ouro Preto sobre Medidas Cautelares, promulgado no Brasil por meio do Decreto n. 2.626, de 15 de junho de 1998, que dispensa as decisões concessórias de medidas de urgência da exigência de homologação, permitindo que elas também sejam efetivadas por carta rogatória.

9.2. O CPC e a homologação de decisão estrangeira

Sendo proferida uma sentença no exterior[9], para que ela tenha eficácia no Brasil, deve haver um ato formal de reconhecimento[10].

Tal reconhecimento restringe-se a prescrever o controle da observância de algumas formalidades, correspondente a um sistema que visa a impedir que surtam efeitos no país decisões estrangeiras contrárias "à soberania nacional, à ordem pública[11] e aos bons costumes"[12].

Contudo, é necessário observar que nem toda violação de regra interna deve, automaticamente, implicar o não reconhecimento de decisão estrangeira, sob o argumento de ofensa à ordem pública.[13] Aqui é fundamental enxergar e distinguir os conceitos de

---

8. STF, AgReg em CR 7.613, STF, rel. Min. Sepúlveda Pertence, j. em 3-4-1997. No mesmo sentido: STJ, SEC 9.021, Corte Especial, rel. Min. Félix Fischer, j. em 4-3-2015.

9. Admite-se que a sentença a ser homologada tenha sido proferida também em jurisdição voluntária. Nesse sentido: STF, Pleno, SE 2.315-EUA e 2.316-EUA, rel. Min. Thompson Flores.

10. Ao homologar uma sentença prolatada no exterior, o Superior Tribunal de Justiça aplica, de forma indireta, o direito estrangeiro. E assim é porque recepciona, na ordem interna, o julgado que se valeu daquele direito para a solução do caso concreto. Uma vez verificada a observância dos princípios fundamentais relacionados ao direito à ampla defesa e ao contraditório, bem como a competência da autoridade estrangeira prolatora da decisão, o Judiciário brasileiro deve homologar a sentença estrangeira, ainda que sejam diversas as normas do direito estrangeiro aplicáveis (ARAUJO; SPITZ, 2011, p. 53).

11. "(...) o princípio da ordem pública é o reflexo da filosofia sociopolítico-jurídica imanente no sistema jurídico estatal, que representa a moral básica de uma nação e que protege as necessidades econômicas do Estado. A ordem pública encerra, assim, os planos filosófico, político, moral e econômico de todo o Estado constituído" (DOLINGER, 2008, p. 394).

12. "(...) cada estado é livre e soberano para determinar as matérias que são de competência exclusiva do Poder Judiciário e que, portanto, não podem ser resolvidas por arbitragem" (BARROS, 2017, p. 192).

13. Para um estudo aprofundado sobre a ordem pública como requisito a ser observado na homologação de sentença estrangeira, especialmente com foco no ordenamento jurídico português e trazendo vasta jurisprudência à luz do direito comparado, ver BARROCAS, 2017, pp. 179-261.

ordem pública interna e ordem pública internacional[14]. Nesse passo, Carmona[15] registra ser imperioso identificar os distintos objetivos das relações domésticas e internacionais, bem como reconhecer que a abrangência da ordem pública internacional é menor do que a interna[16].

Ainda nessa esteira, Arnoldo Wald[17] salienta a relevância da Convenção de Nova Iorque de 1958 como um marco no reconhecimento da segurança das relações jurídicas internacionais, no estímulo ao reconhecimento de decisões arbitrais e no esforço para uniformizar parâmetros à sua execução.

Em linhas gerais, a homologação é um processo de conhecimento[18], uma ação de natureza constitutiva, na medida em que a decisão estrangeira só produzirá efeitos no Brasil após ser homologada[19].

Segundo a doutrina[20], a homologação é, ainda, acontecimento futuro e incerto a que a lei subordina a eficácia, no território nacional, da decisão estrangeira, atribuindo-lhe a função de condição legal.

O objeto da homologação, segundo o art. 960, *caput*, é a decisão estrangeira, que, não importa a denominação que receba no país de origem, deve ter características que permitam ser incluída na concepção nacional de decisão[21].

Mais abrangente do que o Código de 1973, o CPC/2015 estendeu o procedimento em questão para todas as decisões, não apenas sentenças. Assim, encontram-se abarcadas também a decisão interlocutória e a decisão arbitral estrangeiras, além, decerto, da sentença.

Observe-se que a Corte Especial do STJ[22], por exemplo, já pacificou entendimento no sentido de que a irregularidade na citação no processo original é óbice à homologação, no Brasil, de sentença proveniente de outro país.

---

14. BARROS, 2017, p. 153.

15. "(...) a ordem pública interna denota a impossibilidade de derrogação, pela vontade privada, de normas materiais, enquanto a ordem pública internacional funciona como verdadeiro filtro de leis, sentenças (arbitrais ou estatais) e atos em geral que devam ter eficácia no território nacional, impedindo tal eficácia quando ameaçados relevantes valores de justiça e moral" (CARMONA, 2009, p. 69).

16. BARROS, 2017, p. 159.

17. "(...) a Convenção estabelece um critério liberal mínimo em matéria de reconhecimento e execução de sentença arbitral estrangeira, sem impedir que cada país estabeleça um regime ainda mais flexível" (WALD, 2003, p. 353).

18. CARNEIRO; PINHO, 2016, p. 575.

19. É inadmissível a renúncia em sede de homologação de provimento estrangeiro (SEC 8.542-EX, rel. Min. Luis Felipe Salomão, por unanimidade, j. em 29-11-2017, *DJe* 15-3-2018).

20. PINHO, 2018, p. 748.

21. Barbosa Moreira (2008, p. 65) traz hipóteses de sentenças estrangeiras proferidas por órgãos estranhos ao Poder Judiciário, mas no exercício da função judicante, que foram homologadas: sentenças proferidas pelo rei da Dinamarca, por autoridades administrativas norueguesas e dinamarquesas e, ainda, sentenças registradas perante um prefeito do Japão.

22. SEC 10.154-EX, rel. Min. Laurita Vaz, j. em 1º-7-2014. *Informativo STJ*, n. 543.

Não se exclui a necessidade de homologação de sentença proferida em processo cautelar, concessivas de providências que tenham de ser cumpridas em território nacional (arresto ou sequestro de bens no Brasil) e não há diferença entre sentenças proferidas no processo de conhecimento e no processo de execução, e no primeiro ou em grau superior de jurisdição, desde que satisfeitos os requisitos de homologabilidade.

Sujeitam-se ao procedimento tanto sentenças como decisões interlocutórias[23], a serem executadas por meio de carta rogatória (art. 960, § 1º), e decisões arbitrais, estas observando tratado e lei e, subsidiariamente, o respectivo Capítulo do CPC.

Interessante inovação traz o CPC, ao dispor que mesmo as decisões estrangeiras de cunho não judicial podem ser homologadas, para que possam, então, ter eficácia em solo nacional (art. 961, § 1º).

Vale registrar que, se a decisão for composta por capítulos distintos, cada capítulo deverá ser considerado separadamente para fins de homologação, podendo ser requerida a homologação de apenas alguns capítulos ou de toda a decisão. E pode, ainda, ser acolhida apenas a homologação de alguns capítulos, isso se faltar aos demais algum requisito de homologabilidade. Trata-se de homologação parcial, admitida pelo § 2º do mesmo art. 961[24].

No curso do processo de homologação, é cabível ao Judiciário brasileiro deferir pedidos de urgência e realizar atos de execução provisória, de modo a evitar o perecimento de direitos ameaçados.

Cabe lembrar que a própria decisão estrangeira que conceda medida de urgência é passível de execução no Brasil, pela via da carta rogatória, consoante art. 962, *caput* e § 1º, ficando o juízo sobre a urgência a cargo exclusivo da autoridade jurisdicional estrangeira.

Se o réu não tiver sido previamente ouvido, deverá sê-lo, em contraditório diferido, sendo esta uma garantia constitucional (art. 5º, LV) e, portanto, inderrogável. E, se dispensada a homologação, a decisão concessiva de medida de urgência só poderá produzir seus efeitos se tiver sua validade expressamente afirmada pelo juiz competente para lhe dar cumprimento (art. 962, § 4º).

Por fim, o CPC traz disposições específicas para a homologação de sentença estrangeira para fins de execução fiscal, quando tiver previsão em tratado ou promessa de reciprocidade (art. 961, § 4º); e para o divórcio consensual, cuja sentença independe de homologação, no STJ, para produzir efeitos no Brasil (§ 5º).

---

23. No pedido de homologação de decisão estrangeira (HDE) n. 3.671/US, o então presidente do STJ decidiu permitir liminarmente a execução da tutela de urgência via processo para homologação de sentença arbitral. STJ, HDE n. 3.671/US, rel. Min. Pres. João Otávio de Noronha, j. em 29-11-2019. Sobre a decisão em questão, vale conferir ABBUD, André de Albuquerque Cavalcanti; OLIVEIRA, Aécio Filipe Coelho Fraga. *A execução de tutelas de urgência estrangeiras no Brasil.* Disponível em <https://www.conjur.com.br/2021-set-06/opiniao-execucao-tutelas-urgencia-estrangeiras-brasil>. Acesso em: 10-3-2023.

24. Enunciado FPPC n. 553 (art. 961, § 1º; art. 23 da Lei 9.307/96): "A sentença arbitral parcial estrangeira submete-se ao regime de homologação".

Ressalte-se que, nesse último caso, qualquer juiz poderá examinar a validade da decisão, se a questão for suscitada em processo de sua competência, nos termos do § 6º.

Para que a decisão estrangeira seja homologada pelo Superior Tribunal de Justiça, indispensável se faz a observância de certos requisitos, elencados no art. 963:

I – ter sido proferida pela autoridade competente;

II – prévia e regular citação, mesmo que verificada revelia;

III – eficácia no país em que foi proferida;

IV – não ofensa à coisa julgada formada no Brasil;

V – acompanhamento de tradução oficial, salvo previsão em contrário em tratado;

VI – não conter ofensa manifesta à ordem pública;

VII – respeito ao contraditório (requisito constante do parágrafo único).

Sendo caso de competência exclusiva da autoridade judiciária brasileira, incabíveis a homologação da decisão estrangeira e a concessão do *exequatur* à carta rogatória (art. 964, *caput* e parágrafo único)[25].

Por sua vez, a Lei de Introdução às Normas do Direito Brasileiro (Decreto n. 4.657/42, com as alterações introduzidas pela Lei n. 12.376/2010) dispõe serem requisitos para a execução no Brasil de decisão proferida no estrangeiro:

a) haver sido proferida por juiz competente;

b) terem sido as partes citadas ou haver-se legalmente verificado à revelia;

c) ter passado em julgado e estar revestida das formalidades necessárias para a execução no lugar em que foi proferida;

d) estar traduzida por intérprete autorizado;

e) ter sido homologada pelo Supremo Tribunal Federal (aqui, leia-se STJ, em razão da mudança de competência para julgar a ação de homologação, a partir da Emenda n. 45/2004).

Destaca-se que, com a Emenda Regimental n. 18, o Regimento Interno do STJ passou a prever de forma explícita o contraditório, ainda que limitado à análise dos requisitos formais, segundo o art. 216-H.

Vale lembrar que o órgão nacional não reexamina o mérito da causa processada perante a Justiça estrangeira, mas, satisfeitos os pressupostos processuais e as condições do legítimo exercício da ação de homologação, cabe-lhe julgar o mérito da ação de homologação, acolhendo o pedido ou rejeitando-o[26].

---

25. Enunciado FPPC n. 86 (art. 964; art. 960, § 3º): "Na aplicação do art. 964 considerar-se-á o disposto no § 3º do art. 960".

26. Como o Ministro Luis Felipe Salomão já teve oportunidade de se manifestar, "o processo de homologação de sentença estrangeira tem natureza constitutiva, destinando-se a viabilizar a eficácia jurídica de provimento jurisdicional alienígena no território nacional, de modo que tal decisão possa vir a ser aqui

426   *Manual de Mediação e Arbitragem* ....

Dessa forma, o nosso sistema é de um "juízo de delibação"[27], respeitando-se a decisão proveniente do estrangeiro, sem a julgar novamente, verificando apenas os aspectos formais já descritos e a adequação à ordem pública, à soberania nacional e à dignidade da pessoa humana (art. 216-F do RISTJ).

Quanto aos requisitos exigidos para a homologação de decisão arbitral estrangeira, o STJ[28] já teve oportunidade de examinar a matéria no sentido de estabelecer os limites do juízo delibatório.

Em outra oportunidade, o STJ[29] ratificou os limites do juízo de delibação, esclarecendo a necessidade de observância de todos os requisitos previstos no RISTJ, na LINDB, na Lei n. 9.307/96 e nos arts. 216-A a 216-N do RISTJ[30].

Qualquer pessoa é legitimada a propor a ação de homologação, podendo ser parte no processo estrangeiro seus sucessores e até terceiros passíveis de ser atingidos em suas esferas jurídicas, de acordo com a regra do ordenamento de origem sobre a eficácia subjetiva da sentença.

Os legitimados podem agir em conjunto, pois, excetuando o caso de decisão objetivamente complexa, isto é, a decisão em capítulos, em que a homologação poderá ser parcial, obrigatoriamente se concederá ou se negará a homologação para todos os coautores.

A legitimidade passiva é de todos em face de quem se fará valer a decisão homologanda.

9.3. O procedimento da ação homologatória no Regimento Interno do Superior Tribunal de Justiça

O procedimento de homologação da decisão estrangeira está, desde dezembro de 2014, regulado no Regimento Interno do STJ, em seus arts. 216-A a 216-N. Já a previsão de concessão de *exequatur* às cartas rogatórias se encontra nos arts. 216-O a 216-X. Como já registramos, algumas dessas disposições foram posteriormente atualizadas pela Emenda Regimental n. 24/2016.

---

executada. É, portanto, um pressuposto lógico da execução da decisão estrangeira, não se confundindo, por óbvio, com o próprio feito executivo" (SEC 14.408/EX, rel. Min. Luis Felipe Salomão, Corte Especial, j. em 21-6-2017, *DJe* 31-8-2017).

27.   Nesse sentido: STJ, Corte Especial, SEC 1.210, rel. Min. Fernando Gonçalves, *DJ* 6-8-2007, p. 444.

28.   "(...) O Superior Tribunal de Justiça, nos procedimentos de homologação de sentença estrangeira, exerce um juízo meramente delibatório, sendo-lhe vedado adentrar no mérito da ação alienígena" (SEC 7.009/EX, rel. Min. Francisco Falcão, Corte Especial, j. em 15-8-2018, *DJe* 28-8-2018).

29.   SEC 16.208/EX, rel. Min. Nancy Andrighi, Corte Especial, j. em 29-11-2017, *DJe* 5-12-2017.

30.   Embora o STJ tenha entendimento consolidado no sentido de que a citação da empresa nacional por carta rogatória (no processo internacional) é um dos requisitos para a homologação da sentença estrangeira, já relativizou tal exigência, assinalando que, se as partes ajustaram outra modalidade de citação no contrato (no caso, via postal), não pode o contratante arguir tal vício como óbice à homologação da sentença estrangeira (HDE 89/US, rel. Min. Maria Thereza de Assis Moura, Corte Especial, *DJe* 31-10-2017).

A petição inicial da ação de homologação deve conter as indicações exigidas pela lei processual e ser instruída com original ou cópia autêntica da decisão homologanda, além de outros documentos indispensáveis, traduzidos por tradutor oficial ou juramentado no Brasil e chancelados pela autoridade consular brasileira competente, obedecendo ao art. 216-C do Regimento.

Ademais, há de se cumprir os seguintes requisitos, na forma do art. 216-D:

a)   ter sido proferida por autoridade competente;
b)   conter elementos que comprovem a citação regular das partes ou sua revelia; e
c)   o trânsito em julgado.

Analisando esses requisitos, o primeiro evita que se homologue no Brasil ato estrangeiro que desrespeite as regras de competência internacional exclusiva previstas por nosso ordenamento no art. 23 do CPC.

Já o segundo requisito prestigia a garantia constitucional do contraditório, uma vez que não se pode admitir a homologação de sentença proferida em processo de que não tiveram a oportunidade de participar os sujeitos que estarão submetidos à sentença homologada.

Em caso de irregularidade na petição inicial, o Presidente abrirá "prazo razoável", nos termos do Regimento, para que o requerente a emende ou complete, em homenagem à instrumentalidade do processo e à economia e celeridade processuais, evitando o arquivamento do feito para casos, a princípio, sanáveis (art. 216-E).

Deferida a inicial, cita-se o requerido para contestar, no prazo de quinze dias (art. 216-H). A contestação só versará sobre a inteligência da sentença e a observância dos requisitos de homologabilidade, não alcançando o mérito da decisão a ser homologada.

No que tange à homologação, pode ser contestada, ainda, a própria ação de homologação, por falta de legitimidade *ad causam*, por exemplo, e o seu procedimento, como a possível alegação de um vício de citação.

Há casos, porém, em que pode não haver contestação, por exemplo, em homologação de transação, em que as partes já estavam de comum acordo no país de origem. Nessa hipótese, as duas irão assinar a petição inicial.

O deferimento da inicial não torna preclusa a análise, a qualquer tempo, das condições da ação e dos requisitos de validade do processo.

O art. 216-G vai admitir expressamente a tutela de urgência na homologação de sentença estrangeira, enquanto o art. 216-A, § 2º, estabelece que pode ser pretendida a homologação parcial. Pode ser que naquela sentença exista um comando incompatível com a ordem jurídica e uma segunda parte em consonância com a soberania e a ordem pública, e, nessa hipótese, nada impede que o STJ homologue apenas uma parte da sentença.

Caso o requerido seja revel ou incapaz, será nomeado curador especial, que será pessoalmente notificado. Apresentada a contestação, são admitidas réplica e tréplica em cinco dias. Sendo o pedido contestado, o processo é distribuído para julgamento pela Corte Especial.

É aberta vista ao Ministério Público, que poderá impugnar o pedido. Nos Tribunais Superiores, cabe relembrar que a atuação será do Ministério Público Federal e se dará nos termos do art. 216-L do Regimento do STJ.

Passa-se, então, à análise do pedido.

O pedido será rejeitado se não estiverem presentes os requisitos de homologabilidade, referidos acima, bem como se houver ofensa à soberania nacional, à dignidade da pessoa humana e/ou à ordem pública, nos termos do art. 216-F.

No caso de ofensa à soberania brasileira e à ordem pública, o STJ vem interpretando tais requisitos no sentido de que não é possível a homologação de uma sentença estrangeira contendo comando que não poderia ser determinado por um juiz brasileiro, ou seja, um pronunciamento vedado pela legislação interna, por exemplo, uma sentença que condene à pena de morte ou à prisão civil por dívida, salvo na hipótese de alimentos.

Cabe repisar que a decisão que acolhe o pedido de homologação é constitutiva necessária, criando uma situação jurídica nova: a decisão produzida no estrangeiro renderá efeitos totais ou parciais no Brasil.

A decisão que rejeita a homologação, por falta de um dos seus requisitos, é declaratória negativa. Nesse caso, forma-se a *res judicata*, inclusive na não homologação por falta de provas.

Não está, contudo, excluída a ação rescisória, que pode ser proposta desde que haja documento novo sobre a decisão denegatória da homologação. Afastado o óbice da coisa julgada, não há impedimento que no *ius rescissorium* se reexamine e até se acolha o pedido.

No caso de superveniente trânsito em julgado da decisão estrangeira, não há óbice a que o autor volte a pleitear a homologação. Isso porque a superveniência do requisito antes insatisfeito importa modificação da causa de pedir.

Finalmente, uma última palavra sobre a fase executiva.

Na homologação de decisão estrangeira, o procedimento é fracionado, porque há uma fase de processo de conhecimento e, após, uma segunda fase, de cumprimento, caso haja a necessidade de alguma providência forçada. Nesse sentido, a decisão estrangeira homologada passa a produzir, no território nacional, todos os efeitos que tinha no país de origem.

Realizada a homologação, a execução, que seguirá os termos do art. 513 do CPC, será de competência da Justiça Federal (art. 109, X, da CF e arts. 216-N para homologação e 216-V para concessão de *exequatur*, ambos do RISTJ). Nessa fase, ocorre a quebra da competência funcional, uma vez que o processo de conhecimento ocorreu no STJ, mas a execução ocorrerá na primeira instância.

A regra da execução da decisão estrangeira homologada é a mesma aplicada às sentenças prolatadas por Tribunais brasileiros.

A peculiaridade está presente apenas na execução por quantia certa, na qual o mandado inicial obedecerá ao art. 515, § 1º, do CPC, incluindo a ordem de citação do devedor.

O devedor pode impugnar a execução, valendo-se dos mesmos fundamentos utilizáveis no caso de uma sentença brasileira, sendo que a ausência de citação capaz de ser alegada se refere somente ao processo de homologação, e não ao processo que gerou a sentença homologada, uma vez que, nesse último processo, a matéria já está preclusa, por ter sido analisada como requisito de homologabilidade.

A execução não mais se fará por carta de sentença, que fica abolida pela redação do art. 965. A norma determina, em seu parágrafo único, que o pedido de execução deverá ser instruído com cópia autenticada da decisão homologatória ou do *exequatur*, conforme o caso.

Destaque-se que o juízo competente para a execução obedecerá aos critérios dos arts. 46 e 47 do CPC.

9.4. Homologação de decisão arbitral estrangeira na Lei n. 9.307/96

A partir de 1996, com a Lei n. 9.307, as decisões arbitrais passaram a ter uma regulamentação específica.

Como visto, a sentença arbitral possui a mesma força de uma sentença judicial, tanto que no art. 515, VII, do CPC é apresentada como um título executivo judicial.

Em relação à sua homologação, a orientação predominante na jurisprudência do Supremo Tribunal Federal era no sentido de ser admitida a homologação de decisão arbitral estrangeira, desde que já homologada por Tribunal do Estado de origem.

Isso porque, até 1996, o que havia era o laudo arbitral, mas não uma sentença propriamente dita; ademais, o laudo só tinha validade após ser homologado por uma decisão judicial, passando, a partir daí, a adquirir eficácia.

Diante desse requisito, a doutrina passou a criar distinções para a homologação de decisão estrangeira, admitindo que, se o país de origem exigisse a prévia homologação judicial do "laudo" arbitral para que este pudesse produzir efeitos internamente, o ato estrangeiro a ser homologado no Brasil seria, em verdade, a sentença homologatória do laudo arbitral e não propriamente esse último.

Todavia, caso o Estado de origem atribuísse ao "laudo" eficácia de sentença, independentemente de homologação, desnecessário o Brasil exigir a homologação pelo Tribunal do país de origem.

A Lei n. 9.307/96 outorgou à sentença do árbitro *status* de autonomia e independência. Dessa forma, não está sujeita à homologação judicial, tendo o mesmo valor da sentença proferida pelo magistrado togado. Afinal de contas, como já destacado, o árbitro é juiz de fato e de direito (art. 18).

430   *Manual de Mediação e Arbitragem* ....

Nesse passo, o art. 35 da Lei de Arbitragem não exige mais homologação na origem, mas apenas no destino, ou seja, no STJ, que é o órgão competente, após a Emenda Constitucional n. 45[31].

Não custa lembrar que sentença arbitral estrangeira é aquela proferida fora do território nacional, nos termos do art. 34, parágrafo único, da Lei de Arbitragem, o que revela que nosso ordenamento aditou o critério geográfico[32] para fins de determinação da nacionalidade da sentença arbitral.

O art. 37 enumera os documentos que devem instruir o pedido de homologação, que, por sua vez, deve obedecer aos requisitos formais do art. 319 do CPC. Nesse sentido, devem ser acostados ao pedido inicial:

a)   o original da sentença arbitral ou uma cópia devidamente certificada, autenticada pelo consulado brasileiro e acompanhada de tradução oficial;

b)   o original da convenção de arbitragem ou cópia devidamente certificada, acompanhada de tradução oficial.

Os arts. 38 e 39 tratam das hipóteses nas quais deverá ser recusada a homologação à decisão arbitral estrangeira[33]. São elas:

a)   incapacidade das partes na convenção de arbitragem;

b)   invalidade da convenção de arbitragem segundo a lei à qual as partes a submeteram;

c)   ausência da notificação da designação do árbitro ou do procedimento de arbitragem;

d)   violação do princípio do contraditório, impossibilitando a ampla defesa;

e)   sentença arbitral proferida fora dos limites da convenção de arbitragem;

f)   inadequação da arbitragem ao compromisso ou à cláusula compromissória;

g)   falta de obrigatoriedade, anulação ou suspensão da decisão por órgão judicial do país onde a sentença arbitral for prolatada;

h)   ser o objeto do litígio insuscetível de resolução por arbitragem;

i)   ofensa à ordem pública.

Com relação a esse último item, o parágrafo único do art. 39 dispõe expressamente não haver ofensa à ordem pública quando a efetivação da citação da parte residente ou domiciliada no Brasil ocorrer nos moldes da convenção de arbitragem ou da lei processual do país onde se realizou a arbitragem. Prevê, ainda, ser admitida a citação postal com

---

31.   *Informativo STF* n. 173, SE 5.847, rel. Min. Maurício Corrêa.

32.   O STJ já decidiu questão envolvendo a nacionalidade da sentença arbitral, no REsp 1.231.554, rel. Min. Nancy Andrighi, j. em 24-5-2011: "No ordenamento jurídico pátrio, elegeu-se o critério geográfico (*ius solis*) para determinação da nacionalidade das sentenças arbitrais, baseando-se exclusivamente no local onde a decisão for proferida (art. 34, parágrafo único, da Lei n. 9.307/96)".

33.   Enunciado FPPC n. 85 (arts. 960 a 965): "Deve prevalecer a regra de direito mais favorável na homologação de sentença arbitral estrangeira em razão do princípio da máxima eficácia" (art. 7º da Convenção de Nova York – Decreto n. 4.311/2002).

prova inequívoca de recebimento, desde que assegure à parte brasileira tempo hábil para o exercício do direito de defesa[34].

Importante registrar que a redação do art. 39 é muito semelhante à do art. V (2) da Convenção de Nova Iorque[35], ratificada no Brasil pelo Decreto n. 4.311/2002 e que, de acordo com o art. 34 da Lei de Arbitragem[36], possui hierarquia legislativa na regulação da matéria atinente ao reconhecimento e à execução de sentenças arbitrais estrangeiras[37].

Nesse sentido, como observa André Abbud[38], deve ser adotado o conceito de ordem pública internacional, para fins de homologação de sentença arbitral estrangeira[39].

Finalmente, o art. 40 ressalva que a denegação da homologação para reconhecimento ou execução de decisão arbitral estrangeira por vícios formais não obsta a que a parte interessada renove o pedido, uma vez sanados os vícios apresentados.

Com base no que foi exposto acima, podemos dizer que a jurisprudência do STJ em matéria de arbitragem tem sido, até agora, bastante favorável ao instituto[40]. Especificamente quanto à exceção de ordem pública, o STJ se mantém alinhado ao entendimento predominante no que toca à interpretação restritiva da Convenção de Nova Iorque.

A fim de demonstrar essa afirmação, elencaremos, a seguir, alguns julgados do Tribunal, reunidos em notável monografia apresentada por Lidia Spitz, quando cursava a

---

34. "(...) A sentença arbitral encontra-se autenticada regularmente e consulada nos termos do art. 37 da Lei n. 9.307/96 e no art. 3º da Resolução n. 9 do STJ. 2. Ademais, não há nulidade na citação dos autos de procedimento arbitral, apesar da inexistência de carta rogatória, tendo em vista a possibilidade da citação postal em procedimento arbitral" (AgInt na SEC 15.897/EX, rel. Min. Mauro Campbell Marques, Corte Especial, *DJe* 27-11-2017). No mesmo sentido, SEC 8.847/EX, rel. Min. João Otávio de Noronha, Corte Especial, *DJe* 28-11-2013.

35. "Art. V (2). O reconhecimento e a execução de uma sentença arbitral também poderão ser recusados caso a autoridade competente do país em que se tenciona o reconhecimento e a execução constatar que: a) segundo a lei daquele país, o objeto da divergência não é passível de solução mediante arbitragem; ou b) o reconhecimento ou a execução da sentença seria contrário à ordem pública daquele país."

36. "Art. 34. A sentença arbitral estrangeira será reconhecida ou executada no Brasil de conformidade com os tratados internacionais com eficácia no ordenamento interno e, na sua ausência, estritamente de acordo com os termos desta Lei."

37. "O art. 34 da Lei n. 9.307/96 determina que a sentença arbitral estrangeira será homologada no Brasil, inicialmente, de acordo com os tratados internacionais com eficácia no ordenamento interno e que, somente na ausência destes, incidirão os dispositivos da Lei de Arbitragem Brasileira" (STJ, Corte Especial, SEC 5.782-EX, rel. Min. Jorge Mussi, *DJe* 16-12-2015).

38. ABBUD, 2008, p. 209.

39. Nesse mesmo sentido, Ricardo Ramalho Almeida pontua que: "parece mais acertado o entendimento de que, no contexto de reconhecimento e execução de sentenças arbitrais estrangeiras, a Lei só pode estar se preocupando com a manutenção da integridade essencial do ordenamento jurídico nacional, no mesmo sentido em que tradicionalmente se aplica a exceção de ordem pública à homologação de sentenças judiciais estrangeiras, vale dizer, no sentido próprio do direito internacional privado – às vezes identificado com a designação 'ordem pública internacional' –, que é específico de relações jurídicas multiconectadas, internacionais, não se confundindo com o emprego do princípio da ordem pública no plano das relações civis exclusivamente internas" (2005, p. 278).

40. ARAUJO, 2009, p. 449.

432 Manual de Mediação e Arbitragem

disciplina Tópicos Especiais de Direito Processual, no Programa de Pós-Graduação em Direito da UERJ, em 2015[41].

Nesse passo, por exemplo, o STJ já decidiu que a discussão sobre a *exceptio non adimpleti contractus*[42], prevista no direito brasileiro, não tem natureza de ordem pública internacional, sendo inviável a sua análise em sede de homologação.

Na mesma linha restritiva, o STJ considerou não existir ofensa à ordem pública brasileira por parte de sentença estrangeira proferida com base nas *regras de direito* suíças, e não com base nas *leis materiais* suíças. O STJ entendeu que o termo "direito material suíço" não deve ser interpretado no juízo de delibação no Brasil, e que, *in casu*, inexistia ofensa à ordem pública brasileira[43]. Idêntico entendimento foi adotado na SEC 5.493, com relação ao direito norte-americano[44].

Um ponto recorrente nos processos de homologação de sentenças arbitrais estrangeiras diz respeito à comprovação da existência e validade da cláusula arbitral, que, aliás, é expressamente prevista no art. 38 da Lei da Arbitragem. Nesse sentido, o STJ já decidiu, em mais de uma oportunidade[45], que a matéria deve ser conformada à ordem pública e, nesses termos, poderá haver a recusa na homologação.

Contudo, o Tribunal da Cidadania não é formal ao extremo, como pode se observar do teor do julgado na SEC 856/GB. Nessa oportunidade, o STJ entendeu que houve manifestação tácita de vontade em prol da arbitragem, já que, no caso concreto, a parte não só compareceu, como também aceitou a instauração do procedimento arbitral, e chegou, inclusive, a indicar o árbitro[46]. O mesmo raciocínio foi adotado na SEC 887/FR[47].

---

41. SPITZ, 2015, p. 8-16.

42. SEC 507 (n. 3), STJ, rel. Min. Gilson Dipp, j. em 18-10-2006, e SEC 802 (n. 6), STJ, rel. Min. José Delgado, j. em 17-8-2005. Em ambos os casos a sentença arbitral decorreu de um processo sem nenhum vício formal.

43. SEC 3.035-EX, STJ, rel. Min. Fernando Gonçalves, j. em 19-8-2009.

44. "(...) sentença estrangeira que se busca homologar foi proferida com fundamento nas leis vigentes no direito americano, lá encontrando seu fundamento de validade... a ausência de previsão semelhante no ordenamento pátrio, além de não tornar nulo o ato estrangeiro, não implica, no presente caso, ofensa à ordem pública ou aos bons costumes" (SEC 5.493/US, rel. Min. Félix Fischer, j. em 21-9-2011).

45. Confiram-se, entre outras: SEC 866/GB, rel. Min. Félix Fischer, j. em 17-5-2006; SEC 885/US, rel. Min. Eliana Calmon, j. em 18-4-2012; SEC 967/GB, rel. Min. José Delgado, j. em 15-2-2006; SEC 978/GB, rel. Min. Hamilton Carvalhido, j. em 17-12-2008.

46. "Mas, como demonstrado, houve inequívoca aceitação da convenção arbitral, a tanto equivale a participação da empresa requerida no processo, de acordo com carta que ela própria remeteu contendo suas razões de mérito para defender-se. Em conclusão, considerando a prática internacional em contratos da espécie, que deve ser sempre relevada, não vejo como desqualificar a existência da convenção arbitral. A participação da requerida no processo, com a apresentação de razões e a intenção de nomear novo árbitro indica manifestação induvidosa sobre a existência acordada da cláusula compromissória" (STJ, SEC 856, rel. Min. Carlos Alberto Menezes Direito, j. em 18-5-2005).

47. Na SEC 887, veja-se o trecho: "Quanto ao primeiro – não comprovação de prévia convenção arbitral –, creio não haver dúvidas da preexistência da convenção de arbitragem, e os documentos trazidos aos autos fartamente o demonstram. Não só a própria sentença arbitral que, ao relacionar contrato por contra-

Observa-se, com isso, que o STJ[48] mantém sua preocupação em respeitar o princípio da autonomia da vontade ao validar a cláusula arbitral pactuada, se as partes aderiram livremente aos contratos que continham expressamente a cláusula compromissória. Essa posição é reafirmada também na SEC 3.709/US[49]. Em seu voto, o saudoso Ministro Zavascki esclarece que, de fato, o contrato em que restou inserida a cláusula compromissória não havia sido assinado pela requerida. Contudo, posteriormente, foi constatado, de forma evidente e inquestionável, a adesão da requerida ao procedimento arbitral a partir do momento em que não só compareceu perante o Tribunal Arbitral e apresentou sua manifestação, como, inclusive apresentou reconvenção.

Ainda nesse prisma, o STJ, no julgamento da SEC 507/GB, entendeu que, se tivesse que examinar a natureza jurídica do contrato (se de adesão ou não), teria que examinar o ordenamento jurídico alienígena e, com isso, adentraria no mérito do caso, o que seria incabível nos estreitos limites do pedido de homologação[50].

Outro ponto sensível e que pode levar ao questionamento de violação à ordem pública é a alegação de carência de fundamentação adequada na decisão arbitral estrangeira que se pretende homologar.

O STJ teve oportunidade de se manifestar sobre a matéria quando do exame da SEC 5.692/US[51]. Na ocasião, o relator esclareceu que a motivação adotada e os aspectos formais da decisão seguiram a lei do país de onde foi proferida, e, portanto, a sua concisão não poderia inibir a homologação. Desse modo, o STJ manifestou-se pelo respeito à decisão arbitral, em homenagem ao sistema brasileiro de contenciosidade limitada, que impede qualquer análise mais profunda do mérito da decisão.

---

to que lhe fora submetido, faz referência à mencionada convenção, como os documentos juntados às fls. 199/231 expressamente se referem ao mencionado acordo. Portanto, esse requisito foi atendido, não constituindo motivo impeditivo da homologação" (STJ, SEC n. 887, rel. Min. João Otávio de Noronha, j. em 3-6-2006).

48. A partir do momento em que as requeridas celebraram contratos que continham a referida cláusula aderiram expressamente à possibilidade de solução de litígios pela via arbitral, sendo despicienda agora, nesta seara, a tentativa de se discutir a onerosidade do procedimento. No mesmo sentido, mostra-se incabível a alegação de ofensa à ordem pública, ao argumento de que o procedimento arbitral além de trazer limitações ao seu direito de defesa, permite que uma empresa estrangeira que praticou a justiça privada ainda tenha o direito de cobrar valores das partes prejudicadas, sendo certo que no Brasil vige a regra do monopólio da Jurisdição, não podendo os particulares exercerem a autotutela" (STJ, SEC 507/GB, rel. Min. Gilson Dipp, *DJ* 13-11-2006).

49. SEC 3.709/US, rel. Min. Teori Zavascki, j. em 6-6-2008.

50. "Antes de analisar a alegação, faz-se mister registrar que o controle judicial da homologação da sentença arbitral estrangeira está limitado aos aspectos previstos nos artigos 38 e 39 da Lei n. 9.307/96, não podendo ser apreciado o mérito da questão objeto da arbitragem. Na hipótese, para a eventual análise da alegação de que o contrato objeto da arbitragem é 'de adesão', seria necessário o exame do mérito da relação de direito material afeto ao objeto da sentença estrangeira homologanda, o que se mostra inviável na presente via" (STJ, SEC 507/GB, rel. Min. Gilson Dipp, *DJ* 13-11-2006).

51. STJ, SEC 5.692/US, rel. Min. Benedito Gonçalves, j. em 18-5-2010.

434 *Manual de Mediação e Arbitragem* ....

É bem verdade, porém, que a questão ganha novos contornos, à luz do já mencionado art. 489, § 1º, do CPC. Assim, diante do princípio da fundamentação analítica das decisões judiciais, que deve ser aplicado à seara arbitral por se tratar de desdobramento natural do contraditório (que, por sua vez, é um dos princípios fundamentais expressamente assegurados no art. 21, § 2º, da Lei n. 9.307/96), quer nos parecer que, se e quando a questão vier a ser submetida novamente ao crivo homologatório, poderemos ter um resultado diverso.

Antes de finalizar, vale citar alguns julgados relevantes do STJ proferidos nos últimos anos.

Na SEC 14.385/EX, ratificou-se a orientação de que o juízo do STJ é de mera delibação, e de que "a verificação dos limites subjetivos da sentença arbitral estrangeira deve ter em consideração a matéria incorporada ao texto da decisão homologanda, sobretudo quanto às partes e o respetivo exercício do contraditório, a partir do que será verificada a extensão da obrigação apta a se tornar eficaz e exequível no território nacional"[52]. Nessa linha, não caberia ao STJ, por exemplo, apreciar alegações de nulidade de cláusulas contratuais[53] ou da própria convenção de arbitragem inserida em contrato de adesão[54].

Já na SEC 13.080/EX, confirmou-se o entendimento de que a homologação da sentença arbitral estrangeira demanda o preenchimento dos "requisitos formais exigidos pelos arts. 216-C, 216-D e 216-F do Regimento Interno do STJ e 37 da Lei n. 9.307/96 e quando inexiste ofensa à soberania ou à ordem pública nacionais", salientando-se que a comprovação do caráter definitivo da sentença arbitral deve ser "inferida do próprio título em conjugação com o regulamento que disciplinou o respectivo procedimento"[55].

Em caso em que se questionava a citação da parte no processo arbitral, o STJ rechaçou o argumento, sustentando que "os documentos acostados aos autos infirmam tal alegação (...) a hipótese em exame amolda-se à jurisprudência do Superior Tribunal de Justiça quanto à regularidade da citação quando evidenciada a ciência inequívoca do processo arbitral"[56].

Sob outro prisma, o STJ assentou o entendimento de que a sentença arbitral estrangeira definitiva prescinde de chancela por órgão do judiciário do país em que proferida:

> Tendo em vista que, além de não elencar essa exigência entre os motivos capazes de ensejar a negativa de homologação do laudo arbitral estrangeiro (arts. 38 e 39, ambos da Lei n.

---

52. SEC 14.385/EX, rel. Min. Nancy Andrighi, Corte Especial, *DJe* 21-8-2018. No mesmo sentido, SEC 16.208/EX, rel. Min. Nancy Andrighi, Corte Especial, *DJe* 5-12-2017; SEC 15.977/EX, rel. Min. Humberto Martins, Corte Especial, *DJe* 15-9-2017; SEC 12.493/EX, rel. Min. Maria Thereza de Assis Moura, Corte Especial, j. em 21-12-2017.

53. SEC 14.679/EX, rel. Min. Og Fernandes, Corte Especial, *DJe* 14-6-2017.

54. SEC 11.106/EX, rel. Min. Herman Benjamim, Corte Especial, *DJe* 21-6-2017.

55. SEC 13.080/EX, rel. Min. João Otávio de Noronha, Corte Especial, *DJe* 12-12-2017.

56. SEC 11.463/EX, rel. Min. Herman Benjamim, Corte Especial, *DJe* 13-9-2017.

9.307/96), a Lei de Arbitragem brasileira revogou expressamente o art. 1.097, do CPC/73, que previa a necessidade de homologação judicial do laudo arbitral para produzir os efeitos de sentença judiciária[57].

Em caso emblemático, o STJ, em brilhante voto do Ministro Luis Felipe Salomão, entendeu não haver óbice à homologação de sentença arbitral estrangeira em desfavor de empresa em recuperação judicial, consignando que "não há falar na incidência do art. 6º, § 4º, da Lei de Quebras como óbice à homologação da sentença arbitral, uma vez que se está em fase antecedente à execução, apenas emprestando eficácia jurídica ao provimento homologando"[58].

Hipótese interessante foi examinada pelo STJ na SEC 3.687/EX, em que se reconheceu que a prévia homologação do título estrangeiro no país de origem – para iniciar a execução da obrigação de fazer – não impede a homologação da mesma sentença arbitral estrangeira no Brasil em prol do início da obrigação de pagar[59].

Por fim, vale mencionar o caso Abengoa, em que o STJ deixou de homologar duas sentenças arbitrais estrangeiras, por entender, essencialmente, que ofende a ordem pú-

---

57. SEC 8.421/EX, rel. Min. Herman Benjamim, Corte Especial, *DJe* 11-10-2017.

58. SEC 14.408/EX, rel. Min. Luis Felipe Salomão, Corte Especial, *DJe* 31-8-2017. E o precedente foi reafirmado por ocasião do exame dos autos do CC 157.099/RJ, rel. Min. Marco Buzzi, red. p/ acórdão Min. Nancy Andrighi, j. em 10-10-2018: "(...) 2. O juiz está autorizado a realizar controle de legalidade de disposições que integram o plano de soerguimento, muito embora não possa adentrar em questões concernentes à viabilidade econômica da recuperanda. Precedentes. (...) 5. A instauração da arbitragem, no particular, foi decorrência direta de previsão estatutária que obriga a adoção dessa via para a solução de litígios societários. 6. Ainda que a jurisprudência do STJ venha entendendo, consistentemente, que a competência para decidir acerca do destino do acervo patrimonial de sociedades em recuperação judicial é do juízo do soerguimento, a presente hipótese versa sobre situação diversa. 7. A questão submetida ao juízo arbitral diz respeito à análise da higidez da formação da vontade da devedora quanto a disposições expressas no plano de soerguimento. As deliberações da assembleia de credores – apesar de sua soberania – estão sujeitas aos requisitos de validade dos atos jurídicos em geral. Precedente. 8. O art. 50, *caput*, da Lei 11.101/05, ao elencar os meios de recuperação judicial passíveis de integrar o plano de soerguimento, dispõe expressamente que tais meios devem observar a legislação pertinente a cada caso. Seu inciso II é ainda mais enfático ao prever que, em operações societárias, devem ser 'respeitados os direitos dos sócios, nos termos da legislação vigente'. E, no particular, o objetivo da instauração do procedimento arbitral é justamente garantir o direito dos acionistas de deliberar em assembleia geral sobre questões que, supostamente, competem privativamente a eles, mas que passaram a integrar o plano de recuperação judicial sem sua anuência".

59. SEC 3.687/EX, rel. Min. Humberto Martins, Corte Especial, *DJe* 11-5-2017. Do voto, vale pinçar o seguinte trecho: "Tanto a segunda, quanto a terceira e a quarta alegações de nulidade estão relacionadas com o processo judicial por meio do qual foi homologada a arbitragem pelo poder judiciário estrangeiro; o título arbitral previa a aplicação de uma penalidade de mercado naquele país e, portanto, exigia a homologação judicial para iniciar a execução de uma obrigação de fazer. No caso concreto, não vejo óbice legal que veda a homologação no Brasil de sentença arbitral que foi homologada, antes, em outro país, em prol de buscar a aplicação diversa da qual se busca aqui: a obrigação de pagar. O trânsito em julgado da sentença arbitral se deduz pelos seus próprios termos, no qual se indicam que ela poderá ser homologada em qualquer órgão judicial competente (fl. 144); no caso do país estrangeiro, o laudo arbitral foi homologado, como se observa da aposição do carimbo 'filed' (fl. 82); no caso do Brasil, trata apenas da homologação da mesma sentença arbitral em prol da execução da obrigação de pagar".

blica nacional "a sentença arbitral emanada de árbitro que tenha, com as partes ou com o litígio, algumas das relações que caracterizam os casos de impedimento ou suspeição de juízes (arts. 14 e 32, II, da Lei n. 9.307/96)"[60].

De acordo com a Corte Especial:

> Dada a natureza contratual da arbitragem, que põe em relevo a confiança fiducial entre as partes e a figura do árbitro, a violação por este do dever de revelação de quaisquer circunstâncias passíveis de, razoavelmente, gerar dúvida sobre sua imparcialidade e independência, obsta a homologação da sentença arbitral[61].

Em seu voto, que acompanhou a divergência inaugurada pelo Ministro João Otávio de Noronha, a Ministra Nancy Andrighi foi incisiva: "Conhecido brocardo diz que à mulher de César não basta ser honesta, tem de parecer honesta. Parafraseando-o, poderíamos dizer que ao juiz não basta ser imparcial, tem de parecer imparcial".

Como se vê, a discussão sobre a imparcialidade do árbitro foi tratada no contexto da "ordem pública nacional" (art. 39, II) e sob o prisma da "dúvida justificada" (art. 14, § 1º), o que, todavia, desperta alguma inquietude, uma vez que os requisitos para a configuração da imparcialidade no país estrangeiro, bem como os padrões de aferibilidade da "dúvida justificada", podem ser diferentes dos *standards* nacionais[62]. Com isso, acaba-se, na prática, mesmo diante de conceitos jurídicos indeterminados e no contexto de uma arbitragem internacional vaga imiscuindo-se no mérito da respectiva sentença arbitral[63]. A questão se agrava porque tanto o Tribunal Arbitral quanto o Judiciário estrangeiro já haviam enfrentado a questão da imparcialidade e entenderam que

---

60. SEC 9.412/EX, rel. Min. João Otávio de Noronha, Corte Especial, *DJe* 30-5-2017.

61. O Ministro Relator Félix Fischer votava no sentido de homologar as sentenças arbitrais estrangeiras, mas ficou vencido. Na sua visão, a discussão em torno da imparcialidade ou não do árbitro, ainda mais quando a matéria já havia sido examinada pelo Tribunal Arbitral e pelo Judiciário local, refoge aos estreitos perímetros do juízo de delibação do STJ. De acordo com os autos, a discussão envolvia a alegada parcialidade do Juiz Presidente do Tribunal Arbitral, uma vez que este seria "sócio sênior de banca de advocacia que teria representado as empresas requerentes em diversas causas".

62. Note-se que na homologação de Sentença Estrangeira n. 120, o STJ destacou que "não há que se falar em ofensa à soberania nacional ou à ordem pública, pois, no que concerne ao árbitro e às suspeitas levantadas pela requerida quanto a ele, constata-se que a escolha de seu nome decorreu de acordo mútuo entre ambas as partes, havendo referência expressa, na sentença, quanto ao fato de o julgador indicado ter servido em um tribunal regional de outro estado que não aquele no qual foi realizada a audiência desta arbitragem, sendo certo, também, que o prazo concedido para a respectiva impugnação transcorreu *in albis*". (STJ, Homologação de Sentença Estrangeira n. 120, rel. Min. Nancy Andrighi, Corte Especial, j. 18-12-2018.

63. "Aplicando esse raciocínio ao Brasil, conclui-se que o STJ não deveria deixar de homologar sentença arbitral estrangeira estritamente com base nos critérios de impedimento e suspeição definidos, para relações jurídicas internas, pela lei processual civil brasileira. Fazê-lo seria equivalente a aplicar ordem pública nacional (normas cogentes de ordem doméstica que não podem ser derrogadas pelas partes) em casos internacionais – o que, como visto anteriormente, não é a abordagem correta. O caráter internacional da relação jurídica deve ser levado em consideração". CUOZZO, 2018, pp. 149-166.

o vício não estaria configurado[64]. A matéria chegou ao STF, mas todos os recursos foram rejeitados e a decisão transitou em julgado (ARE 1.136.287, relatoria do Ministro Roberto Barroso)[65].

---

64. "A arbitragem internacional carrega consigo uma noção de que a sentença arbitral foi feita para circular pelos mais diversos locais. Isto é, a sentença não deveria ser, a princípio, fortemente conectada com os ideais locais de um país específico, mas sim com um ideal internacional. Essa perspectiva coincide com o fato de a própria 'ordem pública', uma das possíveis defesas à não homologação de sentenças arbitrais estrangeiras, possuir níveis nacional (normas imperativas de ordem doméstica que não podem ser derrogadas pelas partes), internacional (ordem pública de direito internacional privado de um país, que implica a rejeição de alguns ideais eminentemente domésticos, e resulta em um controle estatal mais restrito) e, possivelmente, um nível 'transnacional' (ou 'supranacional')." CUOZZO, 2018, pp. 149-166

65. Para uma análise detalhada do caso, incluindo as decisões estrangeiras, os motivos da alegada parcialidade do árbitro-presidente e os votos dos Ministros no julgamento do STJ, ver TORRESI, 2018, pp. 91-117.

Capítulo 10

Produção Antecipada de Prova Perante o Poder Judiciário, a Competência do Árbitro e a Jurisdição Arbitral

Sumário: 10.1. Aproximação ao tema. **10.2.** A produção antecipada de prova no CPC/73. **10.3.** A produção antecipada de prova no CPC/2015. **10.4.** A produção antecipada de prova no Judiciário, a competência do árbitro e a jurisdição arbitral.

10.1. Aproximação ao tema

O CPC/2015 promoveu relevantes alterações no capítulo das provas na tentativa de racionalizar a prestação jurisdicional.

A propósito, vale destacar o novo regramento da produção antecipada de prova (arts. 381 a 383), que contém hipóteses não previstas no CPC/73, que, de certa forma, fomentam a consensualidade, um dos cânones do novo diploma processual.

A questão que se pretende examinar neste capítulo é a seguinte: a produção antecipada de prova no Judiciário viola a competência do árbitro e o juízo arbitral[1]?

Antes de avançar, porém, faremos uma rápida digressão ao CPC/73 para compreender como o tema era tratado.

Na sequência, abordaremos a matéria no CPC/2015, tecendo breves considerações e nos posicionando efetivamente sobre a controvérsia em debate.

10.2. A produção antecipada de prova no CPC/73

Na vigência do CPC/73, a produção antecipada da prova tinha natureza eminentemente cautelar, estando, invariavelmente, atrelada ao "fundado receio" de que a prova se tornasse impossível ou de difícil verificação no futuro[2].

---

1. Para maiores aprofundamentos, ver MAZZOLA; TORRES, 2018, p. 337-347.

2. "Embora no sistema do CPC/73 já houvesse a previsão de medidas direcionadas a esse fim – a justificação e a exibição, por exemplo – o legislador do NCPC deu ênfase ao que se pode chamar de um direito autônomo à prova" (WAMBIER; CONCEIÇÃO; RIBEIRO, 2016, p. 735-736).

440   *Manual de Mediação e Arbitragem* ....

Era a hipótese, por exemplo, da testemunha idosa ou com moléstia grave ou, ainda, do prédio em ruínas, situações que justificavam a antecipação da produção da prova.

A matéria estava regulada nos arts. 846 a 851[3].

De um modo geral, o cabimento da produção antecipada da prova tinha natureza eminentemente cautelar, estando intimamente ligado à hipótese de fundado receio de que a prova pudesse no futuro vir a ser de difícil ou impossível produção.

10.3. A produção antecipada de prova no CPC/2015

O CPC/2015 ampliou as hipóteses da produção antecipada de prova, prestigiando, de certa forma, a autocomposição das partes, o estímulo aos métodos adequados de resolução de conflitos (arts. 3º, §§ 2º e 3º, e 139, V) e a própria racionalização da prestação jurisdicional (arts. 4º, 6º e 8º)[4-5].

A matéria está regulada nos arts. 381 a 383[6], que também disciplinam algumas questões de relevância prática, por exemplo, a não prevenção do juízo para futura ação de discussão do mérito e o caráter não litigioso do procedimento.

---

3. "Art. 846. A produção antecipada da prova pode consistir em interrogatório da parte, inquirição de testemunhas e exame pericial.

Art. 847. Far-se-á o interrogatório da parte ou a inquirição das testemunhas antes da propositura da ação, ou na pendência desta, mas antes da audiência de instrução: I – se tiver de ausentar-se; II – se, por motivo de idade ou de moléstia grave, houver justo receio de que ao tempo da prova já não exista, ou esteja impossibilitada de depor.

Art. 848. O requerente justificará sumariamente a necessidade da antecipação e mencionará com precisão os fatos sobre que há de recair a prova. Parágrafo único. Tratando-se de inquirição de testemunhas, serão intimados os interessados a comparecer à audiência em que prestará o depoimento.

Art. 849. Havendo fundado receio de que venha a tornar-se impossível ou muito difícil a verificação de certos fatos na pendência da ação, é admissível o exame pericial.

Art. 850. A prova pericial realizar-se-á conforme o disposto nos arts. 420 a 439.

Art. 851. Tomado o depoimento ou feito exame pericial, os autos permanecerão em cartório, sendo lícito aos interessados solicitar as certidões que quiserem."

4. "Os reformadores estão utilizando, cada vez mais, o juízo arbitral, a conciliação e os incentivos econômicos para a resolução dos litígios fora dos tribunais. Essas técnicas, é preciso que se diga, podem ser obrigatórias para algumas ou todas as demandas, ou podem tornar-se disponíveis como opção para as partes" (CAPPELLETTI; GARTH, 2002, p. 30).

5. "Art. 4º As partes têm o direito de obter em prazo razoável a solução integral do mérito, incluída a atividade satisfativa.

Art. 6º Todos os sujeitos do processo devem cooperar entre si para que se obtenha, em tempo razoável, decisão de mérito justa e efetiva.

Art. 8º Ao aplicar o ordenamento jurídico, o juiz atenderá aos fins sociais e às exigências do bem comum, resguardando e promovendo a dignidade da pessoa humana e observando a proporcionalidade, a razoabilidade, a legalidade, a publicidade e a eficiência."

6. "Art. 381. A produção antecipada da prova será admitida nos casos em que: I – haja fundado receio de que venha a tornar-se impossível ou muito difícil a verificação de certos fatos na pendência da ação; II – a prova a ser produzida seja suscetível de viabilizar a autocomposição ou outro meio adequado de solução de

Nossa proposta não é analisar todas as novidades normativas nesse ponto. Na verdade, limitar-nos-emos a abordar os incisos II e III do art. 381, que materializam duas novas hipóteses de cabimento da produção antecipada da prova além daquela tradicional (de natureza cautelar, relacionada ao risco de perdimento da possibilidade da prova – inclusive com previsão no art. 22-A da Lei de Arbitragem), que guardam alguma conexão com os temas desta obra.

Em relação ao inciso II, o dispositivo permite que a prova a ser produzida seja capaz de viabilizar eventual acordo entre as partes, estimulando a consensualidade e os métodos adequados de resolução de conflitos[7].

Em termos práticos, a previsão normativa facilita que as partes cheguem ao consenso em razão da prova produzida. De fato, muitas vezes o depoimento de uma testemunha ou o resultado de uma prova pericial pode influenciar o comportamento das partes e maximizar a possibilidade de autocomposição.

Por sua vez, o inciso III permite que o prévio conhecimento dos fatos possa justificar ou evitar o ajuizamento da ação.

Imagine-se, por exemplo, uma relação locatícia, em que o locatário desconfia que está pagando um aluguel acima do mercado. Nesse caso, em vez de propor desde logo a ação revisional, poderá se valer da produção antecipada de prova, que servirá como "termômetro" da sua pretensão, já que a prova pericial ali produzida fornecerá subsídios para sua análise e posterior decisão de ajuizamento ou não da ação.

É inegável que as alterações promovidas pelo CPC (incisos II e III) favorecem a racionalização da prestação jurisdicional, fomentando a consensualidade.

---

conflito; III – o prévio conhecimento dos fatos possa justificar ou evitar o ajuizamento de ação. § 1º O arrolamento de bens observará o disposto nesta Seção quando tiver por finalidade apenas a realização de documentação e não a prática de atos de apreensão. § 2º A produção antecipada da prova é da competência do juízo do foro onde esta deva ser produzida ou do foro de domicílio do réu. § 3º A produção antecipada da prova não previne a competência do juízo para a ação que venha a ser proposta. § 4º O juízo estadual tem competência para produção antecipada de prova requerida em face da União, de entidade autárquica ou de empresa pública federal se, na localidade, não houver vara federal. § 5º Aplica-se o disposto nesta Seção àquele que pretender justificar a existência de algum fato ou relação jurídica para simples documento e sem caráter contencioso, que exporá, em petição circunstanciada, a sua intenção.
Art. 382. Na petição, o requerente apresentará as razões que justificam a necessidade de antecipação da prova e mencionará com precisão os fatos sobre os quais a prova há de recair. § 1º O juiz determinará, de ofício ou a requerimento da parte, a citação de interessados na produção da prova ou no fato a ser provado, salvo se inexistente caráter contencioso. § 2º O juiz não se pronunciará sobre a ocorrência ou a inocorrência do fato, nem sobre as respectivas consequências jurídicas. § 3º Os interessados poderão requerer a produção de qualquer prova no mesmo procedimento, desde que relacionada ao mesmo fato, salvo se a sua produção conjunta acarretar excessiva demora. § 4º Neste procedimento, não se admitirá defesa ou recurso, salvo contra decisão que indeferir totalmente a produção da prova pleiteada pelo requerente originário.
Art. 383. Os autos permanecerão em cartório durante 1 (um) mês para extração de cópias e certidões pelos interessados. Parágrafo único. Findo o prazo, os autos serão entregues ao promovente da medida."

7.   "Assim, o primeiro desses casos (inc. II) objetiva fornecer subsídios que permitam às partes buscar uma solução extrajudicial de seu conflito, seja por conciliação, por mediação ou mesmo por arbitragem" (MARINONI, 2016, p. 43).

442 *Manual de Mediação e Arbitragem*

Pois bem, delimitadas as novas hipóteses de produção antecipada de prova, iremos enfrentar a questão propriamente dita.

10.4. A produção antecipada de prova no Judiciário, a competência do árbitro e a jurisdição arbitral

Antes de avançar, cabe o alerta de que ainda é cedo para prognósticos precisos, sobretudo nesse momento de sedimentação do CPC, em que a jurisprudência ainda não se consolidou.

De qualquer forma, devemos enfrentar o tema, ainda que timidamente, não apenas em razão de sua relevância, mas sobretudo por seus efeitos práticos.

E a provocação que lançamos é a seguinte: a produção antecipada de prova no Judiciário fere a competência do árbitro e o juízo arbitral?

Pois bem, inicialmente é preciso diferenciar as situações.

Havendo na convenção de arbitragem previsão expressa a respeito da matéria (possibilidade de produção antecipada de prova no Judiciário), não há dúvida quanto ao cabimento da medida.

Afinal, as próprias partes, à luz da autonomia da vontade, pactuaram tal sistemática, sendo certo que o rito a ser observado será aquele previsto na lei processual, diante de sua aplicação subsidiária, no que couber.

Da mesma forma, se houver qualquer urgência na produção da prova e o Juízo Arbitral ainda não tiver sido instalado (não havendo, ainda, previsão da figura do árbitro de emergência), não temos dúvida em afirmar que a prova poderá ser produzida no âmbito do Judiciário.

Nessa hipótese, diante da natureza cautelar da medida, além do art. 5º, XXXV, da Constituição Federal, pode ser invocado o art. 22-A da Lei n. 9.307/96. Tal hipótese se conecta diretamente ao inciso I do art. 381 do CPC, que, como visto, autoriza a produção antecipada de prova em casos de urgência.

A questão é mais sensível quando não existe nenhum ajuste específico na convenção de arbitragem e não se trata de uma produção antecipada de prova de natureza cautelar, mas sim daquelas hipóteses previstas nos incisos II e III do art. 381 do CPC.

Em tais casos, pode haver alguma controvérsia quanto ao cabimento da produção antecipada de prova, diante da eleição do Juízo Arbitral (art. 42 do CPC) e da competência do árbitro para deferir as provas necessárias (art. 22 da Lei n. 9.307/96).

É o que passaremos a analisar.

Para análise do tema, é preciso fincar uma premissa relevante, qual seja saber se a convenção arbitral prevê a possibilidade de produção antecipada de prova no Judiciário ou é silente a respeito.

Com efeito, quando o compromisso arbitral dispõe expressamente sobre a possibilidade da produção antecipada da prova no Judiciário, não há dúvidas de que a medida não violará a competência do árbitro e a jurisdição arbitral. Afinal, deve prevalecer a autonomia da vontade das partes.

Por outro lado, se o compromisso arbitral vedar expressamente a produção antecipada da prova no Judiciário, a medida não poderá ser proposta, devendo ser respeitada a vontade dos contratantes.

Todavia, sendo silente a convenção arbitral ou havendo dúvidas sobre a sua extensão, surgirá a controvérsia propriamente dita.

Ousamos afirmar que a produção antecipada de prova nesse caso não violará a competência do árbitro e a jurisdição arbitral.[8]

Primeiro, porque, no procedimento em questão, o juiz não se pronunciará "sobre a ocorrência ou a inocorrência do fato, nem sobre as respectivas consequências jurídicas" (art. 382, § 2º, do CPC). Ou seja, não há vencido e vencedores, e tampouco a formação de coisa julgada[9].

Trata-se, na verdade, de uma atividade que faz lembrar o *discovery* do direito norte-americano. Ademais, não se admitirá defesa ou recurso[10], salvo contra decisão que indefira totalmente a produção da prova pleiteada pelo requerente originário (art. 382, § 4º), o que confirma a intenção do legislador de não burocratizar o procedimento.

Segundo, em razão do caráter dúplice da produção antecipada de prova, capaz de beneficiar tanto o requerente como o requerido. Com efeito, quando o juiz defere a medida, não é possível saber, de antemão, quem irá se beneficiar da respectiva prova.

---

8.   Já existe um julgado em sentido contrário da Terceira Turma do STJ: "Afigurando-se indiscutível o caráter jurisdicional da atividade desenvolvida pela arbitragem ao julgar ações probatórias autônomas, as quais guardam, em si, efetivos conflitos de interesses em torno da própria prova, cujo direito à produção é que constitui a própria causa de pedir deduzida – e resistida pela parte adversa –, a estipulação de compromisso arbitral atrai inarredavelmente a competência do Tribunal arbitral para conhecer a ação de produção antecipada de provas. A urgência, 'que dita impossibilidade prática de a pretensão aguardar a constituição da arbitragem'" é a única exceção legal à competência dos árbitros" (REsp, n. 2.023.615/SP, rel. Marco Aurélio Bellizze, Terceira Turma, j. 14-3-2023).

9.   Há quem sustente que como a ação de produção antecipada de prova não tem caráter jurisdicional contencioso (assertiva com a qual não concordamos), o Judiciário seria competente, pois sua atuação não violaria a convenção de arbitragem: "Não havendo prestação jurisdicional, também não há necessidade de que a produção autônoma de provas seja requerida em arbitragem – mesmo caso haja convenção de arbitragem. A arbitragem, enquanto método jurisdicional, não se presta a outra função que não pacificar e solucionar litígios por meio da aplicação do direito ao caso concreto através de procedimento, respeitando as garantias processuais. Requerer dos árbitros que simplesmente determinem a produção de certa prova, por meio desse procedimento *suis generis*, parece-nos desvirtuar o próprio instituto da arbitragem". ZAKIA; VISCONTI, 2018, pp. 195-211.

10.   Embora o dispositivo afirme não caber defesa ou recurso fora da hipótese prevista, entendemos que, à luz do princípio do contraditório e diante de situações específicas, como, por exemplo, ilegitimidade do requerido, ilicitude da prova, entre outras questões de ordem pública, a parte requerida poderá se opor, sob pena de flagrante cerceamento de defesa.

444 *Manual de Mediação e Arbitragem* ....

Significa dizer que, ao menos nesse momento processual, não existe prejuízo para qualquer das partes e não há falar em desequilíbrio, desigualdade ou ausência de paridade de armas[11].

Terceiro, porque a prova a ser produzida de forma antecipada pode ter um escopo maior do que aquele objeto da convenção arbitral e envolver outras pessoas interessadas (art. 382, § 1º, do CPC), corroborando a utilidade da medida.

Quarto, e último, porque, sob o prisma da análise econômica do direito e da eficiência processual – norma estruturante do processo civil (art. 8º do CPC) –, a medida é fundamental para reduzir custos[12].

Imagine-se, por exemplo, uma convenção arbitral em que o objeto do conflito seja a exploração de jazidas de minério de ferro em determinada região do país. Suponhamos que não haja discussão quanto à exploração em si, mas as partes divirjam quanto ao território objeto da atividade, com acusação de invasão de área alheia.

Nessa hipótese, uma perícia prévia poderia facilmente atestar se teria havido a alegada invasão ou não, permitindo, assim, eventual autocomposição – inclusive por meio de mediação extrajudicial –, ou até mesmo evitar o ajuizamento do processo arbitral (suponhamos que não se constate tal invasão), tornando despicienda a contratação de novos advogados, árbitros e pareceres, sem falar nos elevados custos da Câmara Arbitral escolhida.

É claro que, sendo ajuizado o processo arbitral, o árbitro, a princípio, não estará vinculado àquela prova produzida no Judiciário, podendo determinar novamente a sua realização, se assim entender (art. 22 da Lei n. 9.307/96), mas, no mínimo, o material produzido servirá como prova emprestada (art. 372 do CPC).

---

11. As provas pertencem ao processo (princípio da comunhão ou solidariedade das provas) e se destinam não apenas ao juiz, mas também aos próprios sujeitos processuais, beneficiando ou prejudicando qualquer das partes, independentemente de quem as tenha produzido, podendo, eventualmente, ser utilizadas em outros processos (prova emprestada).

12. Sobre o tema, Eduardo Talamini destaca: "em princípio, as ações probatórias autônomas relativas a determinado litígio estão abrangidas pela convenção arbitral para ele estipulada. Então, não havendo urgência que impedisse aguardar-se o início da arbitragem, a produção antecipada de prova para fins não cautelares normalmente deveria ser feita em processo arbitral específico para tal fim. Mas podem existir fatores que concretamente justifiquem a antecipação probatória perante a autoridade judiciária. É o que se dá, entre outros casos, quando apenas a própria produção de prova permitirá ao requerente definir os exatos contornos de sua pretensão, inclusive para saber se ela está efetivamente abrangida pela convenção arbitral. Outro exemplo tem-se em casos que, diante de indicativos concretos, sabe-se de antemão que haverá negativa de colaboração ou resistência à produção probatória, de modo a exigirem-se medidas coercitivas que apenas poderiam ser determinadas, em qualquer caso, pelo juiz estatal (Lei n. 9.307/96, art. 22, §§ 2º e 4º). Nessa hipótese, parece razoável que a medida de produção antecipada seja desde logo requerida judicialmente. Além disso, pode haver situações em que a produção probatória que se pretende antecipar é extremamente singela e de curta duração (por exemplo, ouvida de uma única testemunha), de modo que seria desproporcional, por sua extrema onerosidade, complexidade e demora, constituir um tribunal arbitral apenas para isso. Também em tais casos justifica-se a competência judiciária" (TALAMINI: 2018, p. 940).

Em resumo, havendo na convenção de arbitragem previsão expressa a respeito da matéria (possibilidade de produção antecipada de prova no Judiciário), não há nenhuma dúvida quanto ao cabimento da medida.

Da mesma forma, se houver qualquer urgência na produção da prova e o juízo arbitral ainda não tiver sido instalado (não havendo, ainda, previsão da figura do árbitro de emergência), não temos dúvida em afirmar que a prova poderá ser produzida no âmbito do Judiciário.

Não havendo qualquer urgência na produção da produção, é preciso checar se a convenção de arbitragem veda expressamente a produção antecipada da prova no Judiciário. Em caso positivo, a medida não poderá ser proposta, devendo ser respeitada a vontade dos contratantes de centralizar a discussão na jurisdição arbitral.

Todavia, se nada estiver disciplinado na convenção arbitral, entendemos que qualquer das partes pode ajuizar a medida, sem que isso viole a jurisdição arbitral e a competência do árbitro, em razão de todos os argumentos apresentados[13].

---

13. Em sentido contrário, mas com bons argumentos, inclusive apresentando sete diretrizes (das quais concordamos com quatro – "i", "ii", "iii" e "vii"), ver MEIRELES, 2020, pp. 451-478. Vale consignar que uma das diretrizes apresentadas ("vi") é uma cláusula aberta, que, na prática, remete a análise para o caso concreto: "vi) excepcionalmente, a competência para processar a produção antecipada de prova sem urgência poderá ser transferida para a justiça estatal, quando, em um juízo de ponderação e a partir de circunstâncias concretas, for verificado que o processamento perante o juízo arbitral vai gerar um ônus excessivo às partes".

Capítulo 11

A Sentença Arbitral e sua (Não) Vinculação aos Precedentes Judiciais

> **Sumário: 11.1.** Vinculação (ou não) dos árbitros aos precedentes. **11.2.** O desenvolvimento de uma cultura de intervenção judicial mínima na arbitragem.

11.1. Vinculação (ou não) dos árbitros aos precedentes

Talvez um dos temas mais controvertidos atualmente seja a discussão sobre a vinculação (ou não) dos árbitros aos precedentes judiciais[1].

Estão os árbitros obrigados a respeitar os precedentes do art. 927 do CPC[2]? E se não respeitarem, cabe a ação anulatória do art. 33 da Lei de Arbitragem?

A controvérsia – considerada um "falso problema"[3] – está longe de ser dirimida e exigiria uma obra específica a respeito[4].

---

1. No Brasil, ainda não existe um banco de dados de decisões arbitrais. Logo, não faz sentido discutir, por ora, a vinculação dos árbitros aos precedentes arbitrais. Como explicam Daniel Brantes e Bianca Farias, fazendo referência à Câmara Nacional de Resolução de Conflitos (CRND), espécie de Câmara Arbitral criada pela CBF, para questões envolvendo esporte, "a única área da arbitragem, no Brasil, que possui potencial de desenvolver precedentes arbitrais é a área desportiva uma vez que o regulamento da CNRD, em seu art. 38, ao tratar da confidencialidade permite a publicação integral ou parcial de decisões que entender de interesse geral do mercado, omitindo os nomes e qualificações das partes. O § 4º do art. 38 do regulamento também torna o conteúdo das sentenças arbitrais acessível por terceiros com quem mantenha relação de colaboração (...)" (2018, p. 171).

2. Não adentraremos na discussão sobre a existência de um "sistema de precedentes" no direito brasileiro. Também não examinaremos a constitucionalidade ou não do art. 927 do CPC, por não ter decorrido de emenda constitucional. Da mesma forma, não analisaremos as diferentes correntes doutrinárias que divergem sobre a força e a natureza das decisões listadas no art. 927 do CPC. Apenas para que se tenha uma ideia da controvérsia, Alexandre Câmara, por exemplo, entende que as súmulas não podem ser consideradas "precedentes", por conterem apenas um extrato da decisão, e não a efetiva *ratio decidendi* (2016, p. 431).

3. CRUZ E TUCCI. Os árbitros não são estouvados! (sobre as jornadas de Direito Processual civil). Disponível em: <https://www.conjur.com.br/2018-ago-28/paradoxo-corte-arbitros-nao-sao-estouvados-jor-

448 *Manual de Mediação e Arbitragem*

Parte da doutrina entende que os árbitros estão vinculados aos precedentes judiciais[5]. Em linhas gerais, a tese é de que, ao não respeitar os precedentes – considerados fontes normativas[6] –, os árbitros estariam julgando por equidade[7], e não à luz do direi-

---

nadas-direito-processual-civil>. Acesso em: 20 set. 2018. De acordo com o doutrinador, "toda esta discussão faria realmente sentido se, na prática, os árbitros se recusassem, de forma deliberada e com alguma frequência, a invocar precedentes, vinculantes ou não, no momento em que tivessem de elaborar a *ratio decidendi*, vale dizer, a fundamentação da sentença arbitral. A propósito, ouso perguntar se algum profissional do Direito, no ambiente ainda restrito da arbitragem, já esteve diante de uma sentença arbitral na qual consignado que os árbitros signatários, de comum acordo, deixavam de seguir determinado precedente porque considerado injusto ou equivocado? Alguém já se deparou com sentença arbitral, na qual, por exemplo, o tribunal arbitral desconsiderou a orientação consolidada no Superior Tribunal de Justiça de que o prazo prescricional para o exercício da pretensão à reparação dos danos causados por fato do produto ou do serviço flui a partir da ciência inequívoca pela vítima dos efeitos do ato lesivo? (...) Conclui-se, pois, que, sob o prisma da praxe arbitral, o debate acerca da questão acima suscitada deixa de ter maior relevância, sobretudo se considerarmos um importante aspecto: a qualidade, a formação e a experiência da esmagadora maioria dos nossos árbitros, que, além de todos esses predicados, têm de ultrapassar duplo escrutínio: das partes e da respectiva câmara!".

4. A propósito, AMARAL, 2017.

5. LUCON; BARIONI; MEDEIROS NETO, 2015, p. 265-276. Desse texto, vale extrair a seguinte passagem: "Quando as partes convencionam a aplicação da lei brasileira, por exemplo, têm em vista a interpretação corrente sobre os diversos dispositivos legais. As partes desejam, por meio da convenção arbitral, que o arcabouço normativo brasileiro seja utilizado como parâmetro para a decisão. (...) As pautas de conduta estabelecidas pelos órgãos da jurisdição estatal, assim como pela própria doutrina, evidentemente geram nas partes a legítima expectativa de que o julgamento conforme a lei adote essa orientação. (...) A existência de uma previsão infraconstitucional federal, por exemplo, cuja interpretação adequada tenha sido fixada pelo STJ em julgamento de recurso especial repetitivo – órgão constitucionalmente criado para uniformizar a interpretação da lei federal –, é forte o bastante para que o árbitro a leve em consideração em sua decisão, porque essa é a pauta de conduta que o STJ se baliza ao determinar o critério de aplicação da lei. Em relação às súmulas vinculantes do STF, inegável haver previsão constitucional de que os órgãos decisórios deverão observá-las. (...) A redação do inc. V do art. 966 do CPC/2015, ao prever o cabimento da ação rescisória quando a decisão 'violar manifestamente norma jurídica', serve de parâmetro para o cabimento da ação anulatória da sentença arbitral: a não aplicação da lei no caso em que aplicável, a aplicação em caso inaplicável ou a aplicação com interpretação evidentemente equivocada pode representar julgamento fora dos limites da convenção arbitral, desde que seja manifesto".

6. Guilherme Rizzo Amaral assinala que o reconhecimento do precedente judicial como fonte do direito não deve ser visto como algo "extravagante". Em sua visão, "extravagante" é a ideia de que o árbitro pode aplicar ordenamento jurídico distinto daquele aplicado pelo juiz, confundindo "diferentes sistemas de resolução de conflito (judicial e arbitral) com diferentes ordens jurídicas" (Vinculação dos árbitros aos precedentes judiciais. Disponível em: <https://www.conjur.com.br/2017-out-03/guilherme-amaral-vinculacao-arbitros-aos-precedentes-judiciais>. Acesso em: 18 set. 2018). Interessante observar que o autor, embora defenda a vinculação dos árbitros aos precedentes das Cortes Superiores, não entende cabível a ação anulatória se o árbitro tiver feito o *distinguishing* no caso concreto, somente cabendo a medida se o julgador reconhecer o precedente, mas julgar contra lei, por entender que a tese estaria equivocada: "Digamos, contudo, que uma tal hipótese ocorra. Poderá a sentença arbitral ser anulada simplesmente se aplicado erroneamente o precedente? É claro que não. Tal qual ocorre nos julgamentos por equidade, não é porque o árbitro errou ao interpretar a lei que a sentença estará viciada. O que gera o vício e a possibilidade de anulação é o julgamento expressa e conscientemente *contra legem*. Nele se reconhece a existência de lei ou do precedente vinculante mas se deixa de aplicá-los por entender, o árbitro, ser capaz de encontrar solução mais justa do que encontrou o legislador ou a corte de precedente. (...) Assim, se o árbitro reconhecer o precedente mas fizer o *distinguishing* equivocadamente, sua sentença não será passível de anulação. Se, por

to[7]aplicável[8], o que somente seria possível se as partes assim tivessem convencionado, sob pena de violação da própria convenção de arbitragem (art. 32, IV, da Lei n. 9.307/96)[9]. Os adeptos dessa corrente[10] também questionam que, ao ignorar os precedentes judiciais, os árbitros estariam violando o dever de fundamentação (art. 489, VI, do CPC[11]) – vício que autoriza a propositura da ação anulatória (arts. 32, III, e 33) –,

---

outro lado, o árbitro reconhecer o precedente mas decidir julgar contrariamente a ele por entender estar errada a corte de precedentes, a sentença arbitral será passível de anulação na medida em que o árbitro estará julgando exclusivamente conforme seu senso de justiça. É dizer, estará julgando por equidade, contrariando a vontade das partes que escolheram arbitragem de direito. Se, por fim, o árbitro for provocado a se manifestar sobre o precedente e deixar de fazê-lo, a sentença será passível de anulação por falta de fundamentação (LArb – art. 32, III, combinado com 26, II)".

7.   Afirma-se que a autorização de julgamento por equidade implica autorização para julgar *contra legem* ou ainda a própria derrogação do direito positivo (VALLE, 2012, p. 143). Como destaca Cahali, "vedado na convenção o julgamento por equidade, mesmo nas hipóteses em que a lei material eventualmente autoriza tal método, o árbitro estará adstrito à vontade das partes, e assim, caso a sentença venha a decidir o conflito fundamentando-se na equidade, será nula, na forma prevista no inciso em exame" (2015, p. 295).

8.   Vale lembrar que o art. 2º, § 1º, da Lei n. 9.307/96 dispõe que as partes poderão escolher, livremente, as regras de direito que serão aplicadas na arbitragem, desde que não haja violação aos bons costumes e à ordem pública.

9.   Para Leonardo Greco, "a jurisprudência e os precedentes, seja qual for a sua origem, não constituem fonte formal e autônoma de direito, apenas meios de revelação do conteúdo, da extensão e da interpretação da lei ou do costume a que se vinculam como fontes acessórias e complementares" (CARNEIRO; GRECO; PINHO, 2018, p. 2).

10.   Para Humberto Santarosa, se o Estado de Direito tem por escopo o respeito às normas e aos direitos fundamentais, e considerando que a jurisdição é una, "não se pode admitir, ou melhor, não se pode negar que o árbitro, a quem a lei conferiu o poder para dirimir os conflitos de interesses qualificados por uma controvérsia, decidam as lides em desafio àquilo que os Tribunais Superiores já estabeleceram como o direito aplicado à espécie (integrante, pois, do ordenamento jurídico), nos exatos termos de suas funções, *vide* determinação da Constituição Federal, tudo sob pena de ferir a integridade do direito". E o autor conclui: "Há variadas razões de ordem jurídica para que os árbitros se vinculem aos precedentes judiciais – constatação esta que parte de três premissas inarredáveis, os árbitros exercem jurisdição, os precedentes judiciais são fontes de direito e as arbitragens em análise devem ser 'de direito', ou seja, não se aplica esse entendimento aos procedimentos em que se admite a decisão por equidade". OLIVEIRA, 2022.

11.   Para Flávio Yarshell, é possível o controle judicial, mas este seria subsidiário e pressuporia a oposição de embargos arbitrais ou pedido de esclarecimentos pelo interessado. Em sua visão, a parte poderia buscar a anulação por omissão em juízo apenas se instado o juízo arbitral previamente: "Afora ressalva que eventualmente se possa fazer nos casos em que as partes autorizarem o julgamento por equidade, parece lícito dizer que ao árbitro se aplicam inclusive as disposições constantes dos incs. V e VI do § 1º do art. 489 acima lembrado. Isso tem potenciais desdobramentos relevantes: se a sentença arbitral se limitar a invocar precedente ou enunciado de súmula, sem identificar seus fundamentos determinantes e a relação deles com o caso sob julgamento; ou se a sentença deixar de aplicar 'súmula, jurisprudência ou precedente invocado pela parte, sem demonstrar a existência de distinção no caso em julgamento ou superação do entendimento', a lei considera que o dever de motivar não foi adequadamente cumprido. Logo, nesses casos, está-se diante de típico *error in procedendo*, passível de controle pela jurisdição estatal. Mas, justamente na esteira do quanto aqui sustentado, deve haver uma contrapartida: diante da omissão, é indispensável que a parte maneje o pedido de esclarecimentos, para que o órgão arbitral tenha a oportunidade de suprir a omissão e, assim, afastar o *error in procedendo*. Do contrário, há que se entender que a jurisdição estatal não pode rever o ato" (2016, p. 155-163).

450   *Manual de Mediação e Arbitragem*

gerando, ainda, insegurança jurídica[12] e imprevisibilidade. Para Luiz Fux[13], são três os argumentos que justificam a vinculação dos árbitros aos precedentes: a) são as próprias partes que elegem o modelo de arbitragem de direito; b) precedentes integram o ordenamento jurídico tanto quanto a lei em sentido estrito, não havendo motivo para serem considerados instrumentos à parte; e c) impõe-se um critério de igualdade entre a coisa julgada[14] formada pela jurisdição tradicional e o resultado emanado pela arbitragem.

Em sentido contrário, boa parte da doutrina sustenta que, embora os árbitros devam observar os precedentes, não estariam a eles vinculados, razão pela qual a não aplicação dos precedentes não autorizaria automaticamente a propositura de ação anulatória[15].

De um modo geral, sustenta-se que:

a)   ainda que o precedente faça parte do ordenamento jurídico, não existe uma subordinação hierárquica ou qualquer interdependência entre o juízo estatal e o árbitro;

b)   o CPC não se aplica à arbitragem[16], salvo se as partes assim convencionarem;

---

12.   CRUZ E TUCCI. *O árbitro e a observância do precedente judicial.* Disponível em: <https://www.conjur.com.br/2016-nov-01/paradoxo-corte-arbitro-observancia-precedente-judicial>. Acesso em: 18 set. 2018. Do texto, vale transcrever a seguinte passagem: "Assim como o juiz togado, o árbitro não poderá se afastar da interpretação, acerca de determinado texto legal, que desponta consagrada pelos tribunais pátrios. (...) Importa reconhecer que, nessa hipótese, não é propriamente a autoridade hierárquica da qual provém o precedente que determina ao árbitro a sua observância. Na verdade, a eficácia persuasiva do precedente e a exigência de segurança jurídica é que impõem o seu respeito pelo tribunal arbitral, sobretudo quando aquele estiver consolidado ou até mesmo, pela reiteração, transformado em súmula. É evidente que se for hipótese de incidência de súmula vinculante, com maior dose de razão, o árbitro não poderá desprezá-la, invocando simples questão de convicção íntima".

13.   FUX, 2018, pp. 69-70.

14.   A propósito, Marinoni entende que a "coisa julgada sobre questão formada no Judiciário obviamente produz efeitos perante os tribunais arbitrais. Igualmente, a coisa julgada sobre questão produzida na arbitragem tem eficácia tanto diante dos tribunais arbitrais quanto no processo judicial. A mesma razão que impede o árbitro de resolver litígio já julgado no Judiciário proíbe-o de redecidir questão, tendo igual valor o raciocínio inverso, na medida em que a questão já decidida pelo árbitro não pode voltar a ser discutida perante o juiz". MARINONI, 2018, pp. 99-117.

15.   FARIA, 2016. Disponível em: <https://processualistas.jusbrasil.com.br/artigos/412259718/vinculacao-do-arbitro-aos-precedentes-judiciais-apos-a-vigencia-do-cpc-2015>. Acesso em: 21 set. 2018. Sobre o tema, assinalam também Andre Vasconcelos Roque e Fernando Fonseca Gajardoni: "O art. 32, III, da Lei n. 9.307/1996, segundo o qual é nula a sentença arbitral se não contiver os requisitos do art. 26 (entre os quais, a fundamentação), com todas as vênias, não nos parece que deva ser lido na extensão que lhe atribui Cruz e Tucci. Tal interpretação permitiria verdadeira revisão judicial da justiça da decisão proferida pelo árbitro – tudo o que se quis evitar na Lei n. 9.307/96, quando se extinguiu a exigência de homologação judicial da sentença arbitral" (*A sentença arbitral deve seguir o precedente judicial?* Disponível em: <https://www.jota.info/opiniao-e-analise/colunas/novo-cpc/sentenca-arbitral-deve-seguir-o-precedente-judicial-novo-cpc-07112016>. Acesso em: 10 ago. 2018).

16.   De acordo com Ricardo Aprigliano, "em relação à discussão sobre a natureza jurisdicional e as consequentes comparações entre a atividade do juiz e a do árbitro, a preocupação atual é a de evitar a incorporação ao processo arbitral de diversos institutos e técnicas processuais que só podem ter aplicação no âmbito do processo judicial, pois é para ele que aquelas regras foram concebidas, é na estrutura de uma estrutura judiciária que certos temas podem ter aplicação" (2016, p. 262).

c) a não aplicação do precedente ou a sua aplicação equivocada equivaleria à não aplicação da lei brasileira, o que, a rigor, não autoriza a ação anulatória (sob pena de invasão indevida no mérito da decisão arbitral).

Em artigo interessante, intitulado "Precedentes judiciais e arbitragem: reflexões sobre a vinculação do árbitro e o cabimento de ação anulatória"[17], Sofia Temer destaca que as decisões arbitrais devem observar os precedentes, mas "não é possível desafiá-las mediante reclamação"[18], uma vez que não são adotadas para o processo arbitral as mesmas consequências procedimentais previstas no CPC. Na visão da autora:

> Não se confundem, portanto, o fato de o precedente ser norma e dever ser ponderado e aplicado pelo árbitro (o que diz respeito, a rigor, à teoria do direito), e as consequências procedimentais decorrentes da aplicação (judicial) do precedente (tema afeto ao direito processual civil)[19].

Em nossa opinião, os árbitros devem sim observar os precedentes e fundamentar suas decisões – o art. 489, VI, do CPC apenas explicitou o dever de fundamentação já previsto na Constituição Federal (art. 93, IX), à luz do art. 26, II, da Lei de Arbitragem.

Com efeito, se as partes escolheram a arbitragem de direito (e não por equidade), cabe aos árbitros aplicarem o ordenamento jurídico. E, como já destacado, os precedentes são fontes de direito.

Porém, isso não impede as partes de pactuarem na convenção de arbitragem, com base na autonomia da vontade, que a decisão arbitral não precisa seguir os precedentes judiciais[20]. Como visto, o princípio nuclear da arbitragem é a autonomia da vontade, o que garante maior liberdade aos envolvidos e ampla flexibilidade ao procedimento.

Quanto ao cabimento da ação anulatória do art. 33, algumas observações são importantes. Antes de avançar, porém, vale a ressalva: no caso de arbitragem internacional[21] ou por equidade, a questão é simples e a resposta é não.

Contudo, tratando-se de arbitragem de direito, é preciso separar as situações.

---

17. CARNEIRO; GRECO; PINHO, 2018, p. 283-297.

18. Em sentido contrário, FONSECA, 2005, p. 59.

19. CARNEIRO; GRECO; PINHO, 2018, p. 286.

20. De acordo com Fabio Farias Campista, "admitindo-se, apenas para argumentar, que precedentes judiciais vinculariam os árbitros, mesmo nessa hipótese as partes poderiam afastar o efeito vinculante previsto no artigo 927 do Código de Processo Civil. Isso porque, conforme destaca Antonio do Passo Cabral, nada no texto constitucional atribui reserva de lei para a norma processual, admitindo-se regras costumeiras ou negociais como fontes, razão pela qual a lei deve ceder em favor do contrato e do acordo entre as partes como instrumentos de produção normativa, haja vista tratar-se de uma forma de autorregulação diversa da lei, porém autorizada pelo ordenamento jurídico" (2018, p. 117).

21. FERREIRA; FARIAS, 2018, p. 171-209. A exceção seria se as partes, no caso de uma arbitragem internacional, tivessem elegido a lei brasileira. Em relação aos contornos da arbitragem internacional, especificamente a possibilidade de escolha de foro estrangeiro à luz das normas do CPC/2015, ver ARAUJO, 2015, p. 278.

Se o árbitro ignorar solenemente o precedente judicial, nem sequer dialogando com ele, mesmo provocado por embargos arbitrais ou pedido de esclarecimento, será possível a propositura da referida demanda, seja por violação ao dever de fundamentação, seja por violação à própria convenção de arbitragem.

Todavia, se o árbitro reconhecer o precedente judicial, mas deixar de aplicá-lo, de forma fundamentada, ou fizer a distinção, não será cabível a ação anulatória, pois, como visto, não cabe ao Judiciário controlar o mérito da sentença arbitral.

Por outro lado, se as partes convencionarem expressamente que os árbitros não estão obrigados a seguir os precedentes judiciais,[22] deve prevalecer a autonomia da vontade, retirando-se, assim, a base para a ação anulatória[23], uma vez que a delimitação consensual específica esvaziaria eventual vício.

Restaria apenas analisar se uma convenção de arbitragem dessa natureza violaria a "ordem pública" ("Poderão as partes escolher, livremente, as regras de direito que serão aplicadas na arbitragem, *desde que não haja violação aos bons costumes e à ordem pública*" – art. 2º, § 1º, da Lei de Arbitragem)[24].

Apesar da fluidez do conceito[25], pensamos que não.

22.　Não se pode perder de vista que, assim como as leis, os precedentes judiciais não são imutáveis e podem ser revistos a qualquer tempo – inclusive no curso de uma ação judicial –, o que demonstra que eventual convenção das partes no sentido de autorizar o árbitro a não seguir o precedente não constitui, por si só, uma aberração. Para Guilherme Rizzo Amaral, as partes podem muito bem optar por "expressamente excluir, no compromisso arbitral, a aplicação de precedentes" (*Vinculação dos árbitros aos precedentes judiciais*. Disponível em: <https://www.conjur.com.br/2017-out-03/guilherme-amaral-vinculacao-arbitros--aos-precedentes-judiciais>. Acesso em: 18 set. 2018). Ainda nesse ponto, assinala Leonardo Greco: "(...) não há automaticamente violação da ordem pública pela violação de precedentes, porque mesmo entre os considerados vinculantes, pode haver muitos que tratem de matéria plenamente disponível" (CARNEIRO, GRECO, PINHO, 2018, p. 14).

23.　É o que defende Sofia Temer: "há que se lembrar que não raras vezes a arbitragem se debruça sobre controvérsias relativas a negócios complexos, muito específicos, inclusive a partir de contratos com nível alto de detalhamento, a praticamente dispensar a aplicação da lei. Nos contratos autorregulatórios ou 'contracts sans droit', não raro são afastadas as consequências regulares previstas em lei, o que implicaria em resultado similar ao previsto acima, quanto à negação dos precedentes. Parece-nos viável, nesse contexto, que as partes utilizem-se do art. 2º, § 1º, da Lei de Arbitragem, para calibrar a aplicação do direito no que tange aos precedentes judiciais" (2018, p. 295).

24.　Aliás, sobre a propositura de ação anulatória em razão da violação da ordem pública, a questão é controvertida. Humberto Santarosa, por exemplo, entende que "a ordem pública é sim condição de validade de toda e qualquer sentença arbitral, servindo de justificativa para sua anulação, independentemente de constar no rol previsto no art. 32, da Lei n. 9.307/96" (2018, p. 171). Em nossa opinião, como detalhado no Capítulo 8, as hipóteses para a invalidação da sentença arbitral são taxativas. Nesse compasso, a invocação da violação à ordem pública poderia alargar sobremaneira as situações previstas expressamente pelo legislador, funcionando como drible hermenêutico para permitir que o Judiciário se imiscua no mérito da sentença arbitral.

25.　"Sobre o verdadeiro conceito da ordem pública, ainda não se chegou a um acordo em doutrina. Nem se chegará, dada a diversidade de orientações dos muitos escritores que do assunto se têm ocupado. Sobre o que não pode haver dúvida é que o conceito da ordem pública está vinculado ao interesse geral da sociedade, em oposição ao interesse individual. Por isso mesmo, parece que no conceito da ordem pública deve

Até porque, se o sistema não prevê o cabimento de ação anulatória em caso de má interpretação da lei, também não deve caber em caso de "desrespeito" ao precedente judicial (caso contrário, dar-se-ia maior importância ao precedente do que à lei).

Além disso, deve ser incentivada uma cultura de "intervenção judicial mínima" na arbitragem, tema, aliás, que será abordado no próximo item, sob pena de transformar o ente estatal em instância revisora dos procedimentos arbitrais e eliminar a potencialidade desse método de resolução de conflitos.

11.2. O desenvolvimento de uma cultura de intervenção judicial mínima na arbitragem

Como visto, a questão da vinculação dos árbitros aos precedentes judiciais é tormentosa e, até que a matéria seja pacificada pelas Cortes Superiores, haverá inegável insegurança jurídica.

A celeuma traz a reboque a preocupação acerca do possível controle do mérito arbitral pelo Judiciário. Como sustentamos no item anterior, somente em situações específicas seria cabível a ação anulatória.

Controvérsias à parte, a ideia é reiterar neste item a necessidade de desenvolver uma cultura de intervenção judicial mínima na arbitragem. Aliás, foi exatamente essa a intenção do legislador infraconstitucional quando aboliu a necessidade de homologação da sentença arbitral.

Compreendida a premissa já trabalhada nesta obra de que a jurisdição não é exclusiva do Poder Judiciário[26], é fundamental que haja uma equilibrada simbiose na relação entre Judiciário e Juízo Arbitral.

Com efeito, em que pesem a flexibilidade e a maior autonomia da vontade no procedimento arbitral, a arbitragem é um *meio adjudicatório* que compõe um sistema único de jurisdição, cuja engrenagem, evidentemente, não pode funcionar de forma desbalanceada e desarmoniosa.

De um lado, não pode o Judiciário intervir de forma arbitrária no procedimento arbitral, mas, de outro, não pode permitir ilegalidades[27] e violação às garantias fundamentais.

---

ser abrangido tudo aquilo que, pelo seu fundamento, repousa em concepções consideradas pelo legislador como essenciais à manutenção da sociedade, à sua boa ordem, à sua defesa, à sua moral" (SANTOS, 1963, p. 200).

26. *"In definitiva, il principio del monopolio statuale della giurisdizione si è vistosamente sgretolato: la giurisdizione non è più esclusiva funzione dello Stato"* (PICARDI, 2007, p. 53).

27. "A tendência internacional e que tem sido acompanhada pelo Poder Judiciário Brasileiro é a do controle efetivo, pautado nos corretos ditames da legalidade estrita, sem preconceitos individuais, sem cometimento de arbitrariedades" (PITOMBO, 2006, p. 108-109).

Como destaca Bruno Takahashi[28], espera-se que o Judiciário exerça seu papel de conciliador interinstitucional.

Assim, cabe ao Judiciário, por exemplo, respeitar o princípio competência-competência, eximindo-se de apreciar conflitos quando houver convenção de arbitragem pactuada pelas partes (com exceção das questões urgentes) e extinguindo o processo sem resolução de mérito quando o árbitro já tiver reconhecido a sua competência (art. 485, VII, do CPC). Trata-se de entendimento, há muito, consolidado[29], mas que precisa ser sempre reafirmado.

Também não deve o Judiciário criar barreiras indevidas para o cumprimento de cartas arbitrais e revolver o mérito da sentença arbitral (ressalvadas as hipóteses da ação anulatória do art. 33 da Lei de Arbitragem).

Como bem destaca Cahali, "a convivência entre a jurisdição estatal e arbitral sempre foi e continuará sendo fundamental ao desenvolvimento da arbitragem"[30].

Nesse sistema de *checks and balances*, a intervenção do Judiciário no procedimento arbitral só deve ocorrer diante de expressa previsão legal (ação judicial prevista no art. 7º da Lei de Arbitragem para a celebração de compromisso arbitral; concessão de tutelas de urgência, na forma do art. 22-A; cumprimento de cartas arbitrais; execução de sentença arbitral; homologação de sentença arbitral estrangeira; ação anulatória do art. 33 da Lei n. 9.307/96 etc.) ou quando não violar diretamente a competência do árbitro e a jurisdição arbitral (por exemplo, ação de produção antecipada de prova junto ao ente estatal antes da instauração da arbitragem).

É preciso compreender que o sistema jurisdicional, embora único, possui funções complementares. Não há uma relação de concorrência, mas sim de complementariedade entre a arbitragem e o Judiciário.[31] A rigor, também não há hierarquia ou qualquer tipo de subordinação, pois os poderes dos juízes e dos árbitros são distintos, assim como suas atribuições.

---

28. TAKAHASHI, 2016, p. 188.

29. "É de se reconhecer a inobservância do art. 8º da Lei n. 9.307/96, que confere ao Juízo arbitral a medida de competência mínima, veiculada no Princípio da *Komptenz Komptenz*, cabendo-lhe, assim, deliberar sobre a sua competência, precedentemente a qualquer outro órgão julgador, imiscuindo-se, para tal propósito, sobre as questões relativas à existência, à validade e à eficácia da convenção de arbitragem e do contrato que contenha a cláusula compromissória" (STJ, CC 146.939/PA, rel. Min. Marco Aurélio Bellizze, Segunda Seção, *DJe* 30-11-2016).

30. Na visão do doutrinador, "esse regime de cooperação ou apoio aparece sob diversas formas, desde a ação para instituição da arbitragem através do compromisso arbitral (em razão de cláusula compromissória vazia – art. 7º da Lei n. 9.307/96), até o processo de invalidação de sentença arbitral (interferência de controle e supervisão, não de apoio à arbitragem), passando pela indicação de árbitro substituto, homologação de sentença arbitral estrangeira, execução da sentença arbitral, e pela cooperação do Poder Judiciário ao desenvolvimento da arbitragem" (CAHALI, 2017, p. 311).

31. "A interpretação deve passar, necessariamente, por uma mudança de visão cultural a respeito do instituto da arbitragem com a participação do Poder Judiciário. A interação das duas frentes deve ser complementar, em espírito de colaboração entre eles". NANNI; GUILHARDI, 2015, pp. 123-153.

Nesse contexto, o ente estatal deve exercer o *judicial self-restraint*[32], valorizando, sempre que possível, a competência do árbitro, com a devida cooperação, não adentrando, por outro lado, no mérito da sentença arbitral (salvo quando cabível a ação anulatória do art. 33 da Lei de Arbitragem), sob pena de esvaziar a potencialidade[33] desse importante método adequado de resolução de conflitos.

---

32. Como explica Victor Dutra, "a expressão judicial *self-restraint* foi preconizada pelo Chief Justice Stone, quando proferiu o seu voto dissidente no caso da United Sates v. Butler, em 1936. Trata-se do fenômeno da autocontenção judicial, que, embora não possua uma definição precisa e admita menos sentidos de conduta em relação ao ativismo judicial, também comporta diferentes significados" (2018, p. 132).

33. Para Erika Napoleão do Rêgo, deve-se "assegurar o respeito às decisões arbitrais e manutenção de seu crescente prestígio, sem que isso implique na subtração de garantias fundamentais do indivíduo, que configurarão o norte dos limites da atuação judicial neste âmbito. Com efeito, a sistematização desse controle não só protege a jurisdição arbitral de interferências indevidas por parte do Judiciário, como também possibilita certa segurança àqueles que pretendem escolher esse meio alternativo de solução de conflitos; pois saberão prever e considerar as possibilidades passíveis de ocorrência" (2018, p. 71).

Capítulo 12

Desafios e Perspectivas na Arbitragem

> **Sumário: 12.1.** A cooperação como elemento estruturante no sistema jurisdicional multiportas. **12.2.** Algumas facetas do dever de cooperação do árbitro. **12.3.** Violação do dever de cooperação e possibilidade de sanção. **12.4.** Breves notas sobre a arbitragem tributária.

12.1. A cooperação como elemento estruturante no sistema jurisdicional multiportas

Como já salientado, a ideia de jurisdição não pode mais ser compreendida como a atividade exclusivamente estatal, seja em razão do caráter jurisdicional da arbitragem (arts. 3º, § 1º, e 42 do CPC), seja pela notória evolução dos métodos adequados de resolução de conflitos, especialmente a mediação e a conciliação, consideradas verdadeiros equivalentes jurisdicionais[1].

Com efeito, não se pode perder de vista que, enquanto o art. 5º, XXXV, da Constituição Federal estabelece que "a lei não excluirá da apreciação do Poder Judiciário qualquer lesão ou ameaça de lesão a direito", o CPC dispõe que "não se excluirá da apreciação jurisdicional ameaça ou lesão a direito"[2].

Essa sutil alteração evidencia que, no processo civil contemporâneo, a decisão estatal não pode mais ser considerada a única forma de pacificação social[3], devendo ser valorizados e incentivados os métodos adequados de resolução de conflitos, entre eles a arbitragem.

---

1. PINHO; MARQUES, 2016, p. 249.
2. PINHO; STANCATI, 2016, p. 20.
3. CADIET, 2013, p. 446.

Com isso, a noção de jurisdição – antes vinculada essencialmente à atividade do Estado – ganha novos contornos, podendo ser compreendida como o direito de acesso à justiça e efetiva solução do conflito.

Nesse particular, Leonardo Greco destaca que a cooperação deve existir entre todos os órgãos jurisdicionais instados a desempenharem qualquer atividade no processo[4].

De fato, é fundamental essa rede jurisdicional de auxílio, apoio e interação, dentro de um sistema multiportas projetado, de forma a obter o máximo de efetividade em cada situação, utilizando-se, para tanto, a ferramenta mais adequada[5].

Sob esse prisma, a cooperação não é um padrão de conduta que possa ser atribuído individualmente a determinado juiz ou juízo (seja arbitral ou não), mas sim um princípio que deve permear toda a atividade jurisdicional, inclusive nas relações internacionais e institucionais, garantindo maior coesão, integridade e unicidade sistêmica. Afinal de contas, só é possível haver cooperação quando todos os personagens do conflito estão irmanados nesse espírito.

Além de todos os atos processuais típicos que podem ser realizados em cooperação entre o árbitro e o juiz (carta arbitral para intimação de testemunha; cumprimento forçado de sentença arbitral etc.) e da interconexão existente entre tais vias jurisdicionais (ação anulatória, ação para a lavratura do compromisso arbitral, ação de complementação de sentença arbitral, concessão de tutelas de urgência sujeitas à confirmação pelos árbitros, entre outros[6]), podemos pensar na realização de "atos concertados" entre o Juízo Arbitral e o Poder Judiciário[7], sobretudo à luz da Resolução n. 421 do Conselho Nacional de Justiça (que estabelece diretrizes e procedimentos sobre a cooperação judiciária nacional em matéria de arbitragem).

---

4. Nas palavras do autor: "todos são detentores do poder jurisdicional do Estado e, por isso, plenamente aptos a praticar com eficácia todos aqueles atos processuais que não dizem respeito à esfera jurídica de competência de cada um, mas que são comuns a todos os órgãos jurisdicionais" (GRECO, 2009, p. 35).

5. O convívio harmônico dos juízos arbitrais com os órgãos do Judiciário constitui ponto fundamental ao prestígio da arbitragem. Na escala de apoio do Judiciário à arbitragem, ressai como aspecto essencial o da execução específica da cláusula compromissória, sem a qual a convenção de arbitragem quedaria inócua (REsp 1.331.100/BA, rel. Min. Maria Isabel Gallotti, rel. para acórdão Min. Raul Araújo, j. em 17-12-2015, *DJe* 22-2-2016. *Informativo*, n. 577).

6. O STJ já admitiu, por exemplo, que o juiz pode determinar a penhora no rosto dos autos de procedimento arbitral para garantir execução judicial de outro processo. Do voto, vale pinçar o seguinte trecho: "Respeitadas as peculiaridades de cada jurisdição, é possível aplicar a regra do art. 674 do CPC/73 (art. 860 do CPC/2015), ao procedimento de arbitragem, a fim de permitir que o juiz oficie o árbitro para que este faça constar em sua decisão final, acaso favorável ao executado, a existência da ordem judicial de expropriação, ordem essa, por sua vez, que só será efetivada ao tempo e modo do cumprimento da sentença arbitral, no âmbito do qual deverá ser também resolvido eventual concurso especial de credores, nos termos do art. 613 do CPC/73 (parágrafo único do art. 797 do CPC/15)". REsp n. 1.678.224/SP, rel. Min. Nancy Andrighi, 3ª Turma, *DJe* 9-5-2019.

7. No mesmo sentido, DIDIER JR., 2020, pp. 84-87.

Como se sabe, os atos concertados estão regulados no capítulo da "cooperação nacional", estabelecendo o art. 69 do CPC que o pedido de cooperação jurisdicional prescinde de forma específica e pode ser executado como auxílio direto; reunião ou apensamento de processos; prestação de informações; atos concertados entre os juízes cooperantes.

Especificamente em relação aos atos concertados, o legislador previu que estes poderão consistir, além de outros, no estabelecimento de procedimento para: a) a prática de citação, intimação ou notificação de ato; b) a obtenção e apresentação de provas e a coleta de depoimentos; c) a efetivação de tutela provisória; d) a efetivação de medidas e providências para recuperação e preservação de empresas; e) a facilitação de habilitação de créditos na falência e na recuperação judicial; f) a centralização de processos repetitivos; e g) a execução de decisão jurisdicional (art. 69, § 2º, I a VII).

Imagine-se, por exemplo, que existam dois processos conexos ou relacionados, sendo que um tramita no Judiciário e o outro na jurisdição arbitral. É possível que a produção de determinada prova (uma oitiva de especialista – testemunha técnica/prova técnica simplificada –, por exemplo) seja útil para ambos os procedimentos e não comprometa a confidencialidade da arbitragem, por se tratar de questão eminentemente técnica. Nessa situação, é factível cogitar um eventual alinhamento desse ato processual (ainda mais se os processos estiverem em fases semelhantes), para otimização do tempo e maior aproveitamento das diligências. Nesse exemplo ilustrativo, poderia ser acordada a realização de uma audiência conjunta com a presença do árbitro e do juiz, além das partes, no Judiciário, sob o manto do segredo de justiça (em analogia com o art. 189, IV, do CPC).

Ainda nesse quadrante, poder-se-ia pensar em eventual alinhamento entre árbitros e juízes acerca de "medidas e providências para recuperação e preservação de empresas". É o que acontece quando algum tema submetido à arbitragem pode, eventualmente, gerar reflexos no processo de recuperação judicial em curso no Judiciário. Nada obsta que exista essa integração entre os condutores dos processos, buscando-se um direcionamento mais harmonioso.

12.2. Algumas facetas do dever de cooperação do árbitro

De um modo geral, a cooperação pressupõe divisão de tarefas, redistribuição de responsabilidades e um pacto de trabalho, em que todos aqueles que participam do processo, incluindo o julgador, as partes e seus advogados, devem estar em busca da justa composição do litígio, "com brevidade e eficácia"[8].

Nessa toada, o árbitro deve observar os deveres de: a) esclarecimento (agir de modo transparente e pragmático, proferindo comandos claros e objetivos); b) consulta (incen-

---

8. GOUVEIA, 2009, p. 35.

460   *Manual de Mediação e Arbitragem* ....

tivar o diálogo); c) prevenção (alertar riscos e diligenciar para que os atos processuais não sejam praticados de forma viciada ou para que possam ser corrigidos rapidamente); e d) auxílio (remover eventuais obstáculos impeditivos).

Ainda defendemos o dever de comprometimento do julgador, que, como visto, compreende a ideia de operosidade e de máxima dedicação à causa. A operosidade traduz a noção de que todos aqueles que participam, direta ou indiretamente, da solução dos conflitos, em âmbito judicial ou extrajudicial, devem atuar da forma mais produtiva e laboriosa possível, com a finalidade de assegurar o efetivo acesso à justiça[9].

Para que isso se concretize, afigura-se indispensável a atuação ética e a utilização dos instrumentos e dos institutos processuais de forma a obter a melhor produtividade possível. A ideia é dar todo o rendimento possível a cada processo em si mesmo considerado e garantir o comprometimento do julgador na prestação de uma ordem jurídica justa.

Nesse compasso, viola o dever de comprometimento o árbitro que, por exemplo, deixa de suspender o procedimento arbitral diante da existência de cláusula de mediação (art. 23 da Lei de Mediação)[10]. Isso porque, além de violar o referido comando legal, deixa de prestigiar a resolução consensual do conflito (art. 3º, §§ 2º e 3º, do CPC), onerando as partes e inviabilizando a rápida solução do impasse.

Da mesma forma, não é razoável que o árbitro deixe de observar convenção pactuada pelas partes no contrato, no sentido de adequar o procedimento arbitral às peculiaridades do caso concreto. Não custa lembrar que, quando o árbitro aceita a nomeação, a arbitragem é considerada instituída. Assim, caso deseje fazer alguma restrição ou reserva ao que foi pactuado pelas partes, deve informar isso previamente aos envolvidos, e não silenciar para depois as surpreender com sua decisão.

12.3. Violação do dever de cooperação e possibilidade de sanção

Como visto, a atuação colaborativa é dever de todos aqueles que participam do processo, seja ele judicial, seja arbitral. Nesse compasso, a sua inobservância pode ensejar punições.

Nesse particular, entendemos que aquele que ingressa no Judiciário para pleitear tutela de urgência, sem nenhuma justificativa e ignorando a existência – seja na convenção de arbitragem, seja no regulamento da instituição arbitral – de previsão de árbitro de

---

9.   CARNEIRO, 2003, p. 63.

10.   "Art. 23. Se, em previsão contratual de cláusula de mediação, as partes se comprometerem a não iniciar procedimento arbitral ou processo judicial durante certo prazo ou até o implemento de determinada condição, o árbitro ou o juiz suspenderá o curso da arbitragem ou da ação pelo prazo previamente acordado ou até o implemento dessa condição. Parágrafo único. O disposto no *caput* não se aplica às medidas de urgência em que o acesso ao Poder Judiciário seja necessário para evitar o perecimento de direito."

emergência para tal finalidade, tendo sido a questão levantada pela parte contrária, deve ser apenado com a litigância de má-fé, pois, no mínimo, agiu de modo temerário (art. 80, V, do CPC).

O mesmo se aplica àquele que ajuíza eventual demanda diretamente no Judiciário ignorando a convenção de arbitragem, sem fundamentação mínima, sendo o fato suscitado pela parte contrária.

Da mesma forma, entendemos perfeitamente possível a condenação por litigância de má-fé daquele que se vale da ação anulatória do art. 33 da Lei n. 9.307/96 com claro intuito de impedir o desfecho daquela via jurisdicional, questionando, por exemplo, a não aplicação de precedente de observância, *de abrangência regional ou estadual*, em relação à arbitragem que tramitou em outra região ou Estado.

A mesma lógica pode ser empregada àquele que questiona a aplicação de precedente de observância obrigatória, de âmbito nacional, sem nem sequer fazer o *distinguishing* (art. 80, I, do CPC).

Importante ressalvar que a cooperação não dará uma "carta branca" para os julgadores cometerem arbitrariedades e aplicarem sanções indiscriminadamente.

Primeiro, porque a cláusula geral de cooperação não permite que os julgadores apliquem, abstratamente, eventuais penalidades às partes e aos demais sujeitos processuais. Como se sabe, as sanções devem ter previsão legal[11] ou contratual.

Segundo, porque o próprio julgador, em casos de condutas anticooperativas, pode responder civilmente.

Terceiro, e último, porque qualquer decisão pressupõe uma fundamentação adequada, estando sujeita a eventual impugnação em momento próprio.

Em resumo, entendemos que a violação do dever de cooperação, em algumas situações conectadas à arbitragem, pode ensejar punições em âmbito judicial, o que, porém, exige fundamentação analítica e prévia observância do contraditório.

12.4. Breves notas sobre a arbitragem tributária

Tramitam no Congresso Nacional alguns projetos de lei sobre a arbitragem tributária, destacando-se os PL n. 4.257/2019, 4.468/2020[12] e 2.486/2022[13-14].

---

11. Na esfera judicial, *vide*, por exemplo, arts. 77, §§ 2º e 7º, 81, 100, parágrafo único, 173, 202, 234, § 2º, 455, § 5º, 774, parágrafo único, todos do CPC. Entendemos, ainda, que as partes podem estipular penalidades por intermédio das convenções processuais.

12. "O PL n. 4.257/2019 foi apresentado pelo senador Antônio Anastasia (PSDB-MG) e institui a arbitragem tributária via alteração da Lei de Execuções Fiscais (LEF – Lei n. 6.830/80), com recorte temporal pós-constituição da relação jurídica tributária e garantia da dívida, além da referência aos requisitos da Lei de Arbitragem. Já o PL n. 4.468/2020, apresentado pela senadora Daniella Ribeiro (PP-PB), traz a figura da 'arbitragem especial tributária', possível de ser realizada antes mesmo da constituição da relação jurídica tributária – ou seja, em momento diametralmente oposto àquele previsto no PL n. 4.257/2019". Piscitelli,

Não se pretende aqui analisar as particularidades de cada projeto de lei, mas apenas realçar um aspecto relevante nessa fase de deliberação legislativa, qual seja, o respeito aos precedentes judiciais.

Nesses três projetos de lei, fica evidente a preocupação do legislador em deixar claro que a decisão arbitral não pode violar os pronunciamentos judiciais considerados vinculantes.

Por exemplo, no PL n. 4.257/2019[15] existe a previsão de que qualquer das partes pode pleitear ao órgão do Poder Judiciário competente a declaração de nulidade "caso a sentença arbitral contrarie enunciado de súmula vinculante, decisão do Supremo Tribunal Federal em controle concentrado de constitucionalidade ou acórdão proferido em julgamento de incidente de resolução de demandas repetitivas ou de repercussão geral" (art. 16-F da Lei de Execução Fiscal).

Na mesma linha, o PL n. 4.468/2020 impede a discussão sobre lei em tese e constitucionalidade de normas, vedando expressamente a prolação de decisão contrária a precedente vinculante (art. 2º).

Por fim, o PL n. 2.486/2022 estabelece que as normas de direito material para fundamentar a decisão arbitral serão as do ordenamento jurídico brasileiro, inclusive aquelas objeto de precedente qualificado de que trata o art. 927 do CPC (art. 4º)[16].

Percebe-se, assim, ao menos nessa fase de tramitação dos projetos de lei, a louvável iniciativa do legislador de não apenas delimitar o conteúdo das controvérsias tributárias passíveis de resolução pela via arbitral, mas também impedir que os árbitros profiram decisões em sentido contrário aos precedentes, prevendo, inclusive, o cabimento da ação anulatória para o Poder Judiciário quando houver a transgressão do preceito.

Tathiane; MASCITTO, Andrea; FERNANDES, Andre Luiz Fonseca. Um olhar para a arbitragem tributária: comparativo das propostas do Senado Federal, provocações e sugestões. *Revista Direito Tributário Atual*, n.48. p. 743-767. São Paulo: IBDT, 2º semestre 2021. Quadrimestral.

13. De autoria do senador Rodrigo Pacheco. O projeto dispõe sobre a arbitragem em matéria tributária e aduaneira.

14. Vale citar, ainda, o PL n. 2.791/2022, apresentado pelo ex-deputado federal Alexis Fonteyne (dispõe sobre a arbitragem em matéria tributária e aduaneira) e o Projeto de Lei Complementar n. 17/2022 (conhecido como Código de Defesa do Contribuinte).

15. Para um estudo mais detalhado, ver PINHO; STRATZ; RODRIGUES, 2020.

16. Na Exposição de Motivos do PL, aponta-se que "os regimes de precedentes vinculantes do art. 927 do CPC/2015 e de julgamentos do STF com repercussão geral têm especial importância na esfera tributária e aduaneira. Tais áreas têm forte matriz constitucional e envolvem demandas cujo objeto de controvérsia abrange questões de direito que tendem à multiplicação".

Referências

ABBUD, André de Albuquerque Cavalcanti. *Homologação de sentenças arbitrais estrangeiras*. São Paulo: Atlas, 2008.

_____; OLIVEIRA, Aécio Filipe Coelho Fraga. *A execução de tutelas de urgência estrangeiras no Brasil*. Disponível em <https://www.conjur.com.br/2021-set-06/opiniao--execucao-tutelas-urgencia-estrangeiras-brasil>. Acesso em: 10 mar. 2023.

AFFONSO, Diego Costa. Notas sobre a proibição da decisão-surpresa no processo civil e na arbitragem. In: CARNEIRO, Paulo Cezar Pinheiro; GRECO, Leonardo; DALLA, Humberto (Orgs.). *Temas controvertidos na arbitragem à luz do Código de Processo Civil de 2015*. v. 2. Rio de Janeiro: GZ, 2020.

ALCALÁ-ZAMORA Y CASTILLO, Niceto. *Estudios de teoría general del proceso*. México: Universidad Nacional Autónoma de México, 1992. Disponível em: <http://info5.juridicas.unam.mx/libros/libro.htm?l=1049>.

_____. *Proceso, autocomposición y autodefensa*: contribución al estudio de los fines del proceso. 3. ed. México: UNAM, 1991.

ALEXANDER, Nadja. *Global Trends in Mediation*. New York: Kluwer Law International, 2006.

ALLE, Saulo Stefanone. Cooperação jurídica internacional e interpretação do direito interno. *Revista de Direito Constitucional e Internacional*, São Paulo, v. 81, p. 329-345, out.-dez. 2012.

ALMEIDA, Diogo Assumpção Rezende. *A contratualização do processo*: das convenções processuais no processo civil. São Paulo: LTr, 2015.

_____. O *case management* inglês: um sistema maduro? *Revista eletrônica de direito processual*, Rio de Janeiro, v. VII, p. 318. Disponível em: <http://www.e-publicacoes.uerj.br/index.php/redp>.

_____. O princípio da adequação e os métodos de solução de conflitos. *Revista de Processo*, São Paulo, n. 195, p. 185-208, maio 2011.

_____; PANTOJA, Fernanda Medina. Técnicas e procedimento de mediação no novo Código de Processo Civil. In: ALMEIDA, Diogo Assumpção Rezende de; PANTOJA,

Fernanda Medina de; PELAJO, Samantha (coords.). *A mediação no novo Código de Processo Civil*. Rio de Janeiro: Forense, 2015.

_____; _____. Cap. II. Fundamentos. In: PINHO, Humberto Dalla Bernardina de; HALE, Durval; CABRAL, Trícia (org.). O *marco legal da mediação no Brasil*. São Paulo: Atlas, 2015.

ALMEIDA, Ricardo Ramalho. *Arbitragem comercial internacional e ordem pública*. Rio de Janeiro: Renovar, 2005.

_____. Competência internacional para a ação anulatória de sentença arbitral e a eleição de foro no novo Código de Processo Civil. *Revista de Arbitragem e Mediação*, v. 47, p. 85-103, out.-dez. 2015.

ALMEIDA, Tania *et al. Mediação de conflitos*: para iniciantes, praticantes e docentes. Salvador: JusPodivm, 2016.

ALMON, Matthew. "Cadillac-Size Legal Fees" and "Chevrolet-Type Results": Settlement Scrutiny in Re Electronic Data Systems Corp. "Erisa" Litigation. *80 Tul. L. Rev.* 2007. Accesso through Westlaw. 22nd Jan 2018.

ALVES, Tatiana Machado. Limites à arbitrabilidade de litígios sobre direitos de propriedade industrial: a (controversa) hipótese de declaração de nulidade da patente no juízo arbitral. In: CARNEIRO, Paulo Cezar Pinheiro; GRECO, Leonardo; DALLA, Humberto (Orgs.). *Temas controvertidos na arbitragem à luz do Código de Processo Civil de 2015*. v. 2. Rio de Janeiro: GZ, 2020.

ALVIM, Arruda. *Manual de processo civil*. 7. ed. São Paulo: Revista dos Tribunais, 2008. v. 1.

_____; THAMAY, Rennan Faria Krüger; GRANADO, Daniel Willian. *Processo constitucional*. São Paulo: Revista dos Tribunais, 2015.

AMARAL, Guilherme Rizzo. *Judicial Precedent and Arbitration*: are Arbitrators Bound by Judicial Precedent? London: Wildy, Simmonds & Hill, 2017.

_____. Vinculação dos árbitros aos precedentes judiciais. Disponível em: <https://www.conjur.com.br/2017-out-03/guilherme-amaral-vinculacao-arbitros-aos-precedentes--judiciais>.

AMARAL, Paulo Osternanack. O regime das medidas de urgência no processo arbitral. In: CAHALI, Francisco José; RODOVALHO, Thiago; FREIRE, Alexandre. *Arbitragem*: estudos sobre a Lei n. 13.129, de 26-5-2015. São Paulo: Saraiva, 2016.

ANDRADE, Luis Tomás Alves de. Third-party funding in international arbitration and allocation of costs. *Revista de Arbitragem e Mediação*, v. 47, 2015, p. 215-232, out.-dez. 2015.

ANDREWS, Neil. *Andrews on Civil Procedure* – Arbitration and Mediation. Cambridge: Intersentia, 2013. v. II.

_____. Identifying principles of Civil Justice. *Revista de Processo*, São Paulo, n. 178, p. 107-121, dez. 2009.

_____. *O moderno processo civil*: formas judiciais e alternativas de resolução de conflitos na Inglaterra. Orientação e tradução Teresa Arruda Alvim Wambier. São Paulo: Revista dos Tribunais, 2009.

_____. *The Modern Civil Process. Judicial and Alternative Forms of Dispute Resolution in England*. Germany: Mohr Siebeck, 2008.

APRIGLIANO, Ricardo de Carvalho. Jurisdição e arbitragem no novo Código de Processo Civil. In: CAMPOS MELO, Leonardo de; BENEDUZI, Renato Resende (coords.). *A reforma da arbitragem*. Rio de Janeiro: Forense, 2016.

ARAGÃO, Alexandre Santos de. A arbitragem no direito administrativo. *Revista de Arbitragem e Mediação*, v. 54, p. 25-63, jul.-set. 2017.

_____. *Curso de direito administrativo*. 2. ed. Rio de Janeiro: Forense, 2013.

ARANGO, Rodolfo. Direitos fundamentais sociais, justiça constitucional e democracia. In: MELLO, Claudio Ari (coord.). Os desafios dos direitos sociais. *Revista do Ministério Público do Rio Grande do Sul*, n. 56, set.-dez. 2005.

ARAUJO, Nadia de. *Contratos internacionais*: autonomia da vontade, MERCOSUL e convenções internacionais. 4. ed. Rio de Janeiro: Renovar, 2009.

_____. Medidas de cooperação interjurisdicional no Mercosul. *Revista de Processo*, São Paulo, v. 123, p. 77-113, maio 2005.

_____. O novo Código de Processo Civil e a arbitragem internacional. *Revista de Arbitragem e Mediação*, v. 46, p. 277-286, jul.-set. 2015.

_____; SPITZ, Lidia. A Convenção de Nova Iorque sobre o Reconhecimento e a Execução de Sentenças Arbitrais Estrangeiras: análise sobre seu âmbito de aplicação. In: WALD, Arnoldo; LEMES, Selma Ferreira (coords.). *Arbitragem comercial internacional*: a Convenção de Nova Iorque e o Direito Brasileiro. São Paulo: Saraiva, 2011.

ARAUJO, Yuri Maciel. A preclusão no processo arbitral. In: CARNEIRO, Paulo Cezar Pinheiro; GRECO, Leonardo; DALLA, Humberto Pinho Bernardina de (orgs.). *Temas controvertidos na arbitragem à luz do Código de Processo Civil de 2015*. Rio de Janeiro: GZ, 2018.

ARMELIN, Donaldo. Notas sobre a ação rescisória em matéria arbitral. *Revista de Arbitragem e Mediação*, São Paulo, n. 1, p. 11-20, jan.-abr. 2004.

AROCA, Juan Montero. *Sobre la imparcialidad del juez y la incompatibilidad de funciones procesales*. Valencia: Tirant lo Blanch, 1999.

ARRUDA ALVIM, Eduardo; DANTAS, André Ribeiro. Direito processual arbitral. *Revista de Processo*, v. 234, p. 365, ago. 2014.

ARRUDA ALVIM, Teresa. *Imparcialidade do árbitro e dever de revelação*. Disponível em:<https://www.migalhas.com.br/coluna/questao-de-direito/398790/imparcialidade-do-arbitro-e-dever-de-revelacao>. Acesso em: 10 jan. 2024.

ASPERTI, Maria Cecília de Araújo. *Meios consensuais de resolução de disputas repetitivas: a conciliação, a mediação e os grandes litigantes do Judiciário*. Dissertação de mestrado. Orientação: Prof. Dr. Carlos Alberto de Salles. USP, 2014, 195f.

ASSIS, Araken de. *Processo civil brasileiro*. São Paulo: Revista dos Tribunais, 2015. v. 2.

ASSIS, Carolina Azevedo. A desconsideração da personalidade jurídica e a extensão da cláusula compromissória no processo arbitral. In: CARNEIRO, Paulo Cezar Pinheiro; GRECO, Leonardo; DALLA, Humberto (Orgs.). *Temas controvertidos na arbitragem à luz do Código de Processo Civil de 2015*. v. 2. Rio de Janeiro: GZ, 2020.

AZEVEDO, Álvaro Villaça. Arbitragem. *Revista CEJ*, Brasília, n. 24, p. 67-74, jan.-mar. 2004.

AZEVEDO, André Gomma de. *Manual de mediação judicial*. Brasília: FUB, CEAD, 2013.

_____; BUZZI, Marco Aurélio. Novos desafios para a mediação e conciliação no novo CPC: artigo 334. Disponível em: <http://www.conjur.com.br/2016-nov-11/novos--desafios-mediacao-conciliacao-cpc-artigo-334>.

BACELLAR, Roberto Portugal. *Juizados especiais*: a nova mediação paraprocessual. São Paulo: Revista dos Tribunais, 2004.

BADARÓ, Gustavo Henrique Righi Ivahy. O valor probatório da delação premiada: sobre o § 16 do art. 4º da Lei n. 12.850/2013. *Revista Jurídica Consulex*, v. 443, 2015.

BARBI, Marcelo. Arbitrabilidade cautelar e monopólio estatal da coerção: revisitando a titularidade do *ius imperium* no Estado Contemporâneo. In: CARNEIRO, Paulo Cezar Pinheiro; GRECO, Leonardo; DALLA, Humberto Pinho Bernardina de (orgs.). *Temas controvertidos na arbitragem à luz do Código de Processo Civil de 2015*. Rio de Janeiro: GZ, 2018.

BARBOSA MOREIRA, José Carlos. A função social do processo civil moderno e o papel do juiz e das partes na direção do processo. *Revista de Processo*, São Paulo, n. 37, p. 140-150, jan.-mar. 1985.

_____. Breve noticia sobre la conciliación en el proceso civil brasileño. In: *Temas de direito processual*: 5ª série. São Paulo: Saraiva, 1994.

_____. *Comentários ao Código de Processo Civil*. Arts. 476 a 565. Rio de Janeiro: Forense, 2010. v. V.

_____. Item do pedido sobre o qual não houve decisão. *Temas de Direito Processual*: segunda série. São Paulo: Revista dos Tribunais, 1980.

_____. La igualdad de las partes en el proceso civil. *Revista de Processo*, São Paulo, ano 11, v. 44, p. 176-185, out.-dez. 1986.

_____. Notas sobre o problema da efetividade do processo. In: *Temas de direito processual*: 3ª série. São Paulo: Saraiva, 1984b.

_____. *O novo processo civil brasileiro*: exposição sistemática do procedimento. 25. ed. Rio de Janeiro: Forense, 2007.

_____. Os poderes do juiz na direção e na instrução do processo. In: *Temas de direito processual*: 4ª série. São Paulo: Saraiva, 1989.

_____. Privatização do processo? In: *Temas de direito processual*: 7ª série. São Paulo: Saraiva, 2001.

_____. Problemas relativos a litígios internacionais. In: *Temas de direito processual*: 5ª série. São Paulo: Saraiva, 1994.

_____. Reflexões sobre a imparcialidade do juiz. In: *Temas de direito processual*. São Paulo: Saraiva, 2001.

_____. *Temas de direito processual civil*: 8ª série. São Paulo: Saraiva, 2004.

_____. Tutela de urgência e efetividade do direito. In: *Temas de direito processual civil*: 8ª série. São Paulo: Saraiva, 2004.

_____. Vicissitudes da audiência preliminar. In: *Temas de direito processual*: 9ª série. São Paulo: Saraiva, 2007.

BARROCAS, Manuel Pereira. A ordem pública na arbitragem. *Revista de Arbitragem e Mediação*, v. 54, p. 179-261, jul.-set. 2017.

_____. A razão por que não são aplicáveis à arbitragem nem os princípios nem o regime legal do processo civil. *Revista de Arbitragem e Mediação*, v. 52, p. 369-374, jan.-mar. 2017.

BARROS, Vera Cecília Monteiro de. *Exceção de ordem pública na homologação de sentença arbitral estrangeira no Brasil*. São Paulo: Quartier Latin, 2017.

BARROSO, Luís Roberto. Constituição, democracia e supremacia judicial: direito e política no Brasil contemporâneo. *Revista da Faculdade de Direito RFD – UERJ*, v. 2, n. 21, p. 1-50, jan.-jun. 2012. Disponível em: <http://www.e-publicacoes.uerj.br/index.php/rfduerj/arti cle/view/1794/2297>.

_____. Jurisdição constitucional: a tênue fronteira entre o direito e a política. *Informativo Migalhas*. Disponível em: <www.migalhas.com.br>.

_____. Transformações da interpretação constitucional nos países de tradição romano--germânica. Disponível em: <http://www.migalhas.com.br/mostra_noticia.aspx?cod= 102615>.

BASTOS, Fabricio Rocha. *Acordo de não persecução cível*. Salvador: Líber, 2021.

BATISTA, Guilherme Luis Quaresma. Acesso à justiça e meios alternativos de resolução de conflitos. *Revista Eletrônica de Direito Processual*, Rio de Janeiro, v. X, p. 186. Disponível em: <http://www.e-publicacoes.uerj.br/index.php/redp/>.

BAUERMANN, Desirê. *Cumprimento das obrigações de fazer ou não fazer*: estudo comparado: Brasil e Estados Unidos. Porto Alegre: Sergio Antonio Fabris Editor, 2012.

BEM, Camila de Castro Barbosa Bissoli do. A possibilidade de solução de conflitos individuais trabalhistas através de arbitragem e a inconstitucionalidade da reforma trabalhista. In: CARNEIRO, Paulo Cezar Pinheiro; GRECO, Leonardo; DALLA, Humberto (Orgs.). *Temas controvertidos na arbitragem à luz do Código de Processo Civil de 2015*. v. 2. Rio de Janeiro: GZ, 2020.

BENEDUZI, Renato Resende. Desconsideração da personalidade jurídica e arbitragem. In: DIDIER JR., Fredie (Coord. Geral); TALAMINI, Eduardo; SICA, Heitor Vitor Mendonça; CINTRA, Lia Carolina Batista; EID, Elie Pierre (Coords.). *Partes e terceiros no processo civil*. Salvador: JusPodivm, 2020.

BERMUDES, Sergio. *A reforma do Judiciário pela Emenda Constitucional n. 45*. Rio de Janeiro: Forense, 2006.

BESSO, Chiara. La Mediazione Italiana: definizioni e tipologie. *Revista Eletrônica de Direito Processual*, Rio de Janeiro, v. 6, p. 248-269, jul.-dez. 2010. Disponível em: <http://www.e-publicacoes.uerj.br/index.php/redp/index>.

BOBBIO, Norberto. *Da estrutura à função*: novos estudos de teoria do direito. Barueri: Manole, 2007.

BODART, Bruno Vinícius da Rós. *Tutela de evidência*: teoria da cognição, análise econômica do direito processual e considerações sobre o Projeto do Novo CPC. São Paulo: Revista dos Tribunais, 2014.

BOLZAN DE MORAIS, José L.; SPENGLER, Fabiana Marion. *Mediação e arbitragem*: alternativas à jurisdição! Porto Alegre: Livraria do Advogado, 2008.

BRANCHER, Paulo M. R. Ilegalidade *prima facie* como limitador do princípio da competência-competência. Uma análise em relação a matérias de ordem pública. *Revista de Arbitragem e Mediação*, v. 53, p. 315-332, abr.-jun. 2017.

BRESLIN, J. William; RUBIN, Jeffrey Z. *Negotiation Theory and Practice*. Cambridge: Harvard University Press, 1999.

BRÊTAS, Ronaldo de Carvalho Dias. *Processo constitucional e Estado Democrático de Direito*. 3. ed. Belo Horizonte: Del Rey, 2015.

BUSH, Robert Baruch; FOLGER, Joseph. *The promise of mediation*: the transformative approach to conflict. San Francisco: Jossey Bass, 2005.

CABRAL, Antonio do Passo. *Convenções processuais*. Salvador: JusPodivm, 2016.

_____; CUNHA, Leonardo Carneiro da. Negociação direta ou resolução colaborativa de disputas (*collaborative law*): "Mediação sem mediador". *Revista de Processo*, São Paulo, n. 259, p. 471-489, set. 2016.

CABRAL, Thiago Dias Delfino. *Impecuniosidade e arbitragem – uma análise da ausência de recursos financeiros para a instauração do procedimento arbitral*. São Paulo: Quartier Latin, 2019.

_____. Mediador e árbitro? Uma interpretação do art. 7º da lei de mediação à luz da lei de arbitragem. In: CARNEIRO, Paulo Cezar Pinheiro; GRECO, Leonardo; DALLA, Humberto (Orgs.). *Temas controvertidos na arbitragem à luz do Código de Processo Civil de 2015*. v. 2. Rio de Janeiro: GZ, 2020.

CABRAL, Trícia Navarro Xavier. *Ordem pública processual*. Brasília: GZ, 2015.

CADIET, Loïc. Case management judiciaire et déformalisation de la procédure. *Revue Française d'administration Publique*, n. 1, p. 133-150, 2008.

_____. I modi alternativi di regolamento dei conflitti in Francia tra tradizione e modernità. *Rivista Trimestrale di Diritto e Procedura Civile*, v. 60, n. 4, Giuffrè: Milano, p. 1181, 2006.

_____. L'arbitrage et l'evolution contemporaine des modes de reglement des conflits. *Revista Eletrônica de Direito Processual REDP*, v. XII, pp. 446-462.

_____. Les conventions relatives au procès en droit français. Sur la contractualisation du règlement des litiges. *Rivista Trimestrale di Diritto e Procedura Civile*. Numero speciale: accordi di parte e processo, Milano: Giuffrè, p. 8-9, 2008.

CAHALI, Francisco José. Árbitro de emergência e arbitragem multipartes – considerações gerais e resultado da pesquisa do Grupo de Pesquisa em Arbitragem da PUC-SP – Projeto II – 2º semestre de 2015. *Revista de Arbitragem e Mediação*, v. 51, p. 113-121, out.-dez. 2016.

_____. *Curso de arbitragem*. 2. ed. São Paulo: Revista dos Tribunais, 2012.

_____. *Curso de arbitragem*: mediação, conciliação e Resolução CNJ 125/10. 6. ed. São Paulo: Revista dos Tribunais, 2017.

CAIVANO, Roque J.; GOBBI, Marcelo; PADILLA, Roberto E. *Negociación y mediación*: instrumentos apropiados para la abogacía moderna. 2. ed. Buenos Aires: Ad-Hoc, 2006

CALAMANDREI, Piero. *Processo e democrazia*. Padova: Cedam, 1954.

CALDAS, Kellita Andrezia Granato. *Autocomposição, cultura da sentença e cultura da pacificação:* uma análise da contribuição da mediação nessa mudança de paradigma. Monografia de Graduação. Orientador: Humberto Dalla. UERJ, 2019, 92 p.

CÂMARA, Alexandre Freitas. *Arbitragem, Lei n. 9.307/96*. 4. ed. Rio de Janeiro: Lumen Juris, 2005.

_____. *O novo processo civil brasileiro*. 4. ed. São Paulo: Atlas, 2018.

CAMBI, Eduardo. *Direito constitucional à prova no processo civil*. São Paulo: Revista dos Tribunais, 2001.

CAMPELLO, Caio. O papel do *amicus curiae* nas arbitragens. *Revista de Arbitragem e Mediação*, São Paulo, v. 12, p. 94-102, jan.-mar. 2007.

CAMPISTA, Fabio Farias. Precedentes judiciais, arbitragem, princípio da autonomia da vontade das partes e a (não) vinculação dos árbitros. In: CARNEIRO, Paulo Cezar Pinheiro; GRECO, Leonardo; DALLA, Humberto Pinho Bernardina de (orgs.). *Temas controvertidos na arbitragem à luz do Código de Processo Civil de 2015*. Rio de Janeiro: GZ, 2018.

CAMPOS MELO, Leonardo de. Extensão da cláusula compromissória e grupos de sociedades na prática CCI (de acordo com o Regulamento CCI-2012). *Revista de Arbitragem e Mediação*, v. 36, p. 255, jan. 2013.

CANOTILHO, José Joaquim Gomes. *Direito constitucional*. 6. ed. Coimbra: Almedina, 1995.

CAPONI, Remo. Autonomia privata e processo civile: gli accordi processuali. Accordi di Parte e Processo. *Quaderni della Rivista Trimestrale di Diritto e Procedura Civile*, n. 11. Milano: Giuffrè, p. 105-111, 2008.

CAPPELLETTI, Mauro. O acesso à justiça como programa de reforma e método de pensamento. Trad. Hermes Zaneti Júnior. *Cadernos de Direito Processual*. Revista do Programa de Pós-Graduação em Direito da Universidade Federal do Espírito Santo, Vitória, ano 2, p. 375-393, 2008.

_____. Os métodos alternativos de solução de conflitos no quadro do movimento universal de acesso à Justiça. *Revista de Processo*, São Paulo, v. 74, p. 82-97, abr.-jun. 1994.

_____. Problemas de reforma do processo nas sociedades contemporâneas. *Revista Forense*, Rio de Janeiro, n. 318, p. 119-128, 1992.

_____. *Proceso, ideologías y sociedad*. Buenos Aires: EJEA, 1974.

_____; BRYAN, Garth. *Acesso à justiça*. Trad. Ellen Gracie Northfleet. Porto Alegre: Sergio Antonio Fabris Editor, 2002.

CARDOSO, Hélio Apoliano. Da litigância de má-fé. *Revista Jurídica Consulex*, Brasília, n. 113, set. 2001.

CARMONA, Carlos Alberto. *Arbitragem e processo*. São Paulo: Atlas, 2009.

_____. Arbitragem, prescrição e ordem pública. *Revista de Mediação e Arbitragem*, ano 8, v. 30, jul.-set. 2011, pp. 245-257.

_____. *A arbitragem no Código de Processo Civil brasileiro*. Tese de doutorado. São Paulo: USP, 1990.

_____. *A arbitragem no processo civil brasileiro*. São Paulo: Malheiros, 2008.

_____. Julgamento por equidade em arbitragem. *Revista de Mediação e Arbitragem*, ano 8, v. 30, jul.-set. 2011, pp. 229-244.

_____. Os sete pecados capitais do árbitro. *Revista de Arbitragem e Mediação*, v. 52, p. 391-406, jan.-mar. 2017.

CARNEIRO, Paulo Cezar Pinheiro. *Acesso à justiça*: Juizados Especiais Cíveis e ação civil pública. Uma nova sistematização da teoria geral do processo. 2. ed. Rio de Janeiro: Forense, 2007.

_____. *Acesso à justiça*: Juizados Especiais Cíveis e ação civil pública. Tese de cátedra em Teoria Geral do Processo. Rio de Janeiro: Universidade do Estado do Rio de Janeiro, 1999.

_____. Aspectos processuais da nova lei de arbitragem. In: CASELLA, Paulo Borba (coord.). *Arbitragem*: a Nova Lei Brasileira (9.307/96) e a praxe internacional. São Paulo: LTr, 1996.

_____. Aspectos processuais da nova lei de arbitragem. *Revista Forense*, Rio de Janeiro, v. 93, n. 339, p. 127-141, jul.-set. 1997.

_____. O parágrafo 1º do artigo 489 do Código de Processo Civil de 2015 é aplicável ao procedimento arbitral? In: CARNEIRO, Paulo Cezar Pinheiro; GRECO, Leonardo; DALLA, Humberto Pinho Bernardina de (orgs.). *Temas controvertidos na arbitragem à luz do Código de Processo Civil de 2015*. Rio de Janeiro: GZ, 2018.

_____; GRECO, Leonardo; PINHO, Humberto Dalla Bernardina de. *Temas controvertidos na arbitragem à Luz do Código de Processo Civil de 2015*. Rio de Janeiro: GZ, 2018.

_____; PINHO, Humberto Dalla Bernardina de. *O novo Código de Processo Civil anotado e comparado*. 2. ed. Rio de Janeiro: Forense, 2016.

_____; SCHENK, Leonardo Faria. O justo processo arbitral e o dever de revelação (*disclosure*) dos peritos. *Revista Eletrônica de Direito Processual – REDP*, Rio de Janeiro, v. XII, jul.-dez. 2013. Disponível em: <https://www.e-publicacoes.uerj.br/index.php/redp>.

CARNELUTTI, Francesco. *Sistema de direito processual civil*. 2. ed. São Paulo: Lemos e Cruz, 2004. v. 1.

CARVALHO FILHO, José dos Santos. *Ação civil pública*: comentários por artigo. 3. ed. Rio de Janeiro: Lumen Juris, 2001.

CARVELARIS, Andrea. L'accèlèration des procèdures arbitrales. *Revista de Arbitragem e Mediação*, v. 45, p. 249-277, abr.-jun. 2015.

CASELLA, Paulo Borba. Autonomia da vontade, arbitragem comercial internacional e direito brasileiro. In: TIBURCIO, Carmen; BARROSO, Luís Roberto (orgs.). *O direito internacional contemporâneo*: estudos em homenagem ao Professor Jacob Dolinger. Rio de Janeiro: Renovar, 2006.

CASTANHEIRA NEVES, Antônio. O poder judicial (a jurisdição), o direito e o Estado de Direito. *Revista Brasileira de Direito Comparado*, Rio de Janeiro, n. 37, p. 35-65, jul.-dez. 2009.

CASTRO, Renato de Lima. *Acordo de não persecução cível na lei de improbidade administrativa*. Disponível em: <https://www.mprj.mp.br/documents/20184/1904662/Renato_de_Lima_Castro.pdf>. Acesso em: 20 dez. 2021.

CAVALIERI, Thamar. Imparcialidade na arbitragem. *Revista de Arbitragem e Mediação*, v. 41, p. 117, abr. 2014.

CESSETTI, Alexia Brotto. A desjudicialização dos procedimentos especiais de jurisdição voluntária: nova onda reformista? *Revista Judiciária do Paraná*, Curitiba, v. 6, p. 215-230, nov. 2013. Semestral. Disponível em: <http://www.publicadireito.com.br/artigos/?cod=a0608743660c09fe>.

CHASE, Oscar G. American "Exceptionalism" and Comparative Procedure. *American Journal of Comparative Law*, nov. 2001.

_____. I Metodi Alternativi di Soluzione delle controversie e la cultura del processo: il caso degli Stati Uniti d'America. In: VARANO, Vicenzo (org.). *L'altra giustizia*: i metodi alternativi di soluzione delle controversie nel diritto comparato. Milano: Giuffrè, 2007. p. 131-156.

CHIARLONI, Sergio. Giusto processo, garanzie processuali, giustizia della decisione. *Rivista Trimestrale di Diritto e Procedura Civile*, Milano: Giuffrè, p. 142-147, 2008.

_____. La gustizia civile e i suoi paradossi. *Revista Eletrônica de Direito Processual*, Rio de Janeiro, ano 8, v. XIV, jul.-dez. 2014. Disponível em: <https://www.e-publicacoes.uerj.br/index.php/redp>.

CHIARLONI, Sergio. Giusto processo (diritto processuale civile). *Revista de Processo*, São Paulo, v. 219, p. 119-152, maio 2013.

CHIAVARIO, Mario. *Processo e garanzie della persona*. Milano: Giuffrè, 1982. v. 2.

CHIOVENDA, Giuseppe. *Instituições de direito processual civil*. 3. ed. Campinas: Bookseller, 2002. v. II.

CINTRA, Antônio Carlos de Araújo; GRINOVER, Ada Pellegrini; DINAMARCO, Cândido Rangel. *Teoria geral do processo*. 17. ed. São Paulo: Malheiros, 2001.

COMASSETTO, Míriam Saccol. *A função notarial como forma de prevenção de litígios*. Porto Alegre: Norton, 2002.

COMOGLIO, Luigi Paolo; FERRI, Corrado; TARUFFO, Michele. *Lezioni sul processo civile*. 2. ed. Bologna: Il Mulino, 1998.

_____. Mezzi alternativi di tutela e garanzie costituzionali. *Revista de Processo*, São Paulo, v. 99, p. 249-293, jul.-set. 2000.

CORNÉLIO, Raphael Lima Lemes; GONÇALVES, Mauro Pedroso. Cláusula compromissória no contrato individual de trabalho: a extensão da liberdade do trabalhador na escolha do procedimento arbitral. *Revista de Arbitragem e Mediação*, v. 60, p. 131-149, jan.-mar. 2019.

COSTA E SILVA, Paula. A arbitrabilidade da pretensão anulatória de decisão arbitral: expansão da arbitragem a um domínio improvável? *Revista de Arbitragem e Mediação*, v. 47, p. 233-244, out.-dez. 2015.

_____. *Acto e processo*: o dogma da irrelevância da vontade na interpretação e nos vícios do acto postulativo. Coimbra: Coimbra Editora, 2003.

_____. A constitucionalidade da execução hipotecária do Decreto-Lei 70, de 21 de novembro de 1966. *Revista de Processo*, São Paulo, v. 284, p. 185-209, out. 2018.

_____. *A nova face da justiça*: os meios extrajudiciais de resolução de controvérsias. Coimbra: Coimbra Editora, 2009.

COSTA, Eduardo José da Fonseca. Comentário ao artigo 304. In: STRECK, Lenio Luiz *et al.* (orgs.). *Comentários ao Código de Processo Civil.* São Paulo: Saraiva, 2016.

COUCEIRO, Roberta Menezes. Da concessão pelo juiz brasileiro de tutela cautelar antecedente à instituição de arbitragem com sede fora do Brasil. *Revista de Arbitragem e Mediação*, v. 52, p. 123-139, jan.-mar. 2017.

CRAVER, Charles B. *Effective legal negotiation and settlement.* New York: Lexis, 2001.

CRETELLA JR., José. Da arbitragem e seu conceito categorial. *Revista de Informação Legislativa*, Brasília, n. 98, p. 127-138, 1988.

CRETELLA NETO, José. *Curso de arbitragem.* Rio de Janeiro: Forense, 2004.

CRUZ E TUCCI, José Rogério. Ainda sobre a liberdade do tribunal arbitral e o princípio da adstrição. Disponível em *ConJur*: <https://www.conjur.com.br/2022-fev-15/paradoxo-corte-ainda-liberdade-tribunal-arbitral-principio-adstricao/>. Acesso em: 10 jan. 2023.

_____. *Garantias constitucionais do processo civil.* São Paulo: Revista dos Tribunais, 1999.

_____. O árbitro e a observância do precedente judicial. Disponível em: <https://www.conjur.com.br/2016-nov-01/paradoxo-corte-arbitro-observancia-precedente-judicial>.

_____. Os árbitros não são estouvados! (sobre as Jornadas de Direito Processual Civil). Disponível em: <https://www.conjur.com.br/2018-ago-28/paradoxo-corte-arbitros-nao-sao-estouvados-jornadas-direito-processual-civil>.

CUEVA, Ricardo Villas Bôas. A arbitragem na jurisprudência do STJ. *Revista de Arbitragem e Mediação*, v. 58, p. 119-129, jul.-set. 2018.

_____.Técnica de julgamento dos recursos repetitivos e a constitucionalidade das decisões vinculativas e outras novidades do NCPC. *Revista de Processo*, São Paulo, v. 257, p. 313-316, jul. 2016.

CUNHA, Leonardo Carneiro da. O impacto do Novo Código de Processo Civil nos Juizados Especiais Cíveis. In: DIDIER JR., Fredie *et al* (orgs.) *Novo Código de Processo Civil*: impactos na legislação extravagante e interdisciplinar. São Paulo: Saraiva, 2016. v. 2.

_____. Prefácio. In: AVELINO, Murilo Teixeira; PEIXOTO, Ravi. *Consensualidade e poder público.* São Paulo: JusPodivm, 2022.

CUOZZO, Mariana Aguieiras. Ordem pública, imparcialidade do árbitro e homologação de sentenças arbitrais estrangeiras pelo STJ. *Revista de Arbitragem e Mediação*, v. 59, p. 149-166, out.-nov. 2018.

CURY, Antonio Alberto Rondina. Efeitos da corrupção em arbitragens envolvendo o Poder Público. *Revista de Arbitragem e Mediação*, v. 60, p. 185-215, jan.-mar. 2019.

CURY, Cesar Felipe; MELO, Daniela Muniz Bezerra de. *Manual de justiça multiportas*. Lumen Juris: Rio de Janeiro, 2024.

DAMASKA, Mirjan R. *The faces of justice and state authority*. New Haven: Yale, 1991.

DAL BOSCO, Maria Goretti. *Responsabilidade do agente público por ato de improbidade*. Rio de Janeiro: Lumen Juris, 2004.

DE PALO, Giuseppe; D'URSO, Leonardo. Achieving a Balanced Relationship between Mediation and Judicial Proceedings, in The Implementation of the Mediation Directive. Disponível em: <http://www.europarl.europa.eu/RegData/etudes/IDAN/2016/571395/IPOL_IDA(2016)571395_EN.pdf>. DENTI, Vittorio. I procedimenti non giudiziali di conciliazione come istituzioni alternative. *Rivista di Diritto Processuale*, p. 410, 1980.

DIAS, Maria Tereza Fonseca. A mediação na Administração Pública e os novos caminhos para a solução de problemas e controvérsias no setor público. *Portal Direito do Estado*, [S.l], ano 2016, n. 151, 22 abr. 2016. Disponível em: <http://www.direitodoestado.com.br/colunistasmaria-tereza-fonseca-dias/a-mediacao-na- administracao-publica-e-os-novos-caminhos-para-a-solucao-de-problemas-e-controversias-no-setor-publico>.

DIDIER JR., Fredie. *Cooperação judiciária nacional – esboço de uma teoria para o direito brasileiro (arts. 67-69, CPC)*. Salvador: JusPodivm, 2020.

_____. *Curso de direito processual*. 17. ed. Salvador: JusPodivm, 2015. v. 1.

_____. Os três modelos de direito processual: inquisitivo, dispositivo e cooperativo. *Revista de Processo*, São Paulo, v. 198, p. 213-226, ago. 2011.

_____. Sobre a fundamentação da decisão judicial. Disponível em: <http://www.frediedidier.com.br/artigos/sobre-a-fundamentacao-da-decisao-judicial/>.

_____; BOMFIM, Daniela. Colaboração premiada (Lei n. 12.850/2013): natureza jurídica e controle de validade por demanda autônoma – um diálogo com o direito processual civil. *Coleção Repercussões do Novo CPC* – Processo Penal. Salvador: JusPodivm, 2016. v. 13.

_____; BRAGA, Paula Sarno; OLIVEIRA, Rafael Alexandria. *Curso de direito processual civil*. 11. ed. Salvador: JusPodivm, 2016. v. 2.

_____; NOGUEIRA, Pedro Henrique Pedrosa. *Teoria dos fatos jurídicos processuais*. 2. ed. Salvador: JusPodivm, 2012.

DINAMARCO, Cândido Rangel. *A arbitragem na teoria geral do processo*. São Paulo: Malheiros, 2013.

_____. *Arbitragem, jurisdição e execução*: análise crítica da Lei 9.307, de 23-9-1996. 2. ed. São Paulo: Revista dos Tribunais, 1999.

_____. *Capítulos de sentença*. São Paulo: Malheiros, 2002.

_____. *Instituições de direito processual civil*. São Paulo: Malheiros, 2001. v. 3.

_____. *Instituições de direito processual civil*. 8. ed. São Paulo: Malheiros, 2016.

_____. *Instituições de direito processual civil*. São Paulo: Malheiros, 2001. v. 1.

_____; LOPES, Bruno Vasconcelos Carrilho. *Teoria geral do novo processo civil*. 2. ed. São Paulo: Malheiros, 2017.

DOLE JR., Richard F. The Settlement of Class Actions for Damages. *Columbia Law Review*, v. 71, n. 6, p. 971-1006, June 1971.

DOLINGER, Jacob. *Direito internacional privado*: parte geral. Rio de Janeiro: Renovar, 2008.

_____; TIBURCIO, Carmen. *Direito internacional privado*: arbitragem comercial internacional. Rio de Janeiro: Renovar, 2003.

DUTRA, Victor Barbosa. *Precedentes vinculantes*: contraditório efetivo e técnicas repetitivas. Belo Horizonte: D'Placido, 2018.

ERICHSON, Howard M. The Problem of Settlement Class Action. *82 Geo. Wash. L. Rev. 951*. Access through Westlaw in Jan 9th 2018.

ESCOBAR, Marcelo Ricardo Wydra. Um devaneio noturno, o projeto de lei 4.468/2020, e a "arbitragem especial tributária". Disponível em: <https://www.conjur.com.br/2020--set-04/marcelo-escobar-arbitragem-especial-tributaria>. Acesso em: 20 set. 2020.

ESPLUGUES, Carlos. Access to justice or access to states courts' justice in Europe? The Directive 2008/52/EC on civil and commercial mediation. *Revista de Processo*, São Paulo, v. 221, p. 303-332, jul. 2013.

FAGET, Jacques. La double vie de la médiation. *Revue Droit et Société*, Paris, n. 29, p. 26, 1995.

FAIRMAN, Christopher M. A Proposed Rule for Collaborative Law. *21 Ohio State Journal on Dispute Resolution*, 73, 2005. Disponível em: <http://westlaw.com>. Acesso em: 20 jul. 2016.

FALECK, Diego. *Manual de Design de Sistemas de Disputas*: criação de estratégias e processos eficazes para tratar conflitos. Rio de Janeiro: Lumen Juris, 2018.

FARIA, Marcela Kohlbach de. *Ação anulatória da sentença arbitral*: aspectos e limites. Brasília: Gazeta Jurídica, 2014.

_____. A arguição de existência de convenção de arbitragem no novo CPC e os negócios processuais. Disponível em: <https://processualistas.jusbrasil.com.br/artigos/325669740/a-arguicao-de-existencia-de-convencao-de-arbitragem-no-novo-cpc-e--os-negocios-processuais>.

_____. *Participação de terceiros na arbitragem*. São Paulo: Quartier Latin, 2019.

_____. Vinculação do árbitro aos precedentes judiciais após a vigência do CPC/2015. Disponível em: <https://processualistas.jusbrasil.com.br/artigos/412259718/vinculacao-do-arbitro-aos-precedentes-judiciais-apos-a-vigencia-do-cpc-2015>.

FAZZALARI, Elio. *Instituzioni di diritto processuale*. 8. ed. Pádua: CEDAM, 1996.

FEINBERG, Kenneth R. Reexaminig the Arguments in Owen M. Fiss, Against Settlement. *78 Fordham Law Review*, 2009.

FERRAJOLI, Luigi. *Diritti fondamentali*: um dibattito teorico, a cura de Ermanno Vitale. Roma: Laterza, 2008.

_____. *Principia Iuris. Teoria del diritto e dela democrazia. 1.* Teoria del diritto. Roma: Laeterza, 2007.

FERRAZ JUNIOR, Tercio Sampaio. Regulamentação privada ou pública da ética: o juiz e o árbitro. *Revista de Arbitragem e Mediação*, v. 50, p. 391-404, jul.-set. 2016.

FERREIRA, Olavo Augusto Vianna Alves; FERREIRA, Débora Cristina Fernandes Ananias Alves; ROCHA, Matheus Lins. Arbitragem coletiva: algumas propostas, *Direitos Fundamentais & Justiça*, Belo Horizonte, ano 15, n. 45, p. 409-446, jul./dez. 2021.

_____. Sentença arbitral não pode alterar regime de pagamento de precatório. Disponível em https://www.conjur.com.br/2024-fev-28/sentenca-arbitral-nao-pode-alterar--regime-de-pagamento-de-precatorios/. Acesso em: 15 mar. 2024.

FERREIRA, Daniel Brantes; FARIAS, Bianca Oliveira de. A arbitragem e o precedente arbitral e judicial – uma análise histórica e comparativa entre Brasil e EUA. *Revista Brasileira de Direito Processual*, v. 102, p. 171-209, 2018.

FICHTNER, José Antonio. "Não é função da arbitragem impedir as pessoas de procurarem o Judiciário". Rio de Janeiro: *Conjur*, 2016 jan. 3. Entrevista concedida a Giselle Souza. Disponível em: <http://www.conjur.com.br/2016-jan-03/entrevista-jose-antonio-fichtner-especialista-arbitragem>.

_____. MANNHEIMER, Sergio Nelson; MONTEIRO, Andre Luís. Alegação da convenção de arbitragem, negócio jurídico processual e princípio da competência-competência na arbitragem comercial brasileira. *Revista de Arbitragem e Mediação*, v. 60, p. 113-130, jan.-mar. 2019.

FIGUEIRA JR., Joel Dias. *A arbitragem, jurisdição e execução.* 2. ed. São Paulo: Revista dos Tribunais, 1999.

_____. *Manual de arbitragem.* São Paulo: Revista dos Tribunais, 1997.

FIGUEIREDO, Marcela Rodrigues Souza. Considerações prático-teóricas da atuação dos assessores jurídicos na mediação. In: ALMEIDA, Diogo Assumpção Rezende de; PANTOJA, Fernanda Medida de; PELAJO, Samantha (coords.). *A mediação no novo Código de Processo Civil.* Rio de Janeiro: Forense, 2015.

FIORAVANTI, Marcos Serra Neto. Sentença arbitral parcial e as consequências práticas das alterações trazidas pela Lei n. 13.129/2015. Disponível em: *Portal Jurídico* (investidura.com.br). Acesso em: 10 jan. 2023.

FISCHER, Roger; URY, William. *Getting to yes*: negotiating agreement without giving in. Boston: Houghton Mifflin, 1981.

FISS, Owen. Against settlement. *Yale Law Journal*, v. 93, p. 1073-1090, May 1984.

_____. *Direito como razão pública*: processo, jurisdição e sociedade. 2. ed. Curitiba: Juruá, 2017.

_____; RESNIK, Judith. Adjudication and its Alternatives. An introduction to procedure. New York: Foundation Press, 2003.

FOCARELLI, Carlo. *Equo processo e convenzione europea dei diritti dell'1'uomo. Contributo alla determinazione dell'ambito di applicazione dell'art. 6 della convenzione.* Padova: CEDAM, 2001.

FONSECA, Rodrigo Garcia da. Reflexões sobre a sentença arbitral. *Revista de Mediação e Arbitragem*, São Paulo, v. 6, p. 40-74, jul.-set. 2005.

FONTMICHEL, Maximin de. Action de groupe et arbitrage international. *Revista de Arbitragem e Mediação*, v. 48, p. 211-227, jan.-mar. 2016.

FREEMANN, Michael. *Alternative dispute resolution.* New York: University Press, 1984.

FULLER, Lon. The forms and limits of adjudication. *Harvard Law Review*, v. 353, 1978.

FUX, Luiz. Arbitragem e segurança jurídica. *Revista de Arbitragem e Mediação*, v. 58, p. 63-70, jul.- set. 2018.

_____. Homologação de sentença estrangeira. In: TIBURCIO, Carmen; BARROSO, Luís Roberto (orgs.). *O direito internacional contemporâneo*: estudos em homenagem ao Professor Jacob Dolinger. Rio de Janeiro: Renovar, 2006.

_____. "O novo Código de Processo Civil", palestra ministrada, em 31-8-2012, nas IX Jornadas Brasileiras de Direito Processual, promovidas pelo Instituto Brasileiro de Direito Processual, no Rio de Janeiro/RJ.

GABBAY, Daniela Monteiro. *Mediação & Judiciário no Brasil e nos EUA*: condições, desafios e limites para a institucionalização da mediação no Judiciário. In: GRINOVER, Ada Pellegrini; WATANABE, Kazuo (coords.). Brasília: Gazeta Jurídica, 2013.

GAJARDONI, Fernando. O novo CPC não é o que queremos que ele seja. Disponível em: <http://jota.info/artigos/o-novo-cpc-nao-e-o-que-queremos-que-ele-seja-20072015>.

GALANTER, Marc. Why the haves come out ahead? Speculations on the limits of legal change. *Law and Society Review*, v. 9, n. 1, p. 95-160, 1974. Republicação (com correções) em *Law and Society*. Dartmouth, Aldershot: Cotterrell, 1994.

GAMA, Lauro. O STJ e a homologação de sentenças arbitrais estrangeiras: novas perspectivas? *Revista Brasileira de Arbitragem*, São Paulo, v. 2, n. 5, jan.-mar. 2005.

GARAPON, Antoine. *O juiz e a democracia*: o guardião de promessas. Trad. Maria Luiz de Carvalho. 2. ed. Rio de Janeiro: Revan, 2001.

GARCIA, Emerson; ALVES, Rogério Pacheco. *Improbidade administrativa.* 4. ed. Rio de Janeiro: Lumen Juris, 2008.

GIANNINI, Leandro J. Transacción y mediación en los procesos colectivos. *Revista de Processo*, São Paulo, v. 201, p. 149-199, nov. 2011.

GIDI, Antonio. *A class action como instrumento de tutela coletiva de direitos.* São Paulo: Revista dos Tribunais, 2007.

GODINHO, Robson. *Convenções sobre o ônus da prova*: estudo sobre a divisão de trabalho entre as partes e os juízes no processo civil brasileiro. Tese. PUC-SP, 2013.

GOLDBERG, Stephen B. *et al. Dispute resolution*: negotiation, mediation, and other processes. New York: Aspen, 1999.

_____. *Dispute resolution*: negotiation, mediation, and other processes. 4. ed. New York: Aspen Publishers, Inc, 2003.

GOMES, Décio Alonso. *(Des)Aceleração processual*: abordagens sobre dromologia na busca do tempo razoável do processo penal. Rio de Janeiro: Lumen Juris, 2007.

GONÇALVES, Aroldo Plínio. *Técnica processual e teoria do processo*. Rio de Janeiro: Aide, 1992.

GONÇALVES, Eduardo Damião. Comentários ao art. V (2) (A) (B) da Convenção de Nova Iorque. In: WALD, Arnoldo; LEMES, Selma (coords.). *Arbitragem comercial internacional*: a Convenção de Nova Iorque e o direito brasileiro. São Paulo: Saraiva, 2011.

GONÇALVES, Fabiana Marcello. Mediação pós-judicial: um caminho alternativo rumo à pacificação social. *Revista Eletrônica de Direito Processual*, Rio de Janeiro, v. IX. Disponível em: <http://www.e-publicacoes.uerj.br/index.php/redp>.

GONÇALVES, Marcus Vinicius Rios. *Novo curso de direito processual civil*. 5. ed. São Paulo: Saraiva, 2008.

GONÇALVES, Mauro Pedroso. Os meios de correção e invalidação da sentença arbitral, de acordo com a jurisprudência do Superior Tribunal de Justiça. *Revista de Arbitragem e Mediação*, v. 59, p. 167-179, out.-nov. 2018.

GOUVÊA, Marcos Maselli. Legitimidade do Ministério Público para a defesa de direitos individuais homogêneos. *Revista do Ministério Público do Estado do Rio de Janeiro*, Rio de Janeiro, n. 11, jan.-jun. 2000.

_____. *O controle judicial das omissões administrativas*. Rio de Janeiro: Forense, 2003.

GOUVEIA, Lúcio Grassi de. A função legitimadora do princípio da cooperação intersubjetiva no processo civil brasileiro. *Revista de Processo*, São Paulo, n. 172, p. 32-53, jun. 2009.

_____. Cognição processual civil: atividade dialética e cooperação intersubjetiva na busca da verdade real. In: DIDIER JR., Fredie (org.). *Leituras complementares de processo civil*. 8. ed. Salvador: JusPodivm, 2010.

GRAZIOSI, Andrea. La cognizione sommaria del giudice civile nella prospettiva delle garanzie costituzionali. *Rivista Trimestrale di Diritto e Procedura Civile*, Milano, Giuffrè Editore, ano LXIII, n. 1, p. 162, mar. 2009.

GRECO, Leonardo. A prova no processo civil: do Código de 1973 até o novo Código Civil. *Revista Forense*, Rio de Janeiro, v. 374, 2004.

_____. A tutela da urgência e a tutela da evidência no Código de Processo Civil de 2014/2015. *Revista Eletrônica de Direito Processual*, Rio de Janeiro, ano 8, v. XIV, p. 296-330, jul.-dez. 2014. Disponível em: <https://www.e-publicacoes.uerj.br/index.php/redp>.

_____. Contraditório efetivo (art. 7º). *Revista Eletrônica de Direito Processual – REDP*, Rio de Janeiro, v. 15, jan.-jun. 2015. Disponível em: <https://www.e-publicacoes.uerj.br/index.php/redp>.

_____. Controle jurisdicional da arbitragem. In: CARNEIRO, Paulo Cezar Pinheiro; GRECO, Leonardo; DALLA, Humberto Pinho Bernardina de (orgs.). *Temas controvertidos na arbitragem à luz do Código de Processo Civil de 2015*. Rio de Janeiro: GZ, 2018.

_____. Garantias fundamentais do processo: o processo justo. Disponível em: <htttp://www.mundojuridico.adv.br/html/artigos/documentos/texto165.htm>.

_____. *Instituições de processo civil*: processo de conhecimento. Rio de Janeiro: Forense, 2010. v. 2.

_____. *Instituições de processo civil*. 5. ed. Rio de Janeiro: Forense, 2015. v. I.

_____. *Jurisdição voluntária moderna*. São Paulo: Dialética, 2003.

_____. Novas perspectivas da efetividade e do garantismo processual. In: MITIDIERO, Daniel; AMARAL, Guilherme Rizzo (coords.); FEIJÓ, Maria Angélica Echer Ferreira (org.). *Processo civil*: estudos em homenagem ao Professor Doutor Carlos Alberto Alvaro de Oliveira. São Paulo: Atlas, 2012.

_____. Novas súmulas do STF e alguns reflexos sobre o mandado de segurança. Disponível em: <www.mundojuridico.adv.br>.

_____. O acesso ao direito e à justiça. In: *Estudos de direito processual*. Col. José do Patrocínio. Ed. Faculdade de Direito de Campos, 2005.

_____. *O juiz pode ser sujeito de um negócio processual?* Palestra proferida no Seminário "Negócios Processuais no Novo CPC" promovida pela Associação dos Advogados de São Paulo/SP – AASP, em 6 de março de 2015.

_____. O princípio do contraditório. *Revista Dialética de Direito Processual*, São Paulo: Dialética, n. 24, mar. 2005.

_____. Os atos de disposição processual – primeiras reflexões. In: MEDINA, José Miguel Garcia *et al.* (coords.). *Os poderes do juiz e controle das decisões judiciais*: estudos em homenagem à Professora Teresa Arruda Alvim Wambier. São Paulo: Revista dos Tribunais, 2008.

_____. Os Juizados Especiais como tutela diferenciada. *Revista Eletrônica de Direito Processual – REDP*, v. III, jan.-jun. 2009.

_____. Publicismo e privatismo no processo civil. *Revista de Processo*, São Paulo, n. 164, p. 29-56, out. 2008.

_____. Resenha do livro de Michele Taruffo *La motivazione della sentenza civile* (CEDAM, Padova, 1975). *Revista de Processo*, São Paulo, ano 32, n. 144, p. 306-327, fev. 2007.

GRECO FILHO, Vicente. *Homologação de sentença estrangeira*. São Paulo: Saraiva, 1978.

GRINOVER, Ada Pellegrini. *O processo constitucional em marcha*: contraditório e ampla defesa em cem julgados do Tribunal de Alçada Criminal de São Paulo. São Paulo: Max Limonad, 1985.

_____. *Ensaio sobre a processualidade:* fundamentos para uma nova teoria geral do processo. São Paulo: Gazeta Jurídica, 2016.

GUERRA FILHO, Willis Santiago. Jurisdição voluntária estudada pela teoria geral do processo. *Revista do Processo*, São Paulo, v. 18, n. 69, p. 31-62, 1993.

GUERRERO, Luís Fernando. Os métodos alternativos de solução de controvérsias. In: LUCON, Paulo Henrique dos Santos; APRIGLIANO, Ricardo de Carvalho; SILVA, João Paulo Hecker da; VASCONCELOS, Ronaldo; ORTHMANN, André. *Processo em Jornadas. XI Jornadas Brasileiras de Direito Processual. XXV Jornadas Ibero--Americanas de Direito Processual*. Salvador: JusPodivm, 2016.

GUINCHARD, Serge (org.); CHAINAIS, Cécile; DELICOSTOPOULOS, Constantin S.; DELICOSTOPOULOS, Ioannis S.; DOUCHY-OUDOT, Mélina; FERRAND, Frédérique; LAGARDE, Xavier; MAGNIER, Véronique; FABRI, Hélène Ruiz; SINOPOLI, Laurence; SOREL, Jean-Marc. *Droit Processuel. Droits fondamentaux du process*. 6. ed. Paris: Dalloz, 2011.

HARVARD LAW SCHOOL. *Advanced Mediation Workshop*. Program of Instruction for Lawyers. Textbook and class materials. Cambridge, Massachusetts, June, 2004.

HAZARD JR., Geoffrey; TARUFFO, Michele. *American Civil Procedure, an introduction*. New Haven: Yale Press, 1993.

HAZARD, Geoffrey C.; TARUFFO, Michele; STURNER, Rolf; GIDI, Antônio. Principles and rules of Transnational Civil Procedure: Introduction to the principles and rules of Transnational Civil Procedure. *New York University Journal of International Law and Politics*, New York, v. 31, 2001.

HENRIQUES, Duarte Gorjão. Cláusulas arbitrais assimétricas: uma perspectiva portuguesa. *Revista de Arbitragem e Mediação*, v. 41, p. 45, abr. 2014.

HENSLER, Deborah R. A Glass half full, a glass half empty: the use of alternative dispute resolution in mass personal injury litigation. *73 Texas Law Review 1587*, June 1995.

HILL, Flávia Pereira. *A antecipação da tutela no processo de homologação de sentença estrangeira*. Rio de Janeiro: GZ Editora, 2010.

_____. *O direito processual transnacional como forma de acesso à justiça no século XXI*. Rio de Janeiro: GZ Editora, 2013.

_____; ASMAR, Gabriela; LOPES, Vitor; GAMA, Vivian. Procedimento. In: HALE, Durval; PINHO, Humberto Dalla Bernardina de; CABRAL, Trícia Navarro Xavier (orgs.). *O marco legal da mediação no Brasil*. São Paulo: Atlas, 2016.

_____; MAIA, Andrea. Do cadastro e da remuneração dos mediadores. In: ALMEIDA, Diogo Assumpção Rezende de; PANTOJA, Fernanda Medina de; PELAJO, Samantha (coords.). *A mediação no novo Código de Processo Civil*. Rio de Janeiro: Forense, 2015.

_____; PINHO, Humberto Dalla Bernardina de. *Diálogos sobre o Código de Processo Civil*: críticas e perspectivas. Santa Cruz do Sul: Essere nel Mondo, 2019.

_____; PINHO, Humberto Dalla Bernardina de. Inventário judicial ou extrajudicial; separação e divórcio consensuais por escritura pública – primeiras reflexões sobre a Lei n. 11.441/07. *Revista Dialética de Direito Processual*, São Paulo, v. 53, p. 42-59, maio 2007.

HOFFMAN, Paulo. *Arbitragem no Brasil*: aspectos jurídicos relevantes. São Paulo: Quartier Latin, 2008._____. *Razoável duração do processo*. São Paulo: Quartier Latin, 2006.

IUDICA, Giovanni. The dispute board in construction contracts. *Revista de Arbitragem e Mediação*, v. 50, p. 495-509, jul.-set. 2016.

JOSEPHSON, Heloisa Alves de Paiva. *Arbitragem e administração pública*: aspectos controvertidos. Trabalho de Conclusão de Curso apresentado como exigência para conclusão de Curso de Pós-Graduação Lato Sensu em Direito e Advocacia Pública da Procuradoria-Geral do Estado do Rio de Janeiro, 2023.

JÙDICE, José Miguel. Collective arbitration in Europe: the European way might be the best way. *Revista de Arbitragem e Mediação*, v. 51, p. 279-294, out.-dez. 2016.

_____. Some notes about third-party funding: a work in progress. *Revista de Arbitragem e Mediação*, v. 62, p. 169-184, jul.-set. 2019.

JUNQUEIRA, André Rodrigues. A previsão de arbitragem na Lei Federal 13.447/2017. *Revista de Arbitragem e Mediação*, v. 54, p. 65-76, jul.-set. 2017.

JUSTEN FILHO, Marçal. *Comentários à Lei de Licitações e Contratos Administrativos.* 15. ed. São Paulo: Dialética, 2012.

KLONOFF, Robert. *Class Actions and Other Multi-Party Litigation in a Nutshell.* West Academic, 2017, Kindle's edition.

KOLLET, Ricardo Guimarães. *A jurisdição notarial e os direitos subjetivos da normalidade.* 2009. Disponível em: <http://www.portalibest.com.br/img_sis/download/bd64869585011025ec09b79c5778539f.pdf>.

LA CHINA, Sergio. *L'arbitrato*: il sistema e l'esperienza. 4. ed. Milano: Giuffrè, 2011.

LAGRASTA, Valeria Ferioli. O novo paradigma de soluções dos conflitos: juízes e advogados estão preparados? In: LUCON, Paulo Henrique dos Santos; APRIGLIANO, Ricardo de Carvalho; SILVA, João Paulo Hecker da; VASCONCELOS, Ronaldo; ORTHMANN, André. *Processo em Jornadas. XI Jornadas Brasileiras de Direito Processual. XXV Jornadas Ibero-Americanas de Direito Processual.* Salvador: JusPodivm, 2016.

LATGE, Bernardo da Silveira. Notas sobre o cumprimento de sentença arbitral. In: CARNEIRO, Paulo Cezar Pinheiro; GRECO, Leonardo; DALLA, Humberto (Orgs.). *Temas controvertidos na arbitragem à luz do Código de Processo Civil de 2015.* v. 2. Rio de Janeiro: GZ, 2020.

LAVI, Dafna. Can the leopard change his spots?! Reflections on the 'collaborative law' revolution and collaborative advocacy. *13 Cardozo Journal of Conflict Resolution*, 61, Fall 2011. Disponível em: <http://www.westlaw.com>. Acesso em: 15 jul. 2016.

LEBRE DE FREITAS, José. *Introdução ao processo civil:* conceitos e princípios gerais. 2. ed. Coimbra: Coimbra Editora, 2006.

LÉDA, Samara. CNJ autoriza termo de ajustamento de conduta para juízes e titulares de cartório. Disponível em: <https://www.conjur.com.br/2024-fev-08/cnj-autoriza-termo-de-ajustamento-de-conduta-para-juizes-e-titulares-de-cartorios/>. Acesso em: 20 fev. 2024.

LEITE, Antonio Pinto. *Tecnimont V*: a força jurídica dos regulamentos de arbitragem perante os tribunais judiciais e a consequência do exercício tardio do direito de impugnação ao árbitro. *Revista de Mediação e Arbitragem*, v. 50, p. 408 e s., 2016.

LEMES, Selma Ferreira. *Árbitro*: princípios da independência e da imparcialidade. São Paulo: LTr, 2001.

LESSA NETO, João Luiz. O novo CPC adotou o modelo multiportas!!! E agora?! *Revista de Processo*, São Paulo, v. 244, p. 427-441, jun. 2015.

LEVY, Fernanda. Da responsabilidade civil dos árbitros e das instituições arbitrais. In: NERY, Rosa Maria de Andrade; DONNINNI, Rogério (org.). *Responsabilidade civil*: estudos em homenagem ao Prof. Rui Geraldo Camargo Viana. São Paulo: Revista dos Tribunais, 2009.

LIBARDONI, Carolina Uzeda. Coisa julgada sob perspectiva comparatística: o que o sistema norte-americano pode nos ensinar sobre a extensão dos limites objetivos e subjetivos da coisa julgada. *Revista de Processo*, São Paulo, n. 258, p. 449-467, ago. 2016.

LIMA, Cláudio Vianna de. A arbitragem no tempo, o tempo na arbitragem. In: GARCEZ, José Maria Rossani (coord.). *A arbitragem na era da globalização*. 2. ed. Rio de Janeiro: Forense, 1999.

_____. *Arbitragem*: a solução. Rio de Janeiro: Forense, 1994.

LISBOA, Roberto Senise. *Contratos difusos e coletivos*. São Paulo: Revista dos Tribunais, 1997.

LONGA, Daniel Pinheiro. Vinculação das partes não signatárias à cláusula arbitral constante nos acordos de acionistas. *Revista de Arbitragem e Mediação*, v. 62, p. 131-156, jul.-set. 2019.

LOPES DA COSTA, Alfredo de Araújo. *A Administração Pública e a ordem jurídica privada (jurisdição voluntária)*. Belo Horizonte: Bernardo Álvares, S.A., 1961.

LUCON, Paulo Henrique dos Santos; BARIONI, Rodrigo; MEDEIROS NETO, Elias Marques de. A causa de pedir das ações anulatórias de sentença arbitral. *Revista de Arbitragem e Mediação*, São Paulo, v. 46, p. 265-276, jul. 2015.

MACEY, Jonathan R.; MILLER, Geoffrey P. Judicial Review of Class Action Settlements, *1 J. Legal Analysis 167*. Access through Westlaw. Jan 8th 2018.

MACIEL, Marco. Pronunciamento em comemoração aos 10 anos da Lei 9.307/96. *Revista de Arbitragem e Mediação*, São Paulo, ano III, n. 9, abr.-jun. 2006.

MAIA, Alberto. O árbitro de urgência: possibilidade de concentração de atos decisórios na arbitragem e aspectos processuais do modelo internacional. *Revista de Processo*, v. 286, p. 487-504, dez. 2018.

MAIA, Maria Leal Galvão. As cláusulas escalonadas med-arb no ordenamento jurídico brasileiro. Disponível em: <https://www.jota.info/opiniao-e-analise/colunas/coluna--cpc-nos-tribunais/as-clausulas-escalonadas-med-arb-no-ordenamento-juridico--brasileiro-01112018>.

MANCUSO, Rodolfo de Camargo. *A resolução dos conflitos e a função judicial no Contemporâneo Estado de Direito*. São Paulo: Revista dos Tribunais, 2009.

_____. *Jurisdição coletiva e coisa julgada*: teoria geral das ações coletivas. 2. ed. São Paulo: Revista dos Tribunais, 2007.

MARCAL, Felipe Barreto. Medidas estruturantes, processo estruturante e arbitragem. In: CARNEIRO, Paulo Cezar Pinheiro; GRECO, Leonardo; DALLA, Humberto (Orgs.). *Temas controvertidos na arbitragem à luz do Código de Processo Civil de 2015*. v. 2. Rio de Janeiro: GZ, 2020.

MARCATO, Ana Cândida Menezes; TARTUCE, Fernanda. Mediação no direito empresarial: possibilidades interessantes em conflitos societários. *Revista de Processo*, São Paulo, v. 279, p. 513-527, maio 2018.

MARINONI, Luiz Guilherme. A jurisdição no Estado contemporâneo. In: *Estudos de direito processual civil*. São Paulo: Revista dos Tribunais, 2005.

_____. Arbitragem e coisa julgada sobre questão. *Revista de Arbitragem e Mediação*, v. 58, p. 99-117, jul.-set. 2018.

_____. *Comentários ao Código de Processo Civil*. São Paulo: Revista dos Tribunais, 2016. v. VII.

_____. Garantia da tempestividade da tutela jurisdicional e duplo grau de jurisdição. In: CRUZ E TUCCI, José Rogério. *Garantias constitucionais do processo civil*. São Paulo: Revista dos Tribunais, 1999.

MARQUES, Claudia Lima; MIRAGEM, Bruno. *O novo direito privado e a proteção dos vulneráveis*. 2. ed. São Paulo: Revista dos Tribunais, 2014.

MARQUES, Paula Menna Barreto. Árbitro de emergência. In: CARNEIRO, Paulo Cezar Pinheiro; GRECO, Leonardo; DALLA, Humberto Pinho Bernardina de (orgs.). *Temas controvertidos na arbitragem à luz do Código de Processo Civil de 2015*. Rio de Janeiro: GZ, 2018.

_____. A utilização da arbitragem para dirimir litígios em matéria de propriedade industrial. In: CARNEIRO, Paulo Cezar Pinheiro; GRECO, Leonardo; DALLA, Humberto (Orgs.). *Temas controvertidos na arbitragem à luz do Código de Processo Civil de 2015*. v. 2. Rio de Janeiro: GZ, 2020.

MARTEL, Letícia de Campos Velho. *Direitos fundamentais indisponíveis*: limites e padrões do consentimento para a autolimitação do direito à vida. Tese de Doutorado. UERJ, 2010. Disponível em: <http://works.bepress.com/leticia_martel/>.

MARTINS, Julia Girão Baptista. Administração pública: arbitragem e confidencialidade. *Revista de Arbitragem e Mediação*, v. 53, p. 263-282, abr.-jun. 2017.

MARTINS, Pedro Antonio Batista. *Apontamentos sobre a lei de arbitragem*. Rio de Janeiro: Forense, 2008.

_____. Arbitragem: prescrição e participação da administração pública. *Revista de Arbitragem e Mediação*, v. 50, p. 337-349, jul.-set. 2016.

_____. *Panorâmica sobre as provas na arbitragem*. Disponível em: <http://batistamartins.com/panoramica-sobre-as-provas-na-arbitragem-2/>.

_____. *Arbitragem através dos tempos*: obstáculos e preconceitos à sua implementação no Brasil. Disponível em: <http://batistamartins.com/en/arbitragem-atraves-dos-tempos-obstaculos-e-preconceitos-sua-implementacao-no-brasil/>.

_____. Anotações sobre a arbitragem no Brasil e o Projeto de Lei do Senado 78/92. *Revista de Arbitragem e Mediação*, v. 62, p. 363-425. jul.-set 2019.

MARTINS, Rui Cunha. *O ponto cego do Direito*: The Brazilian Lessons. 2. ed. Rio de Janeiro: Lumen Juris, 2011.

MARTINS JR., Wallace Paiva. *Probidade administrativa*. 2. ed. São Paulo: Saraiva, 2002.

MATTEUCCI, Giovanni. Italy, "The Country, Where Everything Ends In Court". New Rules On Mediation. *Revista Eletrônica de Direito Processual*, v. 24, n. 02, 2023. Disponível em: https://www.e-publicacoes.uerj.br/index.php/redp/article/view/76135. Acesso em: 20 jun. 2023.

MAZZEI, Rodrigo; CHAGAS, Bárbara Seccato Ruis. Breve diálogo entre os negócios jurídicos processuais e a arbitragem. *Revista de Processo*, v. 237, p. 223, nov. 2014.

MAZZILLI, Hugo Nigro. Compromisso de ajustamento de conduta – análise à luz do Anteprojeto do Código Brasileiro de Processos Coletivos. In: GRINOVER, Ada Pellegrini; MENDES, Aluisio Gonçalves de Castro; WATANABE, Kazuo. *Direito processual coletivo e o Anteprojeto de Código Brasileiro de Processos Coletivos.* São Paulo: Revista dos Tribunais, 2007.

MAZZOLA, Marcelo Leite da Silva. Cooperação e operosidade. A inobservância do dever de colaboração pelo juiz como fundamento autônomo de impugnação. Dissertação de Mestrado em Direito Processual, Faculdade de Direito, Universidade do Estado do Rio de Janeiro, Rio de Janeiro, 2017.

_____. *Sanções premiais no processo civil:* previsão legal, estipulação convencional e proposta de sistematização (standards) para sua fixação judicial. Salvador: JusPodivm, 2022.

_____. *Tutela jurisdicional colaborativa*: a cooperação como fundamento autônomo de impugnação. Curitiba: CRV, 2017.

_____; MELLO PORTO, José Roberto Sotero de. Breves diálogos entre a Bíblia e o novo CPC. Disponível em: <http://marcelomazzola.jusbrasil.com.br/artigos/366841389/breve-dialogos-entre-a-biblia-e-o-novo-cpc?ref=topic_feed>.

_____; TORRES, Rodrigo. A produção antecipada de prova no Judiciário viola o Juízo Arbitral e a competência do árbitro? In: FUGA, Bruno Augusto Sampaio; RODRIGUES, Daniel Conalgo; ANTUNES, Thiago Caversan (orgs.). *Produção antecipada da prova*: questões relevantes e aspectos polêmicos. Londrina: Thoth, 2018.

_____; OLIVEIRA, Rafael Carvalho Rezende. Mediação na Administração Pública. Disponível em: <http://genjuridico.com.br/2016/04/06/mediacao-na-administracao--publica/>.

_____; OLIVEIRA, Rafael. Sanções premiais e o acordo de não persecução cível. Disponível em: https://www.conjur.com.br/2022-mai-30/mazzolae-oliveira-sancoes-premiais-anpc/. Acesso em: 20 mar. 2023.

MAZZONETO, Nathalia. A discussão em torno dos terceiros na arbitragem e a modernização da Lei de Arbitragem Brasileira. In: CAHALI, Francisco José; RODOVALHO, Thiago; FREIRE, Alexandre (orgs.). *Arbitragem*: estudos sobre a Lei 13.129, de 26-5-2015. São Paulo: Saraiva, 2016.

_____. A escolha da mediação e do mediador nas disputas de Propriedade Intelectual – to be or not to be an expert? Disponível em: <www.mommalaw.com/cms/wp--content/uploads/2015/10/Anexo-1.pdf>.

MEADOW, Carrie Menkel. Peace and Justice: notes on the evolution and purposes of legal processes. *94 Georgetown Law Journal*, 553. Disponível em: <westlaw.com>.

MEIRELES, Carolina COSTA. Produção antecipada de prova e arbitragem: uma análise sobre competência. *Revista de Processo*, v. 303, p. 451-478, maio 2020.

MELLO, Celso Antônio Bandeira de. As Parcerias Público-Privadas (PPPs). *Migalhas*, 12 jan. 2006. Disponível em: <http://www.migalhas.com.br/dePeso/16,MI20266,71043--As+Parcerias+Publico Privadas+PPPs>.

MELLO PORTO, José Roberto Sotero. Mediação prevista pelo novo CPC não pode se tornar mecanismo de procrastinação. Disponível em: <https://www.conjur.com.br/2016-set-27/tribuna-defensoria-mediacao-prevista-cpc-nao-tornar-mecanismo--procrastinacao>.

MEXIA, Ana Margarida Roque. *A comediação enquanto prática de mediação familiar em Portugal – que potencialidades?* Tese apresentada à Universidade Católica Portuguesa para obtenção do grau de mestre em Ciências da Família/Especialização em Orientação e Mediação Familiar, 2012.

MILMAN, Isabel. Homologação de sentenças arbitrais estrangeiras em matéria de propriedade intelectual – arbitrabilidade, ordem pública e a experiência internacional. In: CARNEIRO, Paulo Cezar Pinheiro; GRECO, Leonardo; DALLA, Humberto (Orgs.). *Temas controvertidos na arbitragem à luz do Código de Processo Civil de 2015*. v. 2. Rio de Janeiro: GZ, 2020.

MINAMI, M. Y.; PEIXOTO, Ravi. As questões prejudiciais incidentais, o regime especial da coisa julgada e os possíveis problemas recursais. *Revista de Processo*, São Paulo, n. 277, p. 323-343, mar. 2018.

MIRANDA NETTO, Fernando Gama de; MEIRELLES, Delton Ricardo Soares. Mediação judicial no projeto do novo Código de Processo Civil. *Revista de Arbitragem e Mediação*, São Paulo, v. 33, p. 213-236, abr.-jun. 2012.

MITIDIERO, Daniel. *Colaboração no processo civil*: pressupostos sociais, lógicos e éticos. 2. ed. São Paulo: Revista dos Tribunais, 2011.

_____. Comentário ao artigo 304. In: WAMBIER, Teresa Arruda Alvim *et al.* (coords.). *Breves comentários ao novo Código de Processo Civil*. São Paulo: Revista dos Tribunais, 2015.

MNOOKIN, Robert H. *Beyond Winning*. Cambridge: Harvard University Press, 2000.

MOESSA, Luciana. *Meios consensuais de solução de conflitos envolvendo entes públicos e a mediação de conflitos coletivos*. 2010. 617f. Tese (Doutorado) – Programa de Pós-Graduação em Direito, Universidade Federal de Santa Catarina, Florianópolis, 2010.

MOORE, Chistopher. *The mediation process: practical strategies for resolving conflict*. San Francisco: Jossey Bass, 1986.

MONTELEONE, Girolamo. La mediazione "forzata". *Judicium*, p. 1-2, 2010. Disponível em: <http://www.judicium.it.>.

MONTORO, Marcos André Flanco. *Flexibilidade do procedimento arbitral*. 2010. Tese (Doutorado em Direito Processual) – Faculdade de Direito, Universidade de São Paulo, 2010. Disponível em: <http://www.teses.usp.br/teses/disponiveis/2/2137/tde-16082011-161411/pt-br.php>.

MOOG, Maria Eduarda. A publicidade das sentenças arbitrais parciais e decisões provisórias. In: CARNEIRO, Paulo Cezar Pinheiro; GRECO, Leonardo; DALLA, Humberto (Orgs.). *Temas controvertidos na arbitragem à luz do Código de Processo Civil de 2015*. v. 2. Rio de Janeiro: GZ, 2020.

MORAES, Alexandre de. *Constituição do Brasil interpretada e legislação constitucional*. São Paulo: Atlas, 2006.

MORAES, Guilherme Peña de. *Homologação de sentença estrangeira à luz da jurisprudência do STF*. Rio de Janeiro: Lumen Juris, 2002.

MORAIS, José Luis; MARION SPENLGER, Fabiana. *Mediação e arbitragem:* alternativas à jurisdição! 2. ed. Porto Alegre: Livraria do Advogado, 2008.

MOREIRA NETO, Diogo de Figueiredo. *Mutações do direito público*. Rio de Janeiro: Renovar, 2006.

MÜLLER, Julio Guilherme. A produção desjudicializada da prova oral através de negócio processual: análise jurídica e econômica. Tese apresentada à Banca Examinadora da Pontifícia Universidade Católica de São Paulo, como exigência parcial para obtenção do título de Doutor em Direito, São Paulo, 2017.

MUNIZ, Joaquim de Paiva. *Curso básico de direito arbitral*: teoria e prática. 4. ed. Curitiba: Juruá, 2017.

MUÑOZ, Helena Soleto. La mediación: método de resolución alternativa de conflictos en el proceso civil español. *Revista Eletrônica de Direito Processual*, Rio de Janeiro, ano 3, v. 3, jan.-jun. 2009. Disponível em: <http://www.redp.com.br>.

NALINI, José Renato. Justiça pacificadora: um ideal bem possível. *Revista de Arbitragem e Mediação*, São Paulo, v. 45, p. 331-338, abr.-jun. 2015.

_____. *O juiz e o acesso à justiça*. 2. ed. São Paulo: Revista dos Tribunais, 2000.

NANNI, Giovanni Ettore. Notas sobre os negócios jurídicos da arbitragem e a liberdade de escolha do árbitro à luz da autonomia privada. *Revista de Arbitragem e Mediação*, v. 49, p. 263-284, abr.-jun. 2016.

_____; GUILHARDI, Pedro. Medidas cautelares depois de instituída a arbitragem: reflexões à luz da reforma da Lei de Arbitragem. *Revista de Arbitragem e Mediação*, v. 45, p. 123-153, abr.-jun. 2015.

NASCIMBENI, Asdrubal Franco; FINKELSTEIN, Cláudio. Carta Arbitral: possíveis situações de não cooperação do Juízo Arbitral. *Revista de Arbitragem e Mediação*, v. 54, p. 125-150, jul.-set. 2017.

NAVARRO, Tricia. *Justiça multiportas*. Editora Foco: Indaiatuba, 2024.

NERY, Ana Luiza de Andrade. *Compromisso de ajustamento de conduta*: teoria e análise de casos práticos. 2. ed. São Paulo: Revista dos Tribunais, 2012.

_____. Notas sobre a arbitragem coletiva no Brasil. *Revista de Arbitragem e Mediação*, v. 53, p. 103-127, abr.-jun. 2017.

NEVES, Daniel Amorim Assumpção. *Novo Código de Processo Civil*: Lei 13.105/2015. 2. ed. Rio de Janeiro: Forense, 2015.

NERY JR., Nelson. O compromisso de ajustamento de conduta como transação híbrida e a problemática teorização da passagem do exercício do poder público para tentativa de ajuste no âmbito privado. In: MILARÉ, Édis (coord.). *A ação civil pública após 25 anos*. São Paulo: Revista dos Tribunais, 2010.

_____; NERY, Rosa Maria de Andrade. *Princípios do processo civil na CF*. 8. ed. São Paulo: Revista dos Tribunais, 2004.

NIEMAYER, Sergio. Juízes dão rasteira na lei ao dispensarem audiência preliminar de conciliação. Disponível em: <http://www.conjur.com.br/2016-set-06/sergio-niemeyer--juiz-rasteira-lei-dispensar-audiencia>.

NIEMEYER, Ian Albert Von. *O financiamento de arbitragens por terceiros aspectos positivos, negativos e o seu impacto no processo arbitral*. Monografia apresentada ao Departamento de Direito da Pontifícia Universidade Católica do Rio de Janeiro (PUC-Rio) para a obtenção do Título de Bacharel em Direito, 2016.

NIEVA FENOLL, Jordi. Mediação: uma "alternativa" razoável ao processo judicial? *Revista Eletrônica de Direito Processual*, Rio de Janeiro, ano 8, v. XIV, jul.-dez. 2014. Disponível em: <https://www.e-publicacoes.uerj.br/index.php/redp>.

NÓBREGA, Rafael Estrela. Análise crítica quanto à não sujeição da sentença arbitral a controle judicial em relação à apreciação de provas. In: CARNEIRO, Paulo Cezar Pinheiro; GRECO, Leonardo; DALLA, Humberto Pinho Bernardina de (orgs.). *Temas controvertidos na arbitragem à luz do Código de Processo Civil de 2015*. Rio de Janeiro: GZ, 2018.

NOGUEIRA, Pedro Henrique. *Negócios jurídicos processuais*. Salvador: JusPodivm, 2016.

NOLAN-HALEY, Jacqueline M. The Merger of Law and Mediation: Lessons from Equity Jurisprudence and Roscoe Pound. *Cardozo Journal of Dispute Resolution*, v. 6, 2004.

NUNES, Dierle; VIANA, Aurélio. *Precedentes*: a mutação no ônus argumentativo. Rio de Janeiro: Forense, 2018.

_____; RUBINGER, Paula Caetano; MARQUES, Ana Luiza. Os perigos do uso da inteligência artificial na advocacia. Disponível em: <https://www.conjur.com.br/2018--jul-09/opiniao-perigos-uso-inteligencia-artificial-advocacia>.

OLIVEIRA, Humberto Santarosa. A garantia fundamental de motivação das decisões judiciais. *Revista Eletrônica de Direito Processual*, Rio de Janeiro, v. XII, p. 36, 2013. Disponível em: <http://www.e-publicacoes.uerj.br/index.php/redp>.

_____. *Arbitragem e precedentes vinculantes*: a sujeição dos árbitros à jurisdição constitucional. Rio de Janeiro: Editora Thoth, 2022.

_____. A impossibilidade de pagamento das custas da arbitragem como causa de ineficácia da convenção arbitral. In: CARNEIRO, Paulo Cezar Pinheiro; GRECO, Leonardo; DALLA, Humberto (Orgs.). *Temas controvertidos na arbitragem à luz do Código de Processo Civil de 2015*. v. 2. Rio de Janeiro: GZ, 2020.

OLIVEIRA, Rafael Carvalho Rezende. *Curso de direito administrativo*. Rio de Janeiro: Forense, 2013.

_____. *Licitações e contratos administrativos*. 7. ed. São Paulo: Método, 2018.

OLIVEIRA, Rodrigo Candido. Câmaras brasileiras permitem uso de árbitro de emergência. Disponível em: <http://www.conjur.com.br/2016-dez-12/rodrigo-oliveira-camaras-permitem-uso-arbitro-emergencia>.

OLIVEIRA, Weber Luiz de. Estabilização da tutela antecipada e teoria do fato consumado: estabilização da estabilização? *Revista de Processo*, São Paulo, v. 40, n. 242, p. 223-248, abr. 2015.

OQUENDO, Angel. *State Settlements in Vindication of Societal Rights*. Original paper kindly provided by the author in January 2018.

OSNA, Gustavo; MAZZOLA, Marcelo. As sanções premiais e sua aplicabilidade ao processo estrutural. *Revista de Processo* n. 325, mar. 2022.

OSÓRIO, Fábio Medina. *Teoria da improbidade administrativa*. São Paulo: Revista dos Tribunais, 2007.

PARENTE, Eduardo de Albuquerque. *Processo arbitral e sistema*. São Paulo: Atlas, 2012.

PARKINSON, Lisa. *Mediação familiar*. Belo Horizonte: Del Rey, 2016.

PAULINO, Analdino Rodrigues. *Mediação familiar*. São Paulo: Equilíbrio, 2009.

PAUMGARTTEN, Michele Pedrosa. Disposições finais. In: HALE, Durval; PINHO, Humberto Dalla Bernardina de; CABRAL, Trícia Navarro Xavier (orgs.). *O marco legal da mediação no Brasil*. São Paulo: Atlas, 2016.

_____. *Justiça, jurisdição e mediação*: o desafio de resolver os conflitos sob uma base qualitativa de justiça. Dissertação de mestrado, Universidade Estácio de Sá, 2012.

_____. *Novo processo civil brasileiro – métodos adequados de resolução de conflitos – função judicial – negociação – conciliação – mediação – arbitragem*: conforme o Novo Código de Processo Civil – Lei 13.105, de 16-3-2015. Curitiba: Juruá, 2015.

_____. Os desafios para a integração das práticas conciliatórias ao novo processo civil. *Revista de Processo*, São Paulo, n. 247, p. 475-503, set. 2015.

PAZZAGLINI FILHO, Marino. *Lei de improbidade administrativa comentada*. 3. ed. São Paulo: Atlas, 2007.

PEDROSO, João. Percurso(s) da(s) reforma(s) da administração da justiça – uma nova relação entre o judicial e o não judicial. *Centro de Estudos Sociais, Observatório Permanente da Justiça Portuguesa*, Coimbra, v. 171, p. 14, abr. 2002. Disponível em: <http://www.ces.uc.pt/publicacoes/oficina/ficheiros/171.pdf>.

PEIXOTO, Ravi. A nova sistemática de resolução consensual de conflitos pelo Poder Público – uma análise a partir do CPC/2015 e da Lei 13.140/2015. *Revista de Processo*, São Paulo, n. 261, p. 467-497, nov. 2016.

_____. Os "princípios" da mediação e da conciliação: uma análise da Res. 125/2010 do CNJ, do CPC/2015 e da Lei 13.140/2015. In: ZANETI JR., Hermes (coord.). *Justiça multiportas*: mediação, conciliação, arbitragem e outros meios de solução adequada para conflitos. Salvador: JusPodivm, 2017.

_____. Sobre o princípio da confidencialidade na mediação e na conciliação. Disponível em: <http://www.adambrasil.com/sobre-o-principio-da-confidencialidade-na-mediacao-e-na-conciliacao/>.

PELUSO, Antonio Cezar; RICHA, Morgana de Almeida (coords.). *Conciliação e mediação*: estruturação da política judiciária nacional. Rio de Janeiro: Forense, 2011.

PEPE, Rafael Gaia; RODRIGUES, Marco Antonio. Ela, a transação fiscal, vista por nós, advogados públicos. *Jota*. Tribuna da Advocacia Pública. Disponível em: <https://www.jota.info/opiniao-e-analise/colunas/tribuna-da-advocacia-publica/ela-a-transacao-fiscal-vista-por-nos-os-advogados-publicos-09052020>. Acesso em: 22 maio 2020.

PEREIRA, Rafael. *Manual do acordo de não persecução cível*. Curitiba: Cei, 2020.

PEREIRA, Cesar A. Guimarães. Arbitragem na Lei 13.448 e os contratos com a Administração Pública nose setores de rodovias, ferrovias e aeroportos. *Revista de Arbitragem e Mediação*, v. 55, p. 111-133, out.-dez. 2017.

PEREIRA, Cesar; QUINTÃO, Luísa. Entidades representativas (art. 5º, XXI, da CF) e arbitragem coletiva no Brasil. *Revista de Arbitragem e Mediação*, v. 47, p. 105-123, out.-dez. 2015.

PICARDI, Nicola. A vocação do nosso tempo para a jurisdição. In: *Jurisdição e processo*. Trad. Carlos Alberto Alvaro de Oliveira. Rio de Janeiro: Forense, 2008.

_____. *Audiatur et altera pars:* as matrizes histórico-culturais do contraditório. In: *Jurisdição e processo*. Rio de Janeiro: Forense, 2008.

_____. *La giurisdizione all'alba del terzo millennio*. Milano: Giuffrè, 2007.

PICÓ I JUNOY, Joan. La iniciativa probatoria del juez civil: un debate mal planteado. *Revista Uruguaya de Derecho Procesal*, Montevideo, n. 3, 2007.

_____. *Las garantías constitucionales del proceso*. Barcelona: Bosch, 1997.

_____. *Jurisdição e processo*. Rio de Janeiro: Forense, 2008.

PINHO, Humberto Dalla Bernardina de. Audiência de conciliação ou de mediação: o art. 334 do CPC e a nova sistemática do acordo judicial. In: LUCON, Paulo Henrique dos Santos et al. *Processo em jornadas*. JusPodivm: Salvador, 2016.

_____. Confidencialidade. *Revista Eletrônica de Direito Processual*, ano 8, volume especial: a nova Lei de Mediação brasileira: comentários ao PL 7.169/14, p. 162-167, out. 2014. Disponível em: http:www.redp.com.br.

_____. Considerações sobre a audiência de conciliação e de mediação no Código de Processo Civil de 2015 e os acordos nos juizados especiais criminais. In: PINHO, Humberto Dalla Bernardina de; JARCZUN, Julliana. *A influência do novo CPC e da Lei de mediação nos Juizados Especiais Criminais*: a justiça restaurativa, a mediação penal e a Resolução n. 225/16 do CNJ. Santa Cruz do Sul: Essere nel mondo, p. 28-45. *E-book* disponível em: http://www.esserenelmondo.com/pt/direito-a-influencia-do--novo-codigo-de-processo-civil-e-da-lei-de-mediacao-nos-juizados-especiais-criminais-ebook94.php.

_____. Judicial Rulings with Prospective Effect. General Report on Brazilian Law. *Revista de Processo*, São Paulo, v. 232, p. 275, jun. 2014.

_____. *Jurisdição e pacificação*. Curitiba: CRV, 2017.

_____. Limites e possibilidades das cláusulas de mediação isolada e escalonada em conflitos empresariais. In: *Processo civil empresarial.* Salvador: JusPodivm, 2022.

_____. Mediação on line em tempos de virtualização forçada das ferramentas de resolução de conflitos: algumas considerações sobre a experiencia brasileira. In: Desjudicialização, justiça conciliativa e poder público. 1. ed. São Paulo: Revista dos Tribunais, 2021, v. 1.

_____. O acordo de não persecução cível na nova sistemática da lei de improbidade administrativa: exame das alterações impostas pela lei n. 14.230/21 à luz da jurisprudência do Supremo Tribunal Federal. *Revista Eletrônica de Direito Processual*, v. 24, p. 181-204, 2022.

_____. O novo marco legal da arbitragem no direito brasileiro: anatomia do instituto no Código de Processo Civil de 2015 e as inovações trazidas pela Lei n. 13.129/2015. In: JATAHY, Carlos Roberto; ALMEIDA, Diogo; AYOUB, Luiz Roberto. *Reflexões sobre o novo Código de Processo Civil*. Rio de Janeiro: FGV, 2016.

_____. Uma leitura processual dos direitos humanos. O direito fundamental à tutela adequada e à opção pela mediação como via legítima para a resolução de conflitos.

In: KLEVENHUSEN, Renata Braga (Org.). *Temas sobre direitos humanos em homenagem ao professor Vicente Barreto*. Rio de Janeiro: Lumen Juris, 2009b.

_____. ALVIM, Teresa Celina; CORTES Osmar Paixão; SALOMÃO Rodrigo; KLEVENHUSEN, Renata Braga; BRAGANÇA Fernanda. TAUK, Caroline; MENEZES, Mariana. *Relevância da questão de direito federal*. Rio de Janeiro: FGV Conhecimento, 2022.

_____; ASMAR, Gabriela; PAUMGARTTEN, Michele. Chapter 40. Brazil. In: SCHONEWILLE, Manon; SCHONEWILLE, Fred. *The Variagated Landscape of Mediation. A Comparative Study of Mediation in Europe and the World*. Holanda: Eleven, 2014.

_____; BERLINSKY, Renata. *Civil Procedure in Brazil* – Third Edition. Haia: Holanda, 2022.

_____; DUARTE, Marcia Michele Garcia. *Juizados especiais cíveis e fazendários*. São Paulo: Expressa, 2022.

_____; DUARTE, Marcia Michele Garcia. Conciliação e mediação: impacto do novo CPC nos Juizados Especiais. In: REDONDO, Bruno Garcia; SANTOS, Welder Queiroz dos; SILVA, Augusto Vinícius Fonseca; VALLADARES, Leandro Carlos Pereira. *Coleção Repercussões do novo CPC*. Salvador: JusPodivm, 2015. v. 7.

_____; DURCO, Karol. A mediação e a solução dos conflitos no Estado democrático de direito. O "juiz Hermes" e a nova dimensão da função jurisdicional. Disponível em: http://www.humbertodalla.pro.br/arquivos/amediacaoeasolucaodeconflitosnoestadodemocratico.pdf. Acesso em: 1º nov. 2001.

_____; DUZERT, Yann. Mediação no Brasil: uma forma de negociar baseada na abordagem de ganhos mútuos. In: ARROW, J. Kenneth et al. (Orgs.). *Barreiras para resolução de conflitos*. São Paulo: Saraiva, 2001.

_____. GAIO Jr. Antonio Pereira. *Teoria geral do processo civil*, v. II. Rio de Janeiro: GZ, 2024.

_____; HILL, Flavia Pereira. desjudicialização e atos probatórios concertados entre as esferas judicial e extrajudicial: a cooperação interinstitucional online prevista na Resolução n. 350 do CNJ. *RJLB – Revista Jurídica Luso-Brasileira*, 2021. v. 5.

_____; HILL, Flavia Pereira (Orgs.). *Diálogos sobre o Código de Processo Civil*: críticas e perspectivas. Santa Cruz do Sul: Essere nel Mondo, 2019 (*e-book*).

_____; HILL, Flávia Pereira. Inventário judicial ou extrajudicial; separação e divórcio consensuais por escritura pública: primeiras reflexões sobre a Lei n. 11.441/07. *Revista Dialética de Direito Processual*, São Paulo, v. 50, p. 42-59, 2007.

_____; HILL, Flávia Pereira. Medidas estruturantes nas ferramentas de cooperação jurídica internacional. In: ARENHART, Sérgio Cruz; JOBIM, Marco Felix. *Processos estruturais*. Salvador: JusPodivm, 2017. p. 233-278.

_____; HILL, Flavia Pereira. Desjudicialização e atos concertados entre as esferas judicial e extrajudicial In: *Direito probatório*. 1. ed. Londrina: Thoth, 2022, v. 1.

_____. HILL, Flavia Pereira. THEODORO, Ana Claudia Rodrigues. *Desjudicialização*: atualidade e novas tendências, Thoth: Londrina, 2024.

_____; MARIOTINI, Fabiana Gonçalves. Controle de aplicação de tese firmada em recurso repetitivo: uma análise crítica da reclamação n. 36.476/SP à luz da sistemática processual-constitucional. In: *O CPC de 2015 visto pelo STJ*. 1. ed. São Paulo: Revista dos Tribunais, 2021, v. 1.

_____. MAZZOLA Marcelo. Aspectos Controvertidos Da Sentença Arbitral E Da Respectiva Ação Anulatória. RJLB – Revista Jurídica Luso-Brasileira, v. 3, p. 929 – 966, 2021.

_____; MAZZOLA, Marcelo. A Convenção de Arbitragem no Sistema Brasileiro – Uma Releitura a Partir da Obra de Sergio La China. *Revista Jurídica Luso-Brasileira*, v. 2, p. 559-586, 2020.

_____; MELLO PORTO, José Roberto Sotero de. Colaboração premiada: um negócio jurídico processual? *Revista Magister de Direito Penal e Processual Penal*, Porto Alegre, Magister, v. 73, p. 26-48, ago./set. 2016.

_____; MELLO PORTO, Jose Roberto. *Manual de tutela coletiva*. São Paulo: Saraivajur, 2020.

_____; PAUMGARTTEN, Michele Pedrosa. A experiência ítalo-brasileira no uso da mediação em resposta à crise do monopólio estatal de solução de conflitos e a garantia do acesso à justiça. *Revista Eletrônica de Direito Processual*, v. 8, p. 443-471, 2011. Disponível em: http://www.redp.com.br.

_____; PAUMGARTTEN, Michele Pedrosa. Os desafios para a integração entre o sistema jurisdicional e a mediação a partir do novo Código de Processo Civil. Quais as perspectivas para a justiça brasileira? In: REZENDE, Diogo; PELAJO, Samantha; PANTOJA, Fernanda (Orgs.). *A mediação no novo Código de Processo Civil*. Rio de Janeiro: Forense, 2015.

_____. PINTO, Adriano Moura da Fonseca. SPENGLER, Fabiana Marion. *Limites do consenso:* a expansão das fronteiras da tutela e a (in)disponibilidade dos direitos. Essere nel Mondo: Santa Cruz do Sul, 2023.

_____; RODRIGUES, Roberto de Aragão Ribeiro. O microssistema de formação de precedentes judiciais vinculantes previstos no novo CPC. *Revista de Processo*, São Paulo, Revista dos Tribunais, v. 41, p. 406-436, set. 2016.

_____; RODRIGUES, Roberto. STRÄTZ, Murilo. Arbitragem tributária: perspectivas para o direito brasileiro. RJLB – Revista Jurídica Luso-Brasileira, v. 4, p. 1447-1479, 2020.

_____; SILVA, Felipe Carvalho Gonçalves da. Prova emprestada: pontos de convergência e divergência entre a doutrina e a jurisprudência. *Revista de Processo*, São Paulo: Revista dos Tribunais, n. 275, p. 163-190, jan. 2018.

_____; SOUZA, Mariana Freitas de. O tratamento legal da mediação no Código de Processo Civil de 2015. In: ALMEIDA, Tania et al. *Mediação de conflitos*: para iniciantes, praticantes e docentes. Salvador: JusPodivm, 2016. p. 317-332.

_____; SQUADRI, Ana Carolina Santanna. O *writ of certiorari* e sua influência sobre o instituto da repercussão geral do recurso extraordinário. *Revista de Processo*, ano 39, v. 235, p. 381-406, set. 2014.

_____; STANCATI, Maria M. M. S. A ressignificação do princípio do acesso à justiça à luz do art. 3º do Código de Processo Civil de 2015. *Revista de Processo*, São Paulo, Revista dos Tribunais, v. 254, p. 17-44, 2016.

PITOMBO, Eleonora Coelho. Arbitragem e o Poder Judiciário: aspectos relevantes. In: GUILHERME, Luiz Fernando (coord.). *Aspectos práticos da arbitragem*. São Paulo: Quartier Latin, 2006.

PIZZOL, Patricia Miranda. *Liquidação nas ações coletivas*. São Paulo: Lejus, 1998.

PONTES, Daniel. *A tutela de evidência no novo Código de Processo Civil*: uma gestão mais justa do tempo na relação processual. Monografia de Graduação. Faculdade de Direito. UERJ. 2015, 65 p.

PONTES DE MIRANDA, Francisco Cavalcanti. *Comentários ao Código de Processo Civil*. Rio de Janeiro: Forense, 1977. t. XV.

PRADO, Viviane Muller. Arbitragem coletiva e companhias abertas. Revista de Arbitragem e Mediação | vol. 52/2017 | p. 99 – 122 | Jan – Mar / 2017.

PRATA, Edson. *Jurisdição voluntária*. São Paulo: Ed. Universitária, 1979.

PRESS, Sharon. Court-Connected Mediation and Minorities: A Report Card. *Capital University Review*, v. 39, 2011.

PROTO PISANI, Andrea. *Lezioni di diritto processuale civile*. 5. ed. Napoli: Jovene Editore, 2006.

_____. Giusto processo e valore della cognizione piena. In: *Le tutele giurisdizionali dei diritti*. Studi. Napoli: Jovene Editore S.P.A., 2003.

QUEIROZ, Caique Bernardes Magalhães; TORTORELA, Eduardo Machado; BANFIELD, Jessica Scott. O negócio jurídico processual como instrumento de aproximação entre os procedimentos arbitrais e judiciais no Brasil. *Revista de Arbitragem e Mediação*, v. 55, p. 73-107, out.-dez. 2017.

QUEIROZ, Pedro Gomes de. A motivação da sentença civil no Estado Democrático de Direito. *Revista Eletrônica de Direito Processual*, Rio de Janeiro, v. XI. Disponível em: <http://www.e-publicacoes.uerj.br/index.php/redp>.

RAMALHO, Matheus Sousa. Os processos concursais falimentares e sua compatibilidade com a arbitragem. In: CARNEIRO, Paulo Cezar Pinheiro; GRECO, Leonardo; DALLA, Humberto (Orgs.). *Temas controvertidos na arbitragem à luz do Código de Processo Civil de 2015*. v. 2. Rio de Janeiro: GZ, 2020.

RAMOS, Carlos Henrique. O novo CPC, mediação e Administração Pública. In: PINHO, Humberto Dalla Bernardina de; RODRIGUES, Roberto de Aragão Ribeiro (orgs.). *Mediação e arbitragem na Administração Pública*. Curitiba: CRV, 2018.

REDONDO, Bruno Garcia. Estabilização, modificação e negociação da tutela de urgência antecipada antecedente: principais controvérsias. *Revista de Processo*, São Paulo, ano 40, v. 244, p. 167-194, jun. 2015.

RÊGO, Erika Napoleão do. Impugnação das sentenças parciais e decisões interlocutórias do juízo arbitral perante o Poder Judiciário – possibilidades e limites. In: CARNEIRO, Paulo Cezar Pinheiro; GRECO, Leonardo; DALLA, Humberto Pinho Bernardina de.

(orgs.). *Temas controvertidos na arbitragem à luz do Código de Processo Civil de 2015.* Rio de Janeiro: GZ, 2018.

RESNIK, Judith. For Owen M. Fiss: Some Reflections on the Triumph and the Death of Ajudication. *Yale Law School Legal Scholarship Repository.* Disponível em: <http://digitalcommons.law.yale.edu/fss_papers/762>.

RESTA, Eligio. *Il diritto fraterno.* Roma: Laterza, 2010.

REUBEN, Richard. Constitutional Gravity: a Unitary Theory of Alternative Dispute Resolution and Public Civil Justice, *UCLA L. Rev.,* v. 47, p. 971.

RIBEIRO, Darci Guimarães. *Da tutela jurisdicional às formas de tutela.* Porto Alegre: Livraria do Advogado, 2010.

RIBEIRO, Moacyr Petrocelli de Ávila. *Diálogos para a "desjudicialização".* 2014. Disponível em: <http://www.notariado.org.br/index.php?pG=X19leGliZV9ub3RpY2lhcw==&in=NDQ1ºA=.

ROCHA, Caio Cesar Vieira. Arbitragem e administração pública: nova disciplina normativa após a Lei 13.129/2015. *Revista de Arbitragem e Mediação,* v. 49, p. 103- 126, abr.-jun. 2016.

_____; VAUGHN, Gustavo Fávero. Preliminar de arbitragem no CPC/2015: nova lei, antiga celeuma. *Revista de Arbitragem e Mediação,* v. 52, p. 71-97, jan.-mar. 2017.

ROCHA, Cármen Lúcia Antunes. *O princípio constitucional da igualdade.* Belo Horizonte: Lê, 1990.

ROCHA, Leonel Severo. Tempo, direito e Constituição. In: SCHWARTZ, Germano; PRIBÁN, Jiri; ROCHA, Leonel Severo. *Sociologia sistêmico-autopoiética das Constituições.* Porto Alegre: Livraria do Advogado, 2015.

_____; KING, Michael; SCHWARTZ, Germano. *A verdade sobre a autopoiese no Direito.* Porto Alegre: Livraria do Advogado, 2007.

ROCHA, Pedro Cavalcanti. Sub-rogação da seguradora em direito abarcado por compromisso arbitral. In: CARNEIRO, Paulo Cezar Pinheiro; GRECO, Leonardo; DALLA, Humberto (Orgs.). *Temas controvertidos na arbitragem à luz do Código de Processo Civil de 2015.* v. 2. Rio de Janeiro: GZ, 2020.

RODOVALHO, Thiago. Cláusula arbitral inserta em contrato empresarial complexo. Impossibilidade de enfrentamento do mérito pelo Poder Judiciário. *Revista de Arbitragem e Mediação,* v. 55, p. 351-373, out.-dez. 2017.

RODRIGUES, Geisa de Assis. *Ação civil pública e termo de ajustamento de conduta*: teoria e prática. 2. ed. Rio de Janeiro: Forense, 2006.

_____. *Ação civil pública e termo de ajustamento de conduta*: teoria e prática. 4. ed. Rio de Janeiro: Forense, 2013.

RODRIGUES, Marco Antonio. *A Fazenda Pública no processo civil.* 2. ed. São Paulo: Atlas, 2016.

_____; PEPE, Rafael Gaia. Ela, a transação fiscal, vista por nós, os advogados públicos. Disponível em: <https://www.jota.info/opiniao-e-analise/colunas/tribuna-da-advocacia-publica/ela-a-transacao-fiscal-vista-por-nos-os-advogados-publicos-09052020>.

RODRIGUES, Roberto de Aragão Ribeiro. *Justiça multiportas e advocacia pública*. Editora GZ: Rio de Janeiro, 2021.

ROQUE, André Vasconcelos. A arbitragem envolvendo entes estatais na jurisprudência do Superior Tribunal de Justiça. Disponível em: <http://www.publicadireito.com.br/artigos/?cod=ab7a710458b8378b>.

_____. Class actions – *ações coletivas nos Estados Unidos*: o que podemos aprender com eles? Salvador: JusPodivm, 2013.

_____; GAJARDONI, Fernando Fonseca. A sentença arbitral deve seguir o precedente judicial? Disponível em: <https://www.jota.info/opiniao-e-analise/colunas/novo-cpc/sentenca-arbitral-deve-seguir-o-precedente-judicial-novo-cpc-07112016>.

ROSA, Alexandre Morais. É preciso fugir dos dribles retóricos da decisão judicial. Disponível em: <http://www.conjur.com.br/2016-set-09/limite-penal-preciso-fugir-dribles-retoricos-decisao-judicial>.

RUBENSTEIN, William B. Emerging Issues in Class Action Law. *53 UCLA L. Rev. 1435*. Access through Westlaw. Jan, 18th, 2018.

SADEK, Maria Tereza. *Acesso à justiça*. São Paulo: Fundação Konrad Adenauer, 2001.

SALDANHA, Alexandre Henrique Tavares; MEDEIROS, Pablo Diego Veras. Processo judicial eletrônico e inclusão digital para acesso à justiça na sociedade de informação. *Revista de Processo*, São Paulo, v. 277, p. 541-561, mar. 2018.

SALLES, Carlos Alberto de. *Arbitragem em contratos administrativos*. Rio de Janeiro: Forense, 2012.

SALOMÃO, Luis Felipe; ROCHA, Caio. *Arbitragem e mediação*: a reforma da legislação brasileira. São Paulo: Atlas, 2015.

SALOMÃO, Rodrigo Cunha Mello. Aspectos polêmicos das cláusulas escalonadas. In: CARNEIRO, Paulo Cezar Pinheiro; GRECO, Leonardo; DALLA, Humberto Pinho Bernardina de (orgs.). *Temas controvertidos na arbitragem à luz do Código de Processo Civil de 2015*. Rio de Janeiro: GZ, 2018.

SANDER, Frank. E. A. Varieties of dispute processing. In: *The Pound Conference*: perspectives on justice in the future. St. Paul, USA: West, 1979.

SANTANNA, Ana Carolina Squadri. *Proposta de releitura do princípio da inafastabilidade da jurisdição*: introdução de métodos autocompositivos e fim do monopólio judicial de solução de conflitos. 2014. Dissertação. Universidade do Estado do Rio de Janeiro, p. 131.

SANTOS, João Manoel Carvalho de. *Código Civil interpretado*. 10. ed. Rio de Janeiro: Freitas Bastos, 1963. v. I.

SANTOS, Natália Cristina Castro. Fraude à execução e processo arbitral: instrumentos de proteção efetiva do credor. In: CARNEIRO, Paulo Cezar Pinheiro; GRECO, Leonardo; DALLA, Humberto (Orgs.). *Temas controvertidos na arbitragem à luz do Código de Processo Civil de 2015*. v. 2. Rio de Janeiro: GZ, 2020.

SARLET, Ingo Wolfgang. *A eficácia dos direitos fundamentais*: uma teoria geral dos direitos fundamentais na perspectiva constitucional. 10. ed. 3. tir. Porto Alegre: Livraria do Advogado, 2011.

SARMENTO, Daniel. *O neoconstitucionalismo no Brasil:* riscos e possibilidades. Disponível em: <https://pt.scribd.com/document/128595964/Neoconstitucionalismo--Daniel-Sarmento. Acesso em: 18 fev. 2022>.

SCAFF, Fernando Facury. Medida provisória da transação tributária cria Refis permanente. *Consultor Jurídico.* Disponível em: <https://www.conjur.com.br/2019-out-21/ medida-provisoria-transacao-tributaria-cria-refis-permanente>. Acesso em: 28 dez. 2019.

SCAVONE JR., Luiz Antonio. *Manual de arbitragem.* São Paulo: Revista dos Tribunais, 2011.

SCHENK, Leonardo Faria. Breve relato histórico das reformas processuais na Itália. Um problema constante: a lentidão dos processos cíveis. *Revista Eletrônica de Direito Processual*, Rio de Janeiro, ano 2, p. 194, jan.-dez. 2008. Disponível em: <http://www.e--publicacoes.uerj.br/index.php/redp/>.

_____. *Cognição sumária*: limites impostos pelo contraditório no processo civil. São Paulo: Saraiva, 2013.

SCHIMIDT, Gustavo da Rocha. Reflexões sobre a arbitragem nos conflitos envolvendo a Administração Pública (arbitralidade, legalidade, publicidade e a necessária regulamentação). *Revista de Direito da Associação dos Procuradores do Estado do Rio de Janeiro*, v. XXVI. Arbitragem na Administração Pública. Rio de Janeiro: APERJ, 2016.

_____. *Arbitragem na Administração Pública*. Curitiba: Juruá, 2018.

SCHREIBER, Anderson. *A proibição de comportamento contraditório*: tutela da confiança e *venire contra factum proprium*. 2. ed. Rio de Janeiro: Renovar, 2007.

SCHWARTZ, Stuart B. *Burocracia e sociedade colonial*: o Tribunal Superior da Bahia e os seus desembargadores. Trad. Berilo Vargas. São Paulo: Companhia das Letras, 2011.

SERPA, Maria de Nazareth. *Teoria e prática da mediação de conflitos*. Rio de Janeiro: Lumen Juris, 1999.

SESTER, Peter Christian. Desafios da arbitragem societária: do efeito *erga omnes* (extra partes) até a arbitragem coletiva. *Revista de Arbitragem e Mediação*, v. 62, p. 27-44, jul.-set. 2019.

SICA, Heitor Vitor Mendonça. Doze problemas e onze soluções quanto à chamada "estabilização da tutela antecipada". In: LUCON, Paulo Henrique dos Santos *et al*. (coords.). *Processo em jornadas*. Salvador: JusPodivm, 2016.

SILVA, Franklyn Roger Alves; ESTEVES, Diogo. *Princípios institucionais da Defensoria Pública*. 2. ed. Rio de Janeiro: Forense, 2017.

SILVA, João Roberto da. *A mediação e o processo de mediação*. São Paulo: Paulistanajur Edições, 2004.

SILVA, Larissa Clare Pochmann; COSTA, Sylvia Chaves Lima. O controle das *anti-suit injunctions* concedidas por juízes em face de arbitragens no cenário da União Europeia: o caso C-185/07 do Tribunal de Justiça da Comunidade Europeia. In: ALMEIDA, Paula Wojcikiewcz (org.). *Revista do Programa de Direito da União Europeia*. Rio de Janeiro: FGV Direito Rio, 2012, v. 2, p. 15-26.

SILVA, Ovídio Batista da; GOMES, Fabio Luiz. *Teoria geral do processo civil*. São Paulo: Revista dos Tribunais, 1997.

SILVA, Ricardo Perlingiero Mendes da. Auxílio direto, carta rogatória e homologação de sentença estrangeira. *Revista de Processo*, São Paulo, v. 128, p. 287, out. 2005.

SILVEIRA, Bruna Braga da; MEGNA, Bruno Lopes. Autocomposição: causas de descumprimento e execução – um panorama sobre meios alternativos de solução de conflitos e o processo de execução no novo CPC. *Revista de Processo*, São Paulo, v. 264, p. 473-495, fev. 2017.

SINGER, Linda R. *Settling disputes*. 2. ed. Colorado: Westview, 1994.

SMITH, Thomas; WILLIAMS Elizabeth. Court approval of class action settlement, 6 Cyc. of Federal Proc. § 23:42 (3d ed.). Access through Westlaw. Jan 5th, 2018.

SOUZA, Carla Faria de. *A mediação e suas perspectivas*: a positivação eficaz e a criação de uma cultura de paz. Dissertação de Mestrado. Universidade Católica de Petrópolis. Orientador: Cleber Francisco Alves. 2015.

SOUZA, Eduardo Pacheco Ribeiro de. Noções fundamentais de direito registral e notarial. São Paulo: Saraiva, 2001.

SOUZA, Luciane Moessa. Mediação de conflitos e Administração Pública. In: DURVAL, Hale; PINHO, Humberto Dalla Bernardina de; CABRAL, Trícia Navarro Xavier (orgs.). *O marco legal da mediação no Brasil*: comentários à Lei n. 13.140, de 26 de junho de 2015. São Paulo: Atlas, 2016.

_____. Mediação de conflitos envolvendo entes públicos. In: SOUZA, Luciane Moessa de (coord.). *Mediação de conflitos*: novos paradigmas de acesso à justiça. 2. ed. Santa Cruz do Sul: Essere nel Mondo, 2015.

_____. *Meios consensuais de solução de conflitos envolvendo entes públicos*: negociação, mediação e conciliação na esfera administrativa e judicial. Belo Horizonte: Fórum, 2012.

SPENGLER, Fabiana Marion. Mediação e alteridade: a necessidade de "inovação comunicativa" para lidar com a atual (des)ordem conflitiva. In: SPENGLER, Fabiana Marion; LUCAS, Doglas Cesar. *Justiça restaurativa*: políticas públicas no tratamento dos conflitos sociais. Ijuí: Unijuí, 2011.

_____. *Mediação nos conflitos*: da teoria à prática. Porto Alegre: Livraria do Advogado, 2016.

_____. *Tempo, direito e constituição*: reflexos na prestação jurisdicional do Estado. Porto Alegre: Livraria do Advogado, 2008.

_____. O tempo do processo e o tempo da mediação. *Revista Eletrônica de Direito Processual*, Rio de Janeiro v. VIII, jul.-dez. 2011. Disponível em: <http://www.e-publicacoes. uerj.br/index.php/redp>.

_____; PINHO, Humberto Dalla Bernardina de. A mediação digital de conflitos como política judiciária de acesso à justiça no Brasil. *Revista da Faculdade de Direito*. Universidade Federal de Minas Gerais, v. 1, p. 219-257, 2018.

_____; SPENGLER NETO, Theobaldo. *Mediação enquanto política pública*: a teoria, a prática e o projeto de lei. Santa Cruz do Sul: Edunisc, 2010. Disponível em: <http://

www.unisc.br/portal/pt/editora/e-books/95/mediacao-enquanto-politica-publica-a-
-teoria-a-pratica-e-o-projeto-de-lei-.html>.

SPITZ, Lidia. *Homologação de decisões estrangeiras no Brasil.* Belo Horizonte: Arraes
Editores, 2021.

_____. *Homologação de sentenças arbitrais estrangeiras no Brasil*: a atuação positiva do
STJ e o enfrentamento de questões sensíveis. Monografia de disciplina de mestrado.
UERJ, 2015.

STANCATI, Maria Martins Silva. *Administração de conflitos na jurisdição voluntária
extrajudicial*: subsídios doutrinários sobre sua possibilidade. Dissertação de Mestrado. Estácio, 2016.

STÖBER, Michael. Os meios alternativos de solução de conflitos no direito alemão e
europeu: desenvolvimento e reformas. *Revista de Processo*, São Paulo, v. 244, p. 361-
380, jun. 2015.

STRECK, Lenio Luiz. Jurisdição, fundamentação e dever de coerência e integridade no
novo CPC. Disponível em: <https://www.conjur.com.br/2016-abr-23/observatorio-
-constitucional-jurisdicao-fundamentacao-dever-coerencia-integridade-cpc>.

_____. *O que é isto*: decidido conforme a minha consciência? 4. ed. Porto Alegre: Livra-
ria do Advogado, 2013.

STRONGER, S. I. Collective consumer arbitration in Spain. *Revista de Arbitragem e
Mediação*, v. 42, p. 77-95, jul.-set. 2014.

TAKAHASHI, Bruno. *Desequilíbrio de poder e conciliação*. Brasília: Gazeta Jurídica, 2016.

TALAMINI, Eduardo. A (in)disponibilidade do interesse público: consequências processuais (composições em juízo, prerrogativas processuais, arbitragem e ação monitória).
Revista de Processo, São Paulo, v. 128, p. 59-77, out. 2005.

_____. Arbitragem e administração pública no direito brasileiro. *Revista Brasileira da
Advocacia*. v. 9, 2018.

_____. Arbitragem e estabilização da tutela antecipada. *Revista de Processo*, v. 246,
p. 455-482, ago. 2015.

_____. *Arbitragem e parceria público-privada*. Disponível em: <https://academia.edu>.

_____. Competência-competência e as medidas antiarbitrais. *Revista de Arbitragem e
Mediação*, São Paulo, v. 13, n. 50, p. 127-153, jul.-set. 2016.

_____. Produção antecipada de prova no Código de Processo Civil de 2015. In: DIDIER
JR., Fredie; ALVIM, Teresa Arruda (orgs.). *Doutrinas essenciais*: novo processo civil.
2. ed. São Paulo: Revista dos Tribunais, 2018. v. 4.

_____. Suspensão do processo judicial para realização de mediação. *Revista de Processo*,
São Paulo, n. 277, p. 565-584, mar. 2018.

_____. Tutela antecipada antecedente, a arbitragem e a regra da estabilização. *Migalhas*.
Disponível em: <http://www.migalhas.com.br/dePeso/16,MI236803,91041-Tutela+a
ntecipada+antecedente+a+arbitragem+e+a+regra+da+estabilizacao>.

_____. Tutela de urgência no Projeto de Novo Código de Processo Civil: a estabilização da medida urgente e a "monitorização" do processo brasileiro. *Revista de Processo*, São Paulo, ano 37, v. 209, p. 29, jul. 2012.

TANCREDO, Ednéia de Oliveira Matos. *Princípio da solidariedade*: Estado, sociedade e direitos fundamentais. São Paulo: Academia Olímpia Editora e Livraria, 2012.

TARTUCE, Fernanda. *Igualdade e vulnerabilidade no processo civil*. São Paulo: Método, 2012.

TARTUCE, Flávio. *O Novo CPC e o direito civil*: impactos, diálogos e interações. São Paulo: Método, 2015.

TARUFFO, Michele. Cultura e processo. *Rivista Trimestrale di Diritto e Procedura Civile*, Milano: Giuffrè, 2009.

_____. Dimensioni transculturali della giustizia civile. *Rivista Trimestrale di Diritto e Procedura Civile*, Milano: Giuffrè, 2000. Versão eletrônica anual. p. 1047-1084.

_____. Idee per una teoria deladella decisione giusta. *Rivista Trimestrale di Diritto e Procedura Civile*, Milano: Giuffrè Editore, 1997.

_____. La motivazione della sentenza. In: MARINONI, Luiz Guilherme (coord.). *Estudos de direito processual civil*: homenagem ao Professor Egas Dirceu Moniz de Aragão. São Paulo: Revista dos Tribunais, 2005.

_____. Leggendo Ferrajoli: considerazioni sulla giurisdizioni. *Rivista Trimestrale di Diritto e Procedura Civile*, Milano: Giuffrè, v. 60, n. 2, p. 631-632, 2008.

_____. Observações sobre os modelos processuais de *civil law* e de *common law*. *Revista de Processo*, ano 28, n. 110, p. 141-158, abr.-jun. 2003.

TAVARES, André Ramos. *Curso de direito constitucional*. 2. ed. São Paulo: Saraiva, 2003.

TARZIA, Giuseppe. L'art. 111 Cost. e le garanzie europee del processo civile. *Rivista di Diritto Processuale*, Padova: CEDAM, 2001.

TEMER, Sofia. Precedentes judiciais e arbitragem: reflexões sobre a vinculação do árbitro e o cabimento de ação anulatória. In: CARNEIRO, Paulo Cezar Pinheiro; GRECO, Leonardo; DALLA, Humberto (orgs.). *Temas controvertidos na arbitragem à luz do Código de Processo Civil de 2015*. Rio de Janeiro: GZ, 2018.

TESHEINER, José Maria. Cooperação judicial internacional no novo Código de Processo Civil. *Revista de Processo*, São Paulo, v. 234, p. 331-344, ago. 2014.

THEODORO JR., Humberto. Ainda a polêmica sobre a distinção entre a "jurisdição contenciosa" e a "jurisdição voluntária". *Revista do Processo*, São Paulo, v. 36, n. 198, p. 13-49, 2011.

_____. Arbitragem e terceiros – litisconsórcio fora do pacto arbitral. In: MARTINS, Pedro Batista Martins; GARCEZ, José Maria (coords.). *Reflexões sobre arbitragem*: estudos em memória do Desembargador Claudio Vianna de Lima. São Paulo: LTr, 2002.

_____. *Curso de direito processual civil*: teoria geral do direito processual civil e do processo de conhecimento. 53. ed. Rio de Janeiro: Forense, 2012. v. 1.

_____. Processo justo e contraditório dinâmico. In: ASSIS, Araken *et al.* (org.). *Processo coletivo e outros temas de direito processual*: homenagem aos 50 anos de docência do professor José Maria Tesheiner, 30 anos de docência do professor Sérgio Gilberto Porto. Porto Alegre: Livraria do Advogado, 2012.

_____; NUNES, Dierle; BAHIA, Alexandre Melo Franco; PEDRON, Flavio Quinaud. *Novo CPC*: fundamentos e sistematização. 3. ed. Rio de Janeiro: Forense, 2016.

TIBURCIO, Carmen. Nota doutrinária sobre três temas de direito internacional privado no projeto de novo Código de Processo Civil. *Revista de Arbitragem e Mediação*, São Paulo, v. 28, p. 139, jan. 2011.

_____. A competência do tribunal arbitral para soluções de litígios extracontratuais. *Revista de Arbitragem e Mediação*, v. 50, p. 95-113, jul.-set. 2016.

TIJERINA, Ervey Sergio Cuéllar. *La Cláusula med-arb en la actualidad*. Tese de Doutorado. Universidade Pompeu Fabra (Barcelona), 2015.

TIMM, Luciano Benetti. A cláusula de eleição de foro *versus* a cláusula arbitral em contratos internacionais: qual é a melhor opção para a solução de disputas entre as partes? *Revista de Arbitragem e Mediação*, São Paulo, v. 10, p. 20-38, 2006.

TOFFOLI, José Dias. Movimento conciliatório e a Câmara de Conciliação e Arbitragem da Administração Federal (CCAF): breves considerações. *Revista de Arbitragem e Mediação*; v. 50, p. 229-240, jul.-set. 2016.

TORRE, Riccardo Giuliano Figueira. Tthe validity of arbitration clauses inserted in adhesion contracts vis-à-vis the competence-competence principle: a comparative analysis between Latin America and the U.S. *Revista de Arbitragem e Mediação*, v. 62, p. 185-210, jul.-set. 2019.

TORRESI, Alessandro. Imparcialidade e independência do árbitro: "parcialidade evidente" vs "dúvida justificada" e o caso Abengoa. *Revista de Arbitragem e Mediação*, v. 59, p. 91-117, out.-nov. 2018.

TROCKER, Nicoló. *Processo civile e costituzione*: problemi di diritto tedesco e italiano. Milano: Giuffrè, 1974.

_____. Il nuovo articolo 111 della costituzione e il "giusto processo" in materia civile: profili generali. *Rivista Trimestrale di Diritto e Procedura Civile*, Milano: Giuffrè, 2001.

_____. *La formazione del diritto processuale europeo*. Giappichelli: Torino, 2011.

TUCCI, José Rogério Cruz e. Ação declaratória de nulidade da sentença arbitral parcial. Disponível em: <https://www.conjur.com.br/2018-nov-06/paradoxo-corte-acao-declaratoria-nulidade-sentenca-arbitral-parcial>.

URY, William. O poder do não positivo: como dizer não e ainda chegar ao sim. Trad. Regina Lyra. Rio de Janeiro: Elsevier, 2007.

VARGAS, Daniel Vianna. Cláusula de renúncia à ação anulatória: os limites das disposições de direitos nas convenções de arbitragem. In: CARNEIRO, Paulo Cezar Pinheiro; GRECO, Leonardo; DALLA, Humberto Pinho Bernardina de (orgs.). *Temas controvertidos na arbitragem à luz do Código de Processo Civil de 2015*. Rio de Janeiro: GZ, 2018.

VASCONCELOS, Ronaldo. CARNAÚBA, César Augusto Martins. HANESAKA, Tjais D`Angelo da Silva. Mediação na recuperação judicial: paralelos com a evolução estrangeira, *Revista de Mediação e Arbitragem*, v. 62, São Paulo: Revista dos Tribunais, jul.-set. 2019, pp. 45/81.

VASCONCELOS, Carlos Eduardo de. *Mediação de conflitos e práticas restaurativas*: modelos, processos, ética e aplicações. São Paulo: Método, 2008.

VELMOVITSKY, Alex. Divergência e dispersão de votos na arbitragem doméstica. In: CARNEIRO, Paulo Cezar Pinheiro; GRECO, Leonardo; DALLA, Humberto (Orgs.). *Temas controvertidos na arbitragem à luz do Código de Processo Civil de 2015*. v. 2. Rio de Janeiro: GZ, 2020.

VENTURI, Elton. Transação de direitos Indisponíveis? *Revista de Processo*, São Paulo, v. 251, p. 391-426, jan. 2016.

VERÇOSA, Fabiane. A liberdade das partes na escolha e indicação de árbitros em arbitragens internacionais: limites e possibilidades. *Revista de Arbitragem e Mediação*, São Paulo, v. 1, p. 332-350, jan.-abr. 2004.

VIDAL, Ludmilla Camacho Duarte. Convenções processuais: premissas operacionais e os escopos da jurisdição contemporânea. In: CARNEIRO, Paulo Cezar Pinheiro; GRECO, Leonardo; PINHO, Humberto Dalla Bernardina de. *Inovações do CPC/2015*. Rio de Janeiro: GZ, 2016.

_____. O dever de revelação (*duty of disclosure*) à luz do princípio da confiança e o caso Tecnimont. *Revista de Processo*, São Paulo, v. 284, p. 507-534, out. 2018.

_____. Reflexões atuais sobre o dever de revelação (*duty of disclosure*) à luz do princípio da confiança na arbitragem e a análise do caso Tecnimont. In: CARNEIRO, Paulo Cezar Pinheiro; GRECO, Leonardo; DALLA, Humberto (Orgs.). *Temas controvertidos na arbitragem à luz do Código de Processo Civil de 2015*. v. 2. Rio de Janeiro: GZ, 2020.

VIEIRA, Fernando Grella. A transação na esfera da tutela dos interesses difusos e coletivos: compromisso de ajustamento de conduta. In: MILARÉ, Edis (coord.). *Ação civil pública*. Lei 7.347/85: reminiscências e reflexões após dez anos de aplicação. São Paulo: Revista dos Tribunais, 1995.

WALD, Arnoldo. A interpretação da convenção de Nova Iorque no direito comparado. *Revista de Direito Bancário e do Mercado de Capitais*, São Paulo, v. 22, p. 353-370, out.-dez. 2003.

_____. Alguns aspectos positivos e negativos do financiamento da arbitragem. *Revista de Arbitragem e Mediação*, v. 49, p. 33-41, abr.-jun., 2016.

_____. Uma introdução à arbitragem de classe. *Revista de Arbitragem e Mediação*, v. 53, p. 229-248, abr.-jun. 2017.

WALKER, Bret; BELL, Andrews S. Justice according to compulsory mediation. *Bar News – The Journal of NSW Bar Association*, Spring, 2000.

WAMBIER, Teresa Arruda Alvim. Mandatory mediation: Is It the Best Choice? *Revista de Processo*, São Paulo, v. 225, p. 413-451, nov. 2013.

_____. (org.). *Reforma do Judiciário*: primeiros ensaios críticos sobre a EC n. 45/2004. São Paulo: Revista dos Tribunais, 2005.

_____; CONCEIÇÃO, Maria Lúcia Lins; RIBEIRO, Leonardo Ferres da Silva; MELLO, Rogerio Licastro Torres de. *Primeiros comentários ao Novo Código de Processo Civil.* 2. ed. São Paulo: Revista dos Tribunais, 2016.

_____ *et al. Primeiros comentários ao novo Código de Processo Civil.* São Paulo: Revista dos Tribunais, 2015.

WARAT, Luis Alberto. *O ofício do mediador.* Florianópolis: Habitus, 2001. v. 1.

WATANABE, Kazuo. Acesso à justiça e sociedade moderna. In: *Participação e Processo.* São Paulo: Revista dos Tribunais, 1988.

_____; SANTANA, Daldice; TAKAHASHI, Bruno. Comentários ao artigo 29. In: CABRAL, Trícia Navarro Xavier; CURY, Cesar Felipe. *Lei de Mediação comentada artigo por artigo*: dedicado à memória da Professora Ada Pellegrini Grinover. São Paulo: Foco, 2018.

WELSH, Nancy. Stepping back through the looking glass: real conversation with real disputants about institutionalized mediation and its value. *Ohio State Journal on Dispute Resolution*, Ohio, v. 9, p. 573-673, 2004.

_____. The place of court-connect mediation in a democratic justice system. *Cardozo Journal of Conflict Resolution*, New York, v. 5, 2004.

WILLIAMS, Gerald R. *Legal negotiations and settlement.* Minnesota: West, 1983.

WINKLER, K. Warren. Accès à la Justice: la médiation judiciaire. *Canadian Arbitration and Mediation Journal*, n. 16, 2007.

WOOLF, Lord. Access to Justice Interim Report; Access to Justice Final Report. Disponíveis em: <www.dca.gov.uk>.

YARSHELL, Flávio. Ainda sobre o caráter subsidiário do controle jurisdicional estatal da sentença arbitral. *Revista de Arbitragem e Mediação*, São Paulo, v. 50, p. 155-163, jul.--set. 2016.

YOSHIDA, Márcio. A arbitragem e a reforma trabalhista. *Revista de Arbitragem e Mediação*, v. 55, p. 57-71, out.-dez. 2017.

ZAKIA, José Victor Palazzi; VISCONTI, Gabriel Caetano. Produção antecipada de provas em arbitragem e jurisdição. *Revista de Arbitragem e Mediação*, v. 59., p. 195-211, out.-nov. 2018.

ZUCKERMAN, A. A. S. Lord Woolf's Access to Justice: Plus ça change... *The Modern Law Review*, v. 59, n. 6, p. 773-796, nov. 1996.

Posfácio

Os autores realizaram na primeira parte da obra contundente estudo do instituto da mediação, partindo de sua evolução histórica, passando por seus princípios gerais, até chegar ao atual microssistema legislativo que regulamenta o procedimento.

Também analisaram diversos aspectos da mediação, tais como as funções dos mediadores, as diferentes áreas de aplicação do método, bem como desafios e perspectivas para a mediação no direito brasileiro.

Na segunda parte da obra, abordaram o tema da arbitragem de forma completa, explorando, ainda, temas atuais e relevantes, tais como a execução de decisões arbitrais estrangeiras e o dever de cooperação dos árbitros.

Os autores desenvolveram trabalho grandioso, que contém simultaneamente a concisão e a profundidade necessárias para apresentar todo o conhecimento essencial sobre a mediação e a arbitragem. O brilhantismo desta obra certamente faz com que ela nasça como um clássico, sendo admirável sua singular qualidade.

Paulo Henrique dos Santos Lucon

Presidente do Instituto Brasileiro de Direito Processual.

Livre-Docente, Doutor, Mestre e
Professor Associado na Faculdade de Direito da USP

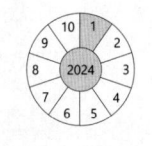